자본시장과 금융투자업에 관한 법률에 의한

유한 · 합명 · 합자 · 외국 · 벤처기업의 이해와 등기

편찬 : 대한실무법률연구회

대한민국 법률지식의 중심

 법문 북스

머리말

자본시장과 금융투자업에 의해 변화된 금융환경에 따라 회사설립에도 많은 변화가 이루어지고 있다.

이러한 사정에 기인하여 오늘날 유한회사등과 설립의 종류와 그 방식은 상당히 다양한 모습을 보이고 있으며, 그 실행에 필요한 서식 또한 그 양이 방대하여 이를 일목요연하게 정리하여 이해하기란 수월한 일이 아니다. 뿐만 아니라 관련 법령의 내용이나 판례 또는 서식의 개정으로 인하여 등기를 실행할 때 이에 필요한 자료를 일일이 찾아 업무에 적용한다는 것은 대단히 어려운 일이다. 여간 어려운 일이 아니다. 본서는 이러한 사정을 감안하여 등기에 필요한 관련 자료를 누구든 편리하고 용이하게 검색하여 이를 등기 실무에 적용할 수 있도록 하고자 하는 취지에서 집필되었다. 즉, 본서는 상업등기에 관한 최신의 법령과 판례, 기재례 및 필요한 부수적인 각종 자료들을 집대성한 것으로서, 등기 실무에서 접할 수 있는 모든 곤란한 점을 해결할 수 있는 유용한 자료들로 구성되어 있는 것이다.

본서는 다음과 같은 점들을 그 특징으로 삼을 수 있다.

첫째, 본서는 최근의 법령과 판례 등을 모두 수록하고 있다. 즉, 법령과 판례는 물론이고, 등기예규, 등기선례, 등기기재례, 각종의 서식 및 상업 관련 각종 고시·공고 등을 수록하고 있으며, 관련 서적이나 연구자료 등도 폭넓게 수록하고 있다.

둘째, 본서에는 등기사항 및 관련 법령에 대한 효율적인 색인작업이 이루어져 있다. 이에 따라 기본적이고 핵심적인 사항 하나만으로도 관련되어 있는 모든 자료들에 대한 종합적이고 체계적인 확인이 가능하게 되는 것이다.

셋째, 본서는 유한회사 등과 설립에 관련된 풍부한 판례 자료들을 담고 있다. 이에 의하여 상업등기에 관한 관련 판례의 내용을 유형적으로 파악할 수 있으며, 그 흐름을 쉽게 파악할 수 있게 된다. 특히 쟁점질의·유권해석·이견있는 등기에 관한 법원판단·핵심사항 등 중요한 자료들을 수록하여 등기업무와 지식을 업그레이드될 수 있게 하였다.

넷째, 본서는 유한회사 등과 설립에 직접·간접적으로 관련을 갖는 유용한 자료들을 폭넓게 수록하고 있다. 상업등기에 관한 기본적인 서적뿐만 아니라 관련 논문, 논문집, 자료집, 법률관련잡지, 그리고 각종의 고시나 공고 등 참고자료를 수록함으로써 실무

에서 상업등기 업무에 활용할 수 있도록 하였다.

 본서를 집필함에 있어서는 유한회사등과 설립에 관한 한 국내 최대의 자료를 담고자 노력하였다. 그리고 사항별·내용별로 유형화하여 본서를 이용하는 사람들이 쉽고 간편하게 관련 정보를 얻을 수 있도록 배려하였다. 작업의 방대함으로 인하여 몇몇 오류가 눈에 띌 수도 있으나, 앞으로 계속하여 바로 잡아 나갈 것을 약속하며 강호제현의 가르침을 바라는 바이다. 모쪼록 본서가 회사설립의 관련 실무에 큰 도움이 되기를 진심으로 기원한다.

2014.
편저자.

차 례

제1편 유한·합명·합자·외국· 벤처기업의 이해와 등기

제1장 유한회사의 등기

제 2 장 합명회사의 등기

제 3 장 합자회사의 등기

제 4 장   외국회사의 등기

제 5 장   벤처기업의 등기

제2편 상인에 대한 등기

제1장 상호의 등기

제 2 장 무능력자 및 법정대리인의 등기

제3장 지배인의 등기

제3편 촉탁등기

제4편 파산·회생절차에 관한 등기

Ⅰ. 총   설

제1장 회생절차에 관한 등기

제 2 장 파산절차

제1편 유한·합명·합자·외국· 벤처기업의 이해와 등기

제 1 장　　유한회사의 등기

Ⅰ. 총 설

> **◧ 핵 심 사 항 ◧**
>
> 1. 유한회사의 의의 : 유한회사란 출자가액을 한도로 책임을 지는 유한책임사원만으로 구성된 물적회사이다.
> 2. 설립절차 : 회사의 설립절차는 크게 실체형성절차와 설립등기로 나누어지는데, 유한회사의 실체형성절차는 정관작성, 출자이행 및 기관구성의 세 단계로 구성된다.
> 　(1) 정관작성 : 사원이 정관을 작성하고 기명날인 또는 서명(상 제543조 1항, 2항)
> 　(2) 출자이행 : 사원의 출자의무는 반드시 설립등기 이전에 이행되어야 한다(상 제548조, 제549조 1항).
> 　(3) 기관구성 : 소유와 경영이 분리되므로 이사를 선임해야 하는데, 유한회사의 이사는 정관으로 직접 지정할 수 있으나 정관으로 정하지 않은 때에는 회사 성립전에 사원총회를 열어 선임하여야 한다(상 제547조 1항).

1. 유한회사의 의의

(1) 유한회사의 개념

　　유한회사는 사원의 균등액단위의 출자로 이루어진 일정한 자본을 가지고, 사원은 회사에 대하여 원칙적으로 출자금액 한도의 책임만을 지며 회사채권자에 대하여는 직접 아무런 책임을 지지 않는 물적회사이다(상 제553조).

　　유한회사는 주식회사의 특색인 유한책임의 제도를 이용하면서 주식회사의 복잡성, 엄격성을 완화하여 상호신뢰관계에 있는 비교적 소수의 사원에 의하여 성립되는 폐쇄적인 회사이다.

　　유한회사는 설립이 간단하고 비용이 적게 들며, 조직이 단순하고 탄력성을 부여할 수 있을 뿐만 아니라, 대차대조표를 공시하지 않아도 되는 등 법의 간섭이 적은 이점이 있다.

2011년 4월 14일 상법개정시 유한회사와 관련한 개정도 있었다. 개정전 상법에 의하면 유한회사의 자본총액은 1,000만원 이상이어야 한다고 규정하고 있었다(개정전 상 제546조 1항). 또한 자본은 균등한 비례적 단위인 출자로 나누어지고, 출자 1좌의 금액은 5,000원 이상이어야 한다고 규정하고 있었다(개정전 상 제546조 2항). 그러나 2011년 상법개정시 자본총액의 제한은 폐지되었고, 출자 1좌의 금액도 100원 이상으로 균일하게 하는 것으로 개정되었다(상 제546조). 또한 개정전에는 유한회사의 사원의 총수는 50인을 넘지 못하도록 하였었는데(개정전 상 제545조), 개정법에서는 이를 폐지하였다.

(2) 주식회사와의 차이점

1) 폐쇄성

2011년 개정전 상법에 의하면 유한회사는 주식회사와는 달리 사원의 총수가 50인 이하로 제한되었고(상 제545조 1항), 사원 이외의 타인에 대한 지분양도가 제한되었다(상 제556조). 그러나 2011년 상법개정시 사원총수의 제한은 폐지하였는데, 이는 폐쇄성이라는 것이 강행법적으로 관철해야 할 사항이냐는 점도 의문인데다, 폐쇄성과 사원의 총수가 논리필연적으로 연결되어야 하느냐는 의문이 제기되어 개정법에서 이를 폐지한 것이다(제545조 삭제)[1]. 또한 개정전에는 사원의 지분의 양도는 정관변경과 같은 요건인 사원총회의 특별결의에 의하도록 하였었는데(개정전 상 제556조 1항), 개정법에서는 이를 완화하여 원칙적으로 지분의 전부 또는 일부를 양도하거나 상속할 수 있도록 하였다. 다만, 정관에서 양도를 제한할 수 있다고 규정하였다(상 제556조).

그리고 유한회사는 사원을 공모하지 못한다(상 제555조). 또한 사원의 지분에 관하여는 주식회사의 주권과 같은 증권을 발행하지 못한다.

2) 조직의 단순성

조직이 주식회사와 비교하여 간단·단순하다. 즉 이사는 1인이라도 되고(상 제561조), 그 임기에는 제한이 없으며 이사회제도가 법정되어 있지 않다. 감사는 임의기관으로서 이를 두지 아니하여도 된다(상 제568조). 자본증가절차도 간단하고(상 제586조), 사원의 의결권의 수(상 제575조)·이익배당과 잔여재산

---

1) 법무부 개정상법 해설, 386면.

의 분배의 기준(상 제580조)도 정관으로 정할 수 있다. 회사의 설립과 자본의 증가시에 사원의 공모가 인정되지 아니하고(상 제543조, 제589조), 건설이자의 배당과 사채제도가 없다.

3) 설립의 용이

유한회사도 사원에 의한 정관의 작성, 사원의 출자 설립등기에 의하여 성립한다. 그러나 주식회사와 달리 모집설립과 같은 방법은 인정되지 않으며, 발기설립과 비슷한 방법만이 인정된다.

2. 사원의 지위

사원의 자격에는 특별한 제한이 없으며, 물적회사이므로 자연인 외에 회사 기타의 법인도 사원이 될 수 있다(상 제173조 참조). 사원의 수는 2인 이상이어야 하며, 50인을 초과하지 못한다.

(1) 사원의 지분과 소수사원권

지분이란 사원이 가지는 권리의무의 총체 또는 법률상의 지위를 말한다.

유한회사의 사원의 지분에 대하여는 주식과 달리 지시식 또는 무기명식의 증권을 발행하지 못한다(상 제555조). 다만, 기명식의 지분증권을 발행하는 것은 상관없다.

제4차 개정상법은 주식회사의 소수사원권의 행사요건을 완화하였으며, 제5차 개정상법은 유한회사의 유지청구권 규정을 신설하였고, 소수사원에 의한 이사 또는 청산인의 해임청구는 자본총액의 100분의 3 이상에 해당하는 출자좌수를 가진 사원으로, 유지청구는 자본금액의 100분의 3 이상에 해당하는 출자좌수를 가진 사원으로 각 소수사원권을 행사할 수 있다(상 제567조, 제564조의2, 제613조 2항, 제385조, 제402조, 제539조).

자본총액의 100분의 3 이상에 해당하는 출자좌수를 가진 사원은 회계의 장부와 서류의 열람 또는 등사를 청구할 수 있고, 회사의 업무와 재산상태를 조사하기 위하여 법원에 검사인의 선임을 청구할 수 있다(상 제581조, 제582조).

(2) 사원의 변동

사원의 지위는 지분의 得喪에 따라 수시로 변동할 수 있다.

지분을 취득하는 방법에는 회사 설립시 또는 자본의 증가시에 출자를 인수하거나 상속으로 하는 방법, 회사의 합병에 의한 포괄승계 또는 지분의 양도·경매·공매 등에 의한 특정승계의 방법이 있다.

지분의 상실에는 승계취득과 동시에 발생하는 상대적 상실과 회사의 소멸 또는 지분의 소각에 의하여 발생하는 절대적 상실이 있다.

(3) 사원의 대표소송권

기업경영의 투명성을 제고하고 이사의 경영책임을 강화하기 위하여 사원은 대표소송을 제기할 수 있다. 자본총액의 100분의 3 이상에 해당하는 출자좌를 가진 사원은 회사에 대하여 이사의 책임을 추궁할 소의 제기를 청구할 수 있고, 위에 해당하는 소수사원은 회의의 목적사항과 소집이유를 기재한 서면으로 이사에게 총회의 소집을 청구할 수 있다(상 제565조 1항, 제572조).

이 대표소송제기권은 단독주주로는 허용하지 않으며, 대표소송제기권의 특수요건은 제소시에만 충족하면 되고 제소시에 지주요건을 갖춘 경우 변론종결시까지 일부 주주의 이탈이 있어도 제소의 효력에 영향을 미치지 아니한다(법무부, 개정상법해설 62면).

이 소는 회사의 본점소재지 법원의 전속관할이며(상 제565조 2항, 제403조 7항, 제186조), 주주대표소송제기권이 회사의 이익을 위한 것이므로 이사의 위법행위시에 사원에 한정하는 제한은 없고, 대표소송 제기 후 회사나 이사의 회유 및 매수에 의하여 대표소송제기의 취지가 없어지는 것을 방지하여 대표소송의 목적을 달성하고 타협을 방지하기 위하여 4차 개정상법은 이 소를 제기한 후에는 법원의 허가를 얻지 않고는 소의 취하, 청구의 포기, 화해를 할 수 없도록 하였다.

3. 사원총회

사원총회는 회사 내부에 있어서의 의사를 결정하는 회사의 최고기관이다. 회사의 의사결정기관인 점에서 주식회사의 주주총회와 같으나, 주주총회는 그 권한이 축소되어 법령 또는 정관에 정하여진 사항에 관하여서만 결의할 수 있음에 반하여, 사원총회는 법령에 의하여 제외되지 않는 한 회사의 모든 사항을 결의할 권한을 가지며, 그 결의는 이사를 구속하게 된다.

사원총회의 결의는 주식회사와 달리 반드시 총회를 열어서 하지 않으며, 회의를 개최함이 없이 서면에 의하여도 할 수 있다(상 제577조). 다만, 회사의 결의에 관하여 등기를 해야 할 때에는 공증인법에 의하여 공증을 하여야 한다(공증 제66조의2).

(1) 소집절차

사원총회는 해산 전의 회사에 있어서는 이사가(상 제571조), 청산 중인의 회사에 있어서는 청산인이 소집한다(상 제613조 2항, 제571조 1항).

임시총회는 감사도 이를 소집할 수 있고(상 제571조 1항 단서), 법원의 명령에 의하여 감사 또는 이사가 소집하는 경우도 있다(상 제582조 3항).

자본의 100분의 3 이상에 해당하는 출자좌수를 가진 사원은 회의의 목적사항과 소집의 이유를 기재한 서면을 이사에게 제출하여 사원총회의 소집을 청구할 수 있으며, 정관으로써 소집청구의 조건을 달리 정할 수도 있다. 이 청구가 있은 후 이사가 지체없이 소집절차를 밟지 아니하는 때에는 소집청구를 한 사원은 법원의 허가를 얻어 사원총회를 소집할 수 있다(상 제572조).

(2) 의결권

각 사원을 출자 1좌에 대하여 1개의 의결권을 가진다.

그러나 사적자치의 원칙상 정관으로써 의결권의 수에 관하여 다른 정함을 할 수 있다(상 제575조 단서). 즉, 출자좌수에 관계없이 1사원 1결의권을 가진다는 등으로 정할 수 있다.

회사의 자기지분은 의결권이 없고(상 제578조, 제369조 2항), 특별이해관계인은 의결권을 행사할 수 없으며, 사원은 대리인으로 하여금 의결권을 행사할 수 있다(상 제578조, 제368조 3항, 4항).

(3) 결의의 방법

사원총회에서는 원칙적으로 사원이 모여 회의를 개최하고 토의를 함으로써 결의를 하며, 예외적으로 서면에 의하여 사원의 찬부의 의사표시를 집계하여 결의한다(상 제577조).

유한회사에 서면결의가 인정되는 것은 주식회사에 비하여 소규모적인 유한회사의 운영을 간편하게 하기 위함이다. 유한회사의 서면결의가 인정되는 경우는 첫째, 총사원이 총회의 결의사항에 관하여 서면결의를 할 것에 동의한 때이며(상 제577조 1항), 둘째, 총 사원이 결의사항 자체에 대하여 동의한 경우이다(상 제577조 2항).

4. 이사회

유한회사에 있어서는 이사회는 주식회사와는 달리 필요적 기관으로 되어 있지 않다.

이사의 수는 1인에 한하지 않고 수인이어도 무방하며 이사가 수인이면 정관에 규정이 없으면 반드시 사원총회에서 대표이사를 선정하여야 한다(상 제562조 2항).

1998. 12. 28. 개정한 제4차 개정상법에서는 유한회사에 이사회가 없는 것을 전제로 규정하고 있는 바, 주식회사의 이사의 경업에 대하여 이사회의 승인규정을 준용하는 조문인 상법 제567조에 "제397조의 이사회는 이를 사원총회로 본다"라는 단서를 신설하여 사원총회의 승인으로 수정하였다.

이사가 수인인 경우 회사의 업무집행·지배인의 선임 또는 해임과 지점의 설치·이전 또는 폐지의 사항(상 제564조 1항)은 정관에 다른 규정이 없으면 이사 과반수의 결의에 의한다.

한편, 이사에 관한 규정은 청산인에게 준용되므로, 정관의 규정에 의하여 청산인 호선으로 회사를 대표할 청산인을 선임할 경우, 청산업무의 집행 등에는 청산인 과반수의 결의가 필요하다(상 제613조 2항, 제562조 2항, 제564조 1항).

5. 정관의 변경

유한회사에서는 자본금의 총액이 정관의 절대적 기재사항(상 제543조 2항 2호)이므로, 주식회사의 신주의 발행에 해당하는 자본의 증가와 자본의 감소 및 출자좌수의 변경도 모두 정관변경사항이다.

유한회사가 정관변경을 함에는 사원총회의 특별결의가 있어야 한다. 사원총회의 특별결의의 요건은 주식회사의 경우보다 가중되어, 총 사원의 반수 이상이며 총 사원 의결권의 4분의 3 이상의 자의 동의가 있어야 한다(상 제584조, 제585조 1항).

즉, 특별결의는 ① 지분의 수와 관계없이 사원총수의 과반수에 해당하는 사원의 찬성과, ② 총 사원의 의결권의 4분의 3 이상의 찬성을 얻어야 한다.

공증인의 인증을 받아야 하는 것은 설립당시의 사원에 의하여 최초로 작성된 원시정관에 한하므로(1974. 4. 24, 법정 제254호 통첩), 그 외에 정관변경, 합병에 의한 설립등기 및 조직변경등기 등은 공증을 받지 않아도 된다(상 제292조, 제543조 3항).

Ⅱ. 설립의 등기

▣ 핵 심 사 항 ▣

1. 설립절차 : 회사의 설립절차는 크게 실체형성절차와 설립등기로 나누어지는데, 유한회사의 실체형성절차는 정관작성, 출자이행 및 기관구성의 세 단계로 구성된다.
  (1) 정관작성 : 사원이 정관을 작성하고 기명날인 또는 서명(상 제543조 1항, 2항)
  (2) 출자이행 : 사원의 출자의무는 반드시 설립등기 이전에 이행되어야 한다(상 제548조, 제549조 1항).
  (3) 기관구성 : 소유와 경영이 분리되므로 이사를 선임해야 하는데, 유한회사의 이사는 정관으로 직접 지정할 수 있으나 정관으로 정하지 않은 때에는 회사성립 전에 사원총회를 열어 선임하여야 한다(상 제547조 1항).
2. 설립등기절차 : 출자의 납입 또는 현물출자의 이행이 있는 날로부터 본점소재지에서는 2주간 내에 법정등기사항을, 지점소재지에서는 본점소재지에서 등기를 한 후 3주간 내에 지점에서의 등기사항을 등기하여야 한다(상 제549조, 제181조, 특례법 제3조).

1. 설립절차

(1) 정관의 작성

사원이 되고자 하는 자가 정관을 작성하고 기명날인 또는 서명하여야 한다(상 제543조 3항). 정관은 주식회사와 같이 공증인의 인증을 받음으로써 효력이 생긴다(상 제292조). 2001년 개정상법은 사원에 의한 성립을 허용하였다. 사원은 정관에 의하여 확정된다.

정관의 기재사항은 다음과 같다.

1) 절대적 기재사항

정관에 기재하지 않으면 무효로 되는 사항이다(상 제543조 2항).

① 목적

② 상호

유한회사의 상호에는 반드시 유한회사라는 문자를 사용하여야 한다(상 제19조).

③ 사원의 성명과 주민등록번호, 주소

④ 자본금의 총액

유한회사의 자본의 총액은 1,000만원 이상이어야 한다(상 제546조 1항)

⑤ 출자 1좌의 금액

자본은 이를 1좌의 단위로 나누어야 하고, 출자 1좌의 금액은 5,000원 이상으로 균일하여야 한다(상 제546조 2항).

⑥ 각 사원의 출자좌수

각 사원은 적어도 1좌 이상을 출자하여야 한다. 출자는 금전 기타의 재산으로써 하여야 하며 합명회사와 달리 노무, 신용 등 비재산권상의 출자는 인정되지 않는다. 유한회사에서는 주식회사와 달리 정관의 작성 이외에 따로 출자의 인수절차가 필요없으므로 각 사원이 인수할 출자좌수는 원시정관에서 확정된다.

⑦ 본점소재지

2) 상대적 기재사항

정관에 반드시 기재할 필요가 없고 설사 그 기재가 없더라도 정관의 효력에는 아무런 영향이 없으나, 정관에 기재하지 않으면 효력이 발생하지 아니하는 사항이다.

가. 변태설립사항(상 제544조)

유한회사는 발기인이 없으므로 주식회사와 같은 발기인의 특별이익이나 보수는 제외된다(상 제290조 1항 4 후반).

① 현물출자를 하는 자의 성명과 그 목적인 재산의 종류, 수량 가격과 이

　　에 대하여 부여하는 출자좌수

② 회사 성립 후에 양수할 것을 약정한 재산의 종류, 수량, 가격과 그 양도
인의 성명

③ 회사가 부담할 설립비용

나. 사원에 관한 사항

① 의결권수

각 사원은 출자 1좌에 대하여 1개의 의결권을 갖는 것이 원칙이나 정관
으로써 이를 달리 정할 수 있다(상 제575조).

② 사원지분의 소각

유한회사 사원의 지분에 관하여도 배당할 이익으로써 이를 소각할 경우
에는 자본감소절차에 의할 필요가 없는 바, 이 경우에는 그 뜻을 정관
에 정하여 놓아야 한다(상 제560조 1항, 제343조 1항).

유한회사에 있어서는 주식회사와는 달리 종류가 다른 지분은 인정되지
아니하므로, 이익에 의한 지분의 소각에 있어서 특정의 지분을 소각할
수는 없고 전 사원에게 평등하게 소각하여야 한다.

③ 이익배당 기준의 예외

이익의 배당은 각 사원의 출자좌수에 따라 하는 것이 원칙이나 정관으
로써 다르게 정할 수도 있다(상 제580조).

④ 회계장부 열람에 관한 정함

자본의 100분의 5 이상에 해당하는 출자좌수를 가진 사원은 회계장부와
서류의 열람 또는 등사를 청구할 수 있으나, 정관으로써 각 사원이 그 열
람 또는 등사를 청구할 수 있는 것으로 정할 수 있다(상 제581조).

⑤ 지분양도의 제한

사원총회의 특별결의가 있는 경우에 한하여 사원지분의 전부 또는
일부를 양도할 수 있으며, 이는 정관으로 제한규정을 가중할 수
있다. 그리고 사원 상호간의 지분의 양도에 대하여는 정관으로 다른
정함을 할 수 있으므로 제한규정을 경감할 수도 있다(상 제556조 1항,
3항, 제585조).

다. 사원총회에 관한 사항

① 소집기간의 단축

사원총회를 소집함에는 회일의 1주간 전에 각 사원에게 소집 통지를 발송하여야 하나 정관으로써 이 기간을 단축할 수 있다(상 제571조 2항).

② 소수사원의 소집청구에 관한 정함

자본금의 100분의 5 이상에 해당하는 출자좌수를 가진 사원은 회의의 목적사항과 소집의 이유를 기재한 서면을 이사에게 제출하여 총회의 소집을 청구할 수 있는 것이나 정관으로써 이 소수사원의 요건을 다르게 (경감 또는 가중) 할 수 있다(상 제572조).

③ 정족수에 관한 정함

사원총회의 보통결의는 총 사원 의결권의 과반수를 가지는 사원이 출석하여 그 의결권의 과반수로써 하는 것이나 정관으로써 이 정족수 및 의결수를 가중 또는 경감할 수 있다(상 제574조).

라. 이사, 감사에 관한 사항

① 대표이사의 정함

유한회사의 이사는 각자가 회사를 대표하는 것이나 정관으로써 회사를 대표할 이사를 정할 수 있고 이사 호선으로 대표이사를 선임하게 할 수도 있다.

② 공동대표에 관한 정함

정관으로써 공동대표에 관한 규정을 둘 수 있다(상 제562조 3항).

③ 업무집행에 관한 정함

이사가 수인인 경우에는 회사의 업무집행·지배인의 선임·해임과 지점의 설치·이전 또는 폐지는 이사과반수의 결의에 의하는 것이나, 정관으로써 이 요건을 가중하거나 경감할 수 있고 또 이사회제도를 설치하여 그 정족수·결의방법 등을 정할 수 있다(상 제564조 1항).

④ 감사에 관한 정함

유한회사에 있어서 감사는 임의기관으로서 반드시 이를 둘 필요는 없으나 정관으로써 1인 또는 수인의 감사를 둘 수 있다(상 제568조 1항).

주식회사는 감사에 갈음하여 감사위원회를 둘 수 있으나(상 제415조의

2), 유한회사에는 감사위원회제도를 둘 수 없다.

⑤ 이사, 감사의 보수

정관으로써 이사와 감사의 보수를 정할 수 있다.

마. 기타 사항

① 존립기간 또는 해산사유(상 제609조 1항, 제227조 1항)

② 청산인에 관한 정함(상 제613조 1항, 제531조 1항)

3) 임의적 기재사항

이 밖에 정관에는 선량한 풍속 기타 사회질서나 강행법규에 위반되지 않는 범위 내에서 필요한 사항을 기재할 수 있다.

통상 유한회사의 정관에 정하여지는 임의적 기재사항은 ① 이사·감사의 원수, ② 이사·감사의 임기, ③ 임원의 자격, ④ 정기총회의 개최시기, ⑤ 총회의 개최일, ⑥ 회사의 영업연도 등이다.

4) 정관의 인증

정관은 주식회사와 같이(상 제292조) 본점소재지 관할 공증인의 인증을 받음으로써 효력이 생긴다(상 제543조 3항, 제292조, 공증인법 제62조). 정관의 인증은 원칙으로 사원의 출자 및 그 납입 전에 하여야 하는 것이지만, 인증 전에 출자와 납입이 있는 경우라도 설립절차로서 하자는 없다 할 것이다.

다만, 공증인의 인증을 받아야 하는 것은 설립당시의 사원에 의하여 최초로 작성된 원시정관에 한하고, 그 외에 정관변경, 합병에 의한 설립등기 및 조직변경등기 등은 공증을 받지 않아도 된다(상 제292조, 제543조 3항).

(2) 이사 및 감사의 선임

1) 이사의 선임

가. 선임 절차

유한회사의 이사는 회사를 대표하고 업무를 집행하는 필요상설기관이다. 주식회사와 달리 업무집행기관이 이사회와 대표이사로 분화되어 있지 않다. 각 이사는 단독으로 기관의 지위를 구성하므로, 이사회의 구성원에 불과한 주식회사의 이사와는 다르다. 유한회사는 발기인이 없으므로 정관으로 이사를 둘 수 있으며(상 제543조, 제547조), 정관으로 초대이사를 정하지 않은 때에는 회사설립 전에 사원총회를 열어 선임하고 설립 후에는 사원총회에서 선임한다(상 제567조, 제382조).

나. 이사의 임기 · 자격

이사의 임기에는 아무런 규정이 없으므로, 해임되지 않는 한 이사의 권리·의무가 있다. 그리고 이사의 수에도 제한이 없다. 이사의 자격에도 아무런 제한이 없으나, 감사는 이사를 겸할 수 없다(상 제570조, 제411조).

2) 감사의 선임

유한회사에서 감사는 정관에 의하여 둘 수 있는 임의기관이다. 최초의 감사는 정관으로 정함이 없는 때에는 사원총회에서 선임한다. 감사의 임기에 관한 규정은 없다.

(3) 출자의 이행

유한회사는 정관의 작성에 의하여 사원이 될 자와 출자의 인수가 확정되며, 이사는 사원으로 하여금 출자전액의 납입 또는 현물출자의 목적인 재산 전부의 급여를 시켜야 한다. 현물출자의 목적인 재산이 등기, 등록 기타 권리의 설정 또는 이전을 요할 경우에는 출자사원은 이에 관한 서류를 완비하여 교부하면 된다(상 제548조, 제295조 2항).

납입의 해태에 대하여는 주식회사와 같은 실권절차가 없으므로 납입의 실현은 강제집행의 방법에 의할 수밖에 없다. 그리고 현물출자가 있는 경우에도 검사인의 검사절차가 요구되지 않는다.

주식회사의 모집설립의 경우와는 달리(상 제318조) 출자의 납입은 은행 기타 금융기관에 할 필요가 없으며 현물출자가 있는 경우에도 검사인의 조사나 법원이 선임한 검사인의 검사를 받을 필요가 없다(상 제548조).

2. 설립등기절차

(1) 등기기간

출자의 납입 또는 현물출자의 이행이 있는 날로부터 본점소재지에서는 2주간 내에 법정등기사항을, 지점소재지에서는 본점소재지에서 등기를 한 후 3주간 내에 지점에서의 등기사항을 등기하여야 한다(상 제549조, 제181조, 특례법 제3조). 지점소재지에서는 특례법 제3조 및 동 시행규칙 제3조에서 정한 사항만을 등기한다.

(2) 등기신청인

설립등기는 회사를 대표할 자가 이를 신청하여야 한다(상업등기법 제17조 2항). 설립등기를 함으로써 유한회사가 성립한다.

(3) 등기사항 (상 제549조)

1) 목 적

회사의 목적은 회사의 성질상 상행위 기타 영리행위임을 요하고 영리행위이면 여러 개라도 상관없다.

회사의 목적은 사회통념상 그 회사가 어떤 종류의 사업을 경영하는가 확인할 수 있도록 구체적으로 특정하여야 하고 무역업, 물품제조판매업 등과 같이 특정되지 않은 막연한 것은 안된다고 할 것이다.

2) 상 호

상호란 상인이 영업상 자신을 표창하는 명칭으로 원칙적으로 상호선정은 자유이나 동일한 특별시·광역시·시·군에서 동종 영업을 위하여 타인이 등기한 상호 또는 상호의 가등기 상호와 확연히 구별되는 상호로는 등기해야 하며 (상 제22조, 제22조의2, 비송 제164조), 특별법상 제한되는 상호도 있다(은행, 보험, 직업소개소 등).

유한회사는 상호 중에 '유한회사'라는 문자를 사용하여야 한다(상 제19조).

3) 본점과 지점의 소재지

본점과 지점은 정관에서는 소재하는 최소행정구역까지만 기재하여도 무방하지만(1985. 10. 15, 등기 제508호 통첩 참조), 등기할 때에는 공시제도의 취지에 따라 소재장소를 명확히 하기 위하여 소재지번까지 기재하여야 하고, 정관에 소재지번이 정해지지 않는 경우에는 사원총회에서 별도로 지번을 특정하는 결의가 있어야 한다.

4) 자본금의 총액

자본금의 총액은 출자의 총좌수에 출좌 1좌의 금액을 곱한 금액이다.

5) 출자 1좌의 금액

출좌 1좌의 금액은 100원 이상으로서 균일하여야 한다(상 제546조).

6) 이사의 성명과 주민등록번호(주민등록이 없는 자는 생년월일), 주소

7) 회사를 대표할 대표이사를 정한 때에는 그 성명, 주소와 주민등록번호

8) 수인의 이사가 공동으로 회사를 대표할 것을 정한 때에는 그 규정

수인의 대표이사가 있는 경우에 원칙적으로 각자 회사를 대표함이 원칙이나 정관 또는 사원총회의 결의로 그 수인의 대표이사 전원이 공동해서만 회사를 대표할 수 있도록 규정할 수 있다(상 제562조 2항).

9) 존립기간 또는 해산사유를 정한 때에는 그 기간과 사유

이는 정관의 상대적 기재사항으로서 이를 정관으로 정할 때에는 이를 등기하여야 제3자에게 대항할 수 있다. 그러나 이를 등기하였다 하더라도 존립기간 도래 전이나 해산사유 발생 전에는 절대로 해산할 수 없는 것이 아니고, 총 사원의 특별결의에 의하여 언제든지 해산할 수 있다.

10) 감사가 있는 때에는 그 성명 및 주민등록번호(주민등록이 없는 자는 생년월일)

(4) 첨부서면(상업등기법 제103조, 제104조)

1) 정 관

설립등기사항 중 상호, 목적, 1좌의 금액, 자본의 총액, 존립기간, 해산사유 등 신청서 기재사항과 정관이 일치하는지 조사하기 위하여 정관이 필요하다.

이 정관은 공증인의 인증을 받은 것이어야 한다(상 제543조 3항, 제292조).

2) 이사를 사원총회에서 선임한 때에는 그 총회의사록(상업등기법 제103조)

감사를 사원총회에서 선임한 경우에도 같다. 정관에 이사와 감사의 기재가 있고 이의 공증된 원시정관을 첨부하면 사원총회의사록은 필요없다. 사원총회 의사록에는 이사가 기명날인 또는 서명하여야 한다.

3) 이사의 취임승낙을 증명하는 서면

이 서면의 진정담보를 위하여 인감증명법에 의한 인감증명을 첨부해야 하는 점, 공증된 의사록에 취임승낙의 뜻이 기재된 자로서 그 의사록에 날인한 자는 인감증명의 첨부가 생략되는 점 등은 주식회사의 임원과 같다.

유한회사의 정관에는 총사원이 서명 또는 기명날인하고 공증인의 인증을 받아야 하므로(상 제543조 2항, 제543조 3항, 제292조), 정관에 이사나 감사가 기재되고 이에 서명한 사원이 이사나 감사가 된 경우에는 이 서면은 필요없다고 할 것이다.

4) 감사를 둔 때에는 감사의 취임승낙을 증명하는 서면

5) 이사·감사의 주민등록번호를 증명하는 서면(상 제549조, 특례법규칙 제2조 2항)

주민등록번호를 증명하는 주민등록표등본, 주민등록사본 및 운전면허증사본 등을 제출한다(1992. 12. 30, 등기 제2662호 통첩 참조).

6) 대표이사를 호선으로 선임한 때에는 이사과반수의 동의가 있음을 증명하는 서면 또는 이사회의사록(상업등기법 제103조)

이사과반수의 동의에 의하여 회사를 대표할 이사를 정한 때에는 그 동의가 있음을 증명하는 서면을 첨부하여야 한다(상업등기법 제103조). 정관의 규정에 의하여 이사회제도를 둔 때에는 이사회의사록이 이에 해당하는 서면이다.

7) 대표이사의 취임승낙 및 주소를 증명하는 서면

회사를 대표할 이사는 그 주소를 등기하여야 하므로 이를 증명하는 주민등록표등본 등을 첨부하여야 한다.

8) 출자전액납입 또는 현물출자의 목적인 재산 전부의 급여가 있음을 증명하는 서면(상업등기법 제 104조 2호)

출자전액의 납입을 증명하는 서면으로는 회사의 출자금영수증 또는 은행 기타 금융기관의 출자금취급증명서 등을 들 수 있고, 현물출자의 목적인 재산 전부의 급여가 있는 것을 증명하는 서면으로는 현물출자재산인계서 또는 출자재산영수증 등을 들 수 있다. 이는 주식회사와는 달리 반드시 금융기관의 영수증일 필요는 없다(상 제548조와 제318조 대비).

9) 대리인에 의하여 신청할 때에는 그 권한을 증명하는 서면(상업등기법 제21조)

10) 설립에 관하여 관청의 허가(인가)를 요하는 경우에는 그 허가(인가)서 또는 인증있는 등본

11) 법원의 허가 또는 총사원의 동의가 없으면 등기할 사항에 관하여 무효 또는 취소의 원인이 있는 때에는 그 허가서 또는 동의서(상업등기법 제103조 1항)

12) 등록세영수필증확인서(교육세, 농어촌특별세 포함) 및 등기신청수수료

등록면허세는 과세표준액의 1,000분의 4이고, 수도권 및 대도시에서 설립하는 경우에는 그 3배를 가산한 등록면허세를 납부하여야 한다. 지방교육세로는 등록면허세의 100분의 20에 해당하는 금액을 납부한 영수필증확인서를 첨부하여야 한다(지방세법 제28조 1항, 제151조 1항).

등록면허세의 최하한은 설립 및 증자의 경우 75,000원이므로(지세 제28조 1항), 예컨대 자본금이 1,000만원인 경우 등록면허세가 40,000원이 아니라, 75,000원이고, 서울 등 대도시에서 설립하는 경우에는 75,000원×3배=225,000원임을 주의하여야 한다.

조세특례제한법, 관세법, 지방세법에 의하여 등록면허세가 감면되는 경우 그 감면세액의 100분의 20에 해당하는 농어촌특별세를 납부하여야 한다(농특세법 제5조). 그러나 농어촌특별세가 감면 또는 면제되는 경우도 있다(농특 제4조).

설립등기의 등기신청수수료는 30,000원이고 기타 변경등기는 6,000원이며, 직권 및 촉탁에 의한 등기 등은 면제된다.

13) 회사를 대표할 자의 인감제출(규칙 제93조 1항)

Ⅲ. 변경등기

Ⅰ. 본점의 이전 또는 지점의 설치, 이전, 폐지 등의 등기

1. 총 설

(1) 본점의 이전

1) 이전절차

본점을 다른 최소행정구역으로 이전한 경우에는 사원총회의 결의와 이사과반수의 결의가 필요하나, 동일최소행정구역 내에서 본점을 이전한 경우 정관상의 본점소재지가 최소행정구역으로 표시되어 있는 때에는 사원총회의 결의를 요하지 아니하고 이사과반수의 결의만으로 족하다.

2) 등기신청 및 처리

본점을 다른 등기소의 관할구역 내로 이전한 경우에 신소재지에서 하는 등기의 신청은 구소재지를 관할하는 등기소를 거쳐야 하고, 신소재지에서 하는 등기의 신청과 구소재지에서 하는 등기의 신청은 구소재지를 관할하는 등기소에 동시에 하여야 한다(상업등기법 제109조, 제58조 1항·2항).

또 이 등기신청은 구소재지 관할 등기소에서 하는 등기의 신청서에 신소재지 관할 등기소에서 하는 등기의 신청에 관한 정보를 함께 기록하여 제출한다(상업등기규칙 제105조 1항, 제85조).

본점이전등기신청을 받은 구등기소 소재지에서는 신·구소재지의 등기신청 모두를 심사하여 그 중 하나만 각하사유가 있어도 그 모두를 각하하여야 한다(상업등기법 제59조 1항).

각하사유가 없을 때에는 구소재지 등기소에서는 지체없이 신소재지 등기소에의 등기신청서 및 첨부서류와 인감 등을 신소재지 등기소에 송부하고, 그를 송부받은 신소재지 등기소에서는 다시 독자적으로 신청서를 조사하여 각하사유가 있으면 각하하고, 그렇지 않으면 그 등기를 행하되, 각하 및 등기실행시 그 사유를 구소재지 등기소에 통지하여야 한다(동조 4항).

구소재지 등기소에서는 신소재지 등기소로부터 본점이전등기를 마쳤다는 통지를 받을 때 까지는 본점이전등기를 하여서는 안되며, 이 때 신소재지 등기소에서 이 등기신청을 각하한 때에는 구소재지에서도 각하한 것으로 본다(동조 5항, 6항).

지배인을 두고 있는 본점을 이전하는 때에는 본점이전등기와 지배인을 둔 장소이전등기는 이를 동시에 신청하여야 하고 이에 대한 등록세도 가산하여야 한다(상업등기법 제55조 3항).

【쟁점질의와 유권해석】

<본점 이전에 관한 사원 총회의 결의에 대하여 부존재·무효 또는 취소의 판결이 있는 경우의 구본점등기의 회복절차>

본점이전에 관한 사원총회(주식회사의 경우에는 주주총회)의 결의에 대하여 부존재, 무효 또는 최소의 판결이 있는 때에는 제1심 수소법원은 회사의 신본점소재지와 지점소재지에만 그 등기촉탁을 하지만(비송 제107조 Ⅶ), 구본점소재지에서는 그 회사의 등기를 회복할 필요가 있으므로 신본점소재지 등기소가 그 촉탁에 따라 신본점등기를 말소함과 동시에 구본점소재지 등기소에 그 뜻을 통지하고 구본점소재지 등기소는 그 통지에 따라 구본점등기를 회복하여야 한다(1992. 1. 15, 등기 제98호 통첩).

(2) 지점의 설치, 이전, 폐지

유한회사에 있어서 지점설치 여부와 정관상 지점기재 여부는 모두 회사의 임의에 속한다.

정관상 지점의 기재가 없는 경우 지점의 설치, 이전, 폐지에는 정관을 변경할 필요없이 이사과반수의 결의만으로 가능하다. 그러나 정관상 지점의 기재가 있는 경우에는 지점의 이전, 폐지에는 사원총회의 특별결의에 의한 정관변경을 요한다. 정관에 지점에 대하여 최소행정구역까지만 기재되어 있으면 동일한 행정구역 내에서의 지점이전에는 정관변경을 요하지 아니한다.

지점을 설치하거나 이전 또는 폐지하는 때에는 본점과 당해 지점소재지에 그 등기를 하여야 한다.

2. 등기절차

(1) 등기기간 등

1) 본점이전등기의 등기기간

본점이전등기는 신소재지 및 구소재지에서 본점이전일로부터 각 2주간 내에 등기신청하여야 한다.

상업등기법은 신소재지에 신청하는 본점이전등기는 구소재지를 관할하는 등기소를 경유하여 구소재지에서의 본점이전등기와 동시에 일괄하여 신청하도록 규정하고 있으며(제57조), 상법에서도 이와 동일하게 2주간 내에 등기하도록 하고 있다(상 제182조, 제549조 3항).

2) 지점설치, 이전, 폐지의 등기기간

지점설치, 이전 또는 지점폐지의 등기기간은 현실로 설치, 이전 등을 한 날로부터 본점소재지에서는 2주간 내에, 지점소재지에서는 3주간 내에 신청하여야 한다(상 제549조 4항, 제181조 2항, 제182조 2항).

다만, 지점이전의 경우 동일관내에서나 당해 구지점에서의 지점이전등기는 이전일로부터 2주간 내에, 회사설립과 동시에 설치한 지점소재지에서의 지점설치등기는 본점소재지의 설립등기일로부터 2주간 내에 신청하여야 한다(상 제549조 4항, 제181조 1항, 제182조 3항, 제183조 3항).

지배인을 두고 있는 지점을 이전 또는 폐지한 때에는 지점이전 또는 폐지의 등기와 지배인을 둔 장소이전 또는 대리권소멸의 등기는 이를 동시에 신청하여야 한다(상업등기법 제55조 3항).

이 등기의 신청인은 대표이사가 된다.

(2) 등기사항

1) 본점이전의 경우

① 동일한 등기소관내에서 본점을 이전한 경우에는 본점소재지와 지점소재지 모두 신본점소재지와 그 이전연월일을 등기한다.

② 다른 등기소관내로 본점을 이전한 경우는 다음과 같다.

구본점소재지와 지점소재지에서는 신본점소재지와 그 이전연월일을 등기하고, 지배인을 두고 있는 본점을 이전하고 구본점소재지에서 본점이전등기와 지배인을 둔 장소이전등기를 하나의 신청서로 일괄신청하는 때에는 위의 사항 이외에 지배인을 둔 새로운 장소와 그 이전연월일도 등기하여야 한다. 구본점소재지에서는 위와 같이 등기하고 그 등기기록을 폐쇄한다.

신본점소재지에서는 구본점에서 등기한 사항 중 현재 효력있는 등기사항 전부와 구본점의 표시, 본점이전의 취지 및 이전연월일과 회사성립연월일을 등기하고 지배인을 두고 있는 본점을 이전하고 본점이전등기와 지배인을 둔 장소이전등기를 하나의 신청서로 일괄신청하는 때에는 지배인에 관하여는 그 성명, 주소와 주민등록번호 및 지배인을 둔 새로운 장소와 그 이전연월일을 기재하여야 한다. 이 때 신본점소재지에서는 등기용지를 새로 개설하여 등기한다.

2) 지점설치의 경우

① 본점소재지에서는 신설 지점소재지와 그 설치연월일을 등기한다.

② 신설 지점소재지에서는 상호, 본점소재지, 존립기간 또는 해산사유, 대표이사의 성명·주소와 주민등록번호 및 공동대표규정에 관한 현재 효력있는 등기사항 전부와 회사성립연월일 및 당해 지점설치 연월일을 등기한다. 다만, 회사설립과 동시에 설치한 지점소재지에서 등기할 때에는 지점설치연월일은 회사성립연월일과 같은 일자이므로 그를 따로 기재하지 않는다(특례법 제3조, 상 제181조 3항, 제549조).

3) 지점이전의 경우

① 본점과 지점의 구소재지에서는 지점의 신소재지와 그 이전연월일을 등기하고, 지배인을 두고 있는 지점을 이전하고 본점이전등기와 지배인을 둔 장소이전등기를 하나의 신청서로 일괄신청하는 때에는 위 사항 이외에 지배인을 둔 장소와 그 이전연월일을 기재한다.

② 이전한 신소재지에서는 상호, 목적, 본점소재지, 존립기간 또는 해산사유, 대표이사의 성명·주소와 주민등록번호 및 공동대표규정에 관한 현재 효력있는 등기사항 전부와 당해 지점 이전연월일 및 회사성립연월일을 등기하고 지배인을 두고 있는 지점을 이전하고 본점이전등기와 지배인을 둔 장소이전등기를 하나의 신청서로 일괄신청하는 때에는 지배인에 관하여 그 성명·주소와 주민등록번호 및 지배인을 둔 새로운 장소와 그 이전연월일을 기재하여야 한다(상업등기법 제60조).

(3) 첨부서면

본점을 다른 등기소의 관할구역 내로 이전한 경우에 신소재지에서 하는 등기의 신청의 경우 첨부서면에 관한 규정과 인감의 제출에 관한 상업등기법 제24조 1항·2항은 적용하지 아니한다(상업등기법 제58조 3항).

1) 등록면허세, 지방교육세, 농어촌특별세 등 납부영수필통지서 및 확인서, 등기 신청수수료

가. 본점이전의 경우

등록면허세는 구본점과 신본점소재지에 별도로 각각 납부하여야 한다(지방세법 제100조, 제89조). 세율도 구본점소재지에서는 변경분 등록면허세(23,000원)를, 신본점소재지에서는 본점이전에 대한 등록면허세(75,000원)를 납부하여야 한다(지방세법 제28조 1항 6호). 지방교육세는 등록세의 100분의 20이다(지방세법 제151조 1항).

지배인을 두고 있는 때에는 구본점소재지에서는 등록면허세 6,000원과 그 100분의 20의 지방교육세를 추가 납부하여야 한다(지방세법 제139조).

대도시 외의 법인이 대도시 내로 이전하는 때에는 법인설립으로 보아 설립등기의 등록면허세, 즉 자본액의 1,000분의 4의 3배 상당액을 중과세(지방세법 제28조 2항)한다.

대통령령으로 정하는 대도시(이하 대도시라 한다) 내에 등기되어 있는 법인이 대도시 외로 이전하는 경우에는 그에 따른 법인등기의 등록면허세를 부과하지 아니한다. 이 때 구본점소재지의 등록면허세 23,000원은 면제되지 아니한다.

조세특례제한법, 관세법, 지방세법에 의하여 등록면허세를 감면받는 자는 농어촌특별세법에 의하여 농어촌특별세를 납부하여야 하는 바, 그 세율은 지방세법에 의하여 감면받는 등록면허세의 100분의 20을 당해 본세의 납세지에 납부하여야 한다(농특 제3조, 제5조, 제6조). 농어촌특별세도 행정구역변경, 등기관의 직권등기 등 감면되는 경우가 있다(농특 제4조, 동령 제4조).

본점이전에 대한 등기신청수수료는 2가지로 분류된다. 관외이전의 경우 신본점소재지에서는 설립으로 보아 30,000원이고, 구본점소재지에서는 변경등기로 보아 6,000원이다. 그리고 관내 본점이전의 경우는 6,000원이다.

나. 지점설치 및 지점이전, 지점폐지의 경우

본점소재지에서의 지점설치에 대한 등록면허세는 23,000원(지방세법 제28조 1항 6호), 지방교육세는 등록면허세액의 100분의 20(지방세법 제151조)이다.

이 경우에는 지점설치의 등록면허세가 아니라 변경등기의 등록면허세를 납부하여야 하므로 대도시 내에 지점을 설치하여도 중과세하지 아니한다.

지점소재지에서는 지점설치에 대한 등록면허세 23,000원(지방세법 제28조 1항 6호), 등록면허세액 100분의 20의 지방교육세(지방세법 제151조), 대도시 내에서의 지점설치등기에 대하여는 일반지점설치 등록면허세의 3배 세율을 중과세(지방세법 제28조 2항)한다.

지점이전 및 지점폐지에 대한 등록면허세는 23,000원이다(지방세법 제28조 1항).

대도시내의 지점의 법인이 대도시 외로 이전하는 때에도 등록면허세를 면제하여야 한다고 할 것이다. 이 때 구본점소재지의 등록면허세 23,000원은 면제되지 아니한다.

등기신청수수료는 6,000원이나 지점설치와 동시에 지배인선임등기를 할 경우에는 각 6,000원을 첨부하여야 한다.

2) 기타 첨부서면

본점이전의 경우 본점을 이전하기 위하여 사원총회에서 정관을 변경한 경우나 이전업무 집행사항을 사원총회에서 결정한 경우에 한하여 사원총회의사록을 첨부하며, 본점소재지 관내 본점이전 등 본점이전에 정관변경이 필요없는 경우에는 이사과반수결의서를 첨부한다.

신본점소재지에서의 본점이전등기신청서에는 위임장, 등록세영수필확인서 등 일반적인 첨부서류 이외에 다른 서류는 첨부할 필요가 없다. 지점의 설치, 이전, 폐지등기에는 이사과반수의 결의서만 첨부하면 된다. 그러나 정관상 지점의 기재가 있는 경우의 지점이전·폐지등기에는 반드시 정관을 변경하기 위하여 특별결의를 한 사원총회의사록을 첨부하여야 하고, 이전일자결정 등을 이사과반수로 정한 때에는 그 결의서도 첨부하여야 한다. 다만, 정관상 지점의 기재가 있더라도 그 기재가 최소행정구역까지만 표시된 경우 동일 행정구역에서의 지점이전등기에는 이사과반수의 결의서만 첨부하여도 되고, 정관에 이사회를 둔 경우에는 이를 이사회회의록으로 작성할 수도 있을 것이다.

Ⅱ. 상호, 목적, 존립기간 또는 해산사유의 변경등기

1. 총 설

유한회사의 상호, 목적, 존립기간 또는 해산사유의 변경은 정관의 변경이므로 사원총회의 특별결의에 의하여야 한다(상 제584조, 제585조).

신청서의 일반적 기재사항인 등기의 목적은 '상호변경등기', '목적변경등기', '존립기간변경(또는 폐지)등기' 또는 '해산사유의 변경(또는 폐지)등기'로 기재한다. 등기의 사유는 '상호변경', '목적변경', '존립기간변경(또는 폐지)', '해산사유변경(또는 폐지)' 또는 '결의기관, 결의일자 및 사유'로 기재한다.

신청서는 서면으로 작성하여야 하고, 정관변경의 결의를 한 사원총회의사록 외에 위임장, 허가서 등 통칙에서 규정하는 서면을 첨부하여야 한다(상업등기법 제79조).

등기는 본점소재지에서는 2주간, 지점소재지에서는 3주간 내에 신청하여야 하며(상업등기법 제32조, 상 제549조 3항, 제183조), 대표이사가 신청한다.

목적변경의 경우는 변경된 목적 또는 상호와 변경의 취지 및 그 연월일을 기재하며, 존립기간 또는 해산사유 변경의 경우 변경 또는 존립기간이나 해산사유와 그 변경, 신설, 폐지의 취지 및 그 연월일을 기재한다.

Ⅲ. 이사와 감사의 변경등기

▣ 핵 심 사 항 ▣

1. 이사
 (1) 의의 : 유한회사의 이사는 내부적으로 회사의 업무를 집행하고 외부적으로 회사를 대표하는 필요, 상설의 기관이다.
 (2) 선임과 종임 : 이사는 사원총회의 결의로 선임하지만, 초대이사는 정관으로 정할 수도 있다(상 제547조 1항, 제567조, 제382조 1항). 이사는 주식회사의 경우와 마찬가지로 사원총회의 특별결의 또는 법원의 판결에 의해 해임되며(상 제567조, 제385조), 그 밖에도 위임의 일반적인 종료사유로 인해 종임된다.
2. 감사
 (1) 의의 : 회사는 정관에 의하여 1인 또는 수인의 감사를 둘 수 있다(상 제568조 1항). 즉, 유한회사의 감사는 주식회사의 경우와는 달리 임의기관에 불과하다.
 (2) 선임과 종임 : 감사는 원칙적으로 사원총회에서 선임하지만 초대감사는 정관으로 직접 정할 수도 있다(상 제568조 2항, 제547조).

1. 이사와 감사의 변경절차

(1) 이사의 취임과 퇴임

 1) 이사의 취임

 가. 이사의 지위

유한회사의 이사는 대내적으로는 회사업무를 집행하고, 대외적으로는 회사를 대표하는 필요상설기관이다(상 제562조). 주식회사와는 달리 업무집행의 의사결정과 그 집행 및 대표가 분리되어 있지 않다.

이사는 원칙적으로 각자 회사를 대표한다(상 제562조 1항). 그러나 이사가 수인있는 경우에는 정관에 다른 정함이 없으면 회사의 업무집행은 그 과반수의 결의에 의하여 하며(상 제564조 1항), 위 결의에 의하여 업무를 집행하는 행위는 각 이사가 단독으로 행한다(단독대표의 원칙).

나. 이사의 자격·수

이사의 자격에 관하여는 법률상 특별한 제한은 없으며, 이사로 될 수 있는 자격에 관하여는 정관으로써 사원에 한하는 것으로 제한할 수 있을 것이다. 따라서 이사는 사원이 아니어도 무방하고 의사능력만 있으면 미성년자라도 상관없다. 감사는 이사직을 겸할 수 없으므로(상 제570조, 제411조), 감사가 이사로 선임될 때에는 그 취임 전에 감사직을 사임하여야 한다.

이사는 1인이라도 상관없으며(상 제561조), 이사의 임기에 대하여는 유한회사의 규정이 주식회사의 상법 제383조의 규정을 준용하지 아니하므로 이사의 임기는 없으나 정관으로 규정할 수는 있다.

다. 이사의 선임

이사는 사원총회의 보통결의로 선임한다. 그러나 초대이사는 정관으로 정할 수도 있다. 이사는 1인이라도 상관없으며, 이사의 자격은 반드시 사원일 필요는 없으나 정관으로써 사원으로 제한할 수 있다(상 제561조).

이사, 감사 등은 회사와 위임관계에 있으므로(상 제567조, 제570조, 제382조) 사원총회의 선임결의에 의해 한다. 바로 취임하는 것이 아니라, 피선자의 취임승낙이 있어야 비로소 취임의 효력이 발생한다. 현임원의 임기만료 전에 후임자를 예선한 경우에는 전임자의 임기만료와 후임자의 선임결의 및 취임승낙 중 늦은 쪽을 기준으로 하여 임기가 개시된다.

2) 이사의 퇴임

회사와 이사와의 관계는 위임관계이므로, 이사는 위임의 일반적인 종료사유에 의하여 종임되고, 사원총회의 해임결의나 소수사원에 의한 해임의 청구에 의하여 퇴임한다.

이사의 퇴임사유에는 다음과 같은 것이 있다.

가. 임기의 만료

정관으로 임기를 정한 경우에 그 임기의 만료로 인하여 퇴임한다.

나. 사 임

이사는 언제든지 사임할 수 있다(상 제567조, 제382조 2항, 민 제 689조 1항).

이사의 사임에도 불구하고 대표이사가 사임등기를 하지 아니한 경　우, 그 이사는 회사를 상대로 사임을 원인으로 한 이사변경등기절차의 이행을 구하는 소를 제기하여 승소판결을 받은 후 회사를 대위하여 변경등기를 신청하여야 한다.

다. 해 임

이사는 선임기관인 사원총회의 결의로 언제든지 해임할 수 있다.

이 해임결의는 주식회사의 경우와는 달리 특별결의에 의할 필요가 없다(상 제567조, 제585조). 다만, 정관으로 정한 이사를 해임함에는 정관변경절차에 의하여야 할 것이다.

라. 자격상실자 또는 자격정지자로 된 경우

마. 이사의 사망, 파산, 금치산

바. 정관소정의 자격상실

사. 회사의 해산

회사가 해산한 때에 이사는 당연 퇴임한다. 해산등기시 등기관이 직　권으로 이사, 대표이사에 관한 등기를 말소하는 기호를 기록하나, 감사는 당연 퇴임하지 아니하므로 그러하지 아니한다.

3) 이사의 권리의무를 가지는 자, 일시이사, 이사직무대행자

이사가 퇴임한 경우에 법률 또는 정관에 정한 이사의 원수를 결하게 되는 때에는 임기만료 또는 사임으로 인하여 퇴임한 이사는 새로 선임된 이사가 취임할 때까지 이사로서의 권리의무가 있다.

이 경우에 필요하다고 인정할 때에는 법원은 이해관계인의 청구에 의하여 일시이사를 선임할 수 있고(상 제567조, 제386조), 이사선임결의무효 등의 소가 제기된 경우에 법원은 당사자의 신청에 의하여 가처분으로써 이사의 직무집행을 정지하거나 그 직무대행자를 선임할 수 있다(상 제567조, 제407조 1항). 법원의 선임에 의한 일시이사, 직무대행자선임에 관한 등기는 주식회사와 같이 법원의 촉탁에 의한다(상업등기법. 제17조, 제81조).

(2) 대표이사의 취임과 퇴임

1) 대표이사의 취임

유한회사의 이사는 각자 회사를 대표하는 것이 원칙이나(상 제562조 1항), 정관 또는 사원총회의 결의로 회사를 대표할 이사를 선정한 때에는 이 자만이 회사를 대표한다(상 제562조 2항).

이 경우에는 회사의 일방적인 의사표시에 의하여 회사를 대표할 이사가 정하여지는 것이므로, 이사의 취임을 승낙하면 대표이사로서의 취임승낙을 별도로 하지 않더라도 당연히 정관 또는 사원총회의 결의에 의하여 회사를 대표할 이사가 된다고 할 것이다.

그리고 정관 또는 사원총회는 수인의 이사가 공동으로 회사를 대표할 것을 정할 수 있다(상 제562조 1항, 3항).

2) 대표이사의 퇴임

① 이사의 지위상실

② 정관변경 또는 사원총회의 결의에 의한 해임

정관으로 대표이사를 정한 때에는 대표이사 변경시 정관변경을 하고, 사원총회에서 해임결의한다.

③ 이사과반수의 동의에 의한 해임

정관의 규정에 의하여 이사 호선으로 대표이사를 선임한 때에는 그 선임기관인 이사과반수의 결의에 의하여 대표이사를 해임할 수 있다.

④ 사임

정관의 규정에 의하여 이사 호선으로 정하여진 대표이사는 그의 일방적인 의사표시에 의하여 대표이사직을 사임할 수 있다. 정관 또는 사원총회의 결의에 의하여 정하여진 대표이사는 이사의 지위를 사임할 수는 있으나, 대표이사의 지위만을 사임할 수는 없다 할 것이다.

(3) 감사의 취임과 퇴임

1) 감사의 의의 등

유한회사에 있어서 감사는 주식회사와는 달리 필요적인 기관이 아니라[2], 정관에 감사를 둘 것으로 정한 경우에 한하여 두는 임의기관이다(상 제568조).

유한회사에는 주식회사와 같이 감사에 갈음하여 감사위원회를 둘 수 없다. 감사의 자격을 정관으로써 사원으로 한정할 수 있다.

2) 감사의 선임

감사는 사원총회의 보통결의로 선임한다. 그러나 초대감사는 정관으로 정할 수 있다(상 제568조 2항, 제547조).

3) 감사의 퇴임

감사는 감사를 둘 것으로 정한 정관의 폐지에 의하여 퇴임하는 점, 회사해산의 경우에도 퇴임하지 아니하는 점을 제외하고는 이사의 퇴임사유와 동일한 사유로 인하여 퇴임한다. 즉, 감사는 유한회사에서 필수기관이 아니므로 정관규정의 폐지로도 퇴임된다.

유한회사의 감사에게는 소수사원에 의한 해임의 소가 인정되지 않는다(상 제570조).

4) 감사의 권리의무를 가지는 자, 일시감사, 감사직무대행자

감사에 결원이 있는 때에는 감사의 권리의무를 행하여야 하는 점, 일시감사, 감사직무대행자 등에 관하여는 이사와 같다(상 제570조).

2. 등기절차

(1) 등기사항 및 등기기간 등

이사·감사·대표이사의 변경 또는 이사·감사의 성명·주민등록번호나 대표이사의 성명·주소에 변경이 있는 때에는 그 변경이 있는 날로부터 본점소재지에서는 2주간, 지점소재지에서는 대표이사의 성명·주소의 변경에 관

---

2) 물론 2009.5.28. 상법 일부개정으로 주식회사의 경우에도 자본금의 총액이 10억원 미만인 회사의 경우에는 회사의 선택에 따라 감사를 두지 않을 수 있다(상 제409조 4항).

하여 3주간 내에 회사를 대표하는 이사가 그 변경등기를 신청하여야 한다(상 제549조 3항, 상업등기법 제 17조 2항, 특례법 제3조).

등기사항, 등기방식 등은 주식회사의 이사·감사·대표이사의 경우와 같다.

(2) 중임등기

임기만료로 퇴임한 임원이 다시 취임하는 경우에도 그에 따른 변경등기를 해야 한다. 이 때 전임의 임기만료일과 후임의 임기개시일이 같은 일자인 경우에는 실무상 중임등기라 하여 그 퇴임취지와 재취임취지를 중복하여 기재하지 아니하고 단지 중임의 취지만을 기재하여 등기한다.

그러나 전임 임기만료일과 후임 임기개시일이 다른 경우에는 설사 동일인이 같은 지위에 재취임한 경우라 할지라도 중임등기로 취급할 수 없고 퇴임 및 취임등기로 하여야 한다.

(3) 첨부서면

1) 이사·감사의 취임

① 사원총회의사록 또는 정관(상업등기법 제103조)

임원을 선임한 사원총회의사록 또는 임원이 기재된 정관을 첨부한다. 정관에서 대표이사 선임권이 이사들에게 위임된 경우에는 대표이사 선임에 관한 이사과반수 결의서 또는 이사회의사록(이사회제도 있는 경우)을 첨부한다.

② 취임승낙을 증명하는 서면(상업등기법 제109조, 제81조)

이 서면에는 그 의사의 진정을 확인할 수 있도록 인감증명법에 따라 신고한 인감을 날인하고 그 인감증명서를 첨부하여야 한다. 다만, 등기소에 인감을 제출한 자가 중임할 경우에는 그 자가 등기소에 제출한 인감의 날인으로 갈음할 수 있다(상업등기규칙 제105조, 제104조 2항, 제84조 2항).

취임승낙을 증명하는 서면을 작성한 자가 외국인인 경우에는 그 서면에 본국 관공서에 신고한 인감을 날인하고 그 인감증명서를 첨부할 수 있다. 다만, 본국에 인감증명제도가 없는 외국인인 경우에는 취임을 승낙하는 서면에 본인이 서명을 하였다는 본국 관공서의 증명서면이나 본국 또는 우리나라 공증인의 공증서면으로 갈음할 수 있다(동규칙 제105조, 제104

조 2항, 제84조 3항).

③ 주민등록번호 및 주소를 증명하는 서면

취임승낙서에 첨부된 인감증명서로 임원의 주민등록번호가 소명되지 아니하는 자는 주민등록표등본, 주민등록증사본, 운전면허증 등을 제출하여 주민등록번호를 소명하는 자료를 제출하여야 한다(특례법규칙 제2조 2항, 1992. 12. 30. 등기 제2662호 통첩).

중임등기의 경우 대법원은 주민등록번호를 증명하는 서면의 첨부를 생략하여 임원변경등기신청을 간편하게 하기 위하여, 등기부에 주민등록번호가 기재된 임원의 중임등기신청시에는 중임되는 임원의 주민등록번호를 증명하는 서면의 첨부를 첨부하지 아니하여도 그 등기신청을 수리하도록 하였다(1998. 9. 8. 등기예규 제794호·제943호).

2) 이사·감사의 퇴임

① 사임, 자격의 상실 또는 정지, 정관소정의 자격상실, 사망, 파산 또는 금치산으로 인한 퇴임의 경우에는 주식회사의 이사·감사와 같다.

② 해임의 경우에는 사원총회의사록(상업등기법 제103조)

③ 정관소정의 임기만료의 경우에는 정관(동법 제103조)

④ 결격 사유를 증명하는 서면

임원이 결격사유 발생으로 퇴임한 때에는 그를 증명하는 유죄판결등본, 파산이나 금치산선고결정등본 등과 그 확정증명서를 첨부하여야 한다.

3) 이사·감사의 성명, 주민등록번호의 변경 또는 대표이사의 주소의 변경

그 변경을 증명하는 서면인 주민등록표등초본 등(상업등기법 제23조)

4) 대표이사의 취임

① 정관 또는 사원총회에서 선임한 경우

정관 또는 사원총회의사록

② 정관의 규정에 의하여 이사과반수로 선임한 경우

정관, 이사과반수의 동의가 있었음을 증명하는 서면, 취임승낙서

③ 대표이사의 주소를 증명하는 서면

④ 인감신고서

5) 대표이사의 퇴임

① 이사의 지위상실로 인한 퇴임

이 경우에는 이사의 퇴임등기가 동시에 신청되므로 이사의 퇴임등기 신청서의 첨부서면만으로 족하다.

② 정관변경 또는 사원총회결의로 해임한 경우(상업등기법 제103조)

결의를 한 사원총회의사록을 첨부한다.

③ 이사과반수결의에 의한 해임

정관, 이사과반수결의에 의하여 해임하였음을 증명하는 서면(상업등기법 103조)

④ 대표이사직만을 사임한 경우

이사과반수결의에 의하여 선임된 대표이사는 대표이사직만을 사임할 수 있다. 이 경우에는 이사과반수로 대표이사를 선임할 수 있는 정관의 규정이 있음을 증명하여야 한다. 따라서 첨부서면은 사임서와 정관 두 가지이다(상업등기법 제13조, 제109조, 제81조).

⑤ 공동대표에 관한 규정의 설치, 변경, 폐지(상업등기법 제103조)

공동대표 규정의 설정, 변경 등의 결의를 한 사원총회의사록을 첨부한다.

6) 등록면허세, 지방교육세 등 납부영수필통지서 및 확인서, 등기신청수수료

이 변경등기의 등록면허세는 23,000원이고, 지방교육세는 그 100분의 20이다. 통상 지방세법 등에서 변경등기에 대하여는 등록면허세 감면규정이 없으므로 농어촌특별세는 해당되지 아니할 것이다(지방세법 제28조 1항, 제151조 1항).

등기신청수수료는 임원변경등기의 경우 6,000원이며, 수인의 대표이사·이사·감사의 변경을 일괄하여 하나의 등기신청서로 제출하는 경우에도 이를 하나의 임원변경등기신청으로 보아 6,000원의 등기신청수수료를 납부한다.

3. 지배인의 선임

이사가 수인 있는 경우 정관에 다른 정함이 없으면 지배인의 선임 또는 해임

과 지점의 설치·이전 또는 폐지도 이사과반수의 결의에 의한다(상 제564조 1
항). 다만, 사원총회에서 지배인을 선임 또는 해임하는 경우는 예외이다.

이 등기는 회사를 대표하는 자가 신청한다(상업등기법 제17조 2항).

첨부서면은 이사과반수결의서 또는 사원총회의사록, 등록세 등 납부통지서 및
확인서, 등기신청수수료증지, 지배인의 주민등록번호와 주소를 증명하는 서면 등
이다.

지배인에 대한 선임, 해임등기의 등록면허세는 6,000원이고, 지방교육세는 그
100분의 20이며(지세 제28조), 등기신청수수료는 6,000원이다.

Ⅳ. 자본증가로 인한 변경등기

■ 핵 심 사 항 ■

1. 정관변경에 의한 자본증감 : 유한회사의 자본은 정관의 절대적 기재사항이므로
   자본의 증감은 정관변경에 의해서만 할 수 있다.
2. 자본증가의 방법
 (1) 출자좌수의 증가
 (2) 출자 1좌의 금액의 증가
 (3) 출자좌수의 증가와 출자 1좌의 금액의 증가의 병용
3. 자본증가의 효력발생 : 자본증가의 효력은 이로 인한 변경등기를 함으로써 발
   생한다(상 제592조).
4. 자본증가의 절차 : 사원총회의 특별결의(상 제584조, 585조)

1. 총 설

(1) 정관변경에 의한 자본증감

주식회사의 경우는 수권자본제에 의하여 발행예정주식총수의 범위 내에서
신주를 발행하여 증자를 하는 경우에는 정관의 변경이 필요 없으나, 유한회
사의 자본은 정관의 절대적 기재사항이므로 자본의 증감은 정관변경에 의해
서만 할 수 있다.

(2) 자본증가의 방법

1) 출자좌수의 증가

이에 의한 자본의 증가는 가장 보편적인 자본증가 방법이다. 이 때에는 먼저 출자를 인수할 자를 확정하여야 하는데, 사원은 원칙적으로 그 지분에 따라 출자를 인수할 권리를 가진다(상 제588조 본문). 이를 법정출자인수권이라 한다.

출자인수권을 가진 자가 출자의 인수를 하지 아니하는 경우에는 회사는 다른 자에게 인수하게 할 수 있으나, 유한회사의 폐쇄성 때문에 광고 기타의 방법에 의하여 인수인을 공모하지는 못한다(상 제589조 2항).

자본증가의 경우 출자의 인수를 한 자는 출자의 납입기일 또는 현물출자의 목적인 재산의 급여 기일로부터 이익배당에 관하여 사원과 동일한 지위를 가진다(상 제590조).

증가할 출자좌수 전부에 대한 인수가 있는 때에는 이사는 인수인으로 하여금 출자금액의 납입 또는 현물출자의 목적인 재산 전부의 급여를 시켜야 한다(상 제596조, 제548조).

유한회사에서는 자본의 증가분에 해당하는 신출자의 전부에 관한 인수 및 출자의 이행이 없으면, 자본증가는 성립하지 않는다. 이는 주식회사의 증자의 경우와 다르다(상 제596조와 제423조 1항, 2항 대조).

현물출자는 출자의 목적인 재산을 인도하는 것이 원칙이나 등기, 등록 기타 권리의 설정이나 이전을 요할 경우에는 이에 관한 서류를 완비하여 교부하면 되고(상 제596조, 제548조), 주식회사와 같이 법원선임 검사인의 조사 또는 이에 갈음한 공인된 감정인의 감정을 받을 필요는 없다.

자본증가의 효력은 출자전원의 납입으로 생기는 것이 아니라, 본점소재지에서 그 등기를 마쳐야 효력이 발생한다(상 제592조).

2) 출자 1좌의 금액의 증가

이에 관한 특별한 규정은 없으나 사원 전원의 동의 후 출자좌수를 증가하는 경우와 같이 추가출자액을 납입케 하여야 한다.

3) 출자좌수의 증가와 출자 1좌의 금액의 증가의 병용

위 (가), (나)의 절차를 병행하는 경우이다. 출자를 인수한 자는 출자 전부의 납입기일 또는 현물출자의 목적인 재산의 급여일로부터 이익배당에 관하여는 사원과 동일한 권리를 가지나(상 제590조), 자본증가의 효력은 이로 인한 변경등기를 함으로써 발생한다(상 제592조).

(3) 자본증가의 효력발생

유한회사의 자본증가는 그 변경등기를 함으로써 효력이 발생한다(상 제592조). 그리하여 출자인수인은 이때부터 사원으로 되지만, 이익배당에 관하여는 출자의 납입기일 또는 현물출자의 목적인 재산의 급여의 기일부터 사원과 동일한 권리를 가진다(상 제590조).

현물출자 또는 재산인수의 목적인 재산의 자본증가 당시의 시가가 자본증가의 결의에 의하여 정한 가격에 현저하게 부족한 때에는 그 결의에 동의한 사원은 회사에 대하여 그 부족액을 연대하여 지급할 책임이 있다(상 제593조 1항).

자본증가 후 아직 인수되지 아니한 출자가 있는 때에는 이사와 감사가 공동으로 이를 인수한 것으로 보며, 자본증가 후 아직 출자전액의 납입 또는 현물출자의 목적인 재산의 급여가 미필된 출자가 있는 때에는 이사와 감사는 연대하여 그 납입 또는 급여미필재산의 가액을 지급할 책임을 진다(상 제594조).

2. 자본증가의 절차

(1) 사원총회의 특별결의(상 제584조, 제585조)

총사원의 반수 이상, 총사원 의결권의 3/4 이상을 가지는 자의 동의가 있어야 하고 이 결의에서 현물출자, 재산인수, 출자인수권 등에 관하여 정한다.

(2) 출자의 인수

1) 인수권자

사원은 원칙적으로 그 지분에 따라 출자인수권을 가지나 사원총회의 특별결의로 특정한 자에게 출자인수권을 부여할 수 있다(상 제587조, 제588조).

주식회사의 경우에는 주주의 신주인수권을 제한하기 위하여는 반드시 정관에 규정되어야 하나(상 제418조 2항), 유한회사의 출자인수권제한은 정관으로 규정하여도 되고, 사원총회의 결의에 의하여도 되는 점이 다르다(상 제586조 3호, 제587조).

2) 인수인의 공모금지

출자인수권자가 인수권을 행사하지 않을 때에 제3자에게 인수시킬 수 있지만 광고 기타의 방법으로 인수인을 공모하지 못한다(상 제589조 2항).

2011년 개정전 상법에 의하면 사원 이외의 자에게 출자를 인수시켜 사원이 50인을 초과하게 될 때에는 법원의 허가를 받아야 했다(개정전 상 제545조 1항 단서). 그러나 2011년 4월 14일 상법개정으로 동 규정은 삭제되었으므로 현재 이러한 제한은 없다.

(3) 출자의 이행

출자를 인수한 자는 출자 전액의 납입 또는 현물출자의 목적인 재산을 인도하여야 하고 등기, 등록, 기타 권리의 설정이나 이전을 요할 경우에는 이에 관한 서류를 완비하여 교부한다. 출자의 인수는 반드시 서면에 의하여 하고(상 제589조 1항), 유한회사의 자본증가는 사원총회에서 결의한 증가할 출자좌수 전부에 대한 인수가 없으면 그 효력이 없다(자본확정의 원칙).

2011년 개정전에는 유한회사에서도 출자의 납입에 있어 상계를 금하기 위해 제334조를 준용하였었다. 그러나 주식회사에 관해 이 제도가 폐지됨에 따라 준용규정에서 제외하고, 주식회사에 관해 제421조 2항이 신설되어 신주발행시의 회사의 동의가 있으면 상계가 가능하게 되어 유한회사에서도 동 규정을 준용하고 있다(상 제596조).

3. 등기절차

(1) 등기사항 및 등기기간 등

자본증가로 인한 출자전액의 납입 또는 현물출자의 이행이 완료된 날로부터 본점소재지에서만 2주간 내에 회사를 대표하는 이사가 ① 증가 후의 자본총액, ② 출자 1좌의 금액(출자 1좌의 금액이 증액방법에 의하여 증자한 경우)의 변경등기를 신청하여야 한다(상 제591조).

주식회사의 경우에는 자본증가의 효력이 신주의 납입기일 다음날에 생기는데 비하여(상 제423조 1항), 유한회사의 자본증가는 등기에 의하여 효력이 생긴다(상 제592조). 그리하여 출자인수인은 이 때부터 사원이 된다.

(2) 첨부서면(상업등기법 제105조)

1) 자본증가에 관한 사원총회의사록(상업등기법 제103조)

유한회사의 자본은 정관기재사항이므로 이 의사록에는 정관변경의 특별결의가 기재되어 있어야 한다. 출자 1좌의 증가 방법에 의하여 증자를 한 경우에는 총사원의 동의가 있었음을 증명하는 서면이 이에 해당하는 서면이다.

2) 출자의 인수를 증명하는 서면(상업등기법 제105조 1호)

출자좌수를 증가하는 때에는 서면에 의한 인수가 있어야 하므로 이의 첨부를 요하나 출자 1좌의 금액을 증가할 때에는 출자인수는 필요없으므로 이를 첨부할 필요가 없다.

3) 출자전액의 납입 또는 현물출자의 목적인 재산 전부의 급여가 있음을 증명하는 서면(상업등기법 제105조 2호)

4) 등록면허세, 지방교육세, 농어촌특별세 등 납부영수필통지서 및 확인서, 등기 신청수수료

등록면허세는 증가된 자본금액의 1,000분의 4, 대도시에서 설립 또는 대도시로 전입 후 5년 이내 회사가 증자를 하는 경우에는 등록면허세의 3배를 가산한다. 그 금액이 75,000원 미만인 경우에는 최저금액인 75,000원이 등록면허세이고, 3배 가산액은 75,000원의 3배이다. 지방교육세는 이의 100분의 20이며, 농어촌특별세는 관세법, 지방세법, 조세특례제한법에 의하여 감면 받은 등록면허세액의 100분의 20이다(지세 제28조 1항, 제151조 1항, 농특세법 제4조, 제5조).

자본증가로 인하여 '출자 1좌의 금액'과 '자본의 총액'란이 각 변경등기를 하여야 하는 경우에는 등기신청수수료를 각 6,000원을 납부하여야 하고 '자본의 총액'만이 변경된 경우에는 6,000원을 납부하여야 한다.

(3) 등기시 주의사항

자본증가의 효력은 본점소재지에서 변경등기를 함으로써 발생하는 것이므로(상 제592조), 본점소재지에서 하는 등기의 신청서의 등기할 사항과 등기용지의 상당란에는 변경연월일을 기재하여서는 아니되고 사선으로 그어 지워야 한다.

4. 사후증자

유한회사가 그 증자 후 2년 내에 증자 전부터 존재하는 재산으로서 영업을 위하여 계속하여 사용할 것을 자본의 20분의 1 이상에 상당하는 대가로 취득하는 계약을 체결하는 경우에는 사원총회의 특별결의가 있어야 한다(상 제596조, 제576조 2항). 이는 계약의 효력발생 요건이다.

Ⅴ. 자본감소로 인한 변경등기

■ 핵 심 사 항 ■

1. 자본감소의 방법
 (1) 출자좌수의 감소
 (2) 출자 1좌의 금액의 감소
 (3) 출자좌수의 감소와 출자 1좌 금액의 감소의 병용
2. 자본감소의 절차
 (1) 사원총회의 특별결의
 (2) 채권자보호절차와 자본감소의 실행

1. 자본감소의 방법

2011년 개정전 상법에 의하면 자본은 어떤 방법에 의하든 법정최저자본액인 1,000만원 미만으로 감소할 수는 없고 1좌의 금액을 5,000원 미만으로 할 수 없었다(개정전 상 제546조). 그러나 2011년 4월 14일 상법개정시 이러한 제한이 폐지되었고, 현재는 출자 1좌의 금액은 100원 이상으로 균일하여야 한다는 제한만이 있을 뿐이다(상 제546조).

자본감소 방법에는 다음의 세 가지가 있다.

(1) 출자좌수의 감소

출자좌수의 감소에는 지분의 소각과 병합이 있다.

지분의 소각은 회사가 특정의 지분을 취득하여 이를 소각하는 방법으로서, 주식회사의 주식의 소각과 같은 것이다. 주식의 소각과 같이 강제소각 또는 임의소각의 방법이 있고 취득대가 유·무에 따라 유상소각과 무상소각의 방법이 있다.

주식의 병합은 2개 이상의 지분을 병합하여 1개의 지분으로 하는 것과 같이 수개지분을 합하여 그보다 소수의 지분으로 하는 방법이다.

(2) 출자 1좌의 금액의 감소

출자 1좌의 금액은 100원 이상으로 균일하게 하여야 한다(상 제546조).

출자 1좌의 금액을 감소하는 경우에는 그 감소액을 각 사원에게 환급하든가 환급을 하지 아니하고 切棄할 수 있다.

출자 1좌의 금액을 감소시키는 방법에 의하여 자본을 감소하는 경우에 자본감소의 효력은 등기완료시가 아니라 자본감소의 절차 완료(환급 또는 포기의 통지)시에 발생한다.

(3) 출자좌수의 감소와 출자 1좌금액의 감소의 병용

자본감소를 위하여 출자좌수도 감소하고 1좌의 금액도 감소하는 절차를 동시에 진행하여 자본감소를 할 수 있다.

2. 자본감소의 절차

(1) 사원총회의 특별결의

유한회사의 자본총액은 정관에 정하여 있고, 이는 정관의 절대적 기재사항이므로, 이를 감소하기 위하여는 정관변경에 관한 사원총회의 특별결의가 있어야 한다(상 제584조, 제585조 1항).

유한회사의 자본감소에 대하여 총사원이 동의한 경우에는 사원총회의사록이 아닌 총사원의 동의서를 첨부하여 변경등기를 신청할 수 있다(선 200206-13).

이 결의에 있어서는 자본감소의 방법을 정하여야 한다(상 제597조, 제439조 1항).

【쟁점질의와 유권해석】

<유한회사의 감자결의시 사원총회의 결의를 거치지 않고 총사원 동의서를 첨부하여
변경등기를 신청할 수 있는지 여부(선 200206-13)>

유한회사에서 총회결의의 목적사항에 대하여 총사원이 서면으로 동의한 경우에는 총
회의 결의와 동일한 효력이 있으므로, 유한회사의 자본감소에 관하여 총사원이 동의
한 경우에는 사원총회의사록이 아닌 총사원 동의서를 첨부하여 변경등기를 신청할
수 있다(2002. 6. 24. 등기 340의 회답).

(2) 채권자보호절차와 자본감소의 실행

자본감소의 결의일로부터 2주간 내에 회사채권자에 대하여 1월 이상의 기
간을 정하여 자본감소에 이의가 있으면 그 기간 내에 이의를 제출할 것을
공고하고, 알고 있는 채권자에게 최고함으로써 채권자보호절차를 거쳐야 한
다(상 제597조, 제439조 2항, 제232조).

자본감소의 절차는 그 방법에 따라 실행절차가 다르다.

1) 출자좌수 감소의 경우

① 지분의 임의소각에 의하여 자본을 감소하는 경우에는 각 사원에게 평등
하게 소각의 신청을 할 기회를 주어 추첨 또는 안분비례 등의 방법으로
소각할 지분을 결정하고, 사원과 회사와의 계약에 의하여 회사가 그 지
분을 취득하여야 한다. 회사가 자본감소에 필요한 지분을 취득한 때에
자본감소의 효력이 발생한다.

② 지분의 강제소각에 의하여 자본을 감소하는 경우에는 추첨 또는 안분비
례 등의 방법에 의하여 소각할 지분을 결정하고 이를 사원에게 통지한
때에 감자의 효력이 발생한다.

③ 지분의 병합에 의한 자본감소의 경우에는 사원총회의 결의에 의하여 병
합의 비율이 결정된다. 병합에 적합하지 아니한 단지분이 있는 때에는
경매하거나 법원의 허가를 얻어 매각하여 그 대금을 단 지분의 사원에게
지급하여야 한다(상 제597조, 제443조).

2) 출좌 1좌의 금액 감소의 경우

① 출자 1좌의 금액의 일나. 출자 1좌의 금액 감소의 경우

부를 환급하는 경우에는 환급액의 지급을 완료함으로써 감자의 효력이 생긴다.

② 출자 1좌의 금액의 일부를 절기하는 경우에는 사원에게 그 뜻을 통지함으로써 감자의 효력이 생긴다.

3) 두 가지를 병용하는 경우

위 두 방법에 의한 자본감소를 실행한 경우에 감자의 효력이 생긴다. 즉 감자등기가 감자의 효력발행요건이 아니다.

3. 등기절차

(1) 등기기간 및 등기신청인

자본감소의 효력이 발생한 날 즉, 지분소각일이나 지분환급 또는 지분절기의 통지일과 채권자 이의기간 만료익일 중 늦은 쪽의 일자로부터 본점소재지에서만 2주간 내에 회사를 대표하는 이사가 그 변경등기를 신청하여야 한다(상 제549조, 제183조, 상업등기법 제17조).

(2) 등기사항

① 감자 후의 자본총액, 자본총액이 변경된 취지와 그 연월일

② 출자 1좌의 금액을 감소한 경우에는 위 ①에 게기한 사항 외에 감소 후의 출자 1좌의 금액, 이것이 변경된 뜻과 그 연월일

(3) 첨부서면

① 사원총회의사록(상업등기법 제103조)

② 채권자보호절차의 이행을 증명하는 서면(동법 제106조)

회사채권자에게 공고 및 최고를 한 증명서, 이의가 있는 때에는 그 변제영수증이나 담보제공증명서, 이의가 없는 때에는 그 취지의 대표이사 진술서를 첨부한다.

③ 기타 일반적인 서면

관청의 허가서, 위임장 등 일반적인 서면과 등록세를 납부한 등록세 영수필통지서 및 확인서를 첨부하여야 한다.

등록면허세는 변경등록세인 23,000원이고, 지방교육세는 그 100분의 20
이다(지세 제28조 1항, 제151조 1항). 자본감소로 인하여 자본의 총액만
변경되는 경우에는 6,000원, 1좌의 금액도 동시에 변경되는 경우에는
12,000원의 등기신청수수료를 납부하여야 한다.

Ⅵ. 본점·지점 또는 임원의 표시변경등기

1. 총 설

등기관의 착오·유루발견에 의한 등기, 주민등록번호 변경, 그 소재장소는 변
경이 없으나 행정구역 또는 그 명칭이 변경되어 본점, 지점 또는 대표이사의 주
소 등의 표시가 변경된 때에는 이에 관한 등기부의 기록은 당연히 변경된 것으
로 보므로(상업등기법 제29조 : 2007. 8. 3. 제정), 등기부에 기록된 행정구역 또
는 그 명칭이 변경된 때에는 등기관은 직권으로 변경사항을 등기할 수 있다(상
업등기규칙 제71조). 그러나 그 직권발동을 촉구하는 의미에서 회사는 그 표시
변경등기를 신청할 수 있으며, 이 때의 등록세는 부과하지 아니하고(지방세법
제128조 7항), 등기신청수수료도 면제된다.

그리고 개명으로 인하여 이사·감사·대표이사의 성명이 변경되거나 전거로
인하여 대표이사의 주소가 변경된 때에는 반드시 회사가 그 변경등기를 신청하
여야 한다.

이 때에는 등록면허세 23,000원 및 그 100분의 20의 지방교육세를 납부하여야
하고 등기신청 수수료도 6,000원을 납부하여야 한다.

이 때 대표이사의 성명변경이나 주소변경의 등기는 본점소재지에서 뿐만 아니
라 지점소재지에서도 등기하여야 하고, 대표권 없는 이사나 감사의 성명변경의
등기는 본점소재지에서만 등기하면 된다(특례 제3조).

2. 등기절차

(1) 등기기간 등

본점소재지에서는 개명으로 인한 이사·감사·대표이사의 성명변경등기나
전거로 인한 대표이사의 주소변경등기를 다 같이 그 변경사유가 발생한 날
로부터 2주간 내에 이를 신청하여야 할 것이지만, 지점소재지에서는 대표권
없는 이사·감사에 관한 사항은 등기사항이 아니므로 지점등기사항인 개

명·전거로 인한 대표이사의 성명변경등기나 주소변경등기에 한하여 그 변경사유가 발생한 날로부터 3주간 내에 이를 신청하여야 한다(상 제549조 3항, 제183조, 특례법 제3조).

그러나 행정구역 및 그 명칭변경으로 인한 본점 또는 지점의 표시변경등기나 대표이사의 주소변경등기는 직권사항이므로 당사자측에 신청을 강제하는 의미의 기간이란 있을 수 없을 것이다.

(2) 등기사항

1) 본점 또는 지점의 표시변경등기

변경된 본점 또는 지점의 표시와 변경취지 및 그 연월일을 등기한다.

2) 임원의 표시변경등기

본점소재지에서는 이사·대표이사·감사의 변경된 성명 또는 대표이사의 변경된 성명·주소와 변경취지 및 그 연월일을 등기하며, 지점소재지에서는 대표이사의 변경된 성명·주소 및 변경등기와 그 연월일만을 등기하고 대표권 없는 이사·감사의 변경된 성명에 관한 사항은 등기하지 아니한다.

(3) 첨부서면

1) 토지대장등본

행정구역 또는 명칭변경으로 인한 본점 또는 지점의 표시변경등기나 대표이사의 주소변경등기에는 그 변경사실을 증명할 수 있는 토지대장등본을 첨부한다.

2) 가족관계의 등록 등에 관한 법률상 기본증명서 또는 주민등록표등·초본

개명 또는 전거로 인한 이사·감사·대표이사의 성명변경등기나 대표이사의 주소변경등기에는 그 변경사실을 증명할 수 있는 가족관계의 등록 등에 관한 법률 제15조 1항의 기본증명서나 주민등록표의 등·초본을 첨부하여야 한다.

3) 등록면허세를 납부하여야 할 경우에는 그 납부한 영수필통지서 및 영수필확인서를 첨부한다.

Ⅳ. 합병의 등기

▣ 핵 심 사 항 ▣

1. 합병의 제한
 (1) 존속 또는 신설회사의 제한(상 제174조) : 합병을 하는 회사의 일방 또는 쌍방
  이 주식회사 또는 유한회사인 때에는 합병 후 존속하는 회사 또는 합병으로
  인하여 설립되는 회사는 주식회사 또는 유한회사이어야 한다.
 (2) 법원의 인가가 필요한 경우(상 제600조 1항) : 유한회사가 주식회사와 합병을 하
  는 경우에 존속회사 또는 신설회사가 주식회사인 때에는 법원의 인가를 얻어
  야 한다.
 (3) 사채미상환의 주식회사(상 제600조 2항) : 합병의 일방인 주식회사가 사채의 상
  환을 완료하지 아니한 때에는 합병 후 존속회사 또는 신설회사는 유한회사
  로 하지 못한다.
2. 합병의 절차 : 유한회사가 합병을 함에는 합병계약서를 작성한 후 사원총회의
  특별결의에 의한 승인을 얻은 다음 합병당사회사의 대차대조표를 공시하여야
  한다. 또 신설합병의 경우에는 합병결의에서 설립위원을 선임하여야 한다.
3. 등기절차 : 회사가 다른 회사를 합병하거나 다른 회사와 함께 해산하고 합병하
  여 신설회사를 설립한 때에는 합병 후 존속하는 회사에 대해서는 합병으로 인한
  변경등기, 합병으로 신설회사는 회사에 대해서는 합병으로 인한 설립등기, 합병
  으로 소멸하는 회사에 대하여는 합병으로 인한 해산등기를 신청하여야 한다.

1. 합병의 제한

(1) 존속 또는 신설회사의 제한(상 제174조)

  회사는 원칙적으로 어떠한 종류의 회사와도 합병할 수 있다. 그러나 합병을
하는 회사의 일방 또는 쌍방이 주식회사 또는 유한회사인 때에는 합병 후
존속하는 회사 또는 합병으로 인하여 설립되는 회사는 주식회사 또는 유한
회사이어야 한다.

(2) 법원의 인가가 필요한 경우(상 제600조 1항)

  유한회사가 주식회사와 합병을 하는 경우에 존속회사 또는 신설회사가 주

식회사인 때에는 법원의 인가를 얻어야 한다. 법원에 대한 인가신청은 합병을 할 회사의 이사와 감사가 공동으로 신청한다(비송 제104조).

(3) 사채미상환의 주식회사(상 제600조 2항)

합병의 일방인 주식회사가 사채의 상환을 완료하지 아니한 때에는 합병 후 존속회사 또는 신설회사는 유한회사로 하지 못한다.

2. 합병의 절차

유한회사가 합병을 함에는 합병계약서를 작성한 후 사원총회의 특별결의에 의한 승인을 얻은 다음 합병당사회사의 대차대조표를 공시하여야 한다. 또 신설합병의 경우에는 합병결의에서 설립위원을 선임하여야 한다.

(1) 합병계약서의 작성

합병계약서의 기재사항은 다음과 같다.

1) 유한회사를 존속회사로 하는 흡수합병계약서의 기재사항(상 제603조)

① 존속하는 회사의 증가할 자본과 준비금의 총액

유한회사가 존속회사로 되는 경우에는 소멸회사의 사원 또는 주주에게 배정할 출자좌수에 1주의 금액을 곱한 금액만큼 자본액이 증가하고, 또 합병차액이 있는 때에는 이를 자본준비금으로 적립하여야 한다.

② 존속하는 회사가 합병으로 인하여 증가할 출자좌수와 소멸회사의 사원 또는 주주에 대한 출자의 배정에 관한 사항

③ 소멸회사의 사원 또는 주주에 대한 교부금을 정한 때에는 그 규정

④ 합병당사회사의 합병계약서 승인결의일

⑤ 합병기일을 정한 때에는 그 기일

2) 유한회사를 신설회사로 하는 신설합병계약서의 기재사항(상 제603조)

① 목적·상호·자본총액·출자 1좌의 금액과 본점주소지

② 신설회사가 합병당시에 발행하는 출자좌수 및 각 회사의 사원 또는 주주에 대한 출자의 배정에 관한 사항

③ 신설회사의 자본과 준비금에 관한 사항

④ 각 회사의 사원 또는 주주에게 지급할 금액을 정한 때에는 그 규정

⑤ 합병당사자의 합병계약서의 승인총회기일

⑥ 합병기일을 정한 때에는 그 기일

(2) 합병대차대조표의 공시(상 제603조, 제522조의2)

이사는 합병계약의 승인을 위한 사원총회의 2주간 전부터 합병을 하는 각 회사의 대차대조표를 본점에 비치하고 사원, 주주 및 회사채권자의 청구가 있을 때에는 언제든지 등본 또는 초본을 교부하여야 한다.

(3) 합병계약서의 승인(상 제598조)

회사가 합병을 함에는 합병계약서를 작성하여 사원총회의 승인을 얻어야 한다. 이 결의는 총사원의 반수 이상, 총사원 의결권의 3/4 이상을 가지는 자의 동의로 한다.

(4) 채권자보호절차와 단지분의 처리(상 제603조, 제443조)

채권자보호절차를 이행하고 소멸회사가 유한회사로서 합병으로 인하여 지분의 병합이 있는 경우에 병합에 적합하지 아니한 단지분이 있는 때에는 이를 경매하거나 법원의 허가를 얻어 경매 이외의 방법으로 매각하여 그 대금을 종전의 사원에게 교부하여야 한다. 소멸회사가 주식회사로서 주식의 병합 또는 분할이 있는 경우에 단주가 있는 때에는 이 단주도 처리하여야 한다.

(5) 보고총회 또는 창립총회(상 제603조, 제526조, 제527조)

유한회사가 존속회사로 되는 흡수합병의 경우에는 채권자보호절차 완료 후(지분 또는 주식의 병합 등이 있는 때에는 그 절차완료 후) 지체없이 사원총회를 소집하여 합병에 관한 사항을 보고하여야 한다. 유한회사가 신설회사로 되는 신설합병에 있어서는 정관의 작성 기타 설립에 관한 행위는 각 회사에서 선임한 설립위원이 공동으로 하여야 하며, 채권자보호절차 완료 후(지분 또는 주식의 병합 등이 있는 경우에는 그 절차완료 후) 창립총회를 소집하여야 한다. 창립총회소집 결의방법에 대하여는 주식회사의 규정을 준용한다(상 제603조, 제527조 3항, 제309조).

3. 등기절차

회사가 다른 회사를 합병하거나 다른 회사와 함께 해산하고 합병하여 신설회사를 설립한 때에는 합병 후 존속하는 회사에 대해서는 합병으로 인한 변경등기, 합병으로 신설회사는 회사에 대해서는 합병으로 인한 설립등기, 합병으로 소멸하는 회사에 대하여는 합병으로 인한 해산등기를 신청하여야 한다.

이 때 합병으로 인하여 해산하는 회사의 본점에서의 해산등기신청은 합병으로 인하여 존속 또는 신설되는 회사의 본점소재지 관할등기소를 경유하여 합병으로 인한 변경등기 또는 설립등기와 일괄하여 신청하여야 한다(상업등기법 제72조).

이 경우 합병으로 인하여 존속 또는 신설되는 회사의 관할등기소에서는 합병으로 인한 변경등기신청 또는 설립등기신청과 해산등기신청 중 어느 한쪽에만 각하사유가 있어도 그 양자를 모두 함께 각하하여야 한다(상업등기법 제73조).

(1) 흡수합병으로 인한 변경등기

1) 등기기간

유한회사가 존속회사로 되어 흡수합병을 한 경우에는 존속회사에 관하여 보고총회의 종결일로부터 본점소재지에서는 2주간, 지점소재지에서는 3주간 내에 합병으로 인한 변경등기를 하여야 한다(상 제602조, 제549조 3항).

2) 등기신청인

합병등기는 회사를 대표할 자의 신청에 의한다(상 제602조, 상업등기법 제17조).

합병으로 인하여 소멸하는 회사의 해산등기와 합병 후 존속하는 회사에 대한 변경등기신청을 존속회사의 관할등기소를 거쳐서 동시에 신청하여야 하는 점 및 그 처리절차에 대하여는 주식회사의 경우와 같다.

보고총회를 생략할 경우에는 이사회의 결의 또는 이사과반수결의와 이에 따른 공고를 한 후 각 위 기간 내에 변경등기와 해산등기를 하여야 한다.

【쟁점질의와 유권해석】

<흡수합병 절차에서 해산하는 주식회사가 존속하는 유한회사의 지분의 전부를 보유하고 있는 경우 등기방법>

① 유한회사가 합병의 대가로 승계할 자기지분을 해산회사에 지급하는 내용의 계약의 가부

흡수합병절차에서 해산하는 주식회사가 존속하는 유한회사의 지분의 전부를 보유하고 있는 경우에 존속하는 유한회사는 합병에 의하여 이를 승계하게 되는 바, 존속하는 유한회사는 합병의 대가로 합병으로 승계할 위 자기지분을 해산회사의 주주에게 지급하는 것을 내용으로 하는 합병계약을 체결하고 그에 대한 합병등기를 신청할 수 있다.

② 등기방법

위 ①의 경우에 있어서 흡수합병절차의 ⓐ 합병계약에서 '존속하는 유한회사가 합병으로 승계할 위 자기지분을 자본감소에 의하여 전부 소각하고 해산회사의 주주에게는 합병에 의한 신지분을 배정하는 것'으로 정한 경우, 존속회사인 유한회사의 자본의 총액의 등기부상 기재방법은 합병시 신지분의 배정으로 인한 자본증가의 변경등기를 먼저 한 후에 지분소각으로 인한 변경등기를 하여야 하며, ⓑ 또한 위 경우에, 자본감소 없이 자기지분의 전부를 소각하는 것으로 합병계약에서 정한 때에는, 자기지분의 소각으로 인한 자본의 총액의 변경은 없으며 합병시의 신지분의 배정으로 인하여 증가하는 자본액만큼의 변경등기를 하여야 한다(상 제341조, 제342조, 제560조) (2005. 8. 3. 공탁법인과 - 365 질의회답)

3) 등기사항(상업등기법 제109조, 제101조, 제69조)

① 소멸회사의 상호, 본점 및 합병한 취지

② 합병 후의 자본의 총액

③ 지점에 있어서는 합병으로 소멸한 회사의 상호·본점과 합병취지 및 합병연월일만 등기하고, 본점에서 등기한 그 이외의 사항은 등기할 필요가 없다.

4) 첨부서면(상업등기법 제107조)

① 합병계약서

실무상 합병계약서를 공증하는 것이 보통이나, 합병당사회사의 각 대표자가 서명날인하고, 대표자의 인감증명을 첨부하는 계약서도 관계없다고 할 것이다.

② 소멸회사의 사원총회(주주총회의 의사록) 또는 이사회의사록

합병을 승인한 의사록을 말한다. 다만, 합병할 회사의 일방이 합병 후 존

속하는 경우에 합병으로 인하여 소멸하는 회사의 총주주 또는 총사원의 동의가 있거나, 그 회사의 발행주식총수를 존속회사가 모두 소유하고 있는 경우에는 소멸회사의 주주총회 또는 사원총회의 승인은 이사회의 승인으로 갈음할 수 있다(상 제522조의2 단서, 제603조). 이 때에는 이사회 의사록 또는 사원과반수결의서를 첨부하면 될 것이다.

③ 합병에 관한 사원총회의사록

존속회사의 합병승인총회의사록과 보고총회의 의사록을 첨부해야 한다. 소멸회사가 인적회사인 때에는 총사원의 동의서, 주식회사인 때에는 주주총회의사록이다.

④ 채권자보호절차의 이행사실을 증명하는 서면

존속회사와 소멸회사에서 각각 채권자보호절차를 이행한 사실을 증명하는 서면으로, 회사채권자에게 공고 및 최고를 한 증명서(공고 및 최고기간 1월 이상)와 이의가 있을 때에는 변제영수증이나 담보제공증명서, 이의가 없을 때에는 대표이사의 진술서이다.

⑤ 소멸회사의 등기부등본(당해 등기소의 관할구역 내의 소멸회사의 본점이 있는 경우를 제외한다)

소멸회사의 상호, 본점, 그 자본의 내용 등을 확인하기 위한 것이다.

⑥ 소멸회사가 주식회사인 때에는 사채의 상환을 완료하였음을 증명하는 서면

⑦ 등록면허세, 지방교육세, 농어촌특별세 등 납부영수필통지서 및 확인서, 등기신청수수료

합병에 의하여 자본액이 증가할 경우에는 그 증가한 자본액을 과세표준으로 하여 1,000분의 4의 등록면허세 및 그 100분의 20에 해당하는 지방교육세를 납부하여야 한다(지방세법 제28조 1항, 제151조 1항).

설립 후 5년 이내의 대도시에 있는 법인이 합병에 의하여 자본금이 증가할 때에는 그 증가한 자본금에 대한 등록면허세를 3배 중과한다(지방세법 제28조 2항).

농어촌특별세는 조세특례제한법, 관세법, 지방세법에 의하여 등록면허세가 감면되는 등록세액의 100분의 20에 해당하는 금액을 납부하여야 한다(농특 제4조, 제5조).

합병으로 인하여 자본이 증가할 경우에 '1좌의 금액', '자본의 총액', '기타 사항란의 합병취지등기'의 각 경우마다 각 6,000원의 등기신청수수료를 납부하여야 한다. 그리고 흡수합병으로 인하여 해산되는 등기에는 6,000원의 등기신청수수료를 납부하여야 한다.

⑧ 대리권을 증명하는 서면 등 일반적인 첨부서면

대리인에 의하여 신청할 경우에는 그 권한을 증명하는 서면(상업등기법 제21조), 합병에 관하여 관청의 허가(인가)를 요할 경우에는 그 허가(인가)서 또는 인증있는 등본(동법 제22조), 정관의 규정, 법원의 허가 또는 총사원의 동의가 없으면 등기할 사항에 관하여 무효 또는 취소의 원인이 있을 때에는 정관, 법원의 허가서 또는 총사원의 동의서(동법 제79조)를 첨부한다.

(2) 합병으로 인한 설립등기

1) 등기신청인

합병으로 인한 설립등기는 회사를 대표하는 이사가 신청하여야 한다.

2) 등기기간

유한회사가 신설회사로 되어 신설합병을 하는 경우에는 신설회사에 관하여는 창립총회종결일로부터 본점소재지에서는 2주간 내에, 지점소재지에서는 3주간 내에 각 등기할 사항을 등기하여야 한다(상 제602조, 제549조 1항·2항). 합병으로 인하여 소멸하는 회사의 해산등기와 합병으로 인하여 설립하는 회사에 대한 설립등기신청을 신설회사의 관할등기소를 거쳐서 동시에 신청하여야 하는 점 및 그 처리 절차에 대하여는 주식회사의 경우와 같다.

3) 등기사항

① 통상의 설립등기사항

② 소멸회사의 상호, 본점 및 합병한 뜻

③ 지점에 있어서는 통상의 지점설치등기의 경우와 마찬가지로 본점소재지에서 등기한 사항 중 상호, 목적, 본점소재지, 존립기간 또는 해산사유, 대표이사의 성명·주소·주민등록번호 및 공동대표규정과 회사성립연월일을 등기하고, 합병연월일도 등기하여야 한다.

4) 첨부서면(상업등기법 제108조)

① 합병계약서

② 소멸회사의 사원총회(주주총회)의 의사록 또는 이사회의사록

합병을 승인하고 설립위원을 선임한 소멸회사의 사원총회의사록(소멸회사가 인적회사인 때에는 총사원의 동의서, 주식회사인 때에는 주주총회의사록)을 첨부하여야 한다.

다만, 합병할 회사의 일방이 합병 후 존속하는 경우에 합병으로 인하여 소멸하는 회사의 총주주 또는 총사원의 동의가 있거나, 그 회사의 발행주식총수를 존속회사가 모두 소유하고 있는 경우에는 소멸회사의 주주총회 또는 사원총회의 승인은 이사과반수의 승인 또는 이사회의 승인으로 갈음할 수 있다(상 제522조의2 단서, 제603조). 이 때에는 이사회의사록 또는 사원과반수 결의서를 첨부하면 될 것이다.

③ 채권자보호절차의 이행사실을 증명하는 서면

각 소멸회사에 관한 것을 첨부하여야 한다. 회사채권자에게 공고 및 최고를 한 증명서와 이의가 있을 때에는 변제영수증이나 담보제공증명서, 이의가 없을 때에는 대표이사의 진술서이다.

④ 소멸회사의 등기부등본

당해 등기소의 관할구역 내에 소멸회사의 본점이 있는 경우에는 첨부하지 아니한다.

⑤ 소멸회사가 주식회사인 때에는 사채의 상환을 완료하였음을 증명하는 서면

유한회사는 사채를 발행할 수 없으므로 이 서면을 첨부한다.

⑥ 정관(신설회사)

신설회사의 정관은 원시정관이므로 인증을 하여야 할 것이나(상 제292조, 제543조 3항), 신설합병에 의한 회사의 정관은 원시정관이 아니고 변경된 정관이라고 할 것이므로 정관의 인증은 할 필요가 없다.

⑦ 이사의 취임승낙을 증명하는 서면

⑧ 감사를 둔 때에는 감사의 취임승낙을 증명하는 서면

⑨ 대표이사의 취임승낙을 증명하는 서면(정관의 규정에 의하여 이사호선으

로 대표이사를 정한 경우)과 이사과반수의 동의가 있음을 증명하는 서면

⑩ 이사·감사의 주민등록번호를 증명하는 서면 및 대표이사의 주소를 증명하는 서면(상 제549조 3항, 특례법규칙 제2조 2항)

⑪ 설립위원의 자격을 증명하는 서면

⑫ 창립총회의사록(상업등기법 제103조)

합병으로 인하여 회사를 설립하는 때에는 설립위원은 상법 제232조 채권자보호절차를 종료한 후, 합병으로 인한 출좌의 병합이 있을 때에는 그 효력이 생긴 후, 합병에 적당하지 아니한 출좌가 있을 때에는 단좌처리를 한 후 지체없이 창립총회를 소집하여야 한다.

⑬ 등록면허세, 지방교육세, 농어촌특별세 등 납부영수필확인서 및 통지서, 등기신청수수료

합병에 의하여 새로 법인을 신설할 때에는 그 자본액을 과세표준으로 하여 1,000분의 4의 등록면허세 및 그 100분의 20에 해당하는 지방교육세를 납부하여야 한다(지방세법 제28조 1항, 제151조 1항). 농어촌특별세는 조세특례제한법, 관세법, 지방세법에 의하여 등록면허세가 감면되는 등록세액의 100분의 20에 해당하는 금액을 납부하여야 한다(농특 제4조, 제5조).

신설합병으로 인한 설립의 등기에는 30,000원, 해산의 등기에는 6,000원을 등기신청수수료로 납부한다.

⑭ 기타의 서면(상업등기법 제21조, 제22조)

위임장, 관청의 허가(인가)서 또는 인증있는 등본, 법원의 허가서, 총사원의 동의서 등이 필요한 경우에는 이를 첨부한다.

5) 회사를 대표하여 등기신청을 할 자의 인감제출

회사를 대표할 자는 인감증명을 받을 수 있도록 하기 위하여 인감대지 및 개인인감증명을 첨부하여야 한다.

(3) 합병으로 인한 해산등기

합병의 효력은 합병등기를 함으로써 발생하므로(상 제234조, 제603조), 소멸회사는 이 해산등기로써 소멸하는 것이 아니라 존속회사의 변경등기나 신설회사의 설립등기로써 당연히 소멸하게 된다.

소멸회사 본점 관할등기소에 신청하는 해산등기는 합병으로 인한 존속회사 또는 신설회사의 본점 관할등기소에 신청하는 합병으로 인한 변경등기나 설립등기와 동시에 일괄하여 신청한다(상업등기법 제72조 : 2007. 8. 3. 제정).

1) 등기기간 등(상 제602조)

등기기간은 합병에 관한 보고총회 또는 창립총회의 종결일로부터 본점소재지에서는 2주간 내, 지점소재지에는 3주간 내이다.

다만, 보고총회에 갈음하여 이사과반수 또는 이사회의 결의와 이에 따른 공고를 한 때에는 이 때부터 위 기간 내에 해산등기를 하여야 할 것이다.

이 등기신청은 이에 관한 특칙이 없는 현행법 하에서는 소멸회사의 대표자가 하여야 된다고 할 수밖에 없으나, 존속회사의 대표자, 또는 신설회사를 대표할 자도 신청할 수 있다고 보아야 할 것이다.

합병으로 인한 해산등기도 회사를 대표하는 이사의 신청에 의하여야 한다(상업등기법 제17조 2항). 합병으로 인한 해산등기는 합병으로 인하여 존속하는 회사의 본점소재지에서 하는 변경등기 또는 합병으로 인하여 신설되는 설립등기와 동시에 그 관할등기소를 거쳐서 신청하여야 하는 점과 그 처리 및 등기절차는 주식회사의 경우와 같다.

2) 등기사항

① 합병으로 인하여 해산한 뜻과 그 연월일

② 존속회사 또는 신설회사의 상호와 본점

3) 첨부서면

이 신청서에는 위임장, 등록세영수필증확인서, 등기신청수수료 등 일반적인 서류만 첨부하면 되고, 다른 서류는 이와 동시에 일괄신청하는 존속회사의 변경등기신청서나 신설회사의 설립등기신청서에 첨부하므로 다시 첨부할 필요가 없다.

V. 해산과 청산의 등기

I. 해산의 등기

■ 핵 심 사 항 ■

1. 해산사유
 (1) 존립기간의 만료 기타 정관으로 정한 사유의 발생
 (2) 합병
 (3) 파산
 (4) 법원의 해산명령 또는 판결
 (5) 사원총회의 결의
2. 등기절차 : 합병과 파산의 경우 외에는 해산한 날로부터 본점소재지에서는 2주간, 지점소재지에서는 3주간 내에 해산의 등기를 하여야 한다(상 제613조 1항, 제228조).

---

1. 해산사유

회사의 해산이란 법인격을 소멸시키는 원인이 되는 법률사실을 말한다.

유한회사는 다음의 사유로 해산한다(상 제609조).

(1) 존립기간의 만료 기타 정관으로 정한 사유의 발생

정관에 정해진 존립기간이 도래하거나 해산사유가 발생하면 회사는 당연히 해산된다.

(2) 합 병

유한회사가 다른 회사와 합병하여 다른 회사를 존속회사로 하거나 새로운 회사를 설립하는 경우, 회사는 해산된다.

유한회사에서는 주식회사에서 인정되는 분할·분할합병제도는 인정되지 아니한다.

(3) 파 산

파산선고를 받으면 회사는 당연히 해산되고 파산법에 의하여 파산절차가

진행된다.

(4) 법원의 해산명령 또는 판결(상 제176조, 제613조 1항, 제520조)

유한회사는 ① 설립목적이 불법한 때, ② 정당한 사유없이 설립 후 1년 이내에 영업개시를 하지 않거나 1년 이상 휴업하고 있는 때, ③ 이사가 법령 또는 정관을 위반하여 회사의 존속을 허용할 수 없는 행위를 한 때에는 이해관계인이나 검사의 청구 또는 직권에 의한 법원의 해산명령에 의하여 해산된다. 이것은 다른 종류의 회사들에도 적용된다.

또 ① 회사의 업무가 현저한 정돈상태를 계속하여 회복할 수 없는 손해가 생기거나 생길 염려가 있을 때, ② 회사재산의 관리처분의 현저한 실당으로 인하여 회사의 존립이 위태로운 때로서 부득이한 사유가 있는 때에는 출자좌수 100분의 10에 해당하는 소수사원의 청구에 의한 법원의 해산판결에 의해서도 해산된다.

이 때의 해산등기는 법원의 촉탁에 의하여 실행한다(비송 제93조).

(5) 사원총회의 결의

정관소정의 존립기간 및 해산사유가 도래하기 전이라도 사원총회의 특별결의에 의하여 회사는 언제든지 해산할 수 있다.

(6) 개정상법 부칙(1984. 4. 10)의 규정에 의한 해산간주(상법부칙 제24조)

1984년 개정상법 시행 전에 성립한 회사로서 시행당시 자본의 총액이 1,000만원에 미달되는 회사는 동법시행일인 1984년 9월 1일부터 3년 이내에 자본총액을 1,000만원 이상으로 증액하여야 하며 그렇지 아니한 때에는 3년의 유예기간 만료시에 해산한 것으로 본다(상법부칙 제4조 1항, 2항).

이러한 회사 중 청산이 종결되지 아니한 회사는 1991년 5월 31일 개정상법 시행일로부터 1년 이내(1992. 5. 30.까지)에 사원총회의 특별결의로 자본총액을 1,000만원 이상으로, 출자 1좌의 금액을 5,000원 이상으로 증액하여 회사를 계속할 수 있다(1991. 5. 31. 개정상법 부칙 제24조 3항).

단, (1)과 (5)의 경우에는 사원총회의 특별결의로 회사를 계속할 수 있다.

2. 등기절차

(1) 등기기간

합병과 파산의 경우 외에는 해산한 날로부터 본점소재지에서는 2주간, 지점소재지에서는 3주간 내에 해산의 등기를 하여야 한다(상 제613조 1항, 제228조).

(2) 등기신청인

해산등기는 회사를 대표하는 이사의 신청에 의하여야 한다(상업등기법 제17조).

파산선고에 의한 파산등기나 법원의 해산명령·판결에 의한 해산등기는 법원이 촉탁에 의하여 등기하며, 해산간주로 인한 해산등기는 등기관의 직권에 의하여 등기한다.

(3) 등기사항(상업등기법 제108조, 제101조, 제65조)

① 해산한 취지 및 그 사유

② 해산연월일

(4) 첨부서면

해산등기신청시 등록면허세는 23,000원이고, 지방교육세는 그 100분의 20이며, 등기신청수수료는 6,000원이며, 해산사유에 따라 그 첨부서면에 조금씩 차이가 난다.

1) 정관소정의 해산사유의 발생으로 인하여 해산한 경우

해산사유 발생 서면(상업등기법 제101조, 제65조 2항)을 첨부하면 되나 존립기간만료로 인한 해산의 경우에는 등기부상 그 기간이 명백하므로 별도의 소명서류는 필요없다 할 것이다.

【쟁점질의와 유권해석】

<정관에서 정한 해산사유의 발생으로 이한 유한회사의 해산등기신청시 사원총회의 해산결의서를 첨부하여야 하는지 여부>

정관에서 정한 해산사유의 발생으로 인한 유한회사의 해산등기신청서에는 그 사유의 발생을 증명하는 서면 이외에 사원총회의 해산결의서를 첨부할 필요는 없다(1996. 3. 22, 등기 3402-202 질의회답).

2) 사원총회의 결의로 해산한 경우

사원총회의사록을 첨부한다(상업등기법 제103조).

3) 상법부칙의 규정에 의해 해산한 경우

이 경우 해산간주되는 회사의 해산일자는 위 기간만료일 익일인 1987. 9. 1. 이다. 그러나 위 규정은 1991. 5. 31. 법률 제4372호로 변경되어 1992. 6. 31.까지로 연장되었다.

그 등기는 '상법부칙 제24조 2항에 의한 해산'이라 기재하고, 등기부 전면에는 '해산간주(유한)'라는 색인표를 붙여 해산간주회사임을 표시한다. 이 회사에 대하여는 인감증명을 발행할 수 없으며, 등기부등본은 발행되나 등기부초본을 발행할 수 없다.

해산간주회사에 대하여 해산등기를 하지 아니하고는 청산인에 관한 등기나 1987. 9. 1. 이후에 생긴 사유를 원인으로 변경등기를 신청할 수 없다.

4) 대표청산인의 자격을 증명하는 서면

대표청산인의 경우를 제외하고 회사를 대표하는 청산인이 해산의 등기를 신청하는 경우에는 그 자격을 증명하는 서면을 첨부하여야 한다. 다만, 청산인의 선임이 없어 업무집행사원이 청산인이 된 경우에는 그러하지 아니하다(상업등기법 제109조, 제65조 3항).

대표청산인의 자격을 증명하는 서면으로는 ① 정관에 의하여 청산인이 정하여진 경우에는 정관, ② 사원총회에서 청산인을 선임한 경우에는 사원총회의사록이며, ③ 사원총회에서 선임한 청산인 중에서 정관의 규정에 의하여 청산인 호선으로 대표청산인을 정한 경우에는 사원총회의사록 또는 청산인과반수의 동의가 있음을 증명하는 서면이다. ④ 법원이 청산인을 선임한 경우에는 청산인선임결정서의 등본(비송 제226조, 제217조, 제189조 2항)이 대표청산인의 자격을 증명하는 서면이 된다.

II. 청산의 등기

■ 핵 심 사 항 ■

1. 청산인 : 청산 중인 회사에서 청산인은 잔여채권의 추심, 잔여채무의 변제, 잔여재산분배 등의 청산사무를 집행한다.
2. 대표청산인 : 청산인이 수인 있는 경우에는 대표청산인을 두어야 한다.
3. 등기절차 : 청산인에 관한 등기는 청산인 또는 대표청산인이 취임 또는 퇴임한 날로부터 본점소재지에서는 2주간 내, 지점소재지에는 3주간 내에 대표청산인이 신청하여야 한다(상 제613조, 제253조, 상업등기법 제66조).

1. 청산인에 관한 등기

(1) 청산인의 취임 및 퇴임

1) 청산인의 취임

청산 중인 회사에서 청산인은 잔여채권의 추심, 잔여채무의 변제, 잔여재산분배 등의 청산사무를 집행한다. 청산인의 원수는 2인 이상이어도 상관없고 청산인이 수인 있는 경우에는 대표청산인을 두어야 하나, 유한회사에는 이사회제도가 없으므로 청산인회제도도 없다.

회사가 해산한 경우에는 합병과 파산의 경우 외에는 이사는 그 지위를 잃고 청산인이 청산사무를 집행한다.

청산인은 해산 전의 이사가 청산인이 되는 것이 원칙(상 제613조 1항, 제531조 1항)인바, 다음과 같이 결정되어 취임한다.

가. 합병, 파산 또는 사원이 1인으로 되어 해산하거나 재판에 의한 이외의 경우(상 제613조 1항, 제531조, 제252조)

이 때에는 ① 정관으로 정한 청산인이 있는 때에는 그 청산인, ② 사원총회에서 이사 이외의 자를 청산인으로 선임한 때에는 그 자(이 경우에는 피선자의 취임승낙을 요한다), ③ 정관에 다른 정함이 없고 사원총회에서도 청산인을 선임하지 아니한 경우는 이사(법정청산인), ④ 위의 청산인이 없는 경우에는 이해관계인의 청구에 의하여 법원이 청산인으로 선임한 자(법원선임청산인)가 청산인이 된다.

나. 설립무효의 판결 또는 설립취소의 판결이 확정한 경우(상 제552조 2항, 제193조)

사원 기타 이해관계인의 청구에 의하여 법원이 선임한 자가 청산인이 된다.

2) 청산인의 퇴임

가. 사임(상 제613조 2항, 제382조 2항)

나. 해임

청산인은 법원이 선임한 경우 외에는 언제든지 사원총회의 보통결의 또는 재판에 의해 해임할 수 있다(상 제613조 2항, 제539조 1항). 또 모든 청산인(법원선임 청산인 포함)은 그가 업무를 집행함에 현저하게 부적임하거나 중대한 임무에 위반한 행위가 있는 때에는 사원총수의 100분의 3 이상에 해당하는 자가 그의 해임을 청구할 수 있으며, 이 청구에 의하여 법원은 청산인을 해임할 수 있다(상 제613조 2항, 제539조 2항).

다. 정관소정의 사유의 발생

라. 사망

마. 파산 또는 금치산선고 등으로 인한 자격상실

바. 임기만료

청산인은 원칙으로 임기가 없으나, 정관으로 임기를 정한 경우 그 임기만료로 퇴임한다.

3) 청산인의 권리의무를 가지는 자, 일시청산인 및 청산인직무대행자

일정한 경우 후임청산인이 취임할 때까지 퇴임한 청산인이 청산인의 권리의무를 지며, 일시청산인 또는 청산인직무대행자를 법원이 선임할 수 있다(상 제613조 2항, 제386조, 제407조).

(2) 대표청산인의 취임 및 퇴임

1) 대표청산인의 취임

가. 이사가 청산인이 된 경우 해산 당시 이사 중에 회사를 대표하지 아니하는 이사가 있는 경우에는 종전의 정함에 따라 회사를 대표할 이사가 대표청산인이 된다(상 제613조 1항, 제255조 1항).

나. 정관 또는 사원총회의 결의로써 대표청산인을 정할 수 있다(상 제613조 2항, 제562조 2항).

다. 정관의 규정에 의하여 청산인 호선으로 대표청산인을 정할 수 있다(상 제613조 2항, 제562조 2항).

이 때에는 대표청산인의 취임승낙이 있어야 한다.

라. 법원이 수인의 청산인을 선임한 경우에는 회사를 대표할 청산인을 정할 수 있다(상 제613조 1항, 제255조 2항).

2) 대표청산인의 퇴임

가. 청산인의 지위상실

나. 해임

정관 또는 사원총회의 결의에 의하여, 정관에 따른 이사 호선으로 대표청산인이 된 자는 선임기관인 정관의 변경이나 사원총회의 결의 또는 청산인 과반수의 결의로 해임할 수 있다.

해산당시 회사를 대표하는 이사가 대표청산인이 된 경우에도 동일한 절차에 의하여 회사를 대표하지 아니하는 청산인으로 할 수 있다.

다. 사임

정관의 규정에 의하여 청산인 호선으로 회사를 대표할 자로 정하여진 때에는 그 자는 대표청산인의 지위만을 사임할 수 있다.

(3) 청산인의 공동대표에 관한 규정

이사가 청산인으로 된 경우에 해산 전에 공동대표에 관한 정함이 있었던 때에는 그 규정은 해산 후 청산인에 대하여도 적용된다(상 제613조 1항, 제255조 1항).

법원이 선임한 청산인 외에는 이사가 수인인 경우 정관 또는 사원총회의 결의로써 수인의 청산인이 공동하여 회사를 대표할 것으로 정할 수도 있다(상 제613조 2항, 제562조 3항).

공동대표에 관한 규정은 사원총회의 결의로 정한 때에는 사원총회의 결의에 의하여, 정관으로 정한 때에는 정관변경의 결의에 의하여 그 규정을 폐지하거나 변경할 수 있고, 해산 전의 공동대표에 관한 규정도 같다.

(4) 등기절차

청산인에 관한 등기절차는 신청서의 첨부서면의 일부를 제외하고는 주식회사의 경우와 같다.

1) 등기기간

청산인에 관한 등기는 청산인 또는 대표청산인이 취임 또는 퇴임한 날로부터 본점소재지에서는 2주간 내, 지점소재지에는 3주간 내에 대표청산인이 신청하여야 한다(상 제613조, 제253조, 상업등기법 제66조).

2) 등기할 사항

① 청산인의 성명, 주민등록번호 및 주소(대표청산인을 선임한 경우 주소 제외)

② 취임연월일

③ 청산인으로서 회사를 대표할 자가 있을 때에는 그 성명과 주소

④ 공동대표 규정이 있을 때에는 그 규정

3) 첨부서면(상업등기법 제66조, 제101조, 제109조)

가. 최초의 청산인의 등기

① 이사가 청산인이 된 경우에는 정관(상업등기법 제66조 1항)

② 사원총회에서 청산인을 선임한 경우에는 사원총회의사록과 청산인의 취임승낙을 증명하는 서면

이 때 정관의 규정에 의하여 청산인 중에서 대표청산인을 선임한 경우에는 청산인과반수의 동의가 있음을 증명하는 서면과 대표청산인의 취임승낙을 증명하는 서면도 첨부하여야 한다(상업등기법 제66조 2항).

③ 정관의 규정에 의하여 청산인이 정하여진 경우에는 정관과 청산인의 취임승낙을 증명하는 서면(동법 제66조 2항)도 첨부해야 한다.

④ 법원이 청산인을 선임한 경우에는 법원이 청산인을 선임한 선임결정서

의 등본

⑤ 취임승낙을 증명하는 서면의 진정담보를 위한 인감증명의 제출 등(규칙 제93조, 제81조, 등기예규 제978-1호)

⑥ 기타 위임장, 관청의 허가(인가)서, 정관, 법원의 허가서, 총사원의 동의서, 등록세, 등기신청수수료 등이 필요한 경우에는 이를 첨부하여야 함은 통산의 등기신청에 있어서와 같다.

나. 청산인에 관한 변경등기

등기신청수수료, 등록세납부영수필통지서 및 확인서와 위임장, 허가서 등 일반적인 첨부서면 외에는 다음과 같다(상업등기법 제66조, 제101조, 제109조).

① 사임한 경우에는 사임서

② 사원총회에서 해임한 경우에는 사원총회의사록, 법원에서 해임한 경우에는 해임결정서의 등본

③ 법정의 결격사유가 발생한 경우에는 이를 증명하는 심판서, 결정서, 판결, 가족관계증명서 등

④ 정관소정사유의 발생으로 인하여 퇴임한 경우에는 정관과 그 사유의 발행을 증명하는 서면

⑤ 사망한 경우에는 사망진단서, 가족관계증명서

⑥ 청산인의 성명·주민등록번호 등이 변경된 경우 그 변경을 증명하는 서면인 가족관계증명서, 주민등록등본 등(비송 제154조)

⑦ 정관의 변경으로 인하여 대표청산인의 지위를 상실한 때에는 그 정관변경에 관한 사원총회의사록

⑧ 사원총회의 결의에 의하여 대표청산인의 지위를 상실한 때에는 그 사원총회의사록

⑨ 정관의 규정에 의하여 청산인 과반수의 동의로 대표청산인을 해임한 경우에는 청산인과반수의 동의가 있음을 증명하는 서면

⑩ 법원이 선임한 대표청산인이 그 지위를 해임당한 경우에는 그 해임을 결정한 재판서의 등본

⑪ 정관의 규정에 의하여 청산인 호선으로 대표청산인으로 정하여진 자가 대표청산인의 지위를 사임한 경우에는 사임서와 정관

⑫ 정관 또는 사원총회의 결의로 공동대표에 관한 규정을 설정하거나 변경 또는 폐지한 때에는 정관변경에 관한 사원총회의사록

⑬ 법원이 공동대표에 관한 규정을 변경 또는 폐지한 때에는 그에 관한 결정서의 등본

2. 계속의 등기

(1) 계속의 절차

1) 회사의 계속의 의의

회사의 계속이란 일단 해산한 청산 중의 회사가 그 법인격의 동일성을 유지하면서 다시 해산 전의 회사로 복귀하여 존립 중의 회사로서 그 존재를 계속하는 것을 말한다. 이 때 해산한 회사가 소급적으로 해산하지 아니한 것으로 되는 것은 아니다.

합병으로 인한 해산과 같이 해산회사가 해산에 의하여 즉시 소멸하는 경우와 법원의 해산명령 또는 해산판결에 의하여 강제적으로 해산된 경우에는 회사계속이 인정되지 않는다.

유한회사는 해산한 후 청산이 종결되기 전이면 해산등기 전후를 불문하고 총사원의 과반수 이상, 총사원의 의결권의 4분의 3 이상의 동의로 회사를 계속할 수 있다.

회사가 계속되면 청산인의 지위는 당연이 종임되므로 회사계속등기와 동시에 해산과 청산인의 등기를 말소하는 기호를 기록하여야 하는데(규칙 제93조, 제92조, 제74조 1항), 이 경우 해산직전의 이사나 대표이사의 기관은 당연히 복귀하나, 자연인인 이사나 대표이사는 해산으로 인하여 퇴임하므로 그 이사 등의 지위가 당연 부활하는 것은 아니다. 따라서 사원총회에서 회사계속결의를 하였을 때에는 새로운 이사와 대표이사를 선임하여 등기하여야 한다.

2) 계속의 사유

① 존립기간의 만료 기타 정관에 정한 사유의 발생 또는 사원총회의 결의에 의하여 해산한 경우에는 사원총회의 특별결의에 의하여 회사를 계속할 수 있다(상 제610조 1항, 제227조 1, 제609조 1항 2호).

② 사원이 1인으로 되어 해산한 경우에는 신사원을 가입시켜 회사를 계속할 수 있다(상 제610조 2항, 제227조 3호).

③ 파산선고를 받은 유한회사는 강제화의의 결정이 있는 때에는 사원총회의
특별결의에 의하여 회사를 계속할 수 있고, 또 파산폐지에 관하여 파산채
권자 전원의 동의를 얻은 때에는 사원총회의 특별결의를 거쳐 파산폐지
의 신청을 함으로써 회사를 계속할 수 있다.

④ 자본금이 1,000만원 미만인 회사는 1992. 5. 30.까지 자본금을 1,000만원
이상으로 증액하여 회사계속등기를 할 수 있다(상법부칙 제24조 3항).

⑤ 회사의 설립무효·취소판결이 확정된 경우, 그 무효나 취소의 원인이 특
정한 사원에 한하는 것인 때에는 다른 사원 전원의 동의로 회사를 계속
할 수 있으며, 이 때에 사원이 1인으로 된 때에는 다른 사원을 가입시켜
회사를 계속할 수 있다(상 제194조 유추적용, 제552조 2항, 제229조).

(2) 등기절차

1) 등기기간

유한회사의 계속등기는 해산등기 전이면 해산등기기간 내에 해산등기와 동
시에, 해산등기 후이면 회사계속결의일로부터 본점에서는 2주간 내에, 지점에
서는 3주간 내에 대표이사가 신청하여야 한다.

2) 등기사항

등기사항은 주식회사의 계속등기의 경우와 같다.

즉 '회사계속의 취지와 그 연월일 및 이사의 성명, 주민등록번호(주민등록이
없는 자는 생년월일)와 대표이사의 성명과 주소'를 등기하여야 한다.

회사 해산 후 계속의 등기를 하는 때에는 해산과 청산인에 관한 등기를 말
소하는 기호를 기록하여야 한다(상업등기규칙 제91조).

(3) 첨부서면

신청서에는 일반적인 첨부서면 외에 다음의 서면을 첨부한다.

① 존립기간의 만료 기타 정관소정의 해산사유의 발생 또는 사원총회의 결
의에 의하여 해산한 회사를 계속한 때에는 사원총회의사록

② 이사의 선임에 관한 사원총회의사록과 그 취임승낙을 증명하는 서면(상
업등기법 제103조, 제109조, 제81조) 및 주민등록번호(주민등록이 없는
자는 생년월일)를 증명하는 서면(법인특규 제2조 2항).

③ 정관에 의하여 이사 호선으로 대표이사를 정한 때에는 이사 과반수의 일치가 있음을 증명하는 서면과 취임승낙을 증명하는 서면(상업등기법 제103조, 제109조, 제81조).

④ 등록세영수필확인서 등

등록면허세는 23,000원이고, 지방교육세는 등록면허세의 100분의 20, 등기신청수수료는 6,000원이다.

3. 청산종결의 등기

(1) 청산절차의 종료

유한회사의 청산시 청산인은 취임 후 2주간 내에 본점소재지 관할법원에 취임신고를 하여야 한다(상 제613조 1항, 제532조).

청산인은 회사의 재산목록과 대차대조표를 작성하여 사원총회와 관할법원에 제출하여야 하며(상 제613조 1항, 제533조), 회사채권을 추심하고, 취임 후 2월 내에 채권자에게 2월 이상의 기간을 정하여 채권을 신고할 것을 최고하고 그 기간이 경과한 뒤 채무를 변제한 후(상 제613조 1항, 제535조), 잔여재산이 있으면 이를 환가하여 출자좌수에 따라 각 사원에게 분배한다(상 제612조). 그리고 청산절차가 종료한 때에는 지체없이 청산결산보고서를 작성하여 이를 사원총회에 제출하고 승인을 받음으로써(상 제613조 1항, 제540조) 청산절차가 종결되는 것이다.

청산이 종결되면 그에 따른 청산종결등기를 하게 되나, 청산종결의 등기를 하였더라도 채권이 있는 이상 청산은 종료되지 않았으므로 그 한도에서 청산법인은 당사자 능력이 있다(상 제542조, 민소 제47조).

(2) 등기절차

청산종결의 등기절차는 신청서에 사원총회의 의사록을 첨부하는 것을 제외하고는 모두 주식회사의 경우와 같다.

1) 등기기간

이 등기는 사원총회의 결산보고서 승인이 있는 날로부터 본점에서는 2주간 내에, 지점에서는 3주간 내에 대표청산인이 신청하여야 한다(상 제613조 1항, 제264조, 상업등기법 제17조).

2) 첨부서면

이 등기신청서에는 일반적인 첨부서면 이외에 공고와 최고를 한 증명서와 청산인의 결산보고서를 승인한 사원총회의사록을 첨부하여야 한다(상업등기법 제103조). 또 청산종결등기의 신청서에는 청산인이 그 계산의 승인을 받았음을 증명하는 서면을 첨부하여야 한다(상업등기법 제109조, 제67조 2항)

등록면허세는 23,000원이고, 지방교육세는 그 100분의 20(지세 제28조 1항, 제151조 1항), 등기신청수수료는 6,000원이다.

VI. 조직변경의 등기

▣ 핵 심 사 항 ▣

1. 조직변경의 의의 : 조직변경이란 회사의 조직을 변경하여 다른 종류의 회사로 바꾸되 법인격의 동일성은 그대로 유지되는 제도.
2. 조직변경의 절차(유한회사 ➡ 주식회사)
  총사원의 일치에 의한 총회의 결의, 단, 정관으로 정할 경우 정관변경을 위한 특별 결의로 조직 변경 가능(상 제607조 1항)
3. 등기절차 : 유한회사가 주식회사로 조직을 변경한 때에는 주식회사에 대해서는 설립등기, 유한회사에 대해서는 해산등기를 하여야 한다(상 제607조 5항, 제606조).

1. 조직변경의 절차

(1) 사원총회의 특수결의, 특별결의

조직변경이란 회사의 조직을 변경하여 다른 종류의 회사로 바꾸되 법인격의 동일성은 그대로 유지되는 제도를 말한다.

2011년 개정전 상법에서는 유한회사는 총사원의 일치에 의한 총회의 결의가 있어야만 그 조직을 변경하여 주식회사로 할 수 있었다(개정전 상 제607조 1항). 그러나 2011년 4월 14일 상법개정으로 단서를 신설하여 정관으로 정할 경우 정관변경을 위한 특별결의로 조직변경이 가능하도록 하였다(제607조 1항 단서).

이 조직변경은 법원의 인가를 받지 아니하면 그 효력이 없다(상 제607조 3항).

조직변경을 하려면 ① 총주주의 일치에 의한 총회의 결의가 있어야 하며, ② 사채상환이 완료되었어야 하고, ③ 회사 현존의 수재산액 이상의 금액이 자본총액이 아니어야 한다(상 제604조).

조직변경을 위한 총회의 결의에 있어서는 정관 기타 조직변경에 필요한 사항을 정하여야 한다(상 제607조 5항, 제604조 3항). 정관은 공증인의 인증을 받을 필요없다.

정관 외에 정하여야 할 사항은 다음과 같다.

1) 조직변경시에 발행할 주식의 종류와 수, 발행가액

조직변경시에 발행할 주식의 총수는 정관으로 정하여야 하나(상 제289조 1항 5호), 각종 주식을 발행할 경우에는 그 주식의 종류와 수는 반드시 정관으로 정할 필요가 없는 것이므로 정관에 이에 관한 정함이 없는 때에는 위 사원총회에서 이를 정하여야 한다.

자본충실의 원칙에 맞게 하기 위하여 조직변경시에 발행하는 주식의 발행가액의 총액이 유한회사의 순재산액을 초과하여서는 아니되며, 이에 위반한 때에는 조직변경결의 당시의 이사, 감사와 사원은 회사에 대하여 연대하여 그 부족액을 지급할 책임을 진다(상 제607조 2항).

2) 감사의 선임

조직변경 후 주식회사의 이사와 감사의 선임, 대표이사의 선임은 조직변경 후의 회사인 주식회사에서 하는 것이 원칙이므로(상 제389조), 조직변경 결의 중에 이를 선임하지 않아도 된다.

3) 변경전의 유한회사의 사원에 대한 주식의 배정에 관한 사항

조직변경시에 발행하는 주식을 사원에게 어떻게 배정할 것인가에 관하여는 원칙적으로는 출자비율에 따를 것이나, 사원총회에서 달리 결의할 수도 있다.

4) 단주처리

조직변경에 의하여 주식의 병합과 유사관계가 생겨 단주를 발행할 경우에 주식병합의 단주처리(상 제443조)를 준용할 수 없으므로 주주총회에서 정하여야 한다.

(2) 채권자보호절차의 이행

조직변경의 결의를 한 때에는 결의일부터 2주간 내에 회사채권자에 대하여 1월 이상의 기간을 정하여 조직변경에 이의가 있으면 그 기간 내에 이의를 제출할 것을 공고하고, 알고 있는 채권자에 대하여는 각별로 최고를 하여야 한다.

이의를 제출하는 채권자가 있는 때에는 회사는 변제 또는 상당한 담보를 제공하거나 이를 목적으로 상당한 재산을 신탁회사에 신탁하여야 한다.

채권자가 위 기간 내에 이의를 제출하지 아니한 때에는 조직변경을 승인한 것으로 본다(상 제608조, 제232조).

(3) 법원의 인가

유한회사가 조직을 변경하여 주식회사로 됨에는 법원의 인가를 받아야만 그 효력이 발생한다(상 제607조 3항). 이는 유한회사의 특색인 설립의 간이성을 보충하는 제도적 장치이다.

이 인가는 유한회사의 이사와 감사가 공동으로 회사의 본점소재지 관할 지방법원에 신청하여야 한다(비송 제72조 1항, 제105조, 제104조). 법원의 인가서는 신청인에 고지된 때에 그 효력이 발생한다(일본선 昭和 35. 9. 16. 민사 甲 2277호 민사국장회답). 신청이 있는 때에는 법원은 이유를 붙인 결정으로써 재판을 하여야 하며, 신청을 인허하는 재판에 대하여는 불복을 신청하지 못한다(비송 제106조, 제81조).

2. 조직변경의 효력

조직변경의 효력은 조직변경등기를 한 때 발생한다.

조직변경의 효력이 생긴 때에는 회사는 동일성을 유지하면서 주식회사로 되고 유한회사의 사원은 주주가 된다.

3. 등기절차

유한회사가 주식회사로 조직을 변경한 때에는 주식회사에 대해서는 설립등기, 유한회사에 대해서는 해산등기를 하여야 한다(상 제607조 5항, 제606조).

변경 전 회사에 관한 해산등기신청서는 등록세납부영수필확인서 및 위임장을 제외하고는 달리 첨부할 서면은 없고, 조직변경 및 해산등기 신청에 대하여 등기소에서는 일괄처리한다.

(1) 등기기간

유한회사가 주식회사로 조직을 변경한 때에는 그 효력이 발생한 날(채권자 보호절차의 이행종료일 또는 법원의 인가서 도달일 중 늦은 날)로부터 본점소재지에서는 2주간, 지점소재지에서는 3주간 내에 유한회사에 있어서는 해산등기, 주식회사에 있어서는 상법 제317조 2항에 정하는 등기(다만, 지점소재지에서는 지점의 등기사항)를 하여야 한다.

(2) 등기신청인

유한회사의 해산등기는 유한회사를 대표하는 이사가 신청하고, 주식회사의 설립등기는 주식회사의 대표이사의 신청에 의하여야 한다(상업등기법 제17조). 그리고 위 양 등기사항은 동시에 신청하여야 하는 취지에 비추어 볼 때 (동법 제110조, 제76조) 신설회사를 대표하는 주식회사의 대표이사가 유한회사의 해산등기도 신청할 수 있다고 보아야 할 것이다. 등기관은 동시에 신청한 등기신청서 중 어느 하나에 관하여 각하사유가 있는 때에는 이들 신청을 함께 각하한다(상업등기법 제110조, 제76조).

(3) 등기사항

1) 유한회사의 해산등기(상업등기법 제110조, 제74조)

주식회사의 상호, 본점, 조직변경으로 인하여 해산한 뜻과 그 연월일

2) 주식회사의 설립등기(상업등기법 제110조, 제74조)

① 통상의 설립등기사항

② 유한회사의 상호, 조직변경의 취지 및 그 연월일

③ 회사성립연월일(유한회사의 설립등기연월일)

(4) 첨부서면

1) 유한회사의 해산등기

대리권을 증명하는 서면(상업등기법 제21조) 외에 다른 서면은 첨부를 생략할 수 있다.

2) 주식회사의 설립등기(상업등기법 제110조)

조직변경으로 인한 주식회사의 설립등기신청서에는 다음 서면을 첨부하여야 한다.

가. 정 관

조직변경으로 인하여 새로 설립하는 주식회사의 정관을 첨부하여야 한다.

나. 이사, 대표이사, 감사의 취임승낙을 증명하는 서면

이 서면에 관한 진정담보제도는 다른 설립등기신청의 경우와 같아서 인감증명법에 의한 인감증명서를 첨부하여야 한다. 다만, 대표이사 아닌 이사의 경우에는 신청서에 첨부된 공증받은 의사록에 취임승낙의 취지가 기재되고 그의 기명날인이 있는 때에는 위 인감증명서의 첨부를 생략할 수 있고 대표이사의 경우에는 인감신고서에 첨부한 인감증명서를 원용할 수도 있을 것이다.

다. 이사·감사의 주민등록번호를 증명하는 서면 및 대표이사의 주소를 증명하는 서면(상 제317조, 특례법규칙 제2조 2항)

라. 명의개서대리인을 둔 때에는 명의개서대리인과의 계약을 증명하는 서면

마. 채권자보호절차의 이행사실을 증명하는 서면

회사채권자에게 공고, 최고한 증명서와 이의가 있을 때에는 변제영수증이나 담보제공증명서, 이의가 없을 때에는 그 취지의 진술서를 첨부한다.

바. 회사에 현존하는 순재산액을 증명하는 서면

조직변경 당시의 대차대조표 재산목록 등이 이에 해당한다.

사. 조직변경에 관한 사원총회의사록(상업등기법 제79조)

이 의사록은 본점소재지 관할 지방검찰청소속 공증인의 인증을 받아야 한다.

아. 주식인수를 증명하는 서면

자. 이사가 1인인 회사를 제외하고는 대표이사 선임에 관한 이사회의사록

차. 조직변경에 관한 법원의 인가결정서의 등본(상업등기법 제22조)

카. 등록세영수필증확인서(지방교육세, 농어촌특별세 포함) 및 등기신청수수료

등록면허세는 과세표준액의 1,000분의 4이고, 수도권 및 대도시에서는 그 3

배를 가산한 등록면허세를 납부하며, 지방교육세는 등록면허세의 100분의 20이다. 이를 납부한 영수필증확인서를 첨부한다(지방세법 제28조 1항, 제151조 1항). 조세특례제한법, 관세법, 지방세법에 의하여 등록면허세가 감면되는 경우 원칙적으로 감면세액의 100분의 20에 해당하는 농어촌특별세를 납부하여야 한다(농특 제5조). 그러나 농어촌특별세도 감면 또는 면제되는 경우가 있다(농특 제4조).

조직변경으로 인한 설립등기의 등기신청수수료는 30,000원이고, 조직변경으로 인한 해산등기의 등기신청수수료는 6,000원이다.

타. 기타의 서면(상업등기법 제21조)

대표이사의 인감증명대조용 인감대지를 첨부하여야 하고, 그 밖에 위임장, 관청의 허가서 등이 필요한 경우에는 이를 첨부하여야 한다.

조직변경으로 인한 유한회사 해산등기신청서에는 위임장 등 일반적인 서면만 첨부하면 된다.

제 2 장   합명회사의 등기

I. 총 설

1. 합명회사의 의의 및 특징

합명회사는 각 사원의 신용 기타 인적 요소가 중시되는 전형적인 인적회사로서, 회사의 재산으로 회사의 채무를 완제할 수 없는 때에는 각 사원이 연대하여 변제할 무한책임을 지는 회사이다(상 제212조 제1항).

합명회사에는 무한책임사원밖에 없으며, 사원은 2인 이상이어야 한다.

각 사원은 직접 회사의 업무를 집행하고 회사를 대표하는 것이 원칙이나, 정관으로 업무집행사원을 정할 수 있고, 정관 또는 총사원의 동의로 업무집행사원 중 특히 회사를 대표할 자를 정할 수도 있다(상 제200조 1항, 제201조 2항, 제207조).

상호, 목적, 출자목적, 존립기간이나 해산사유 등의 변경등기나 해산·합병·조직변경·회사계속 등의 등기에는 청산인이나 해산·합병·조직변경·회사계속 등의 등기에는 총사원의 동의가 있어야 한다. 청산인이나 지배인의 선임·해임 등의 등기에는 사원과반수의 동의가 있어야 한다.

II. 설립의 등기

1. 설립등기절차

(1) 등기신청인

회사를 대표할 사원을 정한 때에는 그 대표사원이 등기신청인이 되고, 대표사원을 정하지 아니하였으면 합명회사 사원은 각자가 회사를 대표하므로(상 제207조), 사원 전원의 신청은 물론 사원 1인이 신청하여도 된다고 할 것이다.

(2) 등기기간

상법은 합명회사의 설립등기에 대해서는 등기를 강제하고 있지 아니하므로 등기기간의 정함은 없다. 그러나 설립등기 이후의 등기는 기간을 정하여 그 등기를 강제한다.

(3) 등기사항

1) 상 호

상호는 회사가 영위하는 사업을 나타내는 명칭이거나 인명·지명을 나타내는 명칭이거나 아무 제한이 없으며, 한글로 표시하기만 하면 외국어라도 상관이 없다.

합명회사의 상호에는 반드시 합명회사라는 문자를 사용하여야 하고(상 제19조), 특히 허용된 경우가 아니면 그 상호에 법령상 금지된 문자는 사용할 수 없으며(은 제8조, 보험 제8조, 신탁 제7조 등), 동일한 특별시·광역시·시·군에서 동종영업을 위하여 타인이 등기한 상호와 동일하거나 확연히 구별되지 않은 상호로는 등기할 수 없다(상 제22조, 비송 제164조, 규칙 제62조의14). 단, 지점의 경우는 동일한 상호가 존재하더라도 지점의 표시를 하여 사용할 수 있다.

본점과 지점에서 사용하는 상호는 동일해야 하나, 지점의 상호에는 '지점'이란 문자를 사용하여 본점과의 종속관계를 표시하여야 한다(상법 제21조). 다만 상법개정으로 회사도 상호의 가등기의 경우에는 상호등기부에 등기한다. 즉, 상호의 가등기는 상업등기규칙 별지 제8호부터 제12호까지의 양식 중 해당양식의 란에 해당하는 상호가등기에 관한 등기정보를 기록하는 방식으로 한다(상업등기규칙 제76조).

2) 목 적

목적이란 회사가 영위하고자 하는 사업을 말하는 것으로서 회사의 성질상 상행위 기타 영리사업임을 요한다. 영리사업이기만 하면 1개의 사업일 필요는 없고 수개의 사업이어도 무방하며, 이는 반드시 정관에 기재하여야 한다.

회사의 목적을 기재함에 있어서는 사회관념상 그 회사가 어떤 종류의 사업을 영위하고자 하는가를 확인할 수 있도록 구체적으로 특정해서 기재하여야 하며, '상공업' 또는 '상품의 제조판매업', '무역업' 등과 같이 막연히 기재하여서는 안된다.

3) 본점과 지점의 소재지

4) 사원의 성명, 주민등록번호와 주소

사원의 등기에 관한 상법의 규정은 사원의 성명, 주민등록번호와 주소를 등기하도록 하고 있다(상 제180조, 제179조 3호). 그러나 대표권 있는 사원을 정한 때에는 대표권자의 주소만 기재하고 나머지 사원의 주소는 기재하지 아니한다(상 제180조). 주민등록이 없는 자는 생년월일을 기재하여야 한다.

5) 사원의 출자의 목적, 재산출자에 있어서는 그 가격과 이행한 부분

출자목적이라 함은 출자의 대상을 말하는 것으로 반드시 금전출자에 한하는 것은 아니고, 그 외에 동산, 부동산, 채권, 유가증권, 무채재산권 등의 출자도 무방하며 반드시 재산상의 출자에 한하지 않고 노무, 신용 등 비재산상 출자도 그 목적으로 할 수 있다. 금전 이외의 재산출자의 경우에는 막연히 동산, 부동산, 채권이라고만 해서는 안되고 출자목적이 된 재산을 특정할 수 있도록 일일이 구체적으로 기재하여야 한다.

출자는 실제 출자가 이행된 것을 말하는 것이 아니라, 정관에 기재하여 출자하기로 약속된 것 자체를 말하기 때문에 미등기나 타인명의의 부동산도 그를 취득하여 회사에 이전해 줄 책임하에 출자의 목적으로 삼을 수 있으며, 이 출자의 이행은 회사의 설립요건이 아니므로 설립당시 실제 이행부분이 전혀 없다고 해도 설립등기에는 아무런 지장이 없고, 다만 그 때는 이행부분은 이를 기재하지 아니한다.

출자목적이 재산출자인 경우에는 반드시 그 가격과 이행부분을 표시해야 하지만 신용, 노무 등 비재산상의 출자인 경우에는 그 가격이나 이행여부 등은 표시하지 않아도 된다.

이행부분을 표시함에 있어서는 금전출자인 경우에는 회사에 지급한 금액을, 금전 이외의 재산상 출자 중 목적물의 권리를 이전해야 할 출자인 경우에는 그 목적재산의 권리이전행위와 그 방식 즉 등기·등록·인도·채무자에 대한 통지 등의 이행을 마친 평가액을 기재하여야 한다.

6) 존립기간 또는 해산사유를 정한 때에는 그 기간 또는 사유

회사의 존립기간이라 함은 '회사성립일로부터 만 30년간' 또는 '20○○년 12월 31일까지'라고 정하는 것과 같이 회사의 존속에 관하여 시간적 제한을 가하여 그 시한의 도래로써 회사는 당연히 해산하기로 정한 것을 말한다.

해산사유라 함은 '사원 ○○○의 종신까지'라고 정하는 것과 같이 법정의 해산사유 이외에 일정한 사유가 발생하면 회사는 당연히 해산하기로 정한 것을 말하는 것으로, 이에 관한 사항을 정한 때에는 정관에 기재하여야 효력이 발생하고 또 이를 등기하여야만 제3자에게 대항할 수 있다.

그러나 존립기간에 관한 사항을 정관에 기재했다고 해도 언제나 총사원의 동의로써 해산할 수 있다(상 제227조 2항).

7) 회사를 대표할 사원을 정한 경우에는 그 성명과 주소 및 주민등록번호

8) 수인의 사원이 공동으로 회사를 대표할 것으로 정한 때에는 그 규정

(4) 첨부서면

1) 정관(상업등기법 제57조 1호 : 2007. 8. 3. 제정)

정관에 규정이 없으면 효력이 없는 사항의 등기를 신청하는 경우에는 신청서에 정관을 첨부하여야 한다(상업등기법 제56조 1항).

합명회사의 정관은 원시정관이라도 공증인의 인증이 필요없다.

2) 재산출자에 관하여 이행을 한 부분을 증명하는 서면(상업등기법 제57조 2호)

재산출자에 있어서 출자이행부분이 있는 때에는 출자목적이 현금인 때에는 영수증, 동산이나 부동산 등 현물인 때에는 현물인도증 또는 등기부등본, 채권인 때에는 채권증서와 양도통지서 등이 이에 속할 것이다. 그러나 출자목적이 신용, 노무 등 비재산권상의 출자이거나 재산출자인 경우에도 회사성립당시 그 이행부분이 없는 때에는 이를 첨부할 필요가 없다.

3) 총사원의 동의로 업무집행사원 중 특히 회사를 대표할 사원 또는 공동대표사원을 정한 때에는 총사원의 동의서(상업등기법 제56조 2항)

4) 정관상의 본점 또는 지점의 주소지가 최소행정구역으로 정하여지고, 업무집행사원 과반수의 결의로 본점 또는 지점의 소재 장소를 따로 정한 때에는 업무집행사원 과반수의 동의가 있음을 증명하는 서면

합명회사에는 상법상 사원총회가 존재하지 아니하므로 사원의 동의는 전 사원이 모여 회의를 개최하는 방식으로 할 수 있고, 서면결의나 개별적인 접촉을 통한 동의를 얻는 방식으로도 할 수 있다(정찬형, 회사법강의 제2판, 162면). 그러므로 총사원의 동의가 있음을 증명하는 서면으로는 사원총회의사록이나 서면결의서 등을 첨부하면 된다.

5) 설립에 관하여 관청의 허가(인가)가 필요한 경우에는 그 허가(인가)서 또는 인증있는 등본(상업등기법 제22조)

6) 대리인에 의하여 신청할 때에는 그 권한을 증명하는 서면(상업등기법 제21조)

7) 기타 등록면허세영수필증확인서 및 통지서(지방교육세, 농어촌특별세 포함), 등기신청수수료납입

등록면허세는 과세표준액의 1,000분의 4이고, 수도권 및 대도시에서는 그 3배를 가산한 등록면허세를 납부하고, 지방교육세는 등록면허세의 100분의 20에 해당하는 금액을 납부한 영수필증확인서를 첨부하여야 한다(지방세법 제28조 1항 6호, 제151조 1항).

조세특례제한법, 관세법, 지방세법에 의하여 등록면허세가 면제 또는 감면되는 경우 원칙적으로 면제 또는 감면세액의 100분의 20에 해당하는 농어촌특별세를 납부하여야 한다(농특 제5조). 그러나 농어촌특별세가 감면 또는 면제되는 경우도 있다(농특 제4조).

설립등기시 등기신청수수료는 30,000원(전자표준양식에 의한 신청의 경우에는 25,000원, 전자신청의 경우에는 20,000원)이며 등기신청시 이를 납부하여야 한다.

8) 기타 등기를 위임하는 경우에는 위임장

(5) 인감의 제출

회사의 설립등기신청시에는 미리 또는 설립등기의 신청과 동시에 대표권 있는 사원의 인감을 등기소에 제출하여야 한다(상업등기법 제24조).

Ⅲ. 변경의 등기

Ⅰ. 총 설

▣ 핵 심 사 항 ▣
1. 등기신청인 : 회사를 대표하는 사원이 신청(상업등기법 제17조) 2. 등기기간 : 본점소재지에서는 2주간, 지점소재지에서는 3주간 내(상 제183조)

1. 등기신청인 및 등기기간

이 변경등기는 회사를 대표하는 사원이 신청하여야 한다(상업등기법 제17조).

등기할 사항에 변경이 있는 때에는 본점소재지에서는 2주간, 지점소재지에서는 3주간 내에 변경등기를 하여야 한다(상 제183조, 특례법 제3조). 본점이전 및 지점이전의 등기의 경우도 같다(상 제182조).

2. 첨부서면

변경등기의 사유는 여러 가지가 있으나 총사원의 동의 또는 업무집행사원의 과반수의 동의에 의하여 발생하는 경우가 많은데, 이 경우에는 그 동의 있음을 증명하는 서면을 첨부하여야 한다(상업등기법 제56조 2항).

등록면허세는 지방세법 제28조 1항 6호에 의하여 23,000원, 지방교육세는 등록면허세의 100분의 20을 납부하여야 한다(지방법 제151조 1항).

'상호', '본점', '목적', '임원변경등기', '지점설치등기' 등의 변경등기에는 각각의 변경사항마다 각 6,000원(전자표준양식에 의한 신청은 4,000원, 전자신청은 2,000원)의 등기신청수수료를 납부하여야 한다.

Ⅱ. 상호 또는 목적변경의 등기

> ### ▣ 핵 심 사 항 ▣
>
> 1. 상호 또는 목적변경의 등기 : 합명회사의 목적이나 상호는 정관의 절대적 기재사항이므로 이를 변경하는 때에는 정관변경절차를 거쳐야 한다.
> 2. 등기절차 : 상호나 목적의 정관변경절차를 밟은 날로부터 본점소재지에서는 2주간 내, 지점소재지에서는 3주간 내에 회사를 대표할 사원이 신청하여야 한다. 등기사항은 '변경된 상호 또는 목적과 변경취지 및 그 연월일'이며, 상호, 목적란에 기재한다.

1. 의의

합명회사의 목적이나 상호는 정관의 절대적 기재사항이므로 이를 변경하는 때에는 반드시 정관변경절차를 거쳐야 한다. 따라서 회사를 대표하는 사원이 그 등기 신청하는 때에는 그 동의있음을 증명하는 서면을 첨부해야 한다(상업등기법 제56조 2항).

목적변경은 종전 목적과 새로운 목적을 교체하여 변경하는 경우 뿐 아니라, 기존목적에 새로운 목적을 추가하서나 기존목적 중 일부를 삭제하는 경우도 포함한다.

상호를 변경한 결과 동일특별시·광역시·시·군에서 동종영업으로서 타인이 등기한 것과 동일 또는 유사한 상호 및 상호의 가등기와 동일 또는 유사한 상호로 되는 때에는 물론, 목적을 변경하여 그와 같이 되는 때에도 그에 따른 변경등기는 허용되지 않는다.

2. 등기절차

(1) 등기기간

상호나 목적의 정관변경절차를 밟은 날로부터 본점소재지에서는 2주간 내, 지점소재지에서는 3주간 내에 회사를 대표할 사원이 신청하여야 한다(상 제183조).

(2) 등기사항

등기사항은 '변경된 상호 또는 목적과 변경취지 및 그 연월일'이며, 상호·목적란에 기재한다. 목적란을 추가하는 경우에는 추가되는 목적, 삭제되는 경우에는 삭제되는 목적, 변경되는 경우에는 추가·삭제를 병행하여 기록한다.

(3) 첨부서면

상호나 목적을 변경하려면 정관을 변경하여야 하므로, 정관변경을 위한 총사원의 동의서를 첨부하여야 한다(상업등기법 제56조 2항). 그러나 정관의 규정에 의하여 총사원 과반수의 동의로 상호 또는 목적을 변경한 경우에는 그 동의가 있는 것을 증명하는 서면과 정관을 첨부하면 된다.

다만, 합명회사나 합자회사의 내부관계에 관하여는 상법 또는 정관에 규정이 없으면 조합에 관한 민법의 규정을 준용할 수 있고(상 제195조, 제269조), 정관으로 그 결의요건을 완화하여 사원총회의 다수결로 정할 수도 있으므로(정동윤, 손주찬, 주석상법 회사(Ⅰ), 2003, 217면), 정관규정에 의하여 다수의 결로 결의한 사원총회의사록을 첨부하여도 된다고 할 것이다.

Ⅲ. 본점의 이전, 지점의 설치·이전·폐지 등의 등기

▣ 핵 심 사 항 ▣

1. 본점의 이전, 지점의 설치·이전·폐지 등의 등기 : 합명회사가 본점을 이전하거나 지점을 설치, 이전, 폐지한 때 또는 본점이나 지점의 표시에 변경이 생긴 때에는 그 등기를 하여야 함(상업등기법 제58조, 상 제182조 ~ 183조).
2. 등기절차
   (1) 본점이전 : 본점이전등기는 신소재지나 구소재지 모두 2주간 내에 회사를 대표할 자가 신청
   (2) 지점의 설치·이전·폐지 : 현실로 지점을 설치, 또는 폐지한 날로부터 본점소재지에서는 2주간 내, 지점소재지에서는 3주간 내에 회사를 대표할 사원이 신청. 단, 지점 이전의 경우에는 2주간 내에 본점과 구지점소재지에서 등기

1. 총 설

합명회사가 본점을 이전하거나 지점을 설치, 이전, 폐지한 때 또는 본점이나 지점의 표시에 변경이 생긴 때에는 그 등기를 하여야 한다(상업등기법 제58조,

상 제182조 ~ 183조).

(1) 본점의 이전

합명회사의 본점을 다른 최소행정구역으로 이전함에는 총사원의 동의로써 정관을 변경하고, 업무집행사원 과반수의 동의로 이전일자 등 업무집행에 관한 사항을 결정하여야 하므로, 구본점소재지에서 하는 본점이전등기의 신청서에는 총사원의 동의가 있음을 증명하는 서면과 업무집행사원 과반수의 일치가 있는 것을 증명하는 서면을 첨부하여야 한다.

(2) 지점의 설치·이전·폐지

개정 전 상법은 지점을 설치한 때에는 그 지점을 정관에 기재하여 등기하여야 하고(상 제179조), 새로운 지점을 설치하거나 기존지점을 이전 또는 폐지할 때에는 총사원의 동의를 얻도록 규정하고, 지점소재지를 정관의 절대적 기재사항으로 하였으나 개정상법은 이를 삭제하였으므로(상 제179조), 지점 설치 등에 있어서 정관변경은 불필요하고, 지점의 설치·이전·폐지는 업무집행사원의 과반수 결의로 가능하게 되었다.

상법은 합명회사 지점의 설치·이전·폐지에 관한 규정을 두고 있지 않으므로 정관으로 지점의 설치·이전·폐지의 권한을 업무집행사원의 과반수 결의로 가능하도록 정하지 않는 한, 인적회사의 특성상 사원총회의 결의로 하여야 할 것이다.

정관상 지점의 기재가 최소행정구역까지만 표시된 경우, 동일 구역 내에서의 지점이전에는 업무집행사원 과반수의 동의만 있으면 되고, 구체적 장소까지 표시된 경우 또는 다른 구역으로의 이전의 경우에는 총사원의 동의에 의한 정관변경 또는 총사원의 동의가 있어야 한다.

지점을 설치하거나 이전 또는 폐지한 때에는 본점과 당해 지점소재지에서는 그에 따른 등기를 하여야 한다.

지점에 관한 사항은 법인등의등기사항에관한특례법에서는 이에 관한 특례규정을 두어 지점소재지에서의 등기에서는 이를 등기사항으로 하고 있지 않으므로(동법 제3조), 지점의 설치·이전 및 폐지에 관한 사항은 본점과 당해 지점소재지에서만 등기할 뿐 당해 지점 이외의 다른 지점소재지에서는 등기할 필요가 없는 바, 개정상법에서도 이를 명문으로 규정하고 있다

(상 제181조).

2. 본점이전의 등기절차

본점이전의 등기절차도 주식회사의 경우와 같다. 본점을 타관으로 이전하고 본점소재지에서 행하는 등기절차에 관해서는 신·구소재지에서 이를 각각 따로 행하도록 한다면 한쪽의 등기만 행해진 채 다른 쪽의 등기는 방치되는 사례가 생길 수도 있기 때문에 통상의 경우와 달리 신소재에서의 등기신청은 구소재지 관할등기소를 경유하여 구소재지에서의 등기신청과 동시에 신청하여야 한다(상업등기법 제58조 1항, 2항).

다만, 이들 두 등기는 동시에 신청하여야 하되, 관할등기소가 다르므로 한 신청서로써 일괄하여 신청할 수 없고 2개의 신청서를 각각 작성제출하여야 한다.

이 때 신소재지에서의 등기신청서에는 위임장, 등록세영수필확인서 등 일반적인 첨부서류 이외에 구소재지에 제출한 첨부서류는 필요하지 않다(동조 3항).

본점이전등기신청을 받은 구소재지 등기소에서는 신·구소재지에의 등기신청 모두를 심사하여 그 중 어느 하나에 관해서만 각하사유가 있어도 그 모두를 함께 각하하여야 한다(동법 제59조 1항).

(1) 등기기간 등

상업등기법은 신소재지에서 신청하는 본점이전등기는 구소재지를 경유하여 구소재지에서의 본점이전등기와 동시에 일괄하여 신청하도록 규정하고 있어서(동법 제58조 1항, 2항), 본점이전등기는 신소재지나 구소재지 모두 2주간 내에 회사를 대표할 자가 신청하여야 한다.

회사를 대표할 자는 대표사원을 따로 정한 때에는 대표사원이, 수인의 대표사원을 정한 때에는 대표사원 전원이 되며, 이를 따로 정하지 아니한 때에는 사원 각자가 회사를 대표하는 합명회사의 성격에 비추어 총사원 중 1인이 회사를 대표할 자로서 신청인이 될 것이다(상 제207조).

(2) 등기사항

1) 동일한 등기소관내에서 본점을 이전한 경우

본점 및 지점소재지에서 모두 '신본점소재지와 그 이전연월일'을 등기하고, 지배인을 두고 있는 본점을 이전하고 본점이전등기와 지배인을 둔 장소이전등기를 하나의 신청서로 일괄신청하는 때에는 '지배인을 둔 새로운 장소와 그 이전연월일'을 추가 기재한다.

2) 다른 등기소관내로 본점을 이전한 경우

① 구본점소재지 · 지점소재지 : '신본점소재지와 그 이전연월일'을 등기하고, 지배인을 두고 있는 본점을 이전하고 구본점소재지에서 본점이전등기와 지배인을 둔 장소이전등기를 하나의 신청서로 일괄 신청하는 때에는 '지배인을 둔 새로운 장소와 그 이전연월일'도 등기한다.

② 신본점소재지 : '구본점에서 등기한 사항 중 현재 효력있는 등기사항 전부와 구본점의 표시, 본점이전의 취지 및 이전연월일과 회사성립연월일'을 등기하고, 지배인을 두고 있는 본점을 이전하고 본점이전등기와 지배인을 둔 장소이전등기를 하나의 신청서로 일괄신청하는 때에는 지배인에 관하여는 '지배인의 성명 · 주소와 주민등록번호 및 지배인을 둔 새로운 장소와 그 이전연월일'을 기재한다.

(3) 첨부서면

1) 구본점소재지에서 신청하는 경우

일반적인 첨부서면 이외에 본점이전에 정관변경이 필요한 때에는 정관변경을 위한 총사원의 동의서(업무집행사원 과반수의 동의로서 정한 때에는 업무집행사원 과반수의 동의서)를 첨부하고, 정관변경이 필요없는 경우(관내 본점이전)에는 이전장소 및 이전일자결정 등을 위한 업무집행사원 과반수의 동의서를 첨부하여야 한다(상업등기법 제56조).

2) 신본점소재지에서의 신청하는 경우

위임장, 등록세영수필확인서 등 일반적인 첨부서류 이외에 다른 서류는 첨부할 필요가 없다. 다만, 인가의 본점표시가 달라지므로 대표사원의 인감(인감대지)은 이를 다시 제출하여야 한다.

(4) 등록면허세, 지방교육세, 등기신청수수료 등

관내이전의 경우에는 등록면허세가 75,000원이고, 지배인이 있으면 등록세 6,000원을 추가 납부한다. 타관이전의 경우에는 구본점소재지에서는 등록면허세 23,000원이며, 지배인이 있으면 등록면허세 6,000원이 추가하고, 신본점소재지에서는 75,000원의 등록면허세를 납부하여야 하되, 수도권 또는 대도시로 본점이전시는 설립으로 보아 등록면허세를 3배 가산한다(지방세법 제28조 1항).

지방세법, 관세법, 조세특례제한법에 의하여 등록면허세가 감면되는 경우에는 그 감면액의 100분의 20의 농어촌특별세를 납부하여야 한다(농특 제4조, 제5조).

본점을 타관할로 이전하는 경우에는 신소재지에서는 설립등기와 같으므로 이 때에는 30,000원(전자표준양식에 의한 신청은 25,000원, 전자신청은 20,000원)의 등기신청수수료를 납부하고, 그 이외 관내이전시와 타관이전시의 구소재지 등기소에는 변경등기에 해당하므로 6,000원(전자표준양식에 의한 신청은 4,000원, 전자신청은 2,000원)의 등기신청수수료를 납부하여야 한다.

3. 지점의 설치·이전·폐지의 등기절차

(1) 등기기간 등

이 등기는 현실로 지점을 설치, 또는 폐지한 날로부터 본점소재지에서는 2주간 내, 지점소재지에서는 3주간 내에 회사를 대표할 사원이 신청한다.

단, 지점이전의 경우에는 2주간 내에 본점과 구지점소재지에서 등기하여야 한다(상 제182조 2항). 그리고 회사설립과 동시에 설치한 지점소재지에서 하는 지점설치등기는 본점소재지에서 설립등기일로부터 2주간 내에 신청하여야 한다(상 제181조 1항).

(2) 등기사항

1) 지점설치의 경우

① 본점소재지에서 신청하는 경우 : '신설지점소재지와 그 설치연월일'을 등기한다.

② 신설지점소재지에서 신청하는 경우 : 목적, 상호, 사원의 성명·주민등록번호 및 주소, 본점의 소재지, 지점의 소재지, 존립기간 기타 해산사유를 정한 때에는 그 기간 또는 사유, 회사를 대표할 사원을 정한 경우에는 그 성명·주소 및 주민등록번호, 수인의 사원이 공동으로 회사를 대표할 것을 정한 때에는 그 규정을 등기하여야 한다. 다만, 회사를 대표할 사원을 정한 경우에는 그 밖의 사원은 등기하지 아니한다(상 제181조 2항)[3].

다만, 회사설립과 동시에 설치한 지점소재지에서 등기할 때에는 지점설치
연월일은 회사성립연월일과 같으므로 이를 따로 기재할 필요가 없다.

2) 지점이전의 경우

① 본점, 이전지점의 구소재지 : '이전한 당해 지점의 신소재지와 그 이전연
월일'을 등기하고, 지배인을 두고 있는 지점을 이전하고 지점이전등기와
지배인을 둔 장소이전등기를 하나의 신청서로 일괄신청하는 때에는 '지배
인을 둔 새로운 장소와 그 이전연월일'도 기재한다.

② 이전지점의 신소재지 : 목적, 상호, 사원의 성명·주민등록번호 및 주소,
본점의 소재지, 지점의 소재지, 존립기간 기타 해산사유를 정한 때에는
그 기간 또는 사유, 회사를 대표할 사원을 정한 경우에는 그 성명·주소
및 주민등록번호, 수인의 사원이 공동으로 회사를 대표할 것을 정한 때에
는 그 규정을 등기하여야 한다. 다만, 회사를 대표할 사원을 정한 경우에
는 그 밖의 사원은 등기하지 아니한다(상 제182조 2항).

3) 지점폐지의 경우

본점소재지에서는 '폐지한 지점과 지점폐지 취지 및 그 연월일'을 등기하고,
폐지한 당해 지점소재지에서는 '지점폐지의 취지와 그 연월일'을 등기한다.

(3) 첨부서면

① 총사원의 동의서

② 업무집행사원 과반수의 동의서

③ 본점 또는 지점의 표시의 변경등기신청서에는 그 변경을 증명하는 서면

(4) 등록면허세, 지방교육세, 등기신청수수료 등

등록면허세는 지점이전의 경우에는 23,000원이다.

지방교육세는 등록면허세의 100분의 20이다. 그리고 지점이전으로 등록면허

---

3) 2011년 4월 14일 개정전에는 합명회사의 설립등기에서 전 사원의 성명 등을
등기하게 하고 지점에서도 등기하게 하였으나, 개정법에서는 지점등기에서는 대표
사원이 있을 경우 대표사원만 등기하면 나머지 사원은 등기하지 않아도 되도록
개정하였다.

세가 면제되는 경우에는 관세법, 조세특례제한법에 의하여 등록면허세가 감면되는 경우, 그 감면액의 100분의 20의 농어촌특별세를 납부하여야 하는 규정에 의하여 농어촌특별세를 납부하여야 한다(농특 제4조, 제5조).

　지점의 설치·이전·폐지의 각 등기에 대한 등기신청수수료는 각 6,000원(전자표준양식에 의한 신청시 4,000원, 전자신청시 2,000원)이다. 다만, 지점설치이전 등과 동시에 지배인선임 등의 등기를 하는 경우에는 지배인등기에 대한 등기신청수수료 6,000원(전자표준양식에 의한 신청시 4,000원, 전자신청시 2,000원)을 추가 납부하여야 한다.

【쟁점질의와 유권해석】

<대도시에 설치된 지점이 대도시 외로 이전하는 경우 등록세가 감면되는지 여부>

대도시에 설치된 지점이 대도시외로 이전하는 경우에 지방세법 제274조에 의하여 등록세가 감면되는가가 해석상 문제이다.

그러나 지방세법 제138조 1호에서 대도시에서 지점을 설치하면 등록세를 3배 가산하는 것으로 보아 대도시 외로 지점이전시에도 등록세를 동법 제274조를 유추적용하여 면제하여야 할 것이다. 이 경우 본점이전등기와 같이 본점소재지 및 구지점소재지에서의 등기는 면제되지 아니하고, 신소재지로 이전하는 경우에 면제된다고 하여야 할 것이다.

Ⅳ. 사원에 관한 변경등기

▣ 핵 심 사 항 ▣

1. 사원의 입사 : 입사란 성립 후의 회사에 가입하여 사원의 지위를 원시적으로 취득하는 것. 합명회사의 사원은 정관의 기재사항이므로 사원이 입사를 할 때에는 정관변경절차로서 총사원의 동의를 요함(상 제204조).
2. 사원의 퇴사 : 퇴사란 사원이 존속 중의 회사로부터 탈퇴하여 사원의 지위를 절대적으로 상실하는 것. 사원의 퇴사원인으로는 ① 퇴사권 또는 임의퇴사(상 제217조), ② 총사원의 동의, 사원의 사망, 제명, 기타 법정사유에 의한 퇴사(상 제218조), ③ 지분압류채권자에 의한 퇴사(상 제224조), ④ 퇴사의 의제(상 제194조 2항) 등.

3. 등기절차 : 사원의 입사·퇴사 또는 사원의 성명·주민등록번호에 변경이 있는 때에는 본점소재지에서만 2주간 내에 그 변경의 등기를 하여야 한다(상 제183조, 특례법 제3조).

1. 사원의 입사

(1) 의 의

사원의 입사란 회사가 성립한 후에 회사와 입사계약을 함으로써 원시적으로 사원의 지위를 취득하는 것을 말한다.

입사는 회사에 대한 새로운 출자가 있는 경우를 말하므로, 지분의 양도 또는 정관의 규정에 의한 상속 등의 승계취득의 경우는 포함하지 않는다.

(2) 입사절차

합명회사에 입사하는 방법에는 다른 사원의 지분의 전부 또는 일부를 양수하여 입사하는 방법과 지분을 양수하지 않고 새로이 출자하여 입사하는 방법이 있다.

합명회사의 사원은 다른 사원의 동의가 없으면 지분의 전부 또는 일부를 타인에게 양도하지 못하므로(상 제197조), 지분을 양수하여 입사하려면 양도인 이외의 다른 사원의 동의를 얻어야 하고, 지분을 양수하지 않고 새로이 출자하기 위하여는 정관의 변경이 있어야 한다(상 제179조).

사원의 성명과 주소는 정관의 기재사항이고(상 제179조 3호), 사원의 변동은 정관변경의 하나가 되므로 입사도 정관변경의 하나로서 총사원의 동의가 있어야 한다(상 제204조). 그러나 입사에 의하여 회사의 책임재산이 증가하므로 채권자보호절차는 필요없다.

신입사원은 입사 전에 생긴 회사책임에 대하여 다른 사원과 동일한 책임을 진다(상 제213조).

2. 사원의 퇴사

(1) 의 의

인적회사에서의 퇴사란 사원이 존속 중의 회사로부터 탈퇴하여 사원의 자격을 절대적으로 상실하는 것을 의미한다. 회사가 청산 중인 때에는 사원의 퇴사가 인정되지 않는다.

합명회사의 사원에게 퇴사가 인정되는 것은 물적회사인 주식회사나 유한회사와 달리 인적회사인 합명회사는 사원의 책임이 극히 무거워서 오랫동안 회사에 얽매어 두는 점이 부적당한 점, 지분의 양도가 제한되어 자금의 회수가 곤란한 점, 사원상호간에 신뢰관계가 중시된 점 등의 이유 때문이다. 한편, 사원의 책임이 제한되어 있는 주식회사와 유한회사에는 퇴사제도가 없다.

(2) 퇴사절차

퇴사는 다른 사원의 의사와 관계없이 일방적 의사표시에 의하여 효력이 생긴다. 또한 사원의 퇴사는 회사채무에 대하여 직접·연대·무한의 책임을 지는 사원수의 감소를 가져오므로 채권자보호절차가 필요하다.

퇴사한 사원은 본점소재지에서 퇴사등기를 하기 전에 생긴 회사채무에 대하여 등기 후 2년 내에는 다른 사원과 동일한 책임을 진다(상 제225조 1항).

퇴사한 사원은 회사와의 사이에 재산관계를 정리하여 지분을 계산하여야 한다. 출자의 종류가 무엇이든 지분의 환급은 모두 금전으로 한다(상 제195조, 민 제719조 2항).

【쟁점질의와 유권해석】

<사원의 퇴사시에 정관변경이 필요한지 여부>

퇴사의 경우 사원의 변경이 생겨 정관의 절대적 기재사항의 변경이 생기므로 정관변경이 필요한지 여부가 문제된다.

퇴사는 입사와 달리 퇴사원인이 있으면 퇴사가 되는 것이므로 이를 위하여 별도의 정관변경은 필요하지 아니하다고 할 것이다.

(3) 퇴사사유

1) 사원의 고지에 의한 퇴사(임의퇴사, 상 제217조)

정관으로 회사의 존립기간을 정하지 아니하거나, 어느 사원의 종신까지 존속할 것으로 정한 때에는, 사원은 6월 전에 예고하고, 영업연도 말에 퇴사할 수 있다(상 제217조 1항).

그러나 부득이한 사정이 있을 때에는 언제든지 퇴사할 수 있다(상 제217조 2항).

임의퇴사에 의하여 사원이 1인으로 되는 경우에도 퇴사가 인정된다고 함이 통설이고 일본판례의 입장이다(일 대판 1933. 6. 10, 민집 12. 1426).

2) 지분압류채권자의 고지에 의한 퇴사(상 제224조)

사원의 지분을 압류한 채권자는 그 사원과 회사에 대하여 6월 전에 예고하고 영업연도말에 그 사원을 퇴사시킬 수 있다(상 제224조 1항).

예고기간을 정하여 예고를 한 이상 영업연도말에 당연히 퇴사의 효력이 생긴다. 그러나 퇴사예고는 사원이 변제하거나 상당한 담보를 제공한 경우에는 그 효력을 잃는다(상 제224조 2항, 대판 1989. 5. 23, 88다카13516).

이 제도는 지분압류채권자가 그 사원의 지분환급청구권을 전부 받아 자기채권의 만족을 받도록 하기 위한 것이다. 이것은 사원의 채권자를 보호하기 위한 강행규정으로 정관으로도 이를 배제하거나 이와 달리 정할 수 없다(정찬형, 회사법강의 2003, 187면, 정동윤, 회사법 2001, 774면).

3) 정관에 정한 사유의 발생(상 제218조 1호)

강행법규, 기타 사회질서에 반하지 않는 한 정관으로 자유로이 퇴사원인을 정할 수 있다.

4) 총사원의 동의(상 제218조 2호)

사원은 총사원의 동의가 있으면 퇴사할 수 있으나, 정관으로 그 요건을 완화하여 총사원의 과반수 또는 업무집행사원의 동의만으로 퇴사할 수 있도록 할 수 있다.

5) 사망(상 제218조 3호)

합명회사는 사원 상호간의 신뢰관계를 기초로 한 회사이므로 사원의 사망은 퇴사의 원인이 된다. 따라서 상속인이 사원으로 되지는 아니한다.

그러나 정관으로 그 상속인이 그 피상속인의 권리의무를 승계하여 사원이 되도록 정할 수 있다. 이 때에는 상속인이 상속개시를 안 날로부터 3월 내에 회사에 대하여 승계 또는 포기의 통지를 발송하여야 하며, 그 통지없이 3월을 경과한 때에는 사원이 될 권리를 포기한 것으로 본다(상 제219조). 상속인이 한정승인을 한 때에는 사원이 되지 아니한다.

그러나 회사의 해산 후에 사원이 사망한 경우에는 위와 같은 정관의 정함이 없는 때에도 그 상속인이 사원의 지위를 승계하여, 공동상속인 중의 1인을 청산에 관한 사원의 권리를 행사할 자로 정하여야 한다(상 제246조).

6) 금치산 또는 파산선고(상 제218조 4호·5호)

금치산은 퇴사원인에 대한 강행규정이 아니므로 정관으로 퇴사원인으로 하지 아니할 수 있다.

사원의 파산이 퇴사원인이 되는 것은 채권자보호를 위한 것이므로 해산 전에 한한다.

7) 제명(상 제218조 6호)

가. 제명사유

제명은 사원의 의사에 반하여 사원의 지위를 박탈하는 것이어서 상법은 제명사유를 한정하고 있다.

제명의 법정원인은 사원에게 ① 출자의 의무를 이행하지 아니한 때, ② 사원이 다른 사원의 동의없이 자기 또는 제3자의 계산으로 회사의 영업부류에 속하는 거래를 하거나 동종의 영업을 목적으로 하는 다른 회사의 무한책임사원 또는 이사가 된 때, ③ 회사의 업무집행 또는 대표에 관하여 부정한 행위가 있는 때, ④ 권한없이 업무를 집행하거나 회사를 대표한 때, ⑤ 기타 중요한 사유가 있는 때 등이다. 제명에 관한 규정은 강행법규로 보아 제명사유를 배제하거나 제한할 수 없다는 것이 다수설이다(정경영, 상법학강의, 2007, 694면).

나. 제명절차

사원에게 제명사유가 있는 때에는 회사는 다른 사원 과반수의 결의에 의하여 그 사원의 제명선고를 법원에 청구할 수 있다(상 제220조). 그러나 2인의 사원만이 있는 회사는 제명에 의하여 회사의 해산을 초래할 수 있으므로 한 사람의 의사에 의하여 다른 사원을 제명할 수는 없다(대판 1991. 7. 26. 90다19206).

【쟁점질의와 유권해석】

<일괄제명이 허용되는지 여부>

제명을 하려면 다른 사원의 과반수의 동의를 요하는데, 여기서 '다른 사원'이란 의미는 당해 피제명자 1인을 제외한 나머지 사원(당해 피제명자를 제외한 다른 피제명자를 포함)을 의미하므로, 일괄제명은 허용되지 않는다(대판 1976. 6. 22. 75다1503).

또한 사원의 제명은 원래 개별적인 것이고 제명사유에 해당한다 하여 당연히 제명되는 것은 아니고 당해 사원의 개인적 특질을 고려한 다음 결정되는 것이므로, 피제명사원이 수인이고 제명원인사유가 피제명사원 전원에 공통되는 경우라도 피제명사원 각인에 대하여 다른 모든 사원의 동의 여부의 기회를 주어 개별적으로 그 제명의 당부를 나머지 모든 사원의 과반수의 의결로 결의해야 하는 것이다.

8) 지분 전부의 양도

사원이 다른 사원의 동의를 얻어 지분 전부를 양도한 때에는 퇴사한다. 지분 전부를 종전 사원에게 양도한 때에는 양도한 사원의 퇴사등기와 양수한 사원의 지분변경등기를 동시에 하며, 사원 아닌 사람에게 양도한 때에는 양도한 사원의 퇴사등기와 양수한 사람의 입사등기를 한다.

9) 회사계속부동의에 의한 퇴사(상 제229조 제1항 단서)

회사는 해산 후 총사원 또는 일부사원의 동의로써 회사를 계속할 수 있는데, 그 때 회사계속에 동의하지 않는 사원은 퇴사한 것으로 본다.

10) 설립무효 또는 취소의 원인이 있는 사원(상 제194조 2항)

설립의 무효 또는 취소의 판결이 확정된 경우에 그 무효 또는 취소의 원인이 특정한 사원에 한한 것인 때에는 다른 사원 전원의 동의로 회사를 계속할 수 있는데, 이 때 무효 또는 취소의 원인이 있는 사원은 퇴사한 것으로 본다.

(4) 퇴사의 효력

퇴사는 다른 사원의 의사와는 관계없이 일방적 의사표시에 의하여 효력이 생긴다.

퇴사로 인하여 퇴사원인이 있는 사원은 그 자격을 상실하며, 퇴사등기 후 2년이 경과하면 회사채무에 대하여 책임을 면한다(상 제225조).

퇴사한 사원의 성명이 회사의 상호 중에 사용된 경우에는 그 사원은 자칭 사원으로서의 책임을 면하기 위하여 그 사용의 폐지를 청구할 수 있다(상 제 226조).

3. 등기절차

(1) 등기신청인 및 등기기간 등

사원의 입사·퇴사 또는 사원의 성명·주민등록번호에 변경이 있는 때에는 본점소재지에서만 2주간 내에 그 변경의 등기를 하여야 한다(상 제183조, 특 례법 제3조). 대표권 있는 사원에 대한 변경등기는 지점소재지에서도 등기하 여야 한다.

사원제명의 판결이 확정된 때에는 법원이 회사의 본점의 소재지 등기소에 그 등기를 촉탁하여야 한다(상 제220조 2항, 제205조, 특례법 제3조, 비송 제 107조 3호).

등기는 회사를 대표할 자가 신청하여야 하므로(상업등기법 제17조 2항), 대 표사원이 있는 때에는 대표사원이, 공동대표사원이 있을 때에는 공동으로 신 청하여야 한다. 이외의 경우에는 사원 각자가 대표하므로 사원 1인이 신청하 면 될 것이다(상 제207조).

사원의 업무집행권 또는 대표권의 상실등기는 그 사원의 퇴사등기를 한 때 에는 이를 말소하는 기호를 기록하여야 한다(규칙 제72조).

(2) 등기사항

1) 입사의 경우

입사한 사원의 성명·주민등록번호·주소, 입사한 뜻과 그 연월일, 입사사유 와 출자의 목적, 재산출자에 있어서는 그 가격과 이행한 부분을 등기한다. 다 만, 대표권을 행사하지 않는 사원의 경우 주소는 등기하지 않는다(상 제180조 1호, 2호).

2) 퇴사의 경우

퇴사한 사원의 성명, 퇴사한 뜻과 그 연월일, 퇴사사유

3) 사원의 성명·주민등록번호 변경의 경우

(3) 첨부서류

1) **입사의 경우**

① 입사한 사실을 증명하는 서면(상업등기법 제64조 2항 : 2007. 8. 3. 제정)

② 입사한 사원의 주민등록번호를 증명하는 서면(상 제180조, 특례법규칙 제2조 2항)

③ 지분의 양수로 인하여 입사한 경우에는 다른 사원의 동의가 있음을 증명하는 서면

④ 새로 출자하여 입사한 경우에는 총사원의 동의가 있음을 증명하는 서면과 출자의 이행을 증명하는 서면

⑤ 상속입사의 경우에는 정관과 상속인임을 증명하는 서면(제적등본·가족관계증명서·주민등록표등본)

2) **퇴사의 경우**

① 퇴사한 사실을 증명하는 서면(상업등기법 제64조 2항)

② 예고퇴사나 부득이한 사유로 퇴사한 경우에는 퇴사예고서 또는 퇴사신고서

③ 총사원의 동의에 의하여 퇴사한 경우에는 그 동의가 있음을 증명하는 서면

④ 사원의 지분을 압류한 채권자가 예고하고 퇴사시킨 경우에는 압류와 예고가 있는 것을 증명하는 서면

⑤ 사망의 경우에는 가족관계증명서 또는 사망진단서

⑥ 파산·금치산의 경우에는 파산결정서 또는 금치산심판서의 등본과 그 확정증명서

⑦ 정관소정사유 발생으로 인하여 퇴사하는 경우에는 정관과 필요한 때에는 정관소정사유 발생을 증명하는 서면

⑧ 지분양도로 인한 경우에는 이를 양수한 자의 입사의 등기와 동시에 신청하므로 동일 첨부서면에 의하여 등기를 신청할 수 있다.

3) **사원의 성명·주민등록번호 변경의 경우**

변경을 증명하는 서면인 가족관계증명서 또는 주민등록표등·초본

4) 등록면허세, 지방교육세, 농어촌특별세 등 납부영수필통지서 및 확인서, 등기신청수수료납부

등록면허세는 사원의 입사로 자본액이 증가할 때에는 그 증가 과세표준액의 1,000분의 4이고, 수도권 및 대도시에서는 설립 또는 전입 후 5년 이내 회사는 그 3배를 가산한 금액을 납부하여야 하고, 자본액이 증가하지 않는 경우에는 등록면허세는 23,000원이다(지방세법 제28조 1항 6호).

지방교육세는 등록면허세의 100분의 20에 해당하는 금액이다.

조세특례제한법, 관세법, 지방세법에 의하여 등록면허세가 감면되는 경우 원칙적으로 그 감면세액의 100분의 20에 해당하는 농어촌특별세를 납부하여야 한다(농특 제5조). 그러나 농어촌특별세가 감면 또는 면제되는 경우도 있다(농특 제4조).

수인의 사원의 입·퇴사로 인한 변경등기를 하나의 신청서로 제출하여도, 등기신청수수료는 6,000원이다.

5) 기타의 서면

대리인에 의하여 신청할 경우 위임장, 사원의 입·퇴사에 관하여 관청의 허가(인가)가 필요한 경우 그 허가(인가)서 또는 인증있는 등본 등

V. 대표사원에 관한 변경등기

▣ 핵 심 사 항 ▣

1. 회사대표 : 각 사원은 원칙적으로 회사를 대표한다(상 제207조 본문 전단). 그러나 회사는 정관으로 사원의 1인 또는 수인을 업무집행사원으로 정할 수 있는데(상 제201조 1항), 이 경우에는 업무집행사원만이 회사를 대표할 권한을 가지며 다른 사원은 회사를 대표할 수 없다(상 제207조 본문 후단).
2. 등기절차 : 합명회사는 모든 사원이 대표사원이어서 대표자에 대한 등기가 필요없으나, 특히 회사를 대표할 자를 정한 경우와 공동대표를 정한 경우에는 대표사원(공동대표사원)의 성명과 주소, 주민등록번호를 등기하여야 한다.

1. 대표사원의 취임

정관에 다른 규정이 없으면 각 사원은 회사의 업무를 집행할 권리의무가 있고

각자 회사를 대표하는 것이 원칙이다(상 제200조 1항, 제207조).

그러나 다음의 경우에는 일부의 사원만이 회사를 대표하게 되며, 이 때를 실무에서는 대표사원의 취임이라고 한다.

(1) 정관으로 업무집행사원을 정하지 아니한 경우

정관으로 업무집행사원을 정하지 아니한 때에는 각 사원이 회사를 대표한다. 수인의 업무집행사원을 정한 경우에 각 업무집행사원은 회사를 대표한다(상 제207조 본문).

(2) 업무집행사원 중 특히 회사를 대표할 자를 정한 경우(상 제207조 단서)

정관 또는 총사원의 동의로 회사를 대표할 자를 정한 경우에는 대표사원으로 정해진 자만이 회사를 대표한다.

【쟁점질의와 유권해석】

<합명회사에 있어서 불실등기가 이루어진 경우 그에 대한 고의 또는 과실의 유무의 기준>

합명회사에 있어서는 사실과 상위한 등기를 하였거나, 이를 방치하였다는 것은 회사의 대외적 관계에 있어서의 문제이므로 그 불실등기를 한 사실이나 그를 방치한 사

실에 대한 고의 또는 과실의 유무는 어디까지나 그 회사를 대표할 수 있는 업무집행사원을 표준으로 하여 그 유무를 결정할 것이고 회사를 대표할 수 없는 사원을 표준으로 결정할 것이 아니다(대판 1971. 2. 23. 70다1361, 1362).

2. 대표사원의 퇴임

상법에는 대표사원의 임기규정이 없으나 정관으로 임기를 규정할 수는 있다고 할 것이다.대표사원은 이를 정한 정관 규정의 변경·폐지나 총사원의 동의에 의한 지정의 해제 그리고 사원의 지위를 상실하거나 법원의 판결에 의하여 퇴임하게 된다.

대표사원은 정당한 사유없이 사임할 수 없고 다른 사원의 일치가 아니면 해임할 수 없다(상 제195조, 제708조).

다음의 경우에는 대표사원의 지정이 해제되는데, 이것을 등기실무상 대표사원

의 퇴임이라고 한다.

(1) 정관에 의하여 업무집행사원이 지정된 경우

총사원의 동의로 정관을 변경하여 일부 업무집행사원의 지정을 해제한 경우에 그 사원이 회사를 대표할 사원이었던 그 해제로 인하여 업무집행의 권리의무를 상실하게 된다.

(2) 업무집행사원 중 특히 회사를 대표할 자로 지정된 경우

정관의 변경 또는 총사원의 동의로써 대표사원의 일부에 관하여 그 지정을 해제한 때

(3) 대표사원이 사원의 지위를 상실한 경우

(4) 회사를 대표할 사원에 관하여 업무집행권한 또는 대표권한의 상실의 판결이 확정한 경우(상 제205조, 제206조)

대표권이 있는 사원이 업무집행시 현저하게 부적임한 경우 등에는 법원에 대표권상실선고를 청구할 수 있고(상 제216조, 제205조 1항), 이 판결이 확정된 경우에는 본점과 지점에 등기하여야 한다(상업등기법 제82조, 제95조).

3. 대표사원 또는 업무집행사원의 정함의 폐지

정관의 변경 또는 총사원의 동의로써 회사를 대표할 사원의 정함을 전부 폐지한 경우에는 업무집행사원이 정하여져 있지 않는 한 사원 전원이 회사를 대표한다.

정관의 변경에 의하여 업무집행사원의 정함을 전부 폐지한 경우에는 사원 전원이 회사를 대표한다.

4. 등기절차

(1) 등기기간 등

합명회사는 모든 사원이 대표사원이어서 대표자에 대한 등기가 필요없으나 (상 제180조 1호, 179조 3호), 특히 회사를 대표할 자를 정한 경우와 공동대표를 정한 경우에는 대표사원(공동대표사원)의 성명과 주소, 주민등록번호를 등기하여야 한다.

대표사원에 변경이 있는 때에는 본점소재지에서는 2주간, 지점소재지에서는

3주간 내에 회사를 대표하는 사원이 그 변경등기를 하여야 한다(상 제183조, 상업등기법 제17조 2항).

판결에 의한 대표권상실의 등기는 법원의 촉탁에 의하여야 한다(상업등기법 제17조 1항).

등록면허세는 23,000원이고, 지방교육세는 등록면허세의 100분의20이며(지방세법 제28조 1항, 제151조 1항), 등기신청수수료는 6,000원(전자표준양식에 의한 신청시 4,000원, 전자신청시 2,000원)이다.

(2) 첨부서면

1) 대표사원의 경우

총사원의 동의서를 첨부한다.

취임하는 대표사원의 주민등록번호를 기재할 수 있도록 주민등록등본을 첨부하여야 하나, 임원의 중임등기신청시에는 주민등록번호를 증명하는 서면의 첨부를 생략하여 임원변경등기신청을 간편하게 하기 위하여 등기예규를 변경하여, 등기부에 주민등록번호가 기재된 임원의 중임등기신청시에는 중임되는 임원의 주민등록번호를 증명하는 서면을 첨부하지 아니하여도 그 등기신청을 수리하도록 하였다(등기예규 제794호, 1998. 9. 8, 등기예규 제943호).

2) 대표사원 퇴임의 경우

① 대표사원이 퇴임한 경우

대표사원이 지분 전부의 양도, 총사원의 동의 이외의 사유로 퇴사한 경우에는 그 퇴사를 증명하는 서면을 첨부하고, 지분 전부의 양도 또는 총사원의 동의로 퇴사한 경우에는 총사원의 동의서를 첨부하여야 한다.

② 기타의 경우

총사원의 동의서를 첨부한다.

5. 공동대표에 관한 규정의 설정, 변경 또는 폐지의 등기

회사는 정관 또는 총사원의 동의로 수인의 사원이 공동으로 회사를 대표할 것을 정할 수 있다(상 제208조 1항).

이 규정은 정관의 변경 또는 총사원의 동의에 의하여 변경하거나 폐지할 수 있는

데, 이 경우에는 그 등기를 신청하여야 한다(상 제183조).

합명회사나 합자회사의 정관에 따라 공동대표규정(수인의 사원이 공동으로 회사를 대표할 것)을 등기한 경우, 먼저 그 정관규정을 변경한 후 공동대표규정을 말소하는 변경등기를 신청할 수 있다(상 제180조, 제204조, 제207조, 제208조 1항).

공동대표제도는 거래의 상대방에게 중대한 이해관계가 있으므로, 사원의 공동대표에 관한 규정의 설정·변경 또는 폐지가 있는 때에는 본점소재지에서는 2주간, 지점소재지에서는 3주간 내에 그 변경등기를 하여야 한다(상 제180조 5호, 제183조).

이 등기를 신청하는 경우에는 신청서에 위임장 등 일반적인 서면 외에 총사원의 동의가 있는 것을 증명하는 서면을 첨부하여야 한다(상업등기법 제56조 2항).

등록면허세는 23,000원이고, 지방교육세는 등록세의 100분의 20이며(지방세법 제28조 1항, 제151조 1항), 등기신청수수료는 6,000원(전자표준양식에 의한 신청시 4,000원, 전자신청시 2,000원)이다.

VI. 사원의 출자목적 또는 지분 등의 변경등기

■ 핵 심 사 항 ■

1. 의의 : 다른 전 사원의 동의를 얻어 그 출자목적을 변경할 수 있을 뿐만 아니라, 출자를 증가 또는 감소시킬 수도 있고, 그 지분의 전부나 일부를 양도할 수도 있는 바, 그 경우에는 언제나 그에 따른 변경등기를 하여야 한다.
2. 등기절차 : 회사를 대표할 사원이 2주간 내에 본점소재지 등기소에서 신청한다. 당해 사원의 성명, 주민등록번호와 변경 후의 출자목적, 지분, 이행부분 및 변경취지와 그 연월일을 기재한다.

1. 총 설

사원은 다른 전 사원의 동의를 얻어 그 출자목적을 변경할 수 있을 뿐만 아니라, 출자를 증가 또는 감소시킬 수도 있고, 그 지분의 전부나 일부를 양도할 수도 있는 바, 그 경우에는 언제나 그에 따른 변경등기를 하여야 한다.

다만, 지분의 전부를 양도한 때에는 당해사원은 당연히 퇴사하게 되어 그 때의 등기는 퇴사등기로 하게 된다.

그러나 원래 합명회사에서는 회사재산으로 회사채무를 완제할 수 없는 때 각 사원은 회사채무에 대하여 그 출자재산에 한정하지 않고 개인재산으로 연대책임을 지고 있기 때문에(상 제212조), 거래 당사자 보호를 위한 회사의 자력이나 신용의 공시로서는 사원의 성명과 주민등록번호를 등기하는 외에 그의 출자재산까지 등기할 필요는 전혀 없으므로 사원의 출자재산에 관한 사항은 등기사항에서 제외시킴이 마땅하다고 할 수 있으나(김동흠, 전게서 755면), 거래당사자를 보호하기 위하여 거래당사자는 회사의 규모, 자산, 능력 등을 파악할 필요가 있으므로 전혀 불필요하다고는 할 수 없을 것이다.

2. 등기절차

(1) 등기기간 등

이 등기는 회사를 대표할 사원이 2주간 내에 본점소재지 등기소에 신청한다(상 제183조).

(2) 등기사항

당해 사원의 성명, 주민등록번호와 변경 후의 출자목적, 지분, 이행부분 및 변경취지와 그 연월일을 기재한다.

위 사항 중 변경되지 아니한 부분이 있는 경우, 변경된 부분만 말소하는 기호를 기록할 것이 아니라, 당해사원에 관하여 등기된 사항 전부를 말소하는 기호를 기록하고 다시 등기하여야 한다.

(3) 첨부서면

총사원의 동의서를 첨부한다(상업등기법 제56조 2항 : 2007. 8. 3. 제정). 출자금액이 증가할 경우에는 증가한 금액의 1,000분의 4의 등록면허세를 납부하여야 하고, 자본이 증가하지 않거나 감소하는 경우에는 23,000원의 등록면허세를 납부한다. 지방교육세는 등록면허세의 100분의 20이고, 농어촌특별세는 관세법, 지방세법, 조세특례제한법에 의하여 감면되는 등록면허세의 100분의 20을 납부하여야 한다(지방세법 제28조 1항, 제151조 1항, 농특세법 제4조, 제5조). 등기신청수수료는 6,000원(전자표준양식에 의한 신청시 4,000원, 전자신청시 2,000원)을 납부하여야 한다.

(4) 전자표준양식에 의한 신청

서면으로 등기를 신청하는 경우에는 대법원 인터넷등기소에서 제공하는 전자표준양식을 이용하여 전산정보처리조직에 신청정보를 입력·저장한 다음, 저장된 신청정보를 출력하여 그 출력물로써 할 수 있다(상업등기규칙 제57조).

전자표준양식에 의하여 신청하는 경우 3만원에 해당하는 등기신청 수수료는 2만5천원, 6천원에 해당하는 등기신청수수료는 4천원을 납부한다.

(5) 전자신청

등기의 신청은 서면 또는 대법원규칙으로 정하는 바에 따라 전산정보처리조직을 이용한 전자문서로 할 수 있다. 이러한 신청을 전자신청이라고 한다. 이 경우 전자문서로 등기를 신청하는 당사자 또는 그 대리인은 대법원규칙으로 정하는 바에 따라 미리 사용자등록을 하여야 한다(상업등기법 제18조 2항).

전자신청의 경우 3만원에 해당하는 등기신청 수수료는 2만원, 6천원에 해당하는 등기신청수수료는 2천원을 납부한다.

Ⅶ. 출자이행부분 변경등기

■ 핵 심 사 항 ■

1. 의의 : 출자의 전부 또는 일부의 이행이 없이 회사설립등기를 마친 후에 아직 이행하지 아니한 부분을 이행하여 이행부분에 변경이 생긴 때에는 그에 따른 변경등기를 하여야 한다. 그러나 출자목적이 신용, 노무 등 비재산상의 출자인 경우에는 그 이행여부는 등기하지 않아도 된다.
2. 등기절차 : 회사를 대표할 사원이 출자의 이행이 있는 날로부터 2주간 내에 본점소재지 관할등기소에 신청하여야 한다. 당해사원의 변경 후의 출자이행부분 및 변경취지와 그 연월일을 사원란에 기재한다.

1. 총 설

출자의 전부 또는 일부의 이행이 없이 회사설립등기를 마친 후에 아직 이행하지 아니한 부분을 이행하여 이행부분에 변경이 생긴 때에는 그에 따른 변경등기를 하여야 한다.

출자가 금전출자인 경우에는 회사에 그를 지급하여야 하고, 금전 이외의 재산출자 중 목적물의 권리를 이전하여야 할 출자인 경우에는 그 목적재산의 권리이전행위와 그 방식 즉, 등기나 인도의 이행, 채권출자인 경우에는 채무자에 대한 통지 등의 이행까지 마쳐야 한다.

그러나 출자목적이 신용, 노무 등 비재산상의 출자인 경우에는 그 이행여부는 등기하지 않아도 된다.

2. 등기절차

(1) 등기기간 등

이 등기는 회사를 대표할 사원이 출자의 이행이 있는 날로부터 2주간 내에 본점소재지 관할등기소에 신청하여야 한다(상 제183조).

이 등기는 지점소재지에서는 등기할 사항이 아니다(특례법 제3조 참조).

(2) 등기사항

당해사원의 변경 후의 출자이행부분 및 변경취지와 그 연월일을 사원란에 기재한다. 그리고 변경 전 사항은 이를 말소하는 기호를 기록하여야 한다. 변경원인은 출자증가, 출자변경, 지분일부양도, 출자감소 등이다.

(3) 첨부서면

이 등기신청서에는 출자이행을 증명하는 서면을 첨부하여야 하는데(상업등기법 제57조 2항), 금전출자인 경우에는 영수증(반드시 은행 영수증일 필요는 없고 대표사원이나 다른 사원들의 영수증이어도 무방하다), 현물출자인 경우에는 현물인도증이나 등기부등본, 채권인 경우에는 채권증서 및 채권양도통지서 등을 첨부하여야 할 것이다.

등록면허세는 23,000원이고, 지방교육세는 등록면허세의 100분의 20이다(지방세법 제28조 1항, 제151조 1항). 등기신청수수료는 6,000원(전자표준양식에 의한 신청의 경우 4,000원, 전자신청은 2,000원)이며, 하나의 신청서에 수인의 출자액을 감소한 경우에도 하나의 출자금액변경등기로 보아야 할 것이다.

Ⅷ. 존립기간 또는 해산사유 변경등기

▣ 핵 심 사 항 ▣

1. 의의 : 존립기간이나 해산사유를 변경 또는 삭제하거나, 정관에 이를 새로 규정한 때의 등기절차에는 반드시 정관변경이 있어야 하며, 그를 위한 총사원의 동의가 있어야 한다. 이 때에도 변경등기를 하여야 한다.
2. 등기절차 : 정관을 변경한 날로부터 본점소재지에서는 2주간 내, 지점소재지에서는 3주간 내에 회사를 대표할 사원이 신청한다.

1. 총 설

존립기간이나 해산사유를 변경 또는 삭제하거나, 정관에 이를 새로 규정한 때의 등기절차에는 반드시 정관변경이 있어야 하며, 그를 위한 총사원의 동의가 있어야 한다. 이 때에도 변경등기를 하여야 한다.

기존의 존립기간이나 해산사유의 변경 또는 폐지는 그 기간도래 전이나 사유 발생 전이어야 하며 일단 그 존립기간이 만료되거나 해산사유가 발생하면 회사는 당연히 해산되므로 그 후에는 해산등기를 한 다음 회사계속절차를 밟지 않고는 곧바로 존립기간이나 해산사유를 변경폐지할 수 없다.

2. 등기절차

(1) 등기기간 등

정관을 변경한 날로부터 본점소재지에서는 2주간 내, 지점소재지에서는 3주간 내에 회사를 대표할 사원이 신청한다(상업등기법 제17조 2항, 상 제183조).

(2) 등기사항

변경 또는 신설된 존립기간 또는 해산사유와 그 변경·신설·폐지의 취지 및 그 연월일을 등기부의 기타사항란에 기록하며, 원인은 연월일 설정·폐지·변경 등으로 기록한다.

(3) 첨부서면

정관변경을 위한 총사원의 동의서를 첨부한다(상업등기법 제56조 2항). 등록면허세는 23,000원, 지방교육세는 등록면허세의 100분의 20이며, 등기신청 수수료는 6,000원이다.

IV. 합병의 등기

■ 핵 심 사 항 ■

1. 의의 : 2개 이상의 회사가 상법의 절차에 따라 청산절차를 거치지 않고 합쳐지면서 최소한 1개 이상의 회사의 법인격을 소멸시키되, 합병 이후에 존속하는 회사 또는 합병으로 인해 신설되는 회사가 소멸하는 회사의 권리의무를 포괄적으로 승계하고 그의 사원을 수용하는 회사법상의 법률사실을 말한다.

2. 합병의 제한 : 회사는 원칙적으로 자유롭게 합병할 수 있다(상 제174조 1항 본문). 다만, 합병을 하는 회사의 일방 또는 쌍방이 주식회사, 유한회사 또는 유한책임회사인 경우에는 합병 후 존속하는 회사나 합병으로 설립되는 회사는 주식회사, 유한회사 또는 유한책임회사이어야 한다.

3. 등기절차 : 회사가 합병을 한 때에는 본점소재지에서는 2주간 내, 지점소재지에서는 3주간내에 합병후 존속하는 회사의 변경등기, 합병으로 인하여 소멸하는 회사의 해산등기, 합병으로 인하여 설립되는 회사의 설립등기를 하여야 한다(상 제233조).

1. 합병의 의의

회사의 합병이란 2개 이상의 회사가 계약에 의하여 법정의 절차에 따라 1개의 회사로 되는 것을 말한다. 합병이 이루어지면 당사회사의 일방 또는 쌍방은 해산되지만 그 재산은 청산절차 없이 포괄적으로 존속회사나 신설회사에 이전되는 동시에 그 사원은 존속회사나 신설회사의 사원으로 되는 효과가 발생한다.

상법상의 회사는 다른 종류의 회사간에도 합병을 자유로이 할 수 있으나(상 제174조 1항), 합병을 하는 회사의 일방 또는 쌍방이 주식회사, 유한회사 또는 유한책임회사인 경우에는 합병 후 존속하는 회사나 합병으로 설립되는 회사는 주식회사, 유한회사 또는 유한책임회사이어야 한다(상 제174조 2항).

현실에서는 인적회사와 물적회사간의 합병은 그 법률관계가 복잡하여 실용성이 적고, 인적회사에서는 간편한 임의청산이 인정되므로 인적회사 상호간의 합병도 그 실용성이 크지 않다. 그러므로 합병은 주로 주식회사 상호간 또는 주식회사와 유한회사간에서 행하여지고 있다.

합병에는 당사회사의 일방이 타방을 흡수하는 형태로서 흡수당하는 쪽의 회사

는 소멸하고 그 재산과 사원이 모두 흡수하는 쪽의 회사로 이전하는 흡수합병
과, 당사회사가 모두 소멸하여 새로운 회사를 설립하는 형태로서 종전 회사의
재산과 사원으로써 새로운 회사를 설립하는 신설합병의 두 형태가 있다.

2. 합병의 절차

합병의 절차는 회사의 종류에 따라 다르나, 일반적으로 다음과 같은 절차를
거친다. 당사회사간에 합병계약을 체결한 후 각 회사에서 그 합병계약을 승인하
는 총사원의 동의(물적회사의 경우는 총회결의)를 거쳐 재산목록과 대차대조표
작성 및 채권자보호를 위한 공고, 최고절차를 밟아야 하고 신설합병의 경우에는
설립위원을 선임하여 그들이 정관작성 기타의 설립행위를 완료한 후 합병 후 존
속하는 회사에서는 변경등기, 신설하는 회사에서는 설립등기, 소멸하는 회사에서
는 해산등기를 하여야 한다(상 제233조).

(1) 합병결의

합명회사가 다른 회사와 합병을 하기 위하여 총사원의 동의가 있어야 한다
(상 제230조).

합병을 하는 회사의 일방이 합자회사인 때에는 그 회사에 있어서도 총사원
의 동의가 있어야 하며(상 제269조), 주식회사나 유한회사인 때에는 주주총
회의 특별결의 또는 사원총회의 특별결의가 있어야 한다.

주식회사와 합병을 하는 경우에는 총사원의 동의로 주식회사의 합병계약서
와 같은 합병계약서를 작성하여야 한다(상 제525조).

(2) 채권자보호절차 이행

합병의 결의를 한 때에는 주식회사와 마찬가지로 결의일로부터 2주간 내에
회사채권자에 대하여 1월 이상의 기간을 정하여 합병에 이의가 있으면 그
기간 내에 제출할 것을 공고하고 알고 있는 채권자에 대하여는 각별로 최고
하여야 한다(상 제232조 1항).

채권자보호절차에서 개정 전 상법에서는 이의기간이 2월 이상이었으나,
1998. 12. 28. 개정상법은 1월 이상으로 변경하였다.

이의를 제출한 채권자가 있는 때에는 회사는 그 채권자에 대하여 변제 또
는 상당한 담보를 제공하거나 이를 목적으로 하여 상당한 재산을 신탁회사

에 신탁하여야 한다(상 제232조 3항).

채권자가 위 기간 내에 이의를 제출하지 아니한 때에는 합병을 승인한 것으로 본다(상 제232조 2항).

3. 합병의 효력

합병의 절차 완료 후 소정기간 내에 합병으로 인한 변경 또는 설립의 등기를 함으로써 합병의 효력이 발생한다(상 제233조, 제234조).

합병으로 인한 존속회사 또는 신설회사는 소멸회사의 권리의무를 포괄적으로 승계하고(상 제235조), 소멸회사의 사원은 존속회사 또는 신설회사의 사원이 된다. 합명회사가 합자회사를 흡수합병한 경우에는 합자회사의 유한책임사원도 합명회사의 사원이 된다.

소멸회사 사원의 출자의 목적 및 가격 또는 평가의 표준 등은 반드시 소멸회사에 있어서의 그것과 같은 것은 아니고, 합병계약에 의한 존속회사 또는 신설회사의 정관으로써 정하여 진다.

합병으로 인하여 공법상 권리의무가 반드시 이전되는 것은 아니지만, 소멸된 법인에 부과한 국세는 합병으로 인하여 존속·신설된 법인이 승계하는 경우가 있다(국세징수법 제23조).

4. 합병의 등기절차

회사가 다른 회사를 흡수하여 합병하거나 다른 회사와 함께 해산하고 합병하여 신설회사를 설립한 때에는, 합병 후 존속하는 회사에 대해서는 합병으로 인한 변경등기, 합병으로 신설하는 회사에 대해서는 합병으로 인한 설립등기, 합병으로 소멸하는 회사에 대해서는 합병으로 인한 해산등기를 신청하여야 한다(상 제233조).

합병으로 인하여 소멸하는 회사의 해산등기와 합병 후 존속하는 회사에 대한 변경등기신청을 존속회사의 관할등기소를 거쳐서 동시에 신청하여야 하는 점 및 그 처리절차에 대하여는 주식회사의 경우와 같다.

(1) 흡수합병으로 인한 변경등기

1) 등기기간 등

합명회사가 존속회사로 되어 흡수합병을 한 경우에는 합병절차완료일(채권
자보호절차 기타 합병에 필요한 완료일)부터 본점소재지에는 2주간, 지점소재
지에서는 3주간 내에 합병으로 인한 변경등기를 하여야 한다(상 제233조). 이
등기는 존속회사를 대표하는 사원이 신청하여야 한다.

합명회사가 주식회사나 유한회사와 흡수합병하는 경우에는 합명회사를 존속
회사로 합병할 수 없다(상 제174조 2항).

2) 등기사항

① 합병으로 인하여 입사한 사원의 성명, 주민등록번호(주민등록이 없는 자는
생년월일)와 출자의 목적, 재산출자에 있어서는 그 가격과 이행한 부분

합병에 있는 때에는 소멸회사의 사원이 입사하는 것이 보통이므로 합병
으로 인하여 입사한 사원에 관한 사항을 등기하여야 한다.

② 합병으로 소멸회사의 상호 및 본점과 합병의 취지(상업등기법 제69조)

③ 지점소재지에 있어서는 합병연월일(상업등기법 제69조 1항)

지점소재지에 있어서는 위 ②항 사항 즉 합병으로 인하여 소멸한 회사의
상호, 본점과 합병취지 및 합병연월일 즉, 본점소재지에서 합병으로 인한
변경등기를 한 연월일만 등기하고 본점에서 등기한 그 이외의 사항은 등
기할 필요가 없다.

3) 첨부서면

① 소멸회사의 총사원의 동의가 있음을 증명하는 서면(상업등기법 제70조 1호)

회사합병을 동의한 사실을 증명하는 서면이다.

② 존속회사의 총사원의 동의가 있음을 증명하는 서면(상업등기법 제56조 2항)

회사합병을 동의한 사실을 증명하는 서면이다.

③ 채권자보호절차의 이행사실을 증명하는 서면(상업등기법 제70조 2호)

상법 제232조 1항에 따른 공고 및 최고를 한 사실과 이의를 진술한 채권
자가 있는 때에는 이에 대하여 면제 또는 담보를 제공하거나 신탁을 한
사실을 증명하는 서면을 첨부하여야 한다.

소멸회사와 존속회사에서 각각 채권자보호절차를 이행한 사실을 증명하
는 서면을 첨부하여야 한다. 즉, 회사채권자에게 1월 내에 합병에 대하여

이의할 수 있도록 공고 및 최고를 한 증명서와 채권자의 이의가 있을 때에는 변제영수증이나 담보제공증명서, 이의가 없을 때에는 그 취지의 진술서가 이에 속한다.

④ 소멸회사의 등기부등본

존속회사의 본점소재지 관할등기소에 소멸회사의 본·지점 등기가 없는 경우에 첨부한다.

⑤ 신입사원의 성명, 주소, 주민등록번호를 증명하는 서면(상 제180조, 특례법규칙 제2조 2항)

다만, 회사를 대표할 자를 정한 때에는 사원의 주소는 등기사항이 아니다(상 제180조).

⑥ 합병에 관하여 관청의 허가(인가)를 요하는 경우에는 그 허가(인가)서 또는 인증있는 등본(상업등기법 제22조)

⑦ 정관에 규정이 없으면 효력이 없는 등기사항이 있는 경우에는 정관

⑧ 등록면허세, 지방교육세, 농어촌특별세 등 납부영수필통지서 및 확인서, 등기신청수수료증지, 기타의 서면

합병에 의하여 자본액이 증가할 경우에는 그 증가한 자본액을 과세표준으로 하여 1,000분의 4의 등록면허세 및 그 100분의 20에 해당하는 지방교육세를 납부하여야 한다(지방세법 제28조 1항 6호, 제151조 1항).

대도시에서 설립 후 5년 이내 법인은 합병시 그 3배의 등록면허세를 납부하여야 한다(지방세법 제28조 2항).

농어촌특별세는 조세특례제한법, 관세법, 지방세법에 의하여 등록면허세가 감면되는 경우 그 감면액의 100분의 20에 해당하는 금액을 납부하여야 하며, 농어촌특별세도 감면되는 경우가 있다(농특 제4조, 제5조).

등기신청수수료는 건당 6,000원(전자표준양식에 의해 신청하는 경우는 4,000원, 전자신청은 2,000원)이다.

⑨ 대리인에 의하여 신청할 때에는 그 권한을 증명하는 서면(상업등기법 제22조)

⑩ 지점소재지에서 등기를 신청하는 경우

신청서의 첨부서면에 관한 규정은 회사의 본점 및 지점소재지에서 등기할 사항에 관하여 지점소재지에서 하는 등기의 신청에는 적용하지 아니한다(상업등기법 제61조 2항).

(2) 신설합병으로 인한 설립등기

1) 등기기간

합병절차 완료일로부터 본점소재지에서는 2주간 내에, 지점소재지에서는 3주간 내에 지점에서 합병으로 인하여 설립되는 회사의 설립등기를 하여야 한다(상 제233조, 특례법 제3조).

2) 등기신청인

신설회사의 대표자가 설립등기를 신청하여야 한다.

3) 등기사항(상 제180조)

① 통상의 합명회사설립등기사항

② 합병으로 소멸하는 회사의 상호 및 본점과 합병한 뜻(상업등기법 제69조 1항)

4) 첨부서면(상업등기법 제71조)

① 정관

각 소멸회사에서 선임한 설립위원이 합병계약서의 내용에 저촉되지 않는 범위 내에서 새로 정관을 작성하여 설립등기신청서에 첨부하여야 한다. 이 정관은 주식·유한회사와 달리 인증을 요하지 아니한다.

② 재산출자에 관하여 이행을 증명하는 서면

③ 소멸회사의 총사원의 동의가 있음을 증명하는 서면

동의서를 말한다.

④ 채권자보호절차의 이행사실을 증명하는 서면

회사채권자에게 1월 내에 합병에 대하여 이의할 수 있도록 공고·최고를 한 증명서와 채권자의 이의가 있을 때에는 변제영수증이나 담보제공증명서, 이의가 없을 때에는 그 취지의 진술서를 첨부한다(상 제232조).

⑤ 소멸회사의 등기부등본

신설회사 본점소재지 관할등기소에 소멸회사의 본·지점의 등기가 없는 경우에 첨부한다.

⑥ 설립위원의 자격을 증명하는 서면

설립위원의 선임에 관한 총사원의 동의서가 이에 해당하는 서면이다(상 제175조, 제230조).

⑦ 정관에 본점을 최소행정구역으로 정하고 그 소재장소를 업무집행사원 과 반수의 결의로 정한 때에는 업무집행사원 과반수의 동의가 있음을 증명 하는 서면

개정상법에서는 정관으로 지점에 관한 사항을 정하지 아니할 수 있으나, 정관으로 지점소재지를 정한 때에는 이와 동일하다.

⑧ 총사원의 동의로 업무집행사원 중 특히 회사를 대표할 자를 정하거나 공 동대표에 관한 규정을 설정한 때에는 총사원의 동의서(상업등기법 제56 조 2항)

⑨ 사원의 성명, 주소, 주민등록번호를 증명하는 서면(상 제180조, 특례법규 칙 제2조 2항)

⑩ 합병에 관하여 관청의 허가(인가)를 요하는 경우에는 그 허가(인가)서 또 는 인증있는 등본(상업등기법 제22조)

⑪ 등록면허세, 지방교육세, 농어촌특별세 등 납부영수필통지서 및 확인서, 등기신청수수료증지

합병에 의하여 설립되는 경우 그 자본액을 과세표준으로 하여 1,000분의 4의 등록면허세 및 그 100분의 20에 해당하는 지방교육세를 납부하여야 한다(지방세법 제28조 1항 6호, 제151조 1항).

등록세가 75,000원 이하인 경우에는 최저하한금액은 75,000원이다.

농어촌특별세는 조세특례제한법, 관세법, 지방세법에 의하여 등록면허세 가 감면되는 경우 그 감면액의 100분의 20에 해당하는 금액을 납부하여 야 하고, 농어촌특별세도 감면되는 경우가 있다(농특 제4조, 제5조).

합병으로 인한 설립등기의 등기신청수수료는 30,000원(전자표준양식에 의 해 신청하는 경우 25,000원, 전자신청은 20,000원)이고, 합병으로 인한 해 산등기의 신청수수료는 6,000원(전자표준양식에 의해 신청하는 경우

　　　4,000원, 전자신청은 2,000원)이다.

　　⑫ 대리인에 의하여 신청할 때에는 그 권한을 증명하는 서면(상업등기법 제21조)

　　⑬ 지점소재지에서의 등기신청

　　　본점에서의 등기를 증명하는 서면 외에 다른 서면은 필요없다.

(3) 합병으로 인한 해산등기

1) 등기기간

등기기간은 합병으로 인한 변경등기 또는 설립등기의 경우와 같다.

2) 등기신청인

합병으로 인한 해산등기는 존속회사 또는 신설회사의 대표자가 소멸회사를 대표하여 신청한다(상업등기법 제72조 1항).

3) 등기신청방법

본점소재지에서 하는 해산등기의 신청은 그 등기소의 관할구역 내에 존속회사 또는 신설회사의 본점이 없는 때에는 그 본점의 소재지를 관할하는 등기소를 거쳐야 한다(상업등기법 제72조 2항).

또한 본점소재지에서 하는 해산등기의 신청과 존속회사 또는 신설회사의 변경 또는 설립등기의 신청은 존속회사 또는 신설회사의 본점소재지를 관할하는 등기소에 동시에 하여야 한다(동조 3항).

4) 등기사항(상업등기법 제69조)

　　① 합병 후 존속하는 회사 또는 합병으로 설립하는 회사의 상호와 본점

　　② 합병으로 인하여 해산한 취지와 그 연월일

　　③ 신설합병의 경우에는 해산한 다른 소멸회사의 상호와 본점도 기재

5) 첨부서면

합병으로 인한 해산등기의 신청에 있어서는 신청서의 첨부서면에 관한 규정과 인감의 제출에 관한 상업등기법 제24조 1항 및 2항은 적용되지 않는다. 따라서 대리권을 증명하는 서면 외에는 다른 첨부서면의 제출이 필요없다(상업등기법 제72조 4항).

V. 해산과 청산의 등기

I. 해산의 등기

■ 핵 심 사 항 ■

1. 해산사유
   (1) 존립기간의 만료 기타 정관으로 정한 사유의 발생
   (2) 총사원의 동의
   (3) 사원이 1인으로 된 때
   (4) 합병
   (5) 파산
   (6) 법원의 명령 또는 판결
2. 등기절차 : 회사가 해산된 때에는 합병과 파산의 경우 외에는 그 해산사유가 있은 날부터 본점소재지에서는 2주간 내, 지점소재지에서는 3주간 내에 등기를 신청한다(상 제228조).

---

1. 해산사유

해산사유는 객관적이고 구체적이어야 하며, 법률에 정한 것을 제외하고는 이를 등기하여야 한다(상 제180조 3호).

합명회사는 다음의 사유로 인하여 해산한다(상 제227조).

(1) 존립기간의 만료 기타 정관으로 정한 사유의 발행

(2) 총사원의 동의

주식회사, 유한회사는 총회의 특별결의에 의하여 해산할 수 있으나, 합명회사는 총사원의 동의가 있을 때에는 정관소정의 기간만료 전이라 할지라도 언제든지 해산할 수 있다.

한편, 정관규정에 의한 존립기간만료나 해산사유 발생으로 해산한 때와 총사원의 동의로 해산한 때에는 사원의 전부 또는 일부의 동의로써 회사를 계속할 수 있다.

(3) 사원이 1인으로 된 때

(4) 합 병

신설합병의 경우에는 합병하는 모든 당사회사, 흡수합병의 경우에는 흡수당하는 회사는 해산되어 소멸한다.

합병에 의하여 회사가 해산하는 시기는 합병보고총회시가 아니고 합병등기를 한 때이다(상 제233조).

(5) 파 산

회사가 파산선고를 받으면 그 사업을 계속할 수 없으므로 회사는 당연히 해산되어 파산절차가 개시된다

【쟁점질의와 유권해석】

<채무초과가 합명회사의 파산의 원인이 되는지 여부>

합명회사의 해산사유가 되는 파산의 원인은 지급불능에 한한다.

합명회사에서는 사원이 회사채무에 대하여 직접·연대·무한의 책임을 지므로, 그 존립 중의 채무초과는 파산의 원인이 되지 않는다.

채무자 회생 및 파산에 관한 법률 제306조는 법인에 대하여는 그 부채의 총액이 자산의 총액을 초과하는 때에도 파산선고를 할 수 있지만, 이 규정은 합명회사 및 합자회사의 존립기간 중에는 적용하지 아니한다고 규정하고 있다.

(6) 법원의 명령 또는 판결

회사의 설립목적이 불법한 것인 때, 정당한 사유없이 설립 후 1년 내에 영업을 개시하지 아니하거나 1년 이상 영업을 휴지한 때 또는 업무집행사원이 법령·정관에 위반하여 회사존속을 허용할 수 없는 행위를 한 때에는 법원은 이해관계인이나 검사의 청구 또는 직권으로 회사해산명령을 할 수 있다(상 제176조). 또 부득이한 사유가 있는 때 합명회사의 사원 각자는 법원에 회사의 해산을 청구할 수 있다.

2. 등기절차

(1) 등기기간 및 등기신청인 등

회사가 해산된 때에는 합병과 파산의 경우 외에는 그 해산사유가 있은 날 부터 본점소재지에서는 2주간 내, 지점소재지에서는 3주간 내에 등기를 신청 한다(상 제228조). 등기의 신청은 회사의 대표자가 하여야 하므로 임의청산 의 경우에는 해산 당시의 대표사원이 신청하고, 법정청산의 경우 및 청산인 선임등기는 대표청산인이 신청하여야 한다고 해야 할 것이다(상업등기법 제 17조).

(2) 등기사항

해산의 등기에 있어서는 해산한 뜻과 그 사유 및 연월일을 등기하여야 한 다(상업등기법 제65조 1항).

해산등기를 한 때에는 지배인등기를 말소하는 기호를 기록하여야 한다(상 업등기규칙 제83조).

(3) 첨부서면

1) 총사원의 동의로 해산한 경우에는 신청서에 총사원의 동의가 있음을 증명하는 서면(상업등기법 제56조 2항)

2) 사원이 1인이 되어 해산한 때에는 사망진단서 등

퇴사의 등기신청서에는 퇴사의 사실을 증명하는 서면, 즉 사망진단서, 가족 관계증명서, 퇴사예고서 등을 첨부한다(상업등기법 제64조).

사원이 1인이 되어 해산한 때에는 해산의 등기와 동시에 사원의 퇴사의 등 기를 해야 한다.

3) 정관소정사유의 발생으로 인하여 해산한 때에는 그 사유의 발생을 증 명하는 서면(상업등기법 제65조 2항)

4) 신청인 자격증명서

임의청산의 경우에는 대표사원이 해산의 등기를 신청하여야 하고, 법정청산 의 경우에는 대표청산인이 해산의 등기를 신청하여야 한다. 대표청산인이 해산 의 등기를 신청할 경우에 종전의 대표사원이 청산인으로 된 때를 제외하고는 그 자격을 증명하는 서면을 첨부하여야 한다. 그러나 청산인의 선임이 없어 업 무집행사원이 청산인이 된 때(상 제251조 2항)에는 그러하지 아니하다(상업등 기법 제65조 2항).

5) 등록면허세, 지방교육세, 농어촌특별세 등

등록면허세는 23,000원이고, 지방교육세는 등록면허세의 100분의 20이며, 농어촌특별세는 조세특례제한법, 관세법, 지방세법에 의하여 등록면허세가 감면되는 경우 그 감면세액의 100분의 20이다. 그러나 농어촌특별세가 감면 또는 면제되는 경우도 있다(지방세법 제28조 1항, 제151조 1항, 농특 제4조, 제5조).

Ⅱ. 청산의 등기

▣ 핵 심 사 항 ▣

1. 청산 : 청산이란 해산한 회사의 법률관계를 정리하고, 그 재산을 처분하는 절차를 말한다.
2. 합명회사의 청산
 (1) 임의청산 : 임의청산은 정관 또는 총사원의 동의에 의하여 정하여진 방법에 따라 하는 청산으로서 주식회사에서는 이를 인정하지 않는다. 회사가 존립기간의 만료 기타 정관으로 정한 사유의 발생 또는 총사원의 동의에 의하여 해산한 경우에 한하여 인정된다(상 제227조 1항, 2항).
 (2) 법정청산 : 법정청산이란 청산인이 법정절차에 따라서 하는 청산을 말한다. 회사의 사원이 1인이 되어 해산한 경우나 법원의 명령 또는 판결에 의하여 해산한 경우에는 반드시 법정청산의 방법에 따라 청산절차를 밟아야 한다.

1. 총 설

청산이란 해산한 회사의 법률관계를 정리하고, 그 재산을 처분하는 절차를 말한다. 합병과 파산으로 해산한 경우에는 청산절차가 필요없지만 그 밖의 사유로 해산한 경우에는 청산을 하여야 한다. 합명회사의 청산에는 임의청산과 법정청산이 있다(물적회사에서는 임의청산은 인정되지 않는다).

(1) 임의청산(상 제247조)

1) 의 의

임의청산은 정관 또는 총사원의 동의에 의하여 정하여진 방법에 따라 하는 청산으로서 주식회사에서는 이를 인정하지 않는다.

임의청산에서는 재산의 처분방법은 정관 또는 총사원의 동의에 의하여 자유로이 정할 수 있다(상 제247조 1항).

임의청산은 사원이 1인으로 된 때 또는 해산명령과 해산판결에 의한 때에는 청산의 공정을 기하기 위하여 인정되지 않으며(상 제247조 2항), 회사가 존립 기간의 만료 기타 정관으로 정한 사유의 발생 또는 총사원의 동의에 의하여 해산한 경우에 한하여 인정된다(상 제227조 1항, 2항).

2) 절 차

가. 채권자보호절차의 이행

채권자보호절차는 주식회사 합병의 경우와 같다.

나. 지분압류 채권자의 동의

임의청산의 경우에 사원의 지분압류채권자가 있는 때에는 그의 동의를 얻어야 한다.

3) 청산 후 중요서류의 보존

임의청산을 하면 본점소재지에서 해산등기를 한 후 10년간 회사의 장부와 영업 및 청산에 관한 중요서류를 보존하여야 하고, 전표 또는 이와 유사한 서류는 5년간 이를 보존하여야 한다(상 제266조 1항).

(2) 법정청산(상 제250조 ~ 제256조)

법정청산이란 청산인이 법정절차에 따라서 하는 청산을 말한다. 회사의 사원이 1인이 되어 해산한 경우이나 법원의 명령 또는 판결에 의하여 해산한 경우에는 반드시 법정청산의 방법에 따라 청산절차를 밟아야 한다. 이때에는 청산사무를 수행할 청산인을 선임하여야 한다(상 제250조, 제251조, 제252조).

청산인은 법정청산의 경우에 청산사무를 집행하고 청산회사를 대표한다.

2. 청산인의 취임 및 퇴임

(1) 취 임

1) 법정청산인

합병·파산, 사원이 1인으로 되어 해산하거나 재판 이외의 경우로 해산하는 때에는 원칙적으로 업무집행사원이 청산인이 된다(상 제251조 2항). 대표사원을 정한 경우에도 해산 후에는 각 업무집행사원이 청산인이 된다.

2) 법원의 선임에 의한 청산인

회사의 사원이 1인으로 됨으로써 해산한 때와 해산을 명하는 재판에 의하여 해산한 경우에 법원은 직권 또는 사원 기타 이해관계인이나 검사의 청구에 의하여 청산인을 선임한다.

3) 사원의 선임에 의한 청산인

총사원의 과반수 결의로 사원 또는 사원 이외의 자를 청산인으로 선임할 수 있다(상 제251조 1항).

해산 후에 사원이 사망한 경우에는 사원의 청산인선임권은 그 상속인이 행사한다.

(2) 퇴   임

1) 사   임

청산인은 사임할 수 있다. 다만, 업무집행사원으로서 청산인으로 된 자는 사원의 권리의무에 기하여 청산인으로 된 것이므로 사임할 수 없다 할 것이다.

2) 해   임

① 사원과반수의 결의에 의한 해임

사원이 선임한 청산인은 총사원 과반수의 결의로 언제든지 해임할 수 있다(상 제261조).

② 재판에 의한 해임

직무집행의 현저한 부적임 등 중요한 사유가 있는 때에는 법원이 사원 기타 이해관계인의 청구에 의하여 그를 해임할 수 있다(상 제262조).

3) 청산인의 사망, 파산, 금치산(상 제265조, 제382조 2항)

청산인과 회사와의 관계에는 위임에 관한 규정이 준용되므로, 청산인은 위임의 종료사유인 청산인의 사망, 파산, 금치산에 의하여 종임한다(민법 제690조).

3. 대표청산인의 취임 및 퇴임

(1) 취   임

① 업무집행사원이 청산인으로 된 경우에는 종전의 정함에 따라 회사를 대표하므로(상 제255조 1항), 대표사원이었던 자가 대표청산인이 된다.

② 정관 또는 총사원의 동의로 청산인 중 특히 회사를 대표할 자를 정할 수 있다(상 제265조, 제207조).

③ 법원이 수인의 청산인을 선임한 경우에는 회사를 대표할 자를 정하거나, 수인이 공동하여 회사를 대표할 것을 정할 수 있다(상 제255조 2항).

(2) 퇴 임

① 청산인의 퇴임

② 대표청산인 지정의 해제

업무집행사원으로서 대표청산인으로 된 자와 사원이 선임한 대표청산인은 정관의 변경 또는 총사원의 동의로 회사를 대표할 청산인으로서의 지정을 해제할 수 있다. 이 때에는 대표청산인은 퇴임되고, 법원이 회사를 대표할 청산인을 선임한 경우에는 재판에 의하여 회사를 대표하지 아니할 청산인으로 할 수 있는바, 이에 의하여 대표사원은 퇴임하게 된다.

(3) 청산인의 공동대표

① 업무집행사원이 청산인이 된 경우에 있어서는 해산 전에 공동대표에 관한 정함이 있는 때에는 그 정함에 따라 공동대표청산인이 된다(상 제255조 1항).

② 정관 또는 총사원의 동의로 수인의 청산인이 공동하여 회사를 대표할 것으로 정할 수 있다(상 제265조, 제208조).

③ 법원이 청산인을 선임한 경우에는 법원이 재판으로 수인이 공동하여 회사를 대표할 것으로 정할 수 있다(상 제255조 2항).

④ 정관 또는 총사원의 동의로 공동대표에 관한 정함을 변경, 폐지하거나 법원이 정한 공동대표는 재판에 의하여 그 정함을 변경, 폐지할 수 있다.

4. 청산인의 등기

(1) 등기기간

청산인이 선임된 때에는 선임된 날로부터, 업무집행사원이 청산인이 된 때에는 해산한 날로부터 본점소재지에서는 2주간 내에 등기하여야 한다(상 제253조). 다만, 지점소재지에서는 해산한 날로부터 3주간 내에 대표청산인에 관한 사항 및 공동대표에 관한 사항만을 등기 하여야 한다.

(2) 등기신청인

이 등기는 회사를 대표하는 청산인이 하여야 할 것이나, 해산등기전에는 청산인선임등기를 신청할 수 없다(상업등기법 제17조). 청산인의 등기를 한 때에는 대표사원의 성명 및 공동대표에 관한 규정의 등기를 말소하는 기호를 기록하여야 한다(상업등기규칙 제93조).

(3) 등기사항

① 청산인의 성명, 주민등록번호(주민등록이 없는 자는 생년월일)

② 회사를 대표하는 청산인을 정한 때에는 그 성명과 주소

③ 공동대표에 관한 규정이 있는 때에는 그 규정

④ 취임·퇴임의 취지 및 그 연월일

(4) 첨부서면

1) 최초의 청산인의 등기

가. 업무집행사원이 청산인으로 된 경우에는 그 자격증명서로서 정관(상업등기법 제66조 1항)

나. 사원이 선임한 청산인의 경우(상업등기법 제66조 2항)

① 사원 과반수의 동의가 있음을 증명하는 서면

② 취임승낙을 증명하는 서면

청산인 또는 대표청산인의 취임승낙 또는 사임을 증명하는 때에는 인감증명법에 따라 신고한 인감을 날인하고, 그 인감증명서를 첨부하여야 한다. 다만, 등기소에 인감을 제출한 자가 사임한 경우에는 그 자가 등기소에 제출한 인감 또는 날인으로 갈음할 수 있다(상업등기규칙 제84조 2항).

③ 대표청산인·공동대표청산인을 정한 때에는 정관 또는 총사원의 동의를

증명하는 서면

다. 법원이 청산인 등을 선임한 경우(상업등기법 제66조 2항)

① 선임결정서

② 청산인의 성명·주민등록번호 및 주소, 다만 회사를 대표할 청산인을 정한 때에는 그 외의 청산인의 주소를 제외한다.

③ 수인의 청산인이 공동으로 회사를 대표할 것을 정한 때에는 그 규정

2) 청산인에 관한 변경

가. 청산인의 취임

① 사원과반수의 동의로 청산인을 선임한 경우에는 사원과반수의 동의가 있음을 증명하는 서면, 취임승낙서(상업등기법 제66조 2항)와 주민등록번호를 증명하는 서면(상 제253조 1항, 특례법규칙 제2조 2항)

② 법원이 청산인을 선임한 경우에는 그 선임결정서의 등본(상업등기법 제66조 2항)

나. 청산인의 퇴임

① 퇴임으로 인한 경우에는 그 퇴임을 증명하는 서면(상업등기법 제66조 3항)

② 사원과반수의 동의로 해임한 경우에는 사원과반수의 동의서 또는 해임결의서, 법원이 해임한 경우에는 그 재판서의 등본

③ 자격상실, 자격정지자로 된 경우에는 유죄판결이 확정된 것을 증명하는 서면

④ 청산인의 사망, 파산 또는 금치산의 경우에는 사망진단서, 가족관계증명서, 파산선고서의 등본, 금치산선고 심판서의 등본 및 그 확정증명서

⑤ 청산인의 성명·주민등록번호·주소 등 변경의 경우에는 그 변경을 증명하는 가족관계증명서·주민등록등본 등의 서면

다. 대표청산인의 취임

① 정관의 변경 또는 총사원의 동의로 회사를 대표할 청산인 또는 공동대표청산인을 정한 때에는 총사원의 동의서

② 법원이 회사를 대표할 청산인 또는 공동대표청산인을 정한 때에는 그를

증명하는 재판서의 등본

라. 대표청산인의 퇴임

① 정관의 변경 또는 총사원의 동의로 회사를 대표할 청산인 또는 공동대
표청산인에 관한 지정을 해제한 때에는 총사원의 동의서

② 법원이 대표청산인 또는 공동대표청산인에 관한 규정을 변경 또는 폐지
한 때에는 그를 증명하는 재판서의 등본

3) 등록면허세, 지방교육세 등 납부영수필확인서 및 통지서, 등기신청수수료증지

등록면허세는 23,000원이고, 지방교육세는 등록면허세의 100분의 20이며(지
세 제28조 1항, 제151조 1항), 등기신청수수료는 6,000원(전자표준양식에 의해
신청하는 경우는 4,000원, 전자신청은 2,000원)이다.

4) 위임장, 관청의 허가(인가)서 등 기타의 서면

Ⅲ. 청산종결의 등기

▣ 핵 심 사 항 ▣

1. 청산종결절차
 (1) 법정청산의 경우 : 청산인이 현존사무의 종결, 채권의 추심과 채무의 변제,
    재산의 환가처분과 잔여재산의 분배를 하고 계산서를 작성하여 각 사원의
    승인을 얻은 때에 청산이 종결(상 제263조).
 (2) 임의청산의 경우 : 해산사유가 있는 날로부터 2주간 내에 재산목록과 대차대
    조표를 작성하고 채권자보호절차를 이행한 후 정하여진 처리방법에 의하여
    회사재산의 처분을 완료함으로써 청산이 종결.
2. 등기절차
 (1) 법정청산의 경우 : 청산인이 청산계산서의 승인이 있는 날로부터 본점소재
    지에서는 2주간, 지점소재지에서는 3주간 내에 청산종결의 등기를 신청(상
    제264조).
 (2) 임의청산의 경우 : 회사재산의 처분을 완료한 날로부터 본점소재지에서는 2
    주간, 지점소재지에서는 3주간 내에 회사를 대표하는 사원이 청산종결의 등
    기를 신청(상법 제247조 5항, 상업등기법 제17조).

1. 청산종결절차

(1) 법정청산의 경우

청산인이 현존사무의 종결, 채권의 추심과 채무의 변제, 재산의 환가처분과 잔여재산의 분배를 하고 계산서를 작성하여 각 사원의 승인을 얻은 때에 청산이 종결된다(상 제263조).

(2) 임의청산의 경우

해산사유가 있는 날로부터 2주간 내에 재산목록과 대차대조표를 작성하고 채권자보호절차를 이행한 후 정하여진 처리방법에 의하여 회사재산의 처분을 완료함으로써 청산이 종결된다.

【쟁점질의와 유권해석】

<청산중인 합명회사에 있어서 사원 상호간이나 제3자에게 지분을 양도함에 따른 사원의 입·퇴사 등기신청의 가부>

청산중인 합명회사는 청산의 목적범위 내에서만 존속하고 그 청산은 회사와 사원의 재산관계의 정리를 중심으로 하는 것이므로, 사원 상호간이나 제3자에게 지분을 양도함에 따른 입·퇴사 등기신청은 수리될 수 없다.

2. 등기절차

(1) 등기사항 및 등기기간 등

1) 법정청산의 경우

청산인이 청산계산서의 승인이 있는 날로부터 본점소재지에서는 2주간, 지점소재지에서는 3주간 내에 청산종결의 등기를 신청하여야 한다(상 제264조). 청산종결의 등기는 회사를 대표하는 청산인이 신청하여야 한다(상업등기법 제17조). 등기할 사항은 청산이 종결된 뜻과 그 연월일이다.

2) 임의청산의 경우

회사재산의 처분을 완료한 날로부터 본점소재지에서는 2주간, 지점소재지에서는 3주간 내에 회사를 대표하는 사원이 청산종결의 등기를 신청하여야 한다

(상법 제247조 5항, 상업등기법 제17조). 등기할 사항은 청산이 종결된 뜻과 그 연월일이다.

(2) 첨부서면

1) 법정청산의 경우

일반적인 첨부서면 외에 그 계산의 승인을 받았음를 증명하는 서면을 첨부하여야 한다(상업등기법 제67조 2항). 사원이 그 계산서를 교부받고도 1월 이내에 이의하지 않아 승인이 의제되는 때(상법 제263조 1항·2항 본문)에는 그 승인이 의제된 증명서를 첨부한다.

2) 임의청산의 경우

회사재산의 처분이 완료한 것을 증명하는 서면(총사원이 기명날인한 서면)을 첨부한다(상 제247조, 상업등기법 제67조 1항).

3) 등록면허세, 지방교육세, 농어촌특별세 등 납부영수필통지서 및 확인서, 등기신청수수료증지

등록면허세는 23,000원이고, 지방교육세는 등록면허세의 100분의 20이다(지세 제28조 1항, 제151조 1항). 등기신청수수료는 6,000원(전자표준양식에 의해 신청하는 경우는 4,000원, 전자신청은 2,000원)이다.

Ⅳ. 계속의 등기

> **■ 핵 심 사 항 ■**
>
> 1. 의의 : 회사의 계속이란 일단 해산된 회사가 사원들의 자발적인 노력에 의하여 해산 전의 상태로 복귀하여 해산 전 회사의 동일성을 유지하면서 존립중의 회사로서 존속하는 것.
> 2. 사유 및 절차
> (1) 사유 : 존립기간의 만료 기타 정관으로 정한 사유의 발생으로 인하여 해산한 경우, 또는 총사원의 동의에 의해 해산한 경우 사원의 전부 또는 일부의 동의에 의하여 회사를 계속할 수 있다(상 제229조 1항).
> (2) 회사를 계속하는 경우 이미 회사의 해산등기를 하였을 때에는 일정기간 내에 회사계속의 등기를 하여야 한다(상 제229조 3항).

1. 계속의 절차

(1) 사원의 동의에 의한 회사계속

합명회사는 존립기간의 만료, 정관소정사유의 발생 또는 총사원의 동의로 해산한 경우에는 총사원 또는 일부사원의 동의로 회사를 계속할 수 있다.

이 경우에 동의하지 아니한 사원은 퇴사한 것으로 본다(상 제229조 1항).

(2) 사원의 가입에 의한 회사계속

사원이 1인으로 되어 해산한 경우에는 새로 사원을 가입시켜 회사를 계속할 수 있다(상 제229조 2항).

사원의 가입은 정관변경으로 총사원의 동의가 있어야 한다(상 제179조, 제203조).

(3) 설립이 무효, 취소된 경우의 회사계속

합명회사의 설립의 무효 또는 취소의 판결이 확정된 경우에 그 무효 또는 취소의 원인이 특정한 사원에 한한 것인 때에는 그 특정사원을 퇴사시키고 다른 사원 전원의 동의로 회사를 계속할 수 있다. 이 때에는 그 무효 또는 취소의 원인이 있는 사원은 퇴사한 것으로 본다(상 제194조 2항). 이 경우에 다른 사원이 1인인 때에는 새로운 사원을 가입시켜 회사를 계속할 수 있다(상 제194조).

(4) 파산에 의하여 해산한 경우의 회사계속

파산선고를 받은 합명회사는 총사원의 동의로 회사를 계속할 것을 결의하고, 파산채권자 전원의 동의를 얻어 파산폐지의 신청을 함으로써 회사를 계속할 수 있다(채무자회생및파산에관한법률 제540조).

(5) 종전의 업무집행사원·대표사원 등에 관한 규정

회사가 해산한 경우에는 임의청산절차에 의하여 청산 중인 때를 제외하고는 종전의 업무집행사원, 대표사원, 공동대표사원에 관한 정함을 효력을 상실하므로, 이에 관한 규정을 두고자 할 때에는 계속의 결의에서 다시 이에 관한 정함을 하여야 한다.

2. 등기절차

(1) 등기기간 등

회사를 계속하는 경우 본점소재지에서는 2주간, 지점소재지에서는 3주간 내에 계속의 등기를 하여야 한다(상 제229조 3항). 계속의 등기는 회사를 대표하는 사원의 신청에 의하여 계속의 등기를 하여야 한다(상 제229조 3항, 상업등기법 제17조).

계속등기의 등기기간은 총사원 또는 일부사원의 일치로 계속결의를 한 때 또는 새로 사원을 가입시켜 계속결의를 한 때로부터 진행한다 할 것이다(일본 등기선례 소화 1915. 4. 17. 민사갑 제476호).

계속등기 전에 해산의 등기가 되어 있지 아니한 때에는 해산등기를 하고, 또 법정청산절차에 의하여 청산절차가 진행중이었을 때에는 청산인선임의 등기를 한 후에 계속의 등기를 하여야 한다.

계속등기를 하는 때에는 해산과 청산인에 관한 등기를 말소하는 기호를 기록하여야 하며, 회사 설립무효 또는 설립취소 판결 확정 후에 계속의 등기를 하는 때에는 설립의 무효 또는 취소와 청산인에 관한 등기를 말소하는 기호를 기록하여야 한다(상업등기규칙 제91조).

(2) 등기사항

① 회사를 계속한 뜻과 그 연월일

② 사원을 가입시켜 계속한 때에는 그 사원의 성명·주소·주민등록번호·출자의 목적, 재산출자에 있어서는 그 가격과 이행한 부분. 다만, 회사를 대표할 자를 정한 때에는 사원의 주소는 제외한다.

③ 사원 일부의 동의에 의하여 상속한 때에는 퇴사한 사원의 성명

④ 회사를 대표할 사원 또는 공동대표사원을 정한 때에는 그 성명과 주소

⑤ 존립기간 또는 해산사유를 변경 또는 폐지한 때에는 그 뜻

(3) 첨부서면

1) 총사원의 동의로 계속한 때에는 총사원의 동의가 있음을 증명하는 서면

2) 사원 일부의 동의로 계속한 때에는 그 동의가 있음을 증명하는 서면

이 경우에 동의하지 아니한 사원은 퇴사한 것으로 보므로(상 제229조 1항 단서) 그 퇴사의 등기를 하여야 하지만 퇴사한 사실을 증명하는 서면을 첨부할 필요는 없다.

3) 새로 사원을 가입시켜 회사를 계속한 때에는 그 가입사실을 증명하는 서면(입사계약서 등)과 재산출자에 관하여 이행을 한 부분을 증명하는 서면(상업등기법 제64조), 신입사원의 성명·주소·주민등록번호를 증명하는 서면(상 제180조, 상업등기규칙 제59조 1항)

4) 회사의 설립을 무효로 하는 판결 또는 취소의 판결이 확정된 경우에 회사를 계속한 때에는 그 무효 또는 취소의 원인이 있는 사원 이외의 사원의 동의 있음을 증명하는 서면과 판결등본(상업등기법 제68조 2항)

5) 사원 중 회사를 대표하지 않는 자가 있는 때 또는 공동대표에 관한 규정을 설정한 때에는 총사원의 동의가 있음을 증명하는 서면

6) 등록면허세, 지방교육세, 농어촌특별세 등 납부영수필통지서 및 확인서, 등기신청수수료 증지

등록면허세는 사원을 새로 가입시킨 때에는 신입사원 출자총금액의 1,000분의 4, 설립 또는 전입 후 5년 이내의 대도시의 법인은 그 3배를 가산한다. 그 외에는 23,000원이고, 지방교육세는 등록면허세의 100분의 20이다(지방세법 제28조 1항, 제151조 1항).

농어촌특별세는 조세특례제한법, 관세법, 지방세법에 의하여 등록면허세가 감면되는 경우 그 감면액의 100분의 20이고, 농어촌특별세도 감면되는 경우가 있다(농특 제4조, 제5조).

회사계속등기의 등기신청수수료는 6,000원(전자표준양식에 의하는 경우는 4,000원, 전자신청은 2,000원)이다. 다만, 사원을 새로 가입시킨 경우에는 사원변경등기 및 계속등기의 수수료로 각 6,000원(전자표준양식에 의한 신청의 경우 4,000원, 전자신청은 2,000원)을 첨부하여야 한다.

7) 위임장, 관청의 허가(인가)서, 정관 등 기타 필요한 서면

Ⅵ. 조직변경의 등기

■ 핵 심 사 항 ■

1. 의의 : 조직변경이란 회사가 그 법인격의 동일성을 유지하면서 그 성질이 유사한 다른 종류의 회사로 법률상의 조직을 변경하는 것을 의미한다. 상법은 인적회사 상호간, 물적회사 상호간에만 조직변경을 인정한다(상 제242조, 제286조, 제604조 1항, 제607조 1항).
2. 절차
 (1) 내부적 절차 : 총사원의 동의(상 제242조)
 (2) 외부적 절차 : 합명회사에서 합자회사로 조직변경을 할 때 무한책임사원 중 일부를 유한책임사원으로 바꾸었다면 조직변경의 등기를 하기 전에 생긴 회사채무에 대하여는 등기 후 2년 내에는 무한책임사원으로서 책임을 져야한다(상 제244조).
3. 등기절차 : 합명회사가 합자회사로 조직변경을 한 때에는 본점소재지에서는 2주간, 지점소재지에서는 3주간 내에 합명회사에 있어서는 해산등기, 합자회사에 있어서는 설립등기를 하여야 한다(상 제243조).

1. 조직변경의 절차

　합명회사는 총사원의 동의로 일부사원을 유한책임사원으로 하거나, 유한책임사원을 새로 가입시켜 합자회사로 조직을 변경할 수 있다. 합명회사가 사원이 1인으로 되어 해산하고 회사를 계속하는 경우에도 새로 유한책임사원을 가입시켜 합자회사로 변경할 수 있다(상 제242조).

　회사의 조직변경에는 일정한 제한이 있어서 인적회사는 인적회사로, 물적회사는 물적회사로만 조직변경을 할 수 있어, 합명회사는 합자회사로만 조직변경 할 수 있다(상 제242조).

　합명회사가 새로 유한책임사원을 가입시켜 조직을 변경할 때에는 종래의 사원은 그대로 있고 새로운 사원이 늘어나서 회사채권자에게 유리하지만, 일부사원을 유한책임사원으로 하여 조직을 변경할 때에는 무한책임사원 일부가 유한책임사원으로 전환되어 회사채권자에게 불리하다. 이 경우에는 무한책임에서 유한책임으로 그 책임이 전환된 사원은 조직변경등기를 마친 후 2년간은 조직변경등기

전의 회사채무에 대하여 무한책임을 진다(상 제244조)는 특별규정을 두어 회사
채권자를 보호하고 있다.

2. 등기절차

(1) 등기기간

합명회사가 합자회사로 조직변경을 한 때에는 본점소재지에서는 2주간, 지
점소재지에서는 3주간 내에 합명회사에 있어서는 해산등기, 합자회사에 있어
서는 설립등기를 하여야 한다(상 제243조).

(2) 등기신청인

합명회사의 해산등기는 해산회사를 대표하는 사원의 신청에 의하고, 합자회
사의 설립등기는 신설회사를 대표하는 사원의 신청에 의하여야 하나(상업등
기법 제17조), 양 등기신청을 동시에 해야 하는 취지(동법 제76조 1항)에 비
추어 볼 때 신설회사인 합자회사를 대표하는 사원이 합명회사의 해산등기도
신청할 수 있다고 보아야 할 것이다.

(3) 등기신청의 방식

합명회사가 합자회사로 조직을 변경함으로 인한 변경전의 회사의 해산등기
와 변경후의 회사의 설립등기의 신청은 동시에 하여야 한다. 합명회사 해산
등기와 합자회사 설립등기의 두 등기신청 중 어느 한 쪽에만 상업등기법 제
27조의 각하사유가 있어도 등기관은 양쪽 모두 각하하여야 한다(상업등기법
제76조 1항·3항).

(4) 등기사항

합명회사가 합자회사로 조직을 변경한 경우에는 다름 사항을 등기하여야
한다(상업등기법 제74조).

1) 합명회사

조직변경으로 설립한 합자회사의 상호와 본점, 조직변경으로 해산한 뜻과 그
연월일

2) 합자회사

설립등기사항, 조직변경 전 회사의 성립연월일, 조직변경 전 합명회사의 상

호, 조직변경을 한 뜻 및 그 연월일

(5) 첨부서면

1) 합자회사의 설립등기(상업등기법 제75조)

① 정 관

새로 설립등기하는 합자회사의 정관이다. 합명·합자회사의 정관은 주식회사 및 유한회사와는 달리 공증이 필요없다.

② 유한책임사원을 가입시킨 경우에는 그 가입을 증명하는 서면

가입을 증명하는 서면은 새로 가입하는 유한책임사원과 회사간에 체결한 입사계약서 등이다.

③ 유한책임사원이 출자에 관하여 이행한 부분을 증명하는 서면

이 서면은 새로 가입시킨 유한책임사원의 출자에 관하여 필요한 서면이다.

종전의 사원을 유한책임사원으로 한 때에는 종전의 출자를 반환받지 아니하거나, 유한책임사원의 출자액만큼 유보하고 유한책임사원의 출자로 갈음한 경우에는 이 서면을 다시 제출할 필요가 없다. 그렇지 아니할 경우에는 원칙적으로 종전의 무한책임사원이 유한책임사원으로 그 자격을 변경하더라도 출자이행을 한 부분을 증명하는 서면을 첨부하여야 한다.

④ 조직변경에 관하여 총사원의 동의가 있음을 증명하는 서면(상업등기법 제56조 2항)

⑤ 등록면허세, 지방교육세, 농어촌특별세 등 납부영수필통지서 및 확인서, 등기신청수수료증지

설립등기의 등록면허세는 자본액의 1,000분의 4이다(지방세법 제28조 1항). 수도권 또는 대도시 내에서 설립하는 경우에는 그 세율은 위의 3배로 한다(지방세법 제28조 2항). 해산등기의 등록면허세는 23,000원이며, 등록면허세액의 100분의 20에 상당하는 금액의 지방교육세를 납부하여야 한다(지방세법 제151조 1항).

조세특례제한법, 관세법, 지방세법에 의하여 등록면허세가 감면되는 경우 원칙적으로 감면세액의 100분의 20에 해당하는 농어촌특별세를 납부하여야 한다(농특 제5조). 그러나 농어촌특별세가 감면 또는 면제되는 경우도

있다(농특 제4조).

조직변경으로 인한 설립등기의 등기신청수수료는 30,000원(전자표준양식에 의한 경우 25,000원, 전자신청은 20,000원)이고, 조직변경으로 인한 해산등기의 경우에는 6,000원(전자표준양식에 의한 경우 4,000원, 전자신청은 2,000원)이다.

⑥ 기타의 서면

위임장, 관청의 허가서 등 기타 필요한 서면을 첨부한다.

2) 합명회사의 해산등기

신청서의 첨부서면에 관한 규정은 변경전의 회사의 해산등기의 신청에 관하여는 적용하지 아니한다. 따라서 대리권을 증명하는 서면 외에 다른 서면은 첨부를 생략할 수 있다(상업등기법 제76조 2항).

제 3 장 　 합자회사의 등기

Ⅰ. 총 설

▣ 핵 심 사 항 ▣

1. 합자회사 : 합자회사는 무한책임사원과 유한책임사원으로 구성되는 2원적 조직의 회사이다(상 제268조).
2. 합명회사에 관한 규정의 준용 : 합자회사도 합명회사와 마찬가지로 형식적으로는 사단법인의 일종이지만(상 제171조 1항) 그 실체는 조합에 가깝다. 그래서 상법은 특별한 규정이 있는 경우를 제외하고는 합명회사에 관한 규정을 합자회사에 대하여 준용하고 있는 것이다(상 제269조).

1. 합자회사의 의의

합자회사는 무한책임사원과 유한책임사원 각 1인 이상으로 구성되는 회사이다(상 제268조).

합자회사의 무한책임사원은 합명회사의 사원과 같이 회사채무에 관하여 연대하여 직접 무한의 책임을 부담하며(상 제212조), 원칙적으로 각 사원이 회사업무를 집행하고 회사를 대표(상 제207조)하지만, 유한책임사원은 회사 채무에 관하여 회사에 대한 출자가액을 한도로 하여(상 제279조) 책임을 부담하고 회사의 업무집행이나 회사대표를 할 수 없다(상 제278조). 설령 정관 또는 총사원의 동의로써 회사의 대표자로 지정되어 그와 같은 등기까지 경료되었다 하더라도 회사의 대표권을 가질 수 없다(대판 1966. 1. 25, 65다2128).

합자회사는 구성원 중 유한책임사원이 있는 것을 제외하고는 합명회사와 같으므로 합명회사에 관한 대부분의 규정이 준용된다(상 제259조).

【쟁점질의와 유권해석】

<합자회사의 유한책임사원이 대표사원의 등기를 한 후 유한책임사원을 무한책임사원
으로 변경등기를 한 경우 그 대표사원 자격의 유무>

합자회사의 대표사원의 등기를 할 때 유한책임사원의 신분으로 등기를 한 흠이 있어
도 그 유한책임사원을 무한책임사원으로 변경등기를 한 이상 그 변경등기를 한 때에
그 대표사원의 자격의 흠결은 소멸된다(대판 1972. 5. 9, 72다8).

2. 출 자

무한책임사원은 합명회사의 사원과 같이 금전 등의 재산 외에 노무 또는 신용
도 출자의 목적으로 할 수 있으나, 유한책임사원은 금전 기타의 재산만을 출자
의 목적으로 할 수 있고, 노무 또는 신용을 출자의 목적으로 하지 못한다(상 제
272조).

3. 지분의 양도

(1) 지분의 양도방법

무한책임사원이 지분을 양도함에는 다른 무한책임사원 및 유한책임사원 전
원의 동의를 얻어야 하지만(상 제269조, 제197조), 유한책임사원이 지분을 양
도함에는 무한책임사원 전원의 동의를 얻으면 충분하고 다른 유한책임사원
의 동의를 얻을 필요는 없다(상 제276조).

지분의 양도에 따라 사원의 교체가 발생하는 경우에는 정관을 변경하여야
한다. 정관의 변경에는 총사원의 동의를 요하나, 지분의 양도에 의한 정관 변
경의 경우에는 상법은 무한책임사원의 동의만 있으면 되고 유한책임사원의
동의를 얻지 않아도 되도록 하고 있다(상 제276조의2).

【쟁점질의와 유권해석】

<합자회사의 지분권 양도방법>

합자회사인 피고회사의 정관상 사원이 그 지분권을 다른 사원에게 양도함에는 총사
원의 동의가 있어야 하도록 되어 있는데, 원고가 무한책임사원인 갑에 대한 채권의
담보로 갑의 지분권을 양수하기로 하되, 그 전부를 원고 명의로 이전할 경우 피고회

사의 운영권을 좌우하게 되므로, 이를 피하기 위하여 다른 무한책임사원인 을. 병. 명의의 지분변경등기를 한 경우, 을. 병. 명의의 지분변경등기가 원고를 위한 명의신탁이었다고 하여도 원고가 위 을. 병.에 대해 명의신탁을 해지하고 지분이전을 구하려면 정관의 규정에 의하여 총사원의 동의를 얻어야 한다(대판 1989. 11. 28, 88다카33626).

(2) 합자회사에 있어서 지분양도·상호변경 등이 행해진 경우 법인격의 존속 여부

합자회사인 상호신용금고에 있어서 사원의 출자지분의 양도·양수, 출자지분의 변경, 본점소재지의 변경등기, 상호변경 등이 행하여졌다 하여도 상법상의 제규정과 법인의 본질면에서 볼 때 이는 동일한 법인격이 존속되는 것이다(대판 1983. 2. 22, 82누252).

4. 업무집행

합자회사에 있어서는 원칙적으로 무한책임사원 각자가 회사업무를 집행하는 것이나(상 제273조), 그 업무집행 행위에 대하여 다른 사원이 이의가 있는 때에는 무한책임사원 과반수의 결의에 의하여야 하고 또 업무집행의 업무집행사원 중 1인의 행위에 대하여 다른 사원이 이의를 한 때에는 업무집행사원 과반수의 결의로 정하여야 한다(상 제269조, 제200조, 제201조).

지배인의 선임과 해임은 업무집행사원이 있는 경우라도 무한책임사원 과반수의 결의에 의하여야 한다(상 제274조).

유한책임사원은 회사의 업무집행을 하지 못한다(상 제278조). 그러나 회사의 업무집행은 내부관계에 속하는 사항으로서 임의규정에 속하므로, 정관 기타의 내부규정에 의하여 유한책임사원에게 업무집행의 권리의무를 할 수 있다.

정관을 변경함에는 합명회사에 관한 규정에 따라 총사원, 즉 무한책임사원과 유한책임사원 전원의 동의가 있어야 한다(상 제269조, 제204조). 그러나 이 규정은 임의규정이므로, 정관에서 이와 다른 규정을 둘 수 있다.

조직변경, 회사의 해산, 정관변경 등 기타 중요한 사항에 관하여는 유한책임사원을 포함한 총사원의 동의를 요하는 점은 합명회사의 경우와 같다.

【쟁점질의와 유권해석】

<합자회사의 사원총회의 소집절차 및 결의방법>

합자회사는 정관에 특별한 규정이 없는 한 소집절차라든지 결의방법에 특별한 방식이 있을 수 없고, 따라서 사원의 구두 또는 서면에 의한 개별적인 의사표시를 수집하여 본 결과 총사원의 동의나 사원 3분의 2 또는 과반수의 동의 등 법률이나 정관 및 민법의 조합에 관한 규정이 요구하고 있는 결의요건을 갖춘 것으로 판명되면 유효한 결의가 있다고 보아야 할 것이다(대판 1995. 7. 11, 95다5820).

5. 회사의 대표

정관 또는 총사원의 동의에 의하여 특별히 회사를 대표할 무한책임사원을 정하지 아니한 때에는 각 무한책임사원이 회사를 대표한다(상 제269조, 제207조). 그러나 유한책임사원은 회사의 대표행위를 하지 못한다(상 제278조).

이것은 강행규정이므로, 정관의 규정 또는 총사원의 동의로써도 유한책임사원에게 대표권을 부여하지 못한다.

II. 설립의 등기

◙ 핵 심 사 항 ◙

1. 설립 : 합자회사의 설립절차는 합명회사의 경우와 같다. 다만 최소한 1인 이상의 유한책임사원이 있어야 하기 때문에 정관의 절대적 기재사항(상 제270조)과 등기사항(상 제271조)에 약간의 차이가 있을 뿐이다.
2. 등기절차 : 합자회사 설립등기의 등기기간은 그 정함이 없다. 설립등기는 강제하지 아니하나 그 이후의 등기에 관하여는 각기 기간을 정하여 그 등기를 강제하고 있다.

1. 설립절차

합자회사는 무한책임사원이 될 자와 유한책임사원이 될 자 각 1인 이상이 정관을 작성하여 기명날인 또는 서명하여 설립등기함으로써 성립한다.

무한책임사원은 자연인이어야 하지만(상 제173조) 유한책임사원은 회사 기타 법인도 될 수 있다.

합자회사의 정관에는 합명회사의 정관의 기재사항 외에 각 사원의 무한책임 또는 유한책임인 것을 기재하여야 한다(상 제271조).

유한책임사원은 신용 또는 노무를 출자의 목적으로 하지 못한다(상 제272조).

정관은 주식회사와는 달리 공증인의 인증이 효력발생요건이 아니다(상 제269조). 그러므로 주식회사 정관과 달리 합자(합명)회사의 정관은 정관의 작성연월일을 절대적 기재사항으로 하였다(상 제179조).

2. 등기절차

(1) 등기기간

합자회사 설립등기의 등기기간은 합명회사와 마찬가지로 그 정함이 없다(상 제269조, 제180조).

등기는 합명회사와 같이 회사를 대표할 사원의 신청에 의한다(상 제269조, 제180조, 상업등기법 제17조).

합자회사도 설립등기는 강제하지 아니하나 그 이후의 등기에 관하여는 각기 기간을 정하여 그 등기를 강제하고 있다.

(2) 등기사항

1) 각 사원의 무한책임 또는 유한책임인 것

합명회사의 등기사항 외에 각 사원이 무한책임인가 유한책임인가를 등기해야 한다(상 제271조).

2) 합명회사의 설립등기사항(상 제271조, 제180조)

① 상호

합자회사의 상호에는 반드시 '합자회사'라는 문자를 사용하여야 한다.

② 회사의 목적

③ 사원의 성명, 주민등록번호 및 주소

④ 본점과 지점의 소재지

⑤ 사원의 출자목적, 재산출자에 있어서는 그 가격과 이행한 부분

출자목적이란 출자의 대상을 의미하는 것으로서 무한책임사원에 있어서는 금전출자 및 동산·부동산·채권·유가증권 등 기타 재산상의 출자뿐만 아니라 노무·신용 등 비재산상의 출자도 목적으로 할 수 있으나, 유한책임사원은 반드시 재산상의 출자에 한하며 신용·노무 등은 출자목적으로 할 수 없다(상 제272조).

출자목적이 재산출자인 때에는 그것을 구체적으로 특정해서 그 가격과 이행부분까지 표시하여야 한다.

이행부분의 표시는 금전출자인 때에는 회사에 납부한 금액, 금전 이외의 출자로서 목적물의 권리를 이전하여야 할 출자인 때에는 그 목적재산의 권리이전행위와 그 방식 즉 등기, 인도, 채무자에 대한 통지 등의 이행을 마치고 그 평가액을 기재하여야 한다.

신용·노무 등 비재산권상의 출자에 있어서는 그 가격이나 이행여부는 표시할 필요없다.

⑥ 대표사원을 정한 때에는 그 성명과 주소 및 주민등록번호

⑦ 수인의 사원이 공동으로 회사를 대표할 것을 정한 때에는 그 규정

⑧ 존립기간 또는 해산사유를 정한 때에는 그 기간 또는 사유

⑨ 법인성립의 연월일

(3) 첨부서면(상업등기법 제77조)

1) 정 관

정관에 규정이 없으면 효력이 없는 사항의 등기를 신청하는 경우에는 신청서에 정관을 첨부하여야 한다(상업등기법 제77조, 제56조 1항).

2) 재산출자에 관하여 이행을 한 부분이 있는 때에는 그를 증명하는 서면

출자목적이 현금인 경우에는 그 영수증, 동산이나 부동산 등 현물출자인 경우에는 현물인도증 또는 등기부등본, 채권인 경우에는 채권증서 및 양도통지서 등이 그 증명서면이 될 것이다. 그러나 신용·노무 등 비재산상의 출자인 경우에는 그 출자이행증명을 첨부할 필요가 없다.

3) 총사원의 동의서

총사원의 동의로써 무한책임사원 중 대표사원을 따로 정한 때에는 첨부한다.

4) 사원의 주민등록번호 및 주소를 증명하는 서면

5) 등록면허세, 지방교육세, 농어촌특별세 등 납부영수필통지서 및 확인서, 등기신청수수료증지 등

등록면허세는 과세표준액의 1,000분의 4이고, 대도시에서 설립시에는 그 3배를 가산한 등록면허세를 납부하여야 하고(지세 제28조), 지방교육세로 등록면허세의 100분의 20에 해당하는 금액을 납부한 영수필증확인서를 첨부하여야 한다. 조세특례제한법, 관세법, 지방세법에 의하여 등록면허세가 감면되는 경우 원칙적으로 감면세액의 100분의 20에 해당하는 농어촌특별세를 납부하여야 한다(농특 제5조). 그러나 농어촌특별세가 감면 또는 면제되는 경우도 있다(농특 제4조).

설립등기의 등기신청수수료는 30,000원(전자표준양식에 의한 경우 25,000원, 전자신청은 20,000원)이다.

6) 인감의 제출

7) 위임장 등의 서면

【쟁점질의와 유권해석】

<무한책임사원과 유한책임사원 각 1인만으로 된 합자회사에 있어서 한 사원의 의사에 의한 다른 제명 가부(소극)>

상법 제220조 제1항, 제269조는 합자회사에 있어서 사원에게 같은 법조 소정의 제명사유가 있는 경우에는 다른 사원 과반수의 결의에 의하여 그 사원의 제명선고를 법원에 청구할 수 있다고 규정하고 있는 바, 다른 사원 과반수의 결의란 그 문언상 명백한 바와 같이 제명대상인 사원 이외에는 다른 사원 2인 이상의 존재를 전제로 하고 있는 점, 위 제명선고 제도의 취지나 성질 등에 비추어 보면, 무한책임사원과 유한책임사원 각 1인만으로 된 합자회사에 있어서는 한 사원의 의사에 의하여 다른 사원의 제명을 할 수는 없다고 보아야 한다(대판 1991. 7. 26., 90다19206).

Ⅲ. 변경의 등기

Ⅰ. 상호 또는 목적변경의 등기

■ 핵 심 사 항 ■

1. 등기기간 : 회사를 대표할 사원이 상호나 목적의 정관변경절차를 밟은 날로부터 본점소재지에서 2주간, 지점소재지에서 3주간 내에 신청.
2. 등기사항 : 변경된 상호 또는 목적과 변경취지 및 그 연월일이며 상호·목적란에 기재.

---

1. 등기절차

(1) 등기기간

회사를 대표할 사원이 상호나 목적의 정관변경절차를 밟은 날로부터 본점소재지에서 2주간, 지점소재지에서 3주간 내에 신청하여야 한다.

(2) 등기사항

등기사항은 변경된 상호 또는 목적과 변경취지 및 그 연월일이며 상호·목적란에 기재한다.

(3) 첨부서면

일반적 첨부서면 외에 정관변경을 위한 총사원의 동의서를 첨부한다(상업등기법 제77조, 제56조 2항).

등록면허세는 23,000원이고, 지방교육세는 등록면허세의 100분의 20이다. 등록면허세가 변경등기에서 면제되는 경우는 거의 없으며, 농어촌특별세는 조세특례제한법, 관세법, 지방세법에 의하여 등록면허세가 감면되는 경우 그 감면세액의 100분의 20이다. 그러나 농어촌특별세가 감면 또는 면제되는 경우도 있다(지방세법 제28조 1항, 제151조 1항, 농특 제4조, 제5조).

등기신청수수료는 변경등기의 경우 상호, 본점, 목적, 임원, 지점설치, 지배인선임 등의 등기마다 각 6,000원(전자표준양식에 의한 경우 4,000원, 전자신청은 2,000원)을 납부하여야 한다. 다만, 지배인이나 임원, 지점설치의 경우에는 하나의 신청서에 수개의 임원선임등기 등을 신청하여도 하나의 변경등기로 본다.

Ⅱ. 본점의 이전, 지점의 설치·이전·폐지의 등기

▣ 핵 심 사 항 ▣

1. 본점이전의 등기절차 : 본점을 타관 내로 이전하고 본점소재지에서 행하는 등기절차에 관해서는 통상의 경우와 달리 신소재지에의 등기신청은 구소재지 관할등기소를 경유하여 구소재지에의 등기신청과 동시에 신청하도록 하고 있다(상업등기법 제77조, 제58조). 다만, 이들 두 등기는 동시에 신청하되 한 신청서로써 일괄하여 신청할 수 없고, 별개의 신청서로 작성하여야 한다.
2. 지점의 설치·이전·폐지의 등기절차 : 현실로 지점을 설치, 또는 폐지한 날로부터 본점소재지에서는 2주간 내, 지점소재지에서는 3주간 내에(상 제181조 2항, 제269조) 회사를 대표할 사원이 신청한다(상업등기법 제17조). 다만, 지점이전의 경우는 2주간 내에 본점과 구지점소재지에서 등기하여야 한다. 회사설립과 동시에 설치한 지점소재지에서 하는 지점설치등기는 본점소재지에서 설립등기일로부터 2주간 내에 신청하여야 한다(상 제181조 1항, 제182조 3항, 제183조 3항, 제269조).

1. 본점이전의 등기절차

이 경우의 등기절차도 다른 경우와 다름이 없으나, 본점을 타관 내로 이전하고 본점소재지에서 행하는 등기절차에 관해서는 통상의 경우와 달리 신소재지에의 등기신청은 구소재지 관할등기소를 경유하여 구소재지에의 등기신청과 동시에 신청하도록 하고 있다(상업등기법 제77조, 제58조). 다만, 이들 두 등기는 동시에 신청하되 한 신청서로써 일괄하여 신청할 수 없고, 별개의 신청서로 작성하여야 한다.

(1) 등기기간 및 등기신청인 등

본점이전등기의 등기기간에 관하여 상법은 2주간 내에 구소재지에서는 신소재지와 이전연월일을 등기하고, 신소재지에서는 상법 제180조의 사항을 등기하도록 하고 있다(상 제182조, 제269조).

이 등기는 회사를 대표할 자가 신청하여야 하므로(상업등기법 제17조), 대표사원을 따로 정한 때에는 대표사원이, 수인의 대표사원을 정한 때에는 대표사원 전원이 공동으로 신청하여야 할 것이나, 그를 따로 정하지 아니한 때에는 유한책임사원은 업무집행이나 대표행위를 하지 못하므로(상 제278조), 무한책임사원 중 1인이 신청하면 된다고 할 것이다(상 제273조, 제269조, 제207조).

(2) 등기사항

1) 동일한 등기소관내에서 본점을 이전한 경우

신본점소재지와 그 이전연월일, 지배인을 두고 있는 본점을 이전하고 본점이전등기와 지배인을 둔 장소이전등기를 하나의 신청서로 일괄신청하는 때에는 위의 사항 이외에 지배인을 둔 새로운 장소와 그 이전연월일

2) 다른 등기소관내로 본점을 이전한 경우

① 구본점소재지와 지점소재지에서는 신본점소재지와 그 이전연월일, 지배인을 두고 있는 본점을 이전하고 구본점소재지에서 본점이전등기와 지배인을 둔 장소이전등기를 하나의 신청서로 일괄 신청하는 때에는 위의 사항 외에 지배인을 둔 새로운 장소와 그 이전연월일

② 신본점소재지에서는 구본점에서 등기한 사항 중 현재 효력있는 등기사항 전부와 구본점의 표시, 본점이전의 취지 및 이전연월일과 회사성립연월일, 지배인을 두고 있는 본점을 이전하고 본점이전등기와 지배인을 둔 장소이전등기를 하나의 신청서로 일괄신청하는 때에는 지배인에 관하여는 지배인의 성명·주소와 주민등록번호 및 지배인을 둔 새로운 장소와 그 이전연월일

(3) 등기신청의 방식

1) 동시신청

본점을 다른 등기소의 관할구역 내로 이전한 경우에 신소재지에서 하는 등기의 신청은 구소재지를 관할하는 등기소를 거쳐야 하고, 신소재지에서 하는 등기의 신청과 구소재지에서 하는 등기의 신청은 구소재지를 관할하는 등기소에 동시에 하여야 한다(상업등기법 제77조 1항, 제58조 1항·2항).

구소재지를 관할하는 등기소는 위의 등기신청 중 어느 하나에 관하여 각하사유가 있는 때에는 이들 신청을 함께 각하하여야 한다(동법 제59조 1항).

2) 전자표준양식에 의한 등기신청

서면으로 등기를 신청하는 경우에는 대법원 인터넷등기소에서 제공하는 전자표준양식을 이용하여 전산정보처리조직에 신청정보를 입력·저장한 다음, 저장된 신청정보를 출력하여 그 출력물로써 할 수 있다(상업등기규칙 제57조).

(4) 첨부서면

구본점소재지에서는 일반적인 첨부서류 이외에 본점이전에 정관변경이 필요한 때에는 정관변경을 위한 총사원의 동의서, 그 때 이전일자 등 이전업무집행사항을 총사원의 동의로써 정하지 않고 업무집행사원 과반수의 동의로써 정한 때에는 업무집행사원 과반수의 동의서를 첨부하여야 할 것이나, 본점이전에 정관변경이 필요없는 경우에는 이전장소 및 이전일자결정 등을 위한 업무집행사원 과반수의 동의서를 첨부하여야 한다(상업등기법 제77조, 제56조 2항).

그러나 신본점소재지에서의 본점이전등기신청서에는 위임장, 등록세영수필확인서 등 일반적인 첨부서류 이외에 다른 서류는 첨부할 필요가 없다(상업등기법 제58조 3항).

(5) 등록면허세·지방교육세·등기신청수수료 등

본점이전의 등록면허세는 75,000원이고(지방세법 제28조 1항 6호 라목), 지배인이 있는 경우에는 6,000원이 추가되며, 지점소재지에서는 23,000원이다.

대도시 외의 법인이 수도권 또는 대도시 내로 전입하는 때에는 법인설립으로 보아 설립등기의 등록면허세, 즉 자본액의 1,000분의 4의 3배 상당액의 중과세(지방세법 제28조 2항)를 한다.

지방교육세는 등록면허세액의 100분의 20에 해당하는 금액(제151조)을 납부한다.

조세특례제한법, 관세법, 지방세법에 의하여 등록면허세가 감면되는 경우에는 그 감면액의 100분의 20에 해당하는 농어촌특별세를 납부하여야 한다(농특 제5조). 그러나 농어촌특별세도 감면 또는 면제하는 경우도 있다(농특 제4조).

타관이전시 신본점소재지에서는 설립등기에 준하여 30,000원(전자표준양식에 의한 경우 25,000원, 전자신청은 20,000원)의 등기신청수수료를 납부하여야 하고, 이 때와 구본점소재지 및 관내 이전시에는 6,000원(전자표준양식에 의한 경우

4,000원, 전자신청은 2,000원)의 등기신청수수료를 납부하여야 한다.

2. 지점의 설치·이전·폐지의 등기절차

(1) 등기기간 및 등기신청인 등

등기기간은 현실로 지점을 설치, 또는 폐지한 날로부터 본점소재지에서는 2 주간 내, 지점소재지에서는 3주간 내에(상 제181조 2항, 제269조) 회사를 대표할 사원이 신청한다(상업등기법 제17조).

다만, 지점이전의 경우는 2주간 내에 본점과 구지점소재지에서 등기하여야한다. 회사설립과 동시에 설치한 지점소재지에서 하는 지점설치등기는 본점소재지에서 설립등기일로부터 2주간 내에 신청하여야 한다(상 제181조 1항, 제182조 3항, 제183조 3항, 제269조).

지배인을 두고 있는 지점을 이전·변경 또는 폐지한 때에는 지점이전 또는 폐지의 등기와 지배인을 둔 장소이전·변경 또는 폐지의 등기는 이를 동시에 신청하여야 한다(상업등기법 제55조 3항).

(2) 등기사항

1) 지점설치의 경우

① 본점소재지에서는 신설지점소재지와 그 설치연월일

② 당해 신설지점소재지에서는 목적, 상호, 사원의 성명, 주민등록번호 및 주소, 본점의 소재지, 지점의 소재지, 존립기간 기타 해산사유를 정한 때에는 그 기간 또는 사유, 회사를 대표할 사원을 정한 경우에는 그 성명, 주소 및 주민등록번호, 수인의 사원이 공동으로 회사를 대표할 것을 정한 때에는 그 규정(다만, 무한책임사원만을 등기하되, 회사를 대표할 사원을 정한 경우에는 다른 사원은 등기하지 아니한다)(상 제271조 2항, 제180조)[4]

다른 지점의 소재지는 등기하지 않으며(상 제271조 2항), 회사설립과 동시에 설치한 지점소재지에서 등기할 때에는 지점설치연월일은 회사성립

---

4) 2011년 4월 14일 상법개정시 합자회사의 지점설치 및 이전등기에서 사원의 등기와 관련하여 무한책임사원만을 등기하면 되는 것으로 하였으며, 무한책임사원 중 대표사원이 있으면 대표사원만 등기하고 나머지 사원은 등기하지 않아도 되는 것으로 개정하였다(상 제271조 2항 신설).

연월일과 같은 일자이므로 그를 따로 기재하지 않는다.

2) 지점이전의 경우

① 본점과 이전한 당해 지점의 구소재지에서는 이전한 당해 지점의 신소재지와 그 이전연월일, 지배인을 두고 있는 지점을 이전하고 지점이전등기와 지배인을 둔 장소이전등기를 하나의 신청서로 일괄신청하는 때에는 위의 사항 이외에 지배인을 둔 새로운 장소와 그 이전연월일(상 제182조, 제269조)

② 이전한 당해 지점의 신소재지에서는 목적, 상호, 사원의 성명, 주민등록번호 및 주소, 본점의 소재지, 지점의 소재지, 존립기간 기타 해산사유를 정한 때에는 그 기간 또는 사유, 회사를 대표할 사원을 정한 경우에는 그 성명, 주소 및 주민등록번호, 수인의 사원이 공동으로 회사를 대표할 것을 정한 때에는 그 규정(다만, 무한책임사원만을 등기하되, 회사를 대표할 사원을 정한 경우에는 다른 사원은 등기하지 아니한다)(상 제271조 2항, 제180조)

3) 지점폐지의 경우

① 본점소재지에서는 폐지한 지점과 지점폐지 취지 및 그 연월일

② 폐지한 당해 지점소재지에서는 지점폐지의 취지와 그 연월일

지배인을 두고 있는 지점을 폐지한 때에는 그 지배인의 대리권 소멸사항도 등기하여야 한다.

(3) 첨부서면

지점의 소재지는 정관의 절대적 기재사항이 아니므로, 지점의 설치, 폐지의 경우에는 정관에 지점이 기재되어 있으면 정관변경을 요하고, 그 외에는 정관변경을 요하지 아니한다. 지점이전의 경우에는 그에 정관변경이 필요한 때에는 그를 위한 총사원의 동의서를 첨부해야 하고, 정관에 지점소재지로 기재된 최소행정구역 내에 지점을 설치하는 경우 또는 정관에 지점소재지로 기재된 최소행정구역 내의 수개의 지점 중 1개를 폐지하는 경우에는 업무집행사원의 과반수의 일치만으로 족하다(상업등기법 제77조, 제56조 2항).

정관에 지점의 설치·이전·폐지에 관한 권한을 무한책임사원 또는 업무집행사원의 과반수 결의로 할 수 있다고 규정하였다면 그 동의서면을 첨부하고, 그 외에는 총사원의 동의서를 첨부하여야 할 것이다(상 제274조, 제200

조, 제269조).

(4) 등록면허세·지방교육세·등기신청수수료 등

등록세는 23,000원(지방세법 제28조 1항 6호)이고, 지방교육세는 등록면허세 액의 100분의 20(지방세법 제151조)이며, 대도시 내에서의 지점설치등기에 대하여는 일반지점설치 등록면허세의 3배 세율의 중과세를 한다(지방세법 제28조 2항).

지방세법, 관세법, 조세특례제한법에 의하여 등록면허세가 감면되는 경우에는 그 감면금액의 100분의 20에 해당하는 농어촌특별세를 납부하여야 한다. 그러나 농어촌특별세도 감면되는 경우도 있다(농특 제4조, 제5조).

지점의 설치, 이전, 폐지의 각 등기에는 등기신청수수료를 각 6,000원(전자표준양식에 의한 경우 4,000원, 전자신청은 2,000원)을 납부하여야 한다. 다만, 이 경우에는 하나의 신청서로 수개의 지점을 설치하거나 폐지하는 등기를 하여도 하나의 변경등기로 보아 6,000원(전자표준양식에 의한 신청의 경우 4,000원, 전자신청은 2,000원)의 등기신청수수료를 납부하면 된다.

Ⅲ. 유한책임 사원에 관한 변경등기

▣ 핵 심 사 항 ▣

1. 유한책임 사원의 입사 : 종전 사원의 지분 전부 또는 일부를 양수하여 입사하는 방법과 지분을 양수하지 않고 새로 출자하여 입사하는 방법 및 사원이 사망한 경우 상속에 의하여 입사하는 방법.
2. 유한책임 사원의 퇴사 : 합자회사의 사원은 사원의 자유의사 또는 일정한 사유의 발생으로 퇴사한다(상 제269조, 제217조, 제218조, 제224조). 일정한 사유는 다음과 같다.
  (1) 사원의 퇴사권(상 제217조)
  (2) 정관에 정한 사유의 발생, 총사원의 동의, 사망, 금치산, 파산, 제명(상 제218조)
  (3) 지분압류채권자에 의한 퇴사청구(상 제224조)
    다만, 유한책임사원이 사망한 때에는 무한책임사원과는 달리 퇴사하지 않고 그 상속인이 지분을 승계하여 사원이 된다(상 제283조 1항).

3. 사원에 관한 변경등기절차 : 이 등기는 회사를 대표할 사원이 정관을 변경하여
   사원이 입사한 날 또는 사원의 퇴사 효력발생일로부터 2주간 내에 신청하여야
   한다(상 제269조, 제183조, 상업등기법 제17조).

1. 유한책임 사원의 입사 및 퇴사

(1) 입 사

입사 및 퇴사는 합명회사 사원의 경우와 같으나(상 제269조), 유한책임사원
의 지분의 전부 또는 일부의 양도에 관하여는 무한책임사원의 동의만 있으
면 된다(상 제276조).

사원이 새로 입사하는 방법에는 종전 사원의 지분 전부 또는 일부를 양수
하여 입사하는 방법과 지분을 양수하지 않고 새로 출자하여 입사하는 방법
및 사원이 사망한 경우 상속에 의하여 입사하는 방법이 있다.

(2) 퇴 사

합자회사의 사원은 사원의 자유의사나 일정한 사유의 발생으로 퇴사한다
(상 제269조, 제217조, 제218조, 제224조, 제229조).

무한책임사원이 사망한 경우에는 정관에 규정이 있거나 총사원의 동의가
있는 때에 한하여 사원의 지위가 상속되나, 유한책임사원이 사망한 경우에는
그 상속인이 지분을 승계하여 사원이 되고 공동상속인은 유한책임사원의 권
리를 행사할 자 1인을 정하여야 한다(상 제283조).

유한책임사원은 금치산의 선고를 받은 경우에도 퇴사하지 아니한다(상 제
284조, 제218조 5항).

제명에 의하여도 퇴사한다. 제명은 법원의 재판에 의해 사원자격을 박탈하
는 것으로서 사원에게 상법 제220조 각 호 소정의 사유가 있을 때에는 다른
사원 과반수의 결의에 의해 그 사원의 제명의 선고를 법원에 청구할 수 있
고, 그 제명판결이 확정되면 그 사원은 퇴사한다. 이 때의 퇴사등기는 법원의
촉탁에 의한다(상업등기법 제17조 1항).

무한책임사원과 유한책임사원 각 1인만으로 된 합자회사에 있어서는 사원

1인의 제명은 합자회사를 해산하는 결과가 되기 때문에 한 사원의 의사에 의하여 다른 사원을 제명할 수 없다. 그러므로 제명대상 사원 이외에 다른 사원 2인 이상이 있어야 제명이 가능한데, 이것은 과반수란 총원의 2분의 1을 넘어서는 것을 의미하기 때문이다(대판 1994. 11. 22, 93다40089).

그리고 유한책임사원 전원이 퇴사한 경우에는 회사는 해산한다(상 제285조 1항).

지분압류채권자의 청구에 의한 퇴사(상 제224조)의 합명회사에 관한 규정을 합자회사에도 준용하여야 할 것이다(상 제269조). 실무상 합자회사의 사원에 대하여 지분압류를 하여주고 있는 바, 지분압류를 한 후 이를 변제하지 아니 하면 강제집행을 하여야 하는데, 그 방법으로 사원의 지분을 압류한 채권자는 그 사원과 회사에 대하여 6월 전에 퇴사예고하고 영업연도말에 그 사원을 퇴사시킬 수 있다.

합자회사에는 무한책임사원과 유한책임사원이 있는데, 무한책임사원이 1명 뿐인 경우에 무한책임사원에 대하여 지분압류 및 퇴사예고등기신청이 있는 경우에 그 무한책임사원에 대하여 퇴사등기를 하면 그 합자회사는 해산되어야 할 것이다.

다만, 1인 뿐인 무한책임사원에 대하여 퇴사예고기간 만료시 퇴사등기를 할 때, 퇴사등기를 하면 무한책임사원이 없으므로 해산절차가 진행하여야 하므로 법원으로부터 일시청산인선임 결정을 받아 일시청산인선임등기와 동시에 퇴사등기를 한 후, 채권자는 청사절차 종료 후 무한책임사원의 지분에 대한 환급금으로 채권만족을 함이 합리적일 것이다.

2. 사원에 관한 변경등기절차

(1) 등기기간 등

이 등기는 회사를 대표할 사원이 정관을 변경하여 사원이 입사한 날 또는 사원의 퇴사 효력발생일로부터 2주간 내에 신청하여야 한다(상 제269조, 제183조, 상업등기법 제17조).

공동대표사원을 정한 경우에는 그 전원이 등기신청인이 되고, 대표사원을 정하지 아니한 경우에는 무한책임사원 중 1인이 신청하면 될 것이다(상 제

273조, 제269조, 제207조).

또한 본점소재지에서만 신청할 것이며 지점소재지에서는 등기할 사항이 아니므로(상 제181조, 특례법 제3조 참조) 신청할 필요가 없다.

그러나 제명판결에 의한 퇴사등기는 법원이 직권으로 그 등기를 촉탁하여야 하고, 어느 사원이나 압류채권자가 퇴사통지 또는 퇴사예고를 하였음에도 불구하고 회사를 대표할 사원이 그 등기를 신청하여 주지 않을 때에는 그 사원이 법원의 확정판결을 받아 판결등본을 첨부하여 자신이 직접 이 등기를 청구할 수 있다.

(2) 등기사항

1) 유한책임사원 입사의 경우

입사한 사원의 성명, 주민등록번호(주민등록이 없는 자는 생년월일), 입사한 뜻과 그 연월일, 유한책임인 뜻과 출자의 목적, 가격과 이행한 부분이다.

2) 무한책임사원의 입사의 경우

무한책임인 뜻을 기재하는 것을 제외하고는 유한책임사원과 동일하다.

3) 퇴사의 경우

퇴사에 있어서는 퇴사한 사원의 성명과 퇴사사유 및 퇴사취지와 그 연월일을 등기한다.

(3) 첨부서면

1) 입사시에는 입사한 사원의 주민등록번호를 증명하는 서면(상 제180조, 제269조, 특례법규칙 제2조 2항)

주민등록번호를 증명하는 서면은 발행일로부터 3개월 이내의 것이어야 한다(상업등기규칙 제59조 2항).

2) 지분양도로 인한 입사 또는 퇴사의 경우

유한책임사원의 지분의 양도로 인한 퇴사 또는 입사의 등기를 신청하는 경우에는 합명회사의 경우의 총사원의 동의가 있는 것을 증명하는 서면에 갈음하여 무한책임사원 전원의 동의가 있는 것을 증명하는 서면, 무한책임사원의 지분양도의 경우에는 총사원의 동의서(상업등기법 제77조 제56조 2항).

【쟁점질의와 유권해석】

<합자회사의 유한책임사원이 그 지분의 전부 또는 일부를 양도한 경우의 첨부서류>
합자회사의 유한책임사원이 그 지분의 전부 또는 일부를 양도한 경우 그에 따른 변경등기신청서에는 그 지분의 양도가 있음을 증명하는 서면과 무한책임사원 전원의 동의가 있음을 증명하는 서면을 첨부하여야 하며, 총사원의 동의를 얻어 퇴사한 경우 그에 따른 변경등기신청서에는 퇴사하는 사원을 포함한 전 사원의 동의가 있음을 증명하는 서면을 첨부하여야 한다(1988. 1. 23, 등기질의회답).

3) 유한책임사원의 사망으로 인한 상속인 입사의 등기신청서에는 가족관계증명서(가족관계의 등록 등에 관한 법률 제15조 1항)등 상속인임을 증명하는 서면

4) 퇴사통지서 등

① 기타 임의퇴사의 경우에는 퇴사통지서 또는 퇴사예고서

② 정관소정사유 발생으로 인한 퇴사의 경우에는 정관과 필요에 따라 그 사유 발생을 증명하는 서면

③ 사망의 경우에는 사망진단서나 가족관계증명서

④ 총사원의 동의에 의한 퇴사의 경우에는 총사원의 동의서

⑤ 금치산 또는 파산선고에 의한 퇴사의 경우에는 금치산심판등본이나 파산결정등본과 그 확정증명서

⑥ 압류채권자의 퇴사청구에 의한 퇴사의 경우에는 퇴사예고서

⑦ 회사계속부동의에 의한 퇴사의 경우에는 퇴사하는 사원을 제외한 나머지 사원들만의 회사계속동의서

5) 기 타

이상의 사유 이외의 사유로 입사한 경우의 등기신청서에는 퇴사하는 사원을 포함한 전 사원의 동의가 있는 것을 증명하는 서면과 출자의 이행부분을 증명하는 서면(상업등기법 제56조 제57조)

6) 등록면허세, 지방교육세, 농어촌특별세 등 납부영수필통지서 및 확인서, 등기신청수수료증지

등록면허세는 23,000원이며, 다만, 새로 출자하고 입사하는 경우에는 그 출자액의 1,000분의 4이고, 설립 또는 수도권 또는 대도시 전입 후 5년 내 법인은 등록면허세가 가산된다. 지방교육세는 등록면허세의 100분의 20이다(지방세법 제28조 1항, 제151조 1항, 농특 제4조, 제5조).

등기신청수수료는 6,000원(전자표준양식에 의한 경우 4,000원, 전자신청은 2,000원)이며, 원칙적으로 하나의 등기신청서로 수개의 등기를 신청하는 경우에는 각 등기신청수수료를 합산한다. 그러나 하나의 신청서로 수개의 사원에 대한 사항을 변경하는 경우에는 하나의 등기신청으로 본다.

IV. 대표사원 또는 공동대표에 관한 변경등기

▣ 핵 심 사 항 ▣

1. 회사대표 : 합명회사의 규정이 준용된다(상 제269조).
 (1) 무한책임사원 : 각 무한책임사원은 원칙적으로 대표권을 가지며, 다만 회사가 정관으로 무한책임사원의 1인 또는 수인을 업무집행사원으로 정한 경우에는 그 무한책임사원만이 회사를 대표할 권한을 갖는다(상 제207조).
 (2) 유한책임사원 : 유한책임사원은 회사를 대표하는 행위를 하지 못한다(상 제278조).
2. 등기절차 : 대표사원의 변경이 있는 때에는 본점소재지에서는 2주간, 지점소재지에서는 3주간 내에 회사를 대표하는 자가 그 변경등기를 하여야 한다(상 제183조, 제269조, 상업등기법 제17조 2항).

1. 총 설

정관에 업무집행사원을 따로 정한 때에는 그 업무집행사원만이 회사를 대표할 수 있고, 업무집행사원이 수인인 경우에는 그 수인 중에서 회사를 대표할 사원을 따로 정할 수도 있고, 수인으로 하여금 공동으로만 회사를 대표할 수 있도록 정할 수도 있는 바, 그와 같은 경우에는 대표사원 또는 공동대표에 관한 규정을 등기하여야 한다(상 제180조 4호, 5호).

그리고 종전에 정하지 아니하였던 대표사원이나 공동대표에 관한 규정을 새로 정한 때나, 종전의 대표사원이 임기만료, 사임 또는 지분 전부 양도로 퇴사하거나 법원의 판결에 의해 제명 또는 대표권이 상실되거나 대표사원이나 공동대표에 관한 정함을 변경한 때에는 모두 그에 따른 변경등기를 하여야 한다. 다만, 법원의 제명이나 대표권상실선고에 의한 변경의 경우에는 법원의 촉탁에 의하여 등기된다(상업등기법 제17조 1항).

2. 대표사원의 취임 및 퇴임

(1) 대표사원의 취임

정관으로 업무집행사원을 정한 경우, 특히 회사를 대표할 사원을 정하지 아니한 때에는 각 업무집행사원이 회사를 대표한다(상 제207조, 제269조).

이 업무집행사원은 무한책임사원이어야 한다(상 제273조).

정관 또는 총사원의 동의로 업무집행사원 중 특히 회사를 대표할 자를 정한 경우(상 제207조 단서 제269조)에는 대표사원으로 정하여진 자만이 회사를 대표한다.

정관으로 업무집행사원을 정하지 않고, 회사를 대표할 자를 정하지 아니한 경우에는 무한책임사원 각자가 업무집행권한을 가지므로, 무한책임사원 각자가 회사를 대표한다고 할 것이다(상 제273조, 제207조, 제269조).

(2) 대표사원의 퇴임

업무집행사원의 임기에 관해서는 규정이 없으나 정관으로 그 임기를 정할 수 있다 할 것이다.

① 정관에 의하여 업무집행사원이 지정된 경우로서, 총사원의 동의로 정관을 변경하여 일부 업무집행사원의 지정을 해제한 경우에 그 사원이 회사를 대표할 사원이었던 때, ② 업무집행사원 중 특히 회사를 대표할 자로 지정된 경우로, 정관의 변경 또는 총사원의 동의로써 대표사원의 일부에 관하여 그 지정을 해제한 때, ③ 대표사원이 사원인 지위를 상실한 경우, ④ 회사를 대표할 사원에 관하여 업무집행권한 또는 상실의 판결이 확정한 경우(상 제205조, 제206조, 제269조) 등에 대표사원의 지정이 해제되며, 이 지정의 해제를 등기실무상 대표사원의 퇴임이라고 한다.

(3) 대표사원 또는 업무집행사원의 정함의 폐지

정관의 변경 또는 총사원의 동의로써 회사를 대표할 사원의 정함을 전부

폐지한 경우에는 업무집행사원이 정하여져 있지 아니하는 한 무한책임사원 전원이 각자 회사를 대표하고, 정관의 변경에 의하여 업무집행사원의 정함을 전부 폐지한 경우에는 무한책임사원 전원이 각자 회사를 대표한다.

3. 등기절차

(1) 등기기간 등

대표사원의 변경이 있는 때에는 본점소재지에서는 2주간, 지점소재지에서는 3주간 내에 회사를 대표하는 자가 그 변경등기를 하여야 한다(상 제183조, 제269조, 상업등기법 제17조 2항).

법원의 제명이나 판결에 의한 대표권상실의 등기는 법원의 촉탁에 의하여야 한다.

(2) 첨부서류

1) 대표사원 취임의 경우

총사원의 동의서 또는 대표사원에 관한 사항의 변경을 증명하는 정관

취임하는 대표사원의 주민등록번호를 기재할 수 있도록 주민등록등본을 첨부하여야 하나, 등기부에 주민등록번호가 기재된 임원의 중임등기신청시에는 중임되는 임원의 주민등록번호를 증명하는 서면을 첨부하지 아니하여도 그 등기신청을 수리하도록 하였다(등기예규 제794호, 제943호).

2) 대표사원 퇴임의 경우

대표사원이 지분 전부의 양도, 총사원의 동의 이외의 사유로 퇴사한 경우에는 그 퇴사를 증명하는 서면, 지분 전부의 양도 또는 총사원의 동의로 퇴사한 경우에는 총사원의 동의서를 첨부한다.

기타의 경우는 총사원의 동의서를 첨부한다.

3) 등록면허세, 지방교육세 등 납부영수필통지서 및 확인서, 등기신청수수료

이 경우 등록면허세는 23,000원이고, 지방교육세는 등록면허세의 100분의 20이다.

등기신청수수료는 6,000원(전자표준양식에 의한 경우 4,000원, 전자신청은

2,000원)이며, 하나의 등기신청서로 수인의 사원, 대표사원의 선임·퇴임 등의 등기를 신청하는 경우 등기신청수수료 납부시에는 하나의 등기신청으로 본다.

V. 사원의 책임변경의 등기

■ 핵 심 사 항 ■

1. 책임의 변경
 (1) 유한책임사원이 무한책임사원으로 변경된 경우 : 책임변경 전의 회사채무에 대하여도 무한책임(상 제282조, 제213조).
 (2) 무한책임사원이 유한책임사원으로 변경된 경우 : 책임의 변경 전에 생긴 회사채무에 대하여는 그 변경등기 후 2년 내에는 무한책임(상 제282조, 제225조).
2. 등기절차 : 합자회사의 사원의 책임변경은 정관변경방법에 의하여야 하며, 이는 등기사항의 변경을 가져오므로 본점소재지에서는 2주간 내에, 지점소재지에서는 3주간 내에 등기하여야 한다(상 제269조, 제183조).

1. 책임의 변경

합자회사의 사원은 정관의 변경에 의하여 책임을 변경할 수 있다. 유한책임사원이 무한책임사원으로 된 경우에는 책임변경 전의 회사채무에 대하여도 무한책임을 지고(상 제282조, 제213조), 무한책임사원이 유한책임사원으로 된 경우에는 책임의 변경 전에 생긴 회사채무에 대하여는 그 변경등기 후 2년 내에는 무한책임을 진다(상 제282조, 제225조).

2. 책임변경의 등기절차

무한책임사원이 유한책임사원으로 책임을 변경한 경우에는 그 변경등기를 하기 전에 생긴 회사채무에 대하여는 변경등기 후 2년 내에는 무한책임을 진다(상 제282조, 제225조).

출자지분 전부를 양도한 사원은 당연 퇴사되어 퇴사등기로 하여야 하며 책임이 다른 사원간에 지분을 양도·양수한 경우에도 책임변경의 절차가 없는 한 책임변경은 생기지 아니하므로 지분의 증감만이 생길 뿐 유한 또는 무한책임의 지위를 겸유하게 되는 것은 아니다.

합자회사의 사원의 책임변경은 정관변경방법에 의하여야 하며(상 제269조, 제

204조), 이는 등기사항의 변경을 가져오므로 본점소재지에서는 2주간 내에, 지점 소재지에서는 3주간 내에 등기하여야 한다(상 제269조, 제183조, 제171조 1항).

일반적인 첨부서면 이외에 총사원의 동의있음을 증명하는 서면을 첨부하며, 책임을 변경한 뜻과 그 연월일, 책임을 변경한 사원의 성명·주소, 출자의 목적과 재산출자에 있어서는 그 가격과 이행한 부분을 등기하여야 한다.

VI. 출자목적의 변경, 출자의 증가·감소 등에 관한 등기

▣ 핵 심 사 항 ▣

1. 의의 : 사원은 총사원의 동의를 얻어 출자목적이나 그 책임을 변경할 수 있음은 물론, 무한책임사원은 총사원, 유한책임사원은 무한책임사원 전원의 동의를 얻어 그 지분의 전부 또는 일부를 양도할 수 있다.
2. 등기절차 : 유한책임사원의 출자의 목적, 그 가격 및 이행한 부분을 변경한 때에는 본점소재지에서만 2주간 내에 회사를 대표하는 자가 그 변경등기를 하여야 한다(상 제269조, 제183조, 특례법 제3조, 상업등기법 제17조).

1. 사원의 출자목적, 지분 또는 책임의 변경(유한책임사원 책임감소 포함)

사원은 총사원의 동의를 얻어 출자목적이나 그 책임을 변경할 수 있음은 물론, 무한책임사원은 총사원, 유한책임사원은 무한책임사원 전원의 동의를 얻어 그 지분의 전부 또는 일부를 양도할 수 있다.

다만, 유한책임사원의 출자목적은 노무나 신용으로 변경할 수 없다(상 제272조).

전 사원의 동의가 있어야 지분 양도가 가능한 무한책임사원과는 달리(상 제269조, 제197조), 유한책임사원은 무한책임사원의 동의를 얻어 그 지분 전부를 양도하거나(상 제276조), 사망하여 그 지분의 상속이 있게 된다.

이 때 그 지분의 일부를 양도하거나 양수함으로 인하여 지분의 이전이 있는 때에는 유한책임사원의 출자의 목적, 그 가격과 이행한 부분에 변경이 생긴다. 또 총사원의 동의에 의하여 정관을 변경하고 출자의 목적을 증가하거나 감소할 수도 있다.

【쟁점질의와 유권해석】

<합자회사의 무한책임사원의 출자증가로 인한 변경등기시 유한책임사원이 동의를 하지 않는 경우의 등기방법>

합자회사의 무한책임사원의 출자증가로 인한 변경등기신청서에는 그 출자증가에 대하여 총사원의 동의가 있음을 증명하는 서면을 첨부하여야 하는 바, 유한책임사원이 동의를 하지 않아 그 동의서를 첨부할 수 없는 경우에 그 동의의 의사표시를 명하는 판결을 받아 그 판결문을 첨부하였다면 위 변경등기신청은 수리될 수 있을 것이다 (1999. 8. 17, 등기 3402-818 질의회답).

2. 등기절차

(1) 등기기간·등기신청인

유한책임사원의 출자의 목적, 그 가격 및 이행한 부분을 변경한 때에는 본점소재지에서만 2주간 내에 회사를 대표하는 자가 그 변경등기를 하여야 한다(상 제269조, 제183조, 특례법 제3조, 상업등기법 제17조).

(2) 등기사항

출자감소의 경우 사원란에 사원의 성명·주민등록번호·출자감소의 뜻과 그 연월일, 유·무한책임인 뜻과 출자의 목적, 가격과 이행한 부분을 등기한다.

(3) 첨부서류

등기사항에 대하여 총사원의 동의를 요할 경우에는 그 동의 있음을 증명하는 서면을 신청서에 첨부하고, 무한책임사원 전원의 동의를 요할 경우에는 신청서에 그 동의 있음을 증명하는 서면을 첨부하여야 한다(상업등기법 제77조, 제56조 2항).

출자의 목적을 증가한 경우에는 이행한 부분을 증명하는 서면도 첨부하여야 한다(상업등기법 제77조, 제57조 2호).

(4) 등록면허세·지방교육세·등기신청수수료 등

등록면허세는 출자금액이 증가한 때에는 증가금액의 1,000분의 4이고, 설립 또는 수도권 등 대도시 전입 후 5년 이내 법인은 그 3배를 가산하며, 등록면허세 증가액이 75,000원 미만인 경우에는 최저액인 75,000원이고, 3배 가산한 경우에는 최저액이 75,000원 미만인 경우에는 75,000의 3배 가산액이다. 지방교육세는 등록면허세의 100분의 20이고, 농어촌특별세는 관세법, 조세특례제

한법, 지방세법에 의한 등록면허세가 감면되는 경우 그 감면액의 100분의 20
이다(지방세법 제28조 1항, 제151조 1항, 농특 제4조, 제5조).

주식회사의 경우와는 달리 합자회사의 출자금액의 변경시에는 사원란에 등
기하게 하는 바, 이 때의 등기신청수수료는 6,000원(전자표준양식에 의해 신
청하는 경우는 4,000원, 전자신청은 2,000원)이다.

Ⅶ. 출자이행부분 변경등기

◼ 핵 심 사 항 ◼

1. 의의 : 출자의 전부 또는 일부의 이행이 없이 회사설립등기를 마친 경우, 그 후
   에 아직 이행하지 아니한 부분을 이행하여 이행부분에 변경이 생긴 때에는 그
   에 따른 변경등기를 하여야 한다.
2. 등기절차 : 출자의 이행이 있는 날로부터 2주간 내에 회사를 대표할 사원이 등
   기를 신청하여야 한다(상업등기법 제17조, 상 제183조, 제269조).

1. 총 설

출자의 전부 또는 일부의 이행이 없이 회사설립등기를 마친 경우, 그 후에 아
직 이행하지 아니한 부분을 이행하여 이행부분에 변경이 생긴 때에는 그에 따른
변경등기를 하여야 한다.

출자를 이행함에는 금전출자인 경우에는 회사에 금전을 지급하여야 하고, 금
전 이외의 재산출자 중 목적물의 권리를 이전하여야 할 출자인 경우에는 그 목
적재산의 권리이전행위와 그 방식, 즉 등기나 인도의 이행, 채권출자인 경우에는
채무자에 대한 통지 등의 이행까지 마쳐야 한다.

그러나 출자목적이 신용, 노무 등 비재산상의 출자인 경우에는 그 이행여부는
등기사항이 되지 않는다.

2. 등기절차

(1) 등기기간 등

출자의 이행이 있는 날로부터 2주간 내에 회사를 대표할 사원이 등기를 신
청하여야 한다(상업등기법 제17조, 상 제183조, 제269조).

이 등기는 본점소재지에서만 신청할 것이며 지점소재지에서는 등기할 사항이 아니다(상 제181조, 특례법 제3조 참조).

(2) 등기사항

당해 사원의 변경 후의 출자이행부분 및 변경취지와 그 연월일

(3) 첨부서면

출자이행을 증명하는 서면을 첨부하여야 한다(상업등기법 제77조, 제57조 2호).

따라서 금전출자인 경우에는 주식회사와 같이 은행 또는 금융기관에 납입할 필요가 없이(상 제318조 참조) 영수증(반드시 은행 영수증일 필요는 업고 대표사원이나 다른 사원들의 영수증이어도 무방하다)을 첨부하면 되고, 현물출자인 경우에는 현물인도증이나 등기부등본, 채권인 경우에는 채권증서 및 채권양도통지서 등을 첨부하여야 할 것이다.

등록면허세는 23,000원이고, 지방교육세는 그 100분의 20이며, 농어촌특별세는 지방세법, 관세법, 조세특례제한법에 의하여 감면되는 경우 그 금액의 100분의 20이다(지방세법 제28조 1항, 제151조 1항, 농특 제4조, 제5조). 그리고 등기신청수수료는 6,000원(전자표준양식에 의해 신청하는 경우는 4,000원, 전자신청은 2,000원)이다.

Ⅷ. 존립기간 또는 해산사유 변경등기

> ### ▣ 핵 심 사 항 ▣
>
> 1. 의의 : 정관에 정해진 존립기간이나 해산사유를 변경 또는 삭제하거나 정관에 이를 새로 규정한 때의 등기절차에는 반드시 정관변경을 요하므로 정관변경을 위한 총사원의 동의가 있어야 한다.
> 2. 등기절차 : 정관을 변경한 날로부터 본점소재지에서는 2주간 내, 지점소재지에서는 3주간 내에 회사를 대표할 사원이 신청하여야 한다(상업등기법 제17조, 상 제183조, 제269조).

1. 총 설

정관에 정해진 존립기간이나 해산사유를 변경 또는 삭제하거나 정관에 이를

새로 규정한 때의 등기절차에는 반드시 정관변경을 요하므로 정관변경을 위한 총사원의 동의가 있어야 한다.

기존의 존립기간이나 해산사유의 변경 또는 폐지는 그 기간도래 전이나 사유 발생 전이어야 하며, 일단 그 존립기간이 만료되거나 해산사유가 발생하면 회사 는 당연히 해산되므로 그 후에는 해산등기를 한 다음 회사계속절차를 밟지 않고 는 곧바로 존립기간이나 해산사유를 변경, 폐지할 수 없다.

2. 등기절차

(1) 등기기간 등

정관을 변경한 날로부터 본점소재지에서는 2주간 내, 지점소재지에서는 3주 간 내에 회사를 대표할 사원이 신청하여야 한다(상업등기법 제17조, 상 제 183조, 제269조).

(2) 등기사항

변경 또는 신설된 존립기간 또는 해산사유와 그 변경·신설·폐지의 취지 및 그 연월일

(3) 첨부서면

정관변경을 위한 총사원의 동의서를 첨부한다.

등록면허세는 23,000원이고, 지방교육세는 등록면허세의 100분의 20이며(지 방세법 제28조 1항, 제151조 1항), 등기신청수수료는 6,000원(전자표준양식에 의해 신청하는 경우는 4,000원, 전자신청은 2,000원)이다.

Ⅳ. 합병의 등기

■ 핵 심 사 항 ■

1. 의의 : 2개 이상의 회사가 상법의 절차에 따라 청산절차를 거치지 않고 합쳐지 면서 최소한 1개 이상의 회사의 법인격을 소멸시키되, 합병 이후에 존속하는 회사 또는 합병으로 인해 신설되는 회사가 소멸하는 회사의 권리의무를 포괄적 으로 승계하고 그의 사원을 수용하는 회사법상의 법률사실을 말한다.

2. 합병의 제한 : 회사는 원칙적으로 자유롭게 합병할 수 있다(상 제174조 1항 본문). 다만, 합병을 하는 회사의 일방 또는 쌍방이 주식회사, 유한회사 또는 유한책임 회사인 경우에는 합병 후 존속하는 회사나 합병으로 설립되는 회사는 주식회 사, 유한회사 또는 유한책임회사이어야 한다.

3. 등기절차 : 회사가 합병을 한 때에는 본점소재지에서는 2주간 내, 지점소재지에 서는 3주간내에 합병후 존속하는 회사의 변경등기, 합병으로 인하여 소멸하는 회사의 해산등기, 합병으로 인하여 설립되는 회사의 설립등기를 하여야 한다(상 제269조, 제233조).

1. 합병의 절차

(1) 합병결의

합자회사가 합병을 하기 위하여는 총사원의 동의가 있어야 한다(상 제230 조, 제269조).

주식회사와 합병을 하는 때에는 합병계약서를 작성하여야 하므로(상 제525 조), 먼저 당사회사간에 합병계약서를 작성한 후 총사원이 그 계약에 따라 합병할 것을 동의하여야 한다.

그러나 주식회사 이외의 회사와 합병을 하는 경우에 관하여는 합병계약서 작성에 관한 특별한 규정이 없으므로 합병할 뜻, 합병의 종류, 존속회사 또는 신설회사의 종류 등, 합병의 실행에 필요한 사항을 정하면 된다고 할 것이다.

신설합병의 경우에는 신설회사 정관의 작성 기타 설립에 관한 행위를 할 설립위원도 총사원의 동의로 선임하여야 한다(상 제175조, 제230조, 제269조).

(2) 채권자보호절차 이행

회사는 합병의 결의를 한 때에는 그 날로부터 2주간 내에 회사채권자에 대 하여 합병공고를 함으로써 채권자보호절차를 이행해야 한다. 회사는 2월 이 상의 기간을 정하여 합병에 이의가 있으면 그 기간 내에 제출할 것을 공고 하고 알고 있는 채권자에 대하여는 각별로 최고하여야 한다(상 제232조 1항).

종전 상법은 채권자의 이의기간이 2월 이상으로 하고 있었으나, 1998. 12. 28. 이후 최초로 공고하는 분부터 적용한다(상법부칙 제3조 단서).

합병에 관하여 이의를 제출한 채권자가 있는 때에는 회사는 그 채권자에 대하여 변제 또는 상당한 담보를 제공하거나 이를 목적으로 하여 상당한 재산을 신탁회사에 신탁하여야 한다(상 제232조, 제269조).

2. 합병의 효력

합병의 효력은 합병절차 완료 후 소정 기간 내에 합병으로 인한 변경 또는 설립의 등기를 함으로써 발생한다(상 제233조, 제234조, 제269조).

합병으로 인한 존속회사 또는 신설회사는 소멸회사의 권리의무를 승계하고(상 제235조), 소멸회사의 사원은 존속회사 또는 신설회사의 사원이 된다. 합자회사가 합명회사를 흡수합병한 경우에는 합명회사의 사원도 합자회사의 사원이 된다.

법인의 합병 후 존속회사 또는 신설회사는 합병으로 인하여 소멸한 법인에 부과되는 세금을 납부할 의무가 있다(지방세법 제15조 등).

소멸회사 사원의 출자의 목적 및 가격 또는 평가의 표준은 존속회사에서 합병 전의 상태대로 정하여 진다고 볼 수 없고, 소멸회사와 존속회사의 재산상태를 비교하여 합병계약에서 이와 달리 정할 수 있다. 신설합병의 경우에도 소멸회사 사원의 출자의 목적 및 가격 또는 평가의 표준 등은 반드시 소멸회사에 있어서의 그것과 같은 것은 아니고, 신설회사의 정관으로써 정하여 진다.

3. 등기절차

회사가 다른 회사를 흡수하여 합병하거나 다른 회사와 함께 해산하고 합병하여 신설회사를 설립한 때에는 합병 후 존속하는 회사에 대해서는 합병으로 인한 변경등기, 합병으로 신설하는 회사에 대해서는 합병으로 인한 설립등기, 합병으로 소멸하는 회사에 대해서는 합병으로 인한 해산등기를 신청하여야 한다(상 제233조, 제269조).

합병으로 인하여 해산하는 회사의 본점에서의 해산등기신청은 합병으로 인하여 존속 또는 신설되는 회사의 본점소재지 관할등기소를 경유하여 합병으로 인한 변경등기 또는 설립등기와 동시에 일괄하여 신청하여야 한다(상업등기법 제72조 2항·3항).

이 때 합병으로 인하여 존속 또는 신설되는 회사의 관할등기소에서는 합병으로 인한 변경등기신청 또는 설립등기신청과 그로 인한 해산등기신청 어느 한 쪽에만 각하사유가 있어도 그 양자를 모두 각하하여야 한다(상업등기법 제73조 1항).

(1) 흡수합병으로 인한 변경등기

1) 등기기간 등

합자회사가 존속회사로 되어 흡수합병을 한 경우에는 합병절차완료일로부터 본점소재지에서는 2주간, 지점소재지에서는 3주간 내에 존속회사의 대표자가 합병으로 인한 변경등기를 하여야 한다(상 제233조, 제269조, 상업등기법 제17조).

합자회사가 주식회사나 유한회사와 흡수합병하는 경우에는 합자회사를 존속회사로 합병할 수 없다(상 제174조 2항, 제269조).

2) 등기사항

① 합병으로 인하여 입사한 사원의 성명, 주민등록번호(주민등록이 없는 자는 생년월일)와 출자의 목적, 재산출자에 있어서는 그 가격과 이행한 부분, 유한 또는 무한책임사원인 사항(상 제271조, 제180조)

② 소멸회사의 상호 및 본점과 합병취지(상업등기법 제77조, 제69조1항)

③ 지점소재지에 있어서는 합병으로 인하여 소멸한 회사의 상호, 본점과 합병취지 및 합병연월일(본점소재지에서 합병으로 인한 변경등기를 한 연월일)만 등기하고 본점에서 등기한 그 이외의 사항은 등기할 필요가 없다.

3) 첨부서면(상업등기법 제77조, 제70조)

① 소멸회사 총사원의 동의가 있음을 증명하는 서면

② 존속회사의 총사원의 동의가 있음을 증명하는 서면(상업등기법 제56조 2항)

③ 신입사원의 성명, 주소, 주민등록번호를 증명하는 서면(상 제269조, 제180조, 특례규칙 제2조 2항)

다만, 회사를 대표할 자를 정한 때에는 사원의 주소는 등기사항이 아니다(상 제180조).

④ 채권자보호절차의 이행사실을 증명하는 서면

상법 제232조 1항에 따른 공고 및 최고를 한 사실과 이의를 진술한 채권자가 있는 때에는 이에 대하여 변제 또는 담보를 제공하거나 신탁을 한 사실을 증명하는 서면을 제출하여야 한다(상업등기법 제70조 2호).

이 서면은 소멸회사와 존속회사에서 각각 첨부하여야 한다. 회사채권자에게 합병이의의 공고 및 최고를 한 증명서, 채권자의 이의가 있을 때에는 변제영수증이나 담보제공증명서, 이의가 없을 때에는 그 취지의 대표사원의 진술서가 이에 속한다.

⑤ 소멸회사의 등기부등본

당해 등기소 관내에 소멸회사의 본점이 있는 경우에는 첨부하지 않아도 된다.

⑥ 정관에 규정이 없으면 효력이 없는 등기사항이 있는 경우에는 정관

⑦ 등록면허세, 지방교육세, 농어촌특별세 등 납부영수필통지서 및 확인서, 등기신청수수료

합병에 의하여 자본액이 증가할 경우에는 그 증가한 자본액을 과세표준으로 하여 1,000분의 4의 등록면허세 및 그 100분의 20에 해당하는 지방교육세를 납부하여야 한다(지방세법 제28조 1항 6호). 대도시로 전입한 법인 및 대도시에서 설립 후 각 5년 이내의 법인은 등록면허세를 3배 가산 중과한다(지방세법 제28조 2항).

농어촌특별세는 조세특례제한법, 관세법, 지방세법에 의하여 등록면허세가 감면되는 금액의 100분의 20에 해당하는 금액을 납부하여야 하나(농특 제5조), 이 농어촌특별세도 감면되는 경우가 있다(농특 제4조).

흡수합병으로 인하여 합자회사의 등기사항은 사원란과 기타사항란에 등기하게 되므로 각 6,000원(전자표준양식에 의한 신청의 경우 4,000원, 전자신청은 2,000원)의 등기신청수수료를 납부하여야 할 것이다. 그리고 흡수합병으로 인한 해산등기에는 6,000원(전자표준양식에 의한 신청의 경우 4,000원, 전자신청은 2,000원)을 납부하여야 한다.

⑧ 기타의 서면(상업등기법 제21조, 제22조)

필요에 따라 위임장이나 관청의 허가서 등을 첨부한다. 또한 합병을 공정거래위원회에 신고하여야 하는 경우에는 그 신고서면을 첨부하여야 할 것이다.

⑨ 지점소재지에서 등기를 신청하는 경우에는 본점에서 한 등기를 증명하는 서면인 본점등기부등본 외에 다른 서면을 첨부할 필요는 없다.

(2) 신설합병으로 인한 설립등기

1) 등기기간

합병절차 완료일로부터 본점소재지에서는 2주간 내에 다음 등기사항을, 지점소재지에서는 3주간 내에 지점에서 등기할 사항을 등기한다(상 제181조, 제233조, 특례법 제3조).

2) 등기신청인

합병으로 인한 해산의 등기는 존속회사 또는 신설회사의 대표자가 소멸회사를 대표하여 신청하고(상업등기법 제72조 1항), 이 등기신청과(본점소재지에서 하는) 합병으로 인하여 설립하는 회사에 대한 설립등기신청은 신설회사의 본점소재지를 관할하는 등기소에 동시에 신청하여야 한다(동조 3항).

따라서 신설회사의 대표자가 설립등기를 신청하여야 한다.

대표사원 및 업무집행사원을 정하지 아니하였으면 합자회사의 특성상 무한책임사원 중 1인이 신청하면 될 것이다(동지, 일본등기서식정의 817면).

인적회사와 물적회사가 합병하는 경우 존속 또는 신설회사는 반드시 물적회사이어야 하므로, 합자회사가 유한회사나 주식회사와 신설합병하는 경우에는 신설회사를 합자회사로 하여 합병할 수 없다(상 제174조 2항, 제269조).

3) 등기사항

① 통상의 설립등기사항

② 합병으로 소멸하는 회사의 상호 및 본점과 합병한 뜻(상업등기법 제69조 1항)

③ 지점소재지에서는 상호, 목적, 본점소재지, 존립기간 또는 해산사유, 대표사원의 성명·주소·주민등록번호 및 공동대표규정과 회사성립연월일 및 합병연월일

4) 전자표준양식에 의한 등기신청 및 전자신청

서면으로 등기를 신청하는 경우에는 대법원 인터넷등기소에서 제공하는 전자표준양식을 이용하여 전산정보처리조직에 신청정보를 입력·저장한 다음, 저장된 신청정보를 출력하여 그 출력물로써 할 수 있다(상업등기규칙 제57조).

상업등기를 전자표준양식에 의하여 신청하는 경우 3만원에 해당하는 등기신

청수수료는 2만5천원, 6천원에 해당하는 등기신청수수료는 4천원을 각각 납부하여야 한다.

등기의 신청은 서면 또는 대법원규칙으로 정하는 바에 따라 전산정보처리조직을 이용한 전자문서로 할 수 있다. 이를 전자신청이라고 한다. 이 경우 전자문서로 등기를 신청하는 당사자 또는 그 대리인은 대법원규칙으로 정하는 바에 따라 미리 사용자등록을 하여야 한다(상업등기법 제18조 2항).

상업등기를 전자신청하는 경우 3만원에 해당하는 등기신청수수료는 2만원, 6천원에 해당하는 등기신청수수료는 2천원을 각각 납부하여야 한다.

5) 첨부서면(상업등기법 제71조)

① 정관

② 소멸회사 총사원의 동의가 있음을 증명하는 서면

③ 채권자보호절차의 이행사실을 증명하는 서면

회사채권자에게 1월 내에 합병에 대하여 이의할 수 있도록 공고·최고를 한 증명서와 채권자의 이의가 있을 때에는 변제영수증이나 담보제공증명서, 이의가 없을 때에는 그 취지의 대표사원의 진술서를 첨부한다.

④ 소멸회사의 등기부등본

당해 등기소의 관할구역 내에 소멸회사의 본점이 있는 경우에는 첨부하지 아니한다.

⑤ 설립위원의 자격을 증명하는 서면

설립위원의 선임에 관한 총사원의 동의서가 이에 해당하는 서면이다(상 제175조, 제230조).

⑥ 정관에 본점 또는 지점의 소재지를 최소행정구역으로 정하고 그 소재장소를 업무집행사원 과반수의 결의로 정한 때에는 업무집행사원 과반수의 동의가 있음을 증명하는 서면

⑦ 총사원의 동의로 업무집행사원 중 특히 회사를 대표할 자를 정하거나 공동대표에 관한 규정을 정한 때에는 총사원의 동의서(상업등기법 제77조, 제56조 2항)

⑧ 사원의 성명, 주소, 주민등록번호를 증명하는 서면(상 제180조, 제269조, 특례법규칙 제2조 2항)

⑨ 합병에 관하여 관청의 허가(인가)를 요하는 경우에 그 허가(인가)서 또는 인증있는 등본(상업등기법 제22조)

⑩ 등록면허세, 지방교육세, 농어촌특별세 등 납부영수필통지서 및 확인서, 등기신청수수료증지

등록면허세는 1,000분의 4이고, 설립이 수도권 또는 대도시에서 할 경우에는 그 3배를 가산한다. 그리고 등록면허세의 100분의 20에 해당하는 지방교육세를 납부하여야 한다(지방세법 제28조 1항, 2항, 제151조 1항).

농어촌특별세는 조세특례제한법, 관세법, 지방세법에 의하여 등록면허세가 감면 또는 면제되는 금액의 100분의 20에 해당하는 금액을 납부하여야 한다(농특 제4조, 제5조).

합병으로 인하여 설립하는 경우의 등기신청수수료는 30,000원(전자표준양식에 의한 경우 2만5천원, 전자신청은 2만원)이고, 해산하는 경우의 등기신청수수료는 6,000원(전자표준양식에 의한 경우 4천원, 전자신청은 2천원)이다.

⑪ 기타의 서면

필요에 따라 위임장, 합병에 관하여 공정거래위원회에 신고를 요하는 경우에는 그 서면(독점규제및공정거래에관한법률 제7조, 제12조, 제67조) 등을 첨부한다.

⑫ 지점소재지에서 등기신청을 하는 때는 본점에서 한 등기를 증명하는 서면인 본점등기부등본 외에 다른 서면이 필요없다.

(3) 합병으로 인한 해산등기

1) 등기기간

합병으로 인한 변경등기나 설립등기의 경우와 같은 기간 내에 신청하여야 한다(상 제233조).

2) 등기신청인

합병으로 인한 해산등기는 존속회사 또는 신설회사의 대표자가 소멸회사를

대표하여 신청한다(상업등기법 제72조 1항 : 2007. 8. 3. 신설)

3) 등기신청방법

본점소재지에서 하는 해산등기의 신청은 그 등기소의 관할구역 내에 존속회사 또는 신설회사의 본점이 없는 때에는 그 본점의 소재지를 관할하는 등기소를 거쳐야 한다(상업등기법 제72조 2항).

또한 본점소재지에서 하는 해산등기의 신청과 존속회사 또는 신설회사의 변경 또는 설립등기의 신청은 존속회사 또는 신설회사의 본점소재지를 관할하는 등기소에 동시에 하여야 한다(동조 3항).

4) 등기사항

① 합병 후 존속하는 회사 또는 합병으로 설립하는 회사의 상호와 본점(상업등기법 제 69조 2항)

② 합병으로 인하여 해산한 취지와 그 연월일

5) 첨부서면

위임장 등 일반적인 서류만 첨부하면 족하며 그 외에 이와 동시에 일괄신청하는 존속회사의 변경등기신청서나 신설회사의 설립등기신청서에 첨부하는 서류 등은 이를 다시 첨부할 필요가 없다(상업등기법 제72조 4항).

등록면허세는 23,000원이고, 지방교육세는 등록면허세의 100분의 20이며, 농어촌특별세는 지방세법, 관세법, 조세특례제한법에 의하여 등록면허세가 감면되는 등록면허세액의 100분의 20이다(지방세법 제28조 1항, 제151조 1항, 농특 제4조, 제5조). 그리고 등기신청수수료는 6,000원(전자표준양식에 의한 경우 4,000원, 전자신청은 2,000원)이다.

V. 해산과 청산의 등기

I. 해산의 등기

▣ 핵 심 사 항 ▣

1. 해산사유(상 제269조, 제285조 1항)
 (1) 무한책임사원 전원 또는 유한책임사원 전원의 퇴사
 (2) 존립기간의 만료 기타 정관으로 정한 해산사유의 발생
 (3) 총사원의 동의
 (4) 회사합병
 (5) 파산
 (6) 법원의 해산명령, 해산판결
2. 등기절차 : 본점소재지에서는 2주간 내, 지점소재지에서는 3주간 내에 신청한다. 해산의 등기에 있어서는 해산한 뜻과 그 사유 및 연월일을 등기한다(상업등기법 제65조 1항).

---

1. 해산사유

합자회사는 합명회사의 해산사유 이외에 무한책임사원의 전원 또는 유한책임사원 전원의 퇴사에 의하여 해산한다(상 제269조, 제285조 1항).

(1) 무한책임사원 전원 또는 유한책임사원 전원의 퇴사(상 제269조, 제285조 1항)

이 때는 잔여사원 전원의 동의로 새로 유한책임사원 또는 무한책임사원을 가입시켜 회사를 계속할 수 있다.

【쟁점질의와 유권해석】

<합자회사에 있어서 사원이 1인으로 된 경우 해산사유가 되는지 여부>

무한책임사원과 유한책임사원이 각 1인인 회사에 있어서 유한책임사원이 사망하더라도, 상속인이 그 지분을 승계하여 입사하므로 회사는 해산하지 아니한다. 또 무한책임사원이 사망한 경우에는 그 상속인이 승계 입사할 뜻의 정함이 있는 때에는 1인인 무한책임사원이 사망하더라도 회사는 해산하지 아니한다.

(2) 존립기간의 만료 기타 정관으로 정한 해산사유의 발생

(3) 총사원의 동의

정관소정의 기간만료 전이라도 총사원의 동의가 있으면 언제든지 해산할 수 있다.

(4) 회사합병

흡수합병의 경우에는 흡수되는 회사, 신설합병의 경우에는 합병하는 모든 당사회사가 해산한다.

(5) 파 산

해산사유가 되는 파산의 원인은 지급불능에 한한다.

일반적으로 법인(민법법인, 주식회사, 유한회사)은 채무를 완제하지 못하는 경우에 파산신청을 하여야 하나(민 제79조), 합병회사와 합자회사는 존립 중에 채무초과가 되어도 파산원인이 되지 아니한다(채무자회생및파산에관한법률 제306조). 왜냐하면 합명회사의 경우는 모든 사원이, 합자회사의 경우는 무한책임사원 전원이 회사채권자에 대하여 직접·연대하여 책임을 지기 때문이다.

(6) 법원의 해산명령 해산판결

회사의 설립목적이 불법한 것인 때, 정당한 사유없이 설립 후 1년 내에 영업을 개시하지 아니하거나 1년 이상 영업을 휴지한 때 또는 업무집행사원이 법령·정관에 위반하여 회사존속을 허용할 수 없는 행위를 한 때에는 법원은 이해관계인이나 검사의 청구 또는 직권으로 회사해산명령을 할 수 있고(상 제176조), 각 합자회사의 사원은 각자가 법원에 회사의 해산을 청구할 수 있다(상 제241조).

2. 등기절차

해산등기절차도 합명회사의 경우와 같다.

(1) 등기기간과 등기신청인 등

본점소재지에서는 2주간 내, 지점소재지에서는 3주간 내에 신청한다.

해산등기신청인에 관하여는 직접적인 규정은 없으나 해산등기는 해산 당시의 대표사원이 신청하고 청산인선임등기는 대표청산이 신청하여야 한다고 해야 할 것이다(상업등기법 제17조 2항). 다만, 해산당시의 대표사원이 해산등기를 신청하지 않고 있는 때에는 해산등기를 하지 아니한 채 청산인선임등기를 할 수는 없기 때문에 대표청산인이 해야 할 것이다.

무한책임사원 1인뿐인 합자회사가 그의 퇴사로 인하여 해산한 경우에는 누가 그 등기를 신청할 것인가는 문제이나, 유한책임사원은 회사를 대표할 수 없고(상 제278조), 무한책임을 지는 인적회사의 특성상 퇴사한 무한책임사원이 사원변경의 등기와 해산의 등기를 신청하여야 된다고 할 것이다(동지 일본 등기선례 소화 1936. 11. 16. 민사갑 제2861호).

(2) 등기사항

해산의 등기에 있어서는 해산한 뜻과 그 사유 및 연월일을 등기한다(상업등기법 제65조 1항). 유한책임사원 전원의 퇴사로 인한 해산의 경우에는 사원란에 유한책임사원 전원의 등기사항을 말소하는 기호를 기록하여야 한다.

(3) 첨부서면

1) 총사원의 동의로 해산한 경우에는 총사원의 동의가 있음을 증명하는 서면(상업등기법 제77조, 제56조 2항)

2) 사원이 1인이 되어 해산한 때에는 사망진단서나 가족관계증명서 또는 퇴사예고서 등

3) 대표청산인이 해산의 등기를 신청하는 경우 그 자격을 증명하는 서면(상업등기법 제65조 3항, 제77조)

회사를 대표할 청산인의 신청에 따른 해산등기의 신청서에는 그 자격을 증명하는 서면을 첨부하여야 한다.

청산인을 무한책임사원과반수의 결의로 선임한 때에는 무한책임사원과반수의 동의가 있음을 증명하는 서면, 청산인 중 특히 회사를 대표할 자를 정관 또는 총사원의 동의로 정한 때에는 정관 또는 총사원의 동의서가 그 서면이 되며, 법원이 청산인을 선임한 경우에는 그 결정서의 등본이 자격을 증명하는 서면이 된다.

4) 정관소정사유의 발생으로 인하여 해산한 때에는 그 사유의 발생을 증명하는 서면(상업등기법 제65조 2항)

5) 등록면허세, 지방교육세 등 납부영수필통지서 및 확인서, 등기신청수수료증지

등록면허세는 23,000원이고, 지방교육세는 그 100분의 20, 등기신청수수료는 6,000원(전자표준양식에 의해 신청하는 경우 4,000원, 전자신청은 2,000원)이다(지방세법 제28조 1항, 제151조 1항).

II. 청산의 등기

▣ 핵 심 사 항 ▣

1. 청산 : 청산이란 해산한 회사의 법률관계를 정리하고, 그 재산을 처분하는 절차를 말한다.
2. 합명회사의 청산
 (1) 임의청산 : 임의청산은 정관 또는 총사원의 동의에 의하여 정하여진 방법에 따라 하는 청산으로서 주식회사에서는 이를 인정하지 않는다. 회사가 존립기간의 만료 기타 정관으로 정한 사유의 발생 또는 총사원의 동의에 의하여 해산한 경우에 한하여 인정된다(상 제269조, 제227조 1항, 2항).
 (2) 법정청산 : 법정청산이란 청산인이 법정절차에 따라서 하는 청산을 말한다. 임의청산을 하지 아니하는 경우에는 합병과 파산의 경우를 제외하고는 법정청산을 하여야 한다(상 제269조, 제250조).

1. 총 설

청산이란 해산한 회사의 법률관계를 정리하고, 그 재산을 처분하는 절차를 말한다.

회사는 해산에 의하여 당연히 청산절차에 들어가게 된다. 청산 중의 회사는 청산의 목적범위 내에서만 존속하므로 영리행위를 할 수 없다(상 제245조).

합자회사가 파산선고를 받아 회사의 현존재산이 그 채무를 변제함에 부족한 때에는 청산인은 변제기에 불구하고 각 무한책임사원에 대하여 지분의 비율에 따라 출자의 청구를 할 수 있다고 할 것이다(상 제258조, 제269조).

합자회사의 청산에는 임의청산과 법정청산이 있다. 임의청산은 주식회사 등의 물적회사에서는 인정되지 않는다.

(1) 임의청산

임의청산은 정관 또는 총사원의 동의에 의하여 정하여진 방법에 따라 하는 청산이다.

임의청산에 있어서 재산의 처분방법은 정관 또는 총사원의 동의에 의하여 자유로이 정할 수 있다(상 제247조 1항, 제269조).

임의청산은 회사가 존립기간의 만료 기타 정관으로 정한 사유의 발생 또는 총사원의 동의에 의하여 해산한 경우에 한하며(상 제227조 1항, 2항, 제269조), 사원이 1인으로 된 때 또는 해산명령과 해산판결에 의한 때에는 청산의 공정을 기하기 위하여 인정되지 않는다(상 제247조 1항, 제269조).

임의청산을 한 회사는 그 재산의 처분을 완료한 날로부터 본점소재지에서는 2주간, 지점소재지에서는 3주간 내에 청산종결등기를 하여야 한다(상 제247조 5항, 제269조).

또한 채권자보호절차를 거쳐야 하는데, 해산사유가 있는 날로부터 2주간 내에 재산목록과 대차대조표를 작성하고 같은 기간 내에 채권자에 대하여 이의가 있으면 일정한 기간(2월 이상) 내에 이를 제출할 것을 공고하고 알고 있는 채권자에게 각별로 최고하여야 한다(상 제247조, 제248조, 제232조).

임의청산의 경우에는 본점소재지에서 해산등기를 한 후 10년간 회사의 장부와 영업 및 청산에 관한 중요서류를 보존하여야 하고, 전표 또는 이와 유사한 서류는 5년간 이를 보존하여야 한다(상 제266조 1항, 제269조).

이 임의청산 방법에 의할 때에는 종전의 업무집행사원이 청산에 임하므로 별도로 청산인을 선임할 필요가 없다.

(2) 법정청산

법정청산은 법이 정한 엄격한 절차에 따라 하는 청산이다. 임의청산을 하지 아니하는 경우에는 합병과 파산의 경우를 제외하고는 법정청산을 하여야 한다(상 제250조, 제269조).

청산인은 일차적으로 무한책임사원 과반수의 결의로 청산인을 선임하고 그에 의한 청산인의 선임이 없을 때에는 법률상 당연히 업무집행사원이 청산인이 된다(상 제287조).

2. 청산인의 취임 및 퇴임

(1) 청산인의 취임

합자회사의 청산인은 선임청산인이 원칙이고(상 제287조 본문), 총회에서 청산인을 선임하지 아니하면 업무집행사원이 법정청산인이 되며(상 제287조 단서), 법원선임청산인도 인정된다.

합자회사의 경우 청산인의 취임에 관하여 다음의 몇가지를 살펴보아야 할 것이다.

1) 유한책임사원의 전원 또는 무한책임사원 전원이 퇴사함으로써 해산한 경우

가. 유한책임사원 전원이 퇴사한 경우

① 무한책임사원이 2인 이상 있을 때

무한책임사원 과반수의 결의로 선임한 자가 청산인이 되며, 이 때에는 정관 또는 총사원의 동의로 대표청산인 또는 공동대표청산인을 정할 수 있다(상 제287조, 제269조, 제265조, 제207조, 제208조).

청산인을 선임하지 아니한 때에는 업무집행사원이 청산인이 된다(상 제287조).

② 무한책임사원이 1인만 남은 때

법원이 이해관계인의 청구나 직권에 의하여 청산인을 선임한다(상 제269조, 제252조).

나. 무한책임사원 전원이 퇴사한 경우

업무집행사원이 존재하지 아니하므로 법원이 이해관계인의 청구 등에 의하여 청산인을 선임하여야 할 것이다(상 제252조, 제269조).

2) 합자회사가 해산하여 유일의 무한책임사원이 청산인으로 되었으나 그가 사망한 경우

잔존하는 무한책임사원이 청산인으로 되어 그가 사망한 때에는 그의 상속인이 입사하는 것이기는 하나 그 상속인이 청산인으로 된다고는 할 수 없으므로, 상법 제252조 규정을 유추하여 법원이 청산인을 선임하여야 된다고 할 것이다.

3) 업무집행사원이 청산인이 된 경우 및 무한책임사원이 선임한 자가 청산인이 되는 경우

합병·파산으로 사원이 1인으로 되어 해산하거나 재판 이외의 경우에는 무한책임사원의 과반수의 결의로 선임한 자가 청산인이 되며(상 제251조 1항, 제287조), 청산인의 선임이 없는 때에는 업무집행사원이 청산인이 된다(상 제251조 2항, 제269조). 또한 이와 같이 취임한 청산인이 퇴임한 경우에는 무한책임사원 과반수의 결의로 청산인을 선임한다.

합자회사의 법정청산인은 업무집행사원이므로 무한책임사원이 되어야 하나, 사원총회에서 유한책임사원을 청산인으로 선임할 수 있다(대표권은 없음).

4) 해산을 명하는 재판에 의하여 해산한 경우 및 설립의 무효 또는 취소의 판결이 확정된 경우

법원이 사원 기타 이해관계인의 청구에 의하여 청산인을 선임한다(상 제193조 2항, 제252조, 제269조). 법정청산인이 퇴임한 경우에도 동일한 절차에 의하여 후임자를 선임한다.

(2) 청산인의 퇴임

1) 사 임

청산인은 사임할 수 있으나, 업무집행사원으로서 청산인으로 된 자는 사원의 권리의무에 기하여 청산인으로 된 것이므로 사임할 수 없다 할 것이다.

2) 해 임

① 무한책임사원 과반수의 결의에 의한 해임

사원이 선임한 청산인은 무한책임사원 과반수의 결의로 언제든지 해임할 수 있다(상 제261조, 제269조, 제287조).

② 재판에 의한 해임

중요한 사유가 있는 때에는 법원이 사원 기타 이해관계인의 청구에 의하여 청산인을 해임할 수 있다(상 제262조, 제269조).

3) 청산인의 사망, 파산, 금치산(상 제265조, 제382조 2항)

청산인과 회사와의 관계는 위임에 관한 준용되므로 청산인은 위임의 종료사유로 인하여 종임한다(민 제690조).

3. 대표청산인의 취임 및 퇴임

(1) 대표청산인의 취임

1) 업무집행사원이 청산인으로 된 경우

업무집행사원이 청산인으로 된 경우에는 종전의 대표사원이었던 자가 대표청산인이 된다.

2) 정관 또는 무한책임사원의 동의로 정하는 경우

정관 또는 무한책임사원의 동의로 청산인 중 특히 회사를 대표할 자를 정할 수 있다(상 제265조, 제207조, 제269조).

3) 법원이 지정하는 경우

법원이 수인의 청산인을 선임한 경우에는 회사를 대표할 자를 정할 수 있다(상 제255조 2항, 제269조).

(2) 대표청산인의 퇴임

1) 청산인의 퇴임

2) 지정의 해제

업무집행사원으로서 대표청산인으로 된 자와 사원이 선임한 대표청산인은 정관의 변경 또는 총사원의 동의로 회사를 대표할 청산인으로서의 지정을 해제할 수 있고, 법원이 회사를 대표할 청산인을 선임한 경우에는 재판에 의하여 회사를 대표하지 아니할 청산인으로 할 수 있다.

4. 청산인의 공동대표

① 업무집행사원이 청산인이 된 경우에는 해산 전에 공동대표에 관한 정함이 있는 때에는 그 정함에 따라 공동대표청산인이 된다(상 제255조 1항, 제269조).

② 정관 또는 무한책임사원 과반수의 동의로 수인의 청산인이 공동하여 회사를 대표할 것으로 정할 수 있다(상 제265조, 제208조, 제269조, 제278조).

③ 법원이 청산인을 선임한 경우에는 수인이 공동하여 회사를 대표할 것으로 정할 수 있다(상 제255조 2항, 제269조).

④ 정관 또는 무한책임사원 과반수의 동의로 공동대표에 관한 정함을 변경, 폐지할 수 있고, 법원이 공동대표는 재판에 의하여 그 정함을 변경, 폐지할 수 있다.

5. 등기절차

(1) 등기신청인 및 등기기간 등

청산인이 선임된 때에는 선임된 날로부터, 업무집행사원이 청산인이 된 때에는 해산한 날로부터 본점소재지에서는 2주간 내에 다음의 사항을 등기하여야 하고, 지점소재지에서는 3주간 내에 대표청산인에 관한 등기를 하여야 한다(상 제253조, 제269조).

다만, 대표권이 없는 청산인의 취임·퇴임에 관한 사항은 지점소재지에서는 등기하지 아니한다(특례법 제3조).

이 등기는 회사를 대표하는 청산인의 신청에 의하여야 한다(상업등기법 제17조, 특례법 제3조). 그러나 청산인이나 대표청산인이 법원의 해임재판에 의하여 퇴임한 때에는 법원의 촉탁에 의하여 등기한다.

(2) 등기사항(상 제253조, 제269조)

1) 청산인의 성명, 주민등록번호(주민등록이 없는 자는 생년월일)

2) 대표청산인을 정한 때에는 그 성명과 주소

3) 청산인의 공동대표에 관한 규정

4) 취임·퇴임의 취지 및 그 연월일

청산인의 등기를 한 때에는 대표사원 및 공동대표에 관한 규정의 등기를 말소하는 기호로 기록하여야 한다(규칙 제76조).

(3) 첨부서면

1) 최초의 청산인의 등기

가. 청산인의 주민등록번호를 증명하는 서면(주민등록이 없는 경우는 생년월일)

주소·주민등록번호·생년월일을 등기하여야 하는 경우에는 등기신청서에 이를 증명하는 서면을 첨부하여야 하므로(상업등기규칙 제59조), 청산인의 주민등록번호(또는 생년월일)을 증명하는 서면을 첨부하여야 한다. 이 서면은 발행일로부터 3개월 이내의 것이어야 한다.

나. 업무집행사원이 청산인으로 된 경우

업무집행사원이 청산인으로 된 때에는 그 자격증명서로서의 정관을 첨부한다(상업등기법 제66조 1항).

다. 사원이 청산인을 선임한 경우(상업등기법 제66조 2항)

① 사원 과반수의 동의가 있음을 증명하는 서면

② 취임승낙을 증명하는 서면

③ 대표청산인·공동대표청산인을 정한 때에는 정관 또는 총사원의 동의를 증명하는 서면

라. 법원이 청산인·대표청산인 등을 선임한 경우

① 선임결정서

② 청산인의 성명·주민등록번호 및 주소. 다만, 회사를 대표할 청산인을 정한 때에는 그 외의 청산인의 주소를 제외한다.

③ 수인의 청산인이 공동으로 회사를 대표할 것을 정한 때에는 그 규정

2) 청산인에 관한 변경

가. 청산인 취임의 경우

① 무한책임사원 과반수의 동의로 청산인을 선임한 경우에는 무한책임사원 과반수의 동의가 있음을 증명하는 서면, 취임승낙서(상업등기법 제77조, 제66조 2항), 주민등록번호를 증명하는 서면(상 제253조, 제269조, 특례법규칙 제2조 2항)

② 법원이 청산인을 선임한 경우에는 그 선임결정서의 등본, 회사를 대표할 청산인을 정한 때에는 그 성명을 증명하는 서면 및 수인의 청산인이 공동으로 회사를 대표할 것을 정한 때에는 그 규정에 관한 증명서(상업등기법 제66조 2항)

③ 청산인 또는 대표청산인의 취임승낙을 증명하는 서면에는 인감증명법에

따라 신고한 인감을 날인하고 그 인감증명서를 첨부하여야 한다. 다만,
등기소에 인감을 제출한 자가 중임한 경우에는 그 자가 등기소에 제출
한 인감의 날인으로 갈음할 수 있다(상업등기규칙 제95조, 제84조).

나. 청산인 퇴임의 경우

① 청산인의 퇴임으로 인한 변경등기신청서에는 그 퇴임을 증명하는 서면
(상업등기법 제66조 3항)

② 무한책임사원과반수의 동의로 해임한 경우에는 무한책임사원 과반수의 동의
서, 법원이 해임한 경우에는 그 재판서의 등본

③ 자격상실, 자격정지자로 된 경우에는 유죄판결이 확정된 것을 증명하는
서면

④ 청산인의 사망, 파산 또는 금치산의 경우에는 사망진단서, 가족관계증명
서, 파산선고서의 등본, 금치산선고의 심판서의 등본 및 그 확정증명서

⑤ 청산인의 성명·주소·주민등록번호 등의 변경의 경우에는 그 변경을
증명하는 서면

다. 대표청산인 취임의 경우

① 정관의 변경 또는 무한책임사원의 동의로 회사를 대표할 청산인 또는
공동대표청산인을 정한 때에는 무한책임사원의 동의서(상업등기법 제56
조 2항, 제77조)

② 법원이 회사를 대표할 청산인 또는 공동대표청산인을 정한 때에는 재판
서의 등본(상업등기법 제66조 2항, 제77조)

4) 대표청산인 퇴임의 경우

① 정관의 변경 또는 무한책임사원의 동의로 회사를 대표할 청산인 또는 공
동대표청산인에 관한 지정을 해제한 때에는 무한책임사원의 동의서(상업
등기법 제56조 2항, 제77조)

② 법원이 대표청산인 또는 공동대표청산인에 관한 규정을 변경 또는 폐지한
때에는 그 재판서의 등본

라. 공동대표청산인에 관한 등기의 경우

그 규정의 설정, 변경, 폐지를 증명할 수 있는 서면으로서 정관이나 총사원
의 동의서

마. 청산인 · 대표청산인 표시변경등기의 경우

가족관계증명서 또는 주민등록표등본 등

3) 기타의 서면

필요에 따라 위임장, 관청의 허가서 등을 첨부한다.

등록면허세는 23,000원이며, 지방교육세는 등록면허세의 100분 20이다. 이를 납부한 영수필통지서 및 영수필확인서를 첨부하여야 한다(지방세법 제28조 1항, 제151조 1항).

등기신청수수료는 6,000원(전자표준양식에 의한 경우 4,000원, 전자신청은 2,000원)이며, 하나의 등기신청서로서 수인의 청산인에 대한 선임 · 퇴임의 등기를 신청하는 경우에도 하나의 등기신청으로 보고 등기신청수수료를 납부하면 된다.

III. 계속의 등기

▣ 핵 심 사 항 ▣

1. 의의 : 회사의 계속이란 일단 해산된 회사가 사원들의 자발적인 노력에 의하여 해산 전의 상태로 복귀하여 해산 전 회사의 동일성을 유지하면서 존립중의 회사로서 존속하는 것.
2. 사유 및 절차
(1) 사유 : 합자회사에 있어서 무한책임사원 또는 유한책임사원의 전원이 퇴사함으로 인하여 해산한 경우에는 잔존한 무한책임사원 또는 유한책임사원은 전원의 동의로 유한책임사원 또는 무한책임사원을 가입시켜 회사를 계속할 수 있다(상 제285조). 존립기간의 만료 기타 정관으로 정한 사유의 발생으로 인하여 해산한 경우, 또는 총사원의 동의에 의해 해산한 경우 사원의 전부 또는 일부의 동의에 의하여 회사를 계속할 수 있다(상 제269조, 제229조 1항).
(2) 회사를 계속하는 경우 이미 회사의 해산등기를 하였을 때에는 일정기간 내에 회사계속의 등기를 하여야 한다(상 제229조 3항).

1. 총 설

합자회사에 있어서 무한책임사원 또는 유한책임사원의 전원이 퇴사함으로 인하여 해산한 경우에는 잔존한 무한책임사원 또는 유한책임사원은 전원의 동의로 유한책임사원 또는 무한책임사원을 가입시켜 회사를 계속할 수 있다(상제285조).

해산한 합자회사 또는 설립의 무효나 취소의 판결이 확정된 합자회사는 다음의 경우에 회사를 계속할 수 있다.

① 존립기간의 만료, 정관소정의 해산사유의 발생 또는 총사원의 동의로 해산한 경우에는 총사원 또는 일부사원의 동의로 회사를 계속할 수 있다.

   이 경우에 동의하지 아니한 사원은 퇴사한 것으로 본다(상 제229조 1항, 제269조).

② 사원이 1인으로 되어 해산한 경우에는 그를 결한 종류의 사원을 새로 가입시켜 회사를 계속할 수 있다(상 제229조 2항, 제285조).

③ 무한책임사원 또는 유한책임사원 전원의 퇴사로 인하여 해산한 때에는 그를 결한 종류의 사원을 새로 가입시키거나 합병회사로 조직변경하여 회사를 계속할 수 있다(상 제285조 2항).

④ 합자회사 설립의 무효 또는 취소의 판결이 확정된 경우 그 무효 또는 취소의 원인이 특정한 사원에 한한 것인 때에는 다른 사원 전원의 동의로 위취소 등 원인이 있는 특정한 사원을 제외하고 회사를 계속할 수 있다.

   이 때에는 그 무효 또는 취소의 원인이 있는 사원은 퇴사한 것으로 본다.

⑤ 파산선고를 받은 합자회사는 총사원의 동의로 회사를 계속할 것을 결의하고 파산채권자 전원의 동의를 얻어 파산폐지의 신청을 함으로써 회사를 계속할 수 있다(채무자회생및파산에관한법률 제540조).

   합자회사를 계속한 경우에는 무한책임사원이 업무집행의 권리의무를 가지고 각자 회사를 대표하게 되나, 해산 전의 회사와 같이 정관으로 업무집행사원을 정할 수 있고, 정관 또는 총사원의 동의로 업무집행사원 중 특히 회사를 대표할 자를 정할 수 있다.

   청산의 종결로 회사의 법인격은 완전히 소멸되기 때문에 청산종결 후에는 회사를 계속할 수 없으나, 회사가 해산한 후부터 청산종결 이전까지는 그 해산등기 전후를 불문하고 회사를 계속할 수 있다 할 것이다.

2. 등기절차

(1) 등기기간 등

계속의 등기는 본점소재지에서는 2주간, 지점소재지에서는 3주간 내에 회사를 대표하는 자가 신청하여야 한다(상 제285조, 제229조, 상업등기법 제17조).

계속등기의 기간은 무한책임사원 또는 유한책임사원 전원의 동의로 계속결의를 한 때(상 제285조 2항) 또는 새로 사원을 가입시켜 계속결의를 한 때로부터 진행한다 할 것이다(일본 등기선례 소화 1915. 4. 17. 민사갑 제476호).

해산의 등기가 되어 있지 아니한 때에는 해산등기를 하고, 또 법정청산절차에 의하여 청산절차가 진행 중이었을 때에는 청산인선임의 등기를 한 후에 계속의 등기를 하여야 할 것이다(일본 등기선례 소화 1939. 1. 29. 민사갑 제106호).

(2) 등기사항

① 회사를 계속한 뜻과 그 연월일(상업등기법 제68조 1항)

② 새로 사원을 가입시켜 계속한 때에는 그 사원의 성명·주소·주민등록번호·출자의 목적, 재산출자에 있어서는 그 가격과 이행한 부분 및 유한 또는 무한책임사원인 뜻

③ 사원의 일부의 동의에 의하여 계속한 때에는 퇴사한 사원의 성명과 주소

④ 회사를 대표할 사원 또는 공동대표사원을 정한 때에는 그 성명과 주소

⑤ 존립기간 또는 해산사유를 변경 또는 폐지한 때에는 그 뜻

(3) 첨부서면

1) 총사원의 동의로 계속한 때에는 총사원의 동의가 있음을 증명하는 서면(상업등기법 제56조 2항, 제77조)

2) 사원 일부의 동의로 계속한 때에는 그 동의가 있음을 증명하는 서면

이 경우에 동의하지 아니한 사원은 퇴사한 것으로 보므로(상 제229조 1항 단서), 그 퇴사의 등기를 하여야 하지만 퇴사한 사실을 증명하는 서면을 첨부할 필요는 없다.

3) 새로 사원을 가입시켜 회사를 계속한 때에는 그 가입사실을 증명하는 서면(입사계약서 등)과 재산출자에 관하여 이행을 한 부분을 증명하는 서면(비송 제187조 2항, 제183조, 제200조), 그 사원의 성명·주소·주민등록번호를 증명하는 서면(상 제180조, 제269조, 특례법규칙 제2조 2항)

4) 회사의 설립을 무효로 하는 판결 또는 취소의 판결이 확정된 때에 회사를 계속한 경우는 그 무효 또는 취소의 원인이 있는 사원 이외의 사원의 동의 있음을 증명하는 서면과 판결등본(상업등기법 제68조 2항)

5) 사원 중 회사를 대표하지 않는 자가 있는 때 또는 공동대표에 관한 규정을 설정한 때에는 총사원의 동의가 있음을 증명하는 서면(상업등기법 제56조 2항, 77조)

6) 등록면허세, 지방교육세, 농어촌특별세 등 납부영수필통지서 및 확인서, 등기신청수수료증지

사원을 새로 가입시킨 때에 등록면허세는 신입사원 출자총금액의 1,000분의 4, 설립 또는 대도시 전입 후 5년 이내의 법인은 그 3배를 가산 납부하여야 한다. 그 외에는 23,000원이고, 지방교육세는 등록면허세의 100분의 20이다. 농어촌특별세는 지방세법, 관세법, 조세특례제한법에 의하여 감면되는 등록면허세액의 100분의 20이다(지방세법 제28조 1항, 제151조 1항, 농특 제4조, 제5조).

등기신청수수료는 6,000원(전자표준양식에 의한 경우 4,000원, 전자신청은 2,000원)이며, 사원의 가입으로 인한 계속등기인 경우는 사원란에도 변경등기를 하여야 하므로 그 부분에 대한 등기신청수수료 6,000원(전자표준양식에 의한 경우 4,000원, 전자신청은 2,000원)을 추가 납부하여야 한다.

7) 기타의 서면

필요에 따라 위임장, 관청의 허가(인가)서, 대표자의 인감, 정관 등을 첨부하여야 한다(상업등기법 제21조, 제22조).

Ⅳ. 청산종결의 등기

■ 핵 심 사 항 ■

1. 청산종결절차
 (1) 법정청산의 경우 : 청산인이 현존사무의 종결, 채권의 추심과 채무의 변제, 재산의 환가처분과 잔여재산의 분배를 하고 계산서를 작성하여 각 사원의 승인을 얻은 때에 청산이 종결(상 제269조, 제263조).
 (2) 임의청산의 경우 : 해산사유가 있는 날로부터 2주간 내에 재산목록과 대차대조표를 작성하고 채권자보호절차를 이행한 후 정하여진 처리방법에 의하여 회사재산의 처분을 완료함으로써 청산이 종결(상 제269조, 제247조).
2. 등기절차
 (1) 법정청산의 경우 : 청산인이 청산계산서의 승인이 있는 날로부터 본점소재지에서는 2주간, 지점소재지에서는 3주간 내에 청산종결의 등기를 신청(상 제269조, 제264조).
 (2) 임의청산의 경우 : 회사재산의 처분을 완료한 날로부터 본점소재지에서는 2주간, 지점소재지에서는 3주간 내에 회사를 대표하는 사원이 청산종결의 등기를 신청(상법 제269조, 제247조 5항, 상업등기법 제17조).

1. 청산종결의 절차

합자회사의 청산에는 임의청산과 법정청산의 방법이 있다.

(1) 임의청산의 경우

임의청산의 경우에는 정관 또는 총사원의 동의로 회사재산의 처분방법을 정하고, 해산사유가 있는 날로부터 2주간 내에 재산목록과 대차대조표를 작성하고 채권자보호절차를 이행하여야 한다(상 제247조, 제269조). 이 경우 청산인은 따로 선임할 필요없이 종전 업무집행사원이 그대로 위 절차를 이행한다.

이와 같은 절차를 거친 후 정하여진 처분 방법에 의하여 회사재산의 처분을 완료한 때에 청산이 종결된다. 예컨대 총사원의 동의로 회사재산을 현물로써 사원에게 분배할 것으로 정한 때에는 그 분배를 완료한 때에, 회사재산을 일괄하여 영업양도의 방법에 의하여 사원에게 이전할 것으로 정한 때에는 재산의 이전, 채무의 인수 등 이에 필요한 절차가 완료한 때에 종결된다.

(2) 법정청산의 경우

법정청산은 정관이나 총사원의 동의로써 잔여재산처분방법을 정하지 아니한 경우의 청산방법으로서, 이 때에는 반드시 청산인을 선임하여야 하고 선임된 청산인은 취임 후 지체없이 회사의 재산상태를 조사하고 재산목록과 대차대조표를 작성하여 각 사원에게 교부하여야 한다.

(3) 청산종결의 효과

청산이 종결되면 회사는 완전히 그 법인격을 잃어 소멸하게 된다.

임의청산방법에 의하건 법정청산방법에 의하건 청산이 종결되면 그를 등기하여야 한다(상 제264조, 제269조).

【쟁점질의와 유권해석】

<청산종결등기의 효력>

청산종결등기는 설립등기와 같이 창설적 효력이 있는 것은 아니고 상업등기의 일반적 효력인 공시적 효력밖에 없으므로, 청산등기가 마쳐졌더라도 사실상 청산이 종결되지 아니한 때에는 그 등기는 무효이고, 청구에 의하여 말소할 것이다.

또한 청산종결의 등기를 하였더라도 채권이 있는 이상 청산은 종료되지 않았으므로, 그 한도에서 청산법인은 당사자 능력이 있다(상 제542조, 민소 제47조, 대판 1968. 6. 18. 67다2528).

2. 등기절차

(1) 등기기간 및 등기사항

1) 임의청산의 경우

회사재산의 처분을 완료한 날로부터 본점소재지에서는 2주간, 지점소재지에서는 3주간 내에 회사를 대표하는 사원이 등기를 신청한다(상 제247조 5항).

등기할 사항은 청산이 종결된 뜻과 그 연월일이다.

2) 법정청산의 경우

청산계산서의 승인이 있는 날로부터 본점소재지에서는 2주간, 지점소재지에서는 3주간 내에 대표청산인이 신청한다(상 제264조, 제269조).

등기할 사항은 청산이 종결된 뜻과 그 연월일이다.

(2) 첨부서면

1) 임의청산의 경우

회사재산의 처분이 완료한 것을 증명하는 서면(총사원이 기명날인한 서면)(상 제247조 5항, 상업등기법 제67조 1항, 제77조)

2) 법정청산의 경우

청산인이 청산계산서의 승인을 얻은 것을 증명하는 서면(상업등기법 제77조, 제67조 2항)이나 사원이 그 계산서를 교부받고도 1월 이내에 이의하지 않아 승인이 의제되는 때(상 제263조 1항, 2항 본문)에는 그 승인이 의제된 증명서

3) 등록면허세, 지방교육세 등 납부영수필통지서 및 확인서, 등기신청수수료증지

등록면허세는 23,000원이고, 지방교육세는 등록면허세의 100분의 20이며(지방세법 제28조 1항, 제151조 1항), 등기신청수수료는 6,000원(전자표준양식에 의한 경우는 4,000원, 전자신청은 2,000원)이다. 법원의 촉탁으로 인한 특별청산에 관한 등기는 등록면허세를 면제하고, 농어촌특별세도 면제한다(지방세법 제128조 3, 농특령 제4조).

제 4 장   외국회사의 등기

Ⅰ. 총 설

■ 핵 심 사 항 ■

1. 의의 : 설립준거법주의에 따르면 외국회사란 우리나라 법에 준거하여 설립절차
   를 밟고 법인격을 취득한 회사 이외의 회사를 말한다.
2. 권리능력 : 외국회사는 다른 법률의 적용에 있어서는 법률에 다른 규정이 있는
   경우 외에는 대한민국에서 성립된 동종 또는 가장 유사한 회사로 본다고 규정하
   여 외국법인도 내국법인과 동일하게 그 권리능력을 인정하고 있다(상 제621조).
3. 대표자의 선정 및 영업소의 설치 : 외국회사가 대한민국에서 영업을 하려면 대
   한민국에서의 대표자를 정하고 대한민국 내에 영업소를 설치하거나 대표자 중
   1명 이상이 대한민국에 그 주소를 두어야 한다(상 제614조 1항).

1. 외국회사의 의의 및 권리능력

(1) 외국회사의 의의

외국회사의 정의에 관한 통설인 설립준거법주의에 따르면 외국회사란 우리
나라 법에 준거하여 설립절차를 밟고 법인격을 취득한 회사 이외의 회사를
말한다.

즉 외국법에 준거하여 설립된 회사를 말한다. 여기서 설립자 내지 사원의
국적은 고려의 대상이 되지 않는다(정동윤, 손주찬, 주석상법(회사Ⅵ)36면).

외국에서 설립된 회사라도 우리나라에 그 본점을 설치하거나 우리나라에서
영업할 것을 주된 목적으로 하는 때에는 우리나라에서 설립된 회사와 같은
규정에 따라야 한다(상 제617조). 이것은 우리 상법의 규정을 회피하기 위하
여 외국법에 의하여 설립된 이른바 유사 외국회사를 규제하기 위한 것이다.

(2) 외국회사의 권리능력

우리 민법은 외국법인에 대하여 규정하고 있지 아니하나 상법은 외국회사의 지위에 관하여 '외국회사는 다른 법률의 적용에 있어서는 법률에 다른 규정이 있는 경우 외에는 대한민국에서 성립된 동종 또는 가장 유사한 회사로 본다'고 규정하여 외국법인도 내국법인과 동일하게 그 권리능력을 인정하고 있다(제621조)

우리나라에서의 외국회사의 주권 또는 채권의 발행, 주식의 이전이나 입질 또는 사채의 이전에 관하여는 상법의 주식 및 사채에 관한 규정이 준용된다(상 제618조 1항). 이 경우에는 처음 한국에서 설립된 영업소를 본점으로 본다(상 제618조 2항).

2. 대표자의 선정(상 제614조)

외국회사가 우리나라에서 영업을 하고자 하는 때에는 우리나라에서의 대표자를 정하여야 한다. 이러한 외국회사의 대표자는 회사의 영업에 관하여 재판상, 재판 외의 모든 행위를 할 권한을 가지며 이에 대한 제한은 선의의 제3자에게 대항하지 못한다(상 제209조). 또한 대표자가 그 업무집행으로 인하여 타인에게 손해를 가한 때에는 외국회사는 그 대표자와 연대하여 배상할 책임이 있다(상 제210조).

3. 영업소의 설치 또는 대표자 중 1명 이상이 국내에 거주(상 제614조)

(1) 영업소 설치의 등기 또는 대표자 1명 이상의 국내 거주

개정 전 상법에 의하면 외국회사가 대한민국에서 영업을 하고자 하는 때에는 대한민국에서의 대표자를 정하고 영업소를 설치하여야 했으나, 2011년 4월 14일 개정상법은 영업소의 설치를 대표자 1인 이상이 국내에 거주하는 것으로 갈음할 수 있게 하였다(상 제614조 1항).

영업소를 설치하는 경우에는 영업소의 설치에 관하여 대한민국에서 설립되는 동종의 회사 또는 가장 유사한 회사의 지점과 동일한 등기를 하여야 한다. 이 등기에서는 회사설립의 준거법과 대한민국에서의 대표자의 성명과 주소를 등기하여야 한다. 다만, 법인 등의 등기사항에 관한 특례법은 외국회사 영업소의 등기에 관하여는 적용되지 않는다(예규 제794호). 외국회사는 이러한 등기를 하기 전에는 계속하여 거래를 하지 못한다(상 제616조). 이에 위반하여 거래한 자는 그 거래에 대하여 회사와 연대하여 책임을 진다. 그리고 회사설립시 등록세의 倍額에 상당하는 과태료에 처하게 된다(상 제636조 2항).

【쟁점질의와 유권해석】

<동종목적의 동일 또는 유사상호로 관할구역 내에 외국회사 영업소가 등기되어 있는 경우 그와 같은 상호로 등기가 가능한지 여부>

이미 관할 행정구역내에 외국회사 영업소와 동일한 상호가 있더라도 외국회사 영업소는 지점의 성격을 가지며, 지점에 있어서의 등기는 상법상 강제되므로 그와 같은 영업소설치등기는 가능하다. 반대로 이미 동종목적의 동일 또는 유사상호로 관할구역 내에 외국회사 영업소가 등기되어 있는 경우에는 그 영업소 대표자의 동의를 얻어도 그와 같은 상호로 등기할 수 없다(2005. 12. 27, 공탁법인과-730 질의회답).

(2) 관련문제

1) 소련항공사의 한국 내 영업소 설치등기의 가부

소련의 항공사가 소련의 국내법상 법인격을 가지고 있지 아니하다 하더라도 내국회사와 유사한 실체를 가지고 우리나라에 지점을 설치하여 영업을 하는 경우에는, 대한민국에서 설립되는 동종의 회사 또는 가장 유사한 회사의 지점등기와 동일한 영업소 설치등기를 할 수 있으며(상 제614조), 다만 위 영업소 설치등기신청서에는 소련항공의 본국관할관청 또는 대한민국에 있는 소련영사의 인증을 받은 주사무소의 존재를 증명하는 서면과 대표자의 자격을 증명하는 서면 및 소련항공의 정관 또는 그 성질을 식별할 만한 서면을 첨부하여야 한다(1990. 5. 22, 등기 1031 질의회답).

2) 자료수집 등 한정된 업무활동을 수행하고 있는 외국의 은행 및 증권회사의 대표사무소 설치등기의 가부

외국의 은행 및 증권회사가 한국은행 또는 재무부 등 관련감독기관으로부터 대한민국에서의 대표사무소의 설치허가를 받은 후 사무소를 설치하여 지점과 같은 정도의 영업행위는 하지 않고 있으나, 정보교환 및 자료수집과 업무연락 등 한정된 업무활동을 수행하고 있는 경우라면, 위 대표사무소는 상법 제614조가 규정하는 영업소에 해당하지 아니하고 따라서 국내에서 그 설치등기를 할 수는 없다(1988. 2. 4, 등기 57 질의회답).

II. 영업소 설치의 등기

■ 핵 심 사 항 ■

1. 등기기간 : 외국회사가 그 설립과 동시에 영업소를 설치하는 경우에는 설립등
   기를 한 후 2주간, 회사의 설립 후에는 영업소를 설치하는 경우에는 영업소를
   설치한 날로부터 3주간 내에 영업소 설치의 등기를 하여야 한다(상 제614조 2항,
   제181조, 제269조, 제317조 3항, 제549조 3항).
2. 등기신청인 : 대한민국에서의 대표자가 외국회사를 대표하여 신청한다(상 제614
   조 4항, 제209조, 상업등기법 제111조).

1. 등기절차

(1) 등기기간

외국회사가 그 설립과 동시에 영업소를 설치하는 경우에는 설립등기를 한
후 2주간, 회사의 설립 후에는 영업소를 설치하는 경우에는 영업소를 설치한
날로부터 3주간 내에 영업소 설치의 등기를 하여야 한다(상 제614조 2항, 제
181조, 제269조, 제317조 3항, 제549조 3항).

이 때 등기사항이 외국에서 생긴 때에는 등기기간은 그 통지가 도달한 날
로부터 기산한다(상 제615조). 여기서 통지가 도달한 날은 원칙적으로 국내
대표자가 그 통지를 접수한 때로 보겠으나, 국내에 있는 외국영사의 인증을
요하는 사항에 관하여는 그 인증이 있는 때를 기산점으로 삼아야 할 것이다.

(2) 등기신청인

이 등기는 대한민국에서의 대표자가 외국회사를 대표하여 신청한다(상 제
614조 4항, 제209조, 상업등기법 제111조). 공동대표자를 둔 경우에는 공동대
표자 전원이 공동하여 신청하여야 할 것이다.

(3) 등기사항

1) 국내에서 설립되는 동종 회사 또는 가장 유사한 회사의 지점과 동일한
   사항

영업소 설치의 등기에 있어서는 국내에서 설립되는 동종 회사 또는 가장 유

사한 회사의 지점과 동일한 사항을 등기하여야 한다(상 제614조 2항, 3항).

그러므로 외국회사가 주식회사인 경우 임원의 등기는 본점의 대표이사와 대한민국에서의 대표자의 성명과 주소를 등기하면 되고, 다른 임원은 등기사항이 아니다.

비영리 외국법인이 국내에서 최초의 분사무소를 설치하여 그 등기를 신청하는 경우에는 민법 제32조에 근거하는 것이므로, 비영리 외국법인의 명칭을 등기하는 때에는 법인의 종류(사단 또는 재단)를 기재하여야 한다.

2) 기타사항(상 제614조 3항)

① 회사설립의 준거법

② 대한민국에서의 대표자의 성명과 주소 주민등록번호 또는 생년월일

(4) 등기할 사항이 외국에서 생긴 경우 신청서의 기재방법

상법 제614조 2항 및 제3항에 따라 외국에서 생긴 사항의 등기를 신청하는 때에는 신청서에 그 통지가 도달한 연월일을 기재하여야 한다(상업등기규칙 제107조 1항, 제96조).

(5) 첨부서면(상업등기법 제112조)

위임장 등 일반적인 첨부서류 이외에 다음의 서류를 첨부하고, 아래 가.~다.의 서류는 외국회사의 본국관할관청 또는 대한민국에 있는 그 나라 영사의 인증을 받아야 한다.

1) 본점의 존재를 인정할 수 있는 서면

본점이 신청서에 기재한 장소에 존재함을 증명하는 서면으로서 관청의 증명서 또는 등기부등본 등이 이에 해당한다.

2) 대한민국에서의 대표자의 자격을 증명하는 서면

이 증명서면으로 대한민국에서의 대표자를 선임한 주주총회의사록 또는 이사회결의서나 당해 회사의 임명장 등을 첨부하면 된다.

3) 회사의 정관 또는 회사의 성질을 식별할 수 있는 서면

이 서면은 외국회사 본국의 관할관청 또는 대한민국에 있는 그 외국 영사의 인증을 받은 것이어야 한다.

다만, 영업소 설치등기신청서에 당해 영업소를 설치한 뜻의 기재가 있는 다른 등기소의 등기부등본을 첨부한 때에는 위 1)~3)의 서류는 첨부하지 않아도 된다.

4) 외국회사 영업소의 설치에 관하여 관청의 허가(인가)를 요하는 경우에는 그 허가(인가)서 또는 인증있는 등본(상업등기법 제22조, 외국환거래법 제15조, 제18조, 동법시행령 제30조, 외국환거래규정 제7-77조 내지 제7-82조)

5) 위 각 서면의 번역서 및 그 외국관공서 또는 영사의 인증서면

위 서면이 외국어로 기재되어 있는 경우에는 그 번역문을 첨부하여야 한다. 번역문에는 그 번역의 정확성을 보장하기 위하여 번역인의 성명 및 주소를 기재하고 번역인이 서명 또는 기명날인한다. 번역인의 자격에는 그 제한이 없다 (1997. 11. 5, 등기 3402-842 질의회답).

또한 위 서면들은 비송사건절차법 제229조에 의하여 본점의 존재를 인정할 수 있는 서면, 대한민국에서의 대표자의 자격을 증명하는 서면 및 회사의 정관 또는 회사의 성질을 식별할 수 있는 서면은 외국회사의 본국관할관청 또는 대한민국에 있는 그 외국 영사의 인증을 받은 것이어야 한다.

법령에 의하여 기명날인 및 서명날인이 필요한 경우 날인의 제도 없는 외국인은 서명만으로 날인에 대신할 수 있으므로(외국인의서명날인에관한법률), 인감증명서는 필요없다(1970. 5. 20, 법정 제220호).

6) 등록면허세, 지방교육세, 농어촌특별세 등 납부영수필통지서 및 확인서, 등기신청수수료증지

등록면허세는 23,000원이나, 수도권 또는 대도시에 영업소 설치시 및 대도시로 영업소 전입시는 등록면허세를 3배 가산한다. 지방교육세는 그 100분의 20이며, 농어촌특별세는 조세특례제한법, 관세법, 지방세법에 의하여 감면 또는 면제되는 등록면허세의 100분의 20이다(지방세법 제28조 1항, 제151조 1항, 농특 제4조, 제5조). 등기신청수수료는 30,000원(전자표준양식에 의한 경우는 25,000원, 전자신청은 20,000원)이다.

7) 대리인에 의하여 신청할 경우에는 그 권한을 증명하는 서면(상업등기법 제21조)

외국회사의 경우 그 대표자의 위임장을 한번 수여하는데는 여러 절차가 필

요하므로 통상 영업소 설치 및 변경 등 여러 권한을 포괄적으로 수여하는 위임장을 작성하여 제출하고 있다.

8) 인감의 제출

대한민국 영업소의 대표자의 인감을 제출하여야 한다. 대한민국 영업소의 대표자가 외국인인 경우에는 신청서 또는 등기신청의 위임장에 서명을 하고 그 서명에 관하여 본국관공서 또는 공증인의 인증을 받음으로써 족하고 인감제출 의무는 없다 할 것이나, 실무에서는 업무의 편의를 위하여 대부분 인감을 제출하고 있다.

【쟁점질의와 유권해석】

<부동산등기법상 인감증명을 제출하여야 할 자가 외국회사인 경우 인감증명의 첨부에 관한 예외규정이 적용되는지 여부>

부동산등기법시행규칙 제54조는 외국인과 외국법인을 구별하여 외국인인 경우에는 서명에 관한 공정증서나 본국관공서의 증명으로 가능하나, 외국회사인 때에는 등기할 때 신고한 등기소 발행의 인감증명의 첨부에 예외규정을 두고 있지 아니하다.

ㄱ) 외국회사 등의 인감증명 제출(부동산등기법시행규칙 제54조 1항)

부동산등기법 제53조의 규정에 의하여 인감증명을 제출하여야 할 자가 법인 또는 외국회사인 때에는 등기소의 증명을 얻은 그 대표자의 인감증명을, 법인 아닌 사단 또는 재단인 때에는 그 대표자 또는 관리인의 인감증명을 제출하여야 한다.

ㄴ) 외국인의 인감증명 제출(동규칙 제54조 4항)

부동산등기법 제53조의 규정에 의하여 인감증명을 제출해야 하는 자가 외국인인 경우에는 인감증명법에 의한 인감증명 또는 본국의 관공서가 발행한 인감증명을 제출하여야 한다. 다만, 본국에 인감증명제도가 없고 또한 인감증명법에 의한 인감증명을 받을 수 없는 자는 위임장이나 서면에 한 서명에 관하여 본인이 직접 작성하였다는 취지의 본국관공서의 증명이나 이에 관한 공정증서를 제출하여야 한다.

(6) 등기의 기록

다음 각 호의 외국회사 영업소등기 기타사항란에 하여야 하고, 이를 등기한 때에는 그 등기기록을 폐쇄하여야 한다(상업등기규칙 제106조, 제94조 1항).

① 영업소를 다른 등기소의 관할구역으로 이전한 경우에 구소재지를 관할

　　　하는 등기소에서 하는 영업소 이전의 등기(구소재지 관할 등기소의 관
　　　할구역 내에 다른 영업소가 있는 경우는 제외)

　　② 영업소 폐쇄의 등기(당해 등기소의 관할구역 내에 다른 영업소가 있는
　　　경우와 청산개시명령이 있는 경우는 제외)

　　③ 청산종결의 등기

【쟁점질의와 유권해석】

<일본에 본점을 둔 부엌용품 등의 수출입회사가 대한민국 내에 영업소 설치등기를
하는 경우 주무관청의 허가서 첨부의 요부>

일본국에 본점을 둔 부엌용품, 미용기구, 보석 악세사리 등 귀금속의 수출입 및 판매
등을 하는 주식회사가 대한민국 내에 영업소 설치등기를 신청하는 경우에는 주무관
청의 허가서를 첨부할 필요가 없다(1997. 7. 22, 등기 3402-556 질의회답).

Ⅲ. 변경등기

▣ 핵 심 사 항 ▣

1. 의의 : 영업소 설치의 등기를 한 후 이와 동종 또는 가장 유사한 내국회사에
　관하여 등기할 사항과 동일한 사항이 생긴 때, 대한민국에서의 대표자가 경질
　된 경우, 기타 그 성명·주소에 변경이 있는 때와 외국에서 생긴 등기사항에
　변경이 있는 때 및 관할 외로 영업소로 이전한 때에는 등기를 하여야 한다.
2. 등기절차 : 내국회사 지점소재지에서의 등기와 마찬가지로 3주간 내에 하여야
　할 것이나, 등기사항이 외국에서 생긴 때에는 그 통지가 도달한 날로부터 등기
　기간을 기산하고, 당해 외국의 한국주재 외국영사의 인증을 요하는 경우에는
　그 인증시부터 기간을 기산하여야 할 것이다. 이 등기는 대한민국에서의 영업
　소 대표자의 신청에 의하여야 한다(상업등기법 제111조).

1. 의 의

　영업소 설치의 등기를 한 후 이와 동종 또는 가장 유사한 내국회사에 관하여
등기할 사항과 동일한 사항이 생긴 때에는 그 사항의 등기를 하여야 한다. 또
대한민국에서의 대표자가 경질된 경우, 기타 그 성명·주소에 변경이 있는 때와

외국에서 생긴 등기사항에 변경이 있는 때 및 관할 외로 영업소로 이전한 때에는 등기를 하여야 한다.

2. 등기절차

(1) 등기기간 및 등기신청인

이 등기는 내국회사 지점소재지에서의 등기와 마찬가지로 3주간 내에 하여야 할 것이나, 등기사항이 외국에서 생긴 때에는 그 통지가 도달한 날로부터 등기기간을 기산하고, 당해 외국의 한국주재 외국영사의 인증을 요하는 경우에는 그 인증시부터 기간을 기산하여야 할 것이다.

이 등기는 대한민국에서의 영업소 대표자의 신청에 의하여야 한다(상업등기법 제111조).

(2) 등기사항

대한민국에서의 대표자가 경질된 경우, 기타 그 성명·주소에 변경이 있는 때에는 그 변경의 등기를 하여야 한다.

대표자 변경의 경우에도 그 주소는 국내에 두어야 하며, 대표자가 복수인 경우에는 적어도 그 중의 1인은 국내에 주소를 두어야 한다(일본 등기선례 소화 1960. 3. 11. 민사발 제1479호).

외국회사가 영업소를 관할 외로 이전한 경우에도 그 이전의 등기를 하여야 한다.

【쟁점질의와 유권해석】

＜외국회사의 대한민국에서의 대표자 변경등기에 있어서 등기된 사항에 무효의 원인이 있는 경우 그 등기의 말소신청 방법＞

외국회사의 대한민국에서의 대표자 변경등기에 있어서 그 등기된 사항에 관하여 무효의 원인이 있는 경우, 당사자는 무효의 원인이 있음을 증명하는 서면을 첨부하여 그 등기의 말소를 신청할 수 있으며, 그 등기를 말소함으로써 종전의 대표자의 대표권이 회복되는 경우 등기관은 그 무효인 등기의 말소와 동시에 말소로 인한 회복등기를 하여야 한다(1998. 7. 8, 등기 3402-630 질의회답).

(3) 첨부서면(상업등기법 제113조)

1) 변경을 증명하는 서면 등

변경을 증명하는 서면을 첨부하여야 하며, 외국에서 생긴 등기사항의 변경에 대하여는 외국회사의 본국관할관청 또는 대한민국에 있는 그 나라 영사의 인증있는 서면에 의하여 그 변경사실을 증명하여야 한다. 그러나 다른 등기소에 이미 그와 같은 변경등기를 마친 때에는 이러한 서면을 첨부하지 아니할 수 있다.

2) 주무관청의 허가서

영업소를 다른 등기소의 관할구역 내로 이전한 경우 신소재지에서 하는 등기의 신청서에는 구소재지에서 한 등기를 증명하는 서면을 첨부하면 된다.

또한 일반적인 첨부서면 외에 주무관청의 허가서를 첨부하여야 한다(상 제614조 1항, 외국환거래법 제18조, 외국환거래규정 제7-79조).

3) 등록면허세·지방교육세·등기신청수수료 등

등록면허세는 23,000원이나, 수도권 및 대도시에서 외국회사 영업소설치는 그 등록면허세의 5배를 중과한다. 지방교육세는 그 등록면허세의 100분의 20이며, 농어촌특별세는 조세특례제한법, 관세법, 지방세법에 의하여 감면 또는 면제되는 등록면허세의 100분의 20이다(지방세법 제28조 1항, 제151조 1항, 농특 제4조, 제5조).

등기신청수수료는 '상호', '본점', '목적', '공고방법', '존립기간', '1주의 금액', '발행할 주식의 총수', '발행주식의 총수와 그 종류 및 각각의 수', '임원란', '지점란', '지배인란' 등의 변경등기시에는 그 변경등기마다 각 6,000원(전자표준양식에 의한 경우 4,000원, 전자신청은 2,000원)을 납부하여야 한다.

【쟁점질의와 유권해석】

<외국회사의 한국에서의 대표자에 2인의 외국인을 공동대표로 추가하는 변경등기 방법>

공동대표는 법률행위를 공동으로 하여야 하므로 외국에서의 한국에서의 대표자에 2인의 외국인을 공동대표로 추가하여 변경등기 할 경우 기존 대표자와 추가되는 외국인 2인의 대표자가 공동으로 변경등기를 신청하여야 한다(1997. 1. 30, 등기 3402-76 질의회답).

Ⅳ. 영업소 폐지 등의 등기

▣ 핵 심 사 항 ▣

1. 법원의 영업소 폐쇄명령(상 제619조) : 법원은 상법 제619조 1항 각 호의 사유가 있는 때에는 이해관계인 또는 검사의 청구에 의하여 외국회사 영업소의 폐쇄를 명할 수 있다.

2. 법원의 청산개시명령(상 제620조) : 법원은 영업소의 폐쇄를 명한 때 또는 외국 회사가 스스로 영업소를 폐쇄한 때에는 이해관계인의 신청이나 직권으로 대한 민국에 있는 회사재산의 전부에 대한 청산의 개시를 명할 수 있고, 이 경우에 는 법원이 청산인을 선임하여야 한다.

3. 외국회사가 스스로 영업소를 폐쇄하는 경우 : 외국회사가 스스로 영업소를 폐 쇄한 때에는 대한민국에서의 대표자는 그 사실을 증명하는 본국의 관할관청이 나 대한민국 내의 그 외국영사의 인증있는 서면을 첨부하여 영업소폐쇄등기를 신청하여야 하고, 영업소를 폐쇄한 경우에는 그 등기를 하여야 한다(상업등기법 제111조).

4. 등기절차 : 영업소 폐지의 등기신청서에는 외국회사의 본국관할관청 또는 대한 민국에 있는 그 외국의 영사가 인증하는 영업소 폐지의 사실을 증명하는 서면 을 첨부한다(상업등기법 제113조).

1. 법원의 영업소 폐쇄명령

법원은 다음 사유가 있는 때에는 이해관계인 또는 검사의 청구에 의하여 외국 회사 영업소의 폐쇄를 명할 수 있다(상 제619조).

① 영업소의 설치목적이 불법한 것인 때

② 영업소의 설치를 한 후 정당한 사유없이 1년 내에 영업을 개시하지 아니하 거나 1년 이상 영업을 휴지한 때 또는 정당한 사유없이 지급을 정지한 때

③ 회사의 대표자 기타 업무를 집행하는 자가 법령 또는 선량한 풍속 기타 사 회질서에 위반한 행위를 한 때

이러한 사유로 법원이 영업소의 폐쇄를 명할 때에는 그 명령 전일지라도 이해 관계인이나 검사의 청구에 의하여 또는 직권으로 회사재산의 보전에 필요한 처

분을 명할 수 있고, 이 경우 법원은 이해관계인의 청구가 악의임을 소명한 회사의 청구에 의하여 이해관계인에게 상당한 담보를 제공하게 할 수 있다.

2. 법원의 청산개시명령

법원은 영업소의 폐쇄를 명한 때 또는 외국회사가 스스로 영업소를 폐쇄한 때에는 이해관계인의 신청이나 직권으로 대한민국에 있는 회사재산의 전부에 대한 청산의 개시를 명할 수 있고, 이 경우에는 법원이 청산인을 선임하여야 한다(상 제620조 1항, 선례 VI-695).

이 경우의 청산에 있어서는 성질에 반하지 아니하는 한 통상의 주식회사 청산절차에 관한 규정을 준용한다(상 제620조 2항, 제535조~제537조, 제542조). 즉, 채권자에 대한 채권신고의 최고(상 제535조), 채권신고기간 내의 변제(상 제536조), 제외된 채권자에 대한 변제(상 제537조), 청산의 목적범위 내에서의 회사의 존속(상 제245조), 청산인의 등기(상 제253조), 청산인의 직무권한(상 제254조), 청산인의 회사대표(상 제255조), 채무의 변제(상 제259조), 청산종결의 등기(상 제264조) 등에 관한 규정이 준용된다.

법원이 영업소의 폐쇄를 명한 때에는 그 재판서의 등본을 첨부하여 법원이 관할등기소에 그 등기를 촉탁하여야 한다(상업등기법 제17조). 영업소 폐지의 등기는 등기기록 중 기타사항란에 이를 기재하고 청산개시의 명령이 있는 경우를 제외하고는 그 등기기록을 폐쇄하여야 한다(상업등기규칙 제106조, 제94조 1항). 다만, 당해 등기소의 관할구역 내에 다른 영업소가 있는 경우와 법원의 청산개시명령이 있는 경우에는 그 등기용지를 폐쇄하지 아니한다(동규칙 제106조).

【쟁점질의와 유권해석】

<외국회사가 스스로 영업소를 폐쇄한 경우 청산절차를 거치지 않고도 영업소폐지등기를 신청할 수 있는지 여부>

대한민국에 설치한 영업소를 외국회사가 스스로 폐쇄한 경우, 법원이 이해관계인의 신청 또는 직권으로 청산의 개시를 명하고 청산인을 선임한 경우가 아닌 한 청산절차를 거치지 않고도 영업소폐지등기를 신청할 수 있다(선례 VI-695).

3. 외국회사가 스스로 영업소를 폐쇄하는 경우

외국회사가 스스로 영업소를 폐쇄한 때에는 대한민국에서의 대표자는 그 사실

을 증명하는 본국의 관할관청이나 대한민국 내의 그 외국영사의 인증있는 서면
을 첨부하여 영업소폐쇄등기를 신청하여야 하고, 영업소를 폐쇄한 경우에는 그
등기를 하여야 한다(상업등기법 제111조). 영업소 폐지의 등기는 등기기록 중 기
타사항란에 이를 기재하고 그 등기기록을 폐쇄한다(상업등기규칙 제106조, 제94
조 1항).

그러나 법원이 회사재산의 청산을 명하여 청산인이 선임된 경우에는 내국회사
의 청산에 관한 등기절차에 준하여 청산인 취임등기와 취임신고, 재산조사신고,
대차대조표 등의 신고, 채권자에 대한 공고·최고, 채권추심, 채무변제, 잔여재산
환가, 분배, 결산보고·승인 등의 청산절차를 밟아야 하며 청산사무의 종료에 따
른 청산종결의 등기에 의하여 비로소 등기기록이 폐쇄된다(상 제620조 2항, 제
542조 1항, 제253조 이하, 제531조 이하, 상업등기규칙 제106조, 제94조 1항).

또 영업소 폐지의 등기를 한 경우라도 그 등기소의 관할 내에 다른 영업소가
있는 때에는 그 등기기록은 폐쇄하지 아니한다(동규칙 제106조).

【쟁점질의와 유권해석】

<외국회사의 한국영업소 폐쇄등기에 관한 절차>

외국회사가 한국에 영업소를 설치한 후 본점 이사회에서 영업소 폐쇄를 결의하고 청
산인을 선임하여 본점소재지 등기부상 그 폐쇄등기를 완료한 때에는 막바로 한국영
업소의 폐쇄등기를 할 수 있다(1992. 8. 27, 등기 1860 질의회답).

4. 등기절차

영업소 폐지의 등기신청서에는 외국회사의 본국관할관청 또는 대한민국에 있
는 그 외국의 영사가 인증하는 영업소 폐지의 사실을 증명하는 서면을 첨부한다
(상업등기법 제113조).

청산인에 관한 등기절차는 내국회사의 경우와 같다.

첨부서면은 ① 영업소 폐쇄를 증명하는 서면(영업소 폐지의 이사회의사록, 주
주총회의사록 등), ② 청산인선임증명서(법원의 청산인선임결정서 또는 당해 회
사의 청산인선임결의서인 이사회의사록 등), ③ 청산인의 주소를 소명하는 서면,
④ 주무관청의 허가서(외국환거래규정 제7-82조), ⑤ 등록세납부영수필확인서 및
통지서, 등기신청수수료증지 등이 있다.

제 5 장   벤처기업의 등기

Ⅰ. 벤처기업의 의의

▣ 핵 심 사 항 ▣

1. 의의 : 벤처기업이란 첨단 기술이나 신기술을 개발하여 이를 전문화·기업화하
   는, 비교적 작은 규모의 기업을 말한다.
2. 요건 : 벤처기업은 '중소기업기본법 제2조'에 따른 중소기업으로서 다음 중 어
   느 하나에 해당하여야 한다.
   (1) 벤처투자기업
   (2) 연구개발기업
   (3) 기술평가보증·대출기업
3. 벤처기업육성에 관한 특별조치법 : 기존 기업의 벤처기업으로의 전환과 벤처기
   업의 창업을 촉진하여 우리 산업의 구조조정을 원활히 하고 경쟁력을 높이는
   데에 기여하는 것을 목적으로 제정된 법률.

벤처기업이란 첨단 기술이나 신기술을 개발하여 이를 전문화·기업화하는, 비교
적 작은 규모의 기업을 말한다. 벤처기업에 해당하기 위해서는 '중소기업기본법
제2조'에 따른 중소기업[5]으로서 다음 중 어느 하나에 해당하여야 한다(벤처기업육

---

5) 중소기업기본법 제2조(중소기업자의 범위) ①중소기업을 육성하기 위한 시책
(이하 "중소기업시책"이라 한다)의 대상이 되는 중소기업자는 다음 각 호의 어느
하나에 해당하는 기업(이하 "중소기업"이라 한다)을 영위하는 자로 한다.
1. 다음 각 목의 요건을 모두 갖추고 영리를 목적으로 사업을 하는 기업
가. 업종별로 상시 근로자 수, 자본금, 매출액 또는 자산총액 등이 대통령령으로
정하는 기준에 맞을 것
나. 지분 소유나 출자 관계 등 소유와 경영의 실질적인 독립성이 대통령령으로 정
하는 기준에 맞을 것

성에 관한 특별조치법 제2조의2 1항).

1. 벤처투자기업

다음 각각의 어느 하나에 해당하는 자가 해당 기업에 대하여 투자를 한 금액의 합계가 5천만원 이상으로서, 기업의 자본금 중 투자금액의 합계가 차지하는 비율이 100분의 10(해당 기업이 「문화산업진흥 기본법」 제2조 제12호에 따른 제작자 중 법인이면 자본금의 100분의 7) 이상인 기업이어야 한다.

(1) 「중소기업창업 지원법」 제2조 제4호에 따른 중소기업창업투자회사

(2) 「중소기업창업 지원법」 제2조 제5호에 따른 중소기업창업투자조합

(3) 「여신전문금융업법」 제2조제14호에 따른 신기술사업금융업을 영위하는 자

(4) 「여신전문금융업법」 제41조제3항에 따른 신기술사업투자조합

(5) 특별조치법 제4조의3에 따른 한국벤처투자조합

(6) 특별조치법 제4조의8에 따른 전담회사

(7) 중소기업에 대한 기술평가 및 투자를 하는 금융기관으로서 대통령령으로 정하는 기관6)

2. 연구개발기업

---

2. 「사회적기업 육성법」 제2조제1호에 따른 사회적기업 중에서 대통령령으로 정하는 사회적기업

6) 벤처기업육성에 관한 특별조치법 시행령 제2조의3

② 법 제2조의2제1항제2호가목(7)에서 "대통령령으로 정하는 기관"이란 다음 각호의 기관을 말한다.

1. 법 제13조제2항에 따른 개인투자조합

2. 「한국산업은행법」에 따른 한국산업은행

2의2. 「한국정책금융공사법」에 따른 한국정책금융공사

3. 「중소기업은행법」에 따른 중소기업은행

4. 「은행법」 제2조제1항제2호에 따른 은행

5. 「자본시장과 금융투자업에 관한 법률」 제9조제18항제7호에 따른 사모투자전문회사

기업(「기초연구진흥 및 기술개발지원에 관한 법률」 제14조 제1항 제2호에 따른 기업부설연구소를 보유한 기업만을 말한다)의 연간 연구개발비가 5천만원 이상이고, 연간 총매출액에 대한 연구개발비의 합계가 차지하는 비율이 100분의 5 이상으로서 중소기업청장이 업종별로 정하여 고시하는 비율 이상(다만, 창업 후 3년이 지나지 아니한 기업에 대하여는 예외)이어야 한다.

또한 기술신용보증기금, 중소기업진흥공단, 「산업기술혁신 촉진법」 제38조에 따른 한국산업기술진흥원, 「기술의 이전 및 사업화 촉진에 관한 법률」 제35조에 따라 지정된 기술평가기관, 「정보통신산업 진흥법」 제26조에 따른 정보통신산업진흥원으로부터 사업성이 우서한 것으로 평가받은 기업이어야 한다.

3. 기술평가보증·대출기업

다음 각각의 요건을 모두 갖춘 기업이어야 한다. 다만, 창업하는 기업에 대하여는 (3)의 요건만 적용한다.

(1) 「기술신용보증기금법」에 따른 기술신용보증기금이 보증(보증가능금액의 결정을 포함한다)을 하거나, 「중소기업진흥에 관한 법률」 제68조에 따른 중소기업진흥공단 등 대통령령으로 정하는 기관이 개발기술의 사업화나 창업을 촉진하기 위하여 무담보로 자금을 대출(대출가능금액의 결정을 포함한다)할 것

(2) (1)의 보증 또는 대출금액과 그 보증 또는 대출금액이 기업의 총자산에서 차지하는 비율이 각각 대통령령으로 정하는 기준 이상일 것[7)

(3) (1)의 보증 또는 대출기관으로부터 기술성이 우수한 것으로 평가를 받을 것

---

7) 벤처기업육성에 관한 특별조치법 시행령 제2조의3

⑧ 법 제2조의2제1항제2호다목(2)에서 "대통령령으로 정하는 기준"이란 다음 각 호의 기준을 말한다. 다만, 창업 후 1년이 지나지 아니한 기업에는 제1호의 기준을 4천만원으로 하고, 제2호의 기준을 적용하지 아니하며, 보증 또는 대출금액(결정된 보증 가능금액 또는 대출 가능금액을 포함한다. 이하 이 항에서 같다)이 10억원 이상인 기업에는 제2호의 기준을 적용하지 아니한다. <개정 2010.4.20>

1. 보증 또는 대출금액이 8천만원 이상일 것

2. 기업의 총자산에 대한 보증 또는 대출금액의 비율이 100분의 5 이상일 것

Ⅱ. 벤처기업의 주식회사로의 설립등기

1. 개 요

벤처기업의 주식회사로의 등기는 일반의 주식회사 등기와는 크게 다르지 않다. 다만 2009년 5월 개정 전 상법에 의할 때 자본금의 액수가 일반주식회사의 설립등기에서는 5천만원 이상이 되었어야 했으나, 벤처기업의 경우는 자본금의 액수가 5백만원 이상이면 되었다(벤처 제 10조의2). 그러나 2009년 5월 상법 개정으로 인하여 최저자본금제도가 폐지되어 자본금이 100원 이상이면 주식회사를 설립할 수 있으므로 자본금의 의미는 큰 의미가 없다. 이에 따라 동법 제10조의2도 2010.1.27에 삭제되었다.

벤처기업의 설립등기는 일반주식회사의 등기와 마찬가지로 상법이 정하는 바에 따라 정관 작성, 주식인수 및 주금납입 등 일정한 절차를 거쳐 법원에 설립등기를 함으로써 설립된다.

2. 주식회사 설립에 대한 특례

중소기업청장은 필요한 경우 유한회사인 소기업을 주식회사로 조직변경하고자 하거나 주식회사를 설립하고자 희망하는 소기업에 대한 자금, 경영 등의 지원방안을 수립할 수 있다(소기업소상공인지원을위한특별조치법 제8조의2).

대상은 주식회사인 소기업을 창업하고자 하는 자 또는 기창업한 소기업으로서 주식회사로 전환하고자 하는 기업(유한회사의 조직변경을 포함)이며, 상업등기소에 원천징수이행상황신고서 또는 소기업확인서를 함께 제출해야 한다.

3. 소기업 확인서 발급 절차

창업자 등 소기업확인이 필요한 기업은 붙임의 양식에 따라 창업자용 또는 기존 기업용의 확인신청서 2부와 관련 서류를 첨부하여 지방청에 제출한다.

① 창업자의 경우는 확인신청서 외에 별도 서류 불요

② 기 창업한 기업의 경우 사업자등록증 사본 1부, 직전사업 연도 사업장별 소득세 원천징수이행상황신고서 또는 소득세 징수액집계표(12개월분) 사본 1부

③ 소득세 원천징수이행상황신고서, 소득세징수액집계표는 공인회계사, 세무

사, 경영지도사 등의 확인을 받아 제출

4. 설립절차

(1) 설립단계별 내용

1) 발기인조합 설립(상법 제288조)

발기인조합은 발기인 1인이상(벤처기업의 경우만)으로 구성되어야 하며, 이들은 주식회사 설립을 위한 업무를 추진한다는 합의를 하고 발기인 조합계약을 체결하여 발기인 조합이 형성된다.

발기인이란 정관을 작성하고 기명날인 또는 서명한 자로서 실질적으로 주식회사의 설립을 기획하고 그 설립사무를 집행하는 사람을 말하며, 발기인은 내·외국인, 법인이건 자연인이건 관계없으며 미성년자도 법정대리인의 동의가 있으면 발기인이 될 수 있으나 1주 이상의 주식을 인수하여야 한다. 또한, 발기인은 정관에 서명날인 하여야 한다. 주식회사의 설립에 관여정도의 多少여부를 떠나 정관에 기명날인 또는 서명한 자는 발기인이고 정관에 서명등을 하지 않은 자는 발기인이 아니다.

물론 발기인조합계약이라는 계약서를 작성하지는 않으나 발기인조합은 민법상의 조합으로서 민법규정을 적용받으며 정관작성, 기명날인, 주식인수등 설립을 추진하는 주체이다. 이러한 발기인조합은 회사가 성립하면 자동소멸 된다.

2) 정관 작성(상법 제289조, 제290조)

회사 설립의 최초의 단계는 정관 작성인데, 정관이란 실질적으로 회사의 조직과 활동에 관한 기본규칙을 기재한 서면을 말한다. 발기인은 회사의 근본규칙을 확정하고 이를 서면에 기재한 후, 전원이 정관에 기명날인 또는 서명을 하여야 한다.

정관의 기재사항은 반드시 기재하지 않으면 정관 자체의 효력을 무효화 시키는 절대적 기재사항과 정관에 기재하지 않아도 정관 자체의 효력에는 영향이 없지만 이를 정관에 기재하지 않으면 그 효력이 발생하지 않는 상대적 기재사항과 회사의 필요에 의하여 기재하는 임의적 기재사항으로 구성된다.

가. 정관의 기재방법

① 목적 : 구체적인 사업내용을 기재(수 개의 목적 기재가능)

② 상호 : 주식회사라는 문자를 사용하며, 유사상호 사전검토

③ 회사가 발행할 주식의 총수 : 장래에 발행하기로 예정하고 있는 주식의 총수

④ 액면주식을 발행하는 경우 1주의 금액 : 1주의 금액은 균일하여야 하고, 1주의 금액은 1백원 이상 가능

⑤ 회사의 설립 시에 발행하는 주식의 총수 : 납입자본으로서 동 주식의 인수와 납입이 이루어져야 회사가 성립됨

⑥ 회사의 공고 : 일간신문에 의함

나. 정관의 기재사항

① 절대적 기재사항

ㄱ) 목 적

ㄴ) 상 호

ㄷ) 회사가 발행할 주식의 총수

ㄹ) 액면주식을 발행하는 경우 1주의 금액

ㅁ) 회사의 설립 시에 발행하는 주식의 총수

ㅂ) 본점의 소재지

ㅅ) 회사가 공고를 하는 방법

ㅇ) 발기인의 성명·주민등록번호 및 주소

② 상대적 기재사항

ㄱ) 발기인이 받을 특별이익과 이를 받을 자의 성명

ㄴ) 현물출자자의 성명과 그 목적인 재산의 종류, 수량, 가격과 이에 하여 부여할 주식의 종류와 수

ㄷ) 회사 성립 후 양수할 것을 약정한 재산의 종류·가격·수량 및 양도인의 성명

ㄹ) 회사가 부담할 설립비용과 발기인이 받을 보수액

③ 임의적 기재사항

ㄱ) 이사·감사의 수

ㄴ) 총회의 소집시기

ㄷ) 영업연도 등

3) 정관의 인증(상법 제292, 공증인법 제63조)

회사의 설립 시에 작성하는 정관을 원시정관이라 하는데, 원시정관은 공증인의 인증을 받아야 그 효력이 생긴다[8]. 다만, 2009년 5월 상법 개정에 의하여 자본금 총액이 10억원 미만인 회사를 발기설립하는 경우에는 각 발기인이 정관에 기명날인 또는 서명함으로써 효력이 생기고 공증의무가 면제되게 되었다(상 제292조 단서 신설).

정관의 인증은 촉탁인(발기인조합)이 공증인 앞에서 정관의 기명날인 또는 서명을 自認한 후 그 사실을 기재함으로써 이를 행한다. 발기인이 공증인에게 정관의 인정신청시 정관 2통을 제출하여야 한다. 공증인은 정관의 인증 후 1통은 발기인에게 교부하고 나머지 1통은 공증인이 보존한다.

<정관의 인증 신청시 준비서류>

① 정관 2부(공증인사무소의 보관용 원본 1부, 회사보존용 원본 1부)

② 각 발기인의 인감증명서 및 주민등록증

③ 대리인의 경우 위임장 및 대리인의 임감증명서

정관취급 공증인의 인증을 받은 정관이 창립총회에서 변경되더라도 정관의 경우에는 창립총회에 기재된 것이 증거가 되므로 다시 공증을 받을 필요는 없다.

---

8) 2009년 2월 6일 개정전 공증인법 제62조에 의하면 정관인증취급 공증인은 회사의 본점 소재지를 관할하는 지방검찰청의 소속 공증인(공증인사무소)이 취급하는 것으로 제한을 두고 있었다. 즉, 정관의 인증에 관한 사무는 회사의 본점 소재지를 관할하는 지방검찰청 소속 공증인이 취급하도록 되어 있었는데, 지방에서 법인을 설립하는 경우 지방검찰청 관할 구역에 공증인이 없는 경우가 많고, 회사의 본점 인근 지역에 공증인이 있는 경우에도 관할 지방검찰청이 다르면 이용할 수 없어 법인 설립 시 불편이 발생하는 문제가 있었다. 이에따라 2009년 2월 6일 공증인법 개정으로 공증인법 제62조를 삭제하여 정관의 인증에 관한 사무를 회사의 본점 소재지를 관할하는 지방검찰청 소속 공증인만이 취급하도록 한 제한을 폐지하였다.

정관은 회사 설립 후 관공서, 금융기관 또는 거래회사 등에서 제출을 요구하는 경우가 있으므로 공증인에게 정관인증 신청시 1~2통을 추가로 인정받으면 유리하다. 또한 인증된 정관의 보관·관리에 신중을 기하여야 한다.

정관인증의 수수료(공증인 수수료 규칙 제21조)

① 발행주식의 액면총액 5천만원까지는 8만원임

② 5천만원을 초과할 경우, 그 초과액의 1/2,000을 더하되 100만원을 초과하지 못함

---

4) 주식발행 사항의 결정(상법 제291조)

회사의 설립 시에 발행하는 주식의 총수는 정관작성시 정해지지만 주식발행에 관한 나머지 사항은 정관에서 특별히 정한 사항이 없으면 발기인 전원의 동의로 이를 정한다.

<발기인의 전원 동의를 요하는 사항>

① 주식의 종류와 수

② 액면주식의 경우에 액면 이상의 주식을 발행할 때에는 그 수와 금액

③ 무액면주식을 발행하는 경우에는 주식의 발행가액과 주식의 발행가액 중 자본금으로 계상하는 금액액면이상의 주식을 발행하는 때에는 그 수와 금액

(2) 회사의 설립

회사의 설립에는 발기설립, 모집설립의 방법이 있다.

① 발기설립 : 발기인이 발행주식 총수를 인수하는 방법으로 설립절차가 간단함.

② 모집설립 : 발기인이 주식의 일부를 인수하고 나머지 주식은 주주를 모집하여 인수케하는 방법으로 설립되는 것으로서 모집설립에는 연고모집과 공개모집이 있다.

㉠ 공개모집 : 불특정 다수인을 대상으로 주주를 모집하는 방법으로, 불특정 다수인 50인이상에게 주식청약을 하는 경우 금감위에 법인등록

과 모집금액이 10억원이상인 경우 금감위에 신고등의 절차로 인하여 창업설립시에 공개모집을 기피하는 경향이 있음.

ⓒ 연고모집 : 발기인조합이 가까운 소수의 지인을 주주로 모집

1) 발기설립

가. 발기인의 주식인수(상법 제293조)

회사를 설립시 발행주식과 발행가액이 결정되면 이를 인수할 사람을 결정하여 주식을 배정하게 된다. 발기설립의 경우, 발기인이 발행주식 총수를 서면에 의해 인수하여야 하는데, 각 발기인은 반드시 1주이상의 금액을 인수하여야 한다. 인수시기는 제한이 없으나 주금의 납입전까지 인수하여야 한다.

발기설립의 경우 각 발기인은 서면으로 1주이상의 주식을 인수하여야 하며, 구두에 의한 인수는 무효이다. 또한, 모집설립의 경우에도 각 발기인은 서면에 의한 1주 이상의 주식을 인수하여야 한다.

나. 출자의 이행(상법 제295조)

회사 설립 시에 발행하는 주식의 총수를 발기인이 전부 인수한 때에는 발기인은 인수한 주식의 수에 따라 인수가액을 납입할 의무를 진다. 각 발기인은 발행하는 주식을 서면에 의하여 전부 인수하고 지체없이 발기인조합(발기인)에서 지정한 납입은행 기타 금융기관의 납입장소에 그 인수금액 전액을 납입하여야 한다.

만일, 발기인의 합의에 의하여 액면이상의 주식을 발행하는 경우에는 주금뿐만 아니라 액면초과액을 포함하여 납입하여야 한다.

다. 현물출자

현물출자를 하는 발기인은 납입기일에 출자의 목적인 재산을 인도하고 등기, 등록 기타 권리의 설정 또는 이전을 요할 경우 서류를 완비해 제출한다.

현물출자시 무가치한 재산의 출자 또는 출자재산이 과다하게 평가될 경우, 회사설립 후, 자본충실을 해할 우려가 있기 때문에 현행 상법에서는 현물출자를 정관의 상대적 기재사항(변태설립)으로 하고 검사인의 검사를 받도록 하고 있다. 이처럼 변태설립사항이 있는 경우에는 원칙적으로 법원이 선임한 검사인의 조사를 받아야 하나, 현물출자에 대해서는 감정인의 감정으로 검사인의 조사를 대체할 수 있다.

현물출자란 금전이외의 재산을 출자하는 것을 말하며, 현물출자의 대상은 대차대조표상의 자산의 부에 계상할 수 있는 것으로서 동산, 부동산, 유가증권, 특허권, 광업권, 상호 및 영업상의 비결등 재산적 가치가 있는 사실관계와 영업의 일부 또는 전부도 가능하다.

특허권·실용신안권·의장권 기타 이에 준하는 기술과 그 사용에 관한 권리를 평가기관 이며, 동 기관의 평가는 공인된 감정인의 감정한 것으로 본다.

기술평가기관은 국립기술품질원, 기술신용보증기금, 한국산업기술평가원, 생산기술연구원, 환경관리공단(환경기술에 대한 평가에 한함) 등이 있다.

<현물출자의 절차도>

현물(재산)의 가치평가의뢰

현물을 출자하는 발기인은 공인된 감정인(감정평가기관)에게 평가를 의뢰

↓

현물의 평가액 결정 및 통보

공인된 감정평가기관 또는 기술평가기관에서

현물출자의 대상물을 평가하여 그 가액을 신청인에게 통보

↓

정관에 기재(발기인조합)

현물출자를 하는 자의 성명과 그 목적인 재산의 종류·수량·가격과 이에

대하여 부여할 주식의 종류와 수를 기재

↓

현물출자 이행

현물출자를 하는 발기인은 납입기일에 지체없이

출자의 목적인 재산을 인도하고 등기, 등록

기타 권리의 설정 또는 이전을 요할 경우에는 이에 관한 서류를

완납하여 교부한다.

↓

이사·감사 선임

현물출자의 이행(주금납입 포함)이 완료되면

발기인은 지체없이 의결권의 과반수로 이사와 감사를 선임

↓

감사인 선임 신청

이사는 취임 후 관할소재지의 지방법원에

검사인의 선임을 청구하여야 한다.

검사인의 선임신청은 이사 전원의 연서로서 하며

법무사에 의뢰하여 신청서를 작성

↓

검사인 조사 보고

검사인의 변태설립사항과 난입 및 현물출자의 이행사항에 대하여

조사를 실시하고 조사보고서 등본을 각 발기인에게 교부

검사인의 조사보고 소요기간 : 통상 15일이상 소요

↓

검사인 조사 보고

검사인의 조사보고서에서 사실과 상이한 사항이 있는 때에는

발기인은 이에 대한 설명서를 법원에 제출할 수 있다.

라. 이사와 감사 선임(상법 제296조)

현물출자의 이행과 주금의 납입이 끝나면 발기인들은 지체없이 발기인회를 개최하여 의결권의 과반수의 결의로 이사와 감사를 선임하여야 하는데 이사는 3인이상, 감사는 1인이상을 선임한다.

마. 발기인의 의사록 작성

발기인은 발기인회 개최시 의사록을 작성하여 의사의 경과와 그 결과를 기재하고 기명날인 또는 서명하여야 한다. 이사회 의사록 작성방법은 주식회사 설립의 실무를 참조한다.

바. 설립경과 조사(상법 제298조)

이사와 감사는 취임 후 지체없이 회사의 설립에 관한 모든 사항이 법령 또

는 정관의 규정에 위반되지 아니하는지 여부를 조사하여 발기인에게 보고하
여야 한다. 단, 이사와 감사중 발기인이었던 자·현물출자자 또는 회사성립
후 양수할 재산의 계약당사자인 자는 동 조사에 참여하지 못한다. 만일, 이사
와 감사가 전부 단서에 해당하는 경우 이사는 공증인으로 하여금 조사를 하
여 보고하게 하여야 한다.

또한, 이사는 정관에 현물출자등 변태설립사항이 규정되어 있는 경우에는
이에 관한 조사를 하도록 하기 위하여 관할소재지의 지방법원에 검사인의 선
임을 청구하여야 한다. 검사인의 선임신청은 이사 전원의 연서로서 하며 법
무사에 의뢰하여 신청서를 작성한다.

만일, 설립중인 회사의 정관에 현물출자, 재산인수 등 변태설립사항이 기재
되어 있지 않으면 법원에서 선임한 검사인의 변태설립사항에 관한 조사를 받
을 필요가 없으므로 신속히 회사 설립 절차를 진행할 수 있다.

변태설립사항이 없는 경우에는 '변태설립사항 조사'를 생략하고 창립총회를
개최하여 대표이사 선임등의 절차를 거치면 된다.

사. 변태설립사항 조사(상법 제299조)

검사인은 정관에 현물출자등 변태설립사항과 현물출자의 이행에 관한 사항
을 조사하여 조사보고서를 법원에 보고하고 지체없이 조사보고서 등본을 각
발기인에게 교부하여야 한다. 각 발기인은 검사인의 조사보고서에 사실과 상
이한 사항이 있는 때에는 이에 대한 설명서를 법원에 제출할 수 있다.

회사설립의 실무에서는 이 조사절차가 창업자들에게 큰 부담이 되므로 그
조사에 따른 부담을 완화해 주기 위하여 2011.4.14. 개정상법은 다음의 경우
조사대상에서 제외하였다. 제외되는 경우는 다음과 같다(상법 제299조 2항).

1) 현물출자 및 재산인수의 대상재산의 총액이 자본금의 5분의 1을 초과하
지 아니하고 시행령으로 정한 금액을 초과하지 아니하는 경우(법 제299조제2
항 제1호에서 "대통령령으로 정한 금액"이란 5천만원을 말한다)

2) 현물출자 및 재산인수의 대상재산이 거래소에서 시세가 있는 유가증권
인 경우로서 정관에 적힌 가격이 대통령령으로 정한 방법으로 산정된 시세를
초과하지 아니하는 경우9)

---

9) 상법 시행령 제7조
② 법 제299조제2항제2호에서 "대통령령으로 정한 방법으로 산정된 시세"란 다음

3) 그 밖에 1) 및 2)에 준하는 경우로서 대통령령으로 정하는 경우

아. 변태설립사항의 조사의 특례(상법 제299조의2)

변태설립사항이 있는 경우, 법원에서 선임한 검사인의 검사를 받아야 하나 현물출자와 재산인수의 사항과 그 이행에 관하여 공인된 감정인의 감정으로 검사인의 조사에 대체할 수 있다. 벤처기업육성에관한특별법상 기술평가기관의 특허권·실용신안권·의장권 기타 이에 준하는 기술과 그 사용에 관한 권리를 평가는 공인된 감정인이 감정한 것으로 간주하기 때문에 동 기관의 평가로 검사인의 조사를 대체할 수 있다.

법원은 검사인의 조사보고서와 발기인의 설명서를 조사하여 변태설립에 관한 사항이 부당하다고 인정한 때에는 이를 변경하여 각 발기인에게 통보할 수 있다. 법원의 변경처분에 불복하는 발기인은 그 주식의 인수를 취소할 수 있다. 이 경우에는 정관을 변경하여 정관취급 공증인의 변경된 정관의 인증이 없이도 설립에 관한 절차를 속행할 수 있다. 만일, 법원의 통고가 있은 후 2주 이내에 주식의 인수를 취소한 발기인이 없는 때에는 정관은 통고에 따라 변경된 것으로 본다.

각 호의 금액 중 낮은 금액을 말한다.

1. 법 제292조에 따른 정관의 효력발생일(이하 이 항에서 "효력발생일"이라 한다)부터 소급하여 1개월간의 거래소에서의 평균 종가(終價), 효력발생일부터 소급하여 1주일간의 거래소에서의 평균 종가 및 효력발생일의 직전 거래일의 거래소에서의 종가를 산술평균하여 산정한 금액

2. 효력발생일 직전 거래일의 거래소에서의 종가

검사인의 조사기간 및 수수료(공증인 수수료 규칙 제19조의2)
① 검사인의 조사보고 소요기간은 통상 15일 이상 소요됨
② 검사인의 조사 수수료는 발행주식의 액면총액 5천만원까지는 100만 원이며 5천만원을 초과할 경우, 그 초과액의 3/2,000을 더하되 300만 원을 초과하지 못함
③ 검사인의 조사를 대체하는 기술평가기관의 특허권등의 평가 수수료 는 통상적으로 50만원이내 이며, 국립기술품질원의 평가수수료는 더 욱 저렴하다.

2) 모집설립

가. 발기인의 주식인수(상법 제301조)

회사를 설립시 발행주식과 발행가액이 결정되면 각 발기인은 발행주식중 일부를 서면(주식인수증을 발기인대표에게 제출)에 의해 인수하여야 하는데, 발기인은 반드시 1주이상의 금액을 인수하여야 한다. 발기인이 구두에 의한 인수를 하는 경우에는 무효가 되며, 그 즉시 발기인 자격을 상실한다.

나. 주주의 모집 및 주식의 청약(상법 제302조 – 제302조)

발기인이 일부주식을 인수하고 나머지는 응모주주를 대상으로 모집을 하는 데, 현행 상법은 주식청약서주의를 채택하고 있으므로 발기인은 정관의 절대 적 기재사항과 변태설립사항, 회사조직의 대강과 청약조건 등 회사설립 개요 를 응모주주가 알 수 있도록 기재한 주식청약서를 작성하여야 한다.

발기인이 아닌 주식인수인을 모집주주(응모주주)라 하는데, 그 수는 제한이 없 으므로 1인이라도 관계없으며 응모주주가 인수하여야 하는 주식의 수도 제한이 없으므로 1주이상이라도 인수 가능하다. 응모주주(주식청약인)는 이 주식청약서 양식에 의해서만 주식을 청약할 수 있다. 응모주주는 주식청약서 2통에 인수할 주식의 종류 및 수와 주소등 법정기재 사항을 기재하고 기명날인 또는 서명하여 제출하여야 한다.

　　　　<주식청약서 기재사항>

　　* 정관의 인증년월일과 공증인의 성명

* 정관의 절대적 기재사항과 변태설립사항

* 회사의 존립기간 또는 해산사유를 정한 때에는 그 규정

* 각 발기인이 인수한 주식의 종류와 수

* 주식의 종류와 수, 액면이상의 주식을 발행하는 때에는 그 수와 금액

* 주식의 양도에 관하여 이사회의 승인을 얻도록 정한 때에는 그 규정

* 주주에게 배당할 이익으로 주식을 소각할 것을 정한 때에는 그 규정

* 일정한 시기까지 창립총회를 종결하지 아니한 때에는 주식의 인수를 취소할 수 있다는 뜻

* 株金(주식인수에 따른 대금)납입을 맡을 은행 기타 금융기관과 납입장소

* 名義改書代理人을 둔 때에는 그 성명·주소 및 영업소

다. 공개모집을 위한 사전 등록 및 신고

명의개서란 기명주식의 양도·상속등으로 실체상의 권리자가 변경되었을 경우, 증권상 또는 장부상 명의인의 표시를 변경하는 것을 말하는데 회사 기타 제3자에 대한 권리이전의 대항요건으로서 특히 중요하다. 예컨대, 기명주식 양도의 경우 양수인의 주소와 성명을 회사의 주주명부의 명의개서하여야 한다. 회사를 위하여 명의개서를 대리하는 기관을 명의개서대리인이라 한다.

라. 주식의 배정과 인수(상법 제303조 ~ 제304조)

발기인조합은 응모한 주식청약인에 대하여 사전에 정한 방법에 따라 총 발행주식수중 인수하여야 할 주식을 배정하면 이것에 의하여 주식인수가 확정된다. 주식인수인 또는 주식청약인에 대한 통지나 최고는 주식인수증 또는 주식청약서에 기재한 주소 또는 주식청약인이 요구하는 주소로 하면 된다. 주식배정을 통보받은 주식청약인은 배정된 주식의 수가 청약한 주식수보다 적어도 이의를 제기할 수 없으며, 배정주식의 수에 대한 인수가액을 납입할 의무를 진다.

마. 주식의 배정

주식의 배정은 주식청약서에 정한 방법이 없으면 발기인이 청약의 순서, 청약주식수에 관계없이 자유로이 배정할 수 있음. 그러나, 통상적으로 청약증거금 기준에 의하여 배정한다.

현행 상법상 주식청약 → 배정및인수 → 주금납입의 순이지만 실제로는 먼

저, 사실상 배정을 하고, 배정을 받은 자는 배정된 주식수를 주식청약서에 기재하고 청약기간 내에 청약증거금을 첨부하여 주식청약서에 기재된 납입장소인 은행 기타 금융기관에 제출하는 방법을 취하고 있다.

바. 주식의 청약

주식의 인수를 청약하고자 하는 자는 주식청약서에 법정사항을 기재·날인하고 발기인에게 제출하여 회사로부터 주식을 배정받으면 납입기일에 인수가액의 전액을 납입하도록 되어 있는데, 실제로는 주식청약서에 청약증거금을 첨부하여 납입기일이 아닌 청약기간내에 납입취급은행에 제출하는 절차가 이루어지며, 이 청약증거금은 배정받으면 납입금액에 충당된다.

사. 주식대금의 납입(상법 제305조 ~ 제307조)

회사설립시 발행되는 주식의 총수가 인수된 때에는 발기인과 주식인수인은 주식인수 가액(주금)을 납입할 의무를 지며 주식청약서에 기재된 은행 기타 금융기관에서만 납입하여야 한다. 만일 납입금의 보관 및 납입장소를 변경할 때에는 법원의 허가를 얻어야 한다.

현물출자를 하는 발기인은 발기설립시와 동일하게 납입기일에 출자의 목적인 재산을 인도하고 등기, 등록 기타 권리의 설정 또는 이전을 요할 경우 서류를 완비하여 제출한다.

<공개모집 설립의 주금납입 절차>

유가증권발행 등록 유가증권발행 신고(주간사 대행)

통상적으로 주간사(증권회사)가 금융감독위원회에

유가증권 발행 등록 및 유가증권신고를 대행

↓

모 집 공 고(주간사 대행)

유가증권(주식)의 모집가액 총액이 10억원 이상인 경우

금융감독원장에게 유가증권 신고서를 제출

↓

주 식 배 정(주간사 대행)

모집된 주식청약인에 대하여 보통

증권사의 주식청약 예금을 통하여 주식을 배정

↓

주식대금 납입

주금납입은행은 주식청약예금을 통하여 주금을 수령

↓

주금납입보관증명서

발 급

주금납입은행은 설립중인 회사에 대하여

주금납입보관증명서를 발급(발기인 또는 이사가 청구)

아. 주식인수인의 실권절차

주식인수인이 주식청약서에 기재한 주금납입은행에 납입을 하지 아니한 때에는 발기인은 일정한 기간을 정하여 그 기일내에 납입을 하지 아니하면 권리를 잃는다는 뜻을 2주전에 그 주식인수인에게 통지하여야 하며 주식인수인이 그 기간내에 납입하지 아니한 때에는 그 권리를 상실하고 발기인은 다시 그 주식에 대한 주주를 모집할 수 있다.

자. 변태설립사항의 조사(상법 제310조)

현물출자의 이행과 주금의 납입이 끝나면 발기인은 정관에 현물출자등 변태설립사항이 규정되어 있는 경우에는 이에 관한 조사를 하도록 하기 위하여 관할소재지의 지방법원에 검사인의 선임을 청구하여야 한다. 검사인의 선임 신청은 이사 전원의 연서로서 하며 법무사에 의뢰하여 신청서를 작성한다. 만일, 설립중인 회사의 정관에 현물출자, 재산인수 등 변태설립사항이 기재되어 있지 않으면 법원에서 선임한 검사인의 변태설립사항에 관한 조사를 받을 필요가 없으므로 신속히 회사 설립 절차를 진행할 수 있다.

법원에서 선임한 검사인은 정관에 현물출자등 변태설립사항과 현물출자의 이행에 관한 사항을 조사하여 조사보고서를 법원에 보고하고 지체없이 조사보고서는 창립총회에 제출하여야 한다.

차. 변태설립사항의 조사의 특례(상법 제310조)

변태설립사항이 있는 경우, 법원에서 선임한 검사인의 검사를 받아야 하나 현물출자와 재산인수의 사항과 그 이행에 관하여 공인된 감정인의 감정으로 검사인의 조사에 대체할 수 있으며, 벤처기업육성에 관한 특별법상 기술평가기관의 특허권·실용신안권·의장권 기타 이에 준하는 기술과 그 사용에 관한 권리를 평가는 공인된 감정인이 감정한 것으로 간주하기 때문에 동 기관의 평가로 검사인의 조사를 대체할 수 있다.

검사인의 조사기간 및 수수료(공증인 수수료 규칙 제19조의2)
① 검사인의 조사보고 소요기간은 통상 15일 이상 소요됨

② 검사인의 조사 수수료는 발행주식의 액면총액 5천만원까지는 100만원이며 5천만원을 초과할 경우, 그 초과액의 3/2,000을 더하되 300만원을 초과하지 못함
③ 검사인의 조사를 대체하는 기술평가기관의 특허권등의 평가 수수료는 통상적으로 50만원이내 이며, 국립기술품질원의 평가수수료는 더욱 저렴하다.

카. 창립총회 개최(상법 제311조 ~ 제316조)

주금의 납입과 현물출자의 이행이 완료되면 발기인은 지체없이 창립총회를 소집하여야 한다. 발기설립의 경우 창립총회에서 대표이사를 선임하는 경우를 제외하고 창립(발기인)총회에서 선임한 이사로서 구성되는 이사회에서 대표이사(단독 또는 공동)를 선임한다.

창립총회는 주식인수인들로 구성되는 설립중인 회사의 의결기관이며, 총회의 의결은 출석한 주식인수인의 의결권의 2/3이상이며 인수된 주식 총수의 과반수에 해당하는 다수로 하여야 한다.

창립총회에서는 다음의 사항을 보고, 수령하고 이사 감사인의 선임등을 결의한다.

① 발기인으로부터 보고수령과 이사·감사의 선임

발기인은 회사창립에 관한 사항인 주식인수와 납입에 관한 제반상황과 변태설립 사항에 관한 실태를 서면을 기재하여 보고한다. 이사와 감사 등 주식회사의 임원을 선임

② 이사·감사·검사인의 조사·보고 수령

검사인의 변태설립 사항에 관한 조사·보고서를 제출한다. 창립총회에서 변태설립 사항이 부당하다고 인정한 때에는 이를 변경할 수 있고 이에 불복하는 발기인은 주식인수를 취소할 수 있으며, 정관이 변경시 공증이 없이도 설립절차를 속행할 수 있다.

이사와 감사는 취임 후 지체없이 회사의 설립에 관한 모든 사항이 법령 또는 정관에 위반되지 아니하는지 여부를 조사하여 창립총회에 보고한다. 발기인 및 재산인수의 당사자인 이사와 감사는 이 조사·보고에 참여하지 못하며 이사와 감사 전원이 제척사유에 해당하는 경우에는 이사는 공증인으로 조사보고를 하도록 하여야 한다.

③ 정관의 변경 또는 설립폐지의 결의

정관의 변경 또는 설립폐지의 결의를 할 수 있으며 소집통지서에 이러한 뜻의 기재가 없는 경우에도 결의 가능하다.

3) 법인설립 등기(상법 제317조)

상기 절차 완료 후 각각 2주간내에 이사 전원(또는 대리인)이 본점 소재지를 관할하는 등기소에 설립등기를 신청하여야 한다. 만일, 이 기간 내에 등기신청을 하지 않는 경우, 500만원 이하의 과태료를 부과한다. 발기설립의 등기시기는 검사인등의 설립경과 조사종료일 또는 법원의 변경처분에 관한 변경절차가 종료된 날로부터 2주이내 이사가 공동 신청하여야 하며, 모집설립의 등기시기는 창립총회를 종료한 날 또는 변태설립에 관한 사항의 변경절차가 종료된 날로부터 2주 이내에 신청하여야 한다.

설립등기는 지방법원 상업 등기과에 이사 전원이 공동으로 신청해야 하는데 이때에 이사 전원이 기명날인 또는 서명을 해야 한다. 만일 법무사나 다른 대리인으로 하여 신청을 할 경우에는 그 대리권을 증명하는 위임장을 등기신청서에 첨부하여야 한다.

가. 주식회사설립 등기신청서 첨부서류(상업등기법 제80조)

① 정 관

② 주식의 인수를 증명하는 서면

③ 주식청약서

④ 발기인이 설립 당시의 주식발행사항을 정한 때에는 이를 증명하는 서면

⑤ 이사와 감사 또는 검사인이나 공증인의 조사보고서와 그 부속서류 또는 감정인의 감정서와 그 부속서류

⑥ 검사인 또는 공증인의 조사보고나 감정인의 감정결과에 관한 재판이 있은 때에는 그 재판의 등본

⑦ 발기인이 이사와 감사 또는 감사위원을 선임한 때에는 그에 관한 서면

⑧ 창립총회의 의사록

⑨ 이사·대표이사와 감사 또는 감사위원회 위원의 취임승낙을 증명하는 서면

⑩ 명의개서대리인을 둔 때에는 명의개서대리인과의 계약을 증명하는 서면

⑪ 주금의 납입을 맡은 은행 기타 금융기관의 납입금보관에 관한 증명서(다만, 2009년 5월 상법개정에 따른 상업등기법의 관련규정 개정(상업등기법 제80조 11호 단서 신설)에 따라 자본금 총액이 10억원 미만인 회사를 상법 제295조 제1항에 따라 발기설립하는 경우에는 은행이나 그밖의 금융기관의 잔고증명서로 대체할 수 있게 되었다. 이에 따라 소규모 주식회사의 설립등기 절차가 간소화될 것으로 기대된다)

⑫ 벤처기업확인서(창업중인 기업이 벤처기업 확인을 받은 경우)

나. 등기신청 의무자

설립등기는 이사 전원이 기명날인 또는 서명을 한 후, 공동으로 지방법원에 신청하여야 한다. 법무사나 다른 자를 대리인으로 하여 신청을 하는 경우에는 그 대리권을 증명하는 위임장(이사전원의 기명날인 또는 있어야 함)을 등기신청서에 첨부하여야 한다.

다. 설립등기신청서의 작성요령

1. 상 호 : 정관에 기재한 회사의 상호를 기입한다.

2. 본 점 : 정관에는 ○○시와 같이 되어 있지만 등기신청서에는 주소와 번지까지 기재하여야 한다.

3. 등기의 목적 : '주식회사 설립등기'라고 기재한다(○○벤처주식회사 설립이라고 기재하지 않으며, 본책에서는 이해를 돕기 위하여 벤처주식회사 설립등기 등으로 설명한 것임).

4. 등기의 사유

발기설립 : "정관을 작성하고 공증인의 인증을 받아 발기인의 회사설립 시 발행하는 주식총수의 인수와 납입을 받아 발기인이 회사설립 시에 발행하는 주식총수의 인수와 납입을 하고 20○○년 ○월 ○일 상법 제299조의 절차가 종료되었으므로 다음 사항의 등기를 구함"이라고 기재한다.

모집설립 : 설립등기신청서 참조

5. 등기해야할 사항

① 회사의 목적, 상호, 회사가 발행할 주식의 총수, 액면주식을 발행하는 경우 1주의 금액, 본점의 소재지 및 회사가 공고하는 방법

② 자본금의 액

③ 발행주식의 총수, 그 종류와 각종 주식의 내용과 수

④ 주식의 양도에 관하여 이사회의 승인을 얻도록 정한 때에는 그 규정

⑤ 지점의 소재지

⑥ 회사의 존립기간 또는 해산사유를 정한 때에는 그 기간 또는 사유

⑦ 주식매수선택권을 부여하도록 정한 때에는 그 규정

⑧ 주주에게 배당할 이익으로 주식을 소각할 것을 정한 때에는 그 규정

⑨ 전환주식을 발행하는 경우에는 상법 제347조에 게기한 사항

⑩ 사내이사, 사외이사, 그 밖에 상무에 종사하지 아니하는 이사와 감사 및 집행임원의 성명과 주민등록번호

⑪ 회사를 대표할 이사 또는 집행임원의 성명·주민등록번호 및 주소

⑫ 2인 이상 대표이사 또는 대표집행임원이 공동으로 회사를 대표할 것을 정한 때에는 그 규정

⑬ 명의개서대리인을 둔 때에는 그 상호 및 본점소재지

⑭ 감사위원회를 설치한 때에는 감사위원회 위원의 성명 및 주민등록번호

6. 과세표준금액 : 설립시의 자본금액을 기재한다.

7. 등록면허세 : 자본금의 1,000분의 4(0.4%)이다. 그러나 대도시내에서 회

사를 설립하거나 5년이내에 자본금이 증가한 경우에는 기본가액에 3배 중과하여 자본금의 1,000분의 20(2%)이 된다.

8. 지방교육세 : 등록면허세의 20%이다.

9. 신청인 : 신청인은 회사이다. 회사의 주소의 상호를 기재한다.

10. 대표이사 성명, 주민등록번호 및 주소와 이사 전원의 성명과 주민등록 번호를 기재한다. 신청절차를 대표이사 본인이 하는 때에는 대표이사인 을 날인한다.

11. 등기소의 표시 : 관할 등기소명을 기재한다.

(3) 주식회사 설립비용

설립비용이란 회사의 설립절차의 이행에 소요되는 비용을 말하며 정관 및 주식청약서에 기재하여야 효력이 발생하는 변태설립사항이다. 예컨대, 창립사무실 임차료, 통신비, 비품비, 정관 및 주식 청약서등의 인쇄비, 주주모집을 위한 광고비, 사무원의 봉급, 납입금취급은행 수수료등이 이에 속한다. 설립비용을 정관에 기재하는 방식은 사용내역별로 정관에 각각 기재할 필요는 없고 전체금액만 표시하여도 관계없다. 단, 등록세, 개업준비비(회사설립 후 공장, 건물, 집기구입비)는 제외한다.

정관에 기재된 설립비용은 발기인이 먼저 지급하고 회사의 설립 후 회사에 대하여 구상을 한다. 설립비용은 회사설립 후 발기인이 받을 보수액 및 설립 등기에 지출한 세액등과 합쳐서 창업비로서 대차대조표 자산부에 계상할 수 있다(상법435조).

<주식회사 설립시 지출비용>

구 분	자본금 5천만원	자본금 5천만원 초과	비 고
정관의 인증수수료	8만원	8만원＋초과액의 0.0005	최고 100만원
검사인 조사수수료	100만원	100만원＋초과액의0.0015	최고 300만원
등록면허세	자본금의 0.4%	자본금의 0.4%	대도시 3배중과
지방교육세	등록면허세의 20%	등록면허세의 20%	
공증료	115,000	140,000(자본금 1억원)	
수수료	200,000	200,000	
기타비용	200,000	200,000	

예 서울시 강남구 논현동에서 설립자본이 5천만원인 주식회사 설립시 총비용

- 정관의 인증수수료 : 80,000원
- 검사인 조사 수수료 : 1,000,000원(변태설립 사항이 있는 경우)
- 등록면허세 : 600,000원(200,000×3배중과,지방세법 제28조)
- 지방교육세 : 120,000원
- 공증료 : 115,000원
- 수수료 : 379,000원(법무사를 이용하는 경우)
- 기타 제비용 : 200,000원

- 총 비용 : 2,494,000원

III. 벤처기업의 합병등기

■ 핵 심 사 항 ■

1. 벤처기업의 합병등기의 절차: ① 합병계약서의 작성 → ② 합병계약서 등의 공시 → ③ 합병계약서의 승인 → ④ 반대주주의 주식매수청구 → ⑤ 채권자보호절차의 이행 → ⑥ 주권제출공고 → ⑦ 재산인계(합병실행) → ⑧ 합병보고총회(또는 창립총회)

2. 합병절차의 간소화(벤처기업육성에 관한 특별조치법 제15조의 3)

(1) 주식회사인 벤처기업이 다른 주식회사와 합병결의를 한 경우에는 채권자에게 「상법」 제527조의5 제1항에도 불구하고 그 합병결의를 한 날부터 1주 내에 합병에 이의가 있으면 10일 이상의 기간 내에 이를 제출할 것을 공고하고, 알고 있는 채권자에게는 공고사항을 최고(최고)하여야 한다.

(2) 주식회사인 벤처기업이 합병 결의를 위한 주주총회 소집을 알릴 때는 「상법」 제363조 제1항에도 불구하고 그 통지일을 주주총회일 7일 전으로 할 수 있다.

(3) 주식회사인 벤처기업이 다른 주식회사와 합병하기 위하여 합병계약서 등을 공시할 때는 「상법」 제522조의2 제1항에도 불구하고 그 공시 기간을 합병승인을 위한 주주총회일 7일 전부터 합병한 날 이후 1개월이 지나는 날까지로 할 수 있다.

(4) 주식회사인 벤처기업의 합병에 관하여 이사회가 결의한 때에 그 결의에 반대하는 벤처기업의 주주는 「상법」 제522조의3 제1항에도 불구하고 주주총회 전에 벤처기업에 대하여 서면으로 합병에 반대하는 의사를 알리고 자기가 소유하고 있는 주식의 종류와 수를 적어 주식의 매수를 청구하여야 한다.

1. 총 설

벤처기업의 합병등기의 절차는 ① 합병계약서의 작성 → ② 합병계약서 등의 공시 → ③ 합병계약서의 승인 → ④ 반대주주의 주식매수청구 → ⑤ 채권자보호절차의 이행 → ⑥ 주권제출공고 → ⑦ 재산인계(합병실행) → ⑧ 합병보고총회(또는 창립총회)의 순으로 이루어진다.

합병시 신주발행을 하는 경우 단주가 발생할 수 있는데 단주를 경매하여 그 대금을 구주주에게 교부한다. 그러나 거래소의 시세있는 주식은 거래소를 통하여 매각하고, 거래소의 시세없는 주식은 법원의 허가를 받아 임의매각할 수 있다. 실무상 주식경매는 이루어지지 않으며 대부분 임의매각허가를 받고 있다.

(1) 벤처기업의 합병특례

① 채권자보호기간

일반기업의 채권자보호기간은 1개월 이상인데 비해 벤처기업간의 합병에 있어서는 채권자보호기간이 10일이상이다.

② 주주총회소집통지기간

일반기업의 주총소집통지기간은 2주이상인데 비해 벤처기업의 합병승인 결의를 위한 주주총회소집통지기간은 7일이상이다.

③ 합병계약서 등의 공시

벤처기업의 합병시에는 합병계약서 등의 공시기간이 합병승인주주총회일 7일 전부터 합병등기일 이후 1개월 까지로 일반기업에 비해 그 기간이 단축된다.

(2) 합병당사회사의 필요사항

① 법인등기부등본 각1통

② 법인인감증명서 각1통

③ 주주명부 각3부

④ 각 회사의 법인인감도장

⑤ 각 회사의 총주식수의 1/3이상을 소유하고 있는 주주의 인감증명서 2통, 인감도장

⑥ 사업자등록증사본

⑦ 합병계약서

⑧ 합병 주주총회 각 2종(승인주총 및 보고총회)

⑨ 신문공고문원본전지

(3) 벤처기업지원을위한특별조치법제15조의3 (합병절차의 간소화 등)

① 주식회사인 벤처기업이 주식회사인 다른 벤처기업과 합병결의를 한 때에는 채권자에 대하여 상법 제527조의5제1항의 규정에 불구하고 그 합병결의가 있은 날부터 1주내에 합병에 이의가 있으면 10일 이상의 기간내에 이를 제출할 것을 공고하고 알고 있는 채권자에 대하여는 공고사항을 최고하여야 한다.

② 주식회사인 벤처기업이 합병결의를 위한 주주총회 소집을 통지함에 있어서는 상법 제363조 제1항의 규정에 불구하고 그 통지일을 주주총회 회일 7일전으로 할 수 있다.

③ 주식회사인 벤처기업이 주식회사인 다른 벤처기업과 합병하기 위하여 합병계약서 등을 공시함에 있어서는 상법 제522조의2제1항의 규정에 불구하고 그 공시기간을 합병승인을 위한 주주총회 회일 7일전부터 합병을 한 날 이후 1월이 경과하는 날까지로 할 수 있다[본조신설 2002. 8. 26].

2. 신설합병등기

합병등기에 대한 자세한 내용은 주식회사의 설립에서 자세히 설명하였으므로 여기서는 간략히 설명하겠다.

(1) 절 차

합병계약서의 작성 → 합병계약서 등의 공시 → 합병계약서의 승인 → 반대주주의 주식매수청구 → 채권자보호절차의 이행 → 주권제출공고 → 재산인계(합병실행) → 창립총회

(2) 단주의 처리

합병시 신주발행을 하는 경우 단주가 발생할 수 있는데 단주를 경매하여 그 대금을 구주주에게 교부한다. 그러나 거래소의 시세있는 주식은 거래소를 통하여 매각하고, 거래소의 시세없는 주식은 법원의 허가를 받아 임의매각할 수 있다. 실무상 주식경매는 이루어지지 않으며 대부분 임의매각허가를 받고 있다.

(3) 각 합병당사회사의 필요사항

① 법인등기부등본 각1통

② 법인인감증명서 각1통

③ 주주명부 각3부

④ 각 회사의 법인인감도장

⑤ 각 회사의 총주식수의 1/3이상을 소유하고 있는 주주의 인감증명서 2통, 인감도장

⑥ 사업자등록증사본

⑦ 합병계약서

⑧ 합병 주주총회 각 2종(승인주총 및 보고총회)

⑨ 신문공고문원본전지

(4) 소요기간

합병시 채권자보호절차기간이 1개월 이상이지만 벤처기업간의 합병의 경우에는 채권자보호절차기간은 10일이상이다.

3. 흡수합병등기

흡수합병등기에 대한 자세한 내용은 주식회사의 등기에서 자세히 설명하였으므로 여기서는 간략히 설명하겠다.

(1) 절 차

합병계약서의 작성 → 합병계약서 등의 공시 → 합병계약서의 승인 → 반대주주의 주식매수청구 → 채권자보호절차의 이행 → 주권제출공고 → 재산인계(합병실행) → 합병보고총회

(2) 단주의 처리

합병시 신주발행을 하는 경우 단주가 발생할 수 있는데 단주를 경매하여 그 대금을 구주주에게 교부한다. 그러나 거래소의 시세있는 주식은 거래소를 통하여 매각하고, 거래소의 시세없는 주식은 법원의 허가를 받아 임의매각할

수 있다. 실무상 주식경매는 이루어지지 않으며 대부분 임의매각허가를 받고 있다.

(3) 존속회사 및 소멸회사의 필요사항

① 법인등기부등본 각1통

② 법인인감증명서 각1통

③ 주주명부 각3부

④ 각 회사의 법인인감도장

⑤ 각 회사의 총주식수의 1/3이상을 소유하고 있는 주주의 인감증명서 2통, 인감도장

⑥ 사업자등록증사본

⑦ 합병계약서

⑧ 합병 주주총회 각 2종(승인주총 및 보고총회)

⑨ 신문공고문원본전지

(4) 소요기간

합병시 채권자보호절차기간이 1개월 이상이지만 벤처기업간의 합병의 경우에는 채권자보호절차기간이 10일 이상이다. 단 상장법인이나 협회등록법인의 경우에는 기준인공고 및 주주총회소집통지를 생략할 수 없으므로 기간은 더 늘어난다.

4. 합병절차 및 등기

합병등기에 대한 자세한 내용은 주식회사의 등기에서 자세히 설명하였으므로 여기서는 간략히 설명하겠다.

(1) 서 론

1) 합병의 의의

합병이라 함은 [2개 이상의 회사가 상법의 특별규정에 의하여 청산절차를 거치지 않고 합쳐짐으로써, 1개 이상의 회사의 소멸과 권리의무의 포괄적 이전

을 생기게 하는 회사법상의 법률요건]이다. 합병은 상법상의 회사간에서만 이루어지며, 상법상의 회사는 다른 종류의 회사와도 합병할 수 있으나(상 제174조 1항), 인적 회사(합명회사·합자회사)와 물적 회사(유한회사·주식회사)가 합병하는 경우에는 존속회사 또는 신설회사는 물적 회사이어야 하고(상 제174조 2항), 해산후의 회사도 존립중인 회사를 존속회사로 하는 경우에는 합병할 수 있다(상 제174조 3항).

2) 합병의 종류

합병의 종류에는 흡수합병, 신설합병 및 분할합병이 있다. 합병으로 인하여 1회사가 존속하고 다른 회사가 소멸하는 것을 흡수합병이라 한다. 합병당사회사 전부가 소멸하고 새로운 회사를 설립하는 것을 신설합병이라 한다. 회사는 분할에 의하여 1개 또는 수개의 존립중의 회사와 합병할 수 있으며, 분할에 의하여 1개 또는 수개의 회사를 설립함과 동시에 분할합병할 수 있다(상 제530조의2). 합병을 신속하게 이루기 위하여 흡수합병의 경우 법률이 정한 조건에 따라 간이합병, 소규모합병을 할 수 있다.

3) 합병의 효과

합병 후 존속한 회사 또는 합병으로 인하여 설립된 회사는 합병으로 인하여 소멸된 회사의 권리의무를 포괄승계한다(상 제530조 2항, 제235조).

4) 합병의 효력발생시기

회사의 합병은 합병 후 존속하는 회사 또는 합병으로 인하여 설립되는 회사가 그 본점소재지에서 합병의 등기를 함으로써 그 효력이 생긴다. 합병등기는 합병의 효력발생요건이며, 창설적 효력이 있다.

5) 주식회사와 유한회사의 합병

주식회사와 유한회사가 합병하여 존속회사 또는 신설회사를 주식회사로 하는 경우에는 법원의 인가를 요하며(상 제600조 1항), 사채의 상환을 완료하지 아니한 주식회사와 합병하여 존속회사 또는 신설회사를 유한회사로 하지 못한다(상 제600조 2항).

(2) 흡수합병의 등기

1) 합병절차

가. 합병계약서의 작성

주식회사의 합병에 있어서는 합병계약서를 작성하여야 하는 바(상 제522조 1항), 흡수합병계약서의 법정기재사항은 다음과 같다(상 제522조).

① 존속하는 회사가 합병으로 인하여 발행할 주식총수를 증가한 때에는 그 주식의 총수·종류와 수

소멸회사의 주주에게 교부할 신주를 발행하기에 발행예정주식총수가 부족한 때에는 이를 증가변경하여야 하므로 이를 기재사항으로 한 것이다.

② 존속하는 회사의 증가할 자본과 준비금 총액

존속회사가 소멸회사로부터 승계하는 것은 소멸회사의 실재산이므로, 합병당사회사의 자본이나 준비금의 합계가 합병 후의 자본이나 준비금의 액이 되는 것은 아니다.

③ 존속하는 회사가 합병당시에 발행하는 신주의 총수·종류와 수 및 합병으로 인하여 소멸하는 회사의 주주에 대한 신주의 배정에 관한 사항

소멸회사의 주주가 받을 주식의 내용과 배정비율에 관한 것을 정한 것이다. 이는 합병당사회사의 재산상태에 따라 결정된다.

④ 존속하는 회사가 합병으로 인하여 소멸하는 회사의 주주에게 지급할 금액을 정한 때에는 그 규정

이를 보통 [합병교부금]이라고 한다. 주식을 전혀 교부하지 않고 금전만을 교부할 수는 없다.

⑤ 각 회사가 승인결의를 할 사원총회 또는 주주총회의 기일

합병계약서는 주주총회의 특별결의에 의한 승인을 얻어야 하며 이는 합병의 효력발생요건이다.

⑥ 합병을 할 날

이것을 [합병기일]이라고 한다. 합병의 효력은 등기에 의하여 발생하므로 합병의 효력발생일과는 관계가 없다.

⑦ 존속하는 회사가 합병으로 인하여 정관을 변경하기로 정한 때에는 그 규정

⑧ 소규모합병의 경우 존속하는 회사의 주주총회의 승인을 이사회의 승인으로 갈음하는 경우에 존속하는 회사의 합병계약서 주주총회의 승인을 얻지 아니하고 합병을 한다는 뜻

⑨ 기타

이상의 법정기재사항 외에 소멸회사의 해산비용·대차대조표작성 등에 관한 임의적인 기재사항을 기재할 수 있을 것이다.

나. 합병계약서 등의 공시

주식회사의 이사는 합병결의를 하기 위한 주주총회일의 2주 전부터 합병을 한 날 이후 6월이 경과하는 날까지 다음 각호의 서류를 본점에 비치하여야 한다(상 제522조의2). 단 벤처기업의 합병시에는 합병계약서의 공시기간은 합병승인주주총회일 7일전부터 합병등기일이후 1개월까지이다.

① 합병계약서

② 합병으로 인하여 소멸하는 회사의 주주에게 발행하는 주식의 배정에 관하여 그 이유를 기재한 서면

③ 각 회사의 최종의 대차대조표와 손익계산서

주주 및 회사채권자는 영업시간 내에는 언제든지 그 열람을 청구할 수 있고, 비용을 지급하여 등본이나 초본의 교부를 청구할 수 있다(상 제522조의2).

다. 합병계약서의 승인

주식회사가 합병을 함에는 합병계약서를 작성하여 주주총회의 특별결의에 의한 승인을 얻어야 한다(상 제522조 1항, 3항).

간이합병의 경우에 상법 제527조의2 제1항이 규정한 조건하에서 합병으로 인하여 소멸하는 회사의 주주총회의 승인은 이를 이사회의 승인으로 갈음할 수 있다.

소규모합병의 경우에 합병 후 존속하는 회사가 합병으로 인하여 발행하는 신주의 총수가 그 회사의 발행주식총수의 100분의 10을 초과하지 아니하는 때에는 그 존속하는 회사의 주주총회의 승인은 이를 이사회의 승인으로 갈음할 수 있다(상 제527조의3 1항 전문). 다만, 합병으로 인하여 소멸하는 회사의 주주에게 지급할 금액을 정한 경우에 그 금액이 존속하는 회사의 최종대차대조표상으로 현존하는 순자산액의 100분의5를 초과하는 때에는 그러하지 아니하다(상 제527조의3 1항 단서).

라. 합병반대주주의 주식매수청구

합병계약서의 주주총회의 승인에 관하여 이사회의 결의가 있는 때에 그 결의에 반대하는 주주는 주주총회 전에 회사에 대하여 서면으로 그 결의에 반대하는 의사를 통지한 경우에는 그 총회의 결의일로부터 20일 이내에 주식의 종류와 수를 기재한 서면으로 회사에 대하여 자기가 소유하고 있는 주식의 매수를 청구할 수 있다(상 제522조의3 1항).

간이합병의 경우 공고 또는 통지를 한 날로부터 2주내에 회사에 대하여 서면으로 합병에 대한 반대의사를 통지한 주주는 그 기간이 경과한 날부터 20일이내에 주식의 종류와 수를 기재한 서면으로 회사에 대하여 자기가 소유하고 있는 주식의 매수를 청구할 수 있다(상 제522조의3 2항).

마. 채권자보호절차의 이행

합병계약서에 대한 주주총회의 승인결의가 있는 날부터 2주내에 채권자에 대하여 합병에 이의가 있으면 1월 이상의 기간내에 이를 제출할 것을 공고하고 알고 있는 채권자에 대하여는 따로따로 이를 최고하여야 한다(상 제527조의5 1항). 단, 간이합병과 소규모합병의 경우에는 이사회의 승인결의를 주주총회의 승인결의로 본다(상 제527조의5 2항). 그리고 벤처기업간의 합병의 경우에는 채권자보호절차기간은 10일 이상이 된다.

채권자가 이러한 기간내에 이의를 제출하지 아니한 때에는 합병을 승인한 것으로 본다(상 제527조의5 3항, 제232조 2항). 이의를 제출한 채권자가 있는 때에는 회사는 그 채권자에 대하여 변제 또는 상당한 담보를 제공하거나 이를 목적으로 하여 상당한 재산을 신탁회사에 신탁하여야 한다(상 제527조의5 3항, 제232조 3항).

합병 후 소멸하는 회사의 재무제표상 채무가 없다는 이유만으로는 그 절차를 생략하거나 보다 간이한 방법으로 채권자의 보호절차를 밟을 수 없다(1991. 8. 1. 등기 제1617호 회답).

바. 주권제출공고

소멸회사의 1주에 대하여 존속회사의 주식 1주를 부여하는 1대1의 합병의 경우 외에는 소멸회사의 주식에 관하여 합병 또는 분할을 하여야 하므로, 1월 이상의 기간을 정하여 그 뜻과 그 기간내에 주권을 회사에 제출할 것을 공고하고 주주명부에 기재된 주주와 질권자에 대하여는 각별로 그 통지를 하여야 한다(상 제440조). 즉 소멸회사의 1주에 대하여 존속회사의 주식 수주를 부여하거나, 소멸회사의 수주에 대하여 존속회의의 주식 1주를 부여하는 경우에 주권제출공고를 하여야 하는 것이다. 소멸회사의 주식 1주에 대하여 존속회사의 주식 1주를 부여하는 경우에는 주권제출의 공고가 필요 없다.

이 공고는 소멸회사의 정관 소정의 공고방법에 의하여야 한다. 합병에 적당하지 아니한 단주가 발생하면 이는 상법에서 규정하고 있는 단주처리방식에 의한다(상 제443조).

사. 재산인계(합병실행)

합병 후 존속회사는 합병계약서에 정한 기일에 합병으로 인하여 소멸하는 회사가 가지는 권리의무 일체를 인계받고 소멸회사는 청산절차를 요하지 아니한다.

아. 보고총회

존속회사의 이사는 채권자보호절차 완료 후, 주식의 합병·분할이 있는 때에는 그 절차 완료 후 존속하는 회사가 단주가 있는 경우 그 처리를 한 후, 소규모합병의 경우에는 상법 제527조의3 제3항 및 4항의 절차를 종료한 후 지체없이 주주총회를 소집하여 합병에 관한 사항을 보고하여야 한다. 소멸회사의 주주로서 존속회사의 신주의 배정을 받은 자는 이 총회에서 주주와 동일한 권리가 있다(상 제526조). 이사회의 공고로서 주주총회에 대한 보고에 갈음할 수 있다(상 제526조 3항). 단, 자본의 총액이 10억원 미만인 회사로써 이사가 1인이 된 경우에는 그러하지 아니하다(상 제383조 5항).

자. 간이합병의 특칙

합병할 회사의 일방이 합병 후 존속하는 경우에 합병으로 인하여 소멸하는 회사의 총주주의 동의가 있거나 그 회사의 발행주식총수의 100분의 90이상을 합병후 존속하는 회사가 소유하고 있는 때에는 합병으로 인하여 소멸하는 회사의 주주총회의 승인은 이를 이사회의 승인으로 갈음할 수 있다. 위의 경우에 합병으로 인하여 소멸하는 회사는 합병계약서를 작성한 날부터 2주내에 주주총회의 승인을 얻지 아니하고 합병을 한다는 뜻을 공고하거나 주주에게 통지하여야 한다. 다만 총주주의 동의가 있는 때에는 그러하지 아니하다.

차. 소규모합병의 특칙

① 이사회승인으로 갈음

합병 후 존속하는 회사가 합병으로 인하여 발행하는 신주의 총수가 그 회사의 발 행주식총수의 100분의 10을 초과하지 아니하는 때에는 그 존속하는 회사의 주주총회의 승인은 이를 이사회의 승인으로 갈음할 수 있다. 다만, 합병으로 인하여 소멸하는 회사의 주주에게 지급할 금액을 정한 경우에 그 금액이 존속하는 회사의 최종 대차대조표상으로 현존하는 순자산액의 100분의 5를 초과하는 때에는 그러하지 아니하다(상 제527조의3 1항)[10].

② 합병계약서에 그 뜻 기재

이사회의 승인으로 갈음하는 경우에 존속하는 회사의 합병계약서에는 주주총회의 승인을 얻지 아니하고 합병을 한다는 뜻을 기재하여야 한다(상 제527조의3 2항).

③ 공고 또는 통지

이사회의 승인으로 갈음하는 경우에 존속하는 회사는 합병계약서를 작성한 날로부터 2주내에 소멸하는 회사의 상호 및 본점의 소재지, 합병을 할 날, 주주총회의 승인을 얻지 아니하고 합병을 한다는 뜻을 공고하거나 주주에게 통지하여야 한다(상 제527조의3 3항).

④ 소규모 합병의 방법에 의한 합병을 할 수 없는 경우

합병 후 존속하는 회사의 발행주식총수의 100분의 20이상에 해당하는 주식을 소유한 주주가 위의 공고 또는 통지를 한 날로부터 2주내에 회사에 대하여 서면으로 제1항의 합병에 반대하는 의사를 통지한 때에는 소규모합병의 방법에 의한 합병을 할 수 없다(상 제527조의3 4항).

⑤ 주식매수청구권의 불인정

소규모합병의 경우에는 합병반대주주의 주식매수청구권(상 제522조의3)을 인정하지 아니한다(상 제527조의3 5항).

2) 합병으로 인한 변경등기 및 해산등기 절차

---

10) 개정전 상법은 소규모합병의 판단기준을 존속하는 회사가 합병으로 인하여 발행하는 신주의 총수가 그 회사의 발행주식총수의 100분의5를 초과하지 아니하는 때로 하였으나, 2011.4.14.개정상법은 이 기준을 완화하여 100분의10으로 하였다. 또한 개정전 상법은 존속회사가 소멸회사의 주주에게 지급하는 합병교부금이 존속회사의 순자산액의 100분의2를 초과하는 경우에는 특례적용대상에서 제외했었으나, 2011.4.14.개정상법은 이 제외를 위한 기준을 100분의5로 완화하였다.

주식회사 갑과 주식회사 을이 합병하여 주식회사 갑이 된 경우 주식회사 갑에는 변경등기를, 주식회사 을에는 해산등기를 하여야 한다.

가. 등기신청절차의 특칙

① 이 2개의 등기는 당사자가 서로 다른 경우에 해당하므로 하나의 신청서로 작성할 수는 없고 별개의 신청서로 작성하여야 한다.

② 합병으로 인한 해산등기는 존속회사 또는 신설회사의 대표자가 소멸회사를 대표하여 신청하고, 이 등기신청은 그 등기소의 관할구역 내에 존속회사 또는 신설회사의 본점이 없는 때에는 그 본점소재지를 관할하는 등기소를 거쳐야 한다(상업등기법 제77조, 제69조 1항·2항).

③ 합병으로 인해 본점소재지에서 하는 해산등기의 신청과 합병으로 인한 변경등기의 신청은 존속회사를 관할하는 등기소에 동시에 하여야 한다(동법 제77조, 제69조 3항).

나. 신청서의 조사

존속회사를 관할하는 등기소는 동시에 신청된 위 양쪽의 등기신청 중 어느 하나에 관하여 각하사유가 있는 때에는 이들 신청을 함께 각하하여야 한다(상업등기법 제77조, 제73조 1항). 합병으로 인한 변경등기는 합병으로 인한 소멸회사의 해산등기가 완료될 때까지 보류하지 않고 바로 등기를 한 후 소멸회사의 관할등기소에 해산의 신청이 있었다는 뜻을 소멸회사의 본점소재지를 관할하는 등기소에 통지하여야 한다(동법 제77조, 제73조 2항).

다. 등기기간

① 합병으로 인한 변경등기

존속회사에 있어서는 합병보고총회가 종료한 날 또는 보고에 갈음하는 공고일로부터 본점소재지에서 2주, 지점소재지에서는 3주내에 그 등기를 신청하여야 한다(상 제528조 1항).

② 합병으로 인한 해산등기

흡수합병의 경우에는 존속회사의 합병보고총회가 종결한 날 또는 보고에 갈음하는 공고일로부터 소멸회사의 본점소재지에서는 2주, 지점소재지에서는 3주내에 해산의 등기를 하여야 한다.

라. 신청인

존속회사의 대표이사(1인 이사가 회사를 대표하는 경우에는 그 이사)가 그 변경등기를 신청하여야 하며, 합병으로 인한 해산등기는 존속회사 또는 신설회사의 대표자가 소멸회사를 대표하여 신청한다(상업등기법 제77조, 제69조 1항).

마. 등기사항

① 합병으로 인한 변경등기시

합병으로 인하여 전환사채 또는 신주인수권부사채를 승계한 때에는 그 사채의 등기도 동시에 신청하여야 한다(상 제528조 2항).

다만 지점소재지에서는 다음 중 ㉠ ㉮의 사항만 등기하여야 한다.

㉠ 합병으로 인하여 소멸한 회사의 상호·본점 및 합병한 취지(상업등기법 제77조, 제69조 1항).

㉡ 합병 후 존속회사가 발행할 주식의 총수(수권주식을 증가변경한 경우)

㉢ 합병 후 존속회사의 발행주식의 총수와 그 종류 및 각각의 수

㉣ 합병 후의 존속회사의 자본총액

㉮ 지점소재지에서는 합병의 연월일

흡수합병으로 소멸하는 주식회사의 지점에도 해산등기를 하여야 하므로 소멸회사의 지점 지배인을 존속회사의 지점 지배인으로 계속하려면 존속회사의 해당 지점에 새로이 지배인 선임 등기를 하여야 한다(1992. 5. 19. 등기선례 3-939).

② 합병으로 인한 해산등기시

존속회사의 상호·본점 및 합병으로 인하여 해산한 취지와 그 연월일이다. 해산연월일은 존속회사의 변경등기연월일이다(상업등기법 제77조, 제69조 2항).

바. 첨부서면(상업등기법 제94조)

① 합병으로 인한 변경등기시

㉠ 합병계약서

㉡ 소멸회사의 주주총회나 또는 이사회의사록, 사원총회의사록 또는 총사원의 동의가 있음을 증명하는 서면

ⓒ 존속회사의 합병에 관한 주주총회의사록(합병계약서의 승인총회와 합병보고총회의 2개의 총회) 또는 합병보고총회를 이사회의 공고로써 갈음한 경우에는 공고를 하였음을 입증하는 서면, 단 소규모합병일 경우에는 합병계약서의 승인을 위한 주주총회의사록을 이사회의사록으로 갈음한다.

ⓓ 상법 제527조의5 제1항의 규정에 의한 공고 및 최고를 한 사실과 이의를 진술한 채권자가 있는 때에는 이에 대하여 변제 또는 담보를 제공하거나 신탁을 한 사실을 증명하는 서면

ⓔ 소멸회사의 등기부등본(존속회사의 본점관할등기소에 소멸회사의 본점 또는 지점의 등기가 없는 경우)

ⓕ 주권제출의 공고사실을 증명하는 서면(소멸회사의 주식에 관하여 병합 또는 분할을 한 경우)

ⓖ 간이합병의 경우 주주총회의 승인을 얻지 아니하고 합병한다는 뜻의 공고사실을 증명하는 서면 또는 총주주의 동의서

ⓗ 소규모합병의 경우 주주총회의 승인을 얻지 아니하고 합병을 한다는 뜻의 공고사실을 증명하는 서면('주식의 배정과 인수를 증명하는 서면'은 첨부서면으로 함이 적당하지 아니하므로 개정법률에서는 삭제되었다.)

ⓘ 단주가 발생하여 임의매각한 경우에는 법원의 허가서

② 합병으로 인한 해산등기시

합병으로 인한 해산등기에는 대리권을 증명하는 서면 외에는 다른 서면을 첨부하지 않아도 된다.(상업등기법 제98조 7항, 제72조 4항)

사. 등기부의 폐쇄

합병으로 인한 해산등기는 기타사항란에 하여야 하고, 이를 등기한 때에는 그 등기기록을 폐쇄하여야 한다(상업등기규칙 제94조 5호).

(3) 신설합병의 등기

1) 합병절차

가. 합병계약서작성

합병계약서를 작성하여 주주총회의 승인을 얻어야 하는 점은 흡수합병의

경우와 같으나, 신설합병은 새로운 회사를 설립하여야 하므로 정관의 작성 기타 설립행위를 할 설립위원을 각 회사에서 선임하여 이들이 설립에 관한 제반절차를 이행한 후 창립총회를 소집하게 된다. 합병계약서의 기재사항은 다음과 같다(상 제524조).

① 신설회사의 목적과 상호

② 회사가 발행할 주식의 총수

③ 1주의 금액

④ 종류주식을 발행하는 때에는 그 종류와 수

⑤ 본점소재지

⑥ 신설회사가 합병당시에 발행하는 주식의 총수·종류와 수 및 각 회사의 주주에 대한 주식의 배정에 관한 사항

⑦ 신설회사의 자본과 준비금의 총액

⑧ 각 회사의 주주에게 지급할 교부금에 관한 사항(교부금에 대한 정함이 있는 경우)

⑨ 각 회사에서 합병의 승인결의를 할 사원총회 또는 주주총회의 기일

⑩ 합병기일(합병기일에 정함이 있는 경우)

나. 합병계약서의 승인과 설립위원의 선임

주주총회의 특별결의에 의하여 합병계약서의 승인을 받고 또 설립위원을 선임하여야 한다(상 제522조, 제175조).

다. 채권자보호절차의 이행, 주권제출의 공고 및 재산의 인계

흡수합병의 경우와 같다.

라. 정관작성

설립위원은 합병계약서에 정하는 바에 따라 정관을 작성하고 기명날인 또는 서명하여야 한다. 이 정관은 원시정관이 아니므로 인증은 필요없다.

마. 창립총회(상 제527조)

설립위원은 각 소멸회사에서 채권자 보호절차를 이행한 후, 주식의 병합 또는 분할을 요할 경우에는 그 절차종료 후 창립총회를 소집하여야 한다. 창립총회의 소집절차·결의방법·결의사항 등은 통상의 주식회사 설립의 경우

와 같다. 창립총회에서는 정관변경의 결의를 할 수 있다. 그러나 합병계약의 취지에 위반하는 결의는 하지 못한다(상 제527조 3항). 이사회는 공고로써 창립총회에 대한 보고에 갈음할 수 있다(상 제527조 4항).

바. 대표이사의 선임

이사회를 열어 대표이사를 선임한다.

3) 합병으로 인한 설립등기 및 해산등기절차

합병등기의 신청절차와 신청서의 조사에 대하여는 흡수합병의 그것과 같다.

가. 등기기간

① 합병으로 인한 설립등기시

창립총회가 종결된 날 또는 보고에 갈음하는 공고일로부터 본점소재지에서는 2주, 지점소재지에서는 3주내에 그 등기를 하여야 한다(상 528조 1항, 제317조).

② 합병으로 인한 해산등기시

창립총회가 종결한 날 또는 보고에 갈음하는 공고일로부터 소멸회사의 본점소재지에서는 2주, 지점소재지에서는 3주내에 그 해산의 등기를 하여야 한다.

나. 신청인

① 합병으로 인한 설립등기시

설립회사를 대표하는 자가 그 등기를 신청한다(상업등기법 제17조 2항).

② 합병으로 인한 해산등기시

합병으로 인한 해산등기는 존속회사 또는 신설회사의 대표자가 소멸회사를 대표하여 신청한다(상업등기법 제72조 1항, 제97조 2항).

다. 등기사항

① 합병으로 인한 설립등기시

소멸회사의 전환사채 또는 신주인수권부 사채를 승계한 때에는 그 사채의 등기도 동시에 신청하여야 한다(상 제528조 제2항).

㉠ 통상의 설립등기사항

㉡ 소멸회사의 상호·본점 및 합병한 취지

㉢ 지점소재지에 있어서는 회사성립년월일 추가

② 합병으로 인한 해산등기시

신설회사의 상호, 본점 및 합병으로 인하여 해산한 취지와 그 연월일이다.

라. 첨부서면(상업등기법 제95조)

① 합병으로 인한 설립등기시

㉠ 합병계약서

㉡ 소멸회사의 합병에 관한 주주총회나 이사회의사록, 사원총회의사록 또는 총사원의 동의가 있음을 증명하는 서면

㉢ 상법 제527조의5 제1항의 규정에 의한 공고 및 최고를 한 사실과 이의를 진술한 채권자가 있는 때에는 이에 대하여 변제 또는 담보를 제공하거나 신탁을 한 사실을 증명하는 서면

㉣ 소멸회사의 등기부등본(신설회사의 본점소재지 관할등기소에 소멸회사의 본점 또는 지점의 등기가 없는 경우)

㉤ 주권제출의 공고사실을 증명하는 서면(주식의 병합 또는 분할을 한 경우)

㉥ 이사회의 공고로써 창립총회에 대한 보고에 갈음하는 경우 그 공고사실을 증명하는 서면

㉦ 설립위원의 자격을 증명하는 서면

㉧ 신설회사의 정관

㉨ 창립총회의사록

㉩ 이사회의사록

㉪ 임원의 취임을 증명하는 서면

㉫ 임원의 주민등록번호를 증명하는 서면(주민등록번호가 없는 재외국민 또는 외국인인 경우에는 생년월일을 증명하는 서면)

㉬ 명의개서대리인을 둔 때에는 명의개서대리인과의 계약을 증명하는 서면

㉭ 위임장 등 일반적인 첨부서면

② 합병으로 인한 해산등기시

위임장 외에는 첨부서면이 필요없다.

제2편 상인에 대한 등기

제 1 장   상호의 등기

I. 총 설

▣ 핵 심 사 항 ▣

1. 상호 : 문자로서 표시되는 상인의 자기표시 명칭
2. 상호의 선정 : 상호선정에 관한 입법주의로는 영업의 실체에 부합하는 상호만을 허용하는 상호진실주의와 어떠한 명칭이든 상호로 사용할 수 있는 상호자유주의가 있다. 우리 상법의 원칙적인 태도는 상호자유주의이지만(상 제18조) 일정한 범위에서는 상호선정의 자유를 제한하고 있으므로(상 제19조, 제20조, 제21조, 제23조) 전체적으로는 절충주의의 태도라고 평가된다.
3. 상호의 등기 : 개인기업의 상호는 그 등기가 강제되지는 않지만(상대적 등기사항) 회사기업의 상호는 반드시 등기하여야 한다(절대적 등기사항).

1. 상호의 의의

상호란 상인이 영업상 자기를 표시하기 위하여 사용하는 명칭이다.

그러므로 상인이 아닌 자가 사용하는 명칭은 상호가 아니다. 예를 들면 협동조합 등의 명칭은 상호가 아니다(일본 등기선례 소화 1934. 6. 29. 민사갑 제1333호).

또한 상호는 영업상의 명칭이므로 일상생활에서 자기를 나타내기 위하여는 성명이나 영업 이외의 생활에 있어서 사용하는 아호 등은 상호가 아니다. 그러나 상인 자신의 성명을 영업상의 명칭으로 사용할 수 있다(상 제18조).

상호는 명칭이므로 사람의 성명처럼 문자로 기재할 수 있어야 하고, 호칭할 수 있어야 한다.

따라서 기호, 도형, 문양 등은 상호로 할 수 없으며, 외국어라도 무방하나 한글로 표기하여야 한다. 다만, 상호가 한자인 경우에는 종전에는 한자로 기재할 수 있었으나 국어기본법에 의하면 공공기관의 공문서는 어문규범에 맞추어 한글로 작성함을 원칙으로 하고, 다만 대통령령이 정하는 경우에는 괄호 안에 한자 또는 다른 외국문자를 쓸 수 있으므로, 이제 상호는 한자만으로는 표기할 수 없다고 할 것이다.

　동일한 영업에는 단일한 상호만을 사용하여야 한다(상 제21조). 따라서 개인인 상인은 동종영업에 대하여는 하나의 상호만을 사용하여야 하고, 영업의 종류가 다를 때에는 그 영업에 따라 각별로 여러개의 상호를 쓸 수 있는 바, 이 때에는 각 상호마다 각별로 등기용지에 등기하여야 한다(규칙 제59조).

　그러나 회사는 종류가 다른 수개의 영업을 하는 경우에도 하나의 상호밖에 사용할 수 없다.

【쟁점질의와 유권해석】

<의사 · 변호사 · 작가 등이 상호등기를 할 수 있는지 여부>
의사 · 한의사 · 변호사 · 변리사 · 건축사 · 작가 · 예술인 · 화가 · 음악가 등은 전문직업인 또는 자유직업인으로서 상인으로 볼 수 없으므로, 상호등기를 할 수 없다(1989. 5. 23, 등기 1010 질의회답).

2. 상호의 선정

(1) 상호선정의 자유

　상인은 성명 기타의 명칭으로 상호를 자유롭게 정할 수 있다(상 제18조). 즉 어떤 상호를 선정할 것인가는 원칙적으로 상인의 자유이다.

(2) 제 한

1) 금지상호의 사용금지

　특별법에서 사용을 금지한 상호는 쓸 수 없다.

2) 회사의 종류 표시

　회사의 상호에는 반드시 회사의 종류(합명 · 합자 · 유한책임 · 주식 · 유한)를 표시하여야 한다(상 제19조). 그리고 회사가 아닌 자는 상호 중에 회사라는 문자를 쓸 수 없다(상 제202조).

3) 동일상호의 등기금지

　동일한 특별시 · 광역시 · 시 또는 군 내에서는 동일한 영업을 위하여 다른 사람이 등기한 것과 동일한 상호는 등기할 수 없다(상 제22조, 상업등기법 제30조). 상업등기법의 개정 전에는 '확연히 구별할 수 있는 상호가 아니면 등기할 수 없다.'고 규정하고 있었으나, 2009년 5월 상업등기법의 개정으로 '동일한 상호'로 그 범위를 한정한 것이다. 개정 전 법률에 의할 경우 동일한 특별시·광역시·시 또는 군에서 동일한 영업을 위하여 다른 사람이 등기한 상호와 확연히 구별되지 않는 상호는 등기할 수 없어 회사를 설립하는 경우 상호의 검색과 선정에 많은 시간이 소요되고, 등기관이 상호의 유사성 여부를 자의적으로 판단할 우려도 있는 문제가 있었다. 따라서 이를 해결하기 위하여 상법 개정을 통하여 동일한 영업을 위하여 동일한 특별시·광역시·시 또는 군내에서 등기할 수 없는 상호는 다른 사람이 등기한 상호와 동일한 상호로 한정하도록 한 것이다. 이를 통해 상호 사용에 관한 창업자의 예측가능성이 크게 높아져 상호 선택에 필요한 비용과 시간이 절감되고, 상호의 등기 관련 업무의 투명성이 높아질 것으로 기대된다.

【쟁점질의와 유권해석】

<동일 또는 유사상호가 등기된 경우 선등기자가 후등기자를 상대로 그 등기의 말소를 소로써 청구할 수 있는지 여부>

상법 제22조의 취지는 일정한 지역 범위 내에서 먼저 등기된 상호에 관한 일반 공중의 오인·혼동을 방지하여 이에 대한 신뢰를 보호함과 아울러, 상호를 먼저 등기한 자가 그 상호를 타인의 상호와 구별하고자 하는 이익을 보호하는 데 있고, 한편 비송사건절차법 제164조에서 먼저 등기된 상호가 상호등기에 관한 절차에서 갖는 효력에 관한 규정을 마련하고 있으므로, 상법 제22조의 규정은 동일한 특별시·광역시·시 또는 군 내에서는 동일한 영업을 위하여 타인이 등기한 상호 또는 확연히 구별할 수 없는 상호의 등기를 금지하는 효력과 함께 그와 같은 상호가 등기된 경우에는 선등기자가 후등기자를 상대로 그와 같은 등기의 말소를 소로써 청구할 수 있는 효력도 인정한 규정이라고 봄이 상당하다(대판 2004. 3. 26, 2001다72081).

4) 주체를 오인시킬 수 있는 상호의 사용금지

상법 제23조 제1항은 "누구든지 부정한 목적으로 타인의 영업으로 오인할 수 있는 상호를 사용하지 못한다."고 규정하고 있고, 같은 조 제4항은 "동일한 특별시·광역시·시·군에서 동종 영업으로 타인이 등기한 상호를 사용하는 자는 부정한 목적으로 사용하는 것으로 추정한다."고 규정하고 있는바, 위 조항에 규정된 '부정한 목적'이란 어느 명칭을 자기의 상호로 사용함으로써 일반인으로 하여금 자기의 영업을 그 명칭에 의하여 표시된 타인의 영업으로 오인시키려고 하는 의도를 말한다(대판 2004. 3. 26, 2001다72081).

5) 공공적 사업을 목적으로 하는 은행등의 상호

공공적 사업을 목적으로 하는 은행 등은 그 상호 중에 은행 등을 표시하여야 하고(은 제8조 등), 신탁·보험 등의 영업을 목적으로 하는 회사는 그 상호 중에 신탁·보험 등의 문자를 넣어야 하며, 증권회사의 상호변경시에는 주무관청으로부터 받아야 한다.

(3) 상호사용에 관한 특별법의 규정

국내 유료직업소개업자는 직업소개소라는 명칭을 사용하여야 하고(직업안정법시행규칙 제21조), 건축사가 아니면 건축사협회와 같은 상호를 사용할 수 없다(건축사법 제37조). 금융기관만이 그 상호 중에 은행이라는 문자를 사용할 수 있고(은 제8조), 한국방송공사 또는 이와 유사한 상호는 한국방송공사 이외에는 사용할 수 없고(한국방송공사법 제7조), 증권회사가 아닌 자는 증권을 표시하는 상호 및 증권금융회사라는 상호를 사용할 수 없다(자본시장과 금융투자업에 관한 법률 제38조). 신용카드업자가 아닌 자는 신용카드회사라는 상호를 사용할 수 없고(신용카드업법 제16조), 상호신용금고업자가 아닌 자는 상호신용금고라는 상호를 사용할 수 없고(상호신용금고법 제9조), 보험사업자가 아닌 자는 그 상호 또는 명칭 중에 보험사업을 표시하는 문자를 사용하지 못한다(보험 제8조). 또한 회계법인이 아닌 자는 그 명칭 중에 회계법인이라는 상호를 사용할 수 없고(공인회계사법 제12조의4), 법무사 및 기술사, 조리사 또는 영양사가 아닌 자는 법무사 사무소, 기술사사무소, 조리사, 영양사라는 상호를 사용할 수 없고(법무사 제14조, 기술사법 제10조, 식품위생법 제39조), 시설대여업법상 리스, 시설대여라는 상호는 허가자 이외는 사용할 수 없고, 도시재개발법상 재개발조합이 아닌 자는 이런 명칭을 사용할 수 없고, 의료보험조합이 아닌 자는 의료보험조합이란 상호를 사용할 수 없는 등 특별법에서 상호사용을 제한하는 경우가 있다.

청와대, 법원, ○○청과 같이 국가기관으로 오인될 수 있는 명칭(소화 1929. 1. 11. 민사갑 제45호 참조)이거나, ○○회사, ○○사업부 같이 회사의 일개의 부서로 오인될 수 있는 명칭도 상호로 사용할 수 없다고 할 것이다.

(4) 상호의 수

1개의 영업에 수개의 상호를 사용함으로써 야기될 오인·혼동을 방지하기 위하여 동일한 영업에는 단일상호를 사용하도록 하고 있다.

여러 개의 영업을 하는 경우에는 개인상인은 각 영업별로 별개의 상호를 사용할 수 있으나, 회사는 수개의 영업을 하는 경우에도 1개의 상호밖에 사용할 수 없으며(정동윤, 손주찬, 주석상법(총칙·상행위(Ⅰ) 165면), 지점의 상호에는 ○○주식회사 ○○지점과 같이 지점과의 종속관계를 표시하여야 한다(상 제21조 2항).

동일 당사자로부터 수개의 상호의 등기신청이 있는 때에는 각 상호에 관하여 다른 등기기록에 등기하여야 하고, 개인상인이 수개의 영업을 하는 경우에는 각 영업별로 별개의 상호를 사용하여야 한다.

3. 유사상호의 판단

(1) 유사상호의 예시

1) 기존 상호의 모체상호

예 : 현대건설, 현대중공업 등이 있는데, 현대(주)로 신청한 때

2) 기존 상호에 상호의 의미가 없는 부가문자 삽입시

예 : 특수, 종합, 진흥, 신, 뉴 등을 기존상호의 앞, 중간 또는 뒤에 첨가한 때

3) 2개의 기존 상호를 복합하여 만든 상호

예 : 한국물산, 영풍물산이 있는데, '한국영풍물산'으로 신청한 때

4) 동일 영업을 하면서 상호의 의미가 아닌 영업의 의미를 다른 말로 표현하여 그 뜻이 동일하고 영문으로 번역하여도 동일할 때

① 상역, 교역, 무역 사이

② 건업, 건설, 종합건설 사이

5) 한문은 다르나, 한글음이 같을 때

6) 기타, 목적이나 상호를 비교하여 유사성이 있다고 판단되는 때

① 산업, 기업, 실업

② 상사, 종합상사

③ 통상, 통산

④ 기계, 기계공업

(2) 등기관의 유사상호처리

1) 유사상호(동일상호포함)의 유·무를 조사하여야 할 등기사건

아래의 등기신청사건을 처리함에 있어서는 반드시 유사상호의 유·무를 조사하여야 한다.

① 회사설립등기 ② 상호등기 ③ 상호변경등기 ④ 목적(업종)변경등기 ⑤ 본점이전등기(본점을 관내로 전입하는 경우) ⑥ 상호의 가등기

2) 유사상호가 있는 경우의 처리절차

위 '가'의 등기사건을 처리함에 있어 유사상호의 유·무를 조사한 결과 유사상호가 존재하는 경우에는 상호를 변경하거나 목적(업종)을 변경하는 등기신청을 선행하거나, 최소한 동시제출토록 하여 처리할 것이고, 만일 등기신청인이 상호변경 또는 목적변경의 등기신청을 선행하거나 동시제출을 하지 아니하는 때에는 위 '가'의 등기신청을 각하한다(비송 제159조, 등기예규 제905-1호).

3) 상호의 구성

① 상호는 일반적으로 모체와 업종 및 회사의 종류를 표기하는 부분으로 구성된다.

　　예 : 한일　　관광　　주식회사

　　　　(모체)　(업종)　(회사종류)

② 모체의 표기가 없거나 업종의 표기가 없는 상호가 있으나, 회사의 종류는 반드시 표기해야 한다.

　　예 : 관광　　주식회사

　　　　(업종)　(회사종류)

　　　　한일　　주식회사

(모체) (회사종류)

4) 유사상호의 성립요건

① 유사한 상호가 동일한 서울특별시·광역시·시·군의 지역 내에 있을 것

그러나, 행정구역의 변경(합병)이나, 회사의 지점을 설치하는 경우에는 예외로 한다.

② 유사상호가 동일한 업종(동 종류 영업)의 상호일 것

동일 또는 유사상호의 개념은 업종이 서로 다른 경우에는 성립의 여지가 없으며, 동일한 종류의 영업(업종) 간에만 성립한다(상 제22조).

회사의 설립등기나 상호등기(상호의 가등기 포함)뿐만 아니라, 목적변경이나 본점이전등기에 의하여, 목적이 서로 같거나 일부의 목적이 중복되는 경우에도 동일한 종류의 업종으로 본다.

③ 상호가 동일하거나, 유사할 것

상호가 동일하다 함은 상호로서 표기한 문자가 서로 같은 경우를 말하며, 상호가 유사하다 함은 상호간에 문자상 또는 발음상 또는 관념상으로 서로 혼동하거나 오인할 염려가 있는 경우를 말한다.

【쟁점질의와 유권해석】

<'株式會社 유니텍'과 '주식회사 유니텍전자'가 유사상호인지 여부>

원고가 등기한 상호인 "株式會社 유니텍"과 그 후에 피고가 등기한 상호인 "주식회사 유니텍전자"는 등기된 지역이 모두 서울특별시이고, 그 주요 부분이 "유니텍"으로서 일반인이 확연히 구별할 수 없을 정도로 동일하며, 원고가 피고의 법인등기부상 설립 목적에 컴퓨터 주변기기 제조 및 판매업이나 전자부품·컴퓨터부품 제조 판매업이 포함되어 있고 원고의 전체 매출액의 30% 가량이 피고와 같은 컴퓨터 하드웨어의 조립·판매업에서 발생하고 있어 원고의 영업과 피고의 영업은 사회통념상 동종 영업에 해당하므로, 피고는 원고에게 피고의 위 상호에 관한 말소등기절차를 이행할 의무가 있다(대판 2004. 3. 26, 2001다72081).

5) 유사상호 판단요령

상호의 주요부분을 비교하여 발음, 문자, 관념상 유사한 것으로 판단되는 경우 다시 상호 전체를 비교, 대조하는 등 재관찰하여 사회일반인이 영업주체를

혼동, 오인할 염려가 있는지를 살펴 보아야 한다.

가. 상호의 주요부분은 회사의 종류를 표시하는 부분, 영업의 지역에 있어서 지명을 표시하는 부분, 점명·사무소를 표시하는 부분, 영업의 규모·신구를 표시하는 부분, 업종을 표시하는 부분을 제외시킨 부분이다.

① 상호의 모체부분은 주요 부분이다. 따라서 아래의 예시와 같이 모체부분이 문자상 또는 발음상 또는 관념상 유사한 때에는 유사상호이다.

- 문자상 유사한 사례 : 大一(주)와 太一(주), 大明(주)와 太明(주)

- 발음상 유사한 사례 : 韓一(주)와 韓日(주), 韓一(주)와 한일(주)(한문자의 발음을 한글로 표기한 경우는 유사상호이다)

- 관념상 유사한 사례 : 平和商社와 和平商社, 그러나 상호가 관념상 유사하더라도 발음이나 문자가 다르면 유사상호라 할 수 없다(예 : 하늘상사와 스카이상사).

② 다음과 같은 부분은 주요 부분이 아니다. 따라서 이와 같은 부분이 서로 다르더라도 주요 부분(모체 부분)이 서로 유사하면 유사상호이다.

- 회사의 종류를 표시하는 부분 : 대일광업주식회사와 대일광업유한회사 같은 경우는 유사상호이다.

- 지명을 표시하는 부분 : 대일광업(주)와 서울대일광업(주)의 경우는 유사상호이다.

- 점포명을 표시하는 부분 : 동해어물상사와 동해어물도매상사, 해태제과 본점과 해태제과 총본부와 같은 경우는 모두 유사상호이다.

- 영업의 신·구나 영업의 규모를 표시하는 부분 : 허바허바사진관과 뉴허바허바사진관, 현대건설(주)와 대현대건설(주)의 경우는 유사상호이다.

- 업종을 표시하는 부분 : 한진산업과 한진기업, 현대건설과 現代건업의 경우는 업종을 표시하는 부분이 다르더라도, 사회일반인이 관념상 같은 업종으로 인식할 수 있는 경우에는 유사상호가 된다.

나. 전체관찰

위 주요부분 비교에 의하여 일단 유사상호로 판단된 상호에 대하여 다시 당해 상호의 전체를 관찰하여 유사성 유·무를 판단한다.

① 회사의 종류를 표시하는 부분만이 다른 경우

예 : 東山토건(주)와 동산토건 유한회사

② 영업지역에 있어서 그 지명을 표시하는 부분의 유·무만이 다른 경우

예 : 제일물산(주)와 서울제일물산(주)

③ 점포명을 표시하는 부분의 유·무만이 다른 경우

예 : 삼영제과(주)와 삼영제과 총본점

④ 주요부분의 표기가 한자인가, 한글인가만 다른 경우(발음상 유사한 경우)

예 : 韓一고속(주)와 한일고속(주)

⑤ 영업의 신·구나 규모를 표시하는 부분의 유·무만이 다른 경우

예 : 서울호텔(주)와 뉴서울호텔(주), 금강상사와 대금강상사

⑥ 공통의 업종을 표시하는 부분의 유·무만이 다른 경우

예 : 다같이 부동산업을 목적으로 하고 있는 주식회사 삼화와 삼화부동
산(주)

⑦ 업종을 표시하는 부분의 유·무만이 다르고, 업종을 표시한 부분이 산
업, 상사, 기업, 흥업, 총업, 실업, 물산, 개발 등과 같이 포괄적 업종의
명칭을 사용하는 경우 및 상호 중 업종을 표시하는 부분이 일반인의 입
장에서 관념상 동일하다고 판단되는 것 및 업종표시 부분의 일방이 타
방을 포함한다고 판단되는 것은 유사상호로 본다.

예 : 동종업을 하고 있는 (주)삼성과 (주)삼성물산

⑧ 주요부분(모체)이 같거나 유사한 상호간에 업종을 표시하는 부분이 다
소 다르더라도 사회 일반인의 입장에서 보아 관념상 같은 업종으로 인
정되는 때에는 유사상호로 볼 것인바, 다음과 같은 경우는 원칙적으로
유사상호로 볼 수 있다.

• 무역업종의 경우 : 상역, 교역, 무역, 통상, 통산, 양행, 트래이딩 등

• 공업업종의 경우 : 공업, 기계, 기계공업, 기공, 공작, 공영, 제작, 엔지
니어링, 산기, 정밀 등

• 관광업종의 경우 : 여행사, 관광사, 투어 등

• 건설업종의 경우 : 건설, 건업, 건축, 토건, 건영, 종합건설, 건공, 기공
등

- 중개업종의 경우 : 중개, 알선, 복덕방, 소개, 인력개발 등
- 서점의 경우 : 서점, 서림, 서관, 책방, 서원 등
- 섬유의 경우 : 섬유, 의류, 직물, 복장, 합섬, 어페럴, 니트, 모피 등
- 철강업종 : 철강, 강철, 스틸, 강업, 스텐레스, 금속 등
- 광고업종 : 광고, 애드 등
- 운송업종 : 통운, 해운, 특송, 교통, 트랜스, 익스프래스, 항운, 운수 등
- 전자정보업종 : 전자, 컴퓨터, 정보, 컴·정보, 소프트, 통신, 반도체, 테크, 전설 등
- 약종상업종 : 제약, 약업, 약국, 약방, 신약, 무약 등
- 포괄업종 : 산업, 상사, 기업, 흥업, 실업, 물산, 개발, 라이프, 기획, 산 기 커퍼레이션, 타운 등
- 기타 업종의 경우이더라도 상호간에 업종을 표시하는 부분이 다소 다 르더라도 사회일반인의 입장에서 보아 같은 업종으로 인정되는 때에 는 유사상호로 본다.

⑨ 기등기 상호가 포괄적인 업종(목적)을 설정하고 있고, 신설하려는 상호 가 구체적인 특정 업종(목적)을 표기하는 경우에는 원칙적으로 동일한 업종으로 취급하지 않는다.

예 : 동양건재(주)와 동양벽돌(주), 동성철재(주)와 동성알미늄(주)

⑩ 그러나 반대로 기등기 상호가 구체적 특정 업종을 설정하고 있는데, 신 설하려는 상호가 포괄적인 특정업종(목적)을 표기하는 경우에는 상호간 에 동일 업종으로 취급한다.

예 : 동양벽돌(주)의 기등기 상호에 동양건재(주)

6) 유사상호에 해당하는 경우

가. '서울 고려당'과 '고려당'

피신청인의 상호인 "서울 고려당"은 그 요부가 "고려당"에 있고, 간이신속 을 존중하는 거래계에서는 간략히 특정적인 부분인 "고려당"으로 호칭될 것 이므로 그 경우 신청인의 상호인 "고려당"과 동일하여 양자는 오인, 혼동의 우려가 있어 서로 유사한 상호로 봄이 상당하다(대판 1993. 7. 13, 92다 49492).

나. '허바허바 사장'과 '뉴 서울 사장 전 허바허바 개칭'

'뉴 서울 사장'이라는 상호 옆에 또는 아래에 작은 글자로 '전 허바허바 개칭'이라고 기재하였다면 '허바허바 사장'이라는 상호를 사용한 것으로 볼 것이다(대판 1964. 4. 28, 63다811).

7) 유사상호에 해당하지 않는 경우

가. 서울에 개설한 '보령약국과 수원에 개설한 '수원보령약국'

원고 보령제약주식회사와 피고경영의 수원보령약국과는 그 영업의 종류, 범위, 시설, 규모 등 그 영업의 양상을 달리함은 물론 그 고객을 서로 달리하므로 원고회사의 일반고객이 피고경영의 수원보령약국을 원고회사의 영업으로 오인혼동하는 것은 좀처럼 있을 수 없다.

나. '주식회사 천일약방'과 '천일한약주식회사'

'주식회사천일약방'과 '천일한약주식회사'라는 2개의 상호는 상법상 동일 상호라고 볼 수 없다.

다. '고려유학정보센타'와 '고려유학원'

상호의 보호는 상호가 상호로서 모용되는 경우에 한정되는 것이며(상법 제23조), 상호가 상표 또는 서비스표로 모용되는 경우에는 미치지 아니하므로, 유학알선업을 목적으로 하는 "고려유학정보센타"라는 상호의 등기가 1988. 10. 28에 경료된 후 동종영업을 지정서비스업으로 하여 "고려유학원"이라는 서비스표가 1990. 3. 5에 등록되었다 하더라도 위 서비스표 "고려유학원"에 의한 상호권침해의 문제는 원칙적으로 일어날 여지가 없으며, 다만 이 경우 위 서비스표의 사용행위가 부정경쟁방지법 제2조 각호에 해당하는 것이라면 상호권자는 같은 법 제4조에 의하여 권리구제를 받을 수 있다(1991. 1. 5, 등기 8 질의회답).

4. 상업등기의 상호 및 외국인의 성명 등기에 관한 예규(등기예규 제1249호)

외국어 또는 외래어 상호가 많이 사용되고 있고 우리말 상호도 영문으로 표기되는 예가 많아 외국인 임원의 성명의 본국 표기를 병기하여 등기할 수 있도록 하여 등기의 현실 부합성과 정확성을 높이고 등기부의 공시기능을 향상시키기 위하여 법원행정처는 2008. 4. 8. 「상업등기의 상호 및 외국인의 성명 등기에 관한 예규(등기예규 제1249호)」를 제정하였다. 이 예규에 의하면 주사무소가 한국에 있는 회사의 이사가 외국인인 경우에 그 성명을 한글로 기재한 후 괄호를 사용하여 본국에서의 표기를 로마자 등으로 병기할 수 있다(제13조). 그리고 로마자는 대문자와 소문자를 혼용하여 기재할 수 있다(제4조). 부호는 로마자와 병기하는 경우에만 가능하고, 한자 또는 한글과는 병기할 수 없다(제4조). 아라비아숫자는 한국인의 성명에는 혼용이 불가하나, 상호와 외국인의 성명은 아라비아숫자만으로는 기재할 수는 없지만(제3조) 혼용할 수는 있다. 위 예규 제1249호 제6조 제2항과 관련하여 로마자를 병기하는 경우에 신청하지 아니하면 단어, 문자, 아라비아숫자 또는 부호 사이를 한 칸 띄우지 않아도 된다. 로마자를 상호로 사용하는 경우 업종을 표시하는 부분은 발음상 동일하여도 되고, 의미상 동일하여도 된다(제8조 5항). 그러나 모체와 같이 상호의 주요 부분은 발음상만으로 동일성이 있고 의미상의 동일성은 심사대상이 아니다(제8조 1항). 로마자 병기에 대하여는 유사상호 심사의 대상이 아니다.

5. 상호등기의 효력

(1) 사전등기배척력

　타인이 등기한 상호는 동일한 특별시·광역시·시·군에서 동종영업의 상호로 등기하지 못한다(상 제22조). 선등기자가 후등기자에게 등기말소청구가 가능하다는 실체법상권리설과 이미 등기를 한 후에는 선등기자가 말소청구를 할 수 없고 사법상의 효력을 인정하여야 한다는 등기법상효력설이 있는데, 다수설과 판례는 실체법상권리설을 취한다(대판 2004. 3. 26, 2001다72081).

　즉, 동 판례는 상법 제22조의 규정은 동일한 특별시·광역시·시 또는 군 내에서는 동일한 영업을 위하여 타인이 등기한 상호 또는 확연히 구별할 수 없는 상호의 등기를 금지하는 효력과 함께 그와 같은 상호가 등기된 경우에는 선등기자가 후등기자를 상대로 그와 같은 등기의 말소를 소로써 청구할 수 있는 효력도 인정한 것이라고 봄이 상당하다고 하였다.

　상법 제22조(상호등기의 효력)는 동일한 서울특별시·광역시·시·군내에서의 상호의 등기에 관하여 적용되나, 상법 제23조(주체를 오인시킬 상호 사용금지)에는 이러한 지역적 제한이 없다(대판 1993. 7. 13, 92다49492).

(2) 사용폐지청구권 및 손해배상청구권

누구든지 부정한 목적으로 타인의 영업으로 오인할 수 있는 상호를 사용하지 못하고, 이를 사용할 경우 이로 인하여 손해를 받을 염려가 있는 자 또는 상호를 등기한 자는 그 폐지를 청구하는 외에 손해배상도 청구할 수 있다(상 제23조). 다만, 상호를 등기한 자가 정당한 사유없이 2년간 상호를 사용하지 아니하는 때에는 이를 폐지한 것으로 보며(상 제26조), 이 경우에 이해관계인은 그 상호의 말소를 청구할 수 있다(상 제27조).

상호의 부정사용으로 인한 손해를 받을 염려가 있음을 입증하지 않아도 상호폐지를 청구할 수 있는 것이 등기를 하지 않은 상호의 효력과 다르다(상 제23조 4항).

■ 이견있는 등기의 견해와 법원판단 ■

〔 선등기자의 등기배제청구권 〕

1. 문제점 : 타인이 등기한 상호는 동일한 특별시·광역시·시·군에서 동종영업의 상호로 등기하지 못한다(상 제22조). 이 때 먼저 상호를 등기한 자가 갖는 권리를 등기배제청구권 또는 등기배척청구권이라고 한다. 등기배제청구권의 법적 성질이 무엇인지에 대하여 견해가 대립한다.

2. 학설
  (1) 절차법적 권리설 : 선등기자에게 이의신청권을 준데 불과하다는 견해
  (2) 실체법상 권리설(다수설) : 실체법상의 효력도 인정하는 견해로서 등기말소청구권행사가 가능하다는 견해

3. 판례
  대법원은 "상법 제22조 규정은 타인이 등기한 상호 또는 확연히 구별할 수 없는 상호의 등기를 금지하는 효력과 함께 선등기자가 후등기자를 상대로 그 등기의 말소를 청구할 수 있는 효력도 인정한 규정"이라고 판시하여 실체법상 권리설의 태도를 취하고 있다(2001다72081).

II. 상호신설의 등기

```
◨ 핵 심 사 항 ◨

1. 상호의 등기
 (1) 개인상인의 경우 : 등기 비강제주의
 (2) 회사의 경우 : 등기 강제주의
2. 등기사항(상업등기법 제31조)
 (1) 상호
 (2) 영업의 종류
 (3) 영업소
 (4) 상호사용자의 성명 · 주소 및 주민등록번호
```

1. 총 설

상인이 상호를 선정한 때에는 이를 등기할 수 있다.

회사의 상호는 회사등기부에 회사의 등기와 동시에 되므로 상호등기부에 따로 등기하지 아니하나(상업등기법 제37조), 개인상호등기는 상호등기부에 기재한다.

자본금이 1,000만원 이상의 개인인 상인은 그 임의에 따라 상호를 신설하고 등기할 수 있으나(상 제9조), 현실적으로 상호등기시 소상인이 아니라는 소명을 받지 아니하므로 상인이면 누구나 상호등기를 할 수 있는 바, 상인인 점을 등기시에 소명하면 될 것이다. 상호등기는 동일한 특별시·광역시·시·군 내에서는 타인이 동종 영업을 위하여 등기한 것과 동일하거나 그와 유사한 상호로는 등기할 수 없다.

1개의 회사는 1개의 상호만 사용하여야 하고, 개인상인도 동일영업에 관하여는 1개의 상호를 사용하여야 한다. 동일인이 동일업종에 관하여 수개의 상호신설의 등기신청을 한 때에는 그 영업소가 동일한 경우뿐만 아니라 영업소를 달리하는 경우에도 인정되지 아니한다.

2. 등기절차

(1) 등기신청인

이 등기는 당사자인 상호사용인이 신청하여야 하고, 등기여부는 그 사용인의 자유이므로 등기신청을 강제하는 등기기간은 없다.

무능력자도 상인이 될 수 있으므로 상호선정등기를 할 수 있으나, 무능력자 등기가 되어 있지 않는 한 법정대리인이 그 등기를 신청하여야 한다.

무능력자는 행위능력이 없으므로(민법 제10조, 제13조), 법정대리인을 통하여 법률행위를 하여야 하나, 미성년자와 한정치산자는 법정대리인으로부터 허락을 얻은 특정한 영업에 관하여 성년자와 동일한 행위능력이 있으므로(민법 제8조, 제10조), 이 때에는 법정대리인의 대리권은 소멸하고 무능력자는 무능력자등기를 한 후에 무능력자 스스로가 상호등기를 신청할 수 있다.(상 제6조).

2인 이상의 자가 공동으로 영업을 하는 경우에는 1개의 상호를 공동영업자가 공동 사용할 수 있다 할 것이므로, 상호사용자를 복수로 기재할 수 있다.

(2) 등기사항(상업등기법 제31조)

1) 상호

2) 영업의 종류

영업의 종류는 상호등기의 효력의 범위를 정하는 것이므로 구체적으로 기재하여야 하며, 이것이 불명확한 때에는 그 상호의 등기신청을 수리하지 않는다(일본 등기선례 소화 1934. 12. 26. 민사4발 제286호).

3) 영업소

이는 상호를 사용하는 영업소 소재장소(지번까지)를 말하는 것으로 동일한 당사자로부터 여러 개의 상호등기 신청이 있는 때에는 각 상호를 다른 등기기록에 등기하여야 하므로(상업등기규칙 제74조), 동일 등기소의 관할구역 내에 수개의 영업소가 있는 때에는 영업소마다 등기를 신청하여야 한다. 그러므로 영업소는 1개만을 기재하여야 한다.

4) 상호사용자의 성명 · 주소 및 주민등록번호

상호사용자의 주소가 영업소와 동일한 경우에도 주소를 기재하여야 한다. 또 주민등록번호가 병기되는 상호사용자의 성명은 한글로 기재하여야 한다(등기예규 제880-1호).

2인 이상의 자가 공동하여 영업을 하는 경우에는 1개의 상호를 공동영업자가 공동사용 할 수 있다 할 것이므로, 상호사용자를 복수로 기재할 수도 있다

(일본 등기선례 소화 1937. 10. 12. 민사갑 제2927호).

(3) 전자표준양식에 의한 신청 및 전자신청

서면으로 등기를 신청하는 경우에는 대법원 인터넷등기소에서 제공하는 전자표준양식을 이용하여 전산정보처리조직에 신청정보를 입력·저장한 다음, 저장된 신청정보를 출력하여 그 출력물로써 할 수 있다(상업등기규칙 제57조).

전자표준양식에 의해 상호등기를 신청하는 경우에는 6천원인 등기신청수수료는 4천원만 납부하면 된다.

등기의 신청은 서면 또는 대법원규칙으로 정하는 바에 따라 전산정보처리조직을 이용한 전자문서로 할 수 있다. 이를 전자신청이라고 한다. 이 경우 전자문서로 등기를 신청하는 당사자 또는 그 대리인은 대법원규칙으로 정하는 바에 따라 미리 사용자등록을 하여야 한다(상업등기법 제18조 2항).

전자신청에 의해 상호등기를 하는 경우에는 6천원인 등기신청수수료는 2천원만 납부하면 된다.

(4) 첨부서면

1) 사업자등록증 등 상인임을 소명할 수 있는 자료

상호는 상인만이 사용할 수 있는데도 불구하고 회사설립 전에 상호를 확보하기 위하여 아무나 상호등기를 신청하는 사례가 빈번하게 발생하여 실무상 상인인 점을 소명하는 자료가 있어야 상호등기를 하여 주고 있다. 다만, 상법 개정으로 상호의 가등기 제도를 도입하였으므로 앞으로는 상호의 가등기 제도를 많이 이용할 것이다.

2) 인감신고서

상호 사용자의 인감을 제출하여야 한다.

3) 등록면허세 등 납부영수필통지서 및 영수필확인서, 등기신청수수료증지

등록면허세는 45,000원을 납부하여야 하고(지방세법 제28조 1항 7호), 그 100분의 20의 지방교육세를 납부하여야 한다(지방세법 제151조 1항). 등기신청수수료는 6,000원(전자표준양식에 의한 신청은 4,000원, 전자신청은 2,000원)이다.

4) 대리인에 의하여 신청할 때에는 위임장(상업등기법 제21조)

5) 법정대리인이 신청할 때에는 가족관계증명서(상업등기법 제21조)

법정대리인이 무능력자를 대리하여 신청할 때에는 그 자격을 증명하는 가족
관계증명서(가족관계의 등록 등에 관한 법률 제15조 1항)를 첨부한다.

Ⅲ. 상호에 관한 변경등기

■ 핵 심 사 항 ■

1. 상호의 양도
 (1) 상호의 양도가능성 : 영업의 전부와 함께 하는 경우에 한하여 양도 가능하다.
   다만, 영업을 폐지하는 경우 상호만을 양도 가능하다(상 제25조 1항).
 (2) 양도방법 : 특별한 방식을 불요한다. 대항요건으로서 변경등기가 필요하다(상
   제25조 2항).
 (3) 양도의 효과 : 양도인은 상호권을 상실하고 양수인은 상호권을 취득한다(상 제
   23조).
2. 상호의 상속 : 상호는 양도뿐만 아니라 상속도 할 수 있다.
3. 상호등기의 변경등기 : 상호, 영업의 종류, 상호사용인의 성명이나 주소 등이
   변경되거나 동일 등기소 관내에서 영업소를 이전하여 종전에 등기된 사항에
   변경이 생긴 때에는 그에 따른 등기를 하여야 한다(상 제10조, 상업등기법 제32
   조 2항).

1. 총 설

상호사용자는 그 상호, 영업소, 영업의 종류 등을 변경할 수가 있다. 자연인이
상호사용자인 경우에는 상호는 개인의 의사에 의하여 자유로이 변경할 수 있으
나, 회사에 있어서는 정관변경의 절차가 필요하고 영업소의 변경은 본점 또는
지점의 이전절차를 필요로 한다.

상호는 타인에게 양도할 수 있으나 상호를 양도함에는 양도인이 영업을 폐지
하거나 영업과 함께 양도하여야만 한다(상 제25조). 상호의 양도는 당사자간의
의사표시만으로 그 효력이 생기나 등기한 상호의 양도는 제3자에 대한 대항요건
으로서 등기를 하여야 한다(상 제25조 2항).

회사가 상호를 양도함에는 정관을 변경하여 종전의 상호 대신에 새로운 상호를 선정하여야 한다.

상호는 양도뿐만 아니라 상속도 할 수 있다.

주식회사가 다른 주식회사를 흡수하여 합병함에 있어 채권자에 대한 공고와 최고기간 중이라도 합병 후 존속하는 주식회사에 대한 상호변경등기를 한 후 합병의 등기를 신청할 수 있다(상 제183조, 제232조, 제522조 참조).

【쟁점질의와 유권해석】

<사업목적이 유사한 2개의 회사가 동시에 교환적 방법에 의한 상호변경등기 가부>
본점이 동일한 시에 있고 사업목적이 유사한 갑주식회사와 을주식회사에 있어, 갑주식회사는 을주식회사 명의로, 을주식회사는 갑주식회사 명의로 각 상호변경등기를 동시에 신청할 수 없다(1995. 12. 7, 3402-844 질의회답).

2. 등기절차

(1) 상호의 양도 또는 상속으로 인한 변경등기

1) 상호의 양도

가. 의 의

상호는 영업을 폐지하거나 영업과 함께 하는 경우에 한하여 양도할 수 있다(상 제25조 1항). 여기서 영업의 폐지란 정식으로 영업폐지에 필요한 행정절차를 밟아 폐업하는 경우에 한하지 않고, 사실상 폐업한 경우도 이에 해당한다(대판 1988. 1. 19, 87다카1295).

상호양도는 당사자간의 의사표시만으로 양도의 효력이 생기지만, 등기하지 아니하면 제3자에게 대항하지 못한다(상 제25조 2항). 상호의 이중양도의 경우에는 먼저 등기를 한 자가 권리를 취득한다.

상호양도는 양수인이 양수증서로써 신청하여야 한다. 상호사용자가 사망하면 그 상호사용권은 상속인에게 승계된다. 상호사용권이 양도 또는 상속된 때에는 그에 따른 등기를 하여야 한다.

나. 상호양수인의 책임

① 양도인의 영업으로 인한 제3자의 채권에 대한 책임

동일한 상호를 계속 사용하는 경우에는 채권자가 영업의 교체를 모르거나, 알 경우라도 대외적으로 양수인이 양도인의 전체영업을 양수한 것으로 채무인수의 외관이 있는 것으로 인식되는 경우의 채권자 보호를 위하여, 상법은 영업양수인이 양도인의 상호를 계속 사용하는 경우에도 양도인의 영업으로 인한 제3자의 채권에 대하여 양수인도 책임을 진다고 규정하고 있다(상 제 42조 1항).

상호의 속용이란 양도인의 상호를 양수인이 계속 사용하는 것을 말하는 것으로, 사회통념상 객관적으로 판단하여 채권자가 상호의 속용이 있었다고 믿는 것이 당연하다고 하는 외관이 있으면 상법 제42조의 상호의 속용에 해당한다고 하는 것이 통설이다.

판례는 영업양도인이 사용하던 상호인 '주식회사 파주레미콘'과 영업양수인이 사용한 상호인 '파주콘크리트 주식회사는 주요 부분에서 공통된다고 보아, 상호 속용에 따른 영업양수인의 책임을 인정하였다(대판 1998. 4. 14, 96다8826).

② 책임의 내용

양수인의 책임은 양도인의 상호의 속용이 전제되고 중첩적 채무인수와 같은 효과가 생기며, 양수인이 양수한 재산을 한도로 책임지는 것이 아니라 자기 전재산으로써 변제책임을 지는 것이며, 그 상호양도에 관한 등기의 유무는 불문한다. 따라서 일부면책등기는 현행법상 곤란하다.

③ 면책등기

개인상인의 면책등기의 대상은 상호의 속용과 같이 범위가 큰 것이 아니라, 양도인과 영업 및 상호의 양도계약에 따라 하는 것이므로 동일상호가 전제된다고 할 것이다. 이 책임을 면하기 위하여는 영업양도를 받은 후 지체없이 양도인의 채무에 대한 책임 없음을 등기(면책등기)하여야 한다(상 제42조 2항).

【쟁점질의와 유권해석】

<영업양도의 의의>

영업의 양도라 함은 일정한 영업목적에 의하여 조직화된 업체 즉, 인적·물적 조직을 그 동일성은 유지하면서 일체로서 이전하는 것으로서 영업의 일부만의 양도도 가능하다(대판 2003. 3. 14, 선고 2002두10094).

그러나 영업재산의 전부를 양도했어도 그 조직을 해체하여 양도했다면 영업의 양도는 되지 않는 반면에, 그 일부를 유보한 채 영업시설을 양도했어도 그 양도한 부분만으로도 종래의 조직이 유지되어 있다고 사회관념상 인정되기만 하면 그것을 영업의 양도라고 하여야 할 것이다(대판 2003. 5. 30, 2002다23826).

【쟁점질의와 유권해석】

<사실상 폐업한 경우에도 상호를 양도할 수 있는지 여부>

상법 제25조 1항은 상호는 영업을 폐지하거나 영업과 함께 하는 경우에 한하여 이를 양도할 수 있다고 규정하고 있어 영업과 분리하여 상호만을 양도할 수 있는 것은 영업의 폐지의 경우에 한하여 인정되는데, 이는 양도인의 영업과 양수인의 영업과의 사이에 혼동을 일으키지 않고 또 폐업하는 상인이 상호를 재산적 가치물로서 처분할 수 있도록 하기 위한 점에 비추어 위 법조항에 규정된 영업의 폐지라 함은 영업폐지에 필요한 행정절차를 밟아 폐업하는 경우에 한하지 아니하고 사실상 폐업한 경우에도 이에 해당한다(대판 1988. 1. 19, 87다카1295).

2) 상호의 상속

상호는 재산적 성질이 있으므로, 상호사용인이 사망한 경우에는 상속인이 그 상호사용권을 취득한다. 등기된 상호에 대하여는 상속인이 상속등기를 하여야 한다(상업등기법 제33조 1항).

상속등기는 상호양도등기와 달리 대항요건이 아니다라고 해석하는 것이 통설이다(정찬형, 상법강의요론, 2004, 58면).

3) 등기신청인

상호를 등기한 사람의 승계인이 그 상호를 계속 사용하고자 할 때에는 그 등기를 신청하여야 한다(상업등기법 제33조 1항). 따라서 양수인 또는 상속인이 신청한다. 상속인이 수인인 경우에 2인 이상의 상속인이 영업을 승계하여 공동하여 상호를 속용(續用)할 경우에는 이들이 공동하여 신청하여야 할 것이다.

4) 등기사항

① 상호사용자의 성명·주소와 변경된 뜻

② 양도 또는 상속의 연월일

③ 면책의 등기에 있어서는 양도인의 성명과 그의 채무에 관하여는 책임이 없다는 뜻

5) 첨부서면

일반적인 첨부서면 외에 다음 서류를 첨부하여야 한다.

① 양도의 경우에는 양도증서

상호의 양도를 증명하는 서면과 양도인이 영업을 폐지하였거나 영업과 함께 양도하였음을 증명하는 서면을 첨부하여야 한다(상업등기법 제33조 1항·3항)

상호양도증서에는 양도인이 등기소에 제출한 인감이 찍혀 있어야 한다(동조 2항).

영업과 함께 양도하였음을 증명하는 서면으로는 영업양도 계약서, 양도인이 영업을 폐지하였음을 증명하는 서면으로는 그 뜻을 기재한 증명서를 첨부하면 된다.

② 양도인의 면책승낙서·회사대표자의 자격을 증명하는 서면

상법 제42조 2항의 면책등기를 신청할 때에는 양도인의 면책승낙서를 첨부한다. 회사가 영업의 양도인인 때에는 위 면책등기신청서에 그 회사의 대표자의 자격을 증명하는 서면과 등기소가 작성한 인감증명을 첨부하여야 한다.

③ 상속인이 상호의 변경등기, 상호의 속용 또는 양도의 등기, 영업양도의 면책등기를 신청할 때에는 신청서에 그 자격을 증명하는 서면을 첨부하여야 한다(상업등기법 제35조).

가족관계증명서와 상속재산분할 협의서 등이 이에 해당하는 서면이다.

④ 상호취득의 등록면허세는 상호신설의 경우와 같이 45,000원이다(지방세법 제28조 1항 7호).

그리고 등기신청수수료로 6,000원(전자표준양식에 의한 경우는 4,000원, 전자신청은 2,000원)을 납부한다.

(2) 영업소를 다른 등기소의 관할구역 내로 이전한 경우

1) 영업소 이전의 등기

영업소를 동일등기소 관내로 이전한 때에는 영업소 이전의 등기를 함으로써 족하나, 다른 등기소의 관할구역 내로 이전한 때에는 구소재지에서는 영업소 이전의 등기를, 신소재지에서는 상호신설의 등기와 동일사항의 등기를 하여야 한다(상업등기법 제32조 1항).

2) 등기신청인

이 등기는 상호등기를 한 자, 즉 상호사용자가 신청하여야 한다(상업등기법 제32조). 다만, 이 등기는 상호취득등기와 동시에 신청할 수도 있는바, 그 경우에는 상호양수인 또는 상속인이 신청하여야 한다.

3) 등기사항(상업등기법 제32조 1항)

① 상 호

② 영업의 종류

③ 영업소

④ 상호사용자의 성명·주소 및 주민등록번호

4) 첨부서면

일반서류 이외에 별다른 첨부서류가 필요없으나, 신소재지에서 신청할 때에는 구소재지에서 이 등기를 마친 등기부등본을 첨부하여야 하고, 신청인의 인감도 제출하여야 한다.

상호취득등기와 동시에 이 등기를 신청할 때에는 상호 양도증서나 상속을 증명하는 서면을 첨부하여야 할 것이다.

신·구소재지에서 각 6,000원의 등록면허세(지방세법 제28조 1항 14호)와 1,200원의 지방교육세(지방세법 제151조 1항)를 납부하여야 한다. 또한 등기신청수수료로 6,000원(전자표준양식에 의한 경우는 4,000원, 전자신청은 2,000원)을 납부한다.

(3) 상호등기의 변경등기

상호, 영업의 종류, 상호사용인의 성명이나 주소 등이 변경되거나 동일 등기소 관내에서 영업소를 이전하여 종전에 등기된 사항에 변경이 생긴 때에는 그에 따른 등기를 하여야 한다(상 제10조, 상업등기법 제32조 2항).

이 등기는 상호등기를 한 자 즉 상호사용자나 그 상속인이 신청하여야 한다(상업등기법 제32조 1항).

등기사항은 변경된 상호, 영업의 종류, 영업소, 상호사용인의 성명·주소·주민등록번호와 그 변경취지 및 연월일이다.

상호사용인의 성명이나 주소변경등기에는 개명 또는 전거사실을 증명할 수 있는 가족관계증명서나 주민등록표등본을 첨부하여야 한다. 등록면허세는 6,000원, 지방교육세는 그 100분의 20을 납부하여야 하고, 등기신청수수료로 6,000원(전자표준양식에 의한 경우는 4,000원, 전자신청은 2,000원)을 납부하여야 한다.

Ⅳ. 상호폐지의 등기

▣ 핵 심 사 항 ▣

1. 상호의 폐지 : 상호권을 포기하여 상호권을 절대적으로 소멸시키는 것으로, 포기의 의사표시에 의하여 성립한다. 등기상호의 경우 상호의 폐지를 등기하여야 한다(상 제40조).
2. 등기신청인 : 이 등기는 상호사용자가 신청하여야 하나, 상호사용자가 사망하고 그 상속인이 상호를 계속 사용하지 아니하는 경우에는 상속인이 신청하여야 한다(상업등기법 제35조).

1. 등기절차

(1) 등기신청인 및 등기사항

상호의 등기를 한 자가 상호를 폐지한 때에는 그 등기를 하여야 한다(상 제27조, 제40조, 상업등기법 제32조 1항). 상호를 등기한 자가 정당한 사유없이 2년간 상호를 사용하지 아니하는 때에는 상호를 폐지한 것으로 본다(상

제26조)

이 등기는 상호사용자가 신청하여야 하나, 상호사용자가 사망하고 그 상속인이 상호를 계속 사용하지 아니하는 경우에는 상속인이 신청하여야 한다(상업등기법 제35조). 상속인은 각자가 신청의무를 부담한다 할 것이다. 상호 사용자의 법정대리인도 신청할 수 있다.

이 등기는 제3자의 이해관계가 있으므로 지체없이 신청하여야 할 것이다. 2주간 내에 이를 신청하지 아니할 때에는 이해관계인은 그 등기의 말소를 청구할 수 있다(상 제27조).

등기할 사항은 상호사용을 폐지한 취지이며, 이 등기를 한 때에는 그 등기기록을 폐쇄하여야 한다(상업등기규칙 제82조 1호).

(2) 첨부서면

상속인이 신청할 때에는 그 자격을 증명하는 서면(상업등기법 제35조), 대리인에 의하여 신청할 때에는 그 권한을 증명하는 서면(상업등기법 제21조)을 첨부하며, 등록세납부영수필확인서 및 통지서, 등기신청수수료를 납부한 대법원수입증지를 첨부한다.

V. 상호등기의 말소

◨ 핵 심 사 항 ◨

1. 상호등기의 말소 : 상호의 등기를 한 자가 상호를 변경 또는 폐지하였음에도 불구하고 2주간 내에 그 등기를 하지 아니한 때에는 이해관계인은 그 말소를 청구할 수 있다(상 제27조).
2. 상호말소등기의 절차 : 이해관계인, 즉 그 상호등기의 말소에 관하여 법률상의 이해관계를 가지는 자가 등기를 신청한다(상업등기법 제36조 1항).

1. 총 설

상호의 등기를 한 자가 상호를 변경 또는 폐지하였음에도 불구하고 2주간 내에 그 등기를 하지 아니한 때에는 이해관계인은 그 말소를 청구할 수 있다(상 제27조).

폐지의 등기를 하지 않으면 같은 관할구역 내에서 그와 동일 또는 유사한 상호로 영업을 하고자 하는 사람이 불이익을 받게 되는바, 그를 구제함에 그 취지가 있는 것이므로, 종전 상호를 변경 또는 폐지한 경우뿐만 아니라 영업소를 다른 관할구역으로 옮겼음에도 불구하고 2주간 내에 그 변경 또는 폐지의 등기를 하지 아니하는 때에는 상호를 등기한 자가 정당한 사유없이 2년간 상호를 사용하지 아니하는 때로 보아 상호가 폐지된 것으로 보는 것이다(상 제26조).

여기서 이해관계인이라 함은 동일 또는 유사상호를 사용 또는 등기하고자 하는 자를 말한다. 상호의 폐지 또는 변경이란 상호를 폐지하거나 변경한 경우뿐만 아니라, 등기한 시·군 외로 영업소를 이전하거나 영업소를 폐지하고서도 그 등기를 하지 아니하는 경우, 영업의 종류를 축소하고서도 그 등기를 하지 아니하는 경우를 포함한다.

또 상호등기는 영업의 존재를 전제로 하므로 영업 또는 영업의 준비행위가 존재하지 않는 경우도 포함한다고 할 것이다.

【쟁점질의와 유권해석】

<상호를 등기한 자가 정당한 사유없이 2년간 상호를 사용하지 아니한 경우 그 상호 등기의 말소절차>

상호를 등기한 자(갑회사)가 정당한 사유없이 2년간 상호를 사용하지 아니하는 때에는 이를 폐지하는 것으로 보게 되므로, 이러한 경우 그와 동일 상호로 변경하려는 자(을회사)로서는 갑회사 및 을회사의 등기부등본과 상호변경에 관한 주주총회의사록 등을 소명자료로 하여 비송사건절차법 제219조의 규정에 따라 등기관에게 상호등기의 말소를 신청할 수 있다. 다만, 갑회사의 이의신청이 있는 때에는 등기관이 이에 대하여 결정하게 되며, 갑회사의 상호등기가 말소되지 않는 한 을회사는 그와 동일상호로 상호변경등기를 할 수 없다(1985. 11. 4, 등기선례 Ⅰ-856).

2. 상호등기의 말소청구

상호 말소의 청구는 그 이해관계인이 이해관계 있음을 소명하는 서류를 첨부하여 관할등기소에 신청하여야 한다(상 제27조), 신청이 있으면 등기관은 부적법한 등기의 직권말소의 경우와 마찬가지로 상호등기를 한 자에게 1월을 초과하지 않는 기간을 정하여 이의신청을 할 수 있음을 통지하고, 그 기간 내에 이의가 있는 때에는 그 이의가 이유 있으면 상호말소신청을 각하하고, 이의가 이유 없으면 이의신청을 각하할 것인 바, 이의가 없거나 이의신청을 각하한 때에는 등기관은 직권으로 그 상호등기를 말소하여야 한다(상업등기법 제117조~제119조).

이와 같이 상호의 등기를 한 등기소에 대하여 하는 것이나, 등기소가 이 말소신청을 각하한 때에는 상호등기를 한 자를 상대로 말소의 청구를 할 수밖에 없다 할 것이다.

회사의 상호에 대해서도 이해관계인은 상법 제27조에 의한 상호등기의 말소청구를 할 수 있으며(1985. 12. 31, 등기 제609호 질의회답), 상호가 말소된 회사는 상호등기를 하지 않고는 다른 등기를 할 수 없다(상업등기법 제27조).

3. 상호말소등기의 절차

(1) 등기신청인

이해관계인, 즉 그 상호등기의 말소에 관하여 법률상의 이해관계를 가지는 자가 등기를 신청한다(상업등기법 제36조 1항). 따라서 설립 중인 회사도 신청할 수 있다 할 것이다.

이 이해관계는 등기부에 표시되어 있을 필요가 없으며, 이해관계가 있음을 소명만 하면 될 것이다(1985. 12. 31, 등기 제609호).

(2) 첨부서면

말소신청서에는 말소에 관하여 이해관계가 있음을 증명하는 서면을 첨부해야 한다(상업등기법 제36조 1항).

회사가 말소신청을 할 경우에는 말소의 대상이 되는 상호와 동일 또는 유사한 상호를 사용하기 위하여 정관변경의 절차를 이행한 주주총회 또는 사원총회의 의사록등이 이에 해당하는 서면이 되며, 자연인이 말소신청을 할 경우에는 말소의 대상이 되는 상호와 동일 또는 유사의 상호를 사용코자 한다는 진술서 또는 상호사용에 관한 사업자등록증 등 관공서의 증명서 등이 이에 해당하는 서면이 된다.

대리인에 의하여 신청할 때에는 그 권한을 증명하는 서면(상업등기법 제21조)인 위임장 등을 첨부하며, 등록면허세 등 납부영수증을 첨부하고 등기신청수수료를 납부한다. 등록면허세는 6,000원, 지방교육세는 그 100분의 20이며, 등기신청수수료는 6,000원(전자표준양식에 의한 경우 4,000원, 전자신청은 2,000원)이다.

(3) 말소신청의 처리

1) 등기의 직권말소 등의 통지

상호말소등기신청이 있는 때에는 등기관은 상호의 등기를 한 자에게 1월 이내의 기간을 정하여 그 기간 내에 서면으로 이의를 진술하지 아니한 때에는 상호등기를 말소할 뜻을 통지하여야 하고, 등기한 사람의 주소 또는 거소를 알 수 없는 때에는 통지에 갈음하여 1개월 이내의 기간 동안 등기소 게시판에 이를 게시하여야 한다(상업등기법 제117조).

2) 이의에 대한 결정

말소에 관하여 이의를 진술하는 사람이 있는 때에는 등기관은 이의에 대하여 결정을 하여야 한다(상업등기법 제118조).

3) 등기의 직권말소

등기관은 이의를 진술한 사람이 없는 때 또는 그 이의를 각하한 때에는 직권으로 등기를 말소하여야 한다(상업등기법 제119조). 이의신청인이 그 상호를 폐지하거나 변경한 사실이 없음을 이유로 이의를 한 때에는 등기관은 이에 대한 사실조사권한이 없으므로 상호의 말소신청을 각하할 수밖에 없고, 이의를 진술한 자가 없거나 이의 자체가 부적법하여 이를 각하한 때에는 상호의 등기를 말소하여야 한다. 다만, 이의사유가 등기관의 법률적 판단이 가능한 경우 예컨대 상호를 사용하는 자가 관할구역 외로 영업소를 이전한 경우 등에는 등기관이 인용등기를 할 수 있을 것이다.

【쟁점질의와 유권해석】

<등기의 직권말소의 공고방법 및 공고비용의 부담자>

상법 제27조의 규정에 의하여 상호등기의 말소신청이 있는 경우에는 등기소는 등기한 자에 대하여 1월을 초과하지 아니하는 기간을 정하여 이의신청을 하게 하고 그 기간 내에 이의의 신청이 없을 때에는 등기를 말소한다는 뜻을 통지하여야 하는바(비송 제219조, 제220조, 제205조 1항), 이 경우 등기를 한 자의 주소 또는 거소를 알 수 없는 때에는 등기소는 그 통지에 갈음하여 등기사항의 공고와 동일한 방법으로 관보와 지방법원장이 선정한 신문지에 1회 이상 공고하여야 할 것이나 그 공고방법은 상업등기처리규칙 부칙에 의하여 유예되어 있으므로 등기소는 이에 갈음

하여 적당하다고 인정되는 신문지에 동일한 공고를 하여야 할 것이다(비송 제205조 2
항, 3항, 195조, 상 부칙 제3조, 규칙 부칙 제6조). 그리고 이 경우 그 공고비용은 상호등기
의 말소를 신청하는 자가 부담하여야 한다(1985. 12. 31, 등기 609 질의회답).

(4) 등기의 기록

회사의 상호 이외의 상호의 말소등기는 등기기록 중 기타사항란에 하여야
하고, 이를 등기한 때에는 등기기록을 폐쇄한다(상업등기규칙 제82조 1호).

회사의 상호인 경우에는 상호란에 상호의 등기를 말소한 뜻과 그 연월일을
기재하되, 등기기록을 폐쇄하여서는 아니되며, 상호가 말소된 회사는 먼저 상
호등기를 하지 아니하면 다른 등기를 신청할 수 없다(상업등기법 제27조).

회사의 상호는 상호등기부에 따로 등기하지 아니하고 회사등기부에 회사의
등기와 동시에 한다(상업등기법 제37조 1항).

VI. 상호등기의 회복

▣ 핵 심 사 항 ▣

1. 상호의 등기가 말소된 회사가 하는 상호의 등기의 성질 : 상호신설의 등기라고
   볼 수도 있고 변경등기의 일종으로 볼 수도 있으나, 회사등기를 전체적으로 보
   면 상호의 등기가 추가되는 점에서 변경등기의 일종으로 보는 것이 타당.
2. 상호의 사용을 폐지당하였거나 상호의 등기가 말소된 후 동일 또는 유사 상호
   의 등기가 된 경우 : 말소된 상호를 그대로 등기할 수는 없고 정관의 변경을
   통하여 상호변경, 목적변경 등의 절차를 밟아야 할 것.

1. 회복절차

회사의 상호의 등기가 말소되더라도 회사가 소멸하는 것은 아니며, 상호의 등
기를 한 후에는 다른 등기를 할 수 있다.

상호의 등기가 말소된 회사가 하는 상호의 등기의 성질에 관하여는 상호신설
의 등기라고 볼 수도 있고 변경등기의 일종으로 볼 수도 있으나, 회사등기를 전
체적으로 보면 상호의 등기가 추가되는 점에서 변경등기의 일종으로 보는 것이

타당하다 할 것이다.

상호의 사용을 폐지당하였거나 상호의 등기가 말소된 후 동일 또는 유사 상호의 등기가 된 경우에는 말소된 상호를 그대로 등기할 수는 없고 정관의 변경을 통하여 상호변경, 목적변경 등의 절차를 밟아야 할 것이다.

2. 등기절차

(1) 등기신청인 및 등기사항

이 등기는 회사를 대표할 자의 신청에 의한다. 등기기록 중 상호란에 상호 및 등기의 연월일을 기재하고 만약 상호를 변경했다면 그 변경의 연월일도 기재하여야 한다.

상호를 회복한 때에는 전에 한 상호말소의 등기를 말소하는 기호를 기록할 필요는 없다.

(2) 첨부서면

신청서에는 대리인에 의하여 신청할 경우의 그 권한을 증명하는 서면, 등록면허세를 납부한 영수필통지서 및 확인서 외에 상호를 변경한 경우에는 정관변경에 관한 주주총회나 사원총회의 의사록 등을 첨부하여야 한다.

Ⅶ. 상호의 가등기

▣ 핵 심 사 항 ▣

1. 의의 : 상호의 가등기란 회사의 설립, 본점의 이전 또는 상호나 영업목적의 변경시 장래의 상호등기의 보전을 위하여 미리 행하는 등기로서(상 제22조의2), 1995년 상법 개정시 신설된 제도이다.
2. 취지 : 상호가등기제도는 오랜 시일을 요하는 물적회사의 설립이나 까다로운 정관변경절차를 거쳐야 하는 각종 회사의 본점, 상호 또는 영업목적의 변경에 있어 이에 관한 사항을 미리 알게 된 제3자가 해당 행정구역 내에서 먼저 동일상호를 등기함으로써 애당초 계획했던 상호등기가 불가능해질 위험을 예방하기 위한 제도이다.

> 3. 효과 : 상호의 가등기는 등기배제청구권(상 제22조)의 적용에 있어서는 상호의 (본)등기로 본다. 따라서 가등기한 상호는 동일한 특별시·광역시·시·군에서 동종영업의 상호로 등기하지 못한다(상 제22조의2 4항).

1. 상호의 가등기의 의의 및 필요성

상호의 가등기란 상호의 본등기를 할 요건이 갖추어지기 전에 장래의 상호등기의 보전을 위하여 미리 행하는 등기를 말한다. 타인이 등기한 상호는 동일한 특별시, 광역시, 시·군에서 동종영업의 상호로 등기하지 못한다(상 제22조). 따라서 갑이 먼저 상호를 정한 경우에도 그 정보를 미리 입수한 을이 갑의 상호등기를 방해할 목적으로 그 상호를 그 지역에서 먼저 등기하면 갑은 그 정한 상호를 등기하지 못하게 된다. 이러한 을의 방해를 막기 위하여는 갑이 본등기를 하기 전에 을의 등기를 하지 못하게 할 필요가 있다.

이러한 필요에서 갑을 위하여 인정된 것이 상호의 가등기이다. 이러한 상호의 가등기는 설립과정에 상당한 시일이 소요되는 주식회사와 유한회사의 설립의 경우나 정관변경절차 등에 상당한 시일이 소요되는 회사의 본점이전, 회사의 상호나 목적의 변경의 경우에 특히 그 필요성이 크다.

그리하여 1995년 개정상법은 상호권의 보전을 위하여 회사에 한하여 상호의 가등기 제도를 신설하였다. 주식·유한회사를 설립하고자 할 때에는 본점소재지를 관할하는 등기소에, 기존 설립등기된 회사(이하 '기존회사'라 한다)가 본점이전을 하고자 할 때에는 이전할 곳을 관할하는 등기소에, 기존회사가 상호나 목적 또는 상호와 목적을 변경하고자 할 때에는 본점소재지를 관할하는 등기소에 각 상호의 가등기를 신청할 수 있으며, 이 상호의 가등기를 한 상호는 보통의 상호등기를 한 것과 동일한 효력을 갖는다(상 제22조의2).

이 상호의 가등기는 회사에게만 인정되고 개인상인 및 개인기업에게는 인정되지 아니한다. 이는 개인상인의 경우 본점이전 또는 상호변경의 비밀을 지킬 수 있으므로 상호가등기는 필요없으며, 회사의 경우에는 그 계획을 철저한 비밀에 부치기 어렵기 때문이다.

2. 상호의 가등기의 요건

상호의 가등기가 인정되는 것은 다음의 3가지 경우이다.

(1) 회사설립에 관한 상호의 가등기

주식회사 또는 유한회사를 설립하고자 할 때에 설립등기를 하기 전에 상호의 가등기를 할 수 있다. 이 경우에는 본점의 소재지를 관할할 등기소에 상호의 가등기를 신청한다(상 제22조의2 1항). 이 가등기는 설립에 상당한 시일이 소요되는 주식회사와 유한회사에 대하여 인정되고 설립절차가 간단한 합명회사와 합자회사에 대하여는 인정되지 않는다.

가등기 신청은 회사의 본점소재지가 원시정관에 확정되기 때문에 정관에 대한 공증인의 인증이 있는 때부터 가능하다고 본다.

또한 회사를 설립하고자 하는 본점소재지에 목적을 같이 하는 동일 또는 유사한 상호의 등기가 없어야 한다.

(2) 상호나 목적 또는 상호와 목적변경에 관한 상호의 가등기

회사가 성립한 후에 상호나 목적 또는 상호와 목적을 변경하고자 할 때에 상호의 가등기를 할 수 있다. 이 경우에 본점의 소재지를 관할하는 등기소에 상호의 가등기를 신청한다(상 제22조의2 2항).

이 경우의 회사는 주식회사와 유한회사에 한하지 않고 합명회사, 합자회사를 포함하며, 현재 사용하고 있는 상호 또는 목적 대신에 장래에 변경하고자 하는 상호 또는 목적을 정한 때에 신청할 수 있다. 또한 현재의 본점소재지에 목적을 같이 하는 동종 또는 유사한 상호의 등기가 없어야 한다.

목적을 변경하고자 하는 경우의 상호의 가등기에 있어서는 그 회사가 현재 사용하고 있는 상호로 신청하여야 하고, 상호 또는 상호 및 목적을 변경하고자 하는 상호의 가등기에 있어서는 정하여질 상호로써 신청하여야 한다.

【쟁점질의와 유권해석】

<후등기상호권자가 등기 후에 목적을 변경하여 선등기상호권자와 동종영업이 되는 경우 목적변경등기의 가부>

후에 하는 상호등기의 배척의 효력은 동종영업을 하는 경우에만 적용됨이 법문상 명백하므로 영업의 종류가 다른 경우에는 자유롭게 등기도 할 수 있으나, 다만 등기 후에 목적을 변경하여 동종영업이 되는 때에는 결국 동일한 시내에서 동일한 영업을 위하여 타인이 등기한 상호와 같은 상호로 등기하는 것이 되어 후등기상호권자는 상호변경등기를 하지 아니하고는 목적변경등기를 할 수 없다(1985. 10. 16, 등기예규 598호).

(3) 본점이전에 관한 상호의 가등기

회사가 본점을 이전하고자 할 때에 상호의 가등기를 할 수 있다. 이 경우에는 이전할 곳을 관할하는 등기소에 상호의 가등기를 신청할 수 있다(상 제22조의2 3항).

이 경우의 회사도 주식회사와 유한회사 뿐만 아니라 합명회사와 합자회사를 포함하며, 회사가 본점이전을 예정한 때에 신청할 수 있다.

또한 이전할 본점소재지에 목적을 같이 하는 동종 또는 유사한 상호의 등기가 없어야 한다.

본점이전의 상호의 가등기는 현재 사용하고 있는 상호를 이전예정지 관할등기소에 상호가등기하는 것이므로, 현재 사용하고 있는 상호로 가등기를 한다.

(4) 상호가등기의 제한

상호의 가등기는 상법 제22조의 적용에 있어서 상호의 등기로 본다(상 제22조의2 제4항, 상업등기법 제46조). 따라서 위 (1)~(3)의 경우에 있어서 가등기를 하려는 상호가 이미 동일한 특별시, 광역시, 시·군에서 동종영업의 상호로 등기되어 있는 때에는 상호의 가등기를 하지 못한다.

3. 상호의 가등기에 대한 등기기간

(1) 등기기간

상호의 가등기에 대한 등기기간은 법률상 정함이 없으므로 발기인 등은 언제든지 상호의 가등기가 필요하다고 인정되면 상호의 가등기를 신청할 수 있다고 할 것이다.

그러나 회사설립에 관한 상호가등기의 경우 어느 정도 회사의 실체가 갖추어져 구체적인 설립준비행위가 된 후에야 정관 등의 첨부서면을 첨부할 수 있으므로, 최소한 정관을 작성한 후에야 할 수 있을 것이다.

또한 변경등기에 있어서 상업등기법은 기등기된 가등기 상호에 대한 변경사항이 있을 경우 변경등기를 하여야 한다고 규정하고 있을 뿐(상업등기법 제40조 2항) 등기기간은 정한 바 없으나, 변경등기의 일반적인 등기기간에 준하여 상호의 가등기에 대한 변경등기를 하여야 할 것이다(상 제183조).

(2) 본등기할 때까지의 기간(예정기간)

상법은 상호가등기에 대한 본등기를 할 때까지의 예정기간을 정하도록 하고 있는데(상 제22조의2 5항), 이는 상호가등기 제도의 남용방지를 위하여 규정한 것이다.

즉, 예정기간이 없이 오랫동안 상호가등기를 하여 두면 가등기된 상호등기의 효력은 상호등기의 효력과 동일하므로 타인의 상호선정의 자유를 부당하게 침해하게 되므로 그 예정기간을 정하여 놓은 것이다.

회사설립의 상호가등기와 본점이전의 상호가등기의 경우에는 2년을, 상호나 목적 또는 상호와 목적변경의 상호가등기의 경우에는 1년을 각 초과할 수 없다(상업등기법 제39조 2항).

상호의 가등기의 효력은 이 예정기간 동안 존속한다.

4. 상호의 가등기의 효력

(1) 등기배척력

상호의 가등기는 상법 제22조의 적용 및 상업등기법 제30조의 적용에 있어서 상호의 등기로 본다(상 제22조의2 제4항, 상업등기법 제46조). 따라서 상호의 가등기는 본등기와 동일한 등기배척력이 있다. 즉 상호의 가등기를 해 두면 동일한 서울특별시, 광역시, 시·군에서 동종영업의 상호로 등기하지 못한다. 등기관은 관할구역 내에 가등기된 상호와 동일상호의 등기신청이 있는 경우에는 그 등기신청을 각하하여야 한다(상 제22조의2 4항, 상업등기법 제27조 제3호).

5. 상호가등기와 공탁금

(1) 공탁금의 내용

가등기제도의 남용을 방지하기 위하여 상호의 가등기 및 예정기간 연장의 등기를 신청할 때에는 상업등기규칙[별표 1]의 공탁금액상당의 금전을 공탁하여야 한다(상업등기법 제41조, 상업등기규칙 제77조).

공탁은 금전에 한하고 유가증권이나 물품으로써 할 수 없다.

일반적인 공탁과는 달리 상호의 가등기에 관한 공탁은 그 관할 공탁소에 대하여 특별히 규정하고 있지 않아 어느 공탁소에 공탁하여도 무방하다.

즉, 이 공탁은 그 가등기가 본래의 목적을 달성하는 등 일정한 회수사유가 있는 경우 공탁자가 회수하는 경우와 상호의 가등기를 예정기간 내에 하지 않는 등 가등기 본래의 목적을 달성하지 못하여 회수요건을 구비하지 못한 경우에 국고에 귀속되는 2가지의 경우만 있고, 일반적인 공탁에서와 같은 공탁의 상대방이 없어 공탁출급사유가 없으므로 관할이 없는 것이다.

상호가등기시 법정 공탁금액은 다음 표와 같다.

<상호가등기의 공탁금액(상업등기규칙 제77조 별표1)>

공탁금액 상호의 가등기의 종류	상호의 가등기 신청서		예정기간 연장의 등기신청서
	예정기간이 6월이하인 경우	예정기간이 6월을 초과하는 경우	
상법 제22조의2 1항의 규정에 의한 상호의 가등기 (회사설립에 관한 상호의 가등기)	200만원	200만원에다가 초과되는 예정기간 6월(6월 미만의 기간은 6월로 봄)마다 100만원을 추가한 금액	연장기간 6월(6월 미만의 기간은 6월로 봄)마다 100만원을 추가한 금액
상법 제22조의2 2항 및 3항의 규정에 의한 상호의 가등기 (상호, 목적의 변경, 본점의 이전에 관한 상호의 가등기)	150만원	150만원에다가 초과되는 예정기간 6월(6월 미만의 기간은 6월로 봄)마다 70만원을 추가한 금액	연장기간 6월(6월 미만의 기간은 6월로 봄)마다 70만원

【쟁점질의와 유권해석】

<상호가등기의 공탁금액을 제3자가 공탁할 수 있는지 여부>

상호가등기시의 공탁은 상호가등기제도를 남용하는 것을 방지하기 위한 것으로서, 상호의 가등기가 말소된 때에는 회사 또는 발기인 등이 공탁금을 회수할 수 있는 경우를 제외하고는 공탁금을 국고에 귀속하도록 하는 몰취공탁이다. 몰취공탁의 피공탁자는 국가이고, 몰취공탁은 국가에 대하여 자기의 주장이 허위인 때 또는 약정기한내 등기절차의 불이행을 한 때에는 몰취의 제재를 당하여도 감수한다는 취지의 것이므로, 그 성질성 제3자에 의한 공탁이 허용되지 않는다.

(2) 공탁금의 회수

1) 공탁금의 회수사유(규칙 제79조)

  예정기간 내에 본등기를 한 때에는 회사 또는 발기인은 공탁금을 회수할 수 있다(상업등기법 제45조 1항 본문).

즉, 공탁금 회수는 ① 예정기간 내에 본점이전등기가 된 때, ② 예정기간 내에 상호나 목적의 변경등기가 된 때, ③ 예정기간 내에 상호와 목적의 변경등기가 된 때, ④ 예정기간 내에 설립의 등기가 된 때에 할 수 있다.

2) 회수불능사유

그러나 형식적으로 본등기를 하였다 하더라도 ① 주식회사 또는 유한회사의 설립, 본점이전, 목적변경에 관계된 상호의 가등기의 경우에 있어서 상호를 변경한 때, ② 상호나 목적 또는 상호와 목적변경에 관계된 상호의 가등기의 경우에 있어서 본점을 다른 특별시·광역시·시 또는 군에 이전한 때에는 상호가등기의 말소신청을 하여야 하는 경우에 해당하므로 이 때에는 공탁금을 회수할 수 없다(상업등기법 제45조 1항 단서).

따라서 이 경우의 공탁금은 국고에 귀속된다.

3) 공탁금의 국고귀속(규칙 제80조)

상호가등기가 말소된 때에는 회사 또는 발기인 등이 공탁금을 회수할 수 있는 경우를 제외하고는 공탁금은 국고에 귀속된다(상업등기법 제제45조 2항).

이에 의하여 공탁금이 국고에 귀속한 때에는 등기관은 공탁의 연월일, 공탁번호, 공탁금액, 공탁자 및 공탁금이 국고에 귀속된 취지와 그 연월일을 해당 공탁법원의 공탁공무원에게 이를 통지하여야 한다(상업등기규칙 제80조).

(3) 공탁금 회수절차(상업등기규칙 제79조)

① 회사 또는 발기인 등이 공탁금 회수를 할 수 있는 사유가 있을 때에는 등기관에게 공탁의 원인이 소멸하였음을 증명하는 서면을 교부할 것을 청구하되, 청구서 2통을 제출하여야 한다.

② 위 청구서에는 상호, 공탁법원·공탁의 연월일·공탁번호·공탁금액, 공탁의 원인이 소멸한 연월일, 증명을 청구하는 취지와 청구연월일을 기재하고 청구인이 기명날인 하여야 한다.

③ 위 청구를 받은 등기관은 청구서 1통에 "위와 같이 증명합니다"라는 증명문을 부기하고 증명의 연월일, 등기소, 등기관인 표시 및 그 성명을 기재한 후 직인을 날인하여 청구인에게 교부한다.

④ 발기인 등은 등기관이 발행한 공탁원인소멸증명서를 교부받아 공탁공무원으로부터 공탁금을 회수한다.

(4) 상호의 가등기에 대한 공탁금 등 관리대장의 비치 등

등기소에서는 상호가등기에 대한 공탁금 등 관리대장을 비치하고 상호의 가등기 또는 예정기간의 연장의 등기를 위하여 한 공탁과 관련한 업무에 철저를 기하여야 한다.

6. 상호가등기의 절차

(1) 관할등기소

본점이전의 상호가등기는 그 이전한 곳을 관할하는 등기소에서 관할하며, 유한·주식회사의 회사설립에 관한 상호가등기 및 상호나 목적 또는 상호와 목적을 변경하기 위한 상호의 가등기는 본점의 소재지를 관할하는 등기소에서 관할한다.

등기소에는 상호의 가등기에 대한 공탁금 등 관리대장을 비치하고 상호의 가등기 또는 예정기간 연장의 등기를 위하여 한 공탁과 관련한 업무를 철저히 하여야 한다.

(2) 등기신청인

주식회사 또는 유한회사를 설립하고자 할 때의 상호의 가등기는 그 발기인 또는 사원이 이를 신청한다(상업등기법 제38조 1항). 이 때 발기인 또는 사원은 전원이 아니라 그 중 1인이 신청하면 되나 가등기의 법적 효과는 발기인 또는 사원 전원에게 미친다.

상호나 목적 또는 상호와 목적을 변경하고자 할 때의 상호의 가등기와 본점을 이전하고자 할 때의 상호의 가등기는 회사의 대표자가 이를 신청한다(상업등기법 제17조).

예정기간 연장의 등기, 등기사항의 변경등기나 가등기의 말소는 가등기를 신청한 발기인이나 사원뿐만 아니라 그 외의 발기인이나 사원도 이를 신청할 수 있으며, 통상은 회사를 대표하는 이사가 신청인이 될 것이다.

(3) 등기사항

1) 주식회사 또는 유한회사의 설립에 관계된 상호의 가등기(상업등기법 제38조 2항)

① 상 호

② 목 적

③ 본점이 소재할 특별시·광역시·시 또는 군

④ 발기인 또는 사원 전원의 성명·주민등록번호 및 주소

⑤ 본등기를 할 때까지의 기간(2년을 초과할 수 없다)

2) 상호를 변경하고자 할 때의 상호의 가등기

① 상 호

② 목 적

③ 본점의 소재지

④ 변경 후 새로 정하여질 상호

⑤ 본등기를 할 때까지의 기간(2년을 초과할 수 없다)

3) 목적을 변경하고자 할 때의 상호의 가등기

① 상 호

② 본점의 소재지

③ 변경 후 새로 정하여질 목적

④ 본등기를 할 때까지의 기간(2년을 초과할 수 없다)

4) 상호와 목적을 변경하고자 할 때의 상호의 가등기

① 상 호

② 목 적

③ 본점의 소재지

④ 변경 후 새로 정하여질 상호와 목적

⑤ 본등기를 할 때까지의 기간(2년을 초과할 수 없다)

5) 본점을 이전하고자 할 때의 상호의 가등기

① 상 호

② 목 적

③ 본점의 소재지

④ 본점을 이전할 특별시·광역시·시 또는 군

⑤ 본등기를 할 때까지의 기간(2년을 초과할 수 없다)

※ 상호나 목적 또는 상호와 목적변경에 관계된 상호의 가등기의 경우에는 1년을 초과할 수 없다(상업등기법 제39조 2항).

(4) 첨부서면

1) 공탁서의 사본

상호가등기를 하기 위하여는 일정한 금액을 공탁하여야 하는 바, 상호가등기의 신청서에 그 공탁서의 사본을 제출한다(상업등기법 제43조 1항).

이 때 등기관은 공탁서 사본에 관하여 그 공탁서의 원본의 제출을 요구하여 위 사본이 원본과 같음을 확인하고, 사본에 원본을 확인한 뜻을 적고 날인하여야 한다(상업등기규칙 제78조).

2) 인감증명법에 의한 인감증명 또는 등기관이 발행한 인감증명

가. 회사를 설립하고자 하는 경우

주식회사 또는 유한회사의 설립에 관계된 상호의 가등기의 신청서에는 그 신청서 또는 위임에 따른 대리인의 권한을 증명하는 서면에 날인된 인감에 관하여 인감증명법에 따라 발급된 인감증명 및 설립하려는 회사의 정관을 첨부하여야 한다(상업등기법 제43조 2항).

이 서면은 신청권한 있는 자에 의한 상호가등기 신청인가 여부를 심사하여 등기의 진정을 담보하기 위한 것이다.

상업등기법 제24조 1항 및 2항(신청서에 기명날인을 할 사람은 미리 그 인감을 등기소에 제출하여야 한다)은 주식회사 또는 유한회사의 설립에 관계된 상호의 가등기 및 본점이전에 관계된 상호의 가등기에 관한 신청에 대하여 적용하지 아니한다(상업등기법 제43조 4항).

나. 본점을 이전하고자 하는 경우

관할등기소에 대표자의 인감이 등록되어 있지 아니하므로, 이 때에는 등기
관이 작성한 대표자의 인감증명을 첨부하여야 한다.

다. 상호나 목적 또는 상호와 목적을 변경하고자 하는 경우

상호나 목적 또는 상호와 목적을 변경하고자 할 때의 상호의 가등기의 경
우에는 관할등기소에 대표자의 인감이 이미 등록되어 있으므로 별도로 인감
증명을 첨부할 필요가 없다.

신청서에 첨부하는 인감증명은 발행일로부터 3월 이내의 것이어야 한다(상
업등기규칙 제59조 2항).

3) 설립하고자 하는 회사의 정관

주식회사 또는 유한회사의 설립에 관계된 상호의 가등기의 신청서에는 그
신청서 또는 위임에 의한 대리인의 권한을 증명하는 서면에 날인된 인감에 관
하여 인감증명법에 의하여 발급된 인감증명 및 설립하고자 하는 회사의 정관
을 첨부하여야 한다(상업등기법 제43조 2항).

주식회사 및 유한회사의 정관은 발기인 전원 또는 총사원이 정관에 기명날
인 또는 서명을 하고 공증인의 증명을 받음으로써 효력이 생기므로, 상호의 가
등기에 첨부하는 정관은 공증인의 인증이 된 것이어야 할 것이다(상 제292조,
제543조 3항, 공증 제62조). 다만 2009년 5월 상법 개정에 의하여 주식회사의
경우 자본금 총액이 10억원 미만인 회사를 발기설립하는 경우 각 발기인이 정
관에 기명날인 또는 서명함으로써 효력이 생기고 정관에 대한 공증의무가 면
제되므로 이러한 경우에는 공증인의 인증이 된 정관이 아니어도 된다.

정관은 신청서에 기재한 상호, 목적, 본점이 소재할 시·군과 발기인 등 전
원의 성명·주소·주민등록번호 등이 진실한 것인가 신청인이 발기인 등의 자
격이 있는가의 여부를 심사하는데 필요하다.

등기관이 발급한 인감증명을 첨부서면으로 하고 있는 것은 발기인이 회사
또는 기타 법인이 되는 경우를 예정한 것이다.

심사결과 공증인의 인증을 받지 않았거나 신청서의 기재가 정관의 기재와
저촉되는 경우 및 발기인 또는 사원으로 기재되지 아니한 자가 신청한 경우에
는 그 신청은 각하된다.

4) 대리인에 의하여 신청할 때에는 그 권한을 증명하는 서면(상업등기법

제21조)

5) 설립 및 본점이전 가등기시 인감제출 여부

주식회사 또는 유한회사의 설립에 관계된 상호의 가등기와 본점이전에 관한 상호의 가등기의 경우에는 통상 등기신청서에 날인할 자(회사의 임원 또는 사원으로서 대표권이 없는 경우 제외)가 미리 인감을 등기소에 제출하여야 하는 규정은 적용되지 아니하므로 인감(인감신고서)을 제출할 필요가 없다(상업등기법 제43조 4항).

설립에 관한 가등기의 경우에는 아직 회사로서 성립되지 않은 것이므로 회사를 대표할 자가 없어 인감을 제출할 필요가 없고, 본점이전의 가등기의 경우에는 기존의 본점에 대표자의 인감이 신고되어 있고 법률상 본점의 주소는 가등기와 관계없이 본점주소이기 때문이다.

상호나 목적 또는 상호와 목적의 변경에 관한 상호의 가등기의 경우에는 회사대표자의 인감이 제출되어 있으므로 신청인의 인감을 다시 제출할 필요는 없다.

7. 상호의 가등기의 기록

「상법」 제22조의2 제1항부터 제3항까지의 규정에 따른 상호의 가등기는 별지 제8호부터 제12호까지의 양식 중 해당 양식의 각 란에 해당하는 상호가등기에 관한 등기정보를 기록하는 방식으로 한다(상업등기규칙 제76조).

8. 상호가등기의 변경등기

상호의 가등기에 있어서 상업등기법이 정한 경우에만 상호의 가등기를 한 회사 또는 발기인 등은 그 변경등기를 신청하여야 한다(상업등기법 제40조).

이 때 변경을 신청하여야 할 경우와 말소를 신청하여야 할 경우가 있는데, 그 구별은 ① 상호가등기의 등기사항 중 가등기의 보전의 주체 혹은 가등기된 상호의 배타적 효력의 범위를 공기하는 사항에 변경이 생긴 때에는 그 변경의 등기를 신청하여야 하고, ② 상호가등기의 등기사항 중 가등기에 의하여 보전하려는 객체에 관하여 공시하는 사항에 변경이 생긴 때에는 그 가등기의 말소를 신청하여야 한다.

(1) 변경등기를 하는 경우(상업등기법 제40조)

1) 예정기간 연장의 등기

모든 종류의 상호의 가등기에 있어서 본등기를 할 때까지의 예정기간은 상업등기법 제41조에서 정하는 금액을 공탁하고 연장등기를 신청할 수 있다. 이 경우 종전의 예정기간과 연장기간을 합한 기간이 본등기를 할 때까지의 기간은 2년, 본점이전에 관계된 상호의 가등기의 경우에는 2년, 상호나 목적 또는 상호와 목적변경에 관계된 상호의 가등기의 경우에는 1년을 각각 초과할 수 없다(상업등기법 제40조 1항).

2) 회사의 설립에 관한 상호의 가등기의 경우

주식회사 또는 유한회사의 회사설립에 관한 상호의 가등기에 있어서 ① 목적, ② 발기인 또는 사원의 성명과 주소 또는 주민등록번호 등의 사항에 변경이 생긴 때에는 그 변경등기를 신청하여야 한다(상업등기법 제40조 2항).

3) 본점이전에 관계된 상호의 가등기의 경우

회사는 상호, 목적, 본점의 소재지에 변경이 생긴 때에는 그 변경등기를 신청하여야 한다. 다만 ① 주식회사 또는 유한회사의 설립, 본점이전, 목적변경에 관계된 상호의 가등기의 경우에 있어서 상호를 변경한 때, ② 상호나 목적 또는 상호와 목적변경에 관계된 상호의 가등기의 경우에 있어서 본점을 다른 특별시·광역시·시 또는 군에 이전한 때에는 그러하지 아니하다(상업등기법 제40조 3항).

(2) 변경등기의 절차

1) 등기신청인

회사가 한 상호의 가등기의 변경등기의 신청인은 회사이고, 회사의 설립에 관한 상호의 가등기의 변경등기의 신청인은 발기인 또는 사원이다(상업등기법 제40조 1항).

회사가 신청인인 경우에는 그 대표자가 회사를 대표하여 신청한다.

2) 등기사항

① 예정기간 연장의 등기에 있어서는 연장 후의 예정기간, 변경의 뜻과 그 연월일

② 회사의 설립에 관한 상호의 가등기에 있어서는 변경 후의 목적 또는 발

기인이나 사원의 성명, 주민등록번호 및 주소, 변경의 뜻과 그 연월일

③ 상호의 변경에 관한 상호의 가등기에 있어서는 변경 후의 상호나 목적 또는 이전(동일 시·군내) 후나 변경 후의 본점소재지, 변경 또는 이전의 뜻과 그 연월일

④ 목적의 변경에 관한 상호의 가등기에 있어서는 이전(동일 시·군내) 또는 변경 후의 본점소재지, 이전 또는 변경의 뜻과 그 연월일

⑤ 상호나 목적의 변경에 관한 상호의 가등기에 있어서는 변경 후의 상호 또는 이전(동일 시·군내) 후나 변경 후의 본점소재지, 변경 또는 이전의 뜻과 그 연월일

⑥ 본점의 이전에 관한 상호의 가등기에 있어서는 변경 후의 목적 또는 이전 후나 변경 후의 본점소재지, 변경 또는 이전의 뜻과 그 연월일

3) 첨부서면

가. 예정기간 연장의 등기

① 공탁서 사본 : 모든 예정기간의 연장의 등기신청서에는 상업등기법 제41조에 따라 공탁한 공탁서사본을 첨부하여야 한다(상업등기법 제43조 1항).

② 인감증명 : 주식회사 또는 유한회사의 설립에 관계된 상호의 가등기에 관한 예정기간 연장의 등기 신청서에는 그 신청서 또는 위임에 의한 대리인의 권한을 증명하는 서면에 날인된 인감에 관하여 인감증명법에 의하여 발급된 인감증명 또는 등기관이 발급한 인감증명을 첨부한다(동법 제43조 3항).

③ 회사대표자 자격을 증명하는 서면 : 본점의 이전에 관한 상호의 가등기의 예정기간 연장의 등기신청서에는 회사대표자의 자격을 증명하는 서면 및 등기관이 작성한 회사대표자의 인감증명을 첨부한다.

나. 주식 또는 유한회사의 설립에 관한 상호의 가등기의 변경등기

① 인감증명 : 신청서 또는 위임에 의한 대리인의 권한을 증명하는 서면에 날인된 인감에 관하여, 인감증명법에 의하여 발급된 인감증명 또는 등기관이 발급한 인감증명을 첨부한다.

② 정 관 : 다만, 발기인 등의 성명·주민등록번호 및 주소의 변경등기를

신청하는 경우에는 첨부할 필요가 없다(상업등기법 제43조 3항).

다. 본점의 이전에 관한 상호의 가등기의 변경등기

① 회사 대표자의 자격을 증명하는 서면

② 등기관이 작성한 회사대표자의 인감증명

③ 회사의 본점소재지에서 변경등기를 하였음을 증명하는 서면

라. 대리인에 의하여 신청할 때에는 그 권한을 증명하는 서면(상업등기법 제21조)

마. 등록면허세(지방세법 제28조 1항) 및 지방교육세(지방세법 제151조 1항) 납부영수필통지서 및 확인서, 등기신청수수료증지, 등록면허세는 6,000원, 지방교육세는 1,200원이며, 등기신청수수료는 6,000원(전자표준양식에 의해 신청하는 경우는 4,000원, 전자신청은 2,000원)이다.

4) 상호의 가등기기록

상호의 가등기는 별지 제8호부터 제12호까지의 양식 중 해당 양식의 각 란에 해당하는 상호가등기에 관한 등기정보를 기록하는 방식으로 한다(상업등기규칙 제76조).

9. 상호의 가등기의 말소

(1) 직권에 의한 말소(상업등기법 제44조)

등기관은 다음의 경우에는 상호의 가등기를 직권으로 말소하여야 한다.

1) 예정기간 내에 본등기를 한 때(제1호)

이는 상호의 가등기에 대한 소기의 목적을 달성하게 되어 말소하는 것이다.

2) 본등기를 하지 아니하고 예정기간을 경과한 때(제2호)

이 때에는 상호가등기의 효력이 소멸되므로 그 가등기를 직권으로 말소하는 것이다.

그런데 본점을 이전하고자 할 때의 상호의 가등기에 있어서 회사가 예정기간 내에 본점 이전의 등기를 하지 않음을 이유로 등기관이 상호의 가등기를 직권으로 말소하여야 할 경우에는(현행법상 본점이전등기신청은 구본점소재지에서 신본점소재지의 본점이전등기신청서를 동시에 접수하므로 예정기간이 경

과한 사실만으로 상호가등기를 말소하면 본점이전등기신청서가 구본점소재지에 접수된 경우에도 상호의 가등기가 말소 또는 부당한 결과발생 우려가 있으므로) 예정기간 만료일 이후 당해 회사의 본점소재지를 관할하는 등기소로부터 본점이전등기신청서의 우송에 통상 필요한 기간이 경과된 후 본점소재지를 관할하는 등기소에 본점이전등기신청서가 접수되었는지 여부를 유선으로 조회한 후 이를 하여야 한다(예규 제844호).

3) 존속기간 경과 후의 본등기 여부

상업등기법 제44조는 예정기간 내 본등기를 한 때와 본등기를 하지 아니하고 예정기간을 경과한 때에는 등기관이 상호가등기를 직권말소하여야 한다고 규정하고 있다.

이렇게 상호가등기가 직권말소되는 경우에는 공탁금은 국고에 귀속되며, 예정기간 경과 후 공탁금 귀속시까지의 기간 내에 상호가등기의 본등기를 신청하면 등기관은 등기를 인용하여야 하는가가 실무상 문제될 수 있다.

이에 대하여 예정기간이 지나기 전에 가등기상호권자는 예정기간의 연장을 하고 그에 따른 공탁을 하여야 할 의무가 있고(상업등기법 제40조 1항), 공탁금의 국고귀속사유가 있으면 등기관이 공탁공무원에게 국고귀속통지를 하여야 하므로(상업등기규칙 제80조) 국고귀속통지 전에 직권말소를 하여야 하며, 이 공탁금의 성격이 몰취공탁의 성격을 가지고 있으며, 존속기간이 예정된 경우에는 그 존속시간의 경과로 법적 효력이 상실되었다고 보아야 하며 또한 다른 가등기상호에 대한 이해관계인이 예정기간이 경과한 것을 이유로 그 가등기상호에 대한 상호등기 또는 상호의 가등기를 신청하면 존속기간이 경과하였으므로 그에 대하여 상호등기 등을 하여 주어야 하므로 등기관은 가등기상호의 존속기간이 경과하면 등기관은 당연히 직권말소하여야 하므로 예정기간이 경과한 후에 본등기를 신청하더라도 등기관은 이를 허용할 수 없다고 생각된다.

(2) 신청에 의한 말소(상업등기법 제42조)

1) 회사 또는 발기인 등의 말소신청

회사 또는 발기인 등은 다음 각 호의 어느 하나에 해당하는 때에는 상호의 가등기의 말소를 신청하여야 한다. 설립 전의 회사인 경우에는 발기인 또는 사원, 설립 후의 회사인 경우에는 회사를 대표하는 자가 상호의 가등기의 말소신청을 하여야 한다.

① 주식회사 또는 유한회사의 설립, 본점이전, 목적변경에 관계된 상호의 가

등기의 경우에 있어서 상호를 변경한 때

② 상호나 목적 또는 상호와 목적변경에 관계된 상호의 가등기의 경우에 있어서 본점을 다른 특별시·광역시·시 또는 군에 이전한 때

③ 기타 상호의 가등기가 필요없게 된 때

상호의 가등기를 한 회사가 해산한 경우, 회사의 설립·본점이전을 중지한 경우 등이 이 사유에 해당할 것이다.

2) 이해관계인의 말소신청(상업등기법 제36조)

① 상호를 변경 또는 폐지한 경우에 그 상호를 등기한 자가 2주간 내에 상호의 가등기의 말소신청을 하지 않는 경우에는 이해관계인은 그 말소에 관하여 이해관계가 있음을 증명하는 서면을 첨부하여 그 상호의 가등기의 말소를 신청할 수 있다.

여기서 이해관계인이란 사실상의 이해관계인이 아니라 법률상의 이해관계를 가지는 자이고, 설립 중의 회사도 청구할 수 있다고 할 것이다.

② 이 경우 등기관은 상호의 가등기를 한 자에게 1월 이내의 기간을 정하여 그 기간 내에 서면으로 이의를 진술하지 아니한 때에는 등기를 말소한다는 뜻을 통지하여야 한다. 이 때 등기관이 위 상호의 가등기를 한 자의 주소 또는 거소를 알 수 없을 때에는 위 통지에 갈음하여 통지시에 정한 기간동안 등기소 게시장에 이를 게시하여야 한다(상업등기법 제117조, 제36조 2항).

③ 위 기간 내에 등기의 말소에 관하여 이의를 진술하는 자가 있을 때에는 등기관은 그 이의에 대하여 결정하여야 한다(상업등기법 제118조). 이의가 이유 있다는 결정을 할 때에는 이해관계인의 상호가등기의 말소신청을 각하하여야 하며(상업등기법 제119조, 제36조 3항), 이의가 없을 때에는 그 상호의 가등기를 말소한다.

3) 첨부서면

① 회사 또는 발기인 등의 상호의 가등기의 말소등기신청서에는 그 신청서 또는 대리인의 권한을 증명하는 서면에 날인한 인감에 관하여 인감증명법에 의하여 발급한 인감증명 또는 등기관이 발급한 인감증명(상업등기법 제43조 1항)

② 본점이전에 관한 상호의 가등기의 말소등기신청서에는 회사 대표자의 자격을 증명하는 서면과 등기관이 작성한 회사대표자의 인감증명

③ 대리인에 의하여 신청할 때에는 그 권한을 증명하는 서면(상업등기법 제
21조)

④ 등록면허세납부영수필통지서 및 확인서, 등기신청수수료 납부

등록면허세는 6,000원, 지방교육세는 1,200이며 등기신청수수료는 6,000원
(전자표준양식에 의한 경우는 4,000원, 전자신청은 2,000원)이다.

4) 등기의 기록

등기기록 중 기타사항란에 상호의 가등기를 말소한 뜻과 그 연월일을 기재
하고 그 등기기록을 폐쇄하여야 한다(상업등기규칙 제82조).

<상호의 가등기에 대한 변경등기 또는 말소등기의 가부 일람표>

가등기의 종류	등기사항	등기사항에 변경이 생긴 경우	
		변경등기의 가부	말소등기의 가부
1. 설립에 관한 상호의 가등기	① 상호	×	○
	② 목적	○	×
	③ 본점의 소재지	×	○
	④ 발기인 또는 사원 전원의 성명·주민등록번호 및 주소	○	×
	⑤ 예정기간	○	×
2. 상호 변경에 관한 상호의 가등기	① 상호	○	×
	② 목적	○	×
	③ 본점의 소재지	○(× 다른 관할 구역으로 이전한 경우)	×(○ 다른 관할 구역으로 이전한 경우)
	④ 변경에 의하여 정하여질 목적	×	○
	⑤ 예정기간	○	×
3. 목적의 변경에 관한 상호의 가등기	① 상호	×	○
	② 본점의 소재지	○(× 다른 관할 구역으로 이전한 경우)	×(○ 다른 관할 구역으로 이전한 경우)
	③ 변경에 의하여 정하여질 목적	×	○
	④ 예정기간	○	×
4. 상호 및 목적의 변경에 관한 상호의 가등기	① 상호	○	×
	② 본점의 소재지	○(× 다른 관할 구역으로 이전한 경우)	×(○ 다른 관할 구역으로 이전한 경우)
	③ 변경에 의하여 정하여질 상호 또는 목적	×	○
	④ 예정기간	○	×
5. 본점이전에 관한 상호의 가등기	① 상호	×	○
	② 목적	○	×
	③ 본점의 소재지	○(○ 다른 관할 구역으로 이전한 경우)	×(× 다른 관할 구역으로 이전한 경우)
	④ 본점을 이전할 본점의 소재지	×	○
	⑤ 예정기간	○	×

신청 · 절차 · 요점사항

○표는 변경등기가 가능한 경우 또는 말소등기를 요하는 것임

×표는 변경등기를 할 수 없는 경우 또는 말소등기를 요하지 않는 것임

제 2 장 무능력자 및 법정대리인의 등기

【2011.3.7. 민법 개정 법률 소개(2013.7.1.시행)】

2011년 3월 7일 무능력자와 관련하여 민법의 일부개정이 있었고 동법률은 2013년 7월 1일 시행된다. 이와 관련하여 상법, 상업등기법, 상업등기규칙 등 관련 법령의 개정이 아직 이루어지고 있지 않았기 때문에 "제2장 무능력자 및 법정대리인의 등기"와 관련한 설명은 개정 전 민법을 기초로 설명하기로 한다. 다만, 2013년 7월 1일 시행되는 민법 내용 중 관련되는 내용을 이하에서 간단히 살펴보기로 한다.

1. 개정이유

기존의 금치산·한정치산 제도를 성년후견제로 확대·개편하고, 청소년의 조숙화에 따라 성년연령을 낮추는 세계적 추세와 '공직선거법' 등의 법령 및 사회·경제적 현실을 반영하여 성년에 이르는 연령을 만20세에서 만19세로 낮추려는 것이다.

2. 주요내용

(1) 성년 연령의 하향

성년에 이르는 연령을 만20세에서 만19세로 낮췄다.

(2) 성년후견 · 한정후견 · 특정후견제도의 도입

획일적으로 행위능력을 제한하는 문제점을 내포하고 있는 기존의 금치산·한정치산제도 대신 더욱 능동적이고 적극적인 사회복지시스템인 성년후견·한정후견·특정후견제도를 도입하려는 것이다.

1) 성년후견제도

성년후견제도는 기존의 금치산제도를 대체하기 위하여 도입된 제도이다.

가. 성년후견개시의 심판

가정법원은 질병, 장애, 노령, 그 밖의 사유로 인한 정신적 제약으로 사무를 처리할 능력이 지속적으로 결여된 사람에 대하여 본인, 배우자, 4촌 이내의 친족, 미성년후견인, 미성년후견감독인, 한정후견인, 한정후견감독인, 특정후견인, 특정후견감독인, 검사 또는 지방자치단체의 장의 청구에 의하여 성년후견개시의 심판을 한다. 이 때 가정법원은 본인의 의사를 고려하여야 한다.

나. 피성년후견인의 행위능력

금치산자의 경우 법정대리인이 대리하여서만 법률행위를 할 수 있으며, 금치산자의 경우 법정대리인의 동의가 없는 경우는 물론 법정대리인의 동의가 있다고 하여도 단독으로 법률행위를 할 수 없으며, 단독으로 한 법률행위는 취소 할 수 있다. 이에 비하여 개정 민법에 도입된 성년후견제도에서는 성년후견을 받는 피성년후견인의 법률행위는 원칙적으로 취소할 수 있다는 점에서는 금치산제도와 동일하지만 다음과 같은 점에서 차이가 있다.

첫째, 가정법원은 취소할 수 없는 피성년후견인의 법률행위의 범위를 정할수 있다. 또한 가정법원은 본인, 배우자, 4촌 이내의 친족, 성년후견인, 성년후견감독인, 검사 또는 지방자치단체의 장의 청구에 의하여 이러한 취소할 수 없는 피성년후견인의 법률행위의 범위를 변경할 수 있다.

둘째, 피성년후견인이라도 일용품의 구입 등 일상생활에 필요하고 그 대가가 과도하지 아니한 법률행위는 성년후견인이 취소할 수 없다. 즉, 이러한 경우에는 금치산제도하에서는 만6세 정도의 지능을 가진 성인이 금치산선고를 받은 경우 일용품 구입과 같은 일상생활에 필요한 행위도 독자적으로 할 수 없는 문제가 있었으나 개정민법에 의하면 이러한 경우 피성년후견인에게 단독으로 법률행위를 할 수 있는 행위능력이 인정되는 것이다.

2) 한정후견제도

한정후견제도는 기존의 한정치산제도를 대체하기 위하여 도입된 제도이다.

가. 한정후견개시의 심판

가정법원은 질병, 장애, 노령, 그 밖의 사유로 인한 정신적 제약으로 사무를 처리할 능력이 부족한 사람에 대하여 본인, 배우자, 4촌 이내의 친족, 미성년후견인, 미성년후견감독인, 성년후견인, 성년후견감독인, 특정후견인, 특정후견감독인, 검사 또는 지방자치단체의 장의 청구에 의하여 한정후견개시의 심판을 한다. 이 때 가정법원은 본인의 의사를 고려하여야 한다.

나. 피한정후견인의 행위능력

한정치산자의 경우 재산상 법률행위에 있어서 미성년자의 행위능력과 원칙적으로 동일하다. 즉, 한정치산자는 법정대리인의 동의를 받아서 스스로 법률행위를 하거나 법정대리인의 대리에 의하며, 한정치산자가 한 행위는 본인이나 법정대리인이 취소할 수 있다. 다만, 미성년자의 행위능력과 동일하게 권리만을 얻거나 의무를 면하는 행위, 처분이 허락된 재산의 처분, 영업 허락을 받은 경우와 같은 경우에는 한정치산자도 단독으로 유효한 법률행위를 할 수 있다. 이에 비하여 피한정후견인의 경우에는 가정법원이 정한 피한정후견인이 한정후견인의 동의를 받아야 하는 행위에 대해서만 한정후견인의 동의가 필요하고, 그 외의 법률행위는 단독으로 유효하게 할 수 있다는 점에서 기존의 한정치산자와 차이가 있다. 만약 한정후견인의 동의가 필요한 법률행위를 피한정후견인이 한정후견인의 동의 없이 하였을 때에는 그 법률행위를 취소할 수 있다. 다만, 일용품의 구입 등 일상생활에 필요하고 그 대가가 과도하지 아니한 법률행위에 대하여는 취소할 수 없다.

3) 특정후견제도

가. 특정후견의 심판

특정후견제도는 개정민법에 신설된 제도이다. 가정법원은 질병, 장애, 노령, 그 밖의 사유로 인한 정신적 제약으로 일시적 후원 또는 특정한 사무에 관한 후원이 필요한 사람에 대하여 본인, 배우자, 4촌 이내의 친족, 미성년후견인, 미성년후견감독인, 검사 또는 지방자치단체의 장의 청구에 의하여 특정후견의 심판을 한다. 이러한 특정후견은 본인의 의사에 반하여 할 수 없으며, 특정후견의 심판을 하는 경우에는 특정후견의 기간 또는 사무의 범위를 정하여야 한다.

나. 피특정후견인의 행위능력

피특정후견인의 법률행위는 어떠한 법적 제약이 따르지 않는다. 즉, 피특정후견인은 유효하게 법률행위를 할 수 있는 행위능력이 인정되는 것이다.

I. 무능력자의 등기

■ 핵 심 사 항 ■

1. 무능력자의 영업의 허가
 (1) 미성년자와 한정치산자의 영업능력(민 제5조, 제10조, 제8조, 상 제6조)
   법정대리인으로부터 허락을 얻은 특정영업에 관하여는 이들은 성년자와 동일한 능력이 있는 것이므로(민 제8조), 이들이 법정대리인의 허락을 얻어 영업을 하는 때에는 그 등기를 하여야 한다(상 제6조).
 (2) 금치산자의 영업능력 : 언제나 영업능력이 없다. 따라서 금치산자가 상행위를 할 경우에는 법정대리인 등기만 가능하고 무능력자 등기는 할 수 없다.
2. 등기절차 : 미성년자, 한정치산자의 영업을 허락한 경우에 그 영업이 상업인 때에는 무능력자등기를 하여야 하며, 그를 등기한 후 영업소를 이전한 때에는 영업소이전등기를 해야 하고, 영업의 종류를 변경하거나 기타 허락한 사항을 변경한 때에는 그에 따른 변경등기를 하여야 한다. 또한 허락의 취소, 미성년자의 성년도달 등 무능력사유가 소멸한 때에는 그에 따른 등기도 하여야 한다(상업등기법 제47조). 이들 등기는 강제적인 등기는 아니며 등기하지 않으면 제3자에게 대항할 수 없다.
3. 영업허가의 취소, 제한 등의 등기 : 법정대리인은 허락한 영업을 취소하거나 제한한 경우에는 상인으로서 영업에 관한 등기사항의 소멸, 변경을 가져오므로(상 제40조), 허락의 철회에는 소멸등기를, 허락의 제한에는 변경등기를 하여야 한다.

1. 무능력자의 영업의 허가

(1) 미성년자와 한정치산자의 영업능력

1) 법정대리인의 동의에 의한 영업행위

　미성년자 또는 한정치산자가 법률행위를 함에는 원칙적으로 법정대리인의 동의를 얻어야 하고 이를 얻지 아니하였을 때에는 그 행위를 취소할 수 있지만(민 제5조, 제10조), 법정대리인으로부터 허락을 얻은 특정영업에 관하여는 이들은 성년자와 동일한 능력이 있는 것이므로(민 제8조), 이들이 법정대리인의 허락을 얻어 영업을 하는 때에는 그 등기를 하여야 한다(상 제6조).

이 등기는 미성년자 또는 한정치산자가 법정대리인의 동의없이 영업을 할 수 있는 능력이 있음을 공시하기 위한 것이다. 또 한편으로는 무능력자에게 영업의 허락을 한 법정대리인은 그 영업에 관하여는 대리권이 없다고 할 것이므로, 무능력자의 법정대리인에게는 대리권이 없음을 공시하는 뜻도 있다 할 것이다.

법정대리인이 미성년자나 한정치산자의 영업행위를 허락함에는 어떤 영업이든지 모두 이를 허락한다고 하거나 하나의 영업 중 일부행위에 대해서만 제한적으로 허락할 수는 없고, 1개 또는 수개의 영업을 특정하여 당해 영업의 전부에 대하여 허락하여야 한다. 또한 법정대리인은 허락한 영업을 취소하거나 제한할 수도 있는데, 이 때의 취소 또는 제한 역시 허락한 하나의 영업 중 일부행위만을 국한하여 할 수는 없고 허락한 1개의 영업의 전부 또는 수개의 영업 중 그 일부의 특정영업에 대한 허락만을 취소 또는 제한할 수 있다.

2) 미성년자 또는 한정치산자가 회사의 무한책임사원이 된 경우

미성년자 또는 한정치산자가 법정대리인의 허락을 얻어 회사의 무한책임사원이 된 때에는 그 사원자격으로 인한 행위에 있어서 능력자로 보므로(상 제7조), 출자의무의 이행 및 지분양도 등에는 법정대리인의 동의가 필요없다.

(2) 금치산자의 영업능력

금치산자는 언제나 영업능력이 없으므로, 금치산자는 법정대리인의 허락을 얻어도 유효한 영업행위를 하지 못한다. 따라서 금치산자가 상행위를 할 경우에는 법정대리인 등기만 가능하고 무능력자 등기는 할 수 없다.

2. 등기절차

(1) 총 설

미성년자 한정치산자의 영업을 허락한 경우에 그 영업이 상업인 때에는 무능력자등기를 하여야 하며 그를 등기한 후 영업소를 이전한 때에는 영업소이전등기를 해야 하고, 영업의 종류를 변경하거나 기타 허락한 사항을 변경한 때에는 그에 따른 변경등기를 하여야 한다. 또한 허락의 취소, 미성년자의 성년도달 등 무능력사유가 소멸한 때에는 그에 따른 등기도 하여야 한다(상업등기법 제47조).

이들 등기는 강제적인 등기는 아니며 등기하지 않으면 제3자에게 대항할 수 없을 뿐이다.

(2) 최초의 등기

1) 등기신청인

무능력자등기는 무능력자 본인이 신청하여야 한다(상업등기법 제48조 1항).

2) 등기사항(상업등기법 제47조)

① 미성년자 또는 한정치산자인 뜻

② 무능력자의 성명·주소와 주민등록번호(무능력자의 성명은 한글로 기재 하여야 한다 : 예규 제602호)

③ 영업의 종류(1개 또는 여러개의 허락 받은 영업의 종류)

④ 영업소

3) 전자표준양식에 의한 등기신청 및 전자신청

서면으로 등기를 신청하는 경우에는 대법원 인터넷등기소에서 제공하는 전 자표준양식을 이용하여 전산정보처리조직에 신청정보를 입력·저장한 다음, 저 장된 신청정보를 출력하여 그 출력물로써 할 수 있다(상업등기규칙 제57조).

전자표준양식에 의하여 신청하는 경우 3만원에 해당하는 등기신청수수료는 2만5천원, 6천원에 해당하는 등기신청수수료는 4천원을 각각 납부한다.

등기의 신청은 서면 또는 대법원규칙으로 정하는 바에 따라 전산정보처리조 직을 이용한 전자문서로 할 수 있다. 이를 전자신청이라고 한다. 이 경우 전자 문서로 등기를 신청하는 당사자 또는 그 대리인은 대법원규칙으로 정하는 바 에 따라 미리 사용자등록을 하여야 한다(상업등기법 제18조 2항).

전자신청에 의하여 하는 경우 3만원에 해당하는 등기신청수수료는 2만원, 6 천원에 해당하는 등기신청수수료는 2천원을 각각 납부한다.

4) 첨부서면(상업등기법 제49조)

① 법정대리인의 허락을 얻은 것을 증명하는 서면 다만, 법정대리인이 신청 서에 기명날인함으로써 이 서면제출에 갈음할 수 있다.

② 후견인이 영업을 허락한 경우에는 친족회의 동의 있음을 증명하는 서면 인 친족회 동의서

④ 등록면허세 등 납부영수필확인서 및 영수필통지서, 등기신청수수료납부

등록면허세는 6,000원을 납부하고, 지방교육세는 그 100분의 20을, 그리고 등기신청수수료로 6,000원(전자표준양식에 의한 경우 4,000원, 전자신청은 2,000원)을 납부한다.

(3) 영업소이전등기

1) 등기신청인

무능력자 본인이 신청하여야 한다(상업등기법 제48조 1항).

2) 첨부서면

신영업소 소재지에서 영업소이전등기를 신청할 때에는 구영업소 소재지에서 그 등기를 마친 등기부등본 및 등록세를 납부한 영수필통지서 등을 첨부하고, 그 이외의 경우에는 별다른 첨부서류가 필요 없다.

3) 등기의 기록

무능력자 또는 법정대리인의 영업소를 다른 등기소의 관할구역으로 이전한 경우에 구소재지에서 하는 영업소의 이전등기(종전 등기소의 관할구역 내에 다른 영업소가 있는 경우는 제외)는 기타사항란에 하여야 하고, 이를 등기한 때에는 등기기록을 폐쇄하여야 한다(상업등기규칙 제82조).

3. 영업허가의 취소·제한 등의 등기

(1) 변경등기

1) 총 설

법정대리인은 미성년자와 한정치산자에 대한 영업의 허락을 취소 또는 제한할 수 있으나, 선의의 제3자에게 대항할 수 없으며(민법 제8조 2항), 이 때에는 거래의 안전을 위하여 등기하여야 한다(상 제40조, 상업등기법 제48조). 다만 영업허락의 취소는 장래에 향해서 허락의 효력을 상실시키는 철회에 의미를 가지며, 취소 전에 한 행위에는 아무런 영향을 미치지 못한다(주석민법 총칙(Ⅰ) 2002, 327면).

법정대리인은 허락한 영업을 취소하거나 제한한 경우에는 상인으로서 영업에 관한 등기사항의 소멸, 변경을 가져오므로(상 제40조), 허락의 철회에는 소멸등기를, 허락의 제한에는 변경등기를 하여야 한다.

그 외에 영업허락을 제한하거나 영업소의 이전, 영업종류의 변경, 무능력자의 성명·주소의 변경이 있는 때에도 그 변경의 등기를 하여야 한다.

2) 등기신청인

영업의 허락의 취소로 인한 소멸의 등기 또는 영업의 허락의 제한으로 인한 변경등기는 무능력자 본인은 물론 법정대리인도 신청할 수 있다(상업등기법 제48조 2항).

3) 등기사항

등기사항은 변경된 무능력자의 성명·주소, 주민등록번호 또는 변경된 영업의 종류나 영업소의 소재지와 변경취지 및 그 연월일이다.

4) 첨부서면(상업등기법 제49조)

영업의 종류의 증가로 인한 변경등기를 신청하는 경우에는 다음 서면을 첨부하여야 한다.

① 법정대리인의 허락을 얻었음을 증명하는 서면

다만, 신청서에 법정대리인의 기명날인이 있는 때에는 그러하지 아니하다.

② 후견인이 영업허락의 취소 또는 제한의 등기를 신청하는 경우에는 친족회의 동의가 있음을 증명하는 서면

③ 등록면허세·지방교육세·등기신청수수료 등 납부

행정구역변경에 의한 주소변경, 주민등록번호변경 등은 등록면허세가 무세이고, 그 외 영업허락의 추가 또는 변경, 주소이전에 의한 주소변경 등은 등록면허세를 6,000원 납부하고, 지방교육세는 그 100분의 20을 납부하여야 한다. 등기신청수수료는 6,000원(전자표준양식에 의한 경우 4,000원, 전자신청은 2,000원)이다.

(2) 소멸등기

무능력자의 등기에 관하여 영업허락의 취소, 영업의 폐지, 무능력자의 사망, 무능력자가 능력자로 되는 등의 사유가 발생한 때에는 그 소멸의 등기를 하여야 한다.

1) 등기신청인

이 등기는 무능력자 본인이 신청할 것이나, 무능력자의 사망으로 인한 소멸
등기는 법정대리인이 신청하여야 하고, 영업허락의 취소로 인한 소멸등기는 법
정대리인이 신청할 수도 있으며, 미성년자의 성년됨으로 인한 소멸등기는 등기
관이 직권으로 할 수도 있다(상업등기법 제47조).

2) 등기사항

기타사항란에 무능력자 소멸사유(영업허가취소, 무능력자사망, 능력취득)와
소멸취지 및 그 연월일을 등기하고, 그 등기기록은 폐쇄한다(상업등기규칙 제
82조).

3) 첨부서면

영업허가를 전부 취소한 사실을 증명하는 서면, 사망사실을 증명하는 서면
(상업등기법 제49조 3항), 성년을 증명하는 가족관계증명서 또는 한정치산선고
가 취소된 사실을 증명하는 심판등본 등을 첨부하여야 한다.

등록면허세는 6,000원이고, 지방교육세는 그 100분의 20이며, 등기신청수수료는
6,000원(전자표준양식에 의한 경우는 4,000원, 전자신청은 2,000원)이다.

Ⅱ. 법정대리인의 등기

■ 핵 심 사 항 ■

1. 법정대리인에 의한 영업의 대리 : 행위무능력자(미성년자·한정치산자·금치산
   자)에 대한 친권자·후견인이 법정대리인이다. 미성년자나 한정치산자, 금치산
   자는 원칙적으로 법정대리인을 통하여 영업을 하게 된다. 다만, 미성년자와 한
   정치산자가 법정대리인으로부터 허락을 얻은 특정한 영업에 관하여 성년자와
   동일한 효력이 있으므로(민 제8조, 제10조), 이 경우에는 무능력자등기를 하여 제
   3자에게 상인으로서 권리능력이 있음을 공시한다.
2. 등기 : 미성년자의 법정대리인인 친권자나 후견인 또는 한정치산자와 금치산자
   의 법정대리인인 후견인이 이들 무능력자를 위하여 상법 제4조의 영업을 하는
   경우에는 등기를 하여야 한다.

3. 등기사항(상업등기법 제50조)
(1) 법정대리인의 성명·주소 및 주민등록번호
(2) 무능력자의 성명·주소 및 주민등록번호
(3) 영업의 종류
(4) 영업소

1. 법정대리인에 의한 영업의 대리

(1) 법정대리의 의의

대리는 대리권의 발생원인에 따라 임의대리와 법정대리로 구분된다. 임의대리는 본인의 의사에 의하여 대리권이 수여되는 경우이고, 법정대리는 본인의 의사와 상관없이 법률의 규정에 의해 일정한 자에게 대리권이 부여되는 경우이다.

행위무능력자(미성년자·한정치산자·금치산자)에 대한 친권자·후견인이 법정대리인이다.

(2) 행위무능력자의 영업능력 유무

상인자격을 취득한 자가 스스로 유효한 영업활동을 할 수 있는 능력을 영업능력이라 한다. 민법의 행위능력은 상법에서 영업능력에 해당하며, 민법상 행위무능력자는 상인자격을 취득하여도 영업능력을 취득하지 못하므로(정찬형, 상법강의요론, 2004, 31면), 미성년자나 한정치산자, 금치산자는 원칙적으로 법정대리인을 통하여 영업을 하게 된다.

다만, 미성년자와 한정치산자가 법정대리인으로부터 허락을 얻은 특정한 영업에 관하여 성년자와 동일한 효력이 있으므로(민 제8조, 제10조), 이 경우에는 무능력자등기를 하여 제3자에게 상인으로서 권리능력이 있음을 공시한다.

법정대리인이 미성년자와 한정치산자, 금치산자를 대리하여 영업을 하는 경우, 미성년자 등이 상인이지 법정대리인이 상인인 것은 아니다.

(3) 등 기

미성년자의 법정대리인인 친권자나 후견인 또는 한정치산자와 금치산자의 법정대리인인 후견인이 이들 무능력자를 위하여 상법 제4조의 영업을 하는 경우에는 친족회의 동의를 요하는 경우 뿐만 아니라 동의를 요하지 않는 경우에도 등기를 하여야 한다.

법정대리인의 대리권에 대한 제한은 선의의 제3자에게 대항하지 못한다(상 제8조 2항).

2. 등기절차

(1) 등기신청인

법정대리인의 등기는 법정대리인이 이를 신청한다(상업등기법 제51조 1항).

(2) 등기사항(상업등기법 제50조)

① 법정대리인의 성명·주소와 주민등록번호(법정대리인의 성명은 한글로 기재한다.)

② 무능력자의 성명·주소와 주민등록번호(무능력자인 미성년자, 한정치산자 또는 금치산자의 성명과 주소이다. 이 때의 성명도 한글로 기재한다)

③ 영업의 종류

④ 영업소

(3) 첨부서면(상업등기법 제49조)

1) 법정대리인인 자격을 증명하는 서면(가족관계증명서)

2) 친족회의 동의를 요하는 경우에는 그 동의를 얻었음을 증명하는 서면

법정대리인이 후견인인 경우에 미성년자와 한정치산자에게 영업을 하게 하는 경우에는 친족회의 동의를 얻어야 하며, 이에 위반한 경우에는 친족회는 취소할 수 있으므로, 이를 증명하는 서면(친족회 동의서)을 첨부하여야 한다(민법 제950조).

그리고 친권자가 허락한 영업을 후견인이 취소 또는 제한을 함에는 친족회의 동의가 필요하므로(민법 제945조), 이에 관한 친족회 동의서를 첨부하여야 한다.

3) 등록면허세 등 납부영수필확인서 및 영수필통지서, 등기신청수수료납부

등록면허세 6,000원과 그 100분의 20의 지방교육세, 등기신청수수료 6,000원 (전자표준양식에 의한 경우 4,000원, 전자신청은 2,000원)을 납부한다.

3. 변경등기·소멸등기

(1) 의 의

1) 변경등기

등기한 사항, 즉 ① 법정대리인의 성명·주소와 주민등록번호 ② 무능력자의 성명·주소와 주민등록번호 ③ 영업의 종류 ④ 영업소 등에 변경이 있는 경우에는 그 변경등기를 하여야 한다. 법정대리인의 대리권 소멸은 등기사항의 소멸이므로 변경등기를 하여야 한다(상업등기법 제51조).

2) 소멸등기

또한 영업의 폐지, 무능력자가 능력자로 된 경우와 법정대리인이 퇴임·사망·후견인사임(해임) 등의 경우에는 소멸의 등기를 하여야 한다(상업등기법 제51조).

(2) 등기신청인(상업등기법 제51조)

무능력자가 능력자로 됨으로 인한 소멸의 등기는 법정대리인 외에 무능력자도 신청할 수 있고(동조 2항), 법정대리인의 퇴임으로 인한 소멸의 등기는 퇴임한 법정대리인 외에 신법정대리인도 신청할 수 있으며(동조 3항), 법정대리인의 사망으로 인한 소멸의 등기는 신법정대리인이 신청하여야 한다(동조 4항).

그 나머지의 변경등기는 법정대리인이 신청하여야 한다(동조 1항).

(3) 첨부서면

후견인이 변경등기를 신청하는 경우에는 친족회의 동의 있음을 증명하는 서면을 첨부하여야 하고(상업등기법 제49조 2항), 법정대리인의 퇴임 또는 사망으로 인한 소멸의 등기를 신청하는 경우에는 그 퇴임 또는 사망을 증명하는 서면을 첨부하여야 한다(상업등기법 제52조 2항).

그 나머지의 변경등기의 신청서에는 변경을 증명하는 서면을 첨부한다.

제 3 장 지배인의 등기

I. 지배인의 등기

■ 핵 심 사 항 ■

1. 지배인의 의의 : 지배인이란 영업주에 갈음하여 그 영업에 관한 재판상 또는 재판 외의 모든 행위를 할 수 있는 대리권을 가진 상업사용인을 말한다(상 제11조 1항).
2. 지배인의 등기 : 상인은 그 지배인의 선임과 대리권의 소멸에 관하여 지배인을 둔 장소에 등기를 하여야 하므로, 그 지배인을 둔 본점 또는 지점소재지에서 등기하여야 한다. 이는 공동대리에 관한 사항 및 그 변경과 소멸에 관하여도 같다(상 제13조).

1. 총 설

(1) 지배인의 의의

지배인이란 영업주에 갈음하여 영업에 관한 재판상 및 재판 외의 일체의 행위를 할 수 있는 상업사용인을 말한다(상 제11조 1항).

포괄적인 대리권이 있는 지배인과 거래하는 제3자는 민법상의 대리인과 상대하는 경우와는 달리 대리권의 유무나 그 범위를 확인할 필요가 없으므로, 거래의 안전과 신속한 거래의 체결을 도모할 수 있다.

(2) 지배인의 선임

지배인은 상업사용인이므로 지배인을 선임할 수 있는 자는 상인에 한한다. 지배인의 선임행위는 대리권의 수여행위인데 통상 고용관계와 결합된다. 소상인은 지배인을 선임할 수 있으나 상업등기의 규정이 적용이 없기 때문에 (상 제9조) 그 선임을 가지고 제3자에게 대항할 수 없다.

(3) 지배인의 대리권의 범위

지배인은 본점 또는 지점에 두어지므로, 지배인의 대리권은 상인이 지배인을 둔 본점 또는 그 지점의 영업에만 미치고 다른 영업소의 영업에는 미치지 아니한다(상 제10조). 한 지배인이 수개의 영업소 지배인의 지위를 겸하는 경우에도 등기는 각별로 하여야 한다.

채무자회생및파산에관한법률에 의한 관리인대리, 파산관재인대리, 국제도산관리인대리는 관리인 또는 파산관재인 등에 갈음하여 재판상 또는 재판 외의 모든 행위를 할 수 있다(동법 제76조 5항, 제362조 4항, 제637조 2항). 상법상 지배인의 경우 본점 또는 지점별로 대리권을 갖지만(상 제10조), 관리인대리 등의 경우에는 전 영업소에 관하여 대리할 수 있는 권한이 있는 점에서 다르다.

지배인의 대리권은 제한할 수 있으나 이로써 선의의 제3자에게 대항하지 못한다(상 제11조 3항).

영업주가 수개의 상호로 영업을 하는 경우에는 지배인이 대리할 영업과 그 상호를 등기하여야 한다(상업등기법 제53조). 따라서 지배인 등기는 상호를 단위로 하는 개별 영업마다 별도로 이루어져야 하므로, 지배권이 미치는 범위는 영업의 상호를 단위로 정하여진다. 그러나 영업의 범위를 벗어난 행위라고 할 수 있는 영업의 양도·폐지, 상호의 변경, 파산신청, 신분법상의 행위는 지배권의 범위에서 제외된다(정경영, 상법학강의, 2007, 44면).

은행의 출장소는 등기가 되어 있으면 지점으로 보아 지배인등기가 가능하다.

(4) 지배인의 수

지배인의 수는 제한이 없으므로 1개 지점에 1인 이상의 지배인을 선임할 수 있고, 상인은 수인의 지배인이 공동하여 대리권을 행사하도록 정할 수가 있다(상 제12조 1항).

이 때 수인의 지배인 전원이 공동해서만 대리권을 행사할 수 있도록 정하거나, 갑·을 은 공동지배인, 병은 단독지배인으로 정할 수도 있고, 갑·을·병 중 어느 두사람이 공동으로서만 대리권을 행사할 수 있도록 정할 수도 있다.

이 때에는 지배인은 공동하여 대리권을 행사하지 않으면 그 효력이 없다. 그러나 공동지배인의 1인에 대한 의사표시는 영업주에게 그 효력이 있다(상 제12조 2항).

(5) 지배인의 권한

지배인은 그의 영업상의 거래행위뿐만 아니라, 영업에 관한 소송행위까지도 유효하게 할 수 있는 권한이 있다. 지배인은 부동산등기신청은 할 수 있으나, 법인의 인격에 관한 법률행위인 상업등기신청을 할 수 없다.

【쟁점질의와 유권해석】

<부도난 회사의 소송업무를 처리하기 위하여 지배인으로 선임된 자에게 영업주의 소송대리권이 있는지 여부>

회사가 부도난 후 그 회사의 각종 채권관계를 정리하고 이에 관한 소송업무를 처리하기 위하여 지배인으로 선임·등기된 자는 지배인의 실체는 갖춤이 없이 오로지 소송의 편의만을 위한 것이므로, 그러한 지배인은 영업주의 소송대리권이 없다.

그리고 법률에 따라 재판상 행위를 할 수 있는 대리인 외에는 변호사가 아니면 소송대리인이 될 수 없으므로(민소법 제87조), 이러한 제한을 회피하여 변호사가 아니면서도 소송행위를 하기 위하여 지배인 선임을 위장하여 소송행위를 하면 형사처벌을 받는다(대판 1978. 12. 26, 78도2131).

2. 지배인의 등기

(1) 등기사유

상인은 그 지배인의 선임과 대리권의 소멸에 관하여 지배인을 둔 장소에 등기를 하여야 하므로, 그 지배인을 둔 본점 또는 지점소재지에서 등기하여야 한다. 이는 공동대리에 관한 사항 및 그 변경과 소멸에 관하여도 같다(상 제13조).

따라서 본점에 둔 지배인에 관해서는 지점에서는 등기할 필요가 없고, 어느 한 지점에 둔 지배인에 관해서는 다른 지점은 물론 본점에서도 이를 등기할 필요가 없다. 이 점에서 지배인의 등기는 본점에서 등기한 사항은 모두 지점에서도 등기하여야 한다(상 제35조)는 상업등기 일반원칙의 예외에 속한다.

지배인의 등기에 관하여 등기기간의 정함은 없다.

(2) 등기신청인

지배인에 관한 등기신청은 영업주가 하여야 한다(상 제13조, 상업등기법 제17조). 무능력자가 영업주인 경우에는 법정대리인이 영업주를 대리하여 신청한다.

법정대리인이 무능력자를 위하여 영업을 하는 경우에 지배인을 선임하고 그 등기를 신청함에는 법정대리인의 등기가 있어야 된다고 할 것이다.

1개 또는 수개의 영업의 허락을 받은 미성년자 또는 한정치산자는 그 영업에 관하여는 능력자로 보는 것이므로, 지배인을 선임할 수 있음은 물론이나, 그 선임의 등기를 신청함에는 무능력자의 등기가 있어야 된다.

회사가 영업주인 경우의 지배인선임의 등기는 회사의 대표자가 신청하여야 한다(상 제13조, 상업등기법 제55조, 제17조).

그리고 지배인은 부동산등기를 할 수 있으나 법인의 인격에 관한 법률적 행위인 상업등기신청은 할 수 없다(상업등기법 제17조).

(3) 등기의 기록

개인인 상인의 지배인에 관한 등기에 대하여는 지배인등기부에 등기하여야 하는 바, 회사 이외의 영업주로부터 여러 명의 지배인에 관한 등기신청이 있는 때에는 각 지배인을 다른 등기기록에 등기하여야 한다(상업등기규칙 제81조).

그러나 회사의 지배인에 관한 등기는 지배인등기부에 등기하지 아니하고 이를 영업주인 회사의 등기부에 등기한다(상업등기법 제54조).

상법상 지배인등기의 경우 상법 제635조가 적용되지 아니하므로 등기해태 통지를 하지 아니한다(예규 제1102호).

Ⅱ. 지배인선임의 등기

▣ 핵 심 사 항 ▣

1. 지배인의 선임 : 지배인을 선임할 수 있는 자는 영업주 또는 그의 대리인에 한 정되며(상 제10조 참조), 지배인이 다른 지배인을 선임할 수는 없다(상 제11조 2항

의 반대해석). 그리고 회사기업의 경우에는 지배인을 선임할 때 이사회결의와 같은 일정한 내부적 절차를 거치도록 규정하고 있다(상 제393조 1항).

2. 지배인의 종임 : 지배인의 지위는 그 선임계약의 내용에 따른 종료사유의 발생 또는 민법상의 대리권의 소멸사유(민 제127조, 제128조 등)에 의하여 종임된다. 다만 지배권은 일종의 상사대리권이므로 영업주의 사망으로 인해 지배권이 소멸되지는 않는다(상 제50조).

3. 등기 : 지배인의 선임과 종임은 그 지배인을 둔 영업소의 소재지에서 등기하여야 한다(상 제13조). 그러나 이는 대항요건에 불과하다(상 제37조 1항 참조).

1. 지배인의 선임

(1) 선임권자 및 지배인의 자격

지배인은 영업주인 상인 또는 지배인선임권한이 부여된 대리인(법정대리인·임의대리인 포함)이 선임한다(상 제10조). 지배인의 자격은 자연인에 한하며, 행위무능력자일 필요는 없고(민 제117조), 합명·합자회사의 사원, 주식회사의 이사도 지배인이 될 수 있다. 그러나 주식회사와 유한회사의 감사는 지배인이 될 수 없으며(상 제411조, 제570조), 상인이 아닌 자의 지배인도 상법상 지배인이 아니다.

영업의 허락을 받은 미성년자 또는 한정치산자는 스스로 지배인을 선임할 수 있으며 무능력자를 위하여 영업을 하는 법정대리인도 지배인을 선임할 수 있다.

(2) 선임절차

회사가 지배인을 선임함에는 회사의 대표자가 회사를 대표하여 선임하게 되는 것이나, 이를 위하여 합명회사에 있어서는 총사원의 과반수결의(상 제203조), 합자회사에 있어서는 무한책임사원의 과반수결의(상 제274조), 주식회사에 있어서는 이사회결의(상 제393조), 유한회사에 있어서는 이사과반수결의 또는 사원총회의 결의(상 제564조)를 요한다.

영업능력이 제한되는 청산중인 회사나 파산회사는 지배인을 선임할 수 없다는 것이 통설이다(정경영, 상법학강의, 2007, 43면). 그러나 파산회사의 파산관재인은 법원의 허가를 얻어 영업을 계속할 수 있으므로(채무자 회생 및 파산에 관한 법률 제86조), 이 경우에는 지배인의 선임이 가능할 것이라고 본다(권오복, 이론실무 상업등기, 2008, 345면).

지배인의 수는 제한이 없으므로 1개 지점에 1인 이상의 지배인을 선임할 수 있다.

수인의 지배인에게 공동으로 대리권을 행사하게 할 경우에 그 형태는 여러 가지로 정할 수 있다. 즉, 갑·을 2인이 공동하여 대리하게 하거나, 갑은 단독으로 영업주를 대리하고, 을은 갑과 공동하여 대리할 것으로 정할 수도 있다.

회사가 영업주인 경우에는 이 공동대리의 정함도 지배인선임을 결정하는 기관에서 정하여야 된다고 할 것이다.

(3) 지배인 등기의 효력

회사지점의 지배인은 지점등기를 하지 아니하고는 지배인 등기를 할 수 없다(상 제10조). 지배인등기는 주식회사의 임원등기와 같이 대항요건에 불과하므로, 지배인은 선임사실만으로 즉시 상법 소정의 지배인권을 취득한다.

(4) 관련문제

1) 합병으로 소멸하는 회사의 지배인을 존속하는 회사의 지배인으로 계속하기 위한 요건

흡수합병으로 소멸하는 주식회사의 지점에도 해산등기를 하여야 하므로 소멸회사가 지점 지배인을 존속하는 회사의 지점 지배인으로 계속하려면 존속회사의 해당 지점에 새로이 지배인선임등기를 하여야 한다(1992. 5. 19, 등기 1091 질의회답).

2) 지배인의 대리권의 범위

상법상 상인이 지배인을 선임할 수 있는 인원수에 관하여는 제한 규정이 없으므로 1개 지점에 1인 이상의 지배인을 선임할 수도 있으며, 수인의 지배인이 공동으로 대리권을 행사할 것을 정하거나 대리할 영업의 종류를 정하여 이를 등기하지 않는 한 지배인은 각자 영업주에 갈음하여 그 영업에 관한 모든 행위를 할 수 있는 것이다(상 제10조~제13조, 규칙 제64조)(1992.4.28, 등기 972 질의회답).

【쟁점질의와 유권해석】

<외국회사의 대한민국에서의 대표자의 대표권의 범위>

외국회사의 대한민국에서의 대표자의 대표권은 국내의 모든 영업소에 미치므로 외국 회사가 국내에 2개 이상의 영업소를 설치하는 경우 각 영업소별로 서로 다른 대표자 를 정하여 등기하거나 대표권을 특정 영업소의 영업에 한정하는 취지의 등기를 할 수는 없지만, 각 영업소마다 지배인을 선임하여 지배인등기를 할 수는 있다(1998. 4. 4. 등기 219 질의회답).

2. 등기절차

(1) 총 설

지배인의 선임과 종임은 등기사항이므로(상 제13조), 그 등기를 하지 않으 면 선의의 제3자에게 대항하지 못한다(상 제37조).

지배인등기 중 개인인 상인의 지배인에 관한 등기는 지배인등기부에 등기하여 야 하고, 동일 영업주로부터 수인의 지배인에 관한 등기의 신청이 있을 때에는 각 지배인별로 별개의 등기용지에 등기하여야 한다(규칙 제64조). 그러나 회사 의 지배인에 관한 등기는 회사의 등기부에 기재하고, 지배인등기부가 따로 없다 (상업등기법 제54조 1항).

한 지배인이 수개의 영업소의 지배인의 지위를 겸하는 경우에도 등기는 각 별로 하여야 한다.

(2) 등기신청인

영업주가 개인인 경우에는 영업주가 등기신청인이 되며(상 제13조), 회사가 영업주인 경우에는 회사의 대표자가 등기신청인이 된다(상업등기법 제17조).

무능력자가 영업주인 때에는 법정대리인이 대리하여 신청한다.

(3) 등기사항

1) 영업주가 개인인 경우(상업등기법 제53조)

가. 지배인의 성명·주소 및 주민등록번호

나. 영업주의 성명·주소 및 주민등록번호

회사의 지배인에 대하여는 회사등기부에 기재하기 때문에 영업주의 기재가 필요없다(상업등기법 제54조).

다. 영업주가 수개의 상호로 수종의 영업을 할 때에는 지배인이 대리할 영업과 그 사용할 상호(회사의 지배인은 해당사항이 없다)

라. 지배인을 둔 장소

'지배인을 둔 장소'는 그 지배인을 둔 본점 또는 지점의 소재지와 지점의 명칭(지점의 명칭이 등기되어 있는 경우에 한함)이라고 해석된다. 따라서 지점의 명칭이 등기되어 있는 경우에는 지배인을 둔 장소로 지점의 소재지만을 등기하거나 등기되어 있는 지점의 명칭과 다른 명칭을 등기할 수 없다(2006. 10. 11, 공탁상업등기과-1122 질의회답).

마. 2인 이상의 지배인이 공동으로 대리권을 행사할 것을 정한 때에는 그에 관한 규정

2) 회사가 영업주인 경우(상업등기법 제54조)

회사의 지배인의 등기는 회사의 등기부에 한다. 회사의 지배인등기에 있어서는 다음 사항을 등기한다.

① 지배인의 성명·주소 및 주민등록번호

② 지배인을 둔 장소

③ 2인 이상의 지배인이 공동으로 대리권을 행사할 것을 정한 때에는 그에 관한 규정

(4) 첨부서면

지배인의 주소, 주민등록번호를 확인할 수 있는 서면을 첨부하여야 하고, 등록면허세는 6,000원을, 지방교육세는 그 100분의 20에 해당하는 금액을 납부한 영수필확인서 및 영수필통지서 및 등기신청수수료를 납부하여야 한다.

등기신청수수료는 하나의 등기신청서로서 수인의 지배인선임등기를 신청하는 경우에도 하나의 지배인선임등기로 보므로 6,000원(전자표준양식에 의한 경우 4,000원, 전자신청은 2,000원)을 납부하면 된다.

그 외 특수한 첨부서면은 다음과 같다.

1) 회사가 영업주인 경우(상업등기법 제55조)

① 지배인의 선임을 증명하는 서면

② 2인 이상의 지배인이 공동으로 대리권을 행사할 것으로 정한 때에는 그 정함을 증명하는 서면

위 ①, ②의 서면에 해당하는 것으로는 합명회사에 있어서는 총사원과반수의 동의가 있음을 증명하는 서면, 합자회사에 있어서는 무한책임사원과반수의 동의가 있음을 증명하는 서면, 주식회사에 있어서는 이사회회의록, 유한회사에 있어서는 이사과반수의 동의가 있음을 증명하는 서면 또는 사원총회의사록이다.

지배인의 주소, 주민등록번호를 확인할 수 있는 서면 등도 첨부한다.

③ 지점소재지에 둔 지배인의 등기신청서에는 회사 대표자의 인감증명서 추가 첨부

본점소재지 이외의 지점소재지 등기소에서 회사의 지배인등기를 신청할 때에는 대표자의 인감증명서를 첨부하여야 한다.

2) 영업주가 개인인 경우

영업주가 무능력자로서 법정대리인이 영업주를 대리하여 신청할 때에는 그 권한을 증명하는 서면

실무상 영업주가 상인인 점을 소명할 수 있는 사업자등록세 등을 첨부한다.

실무에서 지배인선임자의 승낙서를 첨부하는 경우가 많으나, 지배인 본인에게 불리한 것이 없으므로 승낙서는 첨부하지 않아도 될 것이다. 그러나 신청인의 의사를 확인하여야 하므로 신청인의 인감증명과 신청서에 인감을 날인하여야 할 것이다.

3) 인감의 제출

① 회사지배인의 등기신청서에는 신청인인 영업주의 인감을 제출하여야 한다(상업등기법 제24조).

② 회사의 지배인의 등기신청서에는 이미 인감이 제출되어 있는 회사의 본점소재지 관할등기소에 지배인선임의 등기를 신청하는 경우를 제외하고는 회사대표자의 인감증명서를 첨부하여야 한다(상업등기법 제55조).

③ 인감의 제출은 인감제출자에 관한 사항을 기재하고, 사용할 인감을 날인한 인감신고서를 관할등기소에 제출하는 방법으로 한다(상업등기규칙 제36조 1항).

④ 인감신고서는 인감을 제출하는 본인 또는 그 대리인이 등기소에 출석하여 제출하여야 한다. 다만, 대법원예규로 정하는 경우에는 인터넷을 이용하여 제출할 수 있다(동규칙 제36조 2항).

⑤ 등기소에 출석하여 제출하는 인감신고서(발행일로부터 3개월 이내의 것에 한함)를 첨부하거나 등기소에 제출한 유효한 종전 인감을 날인하여야 한다(동규칙 제36조 3항).

⑥ 지배인이 제출하는 인감임이 틀림없음을 보증하는 서면(그 서면에는 영업주가 등기소에 제출한 인감을 날인하여야 함)을 첨부하여야 한다(동규칙 제36조 4항).

Ⅲ. 지배인에 관한 변경등기

■ 핵 심 사 항 ■

1. 지배인의 종임사유 : 지배인은 다음 사유로 인하여 종임한다.
 (1) 사임
 (2) 해임
 (3) 영업주의 파산
 (4) 지배인의 사망, 금치산 또는 파산
 (5) 영업주인 회사의 해산
 (6) 영업 또는 영업소의 폐지
   다만 지배권은 일종의 상사대리권이므로 영업주의 사망으로 인해 지배권이 소멸되지는 않는다(상 제50조).
2. 등기 : 지배인의 선임과 종임은 그 지배인을 둔 영업소의 소재지에서 등기하여야 한다(상 제13조). 그러나 이는 대항요건에 불과하다(상 제37조 1항 참조).

1. 지배인에 관한 변경절차

영업주가 개인인 경우에는 언제든지 지배인을 둔 영업소를 이전하고 지배인의 공동대리에 관한 규정을 설정하거나 변경, 폐지할 수 있다.

영업주가 회사인 경우에는 본점 또는 지점을 이전함에 따라 지배인을 둔 장소에 변경이 생기고 또 지배인선임과 동일한 절차에 의하여 공동대리에 관한 규정을 설정하거나 변경하고 또는 폐지할 수 있다.

회사의 지배인을 둔 본점 또는 지점의 이전·변경·폐지등기와 지배인을 둔 장소의 이전·변경·폐지등기신청은 동시에 하여야 한다. 이 경우 그 신청서에는 설정·변경·소멸을 증명하는 서면을 첨부하여야 한다(상업등기법 제55조 2항).

지배인을 둔 장소를 이전한 때에는 지배인의 대리권은 소멸하지 아니하고, 지배인은 이전 후의 영업소의 영업에 관하여 재판상 또는 재판 외의 일체의 대리권을 가진다.

공동지배인의 1인에 관하여 대리권이 소멸하더라도 당연히 다른 공동지배인의 대리권이 소멸하거나 그가 단독으로 대리권을 행사할 수 있는 것은 아니며, 대리권의 공동행사가 불가능하게 됨에 그친다.

2. 영업소를 타등기소 관내로 이전한 경우의 등기절차

(1) 등기사항

영업주가 지배인을 둔 영업소를 다른 등기소의 관할구역 내로 이전한 경우에는 구소재지에서는 이전의 등기를, 신소재지에서는 지배인의 선임등기사항과 동일사항을 등기한다(상업등기법 제53조, 제32조).

(2) 동시신청

회사의 지배인을 둔 본점 또는 지점이 이전·변경 또는 폐지된 경우에 본점 또는 지점의 이전·변경 또는 폐지의 등기신청과 지배인을 둔 장소의 이전·변경 또는 폐지의 등기의 신청은 동시에 하여야 한다(상업등기법 제55조 3항).

(3) 첨부서면

신소재지에서 등기를 신청하는 경우는 구소재지에서 등기를 마친 등기부등본을 첨부하여야 한다.

지배인을 둔 지점을 이전한 경우에는 본점소재지에서 신청하는 경우를 제외하고 회사 대표자의 인감증명서를 첨부하여야 한다(상업등기법 제24조).

그리고 회사 지배인에 관한 변경등기의 등록면허세는 23,000원, 지방교육세는 100분의20이고, 개인상인의 지배인에 관한 변경등기의 등록면허세는 6,000원, 지방교육세는 그 100분의20이다. 등기신청수수료는 6,000원인데, 전자표준양식에 의하여 신청하는 경우에는 4,000원, 전자신청의 경우에는 2,000원이다.

3. 기타의 변경등기

위의 사항 이외에 지배인의 성명·주소변경, 영업주의 성명·주소변경 등 상업등기법 제53조에 게기한 사항에 변경이 있는 때에는 그 변경의 등기를 하여야 한다.

회사의 지배인을 둔 본점 또는 지점의 이전, 변경 또는 폐지의 경우에는 본점 또는 지점의 이전, 변경 또는 폐지의 등기의 신청과 지배인을 둔 장소의 이전, 변경 또는 폐지의 등기신청은 동시에 하여야 한다(상업등기법 제55조 3항).

회사가 영업주인 경우에는 본점소재지에서 등기를 신청하는 경우를 제외하고 지배인의 등기신청서에는 등기소에서 작성한 회사대표자의 인감증명서를 첨부하여야 한다(상업등기법 제24조).

4. 지배인에 관한 소멸의 등기

(1) 지배인의 종임

지배인은 대리권의 소멸, 고용 또는 위임관계의 종료에 의하여 종임한다. 지배인이 영업주의 영업을 양수하거나 영업주의 상속인이 됨으로써 지배인의 대리권은 소멸한다.

지배인은 다음 사유로 인하여 종임한다.

① 사임

② 해임

③ 영업주의 파산

④ 지배인의 사망, 금치산 또는 파산

⑤ 영업주인 회사의 해산

⑥ 영업 또는 영업소의 폐지

민법상 본인의 사망은 대리권소멸 원인으로 되어 있으나(민 제127조), 지배인의 대리권은 상행위의 위임에 의한 대리권이므로 영업주의 사망은 지배인의 종임사유에 해당하지 아니한다(상 제50조).

(2) 지배인에 관한 소멸등기절차

1) 등기신청인 등

지배인에 관한 소멸등기는 지배인선임등기의 신청인과 같이 영업주 또는 회사의 대표자 등이 신청한다(상 제13조, 상업등기법 제17조).

지배인의 사망·사임, 지배인을 둔 장소 폐지, 영업주가 파산한 경우 등 지배인의 대리권이 소멸한 때에는 소멸의 등기를 하여야 한다(상 제13조). 그러나 영업주의 사망은 지배인의 대리권 소멸원인이 아니다.

회사가 해산한 경우에는 지배인의 대리권은 소멸하는 것이나 이 때에는 등기관이 직권으로 지배인에 관한 등기를 말소하는 기호를 기록하므로(상업등기규칙 제83조), 그 소멸의 등기를 신청할 필요는 없다.

회사 이외의 영업주가 설치한 대리권의 소멸의 등기는 기타사항란에 하여야 하고, 이를 등기한 때에는 등기기록을 폐쇄하여야 한다(상업등기규칙 제82조).

2) 첨부서면

첨부서면은 경우에 따라 다음과 같다.

가. 영업주가 회사인 경우

① 대리권의 소멸사실을 증명하는 서면(상업등기법 제55조 2항)

지배인이 사임한 때에는 사임서, 지배인을 해임한 때에는 합명회사에 있어서는 사원, 합자회사에 있어서는 무한책임사원의 각 과반수의 동의가 있음을 증명하는 서면, 주식회사에 있어서는 이사회의사록, 유한회사에 있어서는 이사과반수의 동의가 있음을 증명하는 서면 또는 사원총회의 의사록이 이 서면에 해당한다.

또한 사망의 경우에는 가족관계증명서, 금치산선고나 파산선고의 경우에는 재판서등본 등을 첨부하여야 한다.

② 영업소를 폐지한 경우에는 본점소재지에서 지배인을 둔 지점의 폐지등기를 증명하는 서면

③ 지점소재지에서 신청하는 경우에는 회사대표자의 인감증명서

④ 대리인에 의하여 신청할 경우에는 그 권한을 증명하는 서면인 위임장 등

⑤ 등록면허세 등 납부영수필확인서 및 영수필통지서, 등기신청수수료납부

등록면허세는 23,000원, 지방교육세는 그 100분의 20이고, 등기신청수수료는 6,000원(전자표준양식에 의한 신청은 4,000원, 전자신청은 2,000원)이다.

나. 영업주가 개인인 경우

① 영업주가 무능력자로서 법정대리인이 무능력자를 대리하여 신청할 때에는 그 자격을 증명하는 가족관계증명서

② 대리인에 의하여 신청할 때에는 그 권한을 증명하는 서면

회사 이외의 영업주가 설치한 지배인에 관한 대리권소멸의 등기를 한 때에는 그 등기기록을 폐쇄하여야 한다(상업등기규칙 제82조).

③ 등록면허세 등 납부영수필확인서 및 영수필통지서, 등기신청수수료증지

등록면허세는 6,000원, 교육세는 그 100분의 20이고, 등기신청수수료는 6,000원(전자표준양식에 의한 신청은 4,000원, 전자신청은 2,000원)이다.

제3편　촉탁등기

제3편 촉탁등기

■ 핵 심 사 항 ■

1. 신청주의 : 상업등기는 법령에 다른 규정이 있는 경우를 제외하고는 당사자의
   신청 또는 관공서의 촉탁이 없으면 이를 하지 못한다(상업등기법 제17조).
2. 재판에 의한 촉탁등기
 (1) 해산명령에 의한 촉탁등기
 (2) 해산판결에 의한 촉탁등기
 (3) 회사의 설립무효판결에 의한 촉탁등기
 (4) 회사의 설립취소판결에 의한 촉탁등기
 (5) 합병무효판결에 의한 촉탁등기
 (6) 분할 또는 분할 합병무효에 의한 촉탁등기
 (7) 본점이전 무효판결이 확정된 경우의 촉탁등기
 (8) 증자·감자 무효판결확정에 의한 촉탁등기
 (9) 주주총회 결의의 무효·부존재·취소 또는 변경판결에 의한 촉탁등기
 (10) 이사·감사의 해임판결에 의한 촉탁등기
3. 촉탁등기절차 : 기본적으로 신청절차가 준용되나 촉탁자 또는 그 대리인의 출
   석은 요하지 아니한다(상업등기법 제17조 3항, 제18조 3항).

Ⅰ. 총 설

상업등기는 법령에 다른 규정이 있는 경우를 제외하고는 당사자의 신청 또는 관공서의 촉탁이 없으면 이를 하지 못한다(상업등기법 제17조).

상업등기법이나 채무자회생및파산에관한법률 등은 법원의 촉탁에 의하여 등기하도록 구체적인 경우마다 이를 개별적으로 규정하고 있다. 그 외 담보부사채신탁법, 금융산업의구조개선에관한법률 등에서도 일정한 경우 행정관청이 등기소에 업무정지명령 또는 등록취소와 관리인선임등기 등에 관한 촉탁규정을 하고 있는 경우도 있다.

즉, 회사해산이나 회사설립의 무효·취소, 합병무효, 주주총회결의의 부존재나 무효·취소, 사원제명, 업무집행권상실, 이사나 감사 또는 청산인의 해

임이나 직무집행정지 또는 직무대행자선임, 자본증가나 자본감소의 무효, 회사정리개시나 종결 또는 취소, 강제화의개시나 취소 또는 폐지, 파산선고나 취소 또는 폐지 등의 재판이 확정된 때에는 그 재판을 한 법원은 지체없이 그 재판내용에 따른 등기를 촉탁하여야 한다고 규정하고 있다. 회사의 분할합병무효도 합병무효와 동일하다고 할 것이다.

촉탁등기절차는 기본적으로 신청절차가 준용되나 촉탁자 또는 그 대리인의 출석은 요하지 아니한다(상업등기법 제17조 3항, 제18조 3항).

Ⅱ. 재판에 의한 촉탁등기

1. 해산명령에 의한 촉탁등기

(1) 총 설

법원은 직권 또는 이해관계인이나 검사의 청구에 의하여 회사의 해산을 명할 수 있는데(상 제176조), 그 해산명령 사유는 다음과 같다.

1) 회사의 설립목적이 불법한 것일 때

정관에 기재된 목적 자체가 불법인 경우뿐만 아니라, 외형상 목적은 적법하나 실제의 설립의도가 불법인 경우도 포함된다.

2) 회사가 정당한 사유없이 설립 후 1년 이내에 영업을 개시하지 아니하거나 1년 이상 영업을 휴지한 때

3) 회사의 업무집행사원 또는 이사가 법령이나 정관에 위반하여 회사의 존속을 허용할 수 없는 행위를 한 때

4) 대한민국 내에 있는 외국회사의 영업소에 대하여

① 그 설치목적이 불법한 때, ② 설치등기 후 정당한 사유없이 1년 이내에 영업개시를 하지 않거나 1년 이상 영업을 휴지하거나, 정당한 사유없이 지급을 정지 한 때, ③ 회사의 대표자나 업무집행자가 법령이나 공서양속에 위반한 때에는 그 영업소의 폐쇄를 명할 수 있다(상 제619조).

(2) 등기절차

회사에 대한 해산명령의 재판이 확정되면 법원은 그 결정등본을 첨부하여 해산한 회사의 본점과 지점소재지 관할등기소에 해산등기를 촉탁하여야 한다. 이 때 지점소재지에서의 첨부서면 규정인 비송사건절차법 제155조는 적용하지 아니한다.

등기할 때에는 일반 해산등기의 경우와 같이 기타사항란에 재판에 의한 해산의 취지와 그 연월일을 기재하여야 하고, 촉탁등기의 일반례에 따라 법원의 명칭, 사건번호 및 재판확정연월일 또는 재판연월일도 기록하여야 한다(상업등기규칙 제69조 2항).

법원의 해산명령에 따른 해산등기의 경우, 이를 등록면허세가 부과되지 아니하는 지방세법 제26조 1항의 "국가가 자기를 위하여 받는 등기"에 해당한다고 볼 수 없고, 조세특례제한법 등 다른 법령에서 특히 이에 대해 등록면허세를 면제하는 규정을 두고 있지 아니하므로 등록면허세를 납부하여야 한다. 이 경우 등록면허세는 23,000원이고, 지방교육세는 그 100분의 20, 농어촌특별세는 조세특례제한법, 관세법, 지방세법에 의하여 감면 또는 면제되는 등록면허세의 100분의 20이다.

그리고 법원의 촉탁에 따라 해산등기를 하는 때에는 등기신청수수료를 받지 아니한다(등기사항증명서 등 수수료규칙 제5조의3 2항 단서).

2. 해산판결에 의한 촉탁등기

(1) 총 설

합명회사와 합자회사의 경우, 부득이한 사유가 있는 때에는 각 사원은 법원에 회사의 해산을 청구할 수 있고(상 제241조, 제269조), 주식회사와 유한회사의 경우 회사의 업무가 현저한 정돈상태를 계속하여 회복할 수 없는 손해가 생긴 때나 생길 염려가 있는 때나 회사재산의 관리·처분의 현저한 실당으로 인하여 회사의 존립을 위태롭게 한 때에는 발행주식총수의 100분의 10 이상에 해당하는 주식을 가진 주주나 총출자좌수의 100분의 10 이상에 해당하는 사원은 법원에 회사의 해산을 청구할 수 있다(상 제520조, 제613조). 이 때의 보고는 당해 회사이다.

주식회사가 법원의 해산판결로 해산되는 경우에 그 주주는 여전히 주주총회의 결의에 참여할 수 있으며, 잔여재산의 분배청구권 및 청산인의 해임청구권을 보유하지만, 이사의 지위는 전혀 달라서 이사가 당연히 청산인으로 되는 것이 아니라 법원이 임원 기타 이해관계인 또는 검사의 청구에 의하여 또는 직권으로 청산인을 선임하도록 규정하고 있다.

(2) 등기절차

회사해산의 재판이 확정되면 법원은 그 판결등본을 첨부하여 직권으로 해산한 회사의 본점과 지점소재지의 등기소에 해산등기를 촉탁하여야 한다(비송 제93조, 제108조).

등기할 때에는 기타사항란에 재판에 의한 해산의 취지와 그 연월일과 법원의 명칭, 사건번호 및 재판확정연월일 또는 재판연월일을 기록하여야 한다(상업등기규칙 제69조 2항).

그리고 대표사원 및 사원의 공동대표에 관한 규정의 등기는 청산인등기를 한 때에 말소하는 기호를 기록한다(상업등기규칙 제93조).

3. 회사의 설립무효판결에 의한 촉탁등기

(1) 총 설

1) 회사설립 무효의 원인

설립무효의 원인이 되는 객관적 원인으로는 다음과 같은 것이 있다[11].

① 정관의 절대적 기재사항의 흠결(상 제289조)

② 주식회사를 '모집설립'하거나 또는 자본금 총액을 '10억원 이상'으로 하여 발기설립하는 경우에 있어서 원시정관에 공증인의 인증이 없는 경우(상 제292조)[12]

---

11) 주식회사 설립시의 발기인이 1~2인에 불과했다거나(2001년 상법개정시 발기인수 제한 폐지), 자본금 5천만원 미만으로 설립한 것(2009년 상법개정시 법정최저자본금제도 폐지), 회사설립시에 정관에 정해진 발행예정주식수의 4분의1에 미달하는 주식을 발행한 것(2011년 상법개정시 주식회사 설립시 최저발행주식수 제한 폐지)은 상법개정으로 인해 설립무효사유가 아님을 주의해야 한다.
12) 주식회사의 원시정관은 공증인의 인증을 받아야 효력이 생기며 이를 누락한 경우 회사설립의 객관적 하자로서 회사설립무효사유라고 해석하는 것이 통설적 견해이다. 다만, 2009.5..28. 상법개정시 자본금 총액이 10억원 미만인 주식회사를 발기설립하는 경우에는 공증인의 인증을 면제하였다.

③ 정관의 기재사항이 효력규정인 강행법에 위반되는 경우

④ 설립시에 발행하는 주식총수에 대한 인수 또는 납입에 중대한 흠결이 있는 때

⑤ 모집설립의 경우 창립총회의 불소집(상 제308조)

⑥ 창립총회의 결의의 취소나 무효, 실질상 발기설립을 하면서 형식상 모집 설립절차를 밟은 경우

⑦ 설립등기가 무효인 경우

설립무효의 판결은 제3자의 대하여도 효력이 있으나 판결확정 전에 생긴 회사와 주주 및 제3자간의 권리의무에는 영향이 없다(상 제328조 2항, 제190조).

2) 설립무효의 판결의 효력

무효판결의 효력은 과거로 소급하지 아니하므로 판결확정 전에 생긴 회사와 사원 및 제3자간의 권리의무에 영향을 미치지 아니한다(상 제328조 2항, 제190조 단서).

3) 회사의 설립행위 자체에 무효원인이 있는 경우 그 무효의 주장 방법

가. 합명회사·합자회사의 경우

합명회사나 합자회사의 경우에는 정관의 절대적 기재사항을 결하거나 그 기재가 위법한 때(비송 제179조, 제270조) 또는 설립행위자의 의사표시에 흠결이 있는 때 등 그 설립행위 자체에 무효원인이 있는 때에 그 사원에 한하여 회사성립의 날로부터 2년 내에 오직 소로써만 그 무효를 주장할 수 있다(상 제184조, 제269조).

나. 주식회사의 경우

주식회사의 경우는 주주·이사 또는 감사에 한하여 회사성립의 날로부터 2년 내에 소로써만 이를 주장할 수 있다(상 제328조 1항).

다. 유한회사의 경우

유한회사의 경우에는 정관의 절대적 기재사항을 결하거나 그 기재가 위법한 때(상 제543조, 제179조), 설립행위자의 의사에 흠결이 있거나 정관에 공증인의 인증이 없는 때(상 제543조, 제292조) 등 그 설립행위에 무효원인이

있는 때에 그 사원이나 이사 또는 감사에 한하여 회사성립의 날로부터 2년 내에 소로써만 그 무효를 주장할 수 있다(상 제552조).

(2) 등기절차

설립무효의 판결이 확정된 때에는 수소법원은 등록세납부영수필통지서 및 확인서와 그 판결등본을 첨부하여 당해 회사의 본점과 지점의 소재지에서 그 등기를 각 촉탁하여야 한다(상 제328조 2항, 제192조, 제269조, 제552조 2항, 비송 제98조, 제108조).

이 등기는 수소법원이 본점과 지점소재지의 등기소에 촉탁하여야 하며, 등기소가 이 촉탁을 받은 때에는 회사의 설립이 무효인 뜻을 등기하여야 한다(비송 제98조). 등기할 때에는 기타사항란에 재판의 취지와 연월일을 기재하고 촉탁한 법원의 명칭, 사건번호 및 재판의 확정연월일 또는 재판연월일을 기록하여야 한다(상업등기규칙 제69조 2항).

설립무효의 판결이 확정되면 회사는 해산한 경우에 준하여 청산절차를 밟아야 하는 바(상 제193조, 제269조, 제328조 2항, 제552조 2항), 이후 청산인에 관한 등기와 청산종결의 등기는 청산인의 신청에 의하여 등기하게 된다. 이 때 직권으로 종전 이사 및 대표이사(사원 등)의 등기를 말소하는 기호를 기록한다(상업등기규칙 제93조).

4. 회사의 설립취소판결에 의한 촉탁등기

(1) 총 설

1) 회사설립 취소의 원인

회사의 설립에 흠결이 있는 경우에는 회사와 거래한 제3자를 보호하기 위한 일정한 제한 내에서 그 설립을 취소할 수 있다. 즉, 합명회사나 합자회사, 유한회사의 경우에는 금치산자가 설립행위를 하거나, 미성년자나 한정치산자가 법정대리인의 동의없이 설립행위를 한 때 또는 사기·강박에 의하여 설립행위를 한 때 등의 경우에 설립의 취소를 주장할 수 있다. 다만, 주식회사의 경우에는 설립취소의 소는 인정되지 않음을 주의해야 한다.

2) 설립취소의 방법

설립행위에 취소사유가 있는 때에는 취소권이 있는 자에 한하여 회사성립의 날로부터 2년 이내에 소로써만 그 설립의 취소를 주장할 수 있고, 사원이 사행행위로 회사설립을 한 때에는 그 채권자도 설립의 취소를 주장할 수 있다(상 제184조, 제185조, 제269조, 제552조 2항).

3) 관할법원

설립취소의 소는 본점소재지 지방법원의 전속관할에 속하며, 설립취소의 판결이 확정되면 회사는 해산의 경우에 준하여 청산절차를 밟아야 하고(상 제186조, 제193조, 제269조, 제552조 2항), 이후 청산인에 관한 등기와 청산종결의 등기는 청산인의 신청에 의하여 등기하게 된다.

(2) 등기절차

설립취소의 판결이 확정되면 수소법원은 등록면허세납부영수필통지서 및 확인서와 판결등본을 첨부하여 회사의 본점과 지점소재지 관할등기소에 그 등기를 촉탁하여야 한다(비송 제107조 2항, 제108조). 등기할 때에는 기타사항란에 그 재판의 취지와 연월일 및 법원의 명칭과 재판확정연월일을 기재한다.

등록면허세는 23,000원이고, 지방교육세는 등록면허세의 100분의 20이다(지방세법 제28조 1항, 제151조 1항).

5. 합병무효판결에 의한 촉탁등기

(1) 총 설

1) 합병무효의 주장방법

합병동의나 결의과정 또는 합병계약 체결과정에 무효원인이 있거나, 채권자보호절차를 밟지 않고 합병한 때 등 합병절차에 무효원인이 있는 때에는 합병에 관계있는 소멸회사나 존속 또는 신설회사 사원이나 주주 또는 이사·감사·청산인, 파산관재인, 합병을 승인하지 아니한 채권자에 한하여 합병에 관한 등기가 있는 날, 즉 흡수합병으로 인한 변경등기나 신설합병으로 인한 설립등기가 있은 날로부터 6월 내에 소로써만 그 합병의 무효를 주장할 수 있다(상 제236조, 제269조, 제529조, 제603조).

이 소의 피고는 존속회사 또는 신설회사이다.

2) 합병무효의 원인

합병무효의 원인에 관하여 상법에는 아무런 규정이 없으나, ① 합병당사회사·존속회사 또는 신설회사의 적격성(상 제174조 2항, 3항, 제600조 2항)을 결여하는 경우, ② 합병계약에 의사표시의 하자(사기·강박·착오)가 있는 경우, ③ 물적회사에서 합병계약서를 작성하지 않거나 법정기재사항을 기재하지 아니한 경우, ④ 합병승인결의에 무효 또는 취소원인이 있는 경우, ⑤ 합병비율이 불공정한 경우(인천지법판결 1986.2.9, 85가합1526), ⑥ 채권자보호절차의 불이행, ⑦ 물적회사에서 합병보고총회 또는 창립총회를 소집하지 아니한 경우, ⑧ 독점규제및공정거래에관한법률의 합병제한에 위반하는 경우(독점규제법 제7조 1항), ⑨ 신설회사가 법정의 요건을 갖추지 아니한 경우 등은 무효의 원인이 된다.

3) 합병무효 판결의 효력

합병무효의 판결은 제3자에 대하여도 효력이 있으나(상 제530조 2항, 제240조, 제190조), 판결확정 전에 생긴 회사와 사원 및 제3자간의 권리의무에 영향을 미치지 아니한다(소급효의 부정, 상 제240조, 제190조, 제269조, 제530조 2항, 제603조).

합병을 무효로 하는 판결이 확정된 때에는 합병으로 소멸한 해산회사는 부활하고, 존속회사가 해산회사의 주주에게 발행한 주식은 무효가 되며, 신설회사는 소멸한다. 재산관계에 있어서는 합병당시에 합병당사회사가 소유하고 있던 재산과 부채로서 존속회사 또는 신설회사에 남아 있는 것은 각각 본래의 회사로 복귀하고, 합병을 한 회사는 존속회사 또는 신설회사가 합병 후에 부담한 채무에 대하여는 연대하여 변제할 책임을 지고 합병 후에 취득한 재산은 공유로 하며, 각 회사의 협의로 그 부담부분 또는 지분을 정하지 아니한 때에는 법원은 그 청구에 의하여 합병당시의 각 회사의 재산상태 기타의 사정을 참작하여 이를 정한다(상 제530조 2항, 제239조).

(2) 등기절차

합병무효의 판결이 확정된 때에는 당해 회사의 본점과 지점의 소재지에서 합병 후 존속한 회사의 변경등기, 합병으로 인하여 소멸한 회사의 회복등기, 합병으로 인하여 설립된 회사의 해산등기를 하여야 한다(상 제530조 2항, 제238조, 제269조, 제530조, 제603조).

이 등기는 수소법원이 등록세납부영수필통지서 및 확인서와 그 판결등본을 첨부하여 촉탁에 의하여야 한다(비송 제99조, 제98조, 제108조).

신설회사에 대한 해산의 등기는 기타사항란에 합병무효판결에 의한 해산취지와 그 연월일을 기재하고, 그 등기기록을 폐쇄하여야 한다(상업등기규칙 제94조 1항).

합병무효로 인한 회복의 등기를 하는 때에는 합병으로 인한 해산의 등기를 말소하는 기호를 기록하여야 한다(상업등기규칙 제92조).

6. 분할 또는 분할합병무효에 의한 촉탁등기

(1) 총 설

1) 분할 또는 분할합병무효의 주장방법

분할 또는 분할합병의 동의나 결의과정 또는 분할계획의 승인과정, 분할합병계약의 체결과정에 무효원인이 있거나 채권자보호절차를 밟지 않고 분할 또는 분할합병한 때에 등 분할 또는 분할합병절차에 무효원인이 있는 때에는 분할 또는 분할합병에 관계있는 소멸회사나 존속 또는 신설회사 주주 또는 이사·감사, 청산인, 파산관재인, 분할 또는 분할합병을 승인하지 아니한 채권자에 한하여 분할 또는 분할합병에 관한 등기가 있은 날, 즉 분할 또는 분할합병으로 인한 변경등기나 설립등기가 있은 날로부터 6월내에 소로써만 그 분할 또는 분할합병의 무효를 주장할 수 있다(상 제530조의11 1항, 제529조).

이 소의 피고는 존속회사 및 신설회사 모두를 공동피고로 하는 공동소송이며, 그 성질은 형성의 소이다.

2) 분할 또는 분할합병무효의 판결의 효력

분할 또는 분할합병무효의 판결은 제3자에 대하여도 효력이 있으나(상 제530조의11 1항, 제530조 2항, 제240조, 제190조), 분할 또는 분할합병무효의 판결은 판결확정 전에 생긴 회사와 사원 및 제3자간의 권리의무에 영향을 미치지 아니한다(상 제240조, 제190조, 제269조, 제530조 2항, 제530조의11 1항).

그러므로 회사분할의 무효판결이 선고되면 회사 분할 후 판결의 사실심변론종결시 까지의 법률관계는 분할무효의 소송에 의하여 영향을 받지 아니하고 그대로 효력을 유지한다.

분할 또는 분할합병으로 무효로 하는 판결이 확정된 때에는 분할 또는 분할

합병으로 소멸한 해산회사는 부활하고, 존속회사가 해산회사의 주주에게 발행한 주식은 무효가 되며, 신설회사는 소멸한다.

그리고 재산관계에 있어서는 분할 또는 분할합병당시에 분할 또는 분할합병 당사회사가 소유하고 있던 재산과 부채로서 존속회사 또는 신설회사에 남아 있는 것은 각각 본래의 회사로 복귀하고, 분할 또는 분할합병을 한 회사는 존속회사 또는 신설회사가 분할 또는 분할합병 후에 부담한 채무에 대하여는 연대하여 변제할 책임을 지고 분할 또는 분할합병 후에 취득한 재산은 공유로 하며, 각 회사의 협의로 그 부담부분 또는 지분을 정하지 아니한 때에는 법원은 그 청구에 의하여 분할 또는 분할합병 당시의 각 회사의 재산상태 기타의 사정을 참작하여 이를 정한다(상 제530조의11 1항, 제239조).

【쟁점질의와 유권해석】

<법률상 인정되지 아니하는 권리관계를 대상으로 하는 분할합병무효사건의 청구인낙의 효력의 유무>

청구인낙은 당사자의 자유로운 처분이 허용되는 권리에 관하여만 허용되는 것으로서 회사법상 주주총회결의의 하자를 다투는 소나 회사합병무효의 소 등에 있어서는 인정되지 아니하므로 법률상 인정되지 아니하는 권리관계를 대상으로 하는 분할 또는 분할합병무효사건의 청구인낙은 효력이 없다고 할 것이다(상 제380조, 제529조, 민소 제206조).

(2) 등기절차

분할 또는 분할합병무효의 판결이 확정된 때에는 당해 회사의 본점과 지점의 소재지에서 분할 또는 분할합병 후 존속한 회사의 변경등기, 분할 또는 분할합병으로 인하여 소멸한 회사의 회복등기, 분할 또는 분할합병으로 인하여 설립된 회사의 해산등기를 하여야 한다(상 제530조의11 1항, 제238조).

분할 또는 분할합병으로 무효로 하는 판결이 확정된 때에는 제1심 수소법원은 합병무효판결의 확정의 경우에 준하여 회사의 본점과 지점소재지의 등기소에 그 등기를 촉탁하여야 한다(상 제530조의11, 제529조, 비송 제99조, 등기예규 제964호 참조).

이 등기는 수소법원이 등록세납부영수필통지서 및 확인서와 그 판결등본을 첨부하여 촉탁에 의하여 한다(비송 제99조, 제98조, 제108조).

(3) 등기의 기록

분할 또는 분할합병의 무효로 인한 회복의 등기를 한 때에는 분할 또는 분할합병으로 인한 해산의 등기를 말소하는 기호를 기록하여야 한다(상업등기규칙 제92조).

분할 또는 분할합병으로 인한 해산등기, 분할 또는 분할합병의 무효로 인한 해산등기를 한 때에는 그 등기기록을 폐쇄하여야 한다(동규칙 제94조).

7. 본점이전 무효판결이 확정된 경우의 촉탁등기

본점이전에 관한 주주총회(유한회사의 경우에는 사원총회)의 결의에 대하여 부존재, 무효 또는 취소의 판결이 있는 때에는 제1심 수소법원은 판결등본을 첨부하여 회사의 신본점소재지와 지점소재지에만 그 등기촉탁을 하지만(비송 제107조 Ⅶ), 구본점소재지에서는 그 회사의 등기를 회복할 필요가 있으므로 신본점소재지 등기소가 그 촉탁에 따라 신본점등기를 말소함과 동시에 구본점소재지 등기소에 그 뜻을 통지하고 구본점소재지 등기소는 그 통지에 따라 구본점등기를 회복하여야 한다(1992. 1. 15, 등기 제98호).

그러나 회사가 본점을 다른 곳으로 이전하지 못하도록 하는 본점이전등기금지 가처분결정이 있다 하더라도 그것은 등기를 할 사항이 아니므로 그 가처분 촉탁등기는 수리할 수 없다.

【쟁점질의와 유권해석】

<회사의 본점이전금지가처분결정과 그 촉탁등기의 수리 가부>

1. 회사가 본점을 다른 등기소의 관할구역 내로 이전하고 구본점소재지 관할등기소에 그 본점이전등기신청을 하여 그에 따른 등기가 경료되면서 등기용지가 폐쇄되었으나, 신본점소재지 관할등기소에는 아직 그 본점이전등기신청을 하지 않아 그 회사의 등기용지가 개설되지 않은 경우, 회사의 대표이사 등의 직무집행정지가처분 결정이 있어 법원이 그 가처분등기의 촉탁과 함께 본점이전등기의 촉탁을 하더라도 등기공무원은 그러한 등기촉탁을 수리할 수는 없다. 다만, 위 가처분으로 대표이사의 직무대행자가 선임되었다면 그 대행자는 자격을 증명하는 서면(가처분결정의 등본)을 첨부하여 신본점소재지 관할등기소에 본점

이전등기를 신청하고 그 등기용지가 개설된 후에 위 가처분등기의 촉탁에 따른 등기를 실행할 수 있다.

2. 회사가 본점을 다른 곳으로 이전하지 못하도록 하는 본점이전금지가처분 결정이 있다 하더라도 그것은 등기할 사항이 아니므로 그 가처분의 촉탁등기는 수리할 수 없다(1988. 11. 29, 등기 제674호).

8. 증자·감자 무효판결확정에 의한 촉탁등기

(1) 총 설

1) 신주발행 무효의 원인

신주발행의 무효는 신주발행의 조건이나 절차에 관하여 일반적인 하자가 있어서 신주의 전부를 일체로써 무효로 하는 경우를 말한다.

신주발행의 무효의 원인에 관하여 상법에 특별한 규정은 없으나, 정관소정의 회사가 발행할 주식(수권주식)총수를 초과하는 신주발행과 정관에서 규정하지 아니한 종류의 신주발행은 무효원인이 될 것이다. 또한 법정의 절차를 밟지 않고 주식을 할인발행한 경우에는 원칙적으로 무효라고 할 것이다(통설). 그러나 현물출자의 검사를 위하여 검사인을 선임하지 않고 현물출자에 따른 신주를 발행한 경우의 효력에 관하여 유효하다는 설이 판례·다수설이다(대판 1980. 2. 12, 79다509).

2) 신주발행 무효의 주장방법

가. 신주발행이나 자본증가에 무효원인이 있는 경우

주식회사의 신주발행이나 유한회사의 자본증가에 무효원인이 있는 때에는 주주나 사원 또는 이사, 감사에 한하여 주식회사의 경우에는 신주발행일, 유한회사의 경우에는 본점소재지에서의 자본증가등기일로부터 각 6월 이내에 소로서만 그 무효를 주장할 수 있다(상 제429조, 제595조). 다만, 주식회사의 경우 감사에 갈음하여 감사위원회가 있는 경우, 감사가 소의 당사자인 경우에는 감사위원회 위원이 본점소재지 관할법원에 회사를 대표할 자를 선임하여 줄 것을 신청하여 그 결정된 감사위원회 위원이 소를 제기한다(상 제394조 2항, 비송 제72조).

이 소로는 신주발행이나 출자증가 전체가 무효인 경우에 한하여 주장할 수

있으며, 개개의 신주인수나 출자인수만이 무효인 경우에는 이 소로서 다툴
수 없다(상 제594조, 제428조).

나. 자본감소에 무효원인이 있는 경우

자본의 감소는 자본감소의 결의가 무효이거나 취소될 수 있는 경우(상 제
376조, 제380조), 채권자보호절차를 이행하지 아니한 경우, 자본감소의 방법이
주주평등의 원칙에 반하는 경우 등 자본감소의 절차 또는 내용에 하자가 있
는 경우 등에 무효가 된다.

주식회사나 유한회사의 자본감소에 무효원인이 있는 때에는 주주나 사원
또는 이사나 감사, 청산인, 파산관재인, 자본감소를 승인하지 아니한 채권자에
한하여 본점소재지에서 자본감소등기가 있는 날로부터 6월 이내에 소로써 그
무효를 주장할 수 있다(상 제445조, 제597조).

3) 자본증가 또는 자본감소의 무효판결의 효력

신주발행이나 자본증가 또는 자본감소의 무효판결은 제3자에 대하여도 효력
이 있다(상 제430조, 제446조, 제190조, 제595조, 제597조).

(2) 등기절차

이 등기는 수소법원이 그 판결등본, 등록세납부증명서 등을 첨부하여 본점
의 소재지 등기소에 그 판결내용에 따른 등기를 촉탁하여야 한다(비송 제107
조 8호·9호, 제108조, 상 제430조, 제446조, 제595조, 제597조).

신주발행 또는 자본감소의 무효의 등기는 등기기록 중 기타사항란에 이를
기재하고, 말소에 관한 등기가 있는 때에는 이를 회복하여야 하며 결의한 사
항에 관한 등기를 말소하는 기호를 기록하여야 한다(상업등기규칙 제102조,
제101조).

등기를 할 때에는 상호·자본란에 기재하되, 재판에 의한 자본증가나 자본
감소의 무효취지와 그 연월일 및 법원의 명칭, 사건번호 및 재판확정연월일
또는 재판연월일을 기록하여야 한다(동규칙 제69조 2항).

9. 주주총회 결의의 무효·부존재·취소 또는 변경판결에 의한 촉탁등기

(1) 총 설

주식회사의 주주총회나 유한회사의 사원총회의 결의에 하자가 있는 때에는 (상 제578조) 그 하자의 정도에 따라 소로써 결의취소의 소(상 제376조), 결의무효확인의 소(상 제380조), 결의부존재확인의 소(상 제380조), 부당결의 취소의 소(상 제381조)를 제기할 수 있고 결의권을 행사하지 아니한 특별이해관계 있는 주주나 사원은 부당결의에 대한 취소 또는 변경을 주장할 수 있다.

1) 주주총회결의의 무효 또는 부존재확인의 판결

가. 주주총회결의의 무효의 소

주주총회결의무효확인의 소는 결의에 내용적 하자가 법령에 위반한 것을 이유로 하여 그 결의의 무효를 주장하는 소이고, 결의부존재확인의 소는 총회의 결의가 아예 존재하지 아니하여 아무 효력이 없다고 주장하는 소이다.

주주총회결의의 내용이 법령에 위반한 경우에는 결의무효의 확인을 구하는 소를 제기할 수 있고, 주주총회의 소집절차 또는 결의방법에 주주총회가 존재한다고 볼 수 없을 정도의 중대한 하자가 있는 때에는 결의부존재확인의 소를 제기할 수 있다.

결의무효의 구체적인 원인으로 결의의 내용이 법령에 위반한 경우는 ① 주주평등의 원칙에 반하는 것, ② 위법한 재무제표를 승인하는 결의, ③ 주주총회의 권한에 속하지 아니하는 사항에 대한 결의, ④ 주주총회의 전속적 결의사항에 관한 결정권을 이사 또는 임원에게 일임하는 결의, ⑤ 주주의 고유권을 침해하는 결의 등이며, 결의무효를 주장할 수 있는 경우는 ① 주주나 사원의 유한책임원칙에 반하는 결의, ② 정관소정의 정원을 초과하는 이사선임 결의, ③ 불법행위를 회사의 목적으로 하는 정관변경결의, ④ 사회통념상 현저히 불공정한 합병결의 등과 같이 그 결의내용이 법령에 저촉되는 경우(상 제380조, 제578조)이다.

나. 주주총회결의의 부존재 확인의 소

결의부존재는 총회의 소집절차 또는 결의방법에 총회결의가 존재한다고 볼 수 없을 정도의 중대한 하자가 있는 때가 그 사유가 되는데(상 제380조), ① 주주총회를 열거나 결의를 한 사실이 전혀 없음에도 불구하고 결의가 있었던 것처럼 주주총회의사록에 기재하여 등기를 한 경우, ② 이사회의 결의도 없이 소집권한이 없는 자가 소집한 총회에서 이루어진 결의, ③ 주주가 아닌 사람들만이 모여 한 결의, ④ 소집통지가 없음에도 불구하고 일부주주가 회합하여 한 결의 등이 그 구체적인 사유가 된다.

또한 결의부존재를 주장할 수 있는 사유로는 ① 소집통지를 결한 정도가 사회통념상 소집통지가 있었다고 볼 수 없을 정도인 경우, ② 총회를 개최한 후에 잔류주주나 사원만이 결의한 경우 등과 같이 총회의 소집절차나 결의방법에 외형상 총회의 결의가 존재한다고 볼 수조차 없을 정도의 중대한 하자가 있는 경우(상 제380조 후단, 제578조) 등이 있다.

다. 판결의 효력

결의무효확인의 판결 또는 결의부존재확인의 판결이 확정된 때에는 그 판결의 효력은 제3자에게도 미치며 판결의 소급효도 인정된다(상 제380조, 제190조).

2) 주주총회결의 취소의 판결

가. 의 의

주주총회결의취소의 소는 결의에 형식적 하자가 있음을 이유로 하여 그 결의의 취소를 구하는 소이다.

총회의 소집절차 또는 결의방법이 법령 또는 정관에 위반하거나 현저하게 불공정한 때, 또는 그 결의의 내용이 정관에 위반한 때에는 주주·이사 또는 감사는 결의일부터 2월 내에 그 결의취소의 소를 제기할 수 있고(상 제376조 1항), 또 주주가 특별이해관계인으로서 결의권을 행사할 수 없었던 경우에 결의가 현저하게 부당하고 그 주주가 의결권을 행사하였더라면 이를 저지할 수 있었을 때에는 그 주주는 결의일부터 2월 내에 그 결의취소의 소를 제기할 수 있다(상 제381조 1항).

또한 상법개정으로 결의내용이 정관에 위반한 때가 추가되었다(상 제376조).

나. 주주총회 결의취소의 소의 원인

① 주주총회의 소집절차가 법령 또는 정관에 위반하거나 불공정한 경우

결의취소의 소의 원인으로 첫째 총회의 소집절차가 법령 또는 정관에 위반하거나 현저하게 불공정한 경우를 들 수 있다. 구체적으로 ㄱ) 대표

이사가 이사회의 결의 없이 총회를 소집한 때(대판 1980. 9. 27, 79다 1264), ㄴ) 소집에 관한 이사회의 결의가 무효인 때, ㄷ) 소집에 관한 이사회의 결의가 있었으나 대표권이 없는 평이사가 소집한 때(대판 1962. 1. 11, 4294민상490), ㄹ) 일부 주주에 대하여 소집통지를 하지 아니한 때, ㅁ) 소집통지의 기간이 2주간에 못미칠 때(대판 1981. 7. 28, 80다 2745), ㅂ) 본점소재지나 이에 인접한 地에서 총회를 열지 않은 때 등이 이에 해당한다.

② 총회의 결의방법이 법령 또는 정관에 위반하거나 불공정한 경우

둘째로 총회의 결의방법이 법령 또는 정관에 위반하거나 현저하게 불공정한 경우이다. 즉, ㄱ) 정족수를 결한 때, ㄴ) 결의요건을 정한 규정에 위반하여 결의를 한 때, ㄷ) 특별이해관계인이 결의에 참가한 때, ㄹ) 의결권이 없는 상호보유주식에 관하여 의결권을 행사한 때, ㅁ) 이사의 출석없이 총회를 개최한 때, ㅂ) 의결방법이 주주평등의 원칙에 위반한 때 등이다.

③ 총회의 결의 내용이 정관에 위반한 경우

셋째는 총회결의 내용이 정관에 위반한 때로서, 정관이 정한 이사의 원수 이상을 선임한 경우 정관에서 정한 이상으로 주주 이외에 전환사채를 발행한 경우 등이 그 예이다.

다. 결의취소 판결의 효력

결의취소의 판결은 제3자에 대하여도 효력이 있고 소급효도 있다(상 제376조, 제382조, 제190조).

3) 주주총회결의 변경의 판결

주주가 특별이해관계인으로서 의결권을 행사할 수 없었던 경우에 결의가 현저하게 부당하고 그 주주가 의결권을 행사하였더라면 이를 저지할 수 있었을 때에는 그 주주는 결의의 날로부터 2월 내에 결의변경의 소를 제기할 수 있다.

이 판결은 제3자에 대하여도 효력이 있고 소급효도 있다(상 제381조, 제190조).

(2) 등기절차

주주총회의 결의의 무효, 부존재, 취소 또는 변경의 판결이 확정되면 수소법원은 등록세를 납부한 영수필증확인서 및 통지서와 그 판결등본을 첨부하

여 회사의 본점과 지점소재지의 등기소에 그 판결에 의한 등기를 촉탁하여
야 한다(상 제376조, 제380조, 제381조, 제378조, 제578조, 비송 제107조 7호).

1) 등기사항

결의의 무효, 부존재 또는 취소의 등기는 형식에 있어서는 그 결의가 무효인
것, 부존재인 것 또는 취소된 것의 등기이나, 판결에 의하여 무효 또는 부존재
로 되거나 취소되어, 결의로서의 효력을 갖지 아니함이 확정된 것이므로, 그
실질에 있어서는 결의에 의하여 발생한 사항에 관한 등기의 말소이다. 따라서
판결에 의하여 무효, 부존재 또는 취소된 결의에 의하여 등기사항이 발생하고
있는 경우라 하더라도 그 등기가 되어 있지 아니할 때에는 결의의 무효, 부존
재 또는 취소의 판결에 의한 등기는 할 수 없다.

결의한 사항이 등기되었으나 그 등기가 그 후의 등기로 인하여 이미 주말되
어 현재 등기로서의 효력을 갖지 아니하는 경우에도 결의의 무효, 부존재 또는
취소의 등기를 할 것은 아니다. 그러나 등기된 사항이 주말되었더라도 현재 효
력있는 사항으로 남아 있는 경우에는 등기를 하여야 할 것이다.

2) 등기의 기록

결의의 부존재, 무효 또는 취소의 등기를 하는 경우에는 결의한 사항에 관한
등기를 말소하는 기호를 기록하고, 그 등기에 의하여 말소된 등기사항이 있는
때에는 그 등기를 회복하여야 한다(상업등기규칙 제100조).

원래 이의 등기는 결의가 무효, 부존재, 취소 또는 변경된 취지의 등기일 것
이나, 사실상은 그러한 무효 등의 결의에 의해 이루어진 등기를 원상회복시키
는 절차의 등기일 것이므로, 무효 등의 결의에 의해 이루어진 등기를 원상회복
시키는 절차의 등기일 것이므로, 무효 등의 결의에 의해 이루어진 등기사항은
그를 말소하고, 그에 의해 말소된 등기사항은 그를 부활 회복해야 할 것이다.

10. 이사·감사의 해임판결에 의한 촉탁등기

(1) 이사·감사의 해임

소수주주 등에 의한 법원의 해임재판으로서, 주식회사의 이사나 감사, 유한회사의 이사가 그 직무에 관하여 부정행위 또는 법령이나 정관에 위반한 중대한 사실이 있음에도 불구하고 주주총회나 사원총회에서 그 해임을 부결한 때에는 발행주식총수의 100분의 3 이상에 해당하는 주식을 가진 주주나 총자본의 100분의 3 이상에 해당하는 출자좌수를 가진 사원은 주주총회나 사원총회의 부결결의가 있는 날로부터 1월 내에 소로서 그 이사나 감사의 해임을 청구할 수 있다(상 제385조 2항, 제415조, 제567조).

(2) 등기절차

판결이 확정되면 수소법원은 그 판결의 등본을 첨부하여 회사의 본점소재지 등기소에 해당 이사나 감사의 해임으로 인한 퇴임등기를 촉탁하여야 한다(비송 제107조 6호, 제108조).

다만, 대표이사, 공동대표이사, 대표사원 등에 대한 해임일 때에는 지점소재지 등기소에 퇴임등기를 촉탁한다.

이사선임 결의의 부존재, 무효나 취소 또는 판결에 의한 해임의 등기를 하는 경우에 그 이사가 대표이사일 때에는 그 대표이사에 관한 등기도 말소하는 기호를 기록하여야 한다(상업등기규칙 제101조).

제4편 파산·회생절차에 관한 등기

제4편 파산·회생절차에 관한등기

I. 총 설

1. 채무자회생 및 파산에 관한 법률의 제정·시행

재정적 어려움으로 인하여 파탄에 직면해 있는 채무자에 대하여 채권자·주주·지분권자 등 이해관계인의 법률관계를 조정하여 채무자 또는 그 사업의 효율적인 회생을 도모하거나, 회생이 어려운 채무자의 재산을 공정하게 환가·배당하는 것을 목적으로「채무자 회생 및 파산에 관한 법률(이하 회생법이라 한다)」을 제정하여 2006. 4. 1.부터 시행하고 있다.

이 법은 종전에 시행되던, 회사정리법, 화의법, 파산법을 폐지하고 그 내용을 흡수하여 회생절차로 단일화하였다.

폐지된 종전의 회사정리법은 상법상의 주식회사에만 적용되었으나, 채무자 회생 및 파산에 관한 법률은 상법상의 회사 외에도 민법법인, 특수법인, 외국회사, 비영리 외국법인에도 적용된다.

2. 회생사건·파산사건의 관할법원

회생사건과 파산사건은 채무자의 주된 사무소 또는 영업소(외국에 주된 사무소 또는 영업소가 있는 때에는 대한민국에 있는 주된 사무소 또는 영업소의 소재지)를 관할하는 지방법원본원합의부의 전속관할에 속한다. 다만 채무자가 개인이거나 채무자의 사무소 또는 영업소가 없는 때에는 채무자의 보통재판적 소재지를 관할하는 지방법원 합의부의 관할에 전속한다(회생법 제3조 1항).

제 1 장　　회생절차에 관한 등기

Ⅰ. 회생절차

```
■ 핵 심 사 항 ■
```

1. 회생절차의 개시
 (1) 회생절차개시의 신청 : 채무자 회생 및 파산에 관한 법률 제34조, 제35조에
  규정된 신청권자는 제36조에 규정된 사항을 기재한 서면으로 회생절차개시
  의 신청을 하여야 한다. 회생절차개시의 신청을 하는 자는 회생절차개시의
  원인인 사실을 소명하여야 한다(법 제38조). 그리고 신청인은 회생절차의 비용
  을 미리 납부하여야 한다(법 제39조).
 (2) 회생절차개시의 결정 : 채무자가 회생절차개시를 신청한 때에는 법원은 신청
  일부터 1월 이내에 회생절차개시 여부를 결정하여야 한다(법 제49조).
2. 회생절차의 기관
 (1) 관리인 : 법원은 관리위원회와 채권자협의회의 의견을 들어 관리인의 직무를
  수행함에 적합한 자를 관리인으로 선임하여야 한다(법 제74조 1항).
 (2) 보전관리인 : 보전관리명령이 있는 때에는 회생절차개시결정 전까지 채무자의
  업무수행, 재산의 관리 및 처분을 하는 권한은 보전관리인에게 전속한다(법 제
  85조).
 (3) 조사위원 : 법원은 필요하다고 인정하는 때에는 관리위원회의 의견을 들어 1
  인 또는 여럿의 조사위원을 선임할 수 있다(법 제87조 1항).
3. 관계인집회 : 제1회 관계인집회는 관계인에 대하여 관리인이 보고를 하고 관계
 인이 관리인의 선임과 회생채무자의 관리방침에 관하여 의견을 진술할 수 있음
 을 목적으로 하는 관계인집회이다. 제2회 관계인집회는 회생계획안의 심리를
 목적으로 하는 관계인집회이다. 제3회 관계인집회는 회생계획안의 결의를 위한
 관계인집회이다.
4. 회생계획의 인가 여부(법 제242조) : 관계인집회에서 회생계획안을 가결한 때에
 는 법원은 그 기일에 또는 즉시로 선고한 기일에 회생계획의 인가 여부에 관하

여 결정을 하여야 한다.

5. 회생계획의 수행 : 회생계획의 인가결정이 있으면 관리인은 지체없이 계획을 수행하여야 한다(법 제257조).

6. 회생절차의 종결 : 회생채무자가 이미 회생계획이 수행되었거나 앞으로 회생계획의 수행이 확실하여 회생절차의 목적을 달성할 수 있다고 판단되는 경우에 법원이 이해관계인의 신청이나 직권으로 회생절차를 종료시키는 것을 말한다(법 제283조).

1. 회생절차의 개시

(1) 회생절차개시의 신청

1) 신청절차

가. 신청권자

① 채무자

다음 각호의 어느 하나에 해당하는 경우 채무자는 법원에 회생절차개시의 신청을 할 수 있다.

ㄱ) 사업의 계속에 현저한 지장을 초래하지 아니하고는 변제기에 있는 채무를 변제할 수 없는 경우

ㄴ) 채무자에게 파산의 원인인 사실이 생길 염려가 있는 경우

② 채권자 또는 주주·지분권자

채무자에게 파산의 원인인 사실이 생길 염려가 있는 경우에는 다음의 자도 회생절차개시를 신청할 수 있다.

ㄱ) 채무자가 주식회사 또는 유한회사인 경우

ⓘ 자본의 10분의 1이상에 해당하는 채권을 가진 채권자

ⓘ 자본의 10분의 1이상에 해당하는 주식 또는 출자지분을 가진 주주·지분권자

ㄴ) 채무자가 주식회사 또는 유한회사가 아닌 때

ⓘ 5천만원 이상의 금액에 해당하는 채권을 가진 채권자

ⓘ 합명회사·합자회사 그 밖의 법인 또는 이에 준하는 자에 대하여

는 출자총액의 10분의 1이상의 출자지분을 가진 지분권자

ㄷ) 채권자·주주·지분권자가 회생절차개시의 신청을 한 때에는 채무자
에게 경영 및 재산상태에 관한 자료를 제출할 것을 명할 수 있다.

③ 채무자의 청산인(회생법 제35조)

ㄱ) 파산신청의무와 회생절차개시의 신청

채무자의 청산인은 다른 법률에 의하여 채무자에 대한 파산을 신청
하여야 하는 때에도 회생절차개시의 신청을 할 수 있다. 회생절차
는 재정적 궁핍으로 파탄에 직면해 있는 채무자가 경제적으로 회복
의 가능성이 있다고 인정되는 경우 파산 등을 방지하여 사업을 회
생, 재건하는 것을 목적으로 한다. 따라서 다른 법률에 의하여 파산
을 신청하여야 하는 경우에도 회생절차개시의 신청을 할 수 있도록
하고 있다.

ㄴ) 청산 중이거나 파산선고를 이미 받은 채무자의 신청

청산 중이거나 파산선고를 이미 받은 채무자가 회생절차개시의 신
청을 하는 때에는 상법 제229조(회사의 계속)제1항, 제285조(해산의
계속)제2항, 제519조(회사의 계속) 또는 제610조(회사의 계속)의 규
정을 준용한다.

나. 신청서 제출(회생법 제36조)

① 신청서의 기재사항

회생절차개시의 신청은 다음 각호의 사항을 기재한 서면으로 하여야 한
다.

ㄱ) 신청인 및 그 법정대리인의 성명 및 주소

ㄴ) 채무자가 개인인 경우에는 채무자의 성명·주민등록번호(주민등록번
호가 없는 사람의 경우에는 외국인등록번호 또는 국내거소번호를
말한다. 이하 같다) 및 주소

ㄷ) 채무자가 개인이 아닌 경우에는 채무자의 상호, 주된 사무소 또는
영업소(외국에 주된 사무소 또는 영업소가 있는 때에는 대한민국에
있는 주된 사무소 또는 영업소를 말한다)의 소재지, 채무자의 대표
자(외국에 주된 사무소 또는 영업소가 있는 때에는 대한민국에서의
대표자를 말한다. 이하 같다)의 성명

ㄹ) 신청의 취지

ㅁ) 회생절차개시의 원인

ㅂ) 채무자의 사업목적과 업무의 상황

ㅅ) 채무자의 발행주식 또는 출자지분의 총수, 자본의 액과 자산, 부채 그 밖의 재산상태

ㅇ) 채무자의 재산에 관한 다른 절차 또는 처분으로서 신청인이 알고 있는 것

ㅈ) 회생계획에 관하여 신청인에게 의견이 있는 때에는 그 의견

ㅊ) 채권자가 회생절차개시를 신청하는 때에는 그가 가진 채권의 액과 원인

ㅋ) 주주·지분권자가 회생절차개시를 신청하는 때에는 그가 가진 주식 또는 출자지분의 수 또는 액

② 서류의 비치(회생법 제37조)

회생절차개시의 신청에 관한 서류는 이해관계인의 열람을 위하여 법원에 비치하여야 한다.

다. 소명(회생법 제38조)

회생절차개시의 신청을 하는 자는 회생절차개시의 원인인 사실을 소명하여야 한다. 그리고 법 제628조 제1호의 규정에 의한 외국도산절차가 진행되고 있는 때에는 그 채무자에게 파산의 원인 사실이 있는 것으로 추정한다.

채권자, 주주, 지분권자가 회생절차개시의 신청을 하는 경우 신청하는 자가 가진 채권의 액 또는 주식이나 출자지분의 수 또는 액도 소명하여야 한다.

라. 비용의 예납 등(회생법 제39조)

회생절차개시의 신청을 하는 때에는 신청인은 회생절차의 비용을 미리 납부하여야 한다.

예납할 비용은 사건의 대소 등을 고려하여 법원이 정한다. 이 경우 채무자 외의 자가 신청을 하는 때에는 회생절차개시 후의 비용에 관하여 채무자의 재산에서 지급할 수 있는 금액도 고려하여야 한다.

예납비용은 원칙적으로 회생절차 개시결정 때까지 필요한 비용이기 때문에 송달료·공고비용·회생결정전 파산절차로 이행할 경우의 파산절차비용 등이

이에 포함된다.

2) 신청에 대한 법원의 조치

가. 감독행정청에의 통지 등(회생법 제40조)

주식회사인 채무자에 대하여 회생절차개시의 신청이 있는 때에는 채무자의 업무를 감독하는 행정청, 금융감독위원회, 채무자의 주된 사무소 또는 영업소(외국에 주된 사무소 또는 영업소가 있는 때에는 대한민국에 있는 주된 사무소 또는 영업소)의 소재지를 관할하는 세무서장에게 그 뜻을 통지하여야 한다.

나. 심문(회생법 제41조)

회생절차개시의 신청이 있는 때에는 법원은 채무자 또는 그 대표자를 심문하여야 한다. 그러나 다음의 사유가 있는 때에는 심문을 하지 아니할 수 있다.

① 채무자 또는 그 대표자가 외국에 거주하여 채무자에 대한 심문이 절차를 현저히 지체시킬 우려가 있는 때

② 채무자 또는 그 대표자의 소재를 알 수 없는 때

다. 회생절차개시신청의 기각사유(회생법 제42조)

다음의 어느 하나에 해당하는 경우 법원은 회생절차개시의 신청을 기각하여야 한다.

① 회생절차의 비용을 미리 납부하지 아니한 경우

② 회생절차개시신청이 성실하지 아니한 경우

③ 그 밖에 회생절차에 의함이 채권자 일반의 이익에 적합하지 아니한 경우의 어느 하나에 해당하는 경우

라. 가압류·가처분 그 밖의 보전처분(회생법 제43조)

① 보전처분과 가압류와 가처분의 취지

법원이 회생절차개시의 결정을 내리는 경우 사업경영과 재산의 관리, 처분에 관한 권리는 관리인에게 전속하게 되고, 이해관계인의 채무자에 대한 개별적 권리행사는 금지된다. 그러나 이와 같은 효과는 회생절차개시를 신청한 경우라 하더라도 법원에 의하여 개시결정이 이루어지기

전까지는 채무자나 채권자에게 아무런 영향을 미치지 않는다. 그러므로 회생절차개시의 결정이 있기 전에 회사의 재무상태가 악화되는 등 이해관계인들의 권리행사에 심대한 악영향을 미칠 우려가 있고, 나아가 이해관계인간의 불공평한 분배가 이루어지는 상황이 발생 할 수 도 있다. 이를 방지하기 위하여 본법은 보전처분과 가압류와 가처분에 관한 규정을 두고 있다.

② 보전처분절차

ㄱ) 보전처분의 대상 및 종류 : 법원은 회생절차개시의 신청이 있는 때에는 이해관계인의 신청에 의하거나 직권으로 회생절차개시신청에 대한 결정이 있을 때까지 채무자의 업무 및 재산에 관하여 가압류·가처분 그밖에 필요한 보전처분을 명할 수 있다. 이 경우 법원은 관리위원회의 의견을 들어야 한다.

ㄴ) 신청권자 : 이해관계인이 보전신청을 할 수 있는데, 채무자 외에 채권자, 주주이기만 하면 회생절차개시신청권이 없는 소액 채권자나 소액 주주도 신청권이 있다고 본다.

보전처분 신청인은 회생절차개시원인에 대한 소명은 물론 보전의 필요성에 대해서도 소명하여야 한다.

보전처분신청서에는 민사소송등 인지법 제9조 제2항에 의거 2천원의 인지를 붙인다.

ㄷ) 법원의 결정 : 이해관계인이 보전처분을 신청한 때에는 법원은 신청일부터 7일 이내에 보전처분 여부를 결정해야 한다. 보전처분을 명하는 재판 및 그 신청을 기각하는 재판은 결정으로 한다. 이 결정에 대해서는 즉시항고를 할 수 있고, 이 즉시항고는 집행정지의 효력이 없다.

③ 보전관리명령

법원은 보전처분 외에 필요하다고 인정하는 때에는 관리위원회의 의견을 들어 보전관리인에 의한 관리를 명할 수 있다. 이 경우 법원은 1인 또는 여럿의 보전관리인을 선임하여야 한다.

법원은 보전관리명령을 하거나 이를 변경 또는 취소한 때에는 이를 공고하여야 한다.

【쟁점질의와 유권해석】

<보전관리인이 선임된 경우 회사에 대한 채권을 목적으로 한 가압류에 있어서 제3채무자로 되는 자>

회사정리법 제39조 제3항, 제39조의3, 제53조 제1항, 제96조의 규정에 의하면, 정리절차 개시 전이라도 법원의 관리명령에 따라 보전관리인이 선임된 경우에는 회사 재산의 관리·처분권한이 보전관리인에게 전속되고, 회사의 재산에 관한 소에 있어서는 보전관리인이 원고 또는 피고가 된다는 점에서 회사에 대한 채권을 목적으로 한 가압류에 있어서도 회사가 아닌 보전관리인이 제3채무자로 되어야 한다(대결 2003. 9. 26. 2002다62715).

마. 다른 절차의 중지명령 등(회생법 제44조)

① 중지명령의 의의

중지명령이란 회생절차의 개시 신청이 있는 경우에 필요하다고 인정하는 때에는 법원이 이해관계인의 신청에 의하여 또는 직권으로 회생절차 개시의 신청에 관하여 결정이 있을 때까지 채무자 재산에 대하여 경매절차, 소송절차, 행정절차등의 중지를 명하는 것을 말한다.

국세징수법에 의한 체납처분, 국세징수의 예에 의한 체납처분 또는 조세채무담보를 위하여 제공된 물건의 처분의 중지도 명할 수 있다.

중지·금지명령 신청·취소신청서에는 민사소송등 인지법 제9조 제3항에 의거 2천원의 인지를 붙인다.

【쟁점질의와 유권해석】

<재산보전처분과 함께 보전관리인 선임결정이 난 경우 이미 계속중인 소송절차가 중지되는지 여부>

재산보전처분 및 보전관리인 선임결정이 난 것만으로는 법원에서 법 제44조의 중지명령을 하지 않는 한 소송절차에는 아무런 영향이 없다는 것이 대법원의 입장이다(대판 1993. 9. 14, 92다12728). 중지명령의 요건은 법원이 '필요하다고 인정하는 때'라고 규정되어 있는바(법 제44조), 실무에서는 그 요건을 엄격히 해석하여 현재 가

동되고 있는 공장 등 회사의 기본재산이나 회사의 자산에서 상당한 비중을 차지하는 부동산에 대한 강제집행, 담보권실행을 위한 경매, 체납처분의 경우에만 제한적으로 중지명령을 이용하고 있다.

② 중지명령에 의하여 중지되는 절차

ㄱ) 채무자에 대한 파산절차

ㄴ) 회생채권 또는 회생담보채권에 기한 강제집행, 가압류 · 가처분 또는 담보권 실행을 위한 경매절차로서 채무자의 재산에 대하여 이미 행하여지고 있는 것. 다만 그 절차의 신청인이 회생채권자 또는 회생담보권자에게 부당한 손해를 끼칠 염려가 있는 때에는 그러하지 아니하다.

ㄷ) 채무자의 재산에 관한 소송절차

ㄹ) 채무자의 재산에 관하여 행정청에 계속되어 있는 절차

ㅁ) 국세징수법 또는 지방세법에 의한 체납처분, 국세징수의 예(국세 또는 지방세 체납의 예를 포함)에 의한 체납처분 또는 조세채무담보를 위하여 제공된 물건, 이 경우 징수의 권한을 가진 자의 의견을 들어야 한다.

③ 중지명령의 효력

중지명령이 내려진 경우 명령의 대상이 되었던 절차는 현재의 상태에서 그의 진행이 중지되어 그 이상의 진행은 없게 된다. 중지명령은 당해 절차를 그 이상 진행시키지 않는다는 효력이 있을 뿐이기 때문에, 이미 진행된 절차의 효력에 대해서는 그를 소급하여 무효로 만드는 것은 아니다. 따라서 중지명령이 있기 이전에 집행된 압류, 가처분 등의 효력은 그대로 유지된다.

바. 회생채권 또는 회생담보권에 기한 강제집행등의 포괄적 금지명령(회생법 45조)

① 요 건

ㄱ) 중지명령에 의해서는 회생절차의 목적을 충분히 달성하지 못할 우려가 있는 경우 : 법원은 회생절차개시의 신청이 있는 경우 채무자회생및파산에관한법률 제44조 제1항의 규정에 의한 중지명령에 의하여

는 회생절차의 목적을 충분히 달성하지 못할 우려가 있다고 인정할 만한 특별한 사정이 있는 때에는 이해관계인의 신청에 의하거나 직권으로 회생절차개시의 신청에 대한 결정이 있을 때까지 모든 회생채권자 및 회생담보권자에 대하여 회생채권 또는 회생담보권에 기한 강제집행등의 금지를 명할 수 있다.

ㄴ) 보전처분·보전관리 명령 등이 이미 행해진 경우 등

포괄적 금지명령을 할 수 있는 경우는 채무자의 주요한 재산에 관하여 이미 다음 각호의 처분 또는 명령이 이미 행하여졌거나 포괄적 금지명령과 동시에 다음 각호의 처분 또는 명령을 행하는 경우에 한한다.

ⓐ 법 제43조 제1항의 규정에 의한 보전처분

ⓑ 법 제43조 제3항의 규정에 의한 보전관리명령

② 강제집행등의 중지·취소

ⓐ 포괄적 금지명령이 있는 때에는 채무자의 재산에 대하여 이미 행하여진 회생채권 또는 회생담보권에 기한 강제집행등은 중지된다.

ⓑ 채무자의 사업의 계속을 위하여 특히 필요하다고 인정하는 때에는 채무자(보전관리인이 선임되어 있는 때에는 보전관리인을 말한다)의 신청에 의하여 제3항의 규정에 의하여 중지된 회생채권 또는 회생담보권에 기한 강제집행등의 취소를 명할 수 있다. 이 경우 법원은 담보를 제공하게 할 수 있다.

3) 회생절차개시신청 등의 취하

가. 취하의 제한(회생법 제48조)

① 취하를 제한하는 취지 : 이 규정의 취지는, 신청인이 보전처분을 받아 채무의 일시유예 또는 부도유예의 혜택을 받아 당면한 위기를 넘긴 다음 위기상황이 종료되면 임의로 절차를 종료시키는 방법으로 보전처분 제도가 악용될 수 있는 여지가 있을 수 있기 때문에 그와 같은 악용을 막기 위한 것이다.

② 취하시기 : 회생절차개시의 신청을 한 자는 회생절차개시결정 전에 한하여 그 신청을 취하할 수 있다.

③ 법원의 허가를 받아야만 하는 경우

다음의 결정이 있은 후에는 법원의 허가를 받지 아니하면 회생절차개시 신청 및 보전처분신청을 취하할 수 없다.

ㄱ) 법 제43조 제1항의 규정에 의한 보전처분

ㄴ) 법 제43조 제3항의 규정에 의한 보전관리명령

ㄷ) 법 제44조 제1항의 규정에 의한 중지명령

ㄹ) 법 제45조 제1항의 규정에 의한 포괄적 금지명령

나. 취하의 방법

개시신청에 관하여 서면주의를 원칙으로 취하고 있으므로 신청의 취하도 역시 서면으로 하여야 한다. 신청취하의 허가는 회생법원에 신청하여야 한다.

다. 등기의 촉탁

법원이 보전처분이나 관리명령을 취소하는 경우에는 지체 없이 직권으로 처분대상인 권리의 목적물을 관할하는 등기소 또는 회사의 본점소재지(외국의 본점이 있는 때에는 대한민국에 주된 영업소의 소재지)의 등기소에 등기를 촉탁하여야만 한다.

(2) 회생절차개시의 결정

1) 회생절차 개시신청에 대한 재판

가. 회생절차개시 여부의 결정(회생법 제49조)

① 결정시한 : 채무자가 회생절차개시를 신청한 때에는 법원은 신청일부터 1월 이내에 회생절차개시 여부를 결정하여야 한다.

② 회생절차 개시결정의 효력발생시기 : 회생절차개시결정은 그 결정시부터 효력이 있다.

나. 회생절차개시의 공고와 송달(회생법 제51조)

① 공 고

법원은 회생절차개시의 결정을 한 때에는 지체없이 법 제51조 제1항의 사항을 공고하여야 한다. 실무상으로는 개시결정과 동시에 제1회 채권자집회의 기일도 지정하고 있고, 채권자집회의 기일과 목적인 사항은 공고해야 되므로 현재 실무는 개시결정과 관계인집회를 동시에 공고하고 있다.

② 송 달

법원은 다음의 자에게 법 제51조 제1항 각호의 사항을 기재한 서면을 송달하여야 한다.

ㄱ) 관리인

ㄷ) 채무자

ㄷ) 알고 있는 회생채권자·회생담보권자·주주·지분권자

ㄹ) 회생절차가 개시된 채무자의 재산을 소지하고 있거나 그에게 채무를 부담하는 자

다. 회생절차개시신청에 관한 재판에 대한 즉시항고(회생법 제53조)

회생절차개시의 신청에 관한 재판에 대하여는 즉시항고를 할 수 있다.

① 항고를 할 수 있는 자

ㄱ) 원칙 : 재판에 이해관계를 가진 자

ㄴ) 개시신청 각하결정의 경우의 즉시항고 신청권자 : 신청각하의 결정은 신청인만의 문제이므로 그 신청인만이 항고할 수 있다. 신청기각결정의 경우에도 신청인 이외에 스스로 독립하여 개시신청을 할 수 있는 자는 따로 개시신청을 하면 되므로 신청인만이 즉시 항고를 할 수 있다.

② 즉시항고의 효과 : 즉시항고는 집행정지의 효력은 없다. 개시결정이 효력을 발생하면 회생절차개시의 효과가 발생하는데 만일 즉시항고에 집행정지의 효력이 있다고 한다면 먼저 발생했던 절차개시의 효과가 정지되어 그 결과 항고기각의 재판이 있기까지의 사이에 채무자의 재산이 분산되는 등의 사태가 발생하여 채무자의 재건의 가능성이 봉쇄당할 수 있기 때문이다. 따라서 즉시항고가 이유 있는 것으로 인정되어 개시결정이 취소된 경우에 절차개시의 효과가 소급하여 소멸하는 것으로 보아야 한다.

③ 항고법원의 결정

ㄱ) 각하 또는 기각결정 : 항고법원은 즉시항고의 절차가 법률에 위반되거나 즉시항고가 이유없다고 인정하는 때에는 결정으로 즉시항고를 각하 또는 기각하여야 한다.

ㄴ) 원심법원의 결정취소 : 항고법원은 즉시항고가 이유있다고 인정하는 때에는 원심법원의 결정을 취소하고 사건을 원심법원에 환송하여야 한다.

라. 회생절차개시결정의 취소(회생법 제54조)

① 취소결정이 내려지는 경우

ㄱ) 개시결정에 대한 즉시항고에 기하여 항고법원이 취소결정을 하는 경우

ㄴ) 개시결정을 한 법원이 이에 대한 즉시항고가 있어 스스로 취소결정을 하는 경우

② 취소결정확정의 효과

ㄱ) 회생절차개시의 소급적 효력상실 : 취소결정확정으로 회생절차개시는 소급적으로 그 효력을 잃는다. 그러나 취소결정의 소급효가 무제한적으로 되는 것은 아니다. 취소결정이 확정되더라도 이미 적법한 개시결정을 기초로 이루어진 행위를 모두 무효로 볼 경우 제3자에 불측의 손해를 가하고 법률관계를 불필요하게 복잡하게 만들게 되어 바람직하지 않게 되어 위와 같이 규정하였다.

ㄴ) 채무자의 지위 : 채무자는 재산의 관리권 및 처분권을 회복하고, 회생채권에 대한 변제금지의 효력도 없어진다. 취소결정의 효과는 소급효가 있으므로 개시결정 후 채무자가 행한 법률행위, 채권자의 권리취득, 채무자에 대한 변제 등도 소급적으로 유효가 된다.

ㄷ) 관리인의 지위 : 취소결정의 확정으로 채무자가 권한을 회복하는 반면, 관리인의 권한은 소멸한다. 그러나 개시결정 후 그 권한에 기하여 한 행위 실체법상의 행위 뿐 아니라 소송행위의 결과도 그 효력을 잃지 않는다. 관리인의 권한이 소멸하므로 취소결정 후에는 관리인의 권한에 기한 행위를 하지 못하는 것이 원칙이다.

본조 제3항은 관리인은 공익채권을 변제하며 이의가 있는 것에 관하여는 그 채권자를 위하여 공탁을 하여야 한다고 규정하고 있다. 따라서 이 범위 내에서 관리인의 권한은 존속하게 된다.

2) 회생절차개시결정의 효력

가. 자본감소 등의 행위 금지(회생법 제55조)

① 금지되는 행위

회생절차개시 이후부터 그 회생절차가 종료될 때까지는 채무자는 회생절차에 의하지 아니하고는 다음의 행위를 할 수 없다.

ㄱ) 자본 또는 출자액의 감소

ㄴ) 지분권자의 가입, 신주 또는 사채의 발행

ㄷ) 자본 또는 출자액의 증가

ㄹ) 주식의 포괄적 교환 또는 주식의 포괄적 이전

ㅁ) 합병·분할·분할합병 또는 조직변경

ㅂ) 해산 또는 회사의 계속

ㅅ) 이익 또는 이자의 배당

② 법원의 허가를 요하는 행위

회생절차개시 이후부터 그 회생절차가 종료될 때까지 법인인 채무자의 정관을 변경하고자 하는 때에는 법원의 허가를 받아야 한다.

나. 회생절차개시 후의 업무와 재산의 관리(회생법 제56조)

회생절차는 개시의 결정을 한 때로부터 효력이 생긴다. 개시결정에 대한 즉시항고를 하더라도 집행정지의 효력은 인정되지 않기 때문에 회생절차개시의 결정이 있게 되면, 채무자는 업무의 수행과 재산의 관리 및 처분권을 상실하고 이러한 권한은 관리인에게 전속하게 된다.

다. 관리인의 정보 등의 제공(회생법 제57조)

관리인이 채무자의 영업과 경영권 그리고 주식에 대한 행위를 할 경우 채무자의 영업 및 재산에 대한 효과가 클 수 있으므로 관리인이 그와 같은 행위를 할 경우 채무자의 영업, 사업에 관한 정보, 자료를 요구함으로써 절차적 안전을 기할 수 있도록 하였다.

① 인수희망자(정보 등의 제공을 요구할 수 있는 자)

관리인은 다음 각 목의 어느 하나에 해당하는 행위를 하고자 하는 자에 대하여는 대법원규칙이 정하는 바에 따라 채무자의 영업·사업에 관한 정보 및 자료를 제공하여야 한다. 다만 정당한 사유가 있는 때에는 관리인은 정보 및 자료의 제공을 거부할 수 있다.

ㄱ) 채무자의 영업, 사업, 중요한 재산의 전부나 일부의 양수

ㄴ) 채무자의 경영권을 인수할 목적으로 주식 또는 출자지분의 양수

ㄷ) 채무자 주식의 포괄적 교환, 주식의 포괄적 이전, 합병 또는 분할합병

② 인수희망자의 정보 등의 제공 청구

법 제57조 각 호의 어느 하나에 해당하는 행위를 하려는 자(인수희망자)는 다음 각 목의 사항을 적은 서면과 해당자료를 첨부하여 관리인에게 영업 및 사업에 관한 필요한 정보 및 자료의 제공을 청구할 수 있다.

ㄱ) 인수희망자의 사업자등록증, 법인 등기부등본

ㄴ) 인수희망자의 최근 3년간의 비교 대차대조표, 최근 3년간의 요약 비교손익 계산서, 최근 3년간의 자금수지표 및 현금흐름표

ㄷ) 인수희망자의 임직원 현황, 주요 업종, 생산품, 납입자본금, 발행주식 수, 주식 소유관계

ㄹ) 인수희망자의 인수 동기, 목적 및 향후 구체적인 인수 계획의 내용 및 인수예정시기

ㅁ) 인수에 필요한 자금의 구체적인 조달계획 및 이에 관한 증빙자료

ㅂ) 제공을 요청하는 정보 및 자료를 특정할 수 있는 사항 및 이를 필요로 하는 구체적인 사유

ㅅ) 정보 및 자료에 관한 비밀을 준수하고 이를 채무자, 채권자, 주주 등의 이익에 반하는 목적을 위하여 이용하지 아니하겠다는 진술서

③ 관리인의 허가신청

인수희망자의 청구가 있는 경우 관리인은 지체없이 서면으로 법원에 정보 및 자료제공 여부에 관한 허가신청을 하여야 한다.

④ 해당 정보 및 자료의 열람 또는 복사

법원이 관리인의 허가신청에 대하여 정보 및 자료의 제공을 허가하거나 제공의 거부를 허가하지 아니하는 결정을 한 경우 관리인은 지체없이 인수희망자에게 해당 정보 및 자료의 열람 또는 복사를 허용하여야 한다.

⑤ 비용의 부담

채무자의 정보 및 자료를 제공하는데 필요한 비용은 인수희망자의 부담으로 한다.

라. 다른 절차의 중지 등(회생법 제58조)

회생절차개시결정이 있으면, 파산, 강제집행, 가압류, 가처분, 임의경매절차, 체납처분 등의 절차는 허용되지 않는다. 이와 같이 규정한 이유는 회생절차 개시 후에도 위와 같은 절차를 허용하면 회생절차를 원활히 진행할 수 없으며 또한 회생절차가 성공한다면 위와 같은 절차의 필요성이 없어지기 때문이다.

① 금지되는 절차

회생절차개시결정이 있는 때에는 다음의 행위를 할 수 없다.

ㄱ) 파산 또는 회생절차개시의 신청 : 파산은 회생절차와 대립적인 목적이 있는 관계에 있다. 파산과 회생절차는 대립적인 목적을 갖고 있으므로 양립할 수 없고 회생절차의 개시결정이 있으면 파산 또는 회생절차의 개시신청을 할 수 없도록 한 것이다.

ㄴ) 회생채권 또는 담보채권에 기한 강제집행 등 : 강제집행, 가압류, 가처분, 담보권실행을 위한 경매절차도 회생채권 또는 회생담보권에 의하여 채무자의 재산에 대하여 행해지는 이상, 회생절차개시결정 이후의 신청은 금지되고, 이미 착수가 진행된 경우에도 더 이상 진행할 수 없게 된다.

【쟁점질의와 유권해석】

<금지되지 않는 것>

ㄱ) 회생채권 또는 회생담보권에 의한 것만을 의미하므로 환취권에 의한 강제집행이나 가처분은 금지, 중지의 대상이 아니다.

ㄴ) '채무자'의 재산에 대하여 행하는 것에 한하므로, 연대채무자, 보증인, 물상보증인의 재산에 대하여 행하는 것은 금지되지 않는다.

ㄷ) 채무자의 '재산'에 대하여 행하는 것에 한하므로 채무자의 인격적 활동에 대하여 행해지는 가처분 등은 금지의 대상이 아니다.

ㄷ) 국세징수의 예에 의하여 징수할 수 있는 청구권으로서 그 징수우선

순위가 일반회생채권보다 우선하지 아니한 것에 기한 체납처분 : 금지, 중지되는 처분은 회생채권 또는 회생담보권에 기한 것만을 의미하므로 공익채권이 되는 조세 등의 청구권에 기한 체납처분은 중지되지 않고, 향후 개시하는 것도 방해되지 않는다.

또한 금지, 중지되는 처분은 채무자의 재산에 대하여 행하여지는 것에 한정하므로, 연대납세의무자를 비롯한 제2차 납세의무자 등 제3자의 재산에 대하여 행하여지는 체납처분 등의 재산에 대하여 행하여지는 체납처분 등은 금지, 중지되지 않는다.

② 중지되는 절차

회생절차개시결정이 있는 때에는 다음의 절차는 중지된다.

ㄱ) 파산절차

ㄴ) 채무자의 재산에 대하여 이미 행한 회생채권 또는 회생담보권에 기한 강제집행 등

ㄷ) 국세징수의 예에 의하여 징수할 수 있는 청구권으로서 그 징수우선순위가 일반 회생채권보다 우선하지 아니한 것에 기한 체납처분

③ 금지 또는 중지되는 절차

회생절차개시결정이 있는 때에는 다음 각 호의 기간 중 말일이 먼저 도래하는 기간 동안 회생채권 또는 회생담보권에 기한 채무자의 재산에 대한 국세징수법 또는 지방세법에 의한 체납처분, 국세징수의 예에 의하여 징수할 수 있는 청구권으로서 그 징수우선순위가 일반 회생채권보다 우선하는 것에 기한 체납처분과 조세채무담보를 위하여 제공된 물건의 처분은 할 수 없으며, 이미 행한 처분은 중지된다. 이 경우 법원은 필요하다고 인정하는 때에는 관리인의 신청에 의하거나 직권으로 1년 이내의 범위에서 그 기간을 늘일 수 있다.

ㄱ) 회생절차개시결정이 있는 날부터 회생계획인가가 있는 날까지

ㄴ) 회생절차개시결정이 있는 날부터 회생절차가 종료되는 날까지

ㄷ) 회생절차개시결정이 있는 날부터 2년이 되는 날까지 말일이 먼저 도래하는 기간 동안

④ 시효의 중단

회생채권 또는 회생담보권에 기한 채무자의 재산에 대한 국제징수법 또

는 지방세법에 의한 체납처분, 국제징수의 예에 의하여 징수할 수 있는 청구권으로서 그 징수우선순위가 일반 회생채권보다 우선하는 것에 기한 체납처분과 조세채무담보를 위하여 제공된 물건의 처분을 할 수 없거나 처분이 중지된 기간 중에는 시효는 진행하지 아니한다.

마. 소송절차의 중단 등(회생법 제59조)

① 취 지

회생절차개시결정이 있은 때에는 채무자의 재산에 관한 소송절차는 중단된다. 이처럼 소송절차의 중단을 규정한 취지는 회생절차개시결정에 의하여 채무자가 채무자의 재산에 대한 관리처분권을 상실하고 그의 관리권, 처분권은 관리인에게 전속하기 때문에 채무자가 당사자가 되는 소송은 당사자 적격조차 충족하지 못하기 때문이다.

② 중단하는 소송의 범위

채무자의 재산관계의 소송이면 회생채권 또는 회생담보권에 기한 소송에 한하지 않고 환취권, 공익채권 등 어떠한 채권에 기한 것이라도 모두 중단하게 된다. 그러나 채무자의 '재산'에 관한 소송만이 중단될 뿐 채무자의 인격 활동에 관한 것은 중단하지 않고 그대로 수행된다.

③ 정리절차 중의 신소송의 제기

회생절차 중에 채무자에 대하여 새로운 소를 제기하는 경우에 채무자의 재산관계외의 소는 채무자를 원고 또는 피고로 하게 되고, 채무자의 재산관계의 소는 관리인을 원고 또는 피고로 하여 제기하게 된다.

④ 소송의 수계

ㄱ) 회생채권, 회생담보권에 관계없는 소송절차의 수계

ⓘ 수계할 수 있는 자

관리인 또는 상대방이 이를 수계할 수 있다.

ⓙ 수계할 수 있는 소송

수계 할 수 있는 소송은 회생절차개시결정에 의하여 중단된 채무자의 재산관계의 소송 중에서 회생채권 또는 회생담보권에 관계없는 것을 의미한다. 즉 환취권과 공익채권에 관한 소송, 회사가 가지는 권리에 기한 이행 또는 적극적인 확인을 구하는 소송 등이 수계할 수 있는 소송에 속한다고 할 수 있다.

ⅲ 수계가 있기전에 회생절차가 종료한 경우

이 때에는 채무자는 당연히 소송절차를 수계한다. 이 경우에는 상대방도 소송절차를 수계할 수 있다.

ㄴ) 회생채권 또는 회생담보권에 관한 소송절차의 수계

개시결정 이전에 회생채권 또는 회생담보권에 관한 소송절차가 계속 중인 경우일지라도 개시결정이 있으면 소송절차는 중단된다.

ⓐ 중단 후 이의가 없는 경우 : 중단 후 회생채권 등 조사기일에 이의가 없으면 회생채권 등이 확정된다. 조사의 결과를 기재한 회생채권자표, 회생담보권자표는 확정판결과 같은 효력이 있다.

ⓑ 중단 후 이의가 있는 경우 : 채권조사기일에 이의가 있는 때에는 이의자를 상대로 하여 소송을 수계함으로써 권리의 확정을 구하여야 한다.

ㄷ) 행정청에 계속한 사건의 중단과 수계 : 채무자의 재산관계의 사건으로서 회생절차개시 당시 행정청에 계속한 것에 관하여도 회생절차개시의 결정이 있는 경우 절차는 중단된다. 이 경우 행정청에 계속된 절차가 회생채권 또는 회생담보권과 관계없는 것은 관리인 또는 상대방이 이를 수계할 수 있다. 회생채권이나 회생담보권에 관한 것이라면 관리인이 채무자가 할 수 있는 방법으로 불복을 신청할 수 있다.

ㄹ) 채권자취소소송 등 : 채무자의 채권자가 채권자취소권에 기하여 제기한 소송 또는 부인의 소송이 회생절차개시 당시 계속한 경우에는 그 소송절차는 중단된다. 중단한 소송절차는 관리인 또는 상대방이 이를 수계할 수 있다. 이러한 소송은 채무자를 당사자로 하는 소송이 아니기 때문에 채무자의 재산관계의 소송이 아닌 경우가 많으나, 전체 채권자를 위하여 채무자의 재산의 회복을 도모하고자 하는 소송이므로 관리인이 그 역할을 인수하는 것이 보다 적절하므로 관리인으로 하여금 수계하게 한 것이다.

【쟁점질의와 유권해석】

<정리채권자가 권리의 확정을 청구하고자 할 때의 소송수계의 방법>

1. 정리절차개시결정 당시 정리채권에 관하여 소송이 계속중인 경우에 회사정리사건의 관할법원에 정리채권의 신고를 하였으나 조사기일에서 이해관계인의 이의가 있어 정리채권자가 권리의 확정을 청구하고자 할 때에는 종전의 소송이 계속중인 법원에 신고된 정리채권에 관한 이의자를 상대로 하여 소송을 수계하여야 하며, 그 수계신청은 권리의 조사가 있은 날로부터 1개월 내에 하여야 하고, 그 기간 경과 후에 수계신청을 한 경우에는 그에 따른 정리채권 확정의 소는 부적법하게 된다.

2. 회사정리절차개시결정이 있기 이전에 이의 있는 정리채권에 관한 소송이 계속중에 회사재산보전처분이 내려지고 보전관리인이 선임되자 소송의 상대방을 정리회사에서 보전관리인으로 하여 한 수계신청을 회사정리법 제149조 제1항 소정의 소송수계신청으로 볼 수는 없다(대판 2000. 2. 11. 99다52312).

바. 이 송(회생법 제60조)

회생법원(회생사건이 계속되어 있는 지방법원)은 회생절차개시당시 채무자의 재산에 관한 소송이 다른 법원에 계속하고 있는 경우에는 결정으로써 그 이송을 청구할 수 있다. 회생절차개시 후 다른 법원에 계속하게 된 것에 관하여도 같다. 위 결정에 의하여 이송의 청구를 받은 법원은 소송을 회생법원에 이송하여야 한다. 결정은 회생법원이 직권으로만 할 수 있으며 관리인 또는 기타의 자의 신청은 직권발동 촉구의 의미만을 가질 뿐이다. 이송은 소송절차의 중단 또는 중지 중에도 할 수 있다. 이송은 상소심법원에 계속되어 있는 소송에 관하여는 적용하지 아니한다.

사. 영업 등의 양도(회생법 제62조)

① 취 지

도산기업이 회생할 수 있는 가장 적절한 방법이 인수, 합병인 바, 종전 회사정리법상의 채권조사, 확정절차와 주식소각제도만으로는 인수, 합병을 활성화하는데 크게 미흡하다는 지적이 제기되어 이를 개선하려는 것으로, 회생계획인가 전이라도 법원의 허가를 얻어 영업 또는 사업을 양도할 수 있도록 하였다.

청산을 내용으로 하는 회생계획안을 가결하기 위하여 종전에는 담보권자 전원의 동의를 얻도록 하던 것을, 앞으로는 의결권 총액의 5분의 4

이상에 해당하는 의결권을 가진 자의 동의를 얻도록 그 요건을 완화하였다.

② 절 차

회생절차개시 이후 회생계획인가 전이라도 관리인은 채무자의 회생을 위하여 필요한 경우 법원의 허가를 받아 채무자의 영업 또는 사업의 전부 또는 중요한 일부를 양도할 수 있다.

③ 주식회사인 채무자의 부채총액이 자산총액을 초과하는 경우

허가를 하는 경우 주식회사인 채무자의 부채총액이 자산총액을 초과하는 때에는 법원은 관리인의 신청에 의하여 결정으로 「상법」 제374조(영업양도·양수·임대 등)제1항의 규정에 의한 주주총회의 결의에 갈음하게 할 수 있다. 이 경우 「상법」 제374조(영업양도·양수·임대 등)제2항 및 제374조의2(반대주주의 주식매수청구권)와 「증권거래법」 제191조(주주의 주식매수청구권)의 규정은 적용하지 않는다.

아. 회생절차개시 후의 채무자의 행위(회생법 제64조)

채무자가 회생절차개시 후 채무자재산에 관하여 한 법률행위는 회생절차의 관계에 있어서 그 효력을 주장하지 못한다.

채무자가 회생절차개시가 있은 날에 행한 법률행위는 회생절차개시 이후에 한 것으로 추정한다. 여기서 법률행위라 함은 매매, 임대차, 권리의 포기, 채무의 승인 등 채무자 재산에 관한 권리의무에 영향을 미치는 모든 행위를 의미한다.

회생절차의 관계에 있어서는 그 효력을 주장하지 못한다는 의미이고, 관리인이 그 행위의 유효를 주장하는 것은 무방하다. 이 때 상대방의 선의, 악의는 불문한다.

채무자의 행위가 무효로 된 경우 상대방의 반대이행이 이미 되어 있는 때에는 채무자는 이를 부당이득으로 반환해야 하고, 상대방은 이를 공익채권으로 주장할 수 있다.

자. 회생절차개시 후의 권리취득(회생법 제65조)

① 회생절차개시 후 회생채권 또는 회생담보권에 관하여 채무자 재산에 대한 권리를 채무자의 행위에 의하지 아니하고 취득하여도 그 취득은 회생절차의 관계에 있어서는 그 효력을 주장하지 못한다.

② 회생절차개시일의 권리취득은 회생절차개시 후에 한 것으로 추정된다.

차. 회생절차개시 후의 등기와 등록(회생법 제66조)

① 회생절차와의 관계에서 효력을 주장할 수 없는 경우

ㄱ) 등기 또는 가등기 : 부동산 또는 선박에 관하여 회생절차개시 전에 발생한 등기원인에 의하여 회생절차개시 '후'에 한 등기 또는 가등기는 회생절차의 관계에 있어서는 그 효력을 주장할 수 없다. 그러나 등기나 가등기를 이전 받은 권리자가 선의인 경우에는 그러하지 아니하다(회생법 제66조 제1항).

ㄴ) 등록 또는 가등록 : 위 ㄱ)의 규정은 권리의 설정·이전 또는 변경에 관한 등록 또는 가등록에 관하여 준용한다(회생법 제66조 제1항).

② 선의 또는 악의의 추정(회생법 제68조) : 회생절차 개시후의 등기와 등록에 관한 규정(법 제66조)을 적용함에 있어서 회생절차개시의 공고 전에는 그 사실을 알지 못한 것으로 추정하고, 공고 후에는 그 사실을 안 것으로 추정한다.

【쟁점질의와 유권해석】

<회생절차개시 전의 등기원인으로 회생절차개시 전에 한 가등기의 효력 유무>

대법원은 법 제66조의 반대해석으로 회생절차개시 전의 등기원인으로 회생절차개시 전에 부동산등기법 제3조에 의하여 한 가등기는 회생절차의 관계에 있어서 그 효력을 주장할 수 있고, 따라서 이와 같은 가등기권자는 회생채무자의 관리인에 대하여 본등기를 청구할 수 있다고 판시하고 있다. 따라서 회생절차 개시결정의 기입등기가 경료 된 경우에는 회생채무자의 부동산 등에 대하여 관리인이 아닌 회생채무자가 신청한 등기는 등기원인이 회생절차개시전에 생긴 경우라 하더라도 이를 수리하여서는 아니된다.

구분	효력 주장 가능 여부
등기원인 – 회생절차 개시'전' 등기시점 – 회생절차 개시'후'	효력주장 불가능 (단 등기나 가등기를 이전받은 자가 선의인 경우에는 효력주장 가능하다)
등기원인 – 회생절차 개시'전' 등기시점 – 회생절차 개시'전'	효력주장 가능

카. 회생절차개시 후의 채무자에 대한 변제(회생법 제67조)

① 회생절차개시 사실을 알지 못하고 변제한 경우 : 회생절차개시 후에 채무자의 채무자는 관리인에게 변제하여야 하나, 그 사실을 알지 못하고 채무자에게 변제한 경우에는 회생절차의 관계에 있어서도 그 효력을 주장할 수 있다.

② 회생절차개시 후 그 사실을 알고 변제한 경우 : 회생절차개시 후 악의로 채무자에 변제한 경우에도 이로서 채무자 재산이 이익을 얻은 때에는 그 이익의 한도에서만 회생절차의 관계에 있어서 그 효력을 주장할 수 있다.

③ 선의 또는 악의의 추정(회생법 제67조) : 회생절차개시 후의 채무자에 대한 변제의 규정(회생법 제67조)을 적용함에 있어서 회생절차개시의 공고 전에는 그 사실을 알지 못한 것으로 추정하고, 공고 후에는 그 사실을 안 것으로 추정한다.

타. 공유관계(회생법 제69조)

채무자가 타인과 공동으로 재산권을 가진 경우 채무자와 그 타인 사이에 그 재산권을 분할하지 아니한다는 약정이 있더라도 회생절차가 개시된 때에는 관리인은 분할의 청구를 할 수 있다.

파. 환취권(회생법 제70조)

회생절차개시는 채무자에 속하지 아니하는 재산을 채무자로부터 환취할 권리인 환취권에 영향을 미치지 아니한다. 그 이유는 환취권의 기초가 되는 권리는 소유권인 경우가 일반적이기 때문이다.

환취권을 행사함에 있어서 반드시 회생절차에 의할 필요는 없으나 관리인이 환취권을 승인하는 데에는 법원의 허가를 받아야 한다.

2. 회생절차의 기관

(1) 관리인

1) 관리인의 선임

가. 관리인의 선정 시기

개시여부의 결정은 개시신청일로부터 1개월 내에 하도록 되어 있다.

나. 채무자의 대표자를 관리인으로 선임할 수 없는 경우

법원은 다음 각 호에 해당하는 때를 제외하고 개인인 채무자나 개인이 아닌 채무자의 대표자를 관리인으로 선임하여야 한다.

① 채무자의 재정적 파탄원인이 다음의 어느 하나에 해당하는 자가 행한 재산의 유용 또는 은닉이나 그에게 중대한 책임이 있는 부실경영에 기인하는 때

ㄱ) 개인인 채무자

ㄴ) 개인이 아닌 채무자의 이사

ㄷ) 채무자의 지배인

② 채권자협의회의 요청이 있는 경우로서 상당한 이유가 있는 때

③ 그밖에 채무자의 회생에 필요한 때

다. 관리인을 선임하지 않을 수 있는 채무자(규칙 제51조)

① 비영리 법인 또는 합명회사·합자회사

② 회생절차 개시신청 당시 증권거래법 제2조 제13항에서 규정된 상장법인 및 주권상장법인과 같은 조 제15항에서 규정된 코스닥 상장법인에 해당하는 채무자

③ 회생절차 개시 당시 재정적 부실의 정도가 중대하지 않고 일시적인 현금유동성의 악화로 회생절차를 신청한 채무자

④ 회생절차 개시 당시 일정한 수준의 기술력, 영업력 및 시장점유율을 보유하고 있어 회생절차에서의 구조조정을 통하여 조기회생이 가능하다

고 인정되는 채무자

⑤ 회생절차 개시결정 당시 주요 회생담보권자 및 회생채권자와 사이에 회
생계획안의 주요 내용에 관하여 합의가 이루어진 채무자

⑥ 회생절차 개시 당시 자금력 있는 제3자 또는 구 주주의 출자를 통하여
회생을 계획하고 있다고 인정되는 채무자

⑦ 그 밖에 관리인을 선임하지 않는 것이 채무자의 회생에 필요하거나 도
움이 된다고 법원이 인정하는 채무자

라. 관리인이 선임되지 않은 경우의 효과

관리인이 선임되지 아니한 경우에는 채무자(개인이 아닌 경우에는 그 대표
자를 말한다)를 관리인으로 본다. 따라서 법원사무관 등이 촉탁하여야 할 등
기사항 이외의 등기사항에 관하여는 관리인으로 간주되는 자의 신청에 의하
여 등기한다.

2) 관리인의 직무집행

가. 여럿인 관리인의 직무집행(회생법 제75조)

① 직무집행방법

관리인을 수인으로 선임한 경우에 관리인들은 공동으로 그 직무를 행해
야 한다. 따라서 공동 관리인들은 공동명의로 법률행위를 하여야 하고,
법원의 허가신청도 공동으로 하여야 한다. 법원의 허가를 얻은 경우에
는 그 직무를 분담할 수 있다.

② 여럿인 관리인에 대한 제3자의 의사표시방법

관리인이 수인인 때에는 제3자의 의사표시는 1인에 대하여 하면 된다.

나. 관리인대리(회생법 제76조)

관리인은 필요한 때 그 직무를 행하게 하기 위하여 자기책임으로 1인 또는
여럿의 관리인대리를 선임할 수 있으며, 그 선임에 있어서는 법원의 허가를
필요로 한다.

【쟁점질의와 유권해석】

<관리인대리의 행위에 의하여 정리회사가 손해를 입은 경우 관리인이 책임을 져야 하는지 여부(적극)>

정리회사의 관리인이 "갑"을 정리회사의 부사장으로 선임하여 정리업무에 참여케 하였다면 "갑"은 위 직명여하에 관계없이 관리인의 책임으로 그 직무집행에 필요하여 법원의 허가를 얻어 선임한 관리인의 대리인 또는 이행보조자나 이행대용자라고 보아야 할 것이며 정리회사의 피용자라고 할 수 없으므로 자기책임으로 "갑"을 선임한 관리인은 회사정리법 98조 1항의 취지로 보아 그 선임·감독상의 과실유무에 관계없이 "갑"의 행위에 의하여 정리회사가 손해를 입은 경우에는 그 책임을 져야 할 것이다(대판 1974. 6. 25. 73다692).

다. 당사자적격(회생법 제78조)

회생절차 개시결정이 있으면 채무자의 재산에 관한 관리권과 처분권이 관리인에게 전속하기 때문에 채무자의 재산에 관한 소송에서는 관리인이 소송당사자가 된다.

【쟁점질의와 유권해석】

<보전관리인이 선임된 경우 회사에 대한 채권을 목적으로 한 가압류에 있어서 제3채무자로 되는 자>

회사정리법 제39조 제3항, 제39조의3, 제53조 제1항, 제96조의 규정에 의하면, 정리절차 개시 전이라도 법원의 관리명령에 따라 보전관리인이 선임된 경우에는 회사 재산의 관리·처분권한이 보전관리인에게 전속되고, 회사의 재산에 관한 소에 있어서는 보전관리인이 원고 또는 피고가 된다는 점에서 회사에 대한 채권을 목적으로 한 가압류에 있어서도 회사가 아닌 보전관리인이 제3채무자로 되어야 한다(대판 2003. 9. 26. 2002다62715).

라. 우편물의 관리(회생법 제80조)

법원은 체신관서·운송인 그 밖의 자에 대하여 채무자에게 보내오는 우편물·전보 그 밖의 운송물을 관리인에게 배달할 것을 촉탁할 수 있다. 관리인은 그가 받은 채무자에게 보내오는 우편물·전보 그 밖의 운송물을 열어볼 수 있다.

마. 관리인에 대한 감독(회생법 제81조)

관리인은 법원의 관리를 받으며, 법원은 관리인에게 그 선임을 증명하는 서면을 교부한다. 관리인은 그 직무를 수행하는 경우 이해관계인의 요구가 있는 때에는 선임을 증명하는 서면을 제시한다.

개시결정일시에 관리인을 소환하여 구두로 그 취지를 고지한 후 교부한다.

바. 관리인의 의무 등(회생법 제82조)

① 선관주의의무 : 관리인은 선량한 관리자의 주의로써 직무를 수행하여야 한다. 관리인에게 선량한 관리자의 의무를 부과하여 채무자의 영업과 사업에 대한 관리행위를 방만하게 진행하지 않도록 하였다.

② 손해배상 책임 : 관리인이 선량한 관리자의 주의를 게을리한 때에는 이해관계인에게 손해를 배상할 책임이 있다. 이 경우 주의를 게을리한 관리인이 여럿 있는 때에는 연대하여 손해를 배상할 책임이 있다. 선량한 관리자의 주의의무를 위반하는 경우 이해관계인들의 손해배상청구권을 인정하여 이해관계인들의 불측의 피해를 방지하고자 하였다.

3) 보전관리인의 임무종료

가. 관리인의 사임 및 해임(회생법 제83조)

① 관리인의 사임

관리인은 정당한 사유가 있는 때에는 법원의 허가를 얻어 사임할 수 있다.

② 관리인의 해임

관리인은 다음의 어느 하나에 해당하는 사유가 있는 때에는 이해관계인의 신청에 의하거나 직권으로 관리인을 해임할 수 있다. 이 경우 법원은 그 관리인을 심문하여야 한다.

ㄱ) 관리인으로 선임된 후 그 관리인에게 제74조 제2항 제1호(채무자의 재정적 파탄의 원인이 다음 각목의 어느 하나에 해당하는 자가 행한 재산의 유용 또는 은닉이나 그에게 중대한 책임이 있는 부실경영에 기인하는 때가 발견된 때) 사유가 발견된 때

ㄴ) 관리인이 선관주의의무의 규정에 의한 의무를 위반한 때

ㄷ) 관리인이 경영능력이 부족한 때

　　　　ㄹ) 그 밖에 상당한 이유가 있는 때

나. 임무종료의 경우의 보고의무 등(회생법 제84조)

　　관리인의 임무가 종료한 때에는 관리인 또는 그 승계인은 지체 없이 법원에 계산의 보고를 하여야 한다.

　　보고의 내용은 수입, 지출 계산서 등 관리인의 업무 전반을 파악할 수 있는 내용 및 관리인의 사무 인계에 필요한 중요사항 등을 가리킨다. 관리인의 직을 마치는 관리인에게는 미리 이러한 계산의 보고의무가 있음을 알려 후임 관리인과 사이에 정확하고도 원활한 수지계산 및 업무 인수, 인계가 이루어지도록 하여야 한다.

(2) 보전관리인

1) 보전관리인의 권한(회생법 제85조)

　　법 제43조 제3항의 규정에 의한 관리명령이 내려지면 회생절차개시결정전까지 채무자의 업무수행 및 재산의 관리처분권한은 보전관리인에게 속하게 된다. 보전관리인이 채무자의 경영과 관리처분권을 가지는 것은 채무자의 의사결정기관, 대표기관으로서의 권한에 의한 것은 아니므로 이사회나 주주총회의 결의를 요할 사항에 관하여도 그러한 의결을 필요로 하지 않는다.

　　관리명령이 내려지면 채무자를 비롯한 종래의 이사, 감사 등은 관리처분권한을 잃게 되고, 주주총회나 이사회를 소집하거나 개최하는 등의 권한만을 갖게 된다.

2) 관리인에 관한 규정 등의 준용(회생법 제86조)

　　관리인에 대한 다음의 규정을 보전관리인에도 준용하여 적용한다.

　　① 제61조 - 법원의 허가를 받아야 하는 행위

　　② 제74조 - 관리인의 선임

　　③ 제75조 - 여럿인 관리인의 직무집행

　　④ 제78조 - 당사자적격

　　⑤ 제84조 - 임무종료의 경우의 보고의무 등

　　⑥ 제89조 - 채무자의 업무와 재산의 관리

(3) 조사위원

1) 조사위원제도의 의의

조사위원의 선임이 필수적 사항은 아니다. 그러나 재무, 경영분석, 청산가치와 존속가치의 산정, 수행가능한 채무변제계획의 제시 등의 지극히 전문적인 분야는 고도의 회계, 경영, 경제지식과 판단능력이 요구되는 것으로서, 실무에서는 거의 예외 없이 조사위원을 선임하고 있는 실정이다.

조사위원의 경제성에 대한 판단은 법원의 회생절차의 계속 진행여부에 대한 판단에 있어서 지대한 영향을 미치고, 조사위원이 제출하는 조사보고서상 장래 달성 가능할 것으로 평가된 사업계획이나 채무변제계획이 향후 관리인이 작성하는 회생계획안의 기초를 이루게 된다.

2) 조사위원의 자격 및 선임

가. 조사위원의 자격

조사위원의 선임은 조사에 필요한 학식과 경험이 있는 자로서 이해관계가 없는 자 중에서 선임하여야 한다. 따라서 회생채무자의 회사의 주주인 자, 회생채무자에 대하여 채권을 가지고 있는 자, 최근에 회생채무자의 회사를 외부회계감사 또는 경영컨설팅을 한 적이 있는 자는 공정한 조사를 위해서 배제하는 것이 바람직하다.

나. 조사위원의 선임(회생법 제87조 제1항)

법원은 필요하다고 인정하는 때에는 관리위원회의 의견을 들어 1인 또는 여럿의 조사위원을 선임할 수 있다.

3) 조사위원의 임무

가. 조사·의견의 제출

법원은 조사위원을 선임한 경우에는 기간을 정하여 조사위원에게 제90조, 제92조에 규정된 사항의 전부 또는 일부를 조사하게 하고, 회생절차를 계속 진행함이 적정한지의 여부에 관한 의견서를 제출하게 할 수 있다. 법원은 필요하다고 인정하는 때에는 조사위원에게 제3항의 규정에 의한 사항 외의 사항을 조사하여 보고하게 할 수 있다.

나. 보고요구, 감사권

조사위원은 개인인 채무자나 그 법정대리인, 개인이 아닌 채무자의 이사, 감사, 청산인 및 이에 준하는 자, 채무자의 지배인 또는 피용자에 대하여 채무자의 업무와 재산의 상태에 관하여 보고를 요구하며 채무자의 장부, 서류, 금전 기타의 물건을 검사할 수 있다.

다. 선관주의의무

조사위원은 선량한 관리자의 주의로써 그 직무를 집행하여야 한다. 조사위원이 그 주의를 해태함으로써 손해가 발생한 경우에는 그 조사위원은 이해관계인에 대하여 연대하여 손해를 배상할 책임이 있다.

4) 조사위원의 해임

법원은 상당한 이유가 있다고 인정되는 경우에는 이해관계인의 신청에 의하여 또는 직권으로 해임할 수 있다. 이 경우에는 그 조사위원을 심문하여야 한다.

5) 관리인에 관한 규정의 준용

법 제79조(관리인의 검사 등), 제81조(관리인에 대한 감독), 제82조(관리인의 의무 등) 및 제83조 제1항(관리인은 정당한 사유가 있는 때에는 법원의 허가를 얻어 사임할 수 있다)의 규정은 조사위원에 관하여 준용한다.

3. 채무자재산의 조사 및 확보

(1) 채무자의 재산상황의 조사

1) 관리인의 업무

가. 채무자의 업무와 재산의 관리(회생법 제89조)

관리인은 취임 후 즉시 그의 기본적인 의무로서 회사의 업무와 재산의 관리에 착수하여야 한다.

나. 재산가액의 평가(회생법 제90조)

관리인 회생절차개시 후 지체 없이 채무자에게 속하는 모든 재산의 가액을 평가하여야 한다. 또한 지체될 우려가 있는 경우를 제외하고는 채무자도 참여하여야 한다.

다. 재산목록과 대차대조표의 작성(회생법 제91조)

관리인은 회생절차개시 후 지체 없이 채무자에 속하는 모든 재산의 가액을 평가하여야 하고, 개시결정시의 재산목록과 대차대조표를 작성하여 이를 법원에 제출하여야 한다.

　실무에서는 개시결정시에 위와 같은 서류의 제출기간을 정하고 있는데, 일반적으로 조사위원의 조사보고서 제출기간과 같은 기간으로 정하고 있다.

2) 관리인의 조사보고

관리인은 지체없이 다음의 사항을 조사하여 제1회관계인집회기일 전까지 법원과 관리위원에게 보고하여야 한다.

① 채무자가 회생절차에 이르게 된 사정

② 채무자의 업무 및 재산에 관한 사항

③ 법인의 이사 등의 재산에 대한 보전처분 또는 이사 등에 대한 출자이행청구권이나 이사 등의 책임에 기한 손해배상청구권의 존부와 그 내용을 조사 확정하는 재판을 필요로 하는 사정의 유무

④ 그 밖에 채무자의 회생에 관하여 필요한 사항

3) 영업용 고정재산의 평가(회생법 제94조)

관리인이 채무자의 재산목록 및 대차대조표를 작성하는 때에는 일반적으로 공정·타당하다고 인정되는 회계관행에 따라야 한다. 이 경우 상법 제31조(자산평가의 원칙) 제2호의 규정은 적용하지 아니한다. 일반적으로 인정되는 회계관행을 따라야 한다는 것은 기본적으로 기업회계기준서를 의미한다.

고정자산의 평가에 있어서 상법 제31조는 자산평가의 원칙에서 고정자산을 취득가액 또는 제작가액으로부터 상당한 감가액을 공제한 가액에 의하되, 예측하지 못한 감손이 생긴 때에도 상당한 감액을 하여야 한다고 규정하고 있으나 본법에서는 이의 적용을 부정하고 있다.

4) 영업의 휴지(회생법 제96조)

채무자의 영업의 존속가치보다 청산가치가 더 클 경우에는 관리인은 법원의 허가를 얻어 그 영업을 휴지시킬 수 있다.

5) 제1회 관계인집회(회생법 제98조)

가. 의 의

제1회 관계인집회는 관리인이 이미 법원에 보고한 법 제92조의 사항의 요

지를 이해관계인들에게 보고하고, 관리인, 조사위원, 기타 이해관계인들로부터 관리인 및 조사위원의 선임, 채무자의 업무 및 재산의 관리, 정리절차를 향후 계속 진행함이 적정할 것인지의 여부 등에 관한 의견을 듣기 위하여 개최되는 집회이다.

제1회 관계인집회는 회생절차개시 후 최초로 열리는 기일로서 회생절차개시에 의하여 개별적인 권리행사가 금지되어 있는 이해관계인에게 채무자가 회생절차에 이르게 된 사정이나 채무자의 현황을 보고하고, 나아가 이해관계인들로부터 회생절차의 경과 및 계속 진행 여부 등에 관하여 의견을 진술할 기회를 주고 있다는 점에서 매우 중요한 의미를 갖는 것이다.

나. 관리인이 관계인 집회에 보고할 사항

관리인은 다음의 법 제92조 각 호에 규정된 사항의 요지를 제1회 관계인집회에 보고하여야 한다.

① 채무자가 회생절차의 개시에 이르게 된 사정

② 채무자의 업무 및 재산에 관한 사항

③ 제114조제1항의 규정에 의한 보전처분 또는 제115조제1항의 규정에 의한 조사확정재판을 필요로 하는 사정의 유무

④ 그 밖에 채무자의 회생에 관하여 필요한 사항

다. 기일의 지정 및 송달 등

① 기일의 지정 : 제1회 관계인집회의 기일은 회생절차 개시결정과 동시에 법원이 정하게 된다. 법원은 개시결정일로부터 4월의 기간 내에 제1회 관계인집회의 기일을 정하여야 하며, 이를 공고하여야 한다.

② 관계인집회기일의 소환과 통지

ㄱ) 기일 소환의 대상자 : 관리인, 조사위원, 채무자, 신고한 회생채권자, 회생채권담보권자 및 주주와 회생을 위하여 채무를 부담하거나 담보를 제공한 자이다.

ㄴ) 기일의 통지의 대상 : 관계인집회의 기일은 채무자의 업무를 감독하는 행정청, 법무부장관, 금융감독위원회 위원장에게 통지하여야 한다. 채무자의 업무를 감독하는 행정청에는 재정경제부, 노동부장관, 국세청장, 관세청장, 기초단체장, 관할 세무서장 등이 있을 수 있으며, 채무자의 업무의 업종에 따라 산업자원부장관, 건설교통부장관 등이 포

함될 수도 있다.

ㄷ) 관계인집회기일의 공고 : 관계인집회기일은 공고하여야 한다. 한편 실무에서는 개시결정과 동시에 제1회 관계인집회의 기일도 지정하고 있고, 관계인집회의 기일과 회의의 목적인 사항은 공고해야 되므로 현재 실무는 개시결정과 관계인집회를 동시에 공고하고 있다.

라. 제1회 관계인집회의 진행

① 진행순서 : 제1회 관계인 집회가 회생채권 등의 일반조사기일과 병합되어 개최되고 있지만, 진행순서상으로는 제1회 관계인집회를 먼저 실시하는 것이 일반적이다.

② 집회의 진행 순서 : 집회가 개최되면 재판장은 관리인에게 사항의 요지를 보고하게 한 다음, 관리인, 조사위원, 채무자, 신고한 회생채권자, 회생담보권자 및 주주 등에게 관리인, 조사위원의 선임과 채무자의 업무 및 재산의 관리, 회생절차를 계속 진행함이 적정한지의 여부에 관한 의견 진술의 기회를 부여하여야 한다. 경우에 따라서 이해관계인들의 의견진술에 대하여 관리인이나 조사위원에게 답변이나 소명의 기회를 부여할 필요가 있다.

【쟁점질의와 유권해석】

<법원이 관계인집회에서 진실된 이해관계인의 진술에 구속되는지 여부>

법원이 관계인집회에서 진술된 이해관계인의 의견에 구속되는 것은 아니다. 그렇지만 그 의견을 관리인에 대한 감독, 해임권의 발동, 관리인이 법원의 허가를 받아야 할 사항의 추가 지정, 관리인에 대한 업무와 재산의 관리상황 등에 대한 보고명령, 기타 회생절차에 관한 법원의 직권조사 사항에 관한 심리의 자료로 이용할 수는 있다. 다만, 회생절차를 계속 진행함이 적정한지 여부에 관한 조사위원의 의견은 법원이 회생계획안 제출명령을 발할지 또는 회생 절차를 폐지할지 여부에 관한 중요한 단서로서 기능하게 된다.

---

③ 회생계획안의 제출명령 : 법원은 채무자의 영업의 존속가치가 청산가치보다 크다고 인정되는 경우 제1회 관계인집회의 기일 또는 그 후 지체 없이 관리인에게 채무자의 영업을 계속하는 내용의 회생계획안을 제출하도록 명하여야 한다. 그런데 제1회 관계인집회를 개최하기 전에 이미

채무자의 영업의 경제성에 관한 조사위원의 조사 및 그에 대한 법원의
검토가 이미 마쳐져 있는 경우가 대부분이기 때문에, 그러한 경우에 이
해관계인들이 출석한 제1회 관계인집회에서 회생계획안 제출명령을 하
는 것이 바람직하다.

(2) 부인권

1) 부인권의 의의 및 유형

가. 부인권의 의의

부인권이란 회생절차개시 전에 채무자가 회생채권자, 회생담보권자를 해하
는 것을 알고 한 행위 또는 다른 회생채권자, 회생담보권자와의 평등을 해하
는 변제, 담보의 제공 등과 같은 행위를 한 경우 회생절차개시 후에 관리인
이 그 행위의 효력을 부인하고 일탈된 재산의 회복을 목적으로 하는 권리이
다.

부인권은 채무자의 수익력의 회복을 가능하게 하여 채무자의 회생을 용이
하게 하고, 나아가 채권자간에 공평을 기할 수 있도록 하는 제도이며, 후자가
특히 부인권을 인정하는 실질적인 근거로 이해되고 있다.

나. 부인권의 유형

부인의 유형은 여러 가지로 나눌 수 있으나 일반적으로 다음과 같이 나눈다.

① 고의부인 : 회사가 회생채권자 등을 해할 것을 알면서 한 행위를 부인.

② 위기부인 : 채무자가 지급의 정지 등 경제적 파탄이 표면화된 시기에
한 행위를 부인.

위기부인은 다음과 같이 다시 나뉜다.

ㄱ) 채무자의 의무에 속한 행위를 부인하는 본지행위부인

ㄴ) 채무자의 의무에 속하지 않는 행위를 부인하는 비본지행위부인

③ 무상부인 : 채무자가 한 무상행위 내지 이와 동일시 해야하는 유상행
위를 부인하는 무상부인

④ 대항요건, 효력요건, 집행행위부인 : 그밖에 특수한 부인인 대항요건, 효
력요건부인, 집행행위부인이 있다

【쟁점질의와 유권해석】

<1개의 행위가 각 부인유형에 해당하는 경우 어느 것을 주장하여야 하는지 여부>

고의부인, 위기부인, 무상부인을 별도로 요건을 정하여 규정하고 있지만 상호 배타적인 관계에 있는 것이 아니라 상호 관련을 맺고 있으므로 1개의 행위가 각 부인유형에 해당하는 경우 어느 것이라도 주장하여 부인할 수 있고, 법원 또한 당사자가 주장하는 부인유형에 구속되지 않는다. 하급심 판례 중에는 부인소송의 소송물이 부인권 자체가 아니라 부인의 효과로서 발생한 권리관계에 기초한 이행청구 또는 확인청구이고, 부인의 주장은 공격방어방법에 불과하다고 판시한 판례가 있다.

2) 부인권 행사의 성립요건

가. 일반적 성립요건(행위의 유해성)

부인의 대상이 되는 행위는 채무자의 행위로 말미암아 회생채권자 등에게 있어서 손해를 끼치는 행위이어야 한다. 회생채권자 등에게 손해를 끼치는 행위에는 채무자의 일반재산을 절대적으로 감소시키는 사해행위 외에 채권자 간의 평등을 저해하는 편파행위도 포함된다고 볼 것이다. 그런데 사해행위이든 편파행위이든 청산절차를 가정하여 당해 행위로 인하여 다른 채권자들의 배당률이 낮아질 때 행위의 유해성이 인정된다고 하는 것이 보다 간명한 설명이다. 이하에서는 행위의 유해성이 문제되는 몇 가지 행위 유형에 대하여 살펴보도록 한다.

① 부동산의 매각행위

부동산의 매각에 있어서 부당한 가격으로 매각한 경우는 물론 부인의 대상이 되고, 적정한 가격으로 매각한 경우일지라도 부동산을 소비하기 쉬운 금전으로 환가하는 경우 채권자의 공동 담보력을 감소시킬수 있는 것이므로 예외적인 경우를 제외하고는 일반채권자를 해하는 행위라고 보고 있다. 특히 채무자 재산의 중요 구성부분을 매각하는 것은 채무자의 영업의 수익력 내지 영업 가치를 해하는 행위로 부인의 대상이 될 수 있다.

② 변제행위

변제행위와 관련하여 문제되는 것은 본지변제와 고의부인, 차입금에 의한 변제와 부인, 담보권자에 대한 변제, 대물변제와 부인이 문제된다.

ㄱ) 본지변제와 고의부인 : 변제기가 도래한 채권을 변제하는 본지변제
행위가 형식적 위기시기에 이루어진 경우 불평등 변제로서 위기부
인의 대상이 될 수 있다.

ㄴ) 차입금에 의한 변제 : 채무자가 제3자로부터 자금을 차입하여 특정
채권자에게만 변제를 한 경우 다른 채권자와의 평등을 해하는 것으
로서 원칙적으로 부인의 대상이 된다는 것이 일반적이다. 문제는 나
아가 전적으로 특정채무의 변제를 위하여 차입을 하고 변제가 행하
여진 경우이다. 최근의 판례는 일정한 사정을 언급하면서 차입금으
로 변제가 예정된 특정채무를 변제하여도 채권자의 공동담보를 감
소시키지 않아 채권자를 해하는 행위가 아니라고 판시하고 있다.

ㄷ) 담보권자에 대한 변제, 대물변제와 부인

회생절차에서의 담보권자에 대한 변제, 대물변제	부인의 대상이 될 수 있다.
파산절차에서의 담보권자에 대한 변제, 대물변제	부인의 대상이 될 수 없다. 대물변제의 경우에도 피담보채권과 목적물의 가액이 균형을 유지하는 한 부인의 대상이 되지 않음.

③ 담보권의 설정행위 및 담보권의 실행행위와 부인

ㄱ) 담보권의 설정행위 : 담보권의 설정과 관련하여 논의되는 것은 기존
채무에 대한 담보권의 설정에 있는 것이 아니라 신규차입을 위하여
담보권을 설정하는 행위가 부인의 대상이 될 수 있는지 하는 문제이
다. 우리나라 하급심 판례중에 새로이 융자를 받으면서 담보권을 설
정하여 준 행위는 파산자의 의무없는 행위라고 볼 수 없다며 비본지
행위의 부인을 부정한 판례가 있다.

ㄴ) 담보권의 실행행위 : 회생절차에서 담보권의 실행행위는 다른 담보권
자와의 관계에서 공평을 해하거나 채무자의 재산을 감소시키는 행위
로서 부인의 대상이 될 수 있다. 그런데 담보권의 실행행위는 저당
권과 같은 전형 담보이든 양도담보, 가등기담보, 소유권유보 등과 같
은 비전형담보이든 통상 채무자의 행위가 존재하지 않으므로 부인의
대상이 될 수 있는지 문제된다. 일반적인 견해는 부인의 대상이 되
는 행위는 반드시 채무자의 행위일 필요가 있는 것은 아니고 또 집

행행위의 부인에 준하여 부인을 인정하고 있다.

나. 부인할 수 있는 행위(회생법 제100조) : 개별적 성립요건

① 악의부인 또는 고의부인

채무자가 회생채권자 등을 해할 것을 알고 한 행위는 부인할 수 있다. 다만, 이로 인하여 이익을 받은 자가 그 행위 당시 회생채권자 등을 해하게 되는 사실을 알지 못한 때에는 그러하지 아니하다(회생법 제100조 제1항 제1호).

고의부인을 인정한 사례로는 다음과 같은 것이 있다.

ㄱ) 담보권을 설정하여 준 후 10일이 지나 부도가 났고 담보제공시 상대방이 회생절차개시신청을 준비하고 있던 경우

ㄴ) 기업개선명령 대상기업으로 지정된 기업의 사채발행에 대하여 상대방과 사이에 사채보증보험계약상의 구상금채무에 대한 연대보증을 한 경우

ㄷ) 부도 후 어음금채무의 변제에 갈음하여 임대차계약을 체결한 경우 등이 있다.

【쟁점질의와 유권해석】

<구 회사정리법 제78조 제1항 제1호에서 정한 부인의 대상으로 되는 행위인 '회사가 정리채권자 등을 해할 것을 알고 한 행위'에 이른바 편파행위도 포함되는지 여 부(적극) 및 편파행위에 대한 고의부인이 인정되기 위하여 요구되는 주관적 요건의 내용>

구 회사정리법(2005. 3. 31. 법률 제7428호 채무자 회생 및 파산에 관한 법률 부칙 제2조로 폐지) 제78조 제1항 제1호에서 정한 부인의 대상으로 되는 행위인 '회사가 정리채권자 등을 해할 것을 알고 한 행위'에는 총채권자의 공동담보가 되는 회사의 일반재산을 절대적으로 감소시키는 이른바 사해행위뿐만 아니라, 특정한 채권·자에 대한 변제와 같이 다른 정리채권자들과의 공평에 반하는 이른바 편파행위도 포함되나, 위와 같은 고의부인이 인정되기 위해서는 주관적 요건으로서 회사가 '정리채권자들을 해함을 알 것'을 필요로 하는데, 특정채권자에게 변제하는 편파행위를 고의부인의 대상으로 할 경우에는, 구 회사정리법이 정한 부인대상행위 유형화

의 취지를 몰각시키는 것을 방지하고 거래 안전과의 균형을 도모하기 위해 회사정리 절차가 개시되는 경우에 적용되는 채권자평등의 원칙을 회피하기 위하여 특정채권자 에게 변제한다는 인식이 필요하다고 할 것이지만, 더 나아가 정리채권자들에 대한 적 극적인 가해의 의사 내지 의욕까지 필요한 것은 아니다(대판 2006. 6. 15, 2004다46519).

② 위태부인 또는 위기부인 : 채무자가 지급의 정지, 파산 또는 회생절차개 시의 신청이 있은 후에 한 회생채권자 등을 해하는 행위와 담보의 제공 또는 채무의 소멸에 관한 행위는 부인할 수 있다. 그러나 수익자가 그 행위 당시 지급의 정지 등이 있는 것 또는 회생채권자 등을 해하는 사 실을 알고 있는 때에 한한다(회생법 제100조 제1항 제2호). 고의부인과 는 달리 형식적 위기 상태에서의 행위이므로 채무자의 사해의사는 요건 으로 하지 않는다.

③ 채무자가 지급정지 등이 있은 후 한 담보의 제공 등

채무자가 지급의 정지 등이 있은 후 또는 그 전 60일 내에 한 담보의 제공 또는 채무의 소멸에 관한 행위로서 채무자의 의무에 속하지 아니 하거나 그 방법 또는 시기가 채무자의 의무에 속하지 아니하는 것은 이 를 부인 할 수 있다. 그러나 채권자가 그 행위 당시 채무자가 다른 회 생채권자 등과의 평등을 해하게 되는 것을 알고 한 사실을 알지 못한 때나 지급의 정지 등이 있은 후의 경우에 그 사실도 알지 못한 때에는 그러하지 아니하다(회생법 제100조 제1항 제3호).

④ 무상부인 : 채무자가 지급의 정지 등이 있은 후 또는 그 전 6개월 내에 한 무상행위와 이와 동시에 하여야 할 유상행위는 부인할 수 있다(회생 법 제100조 제1항 제4호). 위 악의부인, 고의부인과 위태부인, 위기부인 과는 달리 채무자의 사해의사 또는 수익자의 악의의 존부는 불문한다. 부인의 대상이 되는 행위의 무상성으로 인하여 그 범위기가 시기적으로 위기부인보다 확장되고 주관적 요건이 배제되는 점에 그 특징이 있다.

무상부인을 긍정한 사례로는 계열회사에 대한 지급보증, 대가 없는 약 속어음 배서행위, 부도 후 부동산을 증여한 경우 등이 있다.

무상부인을 부정한 사례로는 회사가 최초 어음할인 당시 연대보증을 하 고 이후 대환에 의하여 주채무가 계속 연장됨에 따라 최초의 대출거래 시기가 회사의 지급정지일로부터 6월 전에 해당되고, 최종 연장행위는

6개월 내에 해당되는 경우가 있다.

3) 부인권의 행사 및 소멸

가. 행사방법

관리인이 소, 부인의 청구 또는 항변의 방법으로 행사한다. 회생채권자 등
이 부인권을 대위하여 행사할 수 없고, 회생채권자 등 이해관계인은 법원에
대하여 관리인에게 부인권의 행사를 명하도록 신청할 수 있을 뿐이다.

부인의 청구에 대한 재판은 결정으로 하며, 결정전에 상대방 또는 전득자
를 심문하여야 한다. 부인의 청구를 인용하는 결정에 불복이 있는 자는 그
송달을 받은 날로부터 1월 내에 이의의 소를 제기할 수 있다.

나. 부인권의 소멸

부인권은 회생절차개시가 있은 날부터 2년간 이를 행사하지 않으면 소멸시
효가 완성된다. 부인의 대상인 행위를 한 날부터 10년을 경과한 때에도 또한
같다.

4) 부인권의 행사

가. 특수관계인을 상대방으로 한 행위에 대한 특칙(회생법 제101조)

채무자와 친족관계 등 특수 관계인에게 담보의 제공이나 채무소멸 행위 등
채권자를 해하는 행위를 한 경우에 종전에는 지급정지가 있은 후 60일 이내
에 한 행위에 대하여 부인할 수 있도록 한것을, 앞으로는 그 기간을 1년으로
확대하도록 하였다.

① 특수관계인의 범위

배우자, 8촌 이내의 혈족, 4촌 이내의 인척, 본인의 금전 기타 재산에
의하여 생계를 유지하는 자 및 생계를 함께 하는 자, 본인이 100분의
30 이상을 출자한 법인 기타 법인·기타단체와 그 임원 등

② 특칙의 적용

ㄱ) 회생법 제100조 제1항 제2호 단서를 적용하는 경우의 특칙 : 채무자
가 지급의 정지, 회생절차의 신청 또는 파산의 신청이 있은 후에
한 회생채권자 또는 회생담보권자를 해하는 행위와 담보의 제공 또
는 채무의 소멸에 관한 행위가 있은 경우 이로 인하여 이익을 받은
자가 그 행위 당시 지급의 정지 등이 있는 것 또는 회생채권자나

회생담보권자를 해하는 것을 알고 있어야 그 행위를 부인할 수 있다. 이 경우 이익을 받은 자가 채무자와 특수관계에 있는 자인 때에는 그 특수관계인이 그 행위 당시 지급의 정지등이 있은 것과 회생채권자 또는 회생담보권자를 해하는 사실을 알고 있었던 것으로 추정한다.

ㄴ) 회생법 제100조 제1항 제3호 단서를 적용하는 경우의 특칙 : 채무자가 지급의 정지등이 있은 후 또는 그 전 60일 이내에 한 담보의 제공 또는 채무의 소멸에 관한 행위로서 채무자의 의무에 속하지 않거나 그 방법이나 시기가 채무자의 의무에 속하지 아니하는 것은 채권자가 그 행위 당시 채무자가 다른 회생채권자 또는 회생담보권자와의 평등을 해하게 되는 것을 알지 못한 경우에는 부인하지 못한다. 이 경우 특수관계인을 상대방으로 하는 행위인 때에는 "60일"을 "1년"으로 하고, 채무자회생및파산에관한법률 제100조 제1항 제3호 단서를 적용하는 경우에는 그 특수관계인이 그 행위 당시 채무자가 다른 회생채권자 또는 회생담보권자와의 평등을 해하게 되는 것을 알았던 것으로 추정한다.

ㄷ) 회생법 제100조 제1항 제4호를 적용하는 경우의 특칙 : 채무자가 지급의 정지등이 있은 후 또는 그 전 6월 이내에 한 무상행위 및 이와 동일시할 수 있는 유상행위는 부인할 수 있는데, 이 경우 특수관계인을 상대방으로 하는 행위인 때에는 "6월"을 "1년"으로 한다.

나. 어음채무지급의 예외(회생법 제102조)

① 어음금 채무의 변제의 경우 부인의 대상에서 제외

회생법 제100조 제1항(부인할 수 있는 행위)의 규정은 채무자로부터 어음의 지급을 받은 자가 그 지급을 받지 아니하면 채무자의 1인 또는 여럿에 대한 어음상의 권리를 상실하게 된 경우에는 적용하지 아니한다. 어음금 채무의 변제의 경우에는 어음 소지인이 채무자가 어음금을 제공함에도 이를 수령하지 않을 경우 소구권을 상실하게 되고, 따라서 변제를 받을 수밖에 없음에도 나중에 파산절차에서 그 변제가 부인된다면 그 때는 이미 거절증서작성기간이 도과되어 역시 소구권을 상실하게 되는 불합리한 결과를 초래하고 어음거래의 안전을 해하기 때문에 부인의 대상에서 제외한 것이다.

② 부인의 대상에서 제외되지 않는 경우

그러나 경우에 따라서는 이를 악용하여 어음금의 변제를 받는 방법으로 우선변제를 받을 수 있으므로 이를 제한하기 위하여 동조 제2항은 "제1항의 경우 최종의 상환의무자 또는 어음의 발행을 위탁한 자가 그 발행 당시 지급의 정지 등이 있는 것을 알았거나 과실로 인하여 알지 못한 때에는 관리인은 그로 하여금 채무자가 지급한 금액을 상환하게 할 수 있다."고 규정하고 있다.

예를 들어 다음과 같은 경우가 있다.

ㄱ) 채권자가 수취인으로 한 약속어음을 파산자에게 발생하도록 한 다음 제3자에게 자기를 수취인으로 한 약속어음을 파산자에게 발생하도록 한 다음 제3자에게 배서양도하여 대가를 받고, 제3자는 파산자에 어음을 제시하여 어음금을 지급받은 경우,

ㄴ) 제3자를 수취인으로 한 약속어음을 발행하게 하고 제3자로부터 배서양도 받아 파산자로부터 어음금을 지급받은 경우이다.

다. 권리변동의 성립요건 또는 대항요건의 부인(회생법 제103조)

① 대항요건 등의 구비행위를 권리변동의 원인행위와 분리

채무자 회생 및 파산에 관한 법률 제103조는 대항요건 등의 구비행위를 권리변동의 원인행위와 분리할 수 있도록 규정하고 있다.

② 본조의 적용 제한

본조에서 부인대상이 되는 대항요건 등의 구비행위는 위기시기 이후 이루어진 것이므로 부인권의 각 부인 중 위기부인만이 본 조에 의하여 적용이 제한된다. 따라서 대항요건 등의 구비행위에 고의부인의 사유가 있는 경우에는 부인권에 의하여 부인할 수 있다고 한다.

③ 본 조에 의한 부인의 성립요건

지급의 정지 등이 있은 후 권리의 설정·이전 또는 변경을 제3자에게 대항하기 위하여 필요한 행위를 한 경우 그 행위가 권리의 설정·이전 또는 변경이 있은 날부터 15일을 경과한 후에 지급의 정지 등이 있음을 알고 한 것인 때에는 이를 부인할 수 있다. 권리취득의 효력을 발생하는 등기 또는 등록의 경우에도 마찬가지이다.

라. 집행행위의 부인(회생법 제104조)

① 의 의

집행행위의 부인이란 부인하고자 하는 행위에 관하여 상대방이 이미 채무명의를 가지고 있는 경우이거나 그 행위가 집행행위로서 이루어진 것일지라도 부인하는 것을 말한다. 따라서 통설은 본 조가 새로운 부인의 유형을 규정한 것이 아니고 집행행위도 부인에 관한 일반조항인 제100조 각 호의 부인대상이 된다는 것을 주의적으로 규정한 것으로 해석하고 있다.

② 부인의 대상이 되는 행위

부인권은 부인하고자 하는 행위에 관하여 집행권원이 있는 때 또는 그 행위가 집행행위에 의한 것인 때에도 행사할 수 있다. 본 조 전단의 "부인하고자 하는 행위에 관하여 집행력있는 집행권원이 있는 때"와 관련하여 부인의 대상이 되는 행위를 든다면 다음과 같다.

ㄱ) 집행권원의 내용을 이루는 의무를 발생시키는 파산자의 원인행위

ㄴ) 집행권원의 내용을 이루는 의무를 이행하는 행위

ㄷ) 집행권원의 자체를 성립시킨 채무자의 소송행위가 있다.

【쟁점질의와 유권해석】

<질권의 목적물을 타에 처분하여 만족을 얻는 행위도 부인의 대상이 되는지 여부(적극)>

1. 회사정리절차에 있어서는 담보권자는 개별적으로 담보권실행행위를 할 수 없고(회사정리법 제67조), 정리담보권자로서 정리절차 내에서의 권리행사가 인정될 뿐, 정리절차 외에서 변제를 받는 등 채권소멸행위를 할 수 없으며(같은 법 제123조 제2항, 제112조), 또한 같은 법 제81조 후단이 부인하고자 하는 행위가 집행행위에 기한 것인 때에도 부인권을 행사할 수 있다고 규정한 취지에 비추어 보면, 질권의 목적물을 타에 처분하여 채권의 만족을 얻는 경우도 그 실질에 있어서 집행행위와 동일한 것으로 볼 수 있어 부인의 대상이 되는 행위에 포함된다.

2. 질권자가 그 질권의 목적인 유가증권을 처분하여 채권을 회수한 행위에 대하여 회사정리법상의 부인권이 행사된 경우, 그 유가증권의 원상회복에 갈음하여 그 가액의 상환을 청구할 수 있다고 한 원심판결을 수긍한 사례(대판 2003. 2. 28. 2000다50275)

마. 부인권의 행사방법(회생법 제105조)

① 부인권을 행사할 수 있는 자

관리인으로 한정되어 있다.

회생채권자가 부인권을 대위하여 행사할 수도 없고, 회생채권자는 법원에 대하여 관리인에게 부인권의 행사를 명하도록 신청할 수 있을 뿐이다.

② 부인권의 행사방법

부인권은 소, 부인의 청구 또는 항변에 의하여 재판상 행사한다.

어느 수단을 통하여 부인권을 행사할지는 관리인이 판단한다. 관리인이 부인권을 행사하는 경우 부인권의 상대방이 되는 자는 수익자 또는 전득자 중 어느 일방 또는 쌍방을 상대로 하여 행사할 수 있고, 쌍방을 상대로 소를 제기하는 경우 필요적 공동소송이 아니라 통상의 공동소송이 된다.

③ 부인의 청구(회생법 제106조)

관리인이 부인의 청구를 하는 경우에는 원인 사실을 소명하여야 한다. 부인의 청구를 인용하거나 기각하는 경우 이유를 붙인 결정으로 하여야 한다. 법원은 부인의 청구에 대한 인용이나 기각에 대한 재판을 할 경우 부인권 행사의 상대방이 되는 자를 심문하여야 한다. 법원은 부인의 청구를 인용하는 결정을 한 때에는 그 결정서를 당사자에게 송달해야 한다.

④ 판결의 효력

부인의 청구를 인용하는 결정의 전부 또는 일부를 인가하는 판결이 확정된 경우에는 그 결정(그 판결에서 인가된 부분에 한한다)은 확정판결과 동일한 효력이 있다. 부인의 소가 같은 항에서 규정한 기간 이내에 제기되지 아니한 때, 취하된 때 또는 각하된 경우의 부인의 청구를 인용하는 결정에 관하여도 또한 같다.

바. 부인권행사의 효과 등(회생법 제108조)

① 원상회복

부인권의 행사는 채무자의 재산을 원상으로 회복시킨다.

금전교부행위가 부인된 경우 상대방은 파산자로부터 교부받은 액수와 동액의 금전 및 교부받은 날 이후의 지연이자를 반환하면 된다.

원상회복 되는 권리에 대항요건의 구비행위 자체가 등기가 부인된 경우 그 권리취득의 원인행위 또는 대항요건의 구비행위 자체가 부인되면 관리인은 부인의 등기 등을 하거나 통지 등에 의한 대항요건을 구비하여야 한다. 등기의 원인이 부인되거나 등기 자체가 부인된 때에도 부인의 등기를 하여야 한다.

ㄱ) 가액배상 : 관리인이 부인권을 행사할 당시 이미 그 대상이 되는 목적물이 물리적으로 멸실, 훼손되거나 상대방이 제3자에게 처분하여 반환이 불가능 하다면 가액배상을 청구 할 수 있다. 가액배상을 직접적으로 법문상 명문으로 규정하고 있지는 않으나 부인권 제도의 취지와 선의의 무상취득자의 현존이익반환의무와 가액상환에 따른 상대방의 채권의 부활을 근거로 인정하는 것이 통설이다.

ㄴ) 부인된 경우 상대방의 권리행사 :

채무자의 행위가 부인된 경우 상대방을 다음의 구분에 따라 권리를 행사할 수 있다.

ⓘ 채무자가 받은 반대급부가 채무자의 재산 중에 현존하는 때에는 그 반대급부의 반환을 청구하는 권리

ⓙ 채무자가 받은 반대급부에 의하여 생긴 이익의 전부가 채무자의 재산 중에 현존하는 때에는 공익채권자로서 현존이익의 반환을 청구하는 권리

ⓚ 채무자가 받은 반대급부에 의하여 생긴 이익이 채무자의 재산 중에 현존하지 아니하는 때에는 회생채권자로서 반대급부의 가액상환을 청구하는 권리

ⓛ 채무자가 받은 반대급부에 의하여 생긴 이익의 일부가 채무자의 재산 중에 현존하는 때에는 공익채권자로서 그 현존이익의 반환을 청구하는 권리와 회생채권자로서 반대급부와 현존이익과의 차액의 상환을 청구하는 권리

② 상대방의 채권의 회복(회생법 제109조)

ㄱ) 반대이행의 반환청구 : 부인권은 채무자의 재산을 부인의 대상이 되는 행위 이전의 상태로 원상회복을 시키는데 있지 채무자로 하여금 부당하게 이익을 얻게 하려는 것이 아니다. 따라서 채무자의 행위가 부인된 경우 채무자의 급부에 대하여 한 상대방의 반대이행은

채무자 재산으로부터 반환되어야 한다. 채무자의 행위가 회생계획안 심리를 위한 관계인집회가 끝난 후 또는 채무자회생및파산에관한법률 제240조의 규정에 의한 서면결의에 부치는 결정이 있은 후에 부인된 때에는 동법 제152조제3항의 규정에 불구하고 상대방은 부인된 날부터 1월 이내에 신고를 추후 보완할 수 있다.

ㄴ) 상대방 채권의 부활 : 부인권의 행사로 말미암아 채무의 이행행위가 부인된 경우 상대방이 그 받은 이익을 반환하거나 또는 그 가액을 상환한 경우에는 상대방의 채권이 부활한다. 상대방의 선이행의무를 명시하고 있는데, 이는 상대방의 의무를 선이행시켜 먼저 채무자의 재산을 현실적으로 원상회복시킨 후에야 비로서 상대방의 채권을 부활시키겠다는 것이다. 따라서 상대방은 부활한 채권을 재동채권으로 하고 반환채무와 상계할 수도 없다.

【쟁점질의와 유권해석】

<원래의 채권신고내용에 부인권 행사로 인하여 부활될 채권까지 포함되어 신고되었다고 볼 수 있는지 여부(소극)>

1. 정리담보권으로 신고된 채권에 대하여 정리회사의 관리인이 조사기일에 이의를 제기하므로 채권자가 제기한 정리담보권확정의 소에서 관리인이 회사정리법상 부인권을 행사하는 경우, 그 부인권의 행사로 인하여 부활될 채권까지 원래의 채권신고내용에 포함되어 신고되었다고는 할 수 없다.

2. 회사정리법 제127조 제3항이 정리채권 또는 정리담보권의 추완신고는 정리계획안 심리를 위한 관계인 집회가 끝난 후에는 하지 못한다고 규정하고 있으므로, 관계인 집회가 끝난 후에 비로소 부인권이 행사된 경우, 채권자는 정리채권자 또는 정리담보권자로서의 추완신고를 할 수 없어 그 권리를 행사할 수 없게 되나, 다만 정리회사는 채권자의 손실에 의하여 부당하게 이득을 얻은 것이므로, 채권자는 부활될 채권이 정리채권 또는 정리담보권으로서 회사정리절차에 신고되었더라면 정리계획에 의하여 변제받을 수 있는 금액에 관하여 정리절차개시 이후에 발생한 부당이득으로서 회사정리법 제208조 제6호 소정의 공익채권으로 청구할 수 있다 (대판 2004. 9. 13. 2001다45874).

사. 전득자에 대한 부인권(회생법 제110조)

다음의 어느 하나에 해당하는 경우에는 부인권은 전득자에 대하여도 행사할 수 있다.

① 전득자가 전득 당시 각각 그 전자(前者)에 대하여 부인의 원인이 있음을 안 때

② 전득자가 전득 당시 특수관계인인 때(전득 당시 각각 그 전자(前者)에 대하여 부인의 원인이 있음을 알지 못한 때 제외)

③ 전득자가 무상행위 또는 그와 동일시할 수 있는 유상행위로 인하여 전득한 경우 각각 그 전자(前者)에 대하여 부인의 원인이 있는 때

부인권의 실효성을 확보하기 위해서는 전득자에 대해서도 부인의 효과가 미치도록 할 필요가 있고, 반면 이를 관철할 경우 거래의 안전을 해칠 우려가 있다. 본 조는 일정한 요건 아래 부인의 효력을 전득자에게 주장할 수 있도록 규정하여 전득자를 적절히 보호하려 하고 있다. 전득자에 대하여 부인권을 행사한다는 의미는 부인의 대상이 되는 행위가 채무자와 수익자 사이의 행위이고 다만 그 효과를 전득자에게 주장한다고 보는 것이다.

아. 지급정지를 안 것을 이유로 하는 부인의 제한(회생법 제111조)

지급정지의 사실을 안 것을 이유로 하여 부인하는 경우에는 파산선고가 있는 날로부터 1년 전에 행하여진 행위는 부인할 수 없다. 부인권의 행사에 시간적 제약을 가함으로써 거래관계자의 신뢰를 보호하기 위한 것이다.

【쟁점질의와 유권해석】

<회생채권자 등을 해하는 행위가 지급정지 후에 있었지만 그 행위시기가 회생절차개시신청이 있은 날부터 1년 이후인 경우의 부인으 가부>

채무자의 회생채권자 등을 해하는 행위가 지급정지 등이 있은 후, 그러나 회생절차개시신청이 있은 날부터 1년을 넘어서 행하여진 경우, 관리인은 수익자가 지급정지 등이 있는 것을 알고 있더라도 이를 이유로 부인할 수 없고, 회생채권자 등을 해하는 사실을 알고 있음을 이유로 부인할 수 있다.

자. 부인권행사의 기간(회생법 제112조)

부인권은 회생절차 개시가 있은 날부터 2년이 경과한 때에는 행사할 수 없

다. 또한 부인의 대상이 되는 행위가 있던 날부터 10년을 경과한 경우에도 역시 소멸시효가 완성된다. 조속한 법률관계의 확정을 통하여 거래안전을 확보하기 위한 규정이다.

차. 채권자취소소송의 중단(회생법 제113조)

민법 제406조(채권자취소권) 제1항의 규정에 의하여 회생채권자가 제기한 소송 또는 파산절차에 의한 부인의 소송이 회생절차개시 당시에 계속되어 있는 때에는 소송절차는 중단된다. 채권자취소소송(민법 제406조)은 채무자를 피고로 하는 것은 아니지만, 그 소송의 결과는 부인의 행사와 마찬가지로 채무자에게 영향이 있고, 이를 부인소송으로 변경하여 관리인이 통일적으로 수행할 필요가 있으므로 중단된다.

(3) 법인의 이사등의 책임

1) 법인의 이사등의 재산에 대한 보전처분(회생법 제114조)

가. 이사등의 재산에 대한 보전처분의 요건

법원은 법인인 채무자에 대하여 회생절차개시결정이 있는 경우 필요하다고 인정하는 때에는 채무자의 발기인, 이사, 감사, 감사인 또는 청산인에 대한 출자이행청구권 또는 이사등의 책임에 기한 손해배상 청구권을 보전하기 위하여 이사등의 재산에 대한 보전처분을 할 수 있다.

나. 신청권자

관리인의 신청에 의하거나 법원의 직권으로도 가능하다. 관리인은 위의 청구권이 있음을 알게된 때에는 보전처분을 신청하여야 한다.

다. 보전처분을 신청할 수 있는 시기

회생절차개시결정이 있은 후가 원칙이나 긴급한 필요가 있다고 인정하는 때에는 회생절차개시결정전이라도 채무자의 신청에 의하거나 법원의 직권에 의해서 보전처분을 할 수 있다.

2) 손해배상청구권 등의 조사확정재판(회생법 제115조)

가. 손해배상청구권 등의 조사확정재판의 요건

법원은 법인인 채무자에 대하여 회생절차개시 결정이 있는 경우 필요하다고 인정하는 때에는 이사등에 대한 출자이행청구권이나 이사등의 책임에 기한 손해배상청구권의 존부와 그 내용을 확정하는 재판을 할 수 있다.

나. 재판의 신청

관리인은 위의 청구권이 있음을 알게 된 때에는 재판을 신청하여야 한다.

관리인이 내용을 확정하는 재판을 하는 경우 그 원인되는 사실을 소명하여야 한다.

법원이 직권으로 조사확정절차를 개시하는 경우 그 취지의 결정을 하여야 한다.

다. 시효의 중단

손해배상청구권 등의 조사확정재판의 신청이 있거나 조사확정절차개시결정이 있는 때에는 시효의 중단에 관하여는 재판상의 청구가 있는 것으로 본다.

따라서 위 사안과 같은 경우에도 회사가 대표이사를 상대로 대표이사의 불법행위로 인한 손해배상 또는 부당이득반환청구를 함은 별론으로 하고, 회사의 채권자가 대표이사를 상대로 회사가 파산지경에 이르게 됨으로써 입게 된 손해 즉, 간접손해를 청구할 수는 없다.

3) 이의의 소(회생법 제116조)

가. 의 의

조사확정의 재판에 불복이 있는 자는 결정을 송달받은 날부터 1월 이내에 이의의 소를 제기할 수 있다. 이 기간은 불변기간으로 한다.

나. 소의 제기방법

이의의 소를 제기하는 자가 이사 등인 때에는 관리인을, 관리인인 때에는 이사 등을 각각 피고로 하여야 한다.

다. 관 할

이의의 소는 회생법원의 전속관할에 속한다.

4. 회생채권자·회생담보권자·주주·지분권자의 권리

(1) 회생채권자·회생담보권자·주주·지분권자의 권리

【쟁점질의와 유권해석】

<대표이사의 공금횡령으로 파산한 주식회사 채권자가 손해배상청구권을 행사할 수 있는지 여부>

합명회사 대표사원의 제3자에 대한 손해배상책임에 관하여 상법 제210조에 의하면 "회사를 대표하는 사원이 그 업무집행으로 인하여 타인에게 손해를 가한 때에는 회사는 그 사원과 연대하여 배상할 책임이 있다."라고 규정하고 있으며, 이 규정은 같은 법 제389조 제3항에 의하여 주식회사의 대표이사에게도 준용되고 있다. 또한, 같은 법 제401조 제1항에 의하면 "이사가 악의 또는 중대한 과실로 인하여 그 임무를 해태한 때에는 그 이사는 제3자에 대하여 연대하여 손해를 배상할 책임이 있다."라고 규정하고 있다.

그런데 관련 판례를 보면, "주식회사의 주주가 대표이사의 악의 또는 중대한 과실로 인한 임무해태행위로 직접 손해를 입은 경우에는 이사와 회사에 대하여 상법 제401조, 제389조 제3항, 제210조에 의하여 손해배상을 청구할 수 있으나, 대표이사가 회사재산을 횡령하여 회사재산이 감소함으로써 회사가 손해를 입고 결과적으로 주주의 경제적 이익이 침해되는 손해와 같은 간접적인 손해는 상법 제401조 제1항에서 말하는 손해의 개념에 포함되지 아니하므로, 이에 대하여는 위 법 조항에 의한 손해배상을 청구할 수 없고, 이와 같은 법리는 주주가 중소기업창업지원법상의 중소기업창업투자회사라고 하여도 다를 바 없다."라고 한 바 있다(대판 1993. 1. 26. 91다36093).

1) 회생채권자의 권리

가. 회생채권의 의의

채무자에 대하여 회생절차개시 전의 원인에 기하여 생긴 재산상의 청구권을 회생채권이라고 한다.

나. 회생채권으로 되는 채권(회생법 제118조)

다음의 청구권은 회생채권으로 한다.

① 채무자에 대하여 회생절차 개시 전의 원인으로 생긴 재산상의 청구권

② 회생절차개시 후의 이자

③ 회생절차개시 후의 불이행으로 인한 손해배상금 및 위약금

여기서 규정한 손해배상금과 위약금은 회생절차 개시 전부터 회사에 재

산상의 청구권의 불이행이 있기 때문에 상대방에 대하여 손해배상을 지급하거나 또는 위약금을 정기적으로 지급하여야 할 관계에 있을 때 그 계속으로 회생절차 개시 후에 발생하고 있는 손해배상금 및 위약금 청구권을 말한다.

다. 회생채권의 요건

① 채무자에 대한 청구권 : 채무자에 대한 청구권이라는 것은 채무자의 일반재산을 담보로 하는 채권, 환언하면 채권적 청구권 또는 인적 청구권을 말한다. 다만 채권적 청구권이더라도 채무자의 재산에 속하지 않는 재산의 인도를 목적으로 하는 것은 회생채권은 아니고 환취권으로 된다. 이러한 청구에 대한 변제의 불가능은 절차개시의 원인이기 때문이다.

따라서 소유권 등에 기한 물권적 청구권, 특허권 기타의 무체재산권에 기한 물권적 청구권 유사의 청구권 등은 이런 의미에서 회생채권은 아니다. 점유침해를 이유로 하는 회수, 방해배제, 방해예방청구권도 위에 준한다. 이들 중 물건의 인도 또는 권리의 반환(등기, 등록의 말소)을 내용으로 하는 것은 환취권의 전형적인 예가 된다. 다만, 이들 물권 기타의 절대권의 침해를 이유로 하는 손해배상청구권, 부당이득반환청구권은 인적 청구권이라고 할 수 있다.

② 재산상의 청구권 : 재산상의 청구권은 채무자 재산의 가치이용에 의하여 이행될 청구권을 말한다. 다만, 재산상의 청구권이라 하여 반드시 금전채권일 필요는 없다. 금전으로 평가될 수 있는 청구권이면 족하다.

③ 회생절차개시전의 원인에 기한 청구권 : 의사표시 등 채권발생의 기본적 구성요건 해당사실이 개시결정 전에 존재하는 것을 의미한다. 이와 같은 채권인 한 확정기한미도래의 채권, 장래의 정기금채권, 불확정기한부채권, 해제조건부채권, 회생조건부채권은 물론 장래의 구상권과 같은 장래의 청구권도 상관없다.

조세채권의 경우에는 회생절차개시결정 전의 법률에 의한 과세요건이 충족되어 있으면 그 부과처분이 회생절차개시 후에 있는 경우라도 회생채권에 해당된다.

④ 물적담보를 가지지 않는 청구권 : 이러한 요건을 구비한 청구권이더라도 회생절차개시 당시 채무자 재산상에 존재하는 질권, 저당권, 유치권

등에 의하여 담보된 범위의 것은 회생담보권으로 되고 회생채권과는 구별된다. 다만, 회생담보권자가 가지는 채권이더라도 그 담보권의 목적의 가액을 초과하는 부분은 회생채권으로 된다.

【쟁점질의와 유권해석】

<공법상의 채권과 사법상의 채권 분류 여부>

공법상의 청구권과 사법상의 청구권을 불문한다. 따라서 국세징수법 또는 국세징수의 예에 의하여 징수할 수 있는 국세 또는 지방세 등의 조세채권 기타의 청구권, 벌금, 과료, 형사소송비용, 추징금, 과태료도 회생채권으로 된다.

라, 쌍방미이행 쌍무계약에 관한 선택(회생법 제119조)

① 관리인의 권리

쌍무계약에 관하여 채무자와 그 상대방이 회생절차 개시 당시 아직 쌍방 모두 그 이행을 완료하지 않은 상태일 때에는 관리인은 그 계약을 해제 또는 해지하거나 채무자의 채무를 이행하고 상대방의 채무이행을 청구 할수 있다. 다만, 관리인은 회생계획안 심리를 위한 관계인집회가 끝난 후 또는 법 제240조의 규정에 의한 서면결의에 부치는 결정이 있은 후에는 계약을 해제 또는 해지할 수 없다(회생법 제119조 1항).

관리인이 회생계획안 심리를 위한 관계인집회가 끝난 후 또는 서면에 의한 결의가 있었던 경우에는 계약을 해제 또는 해지할 수 없다.

② 상대방의 권리

상대방은 계약의 해제나 해지 또는 그 이행의 여부에 대한 확답에 대해 관리인에게 최고 할 수 있다. 최고를 받은 후 30일이 지나도록 확답을 하지 아니한 때에는 관리인은 해제권 또는 해지권을 포기한 것으로 본다. 법원은 관리인 또는 상대방의 신청에 의하여 또는 직권으로 위기간을 연장하거나 단축할 수 있다(회생법 제119조 제2항·제3항).

【쟁점질의와 유권해석】

<회생채무자가 매도인인 경우 그 상대방인 매수인이 계약을 이행하거나 이행을 청구할 수 있는지 여부>

쌍무계약에 관하여 채무자와 그 상대방이 모두 회생절차개시 당시에 아직 그 이행을 완료하지 아니한 때에는 관리인은 계약을 해제 또는 해지하거나 채무자의 채무를 이행하고 상대방의 채무이행을 청구할 수 있으므로, 회생채무자가 매도인인 경우 회생채무자의 관리인이 계약의 이행을 선택하거나 계약의 해제권이 포기된 것으로 간주되기까지는 매수인이 임의로 대금을 지급하는 등 계약을 이행하거나 관리인에게 계약의 이행을 청구할 수 없다.

마. 지급결제제도 등에 대한 특칙(회생법 제120조)

① 지급결제제도 참가자에 대하여 회생절차가 개시된 경우의 특칙

지급결제의 완결성을 위하여 한국은행총재가 재정경제부장관과 협의하여 지정한 지급결제제도의 참가자에 대하여 회생절차가 개시된 경우, 그 참가자에 관련된 이체지시 또는 지급 및 이와 관련된 이행, 정산, 차감, 증거금 등 담보의 제공·처분·충당 그 밖의 결제에 관하여는 이 법의 규정에 불구하고 그 지급결제제도를 운영하는 자가 정한 바에 따라 효력이 발생하며 해제, 해지, 취소 및 부인의 대상이 되지 아니한다. 지급결제제도의 지정에 관하여 필요한 구체적인 사항은 대통령령으로 정한다.

② 청산결제제도의 참가자에 대하여 회생절차가 개시된 경우의 특칙

「증권거래법」,「선물거래법」그 밖의 법령에 따라 증권·파생금융거래의 청산결제업무를 수행하는 자 그 밖에 대통령령에서 정하는 자가 운영하는 청산결제제도의 참가자에 대하여 회생절차가 개시된 경우 그 참가자와 관련된 채무의 인수, 정산, 차감, 증거금 그 밖의 담보의 제공·처분·충당 그 밖의 청산결제에 관하여는 이 법의 규정에 불구하고 그 청산결제제도를 운영하는 자가 정한 바에 따라 효력이 발생하며 해제, 해지, 취소 및 부인의 대상이 되지 아니한다.

③ 적격금융거래를 행하는 당사자의 일방에 대하여 회생절차가 개시된 경우의 특칙

일정한 금융거래에 관한 기본적 사항을 정한 하나의 계약(기본계약)에

근거하여 다음 각호의 거래(적격금융저래)를 행하는 당사자 일방에 대하여 회생절차가 개시된 경우 적격금융거래의 종료 및 정산에 관하여는 이 법의 규정에 불구하고 기본계약에서 당사자가 정한 바에 따라 효력이 발생하고 해제, 해지, 취소 및 부인의 대상이 되지 아니하며, 제4호의 거래는 중지명령 및 포괄적 금지명령의 대상이 되지 아니한다. 다만, 채무자가 상대방과 공모하여 회생채권자 또는 회생담보권자를 해할 목적으로 적격금융거래를 행한 경우에는 그러하지 아니하다.

ㄱ) 통화, 유가증권, 출자지분, 일반상품, 신용위험, 에너지, 날씨, 운임, 주파수, 환경 등의 가격 또는 이자율이나 이를 기초로 하는 지수 및 그밖의 지표를 대상으로 하는 선도, 옵션, 스왑 등 파생금융거래로서 대통령령이 정하는 거래

ㄴ) 현물환거래, 유가증권의 환매거래, 유가증권의 대차거래 및 담보콜거래

ㄷ) ㄱ) 내지 ㄴ)의 거래가 혼합된 거래

ㄹ) ㄱ) 내지 ㄷ)의 거래에 수반되는 담보의 제공·처분·충당

바. 계속적 급부를 목적으로 하는 쌍무계약(회생법 제122조)

채무자에 대하여 계속적 공급의무를 부담하는 쌍무계약의 상대방은 회생절차 개시신청 전의 공급으로 발생한 회생채권 또는 회생담보권을 변제하지 아니함을 이유로 회생절차개시신청 후 그 의무의 이행을 거부할 수 없다. 이 경우 그 상대방이 회생절차개시신청 후 회생절차 개시결정 전까지 사이에 한 공급으로 생긴 청구권은 공익채권으로 보호된다. 이 규정은 단체협약에 관하여는 적용하지 아니한다.

사. 개시 후의 환어음의 인수 등(회생법 제123조)

환어음을 발행하거나 또는 배서한 채무자에 대하여 회생절차가 개시되었을 경우에 지급인 또는 예비지급인이 그 사실을 알지 못하고 또 채무자와 자금관계상 아직 자금을 수령하기 전에 그 어음에 관하여 인수 또는 지급을 하였을 경우 지급인 또는 예비지급인의 채무자에 대한 자금관계상의 청구권을 회생절차개시 후에 생긴 것을 이유로 회생채권으로 하지 않음은 타당하지 않다. 따라서 지급인 또는 예비지급인은 이것에 의하여 생긴 채권에 대하여 회생채권자로서 그 권리를 행사할 수 있도록 하였다. 이 규정은 수표와 금전 그 밖의 물건 또는 유가증권의 지급을 목적으로 하는 유가증권에 관하여 준

용한다.

아. 임대차계약 등(회생법 제124조)

차임의 선급 또는 차임채권의 처분은 회생절차가 개시된 때의 당기 또는 차기에 관한 것을 제외하고는 이로써 회생절차의 관계에서는 그 효력을 주장할 수 없다.

자. 상호계산(회생법 제125조)

상호계산은 당사자의 일방에 관하여 회생절차가 개시된 때에는 종료된다. 상호계산(상법 제72조)은 원래 당사자의 신용을 기초로 하는 것이므로 각 당사자는 언제든지 이를 해지할 수 있다. 본 조는 상호계산은 당사자의 일방에 관하여 회생절차가 개시된 때에는 해지의 의사표시가 없이도 당연히 종료하는 것으로 규정하고 있다. 이 경우에는 각 당사자는 계산을 폐쇄하고 잔액의 지급을 청구할 수 있다.

차. 채무자가 보증채무를 지는 경우(회생법 제127조)

① 주채무자와 보증인의 관계가 '여럿이 각각 전부의 이행을 할 경우'에 해당하는지 여부

보증채무는 주된 채무와 동일한 급부를 목적으로 하는 것을 원칙으로 하는것을 의미하므로 원래 주채무자와 보증인과의 관계도 법 제126조의 "여럿이 각각 전부의 이행을 할 경우"에 해당한다.

② 보증인인 채무자에 대하여 회생절차가 개시된 경우 채권자의 권리행사 방법

주채무자에 관하여 회생절차가 개시되고 있는지의 여부를 불문하고 또 보증채무의 보충성에도 불구하고 채권자는 바로 회생절차 개시 당시의 채권액을 가지고 회생절차에 참가할 수 있다.

카. 법인의 채무에 대해 무한의 책임을 지는 자에 대하여 회생절차가 개시된 경우의 절차 참가(회생법 제128조)

무한책임사원에 대하여 회생절차가 개시된 경우 법인의 채무에 관하여 무한책임을 지는 사원이 개인회생절차개시결정을 받은 때에는 법인의 채권자는 회생절차개시결정시에 가진 채권의 전액에 관하여 그 회생절차에 관하여 회생채권자로서 그 권리를 행사 할 수 있다.

타. 법인의 채무에 대해 유한책임을 지는 자에 대하여 회생절차가 개시된 경우
   의 절차 참가 등(회생법 제129조)

① 법인의 채권자의 회생절차참가 불가

법인의 채무에 대하여 유한책임을 지는 사원에 대하여 회생절차개시의
결정이 있는 경우에 법인의 채권자는 회생절차에 참가할 수 없다.

② 채권자의 유한책임사원에 대한 권리행사 불가

법인에 대하여 회생절차개시의 결정이 있는 경우에 법인의 채권자는 법
인의 채무에 대하여 유한의 책임을 지는 사원에 대하여 그 권리를 행사
할 수 없다.

파. 회생채권의 변제

① 회생채권의 변제금지(회생법 제131조)

회생채권에 관하여는 회생절차에 의하지 않으면 변제하거나 변제를 받
거나 기타 이것을 소멸시키는 행위를 할 수 없다. 여기서 말하는 회생
절차에 의한다 함은 회생계획에 의하여 변제되는 것을 말한다.

본 조에 의하여 소멸이 금지되는 것은 회생채권이고 공익채권에 대하여
는 수시로 변제가 가능하다.

회생절차에 의하지 않고 회생채권 또는 회생담보권을 소멸시키는 행위는
금지된다. 즉, 회생절차에 있어 예정된 방법(회생채권, 회생담보권의 신고,
조사, 확정을 거쳐 회생계획에 따른 변제 기타 권리의 만족) 이외의 방법
으로 그 만족을 얻는 행위는 금지된다. 관리인에 의한 변제가 그 전형적
인 예이지만 기타 대물변제, 경개, 공탁 등도 이에 해당한다.

채권의 소멸금지는 변제의 경우에는 변제를 하는 채무자측의 행위와 이
를 수령하는 채권자측의 행위 쌍방을 금지시키는 것을 의미한다. 이 규
정에 반하여 한 변제 기타 회생채권을 소멸시키는 행위는 무효이다. 따
라서 채권은 소멸하지 않은 것으로 취급하지 않으면 안되는 것이다.

【쟁점질의와 유권해석】

＜제3채무자가 변제를 하는 것도 금지되는지 여부＞

채무자측의 행위 중에는 제3채무자의 행위도 포함된다. 즉 회생채권자가 제3자에 대한 채무자의 채권에 대하여 압류명령, 추심명령을 얻어 추심 중에 채무자에 관하여 회생절차가 개시된 경우에는 제3채무자는 임의변제를 할 수 없으며 회생채권자도 이를 수령할 수 없다. 대법원은 압류 및 추심명령을 받은 경우 제3채무자에 대하여 추심금 청구소송은 할 수 있는 것으로 보고 있다.

② 소멸금지원칙에 대한 예외

회생채권의 변제 기타의 소멸금지원칙에 대하여는 다음과 같은 예외가 있다.

ㄱ) 관리인이 법원의 허가를 받아 변제하는 경우

ㄴ) 회생계획에서 국세징수법 또는 지방세징수법에 의하여 징수할 수 있는 청구권(국세징수의 예에 의하여 징수할 수 있는 청구권으로서 그 징수 우선순위가 일반회생채권보다 우선하는 것 포함)으로서 다음 각 호의 어느 하나에 해당하는 경우

ⓘ 그 체납처분이나 담보물권의 처분 또는 그 속행이 허용되는 경우

ⓘⓘ 체납처분에 의한 압류를 당한 채무자의 채권(압류의 효력이 미치는 채권을 포함한다)에 관하여 그 체납처분의 중지 중에 제3채무자가 징수의 권한을 가진 자에게 임의로 이행하는 경우

③ 회생채권의 변제허가(회생법 제132조)

ㄱ) 변제허가의 요건

ⓘ 본 조 제1항의 변제허가의 요건 : 채무자를 주된 거래상대방으로 하는 중소기업자가 채무자에 대하여 갖는 소액채권의 변제를 받지 아니하고서는 사업의 계속에 현저한 지장을 초래할 우려가 있을 때에 한하여 변제허가를 받을 수 있다.

ⓘⓘ 본 조 제2항의 변제허가의 요건 : 회생채권을 변제하지 아니하고서는 채무자의 갱생에 현저한 지장을 초래할 우려가 있다고 인정하는 때에는 회생계획인가결정 전이라도 관리인·보전관리인 또는 채무자의 신청에 의하여 그 전부 또는 일부의 변제를

허가할 수 있다.

ㄴ) 변제허가의 절차 : 변제허가는 관리인·보전관리인 또는 채무자의 신청에 의하여 행한다. 개개의 중소기업채권자에는 그러한 신청권이 없다.

ㄷ) 변제허가 및 변제의 효과

① 변제허가의 효과 : 변제허가가 되면 법 제131조의 회생채권소멸금지의 효력이 해제됨에 그치고 허가가 있었다고 하여 공익채권으로 되는 것은 아니다. 따라서 채권자가 강제집행 등 방법으로 추심할 수는 없다. 또한 허가가 되더라도 회생채권임에는 틀림없으므로 변제될 때까지는 채권의 신고, 조사, 확정 등 절차를 거쳐야 하고 회생계획에서도 그 변제방법을 정하여야 한다.

② 변제허가에 의한 변제의 효과 : 변제허가에 의한 변제가 되면 회생채권은 그 변제된 한도에서 절대적으로 소멸한다. 본조에 의한 변제내역은 뒤에 회생계획에서 이를 명시하여야 한다.

하. 회생채권자의 회생절차 참가권(회생법 제133조)

회생채권에 관하여는 개별적인 권리실현이 금지되는 반면, 회생채권자에게는 그 회생채권을 가지고 절차에 참가하는 자격이 인정된다. 따라서 회생채권자는 회생계획에 정하는 바에 따라 만족을 얻을 수 있고, 관계인집회에 출석하여 회생계획안의 심리 및 결의에 참가할 수 있다. 이를 위하여 회생채권자는 법원이 정하는 신고기간 내에 회생채권을 신고하고, 채권조사절차를 통하여 그 권리가 확정되지 않으면 안된다. 따라서 신고하지 않은 채권자는 회생절차에 참여할 수 없으며, 결국 회생계획에 그 권리가 인정되지 못하여 실권하게 된다.

거. 회생채권액 산정

① 이자없는 기한부채권(회생법 제134조)

기한이 회생절차개시 후에 도래하는 이자없는 채권은 회생절차가 개시될 때부터 기한에 이르기까지의 법정이율에 의한 이자와 원금의 합계가 기한 도래 당시의 채권액이 되도록 계산한 다음 그 채권액에서 그 이자를 공제한 금액으로 한다.

무이자채권의 기한이 회생절차개시후에 도래하는 경우에는 호프만식 계산방법에 따라 회생절차개시 시부터 기한까지 회생채권액에 대한 법정 이자를 채권의 명목가액에서 공제한 잔액을 회생채권액으로 한다.

② 정기금채권(회생법 제135조)

법 제134조(이자 없는 기한부채권)는 금액과 존속기간이 확정되어 있는 정기금채권에 준용한다. 따라서 회생절차가 개시될때부터 각 기의 정기금 기한까지 각 정기금에 대한 법정이율에 의한 이자와 원금의 합계가 기한도래 당시의 채권액이 되도록 계산한 다음 그 채권액에서 이자를 공제한 금액을 채권액으로 한다.

③ 이자없는 불확정기한채권 등(회생법 제136조)

기한이 불확정한 이자 없는 채권은 회생절차가 개시된 때의 평가금액으로 한다. 정기금채권의 금액 또는 존속기간이 불확정한 때에도 또한 같다.

④ 비금전채권 등(회생법 제137조)

채권의 목적이 금전이 아니거나 그 액이 불확정한 때와 외국의 통화로서 정하여진 때에는 회생절차가 개시된 때의 평가금액으로 한다. 채무자가 보유하고 있는 부동산을 매수하였다는 이유로 소유권이전등기청구권을 회생채권으로 신고한 경우에는 본 조에 의하여 회생절차개시 당시의 평가액에 의한 금액이 의결권액인데, 통상 이미 매매계약이 체결되어 있는 부동산의 평가는 조사위원의 조사보고서나 관리인 보고서에서 매매대금 상당액을 부동산의 가액으로 평가하기 때문에, 위 청구권은 부동산의 매매가액이 의결권액으로 된다.

【쟁점질의와 유권해석】

<의결권액의 기재가 없는 채권신고의 당부>

부적법하여 각하하여야 하지만, 채권액에 상응하여 의결권을 가지는 경우 등 채권의 내용 및 원인의 기재로 의결권액을 알 수 있는 경우에는 채권액의 기재만으로도 의결권의 기재가 있었다고 해석하는 것이 타당하고 현재의 실무에서도 그와 같이 처리하고 있다.

⑤ 조건부채권과 장래의 청구권(회생법 제138조)

조건부채권과 채무자에 대하여 행사할 수 있는 장래의 청구권은 회생절차가 개시된 때의 평가금액으로 한다.

조건부채권과 장래의 청구권은 회생절차개시 때의 평가액에 의하여 산정한 금액에 따라 의결권을 가지는 것이고, 이러한 미확정채권에 대하여 채권액 전액에 대하여 의결권을 주는 것은 다른 의결권자들과의 관계에서 부당하므로, 최근의 실무는 현실화될 가능성을 평가하여 그에 한하여 의결권을 부여하고 있다.

2) 회생담보권자의 권리(회생법 제141조)

가. 회생담보권의 의의

회생채권이나 회생절차개시 전의 원인으로 생긴 채무자 외의 자에 대한 재산상의 청구권으로서 회생절차개시 당시 채무자의 재산상에 존재하는 유치권·질권·저당권·양도담보권·가등기담보권·전세권 또는 우선특권으로 담보된 범위의 것을 회생담보권으로 한다. 다만, 이자 또는 채무불이행으로 인한 손해배상이나 위약금의 청구권일 경우 회생절차개시결정 전날까지 생긴것에 한한다.

나. 회생담보권자의 권리실현

회생담보권자는 개별적으로 변제를 받을 수 없는 것은 물론 파산의 경우와 달리 별제권도 인정되지 않는 반면, 회생절차 내에서는 일반채권자나 기타 이해관계인에 비하여 유리한 취급을 받는다. 즉 절차적으로는 회생계획의 작성 및 결의를 위하여 회생담보권자는 독립의 조로 분류된다. 또한 회생계획안을 가결함에 있어서는 그 의결권액 총액의 4분의 3이상에 해당하는 의결권을 가진자의 동의를 요하도록 하여 다른 권리에 비하여 계획인가결의 요건을 엄격하게 하고 있다.

다. 회생절차에의 참가

① 회생절차 참가의 의의

회생절차에 참가한다는 것은 회생채권자가 회생절차에 참가하는 것과 마찬가지로 첫째 그 채권에 관하여 회생계획이 정하는 바에 따라 금전, 유가증권 등의 분배를 받을 수 있고, 둘째 이와 같은 회생계획을 성립시키는 데 있어 채권액에 따라서 발언권이 부여되는 것을 의미한다. 회생담보권자는 그가 가진 회생담보권으로 회생절차에 참가할 수 있다.

② 회생절차에 참가할 수 있는 범위

ㄱ) 피담보채권 중 담보가액의 범위내의 것 : 담보권자는 그 피담보채권

중 담보목적물의 가액의 범위내에서 회생담보권자로서 회생절차에 참가할 수 있다.

ㄴ) 선순위담보권자가 있는 경우 : 동일한 담보물 위에 선순위의 담보권자가 있는 경우에는 그 선순위담보권으로 담보된 채권액을 목적물의 가액으로부터 공제하고 잔존하는 담보물의 가액에 상응하는 피담보채권액에 관하여서만 회생담보권이 된다.

ㄷ) 담보가액범위를 넘는 채권의 취급 : 피담보채권 중 담보물가액을 초과한 부분에 관하여는 회생담보권으로서 아니라 회생채권으로서 취급됨에 불과하다. 회생담보권자는 그 채권액 중 담보권의 목적의 가액(선순위의 담보권이 있는 때에는 그 담보권으로 담보된 채권액을 담보권의 목적의 가액으로부터 공제한 금액)을 초과하는 부분에 관하여 회생채권자로서 회생절차에 참가할 수 있다.

라. 회생담보권자의 의결권

회생담보권자는 그 담보권의 목적의 가액에 비례하여 의결권을 가진다. 다만, 피담보채권액이 담보권의 목적의 가액보다 적은 때에는 그 피담보채권액에 비례하여 의결권을 가진다.

【쟁점질의와 유권해석】

<회사정리절차상 정리담보권의 가액을 산정함에 있어서 담보권의 목적이 비상장주식인 경우, 그 가액의 평가방법 및 비상장주식을 순자산가치를 기준으로 하는 평가방법을 적용하여 평가하는 경우, 실제 손해의 발생 가능성이 희박한 보증채무도 이를 채무로 보아 평가하여야 하는지 여부(소극)>

회사정리절차상 정리담보권의 가액을 산정함에 있어서 담보권의 목적이 비상장주식인 경우 그 가액은 정리절차개시 당시의 시가에 의하여야 함이 원칙이고, 따라서 그에 관한 객관적 교환가치가 적정하게 반영된 정상적인 거래의 실례가 있는 경우에는 그 거래가격을 시가로 보아 주식의 가액을 평가하여야 할 것이나, 만약 그러한 거래사례가 없는 경우에는 보편적으로 인정되는 여러 가지 평가방법들을 고려하되 그러한 평가방법을 규정한 관련 법규들은 각 그 제정 목적에 따라 서로 상이한 기준을 적용하고 있음을 감안할 때 어느 한가지 평가방법이 항상 적용되어야 한다고 단정할 수는 없고, 당해 비상장회사의 상황, 당해 업종의 특성 등을 종

합적으로 고려하여 합리적으로 판단하여야 할 것이다. 그리고 여러 평가방법 중 순자산가치를 기준으로 하는 평가방법을 적용하는 경우, 당해 비상장회사가 부담하는 보증채무가 있더라도 만약 그 주채무의 내용, 주채무자의 자력 내지 신용 기타 제반 사정에 비추어 볼 때 실제 손해의 발생이라는 결과로까지 이어질 가능성이 희박하다면 이를 부채로 보지 아니하고 계산한 순자산액을 기초로 담보목적물인 주식의 가치를 평가함이 상당하다(대판 2006. 6. 2. 2005다18962).

마. 상계권

① 상계의 요건(회생법 제144조)

ㄱ) 상계적상 : 회생절차에서 상계가 인정되는 것은 원칙적으로 신고기간 만료 전에 상계적상에 있는 것에 한한다. 즉 회생채권자 또는 회생담보권자가 회생절차개시 당시 채무자에 대하여 채무를 부담하는 경우에 회생채권과 채무자에 대하여 채무를 부담하는 경우에 회생채권과 채무자에 대한 채무의 쌍방이 회생채권 또는 회생담보권의 신고기간만료 전에 상계에 적합하게 되었을 때에는 회생채권자 또는 회생담보권자는 그 기간 내에 한하여 회생절차에 의하지 않고 상계할

수 있다.

ㄴ) 자동채권에 관한 요건 : 자동채권, 즉 회생채권 또는 회생담보권의 변제기가 신고기간만료 전까지 도래하는 것이 필요하고 신고기간의 만료 당시 자동채권의 변제기가 도래하지 않으면 신고기간만료 전까지 상계적상에 있어야 한다는 요건을 충족하지 못하므로 상계는 인정되지 않는다.

ㄷ) 수동채권에 대한 제한 : 수동채권, 즉 회생채권자 또는 회생담보권자가 채무자에 부담하고 있는 채무에 관하여는 신고기간만료시까지 변제기가 도래하지 않는 경우라도 회생채권자 또는 회생담보권자가 기한의 이익을 포기함으로써 변제기가 도래하여 상계적상에 이르므로 상계가 가능하다. 본조 제1항 후단이 "채무가 기한부인 때에도 같다"라고 함은 이것을 의미한다.

② 상계권의 행사

상계의 의사표시는 신고기간만료 전에 하지 않으면 안 된다. 상계의 의사표시는 관리인에 대하여 하여야 한다. 상계의 효력은 상계의 의사표시가 행하여진 때가 아니고 상계적상에 달한 때에 생기며 그 시점에서 채권채무가 소멸한다.

【쟁점질의와 유권해석】

<관리인도 상계할 수 있는지 여부>

관리인측에서의 상계는 원칙적으로 허용되지 않는다. 회생채권은 회생절차에 의하지 않으면 소멸시킬수 없기 때문이다. 다만 법원에 의한 변제허가가 있는 경우에는 그 범위 내에서 관리인은 상계를 할 수 있다.

③ 상계의 금지(회생법 제145조)

다음의 어느 하나에 해당하는 때에는 상계할 수 없다

ㄱ) 회생절차개시후에 부담한 채무를 수동채권으로 하는 상계

ㄴ) 채무자가 위험상태에 있음을 알고 부담한 채무를 수동채권으로 한 상계. 단, 그 부담이 법률에 정한 원인에 기한 때, 회생채권자 또는 회생담보권자가 지급의 정지·회생절차개시의 신청 또는 파산의 신청이 있은 것을 알기 전에 생긴 원인에 의한 때, 회생절차개시시점

및 파산선고시점 중 가장 이른 시점보다 1년 이상 전에 생긴 원인에 의한 때는 제외한다.

ㄷ) 회생절차개시후에 타인으로부터 취득한 회생채권 또는 회생담보권에 의한 상계

ㄹ) 채무자의 채무자가 회사가 위험상태에 있음을 알고 취득한 채권을 자동채권으로 한 상계

④ 상계금지를 위반하여 한 상계의 효력

상계금지에 관한 동조 제1호 내지 제4호에 해당하는 경우(제2, 4호단서에 해당하는 경우 제외)에는 상계는 관리인의 의사표시를 기다릴 필요 없이 당연무효이다. 상계가 무효가 된 경우에는 회생채권자 또는 회생담보권자는 회생절차에 의하여 자기채권의 만족을 받을 수 밖에 없다.

3) 주주·지분권자의 권리

가. 주주의 회생절차 상의 지위

주주의 회생절차 중의 지위는 절차의 진행에 따라 다음과 같이 분류할 수 있다.

① 관계인으로서의 지위

주주는 채권조사기일에 출석하여 회생채권 또는 회생담보권에 대하여 이의를 진술하고 관계인집회에 출석하여 의견을 진술하고 의결권을 행사할 수 있다. 그러나 채무자에 파산의 원인인 사실이 있는 때에는 의결권을 가지지 아니한다.

② 회생계획입안자로서의 지위

주주는 회생계획안을 작성하여 법원에 제출할 수 있다.

③ 회생계획상 수익자의 지위

주주는 회생절차에 있어서 그 권리의 변경을 받으며 그 권리의 변경에 있어서는 가장 후순위의 지위에 서게 된다. 그러나 회생계획상 수익자의 지위에 서게 된다.

나. 의결권

주주는 그가 가진 주식의 수에 따라 의결권을 가진다. 여기에서 말하는 의결권이라 함은 관계인집회에 있어서의 주주의 의결권을 가리키며 주주총회에

있어서의 의결권과는 별개의 것이다.

회생절차의 개시당시 채무자의 부채의 총액이 자산의 총액을 초과하는 경우에는 주주는 의결권을 가지지 아니한다. 일반적으로 채무초과의 경우에는 주주에게 잔여재산분배청구권이 없으므로 채무정리절차에 있어서도 주주에게 의결권을 주지 아니하는 것이다. 상법상 회사는 자기주식에 대하여 의결권을 가지지 아니하는바(상법 제396조), 관계인집회에 있어서도 자기주식에 대하여는 의결권이 없다고 할 것이다.

다. 주주·지분권자의 권리(회생법 제146조)

① 회생절차에 참가할 권리

주주·지분권자는 그가 가진 주식 또는 출자지분으로 회생절차에 참가할 수 있다.

② 의결권

ㄱ) 주주·지분권자는 그가 가진 주식 또는 출자지분의 수 또는 액수에 비례하여 의결권을 가진다.

ㄴ) 회생절차의 개시 당시 채무자의 부채총액이 자산총액을 초과하는 때에는 주주·지분권자는 의결권을 가지지 아니한다. 다만, 회생계획의 변경계획안을 제출할 당시 채무자의 자산총액이 부채총액을 초과하는 때에는 그러지 않는다.

ㄷ) 제회생계획의 변경계획안을 제출할 당시 채무자의 부채총액이 자산총액을 초과하는 때에는 주주·지분권자는 그 변경계획안에 대하여 의결권을 가지지 않는다.

(2) 회생채권자·회생담보권자·주주·지분권자의 목록작성 및 신고

1) 회생채권자·회생담보권자·주주·지분권자의 목록작성(회생법 제147조)

가. 목록의 작성 및 제출

① 작성·제출 기한

관리인은 회생채권자의 목록, 회생담보권자의 목록과 주주·지분권자의 목록을 작성하여 회생절차개시결정일로부터 4월 이내에 제출하여야 한다.

② 목록의 기재사항

ㄱ) 회생채권자의 목록

① 회생채권자의 성명과 주소

ⅱ 회생채권의 내용과 원인

ⅲ 일반의 우선권 있는 채권이 있는 때에는 그 뜻

ㄴ) 회생담보권자의 목록

① 회생담보권자의 성명 및 주소

ⅱ 회생담보권의 내용 및 원인, 담보권의 목적 및 그 가액, 회생절차가 개시된 채무자 외의 자가 채무자인 때에는 그 성명 및 주소

ⅲ 의결권의 액수

ㄷ) 주주·지분권자의 목록

① 주주·지분권자의 성명 및 주소

ⅱ 주식 또는 출자지분의 종류 및 수

③ 목록의 열람

법원은 신고기간 동안 이해관계인이 목록을 열람할 수 있도록 하여야 한다.

2) 회생채권 등의 신고

가. 회생채권의 신고(회생법 제148조)

채무자의 채권으로 신인된 채권은 회생계획안에서 변제의 대상으로 되고, 이를 기초로 채권자는 회생절차 내에서 의견진술, 의결권의 행사 등을 할 수 있게 된다. 이러한 의미에서 회생채권의 신고는 회생법원에 회생절차참가의 신청의 형식이라고 말할 수 있다.

이와 달리 공익채권은 신고를 필요로 하지 않으며 회생절차와 관계없이 그 권리를 행사할 수 있다.

① 신고사항

회생절차에 참가하고자 하는 회생채권자는 신고기간 안에 다음의 사항을 법원에 신고하고, 증거서류 또는 그 등본이나 초본을 제출하여야 한다.

ㄱ) 회생채권자의 성명 및 주소

ㄴ) 회생채권의 내용 및 원인

ㄷ) 의결권의 액수

   채권신고시에는 반드시 의결권액을 신고하여야 하며, 의결권의 신고가 없는 채권신고는 부적법하여 원칙적으로 각하하여야 한다.

ㄹ) 일반우선권 있는 채권인 때에는 그 뜻

ㅁ) 소송계속 중의 채권에 대하여는 위의 사항 이외에 법원, 당사자, 사건명 및 사건번호

ㅂ) 회생채권 중에서 일반의 우선권 있는 부분은 따로 신고하여야 한다.

② 신고의 주체 및 상대방

권리자 본인 또는 대리인이 신고할 수 있으며, 대리인에 의하여 신고할 경우 대리권을 증명하는 서면(위임장 등)을 첨부하여야 한다.

신고는 법원에 대하여 하여야 하고, 채무자나 관리인에 대하여 한 신고는 효력이 없다.

③ 신고기간

법원은 회생절차 개시결정을 함과 동시에 개시결정일로부터 2주 이상 2개월 이하의 기간을 정하여 신고기간을 결정하여야 한다. 다만, 법원은 개시결정일로부터 2개월 이내에는 신고기간을 변경할 수 있다.

조세채권이나 벌금 등은 신고기간 내에 신고하지 않더라도 지체없이 신고하면 족하다. 그러나 이 경우에도 제2회 관계인집회가 끝나기 전까지는 신고를 하여야 한다.

【쟁점질의와 유권해석】

<신고를 하지 아니하여 실권된 정리채권이 정리절차가 폐지되면 부활하는지 여부(소극)>

회사정리법 제125조, 제147조 내지 제150조, 제241조, 제276조, 제278조의 규정을 종합하면, 회사정리절차에 참가하고자 하는 정리채권자는 정리채권의 신고를 하여야 하고, 신고된 정리채권에 대하여 이의가 있는 때에는 그 이의자에 대하여 정리채권확정의 소를 제기하거나 정리절차 개시 전부터 계속중이었다가 절차개시에 의하여 중단된 소송을 이의자를 상대로 하여 수계하여야 하는데, 신고하지 아니한 정리채권은 정리계획인가결정이 있는 때에는 실권되고, 이와 같이 실권된 정리채권은 그 후 정리절차가 폐지되더라도 부활하지 아니하므로 그 확정을 구하는 소는 소의 이익이 없어 부적법하며, 정리채권확정의 소에서 정리채권의 신고 여부는 소송요건으로서 직권조사사항이다(대판 1998. 8. 21. 98다20202 판결).

나. 회생담보권의 신고(회생법 제149조)

회생절차에 참가하고자 하는 회생담보권자는 신고기간 안에 다음의 사항을 법원에 신고하고 증거서류 또는 그 등본이나 초본을 제출하여야 한다.

① 성명 및 주소

② 회생담보권의 내용 및 원인

③ 회생담보권의 목적 및 그 가액

④ 의결권의 액수

⑤ 회생절차가 개시된 채무자 외의 자가 채무자인 때에는 그 성명 및 주소

⑥ 회생담보권에 관하여 회생절차개시 당시 소송이 계속하는 때에는 법원·당사자·사건명 및 사건번호

다. 주식 또는 출자지분의 신고(회생법 제150조)

① 신고사항

회생절차에 참가하고자 하는 주주는 법원이 정한 신고기간 내에 다음 사항을 법원에 신고하고 주권 또는 출자지분증서 그 밖의 증거서류 또는 그 등본이나 초본을 제출하여야 한다.

ㄱ) 성명 및 주소

ㄴ) 주식 또는 출자지분의 종류 및 수 또는 액수

ㄷ) 회생절차개시 당시 소송이 계속하는 때에는 법원·당사자·사건명

및 사건번호

② 송달받을 장소 등의 신고

회생채권자・회생담보권자・지분권자는 통지 또는 송달을 받을 장소(대한민국내의 장소) 및 전화번호・팩시밀리번호・전자우편주소와 채무자회생및파산에관한법률 제118조 제2호 내지 제4호의 규정에 의한 회생채권일 때에는 그 취지 및 그 액수, 집행력 있는 집행권원 또는 종국판결이 있는 회생채권・회생담보권인 때에는 그 뜻을 기재하여 신고하여야 한다.

이때에는 회생채권자・회생담보권자・주주・지분권자가 대리인에 의하여 권리의 신고를 하는 때에는 대리권을 증명하는 서면, 회생채권 또는 회생담보권이 집행력있는 집행권원 또는 종국판결이 있는 것일 때에는 그 사본, 회생채권자 또는 회생담보권자의 주민등록등본 또는 법인등기부등본을 첨부하여야 한다.

③ 신고를 하지 않은 경우

회생채권자와 회생담보권자가 신고를 하지 아니하면 원칙적으로 실권하는데 대하여 주주는 신고를 하지 아니하여도 이해관계인으로서 관계인집회에 출석하여 의결권을 행사할 기회를 잃을 뿐 당연히 실권하지는 아니한다.

법원은 상당하다고 인정하는 때에는 신고기간이 경과한 후 다시 기간을 정하여 주식의 추가신고를 하게 할 수 있다.

④ 부본의 제출

회생채권자・회생담보권자・주주・지분권자가 그 권리에 관한 신고를 하는 때에는 신고서 및 그 첨부서류의 부본을 1부 제출하여야 한다. 부본이 제출되었을 때 법원사무관등은 해당 관리인에게 이를 교부하여야 한다.

라. 신고의 의제(회생법 제151조)

목록에 기재된 회생채권, 회생담보권, 주식 또는 출자지분은 법 제148조 내지 제150조의 규정에 의하여 신고된 것으로 본다.

마. 신고의 추후 보완(회생법 제152조)

① 추완기간

회생채권자 등이 그 책임을 질 수 없는 사유로 인하여 법원이 정한 기간 내에 신고를 하지 못한 경우에는 그 사유가 끝난 후 1개월 내에 한하여 그 사유를 소명하는 자료를 첨부하여 추완신고를 할 수 있다. 이때에는 회생채권 또는 회생담보권의 신고서에 채권신고기간 내에 신고를 할 수 없었던 사유 및 그 사유가 끝난 때를 기재하여야 한다. 이 기간은 불변기간으로 한다.

② 신고 후의 추후 보완을 할 수 없는 경우

다음에 해당하는 경우에는 추완을 할 수 없다.

ㄱ) 회생계획안 심리를 위한 관계인 집회가 끝난 후

ㄴ) 회생계획안을 법 제240조의 규정에 의한 서면결의에 부친다는 결정이 있은 후

【쟁점질의와 유권해석】

<관계인집회가 끝난 후 부인권이 행사되어 정리채권자가 추완신고를 할 수 없어 그 권리를 행사할 수 없게 된 경우 채권자는 부당이득반환청구를 할 수 있는지 여부 (적극)>

회사정리법 제127조 제3항이 정리채권 또는 정리담보권의 추완신고는 정리계획안 심리를 위한 관계인 집회가 끝난 후에는 하지 못한다고 규정하고 있으므로, 관계인 집회가 끝난 후에 비로소 부인권이 행사된 경우, 채권자는 정리채권자 또는 정리담보권자로서의 추완신고를 할 수 없어 그 권리를 행사할 수 없게 되나, 다만 정리회사는 채권자의 손실에 의하여 부당하게 이득을 얻은 것이므로, 채권자는 부활될 채권이 정리채권 또는 정리담보권으로서 회사정리절차에 신고되었더라면 정리계획에 의하여 변제받을 수 있는 금액에 관하여 정리절차개시 이후에 발생한 부당이득으로서 회사정리법 제208조 제6호 소정의 공익채권으로 청구할 수 있다(대판 2004. 9. 13. 2001다45874).

바. 신고기간 경과 후 생긴 회생채권 등의 신고(회생법 제153조)

채무자의 행위가 부인되어 부활한 상대방의 채권, 관리인이 쌍무계약을 해지한 경우 상대방이 취득하는 손해배상청구권 등은 신고기간이 경과한 후에 발생한 회생채권이라고 할 수 있는데, 이러한 채권자는 권리발생 후 1개월의 불변기간 내에 채권의 신고를 하여야 하며, 그 처리는 추완신고된 일반적인 회생채권 등과 동일하다.

신고기간 경과 후 발생한 회생채권등을 신고하는 경우에는 회생채권 또는 회생담보권의 신고서에 신고를 하는 회생채권 또는 회생담보권이 발생한 때를 기재해야 한다.

사. 명의의 변경(회생법 제154조)

① 신고명의 변경 시기

목록에 기재되거나 신고된 회생채권 또는 회생담보권을 취득한 자는 신고기간이 경과한 후에도 신고명의를 변경할 수 있다. 이미 회생채권 등의 신고가 되었다면 신고기간의 전, 후를 불문하고 증거서류를 첨부하여 신고명의의 변경신청을 할 수 있다.

② 신고명의의 변경이 필요한 경우의 예

채권의 양도, 상속, 합병 등이다. 그러나 신고명의의 변경은 회생계획이 인가되기 전까지만 가능하고, 인가 이후에는 신고명의의 변경절차가 마련되어 있지 않다. 따라서 회생계획 인가일 이후에 권리를 양수한 자로서는 일반 민사법의 원리에 따라 관리인에 대하여 권리의 이전을 입증하거나 대항요건을 갖추어 권리를 행사하여야 한다.

③ 신고명의 변경신청의 방법

신고명의의 변경을 하고자 하는 자는 성명 및 주소, 취득한 권리와 취득의 일시 및 원인을 법원에 신고하고 그 등본이나 초본을 제출하여야 한다.

아. 주식 또는 출자지분의 추가신고(회생법 제155조)

① 의 의

주주가 회생절차에 참가하기 위해서는 법원이 정한 신고기간 내에 주식신고를 하여야 한다. 법원은 상당하다고 인정하는 때에는 신고기간이 경과한 후 다시 기간을 정하여 주식의 추가신고를 하게 할 수 있다.

② 송 달

법원은 주식 또는 출자지분의 추가신고를 하게 한 경우에는 다음의 자에게 그 뜻을 기재한 서면을 송달하여야 한다.

ㄱ) 관리인

ㄴ) 채무자

ㄷ) 알고 있는 주주·지분권자로서 신고를 하지 아니한 자

③ 신고된 주식의 의결권

신고된 주식은 조사기일에서의 조사 대상은 아니며, 주주는 그가 가진 주식의 수에 따라 의결권을 가지나, 관리인과 신고한 회생채권자, 회생담보권자 및 주주는 주주의 의결권에 대하여 이의를 할 수 있다. 이의 있는 주주의 권리에 관하여는 법원이 의결권을 행사하게 할 것인가의 여부와 의결권을 행사할 수를 정하여, 이해관계인의 신청에 의하여 또는 직권으로 언제든지 위와 같은 정함을 변경할 수 있다.

자. 벌금·조세 등의 신고(회생법 제156조)

① 신고대상

다음의 청구권을 가지고 있는 자는 지체없이 그 액 및 원인과 담보권의 내용을 법원에 신고하여야 한다.

ㄱ) 회생절차개시 전의 벌금·과료·형사소송비용·추징금 및 과태료의 청구권

ㄴ) 회생계획에서 국세징수법 또는 지방세징수법에 의하여 징수할 수 있는 청구권(국세징수의 예에 의하여 징수할 수 있는 청구권으로서 그 징수우선순위가 일반회생채권보다 우선하는 것 포함)

② 신고방법

조세채권이나 벌금 등은 신고기간 내에 신고하지 않더라도 지체없이 신고하면 족하다. 그러나 이 경우에도 제2회 관계인집회가 끝나기전까지는 신고를 하여야 한다. 이때에는 청구권자 및 대리인의 성명 또는 명칭과 주소, 통지 또는 송달을 받을 장소 및 전화번호·팩시밀리번호·전자우편주소, 회생절차 개시당시 청구권에 관하여 행정심판 또는 소송이 계속중인 때에는 그 행정심판 또는 소송이 계속하는 행정기관 또는 법원·당사자·사건명 및 사건번호도 신고하여야 한다.

【쟁점질의와 유권해석】

<정리회사에 대한 조세채권의 신고기한>

정리회사에 대한 조세채권이 회사정리 개시결정 전에 법률에 의한 과세요건이 충족되어 있으면 그 부과처분이 정리절차 개시 후에 있는 경우라도 그 조세채권은 정리채권이 되고, 정리회사에 대한 조세채권은 회사정리법 제157조에 따라 지체없이, 즉 정리계획안 수립에 장애가 되지 않는 시기로서 늦어도 통상 정리계획안 심리기일 이전인 제2회 관계인 집회일 까지 신고하지 아니하면 실권 소멸된다(대판 2002. 9. 4. 2001두7268).

(3) 회생채권·회생담보권 등의 조사 및 확정

1) 조 사

가. 조사의 의의

회생채권, 회생담보권의 조사라 함은 회생채권, 회생담보권에 대하여 그 존부 내용, 의결권액, 우선권 있는 회생채권 또는 후순위채권 등에 대하여 관리인 기타 이해관계인에게 이의를 진술할 기회를 주어 권리와 의결권액을 확정하여 회생계획작성과 계획안에 대한 결의의 기초를 정하는 것을 말한다.

나. 조사의 대상

회생채권, 회생담보권 등이 조사의 대상으로 되며. 조상의 내용은 다음과 같다.

① 신고된 회생채권 등의 신고서에 기재되어 있는 사항(주소, 성명, 권리의 내용, 원인, 의결권의 액, 담보권의 목적, 그 가액 등)

② 추완신고 등에 관한 사항과 관련하여 일반조사기일에서 조사함에 대한 이의 여부(추완사유, 신고기간 경과 후의 신고내용의 변경, 신고기간 경과 후에 발생한 권리의 신고 등)

③ 주주의 권리는 시·부인의 대상으로 되지 아니하며, 회생절차 개시결정 전의 벌금, 과료, 형사소송비용, 추징금과 과태료, 국세징수법의 예에 의하여 징수할 수 있는 조세 등의 청구권 등도 조사의 대상으로 되지 않는다.

다. 회생채권자표·회생담보권자표와 주주·지분권자표(회생법 제158조)

① 기재사항

회생채권자표	· 회생채권자의 성명과 주소 · 회생채권의 내용과 원인 · 의결권의 액수 · 일반의 우선권이 있는 채권이 있는 때에는 그 뜻
회생담보권자표	· 회생담보권자의 성명과 주소 · 회생담보권의 내용 및 원인, 담보권의 목적 및 그 액, 채무자 외의 자가 채무자인 때에는 그 성명 및 주소 · 의결권의 액수

주주·지분권자표	· 주주·지분권자의 성명 및 주소 · 주식 또는 출자지분의 종류와 수 또는 액수

② 등본의 교부 및 비치

법원사무관 등은 회생채권자표 등을 작성한 후 관리인의 청구를 기다리지 않고 즉시 이를 등본하여 관리인에게 교부하여야 한다. 그리고 이해관계인으로 하여금 회생채권자표 등을 열람할 수 있게 하기 위하여 이를 법원내에 비치하여야 한다.

라. 회생채권 및 회생담보권에 대한 이의 등(회생법 제161조)

① 이의권자

다음의 자는 조사기간 안에 목록에 기재되거나 신고된 회생채권 및 회생담보권에 관하여 법원에 서면으로 이의를 제출할 수 있다.

ㄱ) 관리인

ㄴ) 채무자

ㄷ) 목록에 기재되거나 신고된 회생채권자·회생담보권자·주주·지분권자

② 이의의 대상으로 되는 사항

이의의 대상으로 되는 사항은 회생채권자표, 회생담보권표에 기재된 사

항이며 이의의 내용 및 그 사유를 구체적으로 기재하여야 한다. 이의의 대상으로 되는 자는 당해조사기일에서 조사의 대상으로 될 자이다. 이의의 진술이 있으면 이의는 회생채권, 회생담보권의 확정소송에 의하여서만 확정된다.

2) 회생채권 및 회생담보권 등의 확정

가. 확정의 대상(회생법 제166조)

조사기간 안에 또는 특별조사기일에 관리인·회생채권자 등의 이의가 없는 때에는 다음의 사항이 확정된다.

① 신고된 회생채권 및 회생담보권의 내용과 의결권의 액수

② 신고된 회생채권 또는 회생담보권이 없는 때에는 관리인이 제출한 목록에 기재되어 있는 회생채권 또는 회생담보권

③ 우선권이 있는 채권에 관하여는 우선권이 있는 것

나. 확정의 요건

회생채권 또는 회생담보권은 조사기간 안에 또는 조사기일에 관리인·회생채권자·회생담보권자·주주·지분권자의 이의가 없는 때 또는 진술된 이의가 그 후 효력을 잃은 때에 확정된다.

① 조사기일에 이의의 진술이 없을 것

이의가 확정을 저지하는 효력을 가지는 것은 그것이 이의권을 가진 자에 의하여 진술된 때에 한한다. 이의권을 가지는 자는 관리인, 신고한 회생채권자, 회생담보권자, 신고한 주주다. 채무자도 넓은 의미에서의 이의권을 가지나 채무자의 이의는 여기에서 말하는 확정을 저지하는 효력은 없다.

② 조사기일에 진술된 이의가 그 후 효력을 잃을 것

이의는 이의의 철회, 이의자의 출소기간 도과, 이의자의 이의권의 상실에 의하여 효력을 잃는다.

다. 회생채권자표 및 회생담보권자표에의 기재(회생법 제167조)

① 회생채권자표 등의 기재권자

법원사무관등은 회생채권과 회생담보권 조사의 결과를 회생채권자표와

회생담보권자표에 기재하여야 한다. 채무자가 제출한 이의도 또한 같다. 이 기재행위는 재판행위가 아닌 공증행위다. 법원사무관등은 확정된 회생채권 및 회생담보권의 증서에 확정된 뜻을 기재하고 법원의 인(印)을 찍어야 한다.

② 초본의 교부

법원사무관 등은 회생채권자 또는 회생담보권자의 청구에 의하여 그 권리에 관한 회생채권자표 또는 회생담보권자표의 초본을 교부하여야 한다.

【쟁점질의와 유권해석】

<이미 확정된 정리채권자표의 기재의 효력을 다툴 수 있는지 여부(소극)>

채권조사기일 당시 유효하게 존재하였던 채권에 대하여 관리인 등으로부터의 이의가 없는 채로 정리채권자표가 확정되어 그에 대하여 불가쟁의 효력이 발생한 경우에는 관리인으로서는 더 이상 부인권을 행사하여 그 채권의 존재를 다툴 수 없게 되었다고 할 것이고, 나아가 관리인이 사후에 한 그러한 부인권 행사의 적법성을 용인하는 전제에서 정리채권으로 이미 확정된 정리채권자표 기재의 효력을 다투어 그 무효확인을 구하는 것 역시 허용될 수 없다(대판 2003. 5. 30. 2003다18685).

라. 기재의 효력(회생법 제168조)

확정된 회생채권 및 회생담보권을 회생채권자표 및 회생담보권자표에 기재한 때에는 회생채권자, 회생담보권자와 주주의 전원에 대하여 확정판결과 동일한 효력을 가진다. 따라서 후에 이를 다툴 수 없도록 하고 있다.

【쟁점질의와 유권해석】

<정리채권자표와 정리담보권자표의 기재가 확정판결과 동일한 효력이 있다는 것의 의미>

회사정리법 제145조가 확정된 정리채권과 정리담보권에 관한 정리채권자표와 정리담보권자표의 기재는 정리채권자, 정리담보권자와 주주 전원에 대하여 확정판결과 동일한 효력이 있다고 규정한 취지는, 정리채권자표와 정리담보권자표에 기재된 정리채권과 정리담보권의 금액은 정리계획안의 작성과 인가에 이르기까지의 정리

절차의 진행과정에 있어서 이해관계인의 권리행사의 기준이 되고 관계인집회에 있어서 의결권 행사의 기준으로 된다는 의미를 가지는 것으로서, 위 법조에서 말하는 확정판결과 동일한 효력이라 함은 기판력이 아닌 확인적 효력을 가지고 정리절차 내부에 있어 불가쟁의 효력이 있다는 의미에 지나지 않는다(대판 1991. 12. 10. 91다4096).

3) 회생채권 등의 조사확정에 대한 재판

가. 회생채권 및 회생담보권 조사확정의 재판(회생법 제170조)

① 재판신청방법

목록에 기재되거나 신고된 회생채권 및 회생담보권에 관하여 관리인·회생채권자·회생담보권자·주주·지분권자가 이의를 한 때에는 그 회생채권 또는 회생담보권을 보유한 권리자는 그 권리의 확정을 위하여 이의자 전원을 상대방으로 하여 법원에 채권조사확정의 재판을 신청할 수 있다. 다만 제172조(이의채권에 관한 소송의 수계) 및 제174조(집행력 있는 집행권원이 있는 채권 등에 대한 이의)의 경우에는 그러하지 아니하다.

② 소송의 수계

개시결정 당시 당해 회생채권 또는 회생담보권을 소송물로 하는 소송이 계속 중인 경우에는 소송을 수계하여야 한다. 회생채권, 회생담보권에 관한 소송이라면 이행소송인가 확인소송인가 또 채무자가 원고인가 피고인가를 불문하고 수계하여야 한다. 그러나 이 경우 채권조사기일에서 조사의 결과 회생채권자표 또는 회생담보권자표에 기재된 사항에 관하여만 수계신청이 가능하고, 그곳에 기재되지 않은 사항을 주장하는 수계신청은 부적법하여 각하되어야 한다.

이미 소송이 계속 중이어서 소송수계신청을 하여야 함에도 불구하고 별도의 회생채권 확정의 소를 제기하는 것은 권리보호의 이익이 없으므로 부적법하다.

③ 회생채권 등의 조사확정의 재판의 대상

ㄱ) 신고된 회생채권 등으로서 채권조사 결과 이의가 진술된 것 : 회생채권 등 확정의 소의 대상이 되는 것은 회생법원에 신고된 채권으로서 채권조사결과 이의가 진술된 것이어야 한다. 따라서 회생법원

에 신고되지 않았거나 채권조사결과 아무런 이의가 진술되지 않은 채권에 관한 소송이라면 부적법하여 각하되어야 한다.

ㄴ) 회생담보권의 경우 : 회생담보권의 경우에는 그 피담보채권의 존부, 금액뿐만 아니라 담보권의 존부, 금액, 순위도 확정의 대상으로 되고, 회생채권이 금전채권인 경우에는 그 채권의 존부와 금액이, 비금전채권인 경우에는 그 급부의 내용이 확정의 대상으로 되며, 또한 회생채권, 회생담보권 모두 의결권액이 독립한 확정의 대상으로서의 의미를 가진다.

ㄷ) 조세채권 : 회생채권 중 조세채권은 신고하여야 하는 채권이지만 채권조사절차의 대상이 되지 않으며, 그에 대한 이의는 관리인만이 회사가 할 수 있는 방법으로 불복할 수 있을 뿐이므로, 회생채권 확정의 소로서 확정을 구할 이익이 없다. 따라서 조세채권의 원인이 되는 조세부과처분이 중대하고 명백한 하자가 있어서 당연히 무효라고 다투는 경우에는 관리인은 그 과세처분의 무효확인을 받아 구제를 받을 수 있을지언정 이의를 할 수 없고, 설사 이의를 하였다고 하더라도 그 이의는 회생채권 확정에 아무런 영향을 줄 수 없는 것이다.

④ 출소기간(제소기간)

회생채권 등의 확정을 위한 소의 제기와 수계신청은 모두 해당 채권 조사기간의 말일 또는 특별조사기일부터 1월 내에 하여야 한다. 권리자가 이와 같은 출소기간 및 수계기간 내에 제소나 수계신청을 하지 않았을 경우, 당장 그 권리가 실체상으로 소멸하는 것은 아니지만, 그 권리에 관하여 회생절차에 참가할 수 없게 된다. 따라서 출소기간을 넘어서 제소하였거나 수계기간을 경과한 후에 수계신청을 한 경우에 그에 따른 회생채권 등의 확정의 소는 부적법하여 각하하여야 하지만, 회생절차가 회생계획인가 전에 폐지된 경우에는 자기의 권리를 행사할 수 있게 되며, 그 후부터는 통상의 소송을 제기하거나 계속 중인 회생채권 확정의 소를 통상의 소로 변경할 수 있다.

⑤ 효력

회생채권의 확정에 관한 소송에 대한 판결은 회생채권자 전원에 대하여 그 효력이 있고, 회생채권조사확정재판에 대한 이의의 소가 정해진 기간 안에 제기되지 아니하거나 각하된 때에는 그 재판은 회생채권자 전원에 대하여 확정판결과 동일한 효력이 있다.

【쟁점질의와 유권해석】

<신고하지 아니한 정리채권에 대한 확정을 청구할 수 있는지 여부(소극)>

정리채권확정의 소는 회사정리절차에서 정리채권으로 신고하여 정리채권자표에 기재되고 조사의 대상으로 되었던 채권을 대상으로 하여서만 허용되는 것이고, 신고하지 아니한 정리채권에 대한 확정을 구하는 것은 부적법하다(대판 2003. 5. 16. 2000다54659).

나. 채권조사확정재판에 대한 이의의 소(회생법 제171조)

① 제소기간

채권자가 회생채권조사확정재판에 대하여 불복을 하는 경우에 그 결정서를 송달받은 날로부터 1개월 이내에 이의의 소를 제기할 수 있다.

② 관 할

채권조사확정재판에 대한 이의의 소는 회생법원의 관할에 속한다.

③ 피고적격

ㄱ) 이의의 소를 제기하는 자가 이의채권을 보유하는 권리자인 때에는 이의자 전원을 피고로 한다.

ㄴ) 이의의 소를 제기하는 자가 이의자인 때에는 그 회생채권자 또는 회생담보권자를 피고로 한다.

④ 판 결

이의의 소에 대하여 법원은 그 소가 부적법하여 각하하는 경우를 제외하고는 채권조사확정재판을 인가하거나 변경하는 판결을 하여야 한다.

3) 이의채권에 관한 소송의 수계(회생법 제172조)

　① 수계신청을 하여야 하는 경우

　　ㄱ) 소송 계속 중인 이의 채권에 반해 그 권리확정을 구하고자 하는 때 : 회생절차 개시 당시 이의채권에 관하여 소송이 계속하는 경우 회생채권자 또는 회생담보권자가 그 권리의 확정을 구하고자 하는 때에는 이의자 전원을 그 소송의 상대방으로 하여 소송절차를 수계하여야 한다.

　　ㄴ) 보전처분과 보전관리명령이 내려진 경우 : 회생절차 개시결정이 있기 이전에 이의 있는 회생채권에 관한 소송이 계속중이었는데 보전처분과 관리명령이 내려져 보전관리인이 선임되어 소송의 상대방을 회생회사에서 보전관리인으로 수계신청을 한 경우에도 수계신청을 하여야 한다. 소송수계에 있어서 상대방이 되는 회생채무자의 관리인은 그 회생채권에 대한 이의자로서의 지위에서 당사자가 되는 것이기 때문이다.

　　ㄷ) 이행의 소를 제기하였다가 청구취지를 회생채권의 확정을 구하는 내용으로 변경하는 경우 : 출소기간 내에 회생채권 등의 확정의 소가 아닌 이행의 소를 제기하였다가 출소기간이 경과된 후에 청구취지를 회생채권의 확정을 구하는 내용으로 변경하는 것은 가능하다. 따라서 소송수계절차는 출소기간 내에 취하하였으나, 소의 변경이나 청구취지변경의 신청은 출소기간 뒤에 한 경우에도 적법하다.

　② 소송절차 수계신청 기한

　수계신청은 조사기간 말일 또는 특별조사기일로부터 1월 이내에 하여야 한다.

4) 주장의 제한(회생법 제173조)

　회생채권자 또는 회생담보권자는 채권조사확정재판, 채권조사확정재판에 대한 이의의 소 및 제172조제1항의 규정에 의하여 수계한 소송절차에서 이의채권의 원인 및 내용에 관하여 회생채권자표 및 회생담보권자표에 기재된 사항만을 주장할 수 있다. 채권조사확정소송에서는 회생채권의 신고가 소송요건이고, 회생채권자는 채권표에 기재된 사항에 관하여만 청구권인으로 할 수 있으므로, 예컨대 채권표에 기재된 것과 다른 발생원인이나 그보다 다액의 채권액

등을 주장할 수 없다. 따라서 채권표에 기재되지 않은 권리, 액, 우선권의 유무 등의 확정을 구하는 파산채권확정소송 또는 채권표에 기재되지 않은 권리에 관하여 소송이 계속되어 있는 경우의 그 수계신청 등은 모두 부적법하다.

5) 집행력있는 집행권원이 있는 채권 등에 대한 이의(회생법 제174조)

① 이의제기의 방법

이의채권 중 집행력 있는 채무명의(집행권원)나 종국판결이 있는 것에 대하여는 이의자는 채무자가 할 수 있는 소송절차에 의하여서만 이의를 할 수 있다. 이는 회생절차 개시결정 전에 신고채권자와 채무자 사이에 확정된 법률관계를 신고채권자와 이의자 사이에도 유지하려는 취지이다.

ㄱ) 집행력 있는 집행권원의 의미 : "집행력 있는 집행권원"이란 "집행력 있는 정본"과 같은 뜻으로서 집행문을 요하는 경우에는 이미 집행문을 받아 바로 집행할 수 있는 것을 말한다. 따라서 채권 신고를 한 때에는 물론 이의를 한 무렵에도 집행문이 부여되어 있지 않은 약속어음 공정증서는 이의 후에 집행문이 부여되었다 하더라도 이에 해당하지 아니한다.

ㄴ) 채무자가 할 수 있는 소송절차 : "채무자가 할 수 있는 소송절차"는 각 채무명의(집행권원) 또는 종국판결에 따라 다르다. 확정판결에 대해서는 재심의 소(민법 제422조), 판결의 경정신청(민사소송법 제211조), 집행문부여에 대한 이의(조건성취집행문, 승계집행문이 부여되어 있는 경우)를 할 수 있고, 확인판결에 대하여는 기판력의 기준시 이후의 사유에 의하여 소극적 확인의 소를 제기할 수 있으며, 이행판결에 대하여는 기판력 기준시 이후의 사유에 의하여 청구이의의 소를 제기하여야 한다. 미확정인 종국판결에 대하여는 이의자가 소송을 수계한 다음 상급심에서 절차를 속행하거나 상소를 하여야 한다. 이의자가 수인인 때에는 각 이의자가 독립하여 원고적격을 가진다.

② 이의기간

이의의 주장은 조사기간의 말일 또는 특별조사기일부터 1월 이내에 하여야 한다.

③ 소송절차의 수계

회생절차 개시 당시 집행력 있는 집행권원 또는 종국판결이 있는 회생채

권 또는 회생담보권에 관하여 법원에 소송이 계속되는 경우 이의자가 같
은 항의 규정에 의한 이의를 주장하고자 하는 때에는 이의자는 그 회생
채권 또는 회생담보권을 보유한 회생채권자 또는 회생담보권자를 상대방
으로 하여 소송절차를 수계하여야 한다. 소송절차 수계는 조사기간의 말
일 또는 특별조사기일부터 1월 이내에 하여야 한다.

④ 이의주장이나 소송수계가 없는 경우 효과

이의기간 또는 소송절차 수계의 기간 내에 이의의 주장이나 소송의 수계
가 행하여지지 아니한 경우 이의자가 회생채권자 또는 회생담보권자인
때에는 법 제161조(회생채권 및 회생담보권에 대한 이의 등) 제1항 또는
제164조(관계인의 출석) 제2항의 규정에 의한 이의는 없었던 것으로 보
며, 이의자가 관리인인 때에는 관리인이 그 회생채권 또는 회생담보권을
인정한 것으로 본다.

6) 회생채권 및 회생담보권의 확정에 관한 소송의 판결 등의 효력(회생법 제176조)

회생채권 및 회생담보권의 확정에 관한 소송에 대한 판결은 회생채권자·회
생담보권자·주주·지분권자 전원에 대하여 그 효력이 있다.

채권조사확정재판에 대한 이의의 소가 결정서의 송달을 받은 날부터 1월 이
내에 제기되지 아니하거나 각하된 때에는 그 재판은 회생채권자·회생담보권자·
주주·지분권자 전원에 대하여 확정판결과 동일한 효력이 있다.

7) 회생채권 또는 회생담보권 확정소송의 목적의 가액(회생법 제178조)

① 결정의 주체

회생채권 또는 회생담보권의 확정에 관한 소송물가액은 회생계획으로 얻을
이익의 예정액을 표준으로 하여 회생법원이 이를 정한다. 여기서 말하는
회생법원은 회생사건을 담당하는 재판부(협의의 회생법원)를 의미한다.

② 소송물가액 결정 신청의 주체

소송물가액의 결정은 당사자의 신청에 의하는 것으로 보고 있다. 회생채
권 등 확정의 소는 대개의 경우 이의를 받은 자가 적극적 당사자로서 제
기하여야 하는 것이니 만큼, 이를 전제로 하는 소가결정을 법원이 직권으
로 할 수는 없다. 회생채권 등 확정의 소를 제기하려는 자가 신청하는 것
이 일반적이다. 그 상대방도 그 소송에서 패소할 경우 소송비용을 부담하

게 된다는 점에서 신청권이 있다고 해석되고 있다.

③ 신청과 결정의 시기

소송물가액결정의 신청의 시기에는 특별한 제한이 있는 것은 아니지만, 소를 제기하기 전에는 사실상 신청하기가 어렵다. 따라서 실제로는 소를 제기한 자가 소액의 인지를 첩부하여 소를 제기한 후에 소송물가액결정을 받아 인지를 보정하는 것이 보통이다.

소송물가액결정신청은 대부분의 경우 소 제기 직후에 신청되지만, 당사자가 제1심 종국판결이 내려진 후에 신청하는 경우도 있고, 심지어는 대법원의 판결로 소송이 종결된 후에 소송비용의 확정을 위해서 소송물가액결정신청을 하는 경우도 있다.

④ 소송물가액결정의 기준

소송물가액결정의 기준은 이의가 있는 회생채권 등의 권리자가 회생계획으로 얻을 이익의 예정액을 표준으로 하여 정한다. 소송물가액결정을 하고 난 다음 회생계획안이 수정 또는 변경되었고, 그 후에 다시 다른 소송물가액결정 신청이 들어왔을 경우에는 수정 또는 변경된 회생계획안을 기준으로 하여 소송물가액을 결정하면 된다.

⑤ 소송물가액결정에 대한 불복

소송물가액결정에 대하여는 즉시항고할 수 있다는 규정이 없으므로 불복할 수 없다. 다만 특별항고는 가능하다.

(4) 공익채권과 개시 후 기타채권

1) 공익채권

가. 공익채권이 되는 청구권(회생법 제179조)

① 공익채권의 의의

공익채권이라 함은 회생절차의 수행에 필요한 비용을 지출하기 위하여 인정된 회사에 대한 청구권으로서 주로 회생절차개시 후의 원인에 기하여 생긴 청구권을 말한다.

② 공익채권으로 되는 권리

ㄱ) 회생채권자, 회생담보권자와 주주·지분권자의 공동의 이익을 위하여

한 재판상 비용청구권

ㄴ) 회생절차개시 후의 채무자의 업무 및 재산의 관리와 처분에 관한
비용청구권

ㄷ) 회생계획의 수행을 위한 비용청구권. 다만, 회생절차종료 후에 생긴
것을 제외한다.

ㄹ) 채무자회생및파산에관한법률 제30조 및 제31조의 규정에 의한 비
용·보수·보상금 및 특별보상금청구권

ㅁ) 채무자의 업무 및 재산에 관하여 관리인이 회생절차개시 후에 한
자금의 차입 그 밖의 행위로 인하여 생긴 청구권

ㅂ) 사무관리 또는 부당이득으로 인하여 회생절차개시 이후 채무자에
대하여 생긴 청구권

ㅅ) 채무자회생및파산에관한법률 제119조제1항의 규정에 의하여 관리인
이 채무의 이행을 하는 때에 상대방이 갖는 청구권

ㅇ) 계속적 공급의무를 부담하는 쌍무계약의 상대방이 회생절차개시신
청 후 회생절차개시 전까지 한 공급으로 생긴 청구권

ㅈ) 다음 각목의 조세로서 회생절차개시 당시 아직 납부기한이 도래하
지 아니한 것

ⓘ 원천징수하는 조세. 다만, 「법인세법」 제67조(소득처분)의 규정
에 의하여 대표자에게 귀속된 것으로 보는 상여에 대한 조세는
원천징수된 것에 한한다.

ⓙ 부가가치세·특별소비세·주세 및 교통·에너지·환경세

ⓚ 본세의 부과징수의 예에 따라 부과징수하는 교육세 및 농어촌특
별세

ⓛ 특별징수의무자가 징수하여 납부하여야 하는 지방세

ㅊ) 채무자의 근로자의 임금·퇴직금 및 재해보상금

ㅋ) 회생절차개시 전의 원인으로 생긴 채무자의 근로자의 임치금 및 신
원보증금의 반환청구권

ㅌ) 채무자 또는 보전관리인이 회생절차개시신청 후 그 개시 전에 법원
의 허가를 받아 행한 자금의 차입, 자재의 구입 그 밖에 채무자의

사업을 계속하는 데에 불가결한 행위로 인하여 생긴 청구권

ㅍ) 제21조제3항의 규정에 의하여 법원이 결정한 채권자협의회의 활동에 필요한 비용

ㅎ) ㄱ) 내지 ㅍ)에 규정된 것 외의 것으로서 채무자를 위하여 지출하여야 하는 부득이한 비용

③ 기타 공익채권

ㄱ) 보전처분 후 개시결정 전에 취소명령에 의하여 효력을 잃은 가압류, 가처분으로 인하여 채무자에 대하여 생긴 채권과 그 절차에 관한 채무자에 대한 비용청구권.

ㄴ) 개시결정에 의하여 중단된 강제집행, 가압류, 가처분, 경매절차, 체납처분 또는 조세담보를 위하여 제공된 물건의 처분의 속행을 명한 경우의 비용청구권.

ㄷ) 채무자의 행위가 부인된 경우에 그 받은 반대이행이 채무자의 재산 중에 현존하는 때 상대방이 가지는 반대이행의 반환 또는 반대이행으로 인하여 생긴이익이 현존하는 때 상대방이 가지는 반대이행으로 인하여 생긴 이익의 상환청구권.

ㄹ) 개시결정에 의하여 중단된 회생채권이나 회생담보권에 관계없는 소송을 관리인이 수계한 경우의 채무자에 대한 소송비용청구권.

ㅁ) 채무자의 행위가 부인된 경우에 그 받은 반대이행이 채무자의 재산 중에 현존하는 때 상대방이 가지는 반대이행의 반환 또는 반대이행으로 인하여 생긴 이익이 현존하는 때 상대방이 가지는 반대이행으로 인하여 생긴 이익의 상환청구권.

ㅂ) 쌍방미이행의 쌍무계약을 관리인이 해제 또는 해지한 경우에 상대방이 가지는 그 반대이행의 반환 또는 그 가액의 상환청구권.

【쟁점질의와 유권해석】

<아파트 수분양자들의 정리회사에 대한 소유권이전등기청구권이 공익채권에 해당하는지 여부(적극)>

정리회사의 관리인이 회사정리절차개시결정 이전에 아파트 분양계약을 체결한 수분양자들로부터 분양잔대금을 지급받고 그들을 입주시킨 경우, 아파트 수분양자들의 정

리회사에 대한 소유권이전등기청구권은 회사정리법 제208조 제7호에 정한 공익채
권에 해당하고, 그 이행지체로 인한 손해배상청구권 역시 공익채권에 해당한다(대
판 2004. 11. 12. 2002다53865).

나. 공익채권의 변제 등(회생법 제180조)

① 회생절차에 의하지 아니하는 수시변제

공익채권을 회생절차에 의하지 아니하고 수시로 변제한다.

회생채권과 회생담보권은 원칙적으로 회생계획이 인가되기까지는 변제
가 보류되고 계획인가 후에는 계획에 구속되어 계획에 정하는 변제방
법, 변제시기에 있어서만 변제를 받을 수 있는데 반해 공익채권은 수시
로 변제한다. 수시변제라 함은 회생계획인가의 전후를 불문하고 그 채
권의 본래의 변제기에 따라서 그때그때 변제하는 것을 말한다.

공익채권의 행사를 위하여는 채권의 확정을 요하지 않는다. 회생채권과
회생담보권이 회생계획이 정하는 바에 따라 권리가 인정되기 위하여는
반드시 확정이 필요하고, 그를 위하여 조사기일이 열리지만 공익채권은
이와 같은 조사, 확정을 거치지 않고 행사할 수 있다. 공익채권의 존부
와 액에 관하여 다툼이 있는 때에는 통상의 소송에 의하여 해결할 것이
며 이 경우에는 관리인을 소송당사자로 하면 된다.

② 회생채권 및 회생담보권에 우선하는 변제

공익채권은 회생채권과 회생담보권에 우선하여 변제한다. 우선하여 변
제한다는 의미는 경매대금으로부터 선순위의 담보권을 제쳐놓고 변제를
받을 수 있다는 의미는 아니다. 채무자의 일반재산으로부터 변제를 받
음에 있어서 회생채권자 및 회생담보권자에 우선한다는 취지에 지나지
않고 특별한 담보권에까지 우선하는 취지는 아니라고 해석하는 것이 타
당하다.

2) 개시 후 기타 채권(회생법 제181조)

① 변제 등 청구권을 소멸시키는 행위의 금지

회생절차개시 이후의 원인에 기하여 발생한 재산상의 청구권으로서 공익
채권, 회생채권 또는 회생담보권이 아닌 청구권에 관하여는, 회생절차가

개시된 때부터 회생계획으로 정하여진 변제기간이 만료하는 때까지의 사
이에는 변제를 하거나 변제를 받는 행위 그 밖에 이를 소멸시키는 행위
를 할 수 없다.

② 강제집행등의 신청금지

회생절차개시 이후에는 개시후 기타채권에 기한 채무자의 재산에 대한
강제집행, 가압류, 가처분 또는 담보권 실행을 위한 경매의 신청을 할 수
없다.

5. 관계인집회

(1) 관계인집회의 의의

1) 제1회 관계인집회

제1회 관계인집회는 관계인에 대하여 관리인이 보고를 하고 관계인이 관리
인의 선임과 회생채무자의 관리방침에 관하여 의견을 진술할 수 있음을 목적
으로 하는 관계인집회이다.

2) 제2회 관계인집회

제2회 관계인집회는 회생계획안의 심리를 목적으로 하는 관계인집회이다.

관리인은 법원이 정한 기간 내에 회생계획안을 법원에 제출할 의무가 있고,
채무자와 신고한 회생채권자, 회생담보권자 및 주주도 법원이 정한 기간 내에
회생계획안을 법원에 제출할 수 있다.

그와 같이 제출된 회생계획안은 관계인집회의 가결을 거쳐 비로서 회생계획
으로 성립된다. 그와 같은 결의에 앞서서 회생계획안의 내용을 심리하는 관계
인집회가 바로 제2회 관계인집회이다.

3) 제3회 관계인집회

제3회 관계인집회는 회생계획안의 결의를 위한 관계인집회이다. 회생계획안
이 제2회 관계인집회의 심리를 거친 후 이에 대하여 특히 수정명령 또는 계획
안을 배제할 사유가 없는 때에는 법원은 결의를 위한 관계인집회를 열어 그
결의에 붙이게 된다.

제3회 관계인집회는 회생절차의 최종단계에서 계획안을 결의하는 집회이므
로 3회의 관계인집회 중에서 가장 중요한 집회라고 할 수 있다. 그리고 3회의

관계인집회 중에서 어떤 결의를 하는 일은 제3회 관계인집회에 국한된다.

(2) 관계인집회의 기일

1) 기일의 지정

제1회 관계인집회의 기일은 회생절차 개시결정과 동시에 법원이 정한다. 법원은 개시결정일로부터 4월의 기간 내에 제1회 관계인집회의 기일을 정하여야 하며, 이를 공고하여야 한다.

실무에서는 회생채권 등의 일반조사기일과 제1회 관계인집회를 병합하여 실시하고 있고, 그 기일은 개시결정일로부터 2개월 내지 3개월 사이로 지정하고 있다.

2) 기일의 통지(회생법 제182조)

가. 통지의 대상

법원은 다음 각 항의 자에게 관계인집회의 기일을 통지하여야 한다.

① 관리인

② 조사위원

③ 채무자

④ 목록에 기재되어 있거나 신고한 회생채권자·회생담보권자·주주·지분권자

⑤ 회생을 위하여 채무를 부담하거나 담보를 제공한 자가 있는 때에는 그 자

나. 통지하지 아니할 수 있는 경우

의결권을 행사할 수 없는 회생채권자·회생담보권자·주주·지분권자에게는 관계인집회의 기일을 통지하지 아니할 수 있으며, 제1회 관계인집회의 경우에는 제51조 제2항에 의하여 송달을 받은 자에게도 관계인집회의 기일을 통지하지 아니할 수 있다.

다. 주식회사가 채무자인 경우의 통지

법원은 주식회사인 채무자의 업무를 감독하는 행정청과 법무부장관 및 금융감독위원회에게 관계인집회의 기일을 통지하여야 한다.

(3) 법원의 지휘 등(회생법 제184조·제185조)

관계인집회는 법원이 지휘한다.

법원은 관계인집회의 기일과 회의의 목적인 사항을 공고하여야 한다. 공고는 관보와 법원이 지정하는 신문에 게재하는 방법으로 하여야 한다. 다만, 관계인집회의 연기 또는 속행에 관한 선고가 있는 때에는 송달 또는 공고를 하지 않아도 된다.

(4) 의결권 행사 등

1) 의결권에 대한 이의(회생법 제187조)

가. 이의의 대상

이의권자는 관계인집회에서 회생채권자·회생담보권자·주주·지분권자의 의결권에 관하여 이의를 할 수 있다. 다만, 회생채권·회생담보권 등의 조사 및 확정절차에서 확정된 회생채권 또는 회생담보권을 가진 회생채권자 또는 회생담보권자의 의결권에 대해서는 이의를 할 수 없다.

나. 이의권자

관계인집회에서 이의를 할 수 있는 자는 다음과 같다.

① 관리인

② 목록에 기재되어 있거나 신고된 회생채권자·회생담보권자·주주·지분권자

【쟁점질의와 유권해석】

<확정된 회생채권이나 회생담보권에 의한 의결권에 대해서도 이의를 할 수 있는지 여부>

경우에 따라서는 확정된 회생채권이나 회생담보권에 대하여도 의결권에 대한 이의를 할 수 있다. 예를 들어 신고 자체가 예비적으로 한 것으로서 비록 조사 기일에서 이의 없이 확정되었다 하더라도 그 성격상 의결권의 행사를 인정할 수 없을 경우(예를 들어 부인권 행사가 인정 되는 것을 조건으로 하여 회생채권 신고를 하였으나 추후에 공익채권으로 인정된 경우, 채권자에 의한 상계의 효력에 관하여 다툼이 있어 상계의 효력이 인정되지 않을 것을 조건으로 하여 회생채권 신고를 한 경우), 확정된 회생채권자표 등의 기재가 잘못되어 객관적으로 확정되어 있지 않다고 볼 수 있는

경우나 객관적으로 확정되어 있다 하더라도 그 의결권이나 권리 내용의 기재에 잘
못이 있다는 취지의 다툼이 있는 경우에는 의결권에 대한 이의를 통하여 이를 다
툴 수 있는 것으로 해석된다.

2) 의결권의 행사(회생법 제188조)

가. 의결권행사의 방법

확정된 회생채권 또는 회생담보권을 가진 회생채권자 또는 회생담보권자는
그 확정된 액이나 수에 따라, 이의없는 의결권을 가진 주주·지분권자는 목
록에 기재되거나 신고한 액이나 수에 따라 의결권을 행사할 수 있다.

나. 의결권의 불통일행사(회생법 제189조)

의결권자는 의결권을 통일하지 않고 행사할 수 있다.

의결권자들의 의결권 행사가 반드시 통일되어 있을 필요는 없으나, 불통일
행사를 하려는 경우 관계집회 7일 전까지는 그 취지를 서면으로 신고하도록
되어 있다.

서면에 의한 결의를 하는 경우에는 채무자회생및파산에관한법률 제240조
제2항의 회신기간 내에 직접 의결권을 불통일행사하여 이를 회신하는 방법에
의한다.

3) 부당한 의결권자의 배제(회생법 제190조)

법원은 권리취득의 시기, 대가 기타의 사정으로 보아 의결권을 가진 회생채
권자, 회생담보권자 또는 주주가 관계인집회의 결의에 관하여 재산상의 이익을
수수하는 등 부당한 이익을 얻을 목적으로 그 권리를 취득한 것으로 인정하는
때에는 그에 대하여 그 의결권을 행사하지 못하게 할 수 있다. 법원은 이러한
처분을 하기 전에 그 의결권자를 심문하여야 한다.

4) 의결권을 행사할 수 없는 자(회생법 제191조)

다음의 어느 하나에 해당하는 자는 의결권을 행사하지 못한다.

가. 회생계획으로 그 권리에 영향을 받지 아니하는 자

회생계획에 의하여 자기의 권리에 영향을 받지 아니하는 자는 회생계획안
에 대한 결의에 참가할 아무런 이유가 없기 때문에 의결권을 행사 할 수 없

다.

나. 법 제140조(벌금·조세 등의 감면) 제1항 및 제2항 청구권을 가지는 자

이러한 청구권은 본래 채무자에게 징벌적으로 부과되는 것이기 때문에 다수결에 의하여 그 내용이 변경되어질 성격의 것이 아니므로 의결권의 행사가 인정되지 않는다. 다만 이 청구권은 후순위 회생채권에 속하기 때문에 다른 회생담보권이나 일반 회생채권보다 열등하게 취급되어야 할 것이고, 따라서 다른 채권의 최종 변제기까지 그 지급이 유예되는 형태로 권리변경이 되는게 일반적이다.

다. 다음의 청구권을 가지는 자

① 회생절차개시 후의 이자

② 회생절차개시 후의 불이행으로 인한 손해배상금 및 위약금

③ 회생절차참가의 비용

라. 법 제188조(의결권의 행사) 및 제190조(부당한 의결권자의 배제)의 규정에 의하여 의결권을 행사할 수 없는 자

마. 제244조제2항의 규정에 의하여 보호되는 자

회생계획안의 결의를 위하여 분류된 일부 조에서 가결요건에 해당하는 다수의 동의를 받기 어려운 것이 명백한 경우에 결의에 부치기 전에 일부 조에 대하여 권리보호조항을 정할 수가 있다. 이 경우에는 굳이 의결권을 행사하게 할 필요가 없으므로 그 권리자의 의결권 행사를 인정하지 않는 것이다.

5) 의결권의 대리행사(회생법 제192조)

가. 대리행사권이 있는 자

회생채권자, 회생담보권자와 주주는 대리인에 의하여 그 의결권을 행사할 수 있다. 이해관계인은 제3회 관계인집회뿐 아니라 제1회 및 제2회 관계인집회에서도 대리인을 선임할 수 있으며, 대리인의 자격은 변호사로 국한되지 아니하고 소송능력이 있는 자이면 누구나 대리인으로 될 수 있다.

나. 대리권을 증명하는 서면의 제출

대리인이 관계인집회에 참가하기 위해서는 대리권을 증명하는 서면을 제출하여야 한다.

다. 대리인이 의결권의 불통일행사를 하는 경우

대리인이 위임받은 의결권을 통일하지 아니하고 행사하는 경우에는 관계인 집회 7일 전까지 법원에 그 취지를 서면으로 신고하여야 한다.

6. 회생계획

(1) 회생계획의 내용

1) 회생계획의 내용

가. 회생계획에서 정하여야 할 사항

① 필수적 결정사항

회생계획안의 기재사항 중에는 그 기재가 없으면 회생계획안이 부적법 하게 되는 것이 있으므로, 만약 그 기재가 없는 경우 법원은 계획안 제 출자로 하여금 그 기재사항을 수정하도록 지도하거나 수정명령을 내려 야 하고. 수정이 되지 않는다면 회생계획안을 배제하거나 불인가하여야 한다.

회생계획에는 다음의 사항을 정하여야 한다.

ㄱ) 회생채권자·회생담보권자·주주 또는 지분권자의 권리의 전부 또 는 일부의 변경

ㄴ) 공익채권의 변제

ㄷ) 채무의 변제잔금의 조달방법

ㄹ) 회생계획에서 예상된 액을 넘는 수익금의 용도

ㅁ) 알고 있는 개시후기타채권이 있는 때에는 그 내용

② 선택적 결정사항

이에 반하여 영업이나 재산의 양도, 출자나 임대, 사업의 경영의 위임, 정관의 변경, 이사, 대표이사나 감사의 변경, 자본의 감소, 신주나 사채 의 발행, 합병, 분할, 분할합병, 해산 또는 신회사의 설립에 관한 조항 기타 회생을 위하여 필요한 사항은 채무자회생의 구체적 방안에 따라 자유로이 선택하여 기재할 수 있다.

나. 회생채권자 등의 권리(회생법 제194조)

① 회생채권자 등의 권리를 변경하는 때

회생채권자, 회생담보권자, 주주, 지분권자의 권리를 변경하는 때에는 회생계획에 변경되는 권리를 명시하고, 변경 후의 권리의 내용을 정하여야 한다.

② 회생계획에 의하여 그 권리에 영향을 받지 않을 권리

회생채권자, 회생담보권자, 주주, 지분권자로서 회생계획에 의하여 그 권리에 영향을 받지 아니하는 자가 있는 때에는 그 자의 권리를 명시하여야 한다.

다. 채무의 기한(회생법 제195조)

회생계획에 의하여 채무를 부담하거나 채무의 기한을 유예하는 경우 그 채무의 기한은 다음과 같다.

담보가 있는 경우	담보물의 존속기간을 넘지 못한다.
담보가 없거나 담보물의 존속기간을 판정할 수 없는 때	10년을 넘지 못한다.

다만, 회생계획의 정함에 의하여 사채를 발행하는 경우에는 기한의 제한을 받지 않는다.

라. 담보의 제공과 채무의 부담(회생법 제196조)

① 담보의 제공

채무자 또는 채무자 외의 자가 회생을 위하여 담보를 제공하는 때에는 회생계획에 담보를 제공하는 자를 명시하고 담보권의 내용을 정하여야 한다.

② 채무의 부담

채무자 외의 자가 채무를 인수하거나 보증인이 되는 등 회생을 위하여 채무를 부담하는 때에는 회생계획에 그 자를 명시하고 그 채무의 내용을 정하여야 한다.

마. 미확정의 회생채권 등(회생법 제197조)

이의 있는 회생채권 또는 회생담보권으로서 그 확정절차가 종결되지 않은

것이 있는 경우 권리확정의 가능성을 고려하여 회생계획안에 이에 대한 적당한 조치를 정하여야 한다. 따라서 미확정인 채권이 있는 경우에는 회생계획안 작성시 그러한 채권이 확정될 때를 대비하여 적절한 조항을 마련하여야 하며, 이러한 조치를 취하지 않은 회생계획안은 부적법하다.

미확정 회생채권 등에 대한 권리변경과 변제방법을 정할 때에는 미확정의 권리와 그 권리자, 확정될 경우의 취급 등에 관하여 상세히 규정하여야 한다.

바. 변제한 회생채권 등(회생법 제198조)

회생채권 및 회생담보권 중 제131조 단서, 제132조제1항 및 제2항의 규정에 의하여 변제한 것은 이를 반드시 명시하여야 한다.

① 제 131조 단서

관리인이 법원의 허가를 받아 변제하는 경우와 회생계획에서 국세징수법 또는 지방세법에 의하여 징수할 수 있는 청구권

② 제132조 제1항 및 제2항

채무자의 거래상대방인 중소기업자가 그가 가지는 소액채권, 회생채권을 변제하지 아니하고는 채무자의 회생에 현저한 지장을 초래할 우려가 있는 채권

【쟁점질의와 유권해석】

<정리계획인가 결정 전에 법원의 변제허가에 의해 변제된 채권에 대해 별도의 변제조건을 설정하지 않은 경우 위법 여부>

회사정리법 제112조의2 제2항에 의하면 법원은 정리채권을 변제하지 아니하고는 회사의 갱생에 현저한 지장을 초래할 우려가 있다고 인정되는 경우에는 정리계획인가 결정 전이라도 보전관리인·관리인 또는 회사의 신청에 의하여 그 전부 또는 일부의 변제를 허가할 수 있도록 되어 있는바, 법원의 변제허가에 의하여 정리계획인가 전에 변제된 채권은 그 변제된 한도에서 절대적으로 소멸하는 것이고(따라서 의결권의 액도 그 한도에서 감액된다.), 같은 법 제215조의2에 의하면 그 변제 내역을 정리계획에 명시하도록 하고 있을 뿐이므로 정리계획에서 별도의 변제조건을 설정하지 아니하였다고 하여 위법하다고 할 수 없다(대판 2000. 1. 5. 99ㄱ35).

사. 영업 또는 재산의 양도 등(회생법 제200조)

다음 각 호의 어느 하나에 해당하는 경우에는 회생계획에 그 목적물·대

가·상대방 그 밖의 사항을 정하여야 한다.

① 채무자의 영업이나 재산의 전부나 일부를 양도·출자 또는 임대하는 경우

② 채무자의 사업의 경영의 전부나 일부를 위임하는 경우

③ 타인과 영업의 손익을 같이 하는 계약 그 밖에 이에 준하는 계약을 체결·변경 또는 해약하는 경우

④ 타인의 영업이나 재산의 전부나 일부를 양수하는 경우

⑤ 대가를 회생채권자·회생담보권자·주주·지분권자에게 분배하는 때에는 그 분배의 방법

아. 분쟁이 해결되지 아니한 권리(회생법 제201조)

채무자에게 속하는 권리로서 분쟁이 해결되지 아니한 것이 있는 경우

① 회생계획에 화해나 조정의 수락에 관한 사항을 정한다.

② 관리인에 의한 소송의 수행 그밖에 실행에 관한 방법을 정하여야한다.

자. 정관의 변경(회생법 제202조)

채무자의 정관을 변경하는 때에는 그 변경의 내용을 회생계획에 기재하여야 한다.

실무상 회생계획 인가와 동시에 정관을 변경해야 하는 경우가 그리 많지 않기 때문에 회생계획안에는 "회생절차 중 관리인은 법원의 허가를 얻어 정관을 변경하여야 한다"라는 취지로 기재하는 것이 보통이다.

출자전환이나 주주의 권리변경 또는 제3자 인수와 관련하여 채무자의 발행예정 주식의 총수를 변경하여야 하는 경우에는 회생계획안에 변경 전 정관의 조항과 변경 후 정관의 조항을 명시하여야 한다.

차. 이사 등의 변경(회생법 제203조)

회생계획안에는 이사, 대표이사, 감사의 변경에 관한 조항을 기재할 수 있으며, 새로이 법인인 채무자의 이사 또는 감사를 선임하거나 채무자의 대표이사를 선정하는 때에는 선임이나 선정될 자와 임기 또는 선임이나 선정의 방법과 임기를 정하여야 한다.

카. 주식회사 또는 유한회사의 자본감소(회생법 제205조)

① 회생계획에 정하여야 할 사항

회생계획에 의한 자본감소는 임의적인 것과 필요적인 것이 있다. 어느 경우이든 회생계획에는 감소할 자본의 액과 자본감소의 방법을 정하여야 한다.

자본감소는 채무자의 자산 및 부채와 채무자의 수익능력을 참작하여 정하여야 한다. 회생절차개시 당시 주식회사인 채무자의 부채총액이 자산총액을 초과하는 때에는 회생계획에 발행주식의 2분의 1이상을 소각하거나 2주 이상을 1주로 병합하는 방법으로 자본을 감소할 것을 정하여야 한다.

채무자의 이사나 이에 준하는 자 또는 지배인의 중대한 책임이 있는 행위로 인하여 회생절차개시의 원인이 발생한 경우에는 그 행위에 상당한 영향력을 행사한 주주 및 그 친족 기타 대법원규칙이 정하는 특수관계에 있는 주주가 가진 주식 3분의 2 이상을 소각하거나 3주이상을 1주로 병합하는 방법으로 자본을 감소할 것을 정하여야 한다. 자본감소후 신주를 발행하는 때(채무자회생및파산에관한법률 제206조)에는 위 주주는 신주를 인수할 수 없다. 다만, 「상법」 제340조의2의 규정에 의한 주식매수 선택권을 부여할 수는 있다.

② 자본의 감소방법

ㄱ) 자본감소는 채무자의 자산 및 부채와 채무자의 수익능력을 참작하여 정하여야 한다.

ㄴ) 회생절차개시 당시 주식회사인 채무자의 부채총액이 자산총액을 초과하는 때에는 회생계획에 발행주식의 2분의 1 이상을 소각하거나 2주 이상을 1주로 병합하는 방법으로 자본을 감소할 것을 정하여야 한다.

ㄷ) 주식회사인 채무자의 이사나 지배인의 중대한 책임이 있는 행위로 인하여 회생절차개시의 원인이 발생한 때에는 회생계획에 그 행위에 상당한 영향력을 행사한 주주 및 그 친족 그 밖에 대통령령이 정하는 범위의 특수관계에 있는 주주가 가진 주식의 3분의 2 이상을 소각하거나 3주 이상을 1주로 병합하는 방법으로 자본을 감소할 것을 정하여야 한다.

ㄹ) 위 ㄷ)의 규정에 의한 자본감소 후 제206조의 규정에 의하여 신주

를 발행하는 때에는 제4항의 규정에 의한 주주는 신주를 인수할 수
없다. 다만, 제4항의 규정에 의한 주주에 대하여 「상법」 제340조의
2(주식매수선택권)의 규정에 의한 주식매수선택권을 부여할 수 있
다.

③ 유한회사의 경우에 준용

위 ①, ②의 규정은 유한회사의 경우에 준용한다.

타. 주식회사 또는 유한회사의 신주발행(회생법 제206조)

회생채무자는 회생절차에 의하지 아니하고는 신주의 발행을 할 수 없다.
따라서 회생회사의 경우에는 회생계획안에 신주발행에 관한 규정을 마련하
고 위 조항에 따라 신주를 발행하는 방법에 의해서만 신주를 발행 할 수 있
을 뿐이다. 본조는 회생계획안에 의한 신주발행 유형을 세가지로 나누고 있
다.

① 이해관계인의 종전권리에 갈음하여 신주를 발행하는 경우

ㄱ) 회생계획에 정할 사항

주식회사인 채무자가 회생채권자·회생담보권자 또는 주주에 대하
여 새로 납입 또는 현물출자를 하게 하지 아니하고 신주를 발행하
는 때에는 회생계획에 다음의 사항을 정하여야 한다.

ⓘ 신주의 종류와 수

ⓘ 신주의 배정에 관한 사항

ⓘ 신주의 발행으로 인하여 증가할 자본과 준비금의 액에 관한 사항

ⓘ 신주발행으로 감소하게 되는 부채액

ㄴ) 신주발행의 효력발생 시기 : 한편 이 규정에 의하여 신주를 발행하
는 경우에 신주발행의 효력은 계획인가일이나 회생계획에서 정한
때에 발생한다. 다만 주식병합에 의한 자본감소와 동시에 이 규정에
의한 신주발행을 하는 경우에는 신주발행의 효력발생시기를 주식병
합의 효력발생(주권제출기간 만료시)후로 회생계획에 정해 둘 필요
가 있다. 만약 자본감소의 효력이 발행하기 전에 신주발행의 효력이
발생한다면 일시적으로 발행한 주식수가 정관에 정한 발행예정주식
총수를 초과할 가능성이 있고, 신주발행의 효력이 발행한 후에 구
주식에 관하여만 주식병합의 효력을 발생시켜야 한다는 문제가 발

생할 수 있기 때문이다.

ㄷ) 단주의 처리 : 그리고 회생계획에 신주발행과정에서 발생하는 단주
의 처리에 관한 사항도 정하는 것이 바람직하다. 만약 회생채권자,
회생담보권자의 배정부분에 관하여 단주의 처리방법을 마련해 두지
않으면 그 단주에 해당하는 부분은 회생계획 인가시에 실권된다. 주
주에 신주를 배정하는 경우에는 주식병합에 관한 상법 제440조 내
지 제444조의 규정이 준용되므로 단주 처리에 관한 조항을 두어야
한다.

② 이해관계인의 종전의 권리에 갈음하여 신주를 발행하는 경우

회생채권자, 회생담보권자 또는 주주에게 추가적으로 납입 또는 현물출
자시킨 다음 신주를 발행하는 것이다.

이 경우는 이해관계인에게 종전의 권리에 갈음하여 신주인수권을 부여
하는 것인데, 신주인수권을 부여받은 이해관계인이 이를 행사하지 않으
면 신주인수권을 상실할 뿐 아니라 종전의 권리도 소멸된다. 결국 이해
관계인의 입장에서는 신주인수권을 타인에게 양도하지 않는 한, 납입
또는 현물출자가 강제되는 것이다. 실무상 이러한 방법으로 신주를 발
행하는 경우는 거의 없다.

③ 이해관계인을 특별취급하지 않고 신주를 발행하는 경우

이해관계인에게 그 권리에 갈음하여 신주를 발행하거나 신주인수권을
부여하는 경우를 제외하고 회생채무자가 다른 방법으로 신주를 발행하
고자 하는 경우에는 회생계획에 의하지 않으면 안된다. 따라서 회생계
획에 이 방법에 의한 신주발행에 관한 규정이 없다면 신주발행에 관한
사항을 신설하는 내용의 회생계획 변경을 하여야 한다.

회생계획안에는 다음의 사항을 기재하여야 한다

ㄱ) 신주의 종류와 수

ㄴ) 새로 현물출자를 하는 자가 있을 때에는 그 자

ㄷ) 출자의 목적인 재산

ㄹ) 그 가격과 이에 대하여 부여할 주식의 종류와 수

ㅁ) 신주의 발행가액과 납입기일에 관한 사항

파. 주식회사의 주식의 포괄적 교환(회생법 제207조)

주식회사인 채무자가 다른 회사와 주식의 포괄적 교환을 하는 때에는 회생
계획에 다음 각 호의 사항을 정하여야 한다.

① 다른 회사의 상호

② 다른 회사가 「상법」 제360조의2(주식의 포괄적 교환에 의한 완전모회사
의 설립)제1항의 규정에 의한 완전모회사(이하 "완전모회사"라 한다)로
되는 경우 그 회사가 주식의 포괄적 교환에 의하여 정관을 변경하는 때
에는 그 규정

③ 완전모회사로 되는 회사가 주식의 포괄적 교환을 위하여 발행하는 신주
의 총수·종류 및 종류별 주식의 수와 「상법」 제360조의2(주식의 포괄
적 교환에 의한 완전모회사의 설립)제1항의 규정에 의한 완전자회사(이
하 "완전자회사"라 한다)가 되는 회사의 주주에 대한 신주의 배정에 관
한 사항

④ 완전모회사로 되는 회사의 증가하게 되는 자본의 액과 준비금에 관한
사항

⑤ 다른 회사의 주주에게 금전을 지급하거나 사채를 배정할 것을 정하는
때에는 그 규정

⑥ 다른 회사의 주식의 포괄적 교환계약서 승인결의를 위한 주주총회의 일
시(그 회사가 주주총회의 승인을 얻지 아니하고 주식의 포괄적 교환을
하는 때에는 그 뜻)

⑦ 주식의 포괄적 교환을 하는 날

⑧ 다른 회사가 주식의 포괄적 교환을 하는 날까지 이익을 배당하거나
「상법」 제462조의3(중간배당)제1항의 규정에 의하여 금전으로 이익배
당을 하는 때에는 그 한도액

하. 주식회사의 주식의 포괄적 이전(회생법 제208조)

주식회사인 채무자가 주식을 포괄적 이전을 하여 완전모회사인 신회사를
설립하는 때에는 회생계획에 다음의 사항을 정하여야 한다.

① 신회사의 상호

② 신회사의 정관의 규정

③ 신회사가 주식의 포괄적 이전을 위하여 발행하는 주식의 종류 및 수와
완전자회사가 되는 채무자의 회생채권자·회생담보권자 또는 주주에 대

한 주식의 배정에 관한 사항

④ 신회사의 자본의 액과 준비금에 관한 사항

⑤ 완전자회사가 되는 채무자의 주주에게 금전을 지급하거나 사채를 배정할 것을 정하는 때에는 그 규정

⑥ 주식의 포괄적 이전을 하는 시기

⑦ 완전자회사가 되는 채무자가 주식의 포괄적 이전의 날까지 이익을 배당하거나 「상법」 제462조의3(중간배당)제1항의 규정에 의하여 금전으로 이익배당을 하는 때에는 그 한도액

⑧ 신회사의 이사 및 감사의 성명 및 주민등록번호

거. 주식회사의 사채발행(회생법 제209조)

① 회생계획에 의한 사채발행

회생절차가 진행중인 채무자는 회생계획에 의하지 않으면 사채를 발행할 수 없다. 회생계획에 의하여 사채를 발행하는 경우에는 사채발행에 관한 상법규정의 적용이 일부 배제되고, 증권거래법 제8조의 적용이 배제되어 그 절차의 간이, 신속을 기할 수 있도록 되어 있다.

② 사채발행의 결정

주식회사인 채무자가 사채를 발행하는 때에는 회생계획에 다음의 사항을 정하여야 한다.

ㄱ) 사채의 총액

ㄴ) 각 사채의 금액, 사채의 이율, 사채상환의 방법 및 기한, 이자지급의 방법 그 밖에 사채의 내용

ㄷ) 사채발행의 방법과 회생채권자·회생담보권자 또는 주주에 대하여 새로 납입하게 하거나 납입하게 하지 아니하고 사채를 발행하는 때에는 그 배정에 관한 사항

ㄹ) 담보부사채인 때에는 그 담보권의 내용

③ 사채발행의 방법

회생계획에 의하여 사채를 발행하는 경우에도 신주를 발행하는 경우에 있어서와 같이 세 가지 방법이 있다.

ㄱ) 이해관계인에 대하여 새로이 납입을 시키지 않고 발행하는 것

ㄴ) 이해관계인에 대하여 새로이 납입을 시키고 발행하는 것

ㄷ) 이해관계인을 특별히 취급하지 않고 사채를 발행하는 것

너. 회사의 합병

① 회사의 흡수합병(회생법 제210조)

ㄱ) 흡수합병의 절차 : 회생절차 중의 채무자는 회생계획에 의하지 아니하고는 합병할 수 없다. 그리고 회생계획을 통하여 회생회사가 합병을 하고자 하는 경우에는 회생계획안에 필요한 사항을 기재하여야 한다. 만약 회생계획을 통하여 합병을 할 경우에는 합병에 관한 상법상의 절차가 생략된다. 그러나 합병의 상대방 회사의 경우에는 상법에 따라 합병절차를 진행 하여야 하므로 회생회사에 있어서 회생계획의 작성, 성립과 상대방 회사에 있어서의 합병절차가 서로 보조를 맞추어 진행되어야 한다. 한편 합병 당사회사들이 모두 회생회사인 경우에는 각 채무자의 회생계획안에 합병에 필요한 사항이 규정되어 있어야 한다.

ㄴ) 합병에 필요한 요건 : 합병을 내용으로 하는 회생계획을 인가하기 위해서는 합병에 필요한 요건을 갖출 것을 필요로 한다. 따라서 상대방 회사가 회생회사가 아닐 경우에는 합병계약서 또는 분할합병계약서의 승인의 결의가 있어야 하고, 상대방 회사가 회생회사일 경우에는 합병을 내용으로 하는 회생계획조항이 있어야 한다. 특히 회생회사 사이의 합병을 내용으로 하는 계획안을 작성할 때에는 해당 회생회사들의 관계인집회를 동시에 개최하는 경우가 많은데, 만약합병 당사회사 중 어느 한 회사라도 회생계획안이 가결되지 않을 경우에는 다른 회사의 회생계획안이 가결되더라도 계획 수행의 가능성이 없음이 분명하므로 불인가될 가능성이 크다. 따라서 상대방 회사의 회생계획안이 가결되지 못할 것에 대비한 규정을 반드시 마련해 두는 것을 놓쳐서는 안된다.

ㄷ) 회생계획에 정하여야 할 사항

회사인 채무자가 다른 회사와 합병하여 그 일방이 합병 후 존속하는 때에는 회생계획에 다음의 사항을 정하여야 한다.

ⓘ 다른 회사의 상호

ⓘ 존속하는 회사가 합병시 발행하는 주식 또는 출자지분의 종류와

수, 그 주식 또는 출자지분에 대한 주주·지분권자의 신주인수권 또는 출자지분인수권의 제한에 관한 사항과 특정한 제3자에 부여할 것을 정하는 때에는 이에 관한 사항

ⅲ 합병으로 인하여 소멸하는 회사의 회생채권자·회생담보권자·주주·지분권자에 대하여 발행할 주식 또는 출자지분의 종류 및 수와 그 배정에 관한 사항

ⅳ 존속하는 회사의 증가할 자본과 준비금의 액

ⅴ 합병으로 인하여 소멸하는 회사의 주주·지분권자에게 금전을 지급하거나 사채를 배정할 것을 정하는 때에는 그 규정

ⅵ 합병계약서의 승인결의를 위한 다른 회사의 주주총회 또는 사원총회의 일시

ⅶ 합병을 하는 날

ⅷ 존속하는 회사가 합병으로 인하여 정관을 변경하기로 정한 경우에는 그 규정

ⅸ 다른 회사가 합병으로 인하여 이익의 배당 또는 「상법」 제462조의3(중간배당)제1항의 규정에 의하여 금전으로 이익배당을 하는 때에는 그 한도액

ⅹ 합병으로 인하여 존속하는 회사에 취임하게 될 이사 및 감사(감사위원회 위원을 포함한다. 이하 이 조 내지 제213조에서 같다)를 정하는 때에는 그 성명 및 주민등록번호

② 회사의 신설합병(회생법 제211조)

회사인 채무자가 다른 회사와 합병하여 신회사를 설립하는 때에는 회생계획에 다음의 사항을 정하여야 한다.

ㄱ) 다른 회사의 상호

ㄴ) 신회사의 상호, 목적, 본점 및 지점의 소재지, 자본과 준비금의 액 및 공고방법

ㄷ) 신회사가 발행하는 주식 또는 출자지분의 종류와 수 및 그 배정에 관한 사항

ㄹ) 신회사설립시에 정하는 신회사가 발행하는 주식 또는 출자지분에 대한 주주·지분권자의 신주인수권 또는 출자지분인수권의 제한에

관한 사항과 특정한 제3자에 부여할 것을 정하는 때에는 이에 관한 사항

ㅁ) 회생채권자·회생담보권자 또는 각 채무자의 주주·지분권자 또는 다른 회사의 주주·지분권자에 대하여 발행하는 주식 또는 출자지분의 종류 및 수와 그 배정에 관한 사항

ㅂ) 각 회사의 주주·지분권자에게 금전을 지급하거나 사채를 배정하는 것을 정하는 때에는 그 규정

�) 합병계약서 승인결의를 위한 다른 회사의 주주총회 또는 사원총회의 일시

ㅇ) 합병을 하는 날

ㅈ) 다른 회사가 합병으로 인하여 이익의 배당 또는 「상법」제462조의 3(중간배당)제1항의 규정에 의하여 금전으로 이익배당을 하는 때에는 그 한도액

ㅊ) 합병으로 인하여 존속하는 회사에 취임하게 될 이사 및 감사를 정하는 때에는 그 성명 및 주민등록번호

더. 주식회사의 분할

주식회사인 채무자가 분할되어 신회사를 설립하는 때에는 회생계획에 다음의 사항을 정하여야 한다.

① 주식회사인 채무자가 분할되어 신회사를 설립하는 때

ㄱ) 신회사의 상호, 목적, 본점 및 지점의 소재지, 발행할 주식의 수, 1주의 금액, 자본과 준비금의 액 및 공고의 방법

ㄴ) 신회사가 발행하는 주식의 총수, 종류 및 종류별 주식의 수

ㄷ) 신회사설립시에 정하는 신회사가 발행하는 주식에 대한 주주의 신주인수권의 제한에 관한 사항과 특정한 제3자에게 신주인수권을 부여하는 것을 정하는 때에는 그에 관한 사항

ㄹ) 채무자의 회생채권자·회생담보권자 또는 주주에 대하여 새로이 납입을 시키지 아니하고 신회사의 주식을 배정하는 때에는 발행하는 주식의 총수 및 종류, 종류별 주식의 수 및 그 배정에 관한 사항과 배정에 따라 주식의 병합 또는 분할을 하는 때에는 그에 관한 사항

　　　　ㅁ) 채무자의 주주에게 금전을 지급하거나 사채를 배정하는 것을 정하
　　　　　 는 때에는 그 규정

　　　　ㅂ) 신회사에 이전되는 재산과 그 가액

　　　　ㅅ) 「상법」 제530조의9(분할 및 분할합병 후의 회사의 책임)제2항의 규
　　　　　 정에 의한 정함이 있는 때에는 그 내용

　　　　ㅇ) 신회사의 이사·대표이사 및 감사가 될 자나 그 선임 또는 선정의
　　　　　 방법 및 임기. 이 경우 임기는 1년을 넘을 수 없다.

　　　　ㅈ) 신회사가 사채를 발행하는 때에는 제209조 각호의 사항

　　　　ㅊ) 회생채권자·회생담보권자·주주 또는 제3자에 대하여 새로 납입하게
　　　　　 하고 주식을 발행하는 때에는 그 납입금액 그 밖에 주식의 배정에
　　　　　 관한 사항과 납입기일

　　　　ㅋ) 현물출자를 하는 자가 있는 때에는 그 성명 및 주민등록번호, 출자의
　　　　　 목적인 재산, 그 가격과 이에 대하여 부여하는 주식의 종류 및 수

　　　　ㅌ) 그 밖에 신회사의 정관에 기재하고자 하는 사항

　　　　ㅍ) 자본과 준비금의 액

　　　　ㅎ) 분할하는 날

　　② 분할 후 채무자가 존속하는 때

　　　　ㄱ) 감소하는 자본과 준비금의 액

　　　　ㄴ) 자본감소의 방법

　　　　ㄷ) 분할로 인하여 이전하는 재산과 그 가액

　　　　ㄹ) 분할 후의 발행주식의 총수

　　　　ㅁ) 채무자가 발행하는 주식의 총수를 감소하는 때에는 그 감소하는 주
　　　　　 식의 총수·종류 및 종류별 주식의 수

　　　　ㅂ) 그 밖에 정관변경을 가져 오게 하는 사항

러. 주식회사의 분할합병(회생법 제212조)

　　주식회사인 채무자가 분할되어 그 일부가 다른 회사와 합병하여 그 다른
회사가 존속하는 때와 다른 회사가 분할되어 그 일부가 주식회사인 채무자와
합병하여 그 채무자가 존속하는 때에는 회생계획에 다음의 사항을 정하여야

한다.

① 주식회사인 채무자가 분할되어 그 일부가 다른 회사와 합병하여 그 다른 회사가 존속하는 때와 다른 회사가 분할되어 그 일부가 주식회사인 채무자와 합병하여 그 채무자가 존속하는 때

ㄱ) 다른 회사의 상호

ㄴ) 존속하는 회사가 분할합병으로 인하여 발행하여야 하는 주식의 총수가 증가하는 때에는 증가하는 주식의 총수·종류 및 종류별 주식의 수, 그 주식에 대한 주주의 신주인수권의 제한에 관한 사항과 특정한 제3자에게 신주인수권을 부여하는 것을 정하는 때에는 그에 관한 사항

ㄷ) 분할되는 채무자의 회생채권자·회생담보권자 또는 주주에 대하여 발행하는 신주의 총수 및 종류, 종류별 주식의 수 및 그 배정에 관한 사항과 배정에 따른 주식의 병합 또는 분할을 하는 때에는 그에 관한 사항

ㄹ) 분할되는 회사의 주주에게 금전을 지급하거나 사채를 배정하는 것을 정하는 때에는 그에 관한 사항

ㅁ) 존속하는 회사의 증가하는 자본의 총액과 준비금에 관한 사항

ㅂ) 분할되는 채무자가 존속하는 회사에 이전하는 재산과 그 가액

ㅅ) 「상법」 제530조의9(분할 및 분할합병 후의 회사의 책임)제3항의 규정에 의한 정함이 있는 때에는 그에 관한 사항

ㅇ) 분할합병계약서를 승인하는 결의를 하기 위한 다른 회사의 주주총회의 일시

ㅈ) 분할합병을 하는 날

ㅊ) 다른 회사가 존속하는 경우 그 회사의 이사 및 감사를 정하는 때에는 그 성명 및 주민등록번호

ㅋ) 그 밖에 존속하는 채무자의 정관변경을 가져오게 하는 사항

② 채무자가 분할되어 그 일부가 다른 회사 또는 다른 회사의 일부와 분할합병을 하여 신회사를 설립하는 때와 다른 회사가 분할되어 그 일부가 채무자 또는 채무자의 일부와 분할합병을 하여 신회사를 설립하는 때

ㄱ) 다른 회사의 상호

ㄴ) 신회사의 상호, 목적, 본점 및 지점의 소재지, 발행할 주식의 수, 1주의 금액, 자본과 준비금의 액 및 공고방법

ㄷ) 신회사설립시에 정하는 신회사가 발행하는 주식에 대한 주주의 신주인수권의 제한에 관한 사항과 특정한 제3자에게 신주인수권을 부여하는 것을 정하는 때에는 그에 관한 사항

ㄹ) 채무자 또는 다른 회사가 신회사에 이전하는 재산과 그 가액

ㅁ) 「상법」제530조의9(분할 및 분할합병 후의 회사의 책임)제2항의 규정에 의한 정함이 있는 때에는 그 내용

ㅂ) 그 밖에 신회사의 정관에 기재하고자 하는 사항

ㅅ) 채무자의 회생채권자·회생담보권자·주주 또는 다른 회사의 주주에 대하여 발행하는 주식의 총수 및 종류, 종류별 주식의 수 및 그 배정에 관한 사항과 배정에 따른 주식의 병합 또는 분할을 하는 때에는 그에 관한 사항

ㅇ) 채무자 또는 다른 회사의 주주에게 금전을 지급하거나 사채를 배정하는 것을 정하는 때에는 그 사항

ㅈ) 다른 회사에서 분할합병계약서를 승인하는 결의를 하기 위한 주주총회의 일시

ㅊ) 분할합병을 하는 날

ㅋ) 신회사의 이사·대표이사 및 감사가 될 자나 그 선임 또는 선정의 방법 및 임기. 이 경우 임기는 1년을 넘을 수 없다.

머. 주식회사의 물적분할(회생법 제214조)

채무자회생및파산에관한법률 제212조(주식회사의 분할) 및 제213조(주식회사의 분할합병)의 규정은 분할되는 주식회사인 채무자가 분할 또는 분할합병으로 인하여 설립되는 회사의 주식의 총수를 취득하는 경우에 관하여 준용한다.

버. 주식회사 또는 유한회사의 신회사 설립(회생법 제215조)

① 회생채권자·회생담보권자·주주·지분권자에 대하여 새로 납입 또는 현물출자를 하지 아니하고 주식 또는 출자지분을 인수하게 함으로써 신회사

(주식회사 또는 유한회사에 한한다)를 설립하는 때에는 회생계획에 다음의 사항을 정하여야 한다.

ㄱ) 신회사의 상호, 목적, 본점 및 지점의 소재지와 공고의 방법

ㄴ) 신회사가 발행하는 주식 또는 출자지분의 종류와 수

ㄷ) 1주 또는 출자 1좌의 금액

ㄹ) 신회사설립시에 정하는 신회사가 발행하는 주식 또는 출자지분에 대한 주주의 신주인수권 또는 지분권자의 출자지분인수권의 제한에 관한 사항과 특정한 제3자에 부여하는 것을 정하는 때에는 이에 관한 사항

ㅁ) 회생채권자·회생담보권자·주주·지분권자에 대하여 발행하는 주식 또는 출자지분의 종류 및 수와 그 배정에 관한 사항

ㅂ) 그 밖에 신회사의 정관에 기재하는 사항

ㅅ) 신회사의 자본 또는 출자액의 준비금의 액

ㅇ) 채무자에서 신회사로 이전하는 재산과 그 가액

ㅈ) 신회사의 이사·대표이사 및 감사가 될 자나 그 선임 또는 선정의 방법 및 임기. 이 경우 임기는 1년을 넘을 수 없다.

ㅊ) 신회사가 사채를 발행하는 때에는 채무자회생및파산에관한법률 제209조 각호의 사항

② 위에 규정된 경우를 제외하고 주식의 포괄적 이전·합병·분할 또는 분할합병에 의하지 아니하고 신회사를 설립하는 때에는 회생계획에 다음의 사항을 정하여야 한다.

ㄱ) 제1호 내지 제3호, 제6호와 제8호 내지 제10호의 사항

ㄴ) 신회사설립 당시 발행하는 주식 또는 출자지분의 종류 및 수와 회생채권자·회생담보권자 또는 주주·지분권자에 대하여 새로 납입 또는 현물출자를 하게 하거나 하게 하지 아니하고 주식 또는 출자지분을 인수하게 하는 때에는 제5호의 사항

ㄷ) 새로 현물출자를 하는 자가 있는 때에는 그 성명 및 주민등록번호, 출자의 목적인 재산, 그 가액과 이에 대하여 부여하는 주식 또는 출자지분의 종류와 수

서. 해산(회생법 제216조)

① 해산의 절차

회생절차가 진행 중인 때에는 회생계획에 의하지 않고는 해산을 할 수 없다. 즉 채무자가 합병, 분할, 분할합병에 의하지 않고 해산할 때에는 그 뜻과 해산의 시기를 정하여야 한다.

회생절차는 재건의 가망이 있는 채무자에 관하여 그 사업의 회생, 재건을 도모하는 데 그 목적이 있는 것으로서, 회생절차 중에 채무자를 해산하는 것은 예외적인 경우라 할 것인데, 이 경우는 다음과 같이 나눌 수 있다.

ㄱ) 채무자 갱생의 방법의 일환으로서 해산을 수반하게 되는 경우

ㄴ) 채무자 재건의 목적을 달할 수 없어서 해체하기에 이른 경우

그런데 ㄱ)의 경우 중에는 채무자가 타회사와 합병을 통해 해산하는 경우도 그에 포함되지만 채무자가 다른 회사와 합병을 하게 되는 경우에는, 합병에 의하여 채무자는 당연히 해산, 소멸하게 되므로 해산에 관하여 따로 정할 필요는 없다. 따라서 본 조는 합병에 의한 해산의 경우 이외의 경우에만 적용되는 규정이다.

② 회생계획에 정할 사항

채무자가 합병, 분할 또는 분할합병에 의하지 아니하고 해산하는 때에는 회생계획에 그 뜻과 해산의 시기를 정하여야 한다.

2) 회생계획에 적용되는 원칙

가. 공정하고 형평한 차등(회생법 제217조)

회생계획에서는 다음의 규정에 의한 권리의 순위를 고려하여 회생계획의 조건에 공정하고 형평에 맞는 차등을 두어야 한다.

① 회생담보권

② 일반의 우선권 있는 회생채권

③ 일반의 우선권 있는 회생채권에 규정된 것 외의 회생채권

④ 잔여재산의 분배에 관하여 우선적 내용이 있는 주주, 지분권자의 권리

⑤ 전호에 게기하는 것 이외의 주주, 지분권자의 권리

【쟁점질의와 유권해석】

<정리계획 변경계획을 인가함에 있어서 변경계획이 구비해야 하는 '공정·형평성'의 의미 및 변경계획상 구 회사정리법 제228조 제1항 제1호 내지 제6호에 정한 각각의 권리 상호간에도 이를 더 세분하여 차등을 둘 수 있는지 여부(한정적극)>

구 회사정리법(2005. 3. 31. 법률 제7428호 채무자 회생 및 파산에 관한 법률 부칙 제2조로 폐지)에 의하면, 정리채권자 등에게 불리한 영향을 미칠 것으로 인정되는 정리계획 변경신청이 있는 경우에는 정리계획안의 제출이 있는 경우의 절차에 관한 규정을 준용하도록 하고 있으므로(제270조 제1항, 제2항), 정리계획 변경계획을 인가하기 위하여는 정리계획의 경우와 마찬가지로 정리계획 변경계획이 공정·형평성을 갖추어야 하고(제233조 제1항 제2호). 여기에서 말하는 공정·형평성이란 구체적으로는 변경계획에서 같은 법 제228조 제1항이 정하는 권리의 순위를 고려하여 이종(異種)의 권리자들 사이에는 권리변경의 내용에 공정·형평한 차등을 두어야 하고, 같은 법 제229조가 정하는 바에 따라 동종(同種)의 권리자들 사이에는 권리변경의 내용을 평등하게 하여야 한다는 것을 의미하는 것인바, 여기서 말하는 평등은 형식적 의미의 평등이 아니라 공정·형평의 관념에 반하지 아니하는 실질적인 평등을 가리키는 것이므로, 변경계획에서 모든 권리를 반드시 구 회사정리법 제228조 제1항 제1호 내지 제6호가 규정하는 여섯 종류의 권리로 나누어 각 종류의 권리를 획일적으로 평등하게 취급하여야만 하는 것은 아니고, 여섯 종류의 권리 상호간에도 정리채권이나 정리담보권의 성질의 차이 등 합리적인 이유를 고려하여 이를 더 세분하여 차등을 두더라도 공정·형평의 관념에 반하지 아니하는 경우에는 합리적인 범위 내에서 차등을 둘 수 있는 것이다(대결 2006. 5. 12. 2002그62).

나. 평등의 원칙(회생법 제218조)

① 같은 성질의 권리를 가진 자 간의 평등

회생계획의 조건은 같은 성질의 권리를 가진 자 간에는 평등하여야 한다. 다만, 다음 각 호의 어느 하나에 해당하는 때에는 그러하지 아니하다.

ㄱ) 불이익을 받는 자의 동의가 있는 때

ㄴ) 채권이 소액인 회생채권자, 회생담보권자 및 제118조 제2호 내지 제4호의 청구권을 가지는 자에 대하여 다르게 정하거나 차등을 두어도 형평을 해하지 아니하는 때

ㄷ) 그 밖에 동일한 종류의 권리를 가진 자 사이에 차등을 두어도 형평

을 해하지 아니하는 때

② 평등의 원칙의 예외

회생계획에서는 다음 각 호의 청구권을 다른 회생채권과 다르게 정하거나 차등을 두어도 형평을 해하지 아니한다고 인정되는 경우에는 다른 회생채권보다 불이익하게 취급할 수 있다.

ㄱ) 회생절차개시 전에 채무자와 대통령령이 정하는 범위의 특수관계에 있는 자의 채무자에 대한 금전소비대차로 인한 청구권

ㄴ) 회생절차개시 전에 채무자가 대통령령이 정하는 범위의 특수관계에 있는 자를 위하여 무상으로 보증인이 된 경우의 보증채무에 대한 청구권

ㄷ) 회생절차개시 전에 채무자와 대통령령이 정하는 범위의 특수관계에 있는 자가 채무자를 위하여 보증인이 된 경우 채무자에 대한 보증채무로 인한 구상권

(2) 회생계획안의 제출

1) 회생계획안의 제출

가. 회생계획안의 제출명령(회생법 제220조)

① 요 건

법원은 채무자의 사업을 계속할 때의 가치가 채무자의 사업을 청산할 때의 가치보다 크다고 인정하는 때에는 제1회 관계인집회의 기일 또는 그 후 지체없이 관리인에게 기간을 정하여 채무자의 존속, 주식교환, 주식이전, 합병, 분할, 분할합병, 신회사의 설립 또는 영업의 양도 등에 의한 사업의 계속을 내용으로 하는 회생계획안의 제출을 명하여야 한다.

② 명령의 시기

회생계획안의 제출명령의 제출시기는 제1회 관계인집회기일이나 그 직후에 하여야 한다. 입법취지를 고려하여 볼 때, 만약 제1회 관계인집회를 개최할 무렵에 이미 채무자의 사업의 계속가치가 청산가치보다 높다는 것이 분명한 것으로 인정 되었다면 집회기일에서 회생계획안의 제출명령을 하는 것이 바람직할 것이다.

③ 공고 및 송달

법원이 회생계획안 제출명령을 한 경우에는 이를 공고하고, 관리인, 조사위원, 채무자, 신고한 회생채권자. 회생담보권자 및 주주에게 송달하여야 한다.

④ 회생계획안의 제출기간 결정

회생계획안의 작성 및 제출권자는 법원이 정한 기간 내에 회생계획안을 제출하여야 한다. 따라서 법원은 회생계획안 제출명령과 회생계획안의 제출기간을 함께 정해야 한다.

ㄱ) 회생계획안이 제출기간을 넘어 제출된 경우 : 회생계획안이 제출기간을 넘어 제출된 경우라 하더라도 그 회생계획안이 제출된 유일한 회생계획안일 경우에는 기한초과를 이유로 기각하기 보다는 그것을 가지고 절차를 진행하는 것이 바람직하다. 이 때 아무런 조치없이 그 회생계획안을 향후의 절차에 반영되는 방법도 불가능한 것은 아니나, 절차를 명확히 하기 위해서는 제출기간의 연장결정을 하는 것이 바람직하다.

ㄴ) 제출기간을 결정할 때에 주의하여야 할 점 : 원칙적으로 회생계획안 제출기간은 4월을 넘지 못한다. 다만, 제1회 관계인집회 전날까지 사전계획안을 제출하거나 동의한 채권자가 가진 채권의 총액이 회생채권 및 담보권의 3분의 2이상에 해당하는 경우 회생계획안 제출기간은 2월을 넘지 못한다. 제출기간을 정함에 있어서는 채무자의 부채의 규모, 채무자를 둘러싼 이해관계인의 다소, 이해관계인의 채무자에 대한 협력의 정도, 기타 회생절차 외적인 요소 등을 고려하면 충분하다. 실무상 제출기간은 제1회 관계인집회 후 1개월 뒤로 정하고 있다.

ㄷ) 제출기간의 연장결정 : 법원은 제출권자의 신청에 의하거나 또는 직권으로 회생계획안 제출기간의 연장결정을 내릴 수 있다. 관리인이 제출기간 내에 회생계획안을 제출 할 수 없을 때에는 제출기간 내에 그 취지의 보고서를 법원에 제출하여야 하므로, 일반적으로는 관리인의 제출기간 연장결정 신청을 접수받고 연장결정을 하는 경우가 대부분이지만, 법원이 직권으로 연장결정을 하는 경우도 종종 있다.

법 제200조 제3항의 규정에 의한 기간의 연장은 2월을 넘지 못한다. 다만, 채무자가 개인이거나 중소기업자인 때에는 1월을 넘지 못한다. 다만, 제1회 관계인집회 전날까지 사전계획안을 제출하거나 동의한 채권자가 가진 채권의 총액이 회생채권 및 담보권의 3분 2 이상에 해당하는 경우 제출기간 연장은 1월을 넘지 못한다.

나. 회생채권자 등의 회생계획안 제출(회생법 제221조)

다음 각 항의 어느 하나에 해당하는 자는 제220조 제1항의 규정에 의한 기간 안에 회생계획안을 작성하여 법원에 제출할 수 있다.

① 채무자

② 목록에 기재되어 있거나 신고한 회생채권자·회생담보권자·주주·지분권자

다. 청산 또는 영업양도 등을 내용으로 하는 회생계획안(회생법 제222조)

① 청산형 회생계획안의 의의

청산형 회생계획안은 채무자의 회사를 실질적으로 해체하는 것을 말한다. 따라서 법률적으로 회사의 법인격의 소멸 여부만을 가지고 청산형 회생계획안인지 여부를 판별하여서는 안된다.

② 청산형 회생계획안 작성의 허가 요건

ㄱ) 채무자의 사업의 청산가치가 계속사업가치보다 큰 경우 : 채무자의 사업을 청산할 때의 가치가 채무자의 사업을 계속할 때의 가치보다 크다고 인정되는 경우에 청산형 회생계획안의 작성을 허가할 수 있다. 본래 채무자의 청산가치가 계속가치보다 큰 경우에는 회생절차 폐지의 결정을 하여야 한다. 하지만, 회생절차를 그대로 폐지하는 것보다는 청산형 회생계획안을 작성하도록 하는 것이 구체적으로 타당한 경우도 있으므로 이러한 경우에는 청산형 회생계획안의 작성을 허가할 수 있도록 규정한 것이다.

ㄴ) 갱생형 회생계획안의 작성이 곤란함이 명백한 경우 : 회생절차개시 후 회사의 존속, 합병, 분할, 분할합병, 신회사의 설립 또는 영업의 양도 등에 의한 사업의 계속을 내용으로 하는 회생계획안의 작성이 곤란한 것이 명백한 경우에도 청산형 회생계획안의 작성을 허가할 수 있다.

ㄷ) 채권자 일반의 이익을 해하지 않을 것 : 채무자가 위와 같은 요건 중의 하나를 충족하여 그의 허용을 할 수 있는 경우라 하더라도 청산형 회생계획안을 작성하는 것이 채권자 일반의 이익을 해할 경우에는 그 작성을 허가하여서는 안된다. "채권자 일반의 이익을 해한다"는 것은 곧 파산절차로 이행할 경우와 대비하여 청산형 회생계획안을 작성하는 것이 이해관계인에 대한 실체적, 절차적 처우에 있어서 현저히 균형을 잃는 경우를 의미한다.

③ 절 차

ㄱ) 청산형 회생계획안의 작성허가를 신청할 수 있는 자 : 회생계획안을 작성하여 제출할 수 있는 자, 즉 관리인, 채무자, 신고한 회생채권자, 회생담보권자, 주주이다.

ㄴ) 허가의 신청방법 : 허가의 신청은 법원이 정한 회생계획안 제출기간 내에 하는 것이 원칙이지만, 제출기간이 경과한 경우 일지더라도 회생절차가 아직 폐지되지 않은 경우에는 청산형 회생계획안의 작성허가신청과 함께 계획안 제출기간의 연장신청을 할 수도 있다. 이미 갱생형 회생계획안에 대한 심리가 종료된 경우일지라도 청산형 회생계획안의 작성허가신청과 계획안 제출기간의 연장신청을 할 수도 있다. 청산형 회생계획안의 작성허가신청을 할 때에 반드시 완성된 내용의 계획안을 제시할 필요가 있는 것은 아니다. 그렇지만 법원이 그러한 회생계획안의 작성을 허가하는 것이 채권자 일반의 이익을 해하는지 여부를 검토해야 하기 때문에 신청자가 적어도 작성할 계획안의 대강을 제시할 수 있어야 한다.

④ 작성허가결정

법원은 청산형 회생계획안의 작성 허가에 필요한 요건을 갖추었는지 여부를 심사한 후, 그 당부를 결정의 방법으로 판단하여야 한다. 허가 여부에 관한 결정은 신청인에게 고지하여야 하며, 이 결정에 대해서는 불복이 허용되지 않는다. 관리인, 채무자, 신고한 회생채권자, 회생담보권자와 주주는 허가에 관하여 의견을 진술할 수 있다.

라. 회생계획안의 사전제출(회생법 제223조)

① 제출권자

채무자의 부채의 2분의 1이상에 해당하는 채권을 가진 채권자는 회생절

차개시의 신청이 있은 때부터 제1회 관계인집회의 기일 전날까지 회생
계획안을 작성하여 법원에 제출할 수 있다. 통상의 절차에서는 관리인,
채무자, 신고한 회생채권자, 회생담보권자, 주주가 회생법원이 정한 회
생계획안 제출기간 내에 회생계획안을 작성하여 제출 할 수 있다. 그러
나 사전계획안은 채무자의 부채의 2분의 1이상에 해당하는 채권을 가
진 채권자만이 제출할 수 있는 것이다.

② 사전계획안의 제출시기

제출기간은 회생절차개시의 신청이 있는 때부터 제1회의 관계인집회의
기일 전날까지이다.

③ 제출된 회생계획의 비치·열람

법원은 제1항의 규정에 의하여 제출된 회생계획안(제228조 또는 제229
조 제2항의 규정에 의하여 회생계획안을 수정한 때에는 그 수정된 회생
계획안을 말한다 이하 이 조에서 "사전계획안"이라 한다)을 법원에 비
치하여 이해관계인에게 열람하게 하여야 한다.

④ 회생계획안 사전제출의 효과

ㄱ) 요건 : 채무자의 부채의 2분의 1 이상에 해당하는 채권을 가진 채권
자에 의하여 사전계획안이 제출된 사실 그 자체만으로는 법률효과
가 없다. 부채의 2분의 1 이상에 해당하는 채권을 가진 채권자가
사전계획안을 제출하는 것만으로는 부족하고, 반드시 시간적 요건
으로서 '제1회 관계인집회의 기일 전날까지'사전계획안 제출한 제출
명의자 또는 동의자의 비율이 관리인이 조사하여 보고한 회생채권
및 회생담보권의 3분의 2 이상에 해당하여야 한다.

ㄴ) 회생계획제출명령 기간 단축 : 통상의 경우에 회생계획안 제출기간
은 4월을 넘지 못하고, 제출기간의 연장결정은 대기업의 경우에는 2
개월, 중소기업의 경우에는 1개월을 넘어서는 안되지만, 사전계획안
이 제출되고, 그 제출자 또는 동의자가 회생채권 및 회생담보권의 3
분의 2 이상에 해당하는 경우에는, 회생계획안 제출기간은 2월을 넘
지 못하고, 그 연장결정도 1월을 넘지 못한다.

ㄷ) 관리인의 회생계획안 제출의무 면제 : 통상의 절차에서는 회생법원
이 회생계획안제출명령을 하는 경우, 관리인은 회생계획안의 작성,
제출권자임과 동시에 의무자가 된다. 그런데 사전계획안이 제출되

고, 그 제출자 또는 동의자가 회생채권 및 회생담보권의 3분의 2이
상에 해당하는 경우에는 관리인은 회생법원의 허가를 받아 회생계
획안 제출의무를 면할 수 있다.

ㄹ) 관계인집회에서의 동의간주 : 통상의 절차에서는 회생계획안에 대한
동의는 반드시 제3회 관계인집회기일에 출석하여 행하여야 하고,
의결권자가 출석하지 아니하고 동의서를 제출한 것만으로는 적법한
동의로 볼 수 없다. 그런데 사전계획안이 제출되고, 그 제출자 또는
동의자가 회생채권 및 회생담보권의 3분의 2 이상에 해당하는 경우
에는 사전계획안을 제출하거나 동의한다는 의사를 표시한 채권자는
관계인집회에서 그 사전계획안에 동의한 것으로 간주된다. 동의간
주의 효과는 제1회 관계인집회 전날까지 동의의사를 표시한 채권자
뿐 아니라 그 이후동의 의사를 표시한 채권자에게도 미친다. 다만,
사전계획안의 내용이 당해 채권자에게 불리하게 수정되거나 현저한
사정변경이 있거나 그 밖에 중대한 사정이 있는 경우에는 제3회 관
계인집회 전날까지 회생법원의 허가를 받아 그 동의를 철회할 수
있다.

2) 회생계획안의 심리

가. 회생계획안심리를 위한 관계인집회(회생법 제224조)

법원은 회생계획안이 제출되면 그 계획안을 심리하기 위하여 기일을 정하
여 관계인집회를 소집하여야 한다. 다만, 법 제240조의 규정에 의하여 서면결
의에 부치는 때에는 그러하지 아니하다. 그러나 한편 법원은 제출된 회생계
획안을 심리에 붙이기에 앞서 그 계획안이 법률에 위반되는지 여부, 공정, 형
평하지 않은지 여부, 수행가능한지 여부 등을 사전에 심리하여야 하기 때문
에, 회생계획안이 제출되었다 하여 바로 심리를 위한 관계인집회를 소집하는
경우는 거의 없고, 회생계획안이 인가요건을 갖추었는지 여부를 검토한 후
심리를 위한 관계인집회의 기일을 정하게 된다.

나. 회생계획안에 대한 의견청취(회생법 제225조)

관리인, 채무자, 목록에 기재되어 있거나 신고한 회생채권자·회생담보권자
및 주주·지분권자는 관계인집회에서 계획안에 대한 의견을 진술할 수 있다.
추완신고된 징수권자에게도 의견조회를 하여 그 의견을 들어야 한다. 실무상
이들에게는 관계인집회 기일통보서를 송달하면서 회생계획안의 요지를 함께

송부하고, 제2회 관계인집회에서 회생계획안에 대한 의견진술의 기회를 부여
하는 방법을 취하고 있다.

3) 회생계획안의 수정

가. 수정을 할 수 있는 기간(회생법 제228조)

회생계획안의 제출자는 회생계획안의 심리를 위한 관계인집회의 기일 또는
제240조의 규정에 의한 서면결의에 부치는 결정이 있는 날까지는 법원의 허
가를 받아 회생계획안을 수정할 수 있다.

나. 회생계획안의 수정명령(회생법 제229조)

법원은 이해관계인의 신청에 의하거나 직권으로 회생계획안 제출자에 대하
여 기한을 정하여 계획안의 수정을 명할 수 있다. 이 명령을 받은 계획안 제
출자는 그 기한내에 계획안을 수정하여야 한다.

수정명령은 해석상으로는 제3회 관계인집회의 기일을 정할 때까지 가능하
다고 할 수 있다.

그러나 실질적으로는 법원이 기일의 지정 및 변경의 권한을 가지고 있으므
로, 일단 제3회 관계인집회의 기일을 정한 후에도 계획안을 수정할 필요가
있을 경우에는 기일의 지정을 취소하고 수정명령을 할 수 있다. 따라서 수정
명령은 제3회 관계인집회가 열릴때까지 할 수 있다고 해석된다.

수정명령을 함에 있어서는 제출자에게 일정한 기한을 정하여야 하고, 회생
계획안 중 어느 부분을 어떻게 수정하여야 하는지를 명시하여야 한다. 이 경
우 종전의 정리계획안에 비하여 이해관계인에게 불리한 영향을 미치는지 여
부는 상관이 없다. 수정의 내용은 제한이 없지만, 법원에게 회생계획안의 작
성권한이 인정되고 있지 않은 점에 비추어 보면 적어도 본래의 회생계획안과
본질적으로 다른 내용의 수정명령을 할 수는 없다고 본다.

4) 기 타

가. 회생계획안의 배제(회생법 제231조)

법원은 회생계획안이 법률의 규정에 위반되거나 공정, 형평하지 아니하거
나 수행불가능한 것이라고 인정되는 경우에는 계획안을 관계인집회 심리 또
는 결의에 부치지 아니할 수 있다.

① 배제사유

회생계획안을 배제할 수 있는 경우는 회생계획안이 법률의 규정에 반하는 경우, 공정하지 못한 경우, 형평하지 않은 경우, 수행불가능한 경우에 한한다. 이 요건은 논리적으로 볼 때 회생계획 인가요건과 동일한 의미로 해석되어야 한다.

계획안이 "법률의 규정에 반한다"는 것은 계획안의 내용으로 기재되는 것이 요구되는 사항의 일부를 흠결하였거나, 기재되어 있는 사항이 본법이나 다른 법률에 저촉하는 것이다.

② 배제의 시기

회생계획안의 배제는 회생계획안의 제출 후로부터 그 회생계획안에 대한 제3회 관계인집회의 기일을 지정하기까지 언제라도 할 수 있다. 위와 같은 경우라면 이미 이해관계인에게 회생계획안을 송달하였거나 제2회 관계인집회의 심리를 마친 경우라 하더라도 상관이 없다.

③ 배제의 효과

ㄱ) 계획안에 대한 효과 : 회생계획안이 배제되면 그 계획안에 대하여는 그 후의 절차가 진행되지 않는다. 그리고 배제된 계획안에 대한 수정신청은 전제를 흠결한 것으로서 무효이기 때문에 이를 각하하여야 한다.

ㄴ) 회생절차의 폐지에 대한 법원의 권한 : 회생계획안이 배제된 결과 집회의 심리 또는 결의에 부쳐질 계획안이 전혀 없게 된다면 법원은 회생절차를 폐지할 수 있다. 그러나 법원은 필요한 경우에는 다시 회생계획안 제출기간을 지정할 수도 있으며, 그 기간 내에 다시 회생계획안이 제출된다면 다시 절차를 진행하면 된다.

나. 회생계획안의 결의를 위한 관계인집회(회생법 제232조)

① 관계인집회의 의의

ㄱ) 제2회 관계인집회의 의의 : 제2회 관계인집회는 제출된 회생계획안의 심리를 위한 관계인집회다. 제출된 회생계획안은 관계인집회에서의 가결을 거쳐야 비로서 회생계획으로 성립되고 법원의 인부결정의 대상이 되는데, 그와 같은 결의절차를 거치기 전에 회생계획안의 내용을 심리하기 위하여 마련된 절차가 제2회 관계인집회이다.

ㄴ) 제3회 관계인집회의 의의 : 제3회 관계인집회는 심리를 마친 회생계
획안의 결의를 위한 관계인집회이다. 이 관계인집회에서의 주된 절
차는 제2회 관계인집회에서 심리를 거친 회생계획안에 대하여 이해
관계인들의 찬부를 묻는 것이지만, 이를 위하여 부수적인 절차도
진행된다.

② 관계인집회 소집요건

법 제224조 또는 제230조의 규정에 의한 관계인집회의 심리를 거친 회
생계획안에 관하여 수정명령을 하지 아니하는 때에는 법원은 회생계획
안에 관하여 결의를 하기 위하여 기일을 정하여 관계인집회를 소집하여
야 한다.

다. 회생을 위하여 채무를 부담하는 자 등의 출석(회생법 제233조)

회생을 위하여 채무를 부담하거나 담보를 제공하는 자는 제232조 제1항의
규정에 의한 기일에 출석하여 그 뜻을 진술하여야 한다. 다만, 정당한 사유가
있는 때에는 대리인을 출석하게 할 수 있다. 대리인은 대리권을 증명하는 서
면을 제출하여야 한다.

본 조가 법률적인 의미를 가지는 것은 회생을 위하여 채무를 부담하거나
담보를 제공하는 것을 회생계획안에서 창설적으로 규정한 경우이다.

라. 회생계획안의 변경(회생법 제234조)

① 의 의

회생계획안의 제출자는 회생채권자, 회생담보권자와 주주에게 불리한
영향을 주지 아니하는 경우에 한하여 제3회 관계인집회에서 법원의 허
가를 얻어 회생계획안을 변경할 수 있다.

② 변경의 요건

ㄱ) 변경 신청권자 : 회생계획안 제출자에 한한다

ㄴ) 변경할 수 있는 시기 : 회생계획안의 변경은 제3회 관계인집회에서
만 허용된다. 제3회 관계인집회에서 회생계획안이 가결되지 않고 속
행기일이 정해졌다면, 속행된 제3회 관계인집회에서의 회생계획안
변경도 가능하다. 그러나 회생계획안이 가결된 후에는 회생계획안의
변경이 허용되지 않는다.

ㄷ) 변경의 한계 : 회생계획안에 대한 심리절차가 종료된 후에는 절차상

이해관계인들에게 변경에 관하여 의견을 진술할 기회가 보장되지 않기 때문에, 회생계획안의 변경은 회생채권자, 회생담보권자 및 주주 등 이해관계인에게 불리한 영향을 미치지 않는 한도에서만 허용된다. 그리고, 회생계획안의 수정과 마찬가지로 회생계획안의 내용을 본질적으로 변경하는 것을 내용으로 할 수는 없다.

③ 변경의 절차

회생계획안의 변경은 제3회 관계인집회 석상에서 법원에 대하여 신청한다. 신청은 서면으로 할 수도 있고 구두로 할 수도 있는데, 실무상으로는 관리인이 제3회 관계인집회 전에 서면으로 회생계획안의 변경을 신청하는 경우가 일반적이고, 관리인이 관계인집회에서 다시 변경의 신청을 구두로 진술하고 법원이 이를 허가하는 형식을 취하고 있다.

④ 법원의 결정

법원은 변경신청에 대하여 허가 또는 허가하지 아니한다는 결정을 하여야 한다.

(3) 회생계획안의 결의

1) 결의의 시기(회생법 제235조)

회생채권 등에 대한 일반조사기일이 종료하기 전에는 회생계획안을 결의에 부칠 수 없다.

2) 결의의 방법과 회생채권자 등의 분류(회생법 제236조)

가. 조별결의

회생계획안이 제3회 관계인집회의 결의에 부쳐지면 조별로 나누어 결의를 행한다. 즉 신고한 회생채권자, 회생담보권자 및 주주가 모두 함께 결의를 하는 것이 아니라 각 조별로 찬부를 결정하여 각 조가 찬성하였을 때 계획안이 가결된 것으로 된다. 다만 그 집회는 조별로 소집하는 것이 아니고 신고한 회생채권자, 회생담보권자 및 주주의 전체집회를 먼저 개최하고 다음에 조별로 결의에 들어가게 된다.

나. 조의 형성

조는 다음과 같이 분류됨이 원칙이다.

① 회생담보권자

② 일반의 우선권 있는 채권을 가진 회생채권자

③ 제2호에 규정된 회생채권자 외의 회생채권자

④ 잔여재산의 분배에 관하여 우선적 내용을 갖는 종류의 주식 또는 출자지분을 가진 주주·지분권자

⑤ 제4호에 규정된 주주·지분권자 외의 주주·지분권자.

다. 법원의 조의 분류

법원은 위에서 설명한 조의 구성원이 가지고 있는 권리의 성질과 이해의 관계를 고려하여 2 이상의 조를 하나의 조로 하거나 하나의 조를 2이상의 조로 분류할 수 있다. 다만 조를 병합 및 분류함에 있어서 회생채권자, 회생담보권자와 주주는 각각 다른 조로 하여야 한다.

라. 결의의 대상

결의의 대상이 되는 것은 계획안 전체이다. 계획안을 일체로 하여 찬부를 결정하는 것이지 각 조항마다 결의를 하는 것은 아니다.

결정의 대상이 될 계획안이 수개일 때에는 결의에 부칠 순서를 법원이 정한다. 이 때 먼저 결의에 부친 계획안이 가결되었을 때에도 나머지 계획안을 결의에 부친다. 그리하여 결의안이 수개인 경우에는 다시 그 중 한 개의 계획안을 선택하는 결의를 하게 된다.

마. 결의에 참가할 자(의결권자)

결의에 참가할 수 있는 의결권자는 원칙적으로 신고한 회생채권자, 회생담보권자 및 주주이다. 신고를 한 회생채권자, 회생담보권자라면 조사절차에서 이의가 진술되거나 확정소송이 계속 중인 자라도 의결권에 대한 이의가 없는 한 의결권을 행사 할 수 있다. 그리고 의결권을 가지는가의 여부는 회생계획안에서 권리가 인정되는가의 여부와는 관계없는 것이므로 후순위 회생채권자로서 회생계획안에서 그 권리가 전액 면제되는 자도 의결권을 가짐은 변함이 없다.

바. 의결권의 범위

확정된 회생채권 및 회생담보권과 이의 없는 의결권을 가진 회생채권자, 회생담보권자는 그 확정 또는 신고한 액이나 수에 따라 의결권을 행사할 수 있다.

① 조사기일에서 이의가 진술된 미확정의 회생채권, 회생담보권

제3회 관계인집회에서 의결권에 대한 이의가 진술되지 아니하면 그 권리자는 그 신고한 액 상당의 의결권을 행사 할 수 있게 된다.

② 의결권이 없는 경우

다음의 경우에는 예외적으로 의결권이 없다.

ㄱ) 채무자회생및파산에관한법률 제180조 제2항에 의하여 이의있는 회생채권, 회생담보권에 대하여 법원의 결정으로 의결권을 행사할 수 없다고 정하여진 자

ㄴ) 채무자회생및파산에관한법률 제190조 제1항에 의하여 부당한 이익을 얻을 목적으로 권리를 취득하여 법원의 결정으로 의결권을 행사할 수 없다고 정한 자

ㄷ) 회생계획으로 그 권리에 영향을 받지 아니하는 자

ㄹ) 벌금, 과료 등의 청구권을 가진 자

ㅁ) 국세징수법 또는 국세징수의 예에 의하여 징수할 수 있는 청구권을 가진 자

ㅂ) 본법 제244조 제2항에 의하여 그 권리보호가 인정된 자

ㅅ) 채무자에 파산의 원인인 사실 있을 때의 주주

3) 가결의 요건(회생법 제237조)

가. 가결의 요건

① 회생계획안 가결에 필요한 의결권의 수

관계인집회에서는 다음 각 호의 구분에 의하여 회생계획안을 가결한다.

ㄱ) 회생채권자의 조 : 의결권을 행사할 수 있는 회생채권자의 의결권의 총액의 3분의 2 이상에 해당하는 의결권을 가진 자의 동의가 있을 것

ㄴ) 회생담보권자의 조

㉮ 제220조의 규정에 의한 회생계획안에 관하여는 의결권을 행사할 수 있는 회생담보권자의 의결권의 총액의 4분의 3 이상에 해당하는 의결권을 가진 자의 동의가 있을 것

ⓖ 제222조의 규정에 의한 회생계획안에 관하여는 의결권을 행사할 수 있는 회생담보권자의 의결권의 총액의 5분의 4 이상에 해당하는 의결권을 가진 자의 동의가 있을 것

ㄷ) 주주·지분권자의 조 : 회생계획안의 가결을 위한 관계인집회에서 의결권을 행사하는 주주·지분권자의 의결권의 총수의 2분의 1이상에 해당하는 의결권을 가진 자의 동의가 있을 것

② 회생계획안에 대한 동의 시기

회생계획안에 대한 동의는 제3회 관계인집회 기일에 그 집회에서 행하여져야 한다. 그러므로 관계인집회에 출석하지 않고 서면으로 동의서만 제출한 것으로서는 동의가 될 수 없다. 출석하지 않은 의결권자에게 동의간주의 효력이 생기지 않음은 물론이다.

③ 동의의 효력 발생시기

회생계획안은 위의 각 조에 있어서 본 조에서 정한 요건에 따라 각각 동의된 경우에 비로서 "회생계획안이 관계인집회에서 가결"된 것으로 된다. 그러므로 어느 조에서는 가결되었으나 다른 조에서는 부동의가 된 경우에는 회생계획안이 관계인집회에서 부결된 것으로 된다.

【쟁점질의와 유권해석】

<정리계획에 대한 관계인집회의 가결이 없어도 법원이 그를 인가할 수 있는지 여부 (소극)>

회사정리법 제205조에 의하면 정리계획안(따라서 계획변경안)은 관계인집회에서 소정 의결권의 동의를 얻어 가결하여야 하며 이 가결이 있은 때에는 같은법 제232조, 제233조의 규정에 따라 인부에 관한 결정을 하도록 되어 있으므로 계획(변경)안에 대한 가결이 없는 한 법원은 그를 인가할 수 없다(대법원 1974. 3. 13. 자 73마787 결정).

나. 속행기일의 지정(회생법 제238조)

관계인집회에서 회생계획안이 가결되지 아니한 경우 다음 각 호의 자가 모두 기일의 속행에 동의한 때에는 법원은 관리인 또는 채무자나 의결권을 행사할 수 있는 회생채권자·회생담보권자·주주·지분권자의 신청에 의하거나 직권으로 속행기일을 정할 수 있다.

① 회생채권자의 조에서 의결권을 행사할 수 있는 회생채권자의 의결권의

총액의 2분의 1 이상에 해당하는 의결권을 가진 자

② 회생담보권자의 조에서 의결권을 행사할 수 있는 회생담보권자의 의결권의 총액의 3분의 2 이상에 해당하는 의결권을 가진 자

③ 주주·지분권자의 조에서 의결권을 행사하는 주주·지분권자의 의결권의 총수의 3분의 1 이상에 해당하는 의결권을 가진 자

다. 가결의 시기(회생법 제239조)

회생계획안의 가결은 관계인집회의 제1기일부터 2월 이내에 하여야 한다. 채무자회생및파산에관한법률은 회생절차가 지연되는 것을 방지하기 위하여 회생계획안의 가결기간에 관하여 특별한 규정을 두고 있다. 즉 제235조가 결의의 시기를 정하고 있음에 반하여 본 조는 종기를 제한하고 있는 것이다.

라. 회생계획안이 가결된 경우의 법인의 존속(회생법 제241조)

법인은 청산 또는 파산선고에 의하여 해산되고, 회생계획안이 가결되어도 소급적으로 회생계획의 효과가 소멸하는 것은 아니기 때문에, 법인계속의 절차를 취하여야 한다. 청산중이거나 파산선고를 받은 사단법인 또는 재단법인인 채무자에 대하여 회생절차가 개시되어 회생계획안이 가결된 때에는 그 사단법인은 정관의 변경에 관한 규정에 따라, 재단법인은 주무관청의 인가를 받아 법인을 존속하게 할 수 있다.

(4) 회생계획의 인가 등

1) 회생계획의 인가 여부의 결정(회생법 제242조)

관계인집회에서 회생계획안을 가결한 때에는 법원은 그 기일에 또는 즉시로 선고한 기일에 회생계획의 인가 여부에 관하여 결정을 하여야 한다. 법원은 그 기일이나 그 기일에서 바로 선고한 기일(계획인부기일)에 인부에 관하여 결정을 하여야 한다. 계획인부기일을 관계인집회에서 선고한 경우에는 기일의 공고와 소환장의 송달을 요하지 아니한다.

2) 회생계획인가의 요건(회생법 제243조)

법원은 다음의 요건을 구비하고 있는 경우에 한하여 회생계획인가의 결정을 할 수 있다.

① 회생절차 또는 회생계획이 법률의 규정에 적합할 것

② 회생계획이 공정하고 형평에 맞아야 하며 수행이 가능할 것

③ 회생계획에 대한 결의를 성실·공정한 방법으로 하였을 것

④ 회생계획에 의한 변제방법이 채무자의 사업을 청산할 때 각 채권자에게 변제하는 것보다 불리하지 아니하게 변제하는 내용일 것. 다만, 채권자가 동의한 경우에는 그러하지 아니하다.

⑤ 합병 또는 분할합병을 내용으로 한 회생계획에 관하여는 다른 회사의 주주총회 또는 사원총회의 합병계약서 또는 분할합병계약서의 승인결의가 있었을 것. 다만, 그 회사가 주주총회 또는 사원총회의 승인결의를 요하지 아니하는 경우를 제외한다.

⑥ 회생계획에서 행정청의 허가·인가·면허 그 밖의 처분을 요하는 사항이 제226조 제2항의 규정에 의한 행정청의 의견과 중요한 점에서 차이가 없을 것

⑦ 주식의 포괄적 교환을 내용으로 하는 회생계획에 관하여는 다른 회사의 주주총회의 주식의 포괄적 교환계약서의 승인결의가 있을 것. 다만, 그 회사가 「상법」 제360조의9(간이주식교환) 및 제360조의10(소규모주식교환)의 규정에 의하여 주식의 포괄적 교환을 하는 경우를 제외한다.

3) 동의하지 아니하는 조가 있는 경우의 인가(회생법 제244조)

가. 의 의

① 권리보호 조항제도의 취지

권리보호 조항제도는 비록 회생계획안이 일부 조에서 법정 다수의 동의를 얻지 못하여 부결되었다 하더라도, 법원이 부결된 조에 속하는 권리자들의 권리를 보호하는 조항을 정하고, 회생계획을 인가할 수 있도록 하는 제도이다.

② "조"

채무자회생및파산에관한법률은 회생계획안에서 권리의 순위에 따라 차등을 두도록 하면서도, 같은 성질을 가지는 권리자 사이의 형평을 위하여, "조"라는 제도를 두어. 각조별로 결의를 하도록 하여 어느 조에서라도 법정 다수의 동의를 얻지 못할 경우에는, 회생계획안이 부결되는 것으로 정하고 있다.

나. 권리보호조항의 설정 요건

① 일부 조의 부동의

모든 조에서 회생계획안 가결에 필요한 법정 다수의 동의를 얻지 못할 경우에는 권리보호조항을 적용할 수 없고, 반드시 회생절차를 폐지하여야 한다. 반대로 모든 조에서 법정 다수의 동의를 얻었다면 법원은 권리보호조항을 정함이 없이 가결된 회생계획에 대한 인부결정을 하여야 한다. 그러나 모든 조에서 법정 다수의 동의를 얻었지만 일부 조에서 그 결의가 불성실, 불공정한 방법으로 되었기 때문에 그 상태로는 불인가하여야 할 경우에는, 그 조의 권리자를 위하여 권리보호조항을 인가할 수 있다고 본다.

② 법원의 직권에 의한 설정

권리보호조항의 설정은 법원이 직권으로 하여야 한다. 이 경우에는 계획안의 결의 전에 미리 권리보호조항의 정함을 허가할 경우와 같이 계획안 작성자와 권리자들의 의견을 들을 필요가 없지만, 가능하다면 그 의견을 듣는 것이 바람직하다.

【쟁점질의와 유권해석】

<권리보호조항의 결의시 부동의한 권리자에 대해서만 정하는지 여부>

권리보호조항은 부동의 조의 권리자 전원에 대하여 정하는 것이지, 결의시에 부동의한 권리자에 대해서만 권리보호조항을 정하는 것은 허용되지 아니한다. 권리보호조항의 적용으로 본래의 회생계획안 내용보다 당해 이해관계인에게 결과적으로 불리해지는 경우에도 위법이 아니며, 권리보호조항을 정하면서 권리보호조항에 의하여 변제를 받는 것과 원 회생계획안에 의하여 변제를 받는 것을 그 조의 각 권리자의 선택에 맡길 수 있다고 한다.

다. 권리보호조항을 정하는 방법(회생법 제244조 제1항)

회생계획안에 관하여 관계인집회에서 결의하거나 제240조의 규정에 의한 서면결의에 부치는 경우 법정의 액 또는 수 이상의 의결권을 가진 자의 동의를 얻지 못한 조가 있는 때에도 법원은 회생계획안을 변경하여 그 조의 회생채권자·회생담보권자·주주·지분권자를 위하여 다음 각 호의 어느 하나에 해당하는 방법에 의하여 그 권리를 보호하는 조항을 정하고 회생계획인가의 결정을 할 수 있다.

① 회생담보권자의 경우

ㄱ) 제1호 : 회생담보권자에 관하여 그 담보권의 목적인 재산을 그 권리를 존속하게 하면서 신회사에 이전하거나 타인에게 양도하거나 회사에 보류하는 방법이다. 제1호의 방법 중 담보목적물을 신회사에 이전하거나 제3자에게 양도하는 경우 회생회사가 회생담보권자에 대하여 인적채무(피담보채권에 대응하는 채무)를 부담하는 경우에는 이것까지도 신회사나 제3자에게 인수시켜야 한다. 그리고 제1호의 경우 인수되거나 존속하는 채무의 금액이나 기한 등은 회생담보권으로 확정된 금액, 기한이다.

ㄴ) 제2호 : 회생담보권자에 관하여는 그 권리의 목적인 재산을 법원이 정하는 공정한 거래가격(담보권의 목적인 재산에 관하여는 그 권리로 인한 부담이 없는 것으로 평가한다)이상의 가액으로 매각하고, 그 매득금에서 매각의 비용을 공제한 잔금으로 변제하거나 분배하거나 공탁하는 방법이다. 제2호의 방법은 실질적으로 담보권의 실행을 허용하는 것과 같은 효과를 가져오는, 다만 그 환가의 주체가 관리인이란 점이 일반의 강제집행과 다른 점이다. 이 경우 매각의 방법이나 매각의 상대방을 반드시 권리보호조항에 명기하여야 할 필요는 없으나, 매각시기는 권리보호조항에 명기함이 바람직하다. 매각시기가 특정되지 않는다면, 실질적인 권리보장은 기대할 수 없기 때문이다. 매각시기는 목적물의 종류, 매각 예정가 등에 따라 임의경매절차 진행시 예상되는 기간, 임의 매각시 소요되는 기간 등을 참작하여 회생법원이 정한다.

ㄷ) 제3호 : 법원이 정하는 그 권리의 공정한 거래가액을 권리자에게 지급하는 방법이다. 제3호의 방법은 법원이 회생담보권의 가치를 평가하여 그 평가액을 담보권자에게 지급하는 방법이다.

ㄹ) 제4호 : 기타 제1~3호에 준하여 공정, 형평하게 권리자를 보호하는 방법이다. 제4호에서 말하는 공정, 형평이란 회생담보권자의 우선적 지위를 존중하여 파산절차에서의 별제권자에 준하는 만족을 주는 것을 가리킨다. 따라서 단순히 부결된 회생계획안의 내용을 회생담보권자에게 유리하게 수정하는 것으로는 부족하다. 제1~3호를 혼합하여 권리자를 보호하는 방법도 가능하다.

② 회생채권자의 경우

회생채권자에 관하여는 그 채권의 변제에 충당될 채무자의 재산을 법원이 정하는 공정한 거래가격(담보권의 목적인 재산에 관하여는 그 권리로 인한 부담이 없는 것으로 평가한다)이상의 가액으로 매각하고 그 매득금에서 매각의 비용을 공제한 잔금으로 변제하거나 분배하거나 공탁하는 방법과 법원이 정하는 그 권리의 공정한 거래가액을 권리자에게 지급하는 방법이다.

제2호의 방법은 회생채권자의 권리 변제에 충당하여야 할 채무자의 재산을 공정한 거래가격 이상으로 매각하여 그 매각대금으로 만족을 주는 방법이고, 제3호는 법원이 회생채권의 가치를 평가하여 그 가액만큼 권리자에게 지급하도록 하는 방법이다.

③ 주주의 경우

주주의 경우는 회생채권자에 대한 설명이 그대로 적용될 수 있다. 하지만 실무에서는 주주에게 의결권을 부여할 수 있는 경우가 거의 없기 때문에 권리보호조항을 정하는 경우도 거의 없을 것이다. 왜냐하면 주주에게 의결권이 부여되지 않는다는 것은 채무자의 영업의 계속가치를 분배할 때 주주에게 돌아갈 몫(잔여재산분배청구권)이 없다는 것(채무자의 총 채무액이 총 자산보다 많다는 것)을 의미하는데, 회생계획안의 제출명령은 채무자의 영업의 계속가치보다 청산가치가 많다는 것을 전제로 하는 것이기 때문에, 후순위 채권자인 주주의 몫으로서 보호되어야 할 청산가치도 없을 것이기 때문이다.

④ 사전에 권리보호조항을 적용하는 방법

제3회 관계인집회에서 가결에 필요한 의결권자의 동의를 얻지 못할 것이 명백한 조가 있는 경우에 법원은 회생계획안 작성자의 신청에 의하여 미리 그 조의 권리자를 위하여 권리보호조항을 정하여 계획안을 작성할 것을 허가 할 수 있다. 이러한 신청이 있는 경우에 법원은 신청인과 권리보호조항을 정할 조의 권리자 1인 이상의 의견을 들어야 한다. 이 신청이 있는 때에는 법원은 신청인과 동의를 얻지 못할 것이 명백한 조의 권리자 1인 이상의 의견을 들어야 한다.

4) 회생계획인가 여부의 결정

가. 회생계획인가 여부 결정의 선고 등(회생법 제245조)

① 공고와 송달

법원은 회생계획의 인가 여부의 결정을 선고하고 그 주문, 이유의 요지와 회생계획이나 그 요지를 공고하여야 한다. 이 경우 송달은 하지 아니할 수 있다.

항고심의 재판은 선고 또는 결정정본을 송달하는 방법으로 고지한다.

② 회생계획인가 여부 결정이 서면결의에 관한 것인 때

회생계획인가 여부의 결정이 제240조의 규정에 의한 서면결의에 관한 것인 때에는 법원은 그 주문, 이유의 요지와 회생계획 및 그 요지를 다음 각 호의 자에게 송달하여야 한다.

ㄱ) 제182조 제1항 각 호의 자

ㄴ) 채무자가 주식회사인 경우에는 채무자의 업무를 감독하는 행정청·법무부장관 및 금융감독위원회

나. 회생계획의 효력발생시기(회생법 제246조)

회생계획은 인가결정이 있은 때로부터 효력이 생긴다. 인가결정은 반드시 선고하게 되어 있으므로, 구체적인 효력발생시기는 인가결정 선고시이다.

다. 항고(회생법 제247조)

회생계획의 인가 여부의 결정에 대하여는 즉시항고를 할 수 있다. 다만, 목록에 기재되지 아니하거나 신고하지 아니한 회생채권자·회생담보권자·주주·지분권자는 그러하지 아니하다. 회생계획 인부결정은 회생절차의 핵심인 회생계획에 대하여 법적인 효력을 부여함으로써 회사재건의 회생계획을 수행할 것인지 아니면 법적인 효력을 부여하지 않고 거절함으로써 회생절차를 종료시킬 것인지를 결정하는 중요한 재판이다. 따라서 본 법은 회생계획 인부결정에 대하여는 즉시항고의 방법으로 불복할 수 있도록 규정하고 있다.

① 즉시항고권자

회생계획 인부결정에 대하여 즉시항고를 할 수 있는 자는 그 재판에 대하여 법률상의 이해관계를 가지고 있는 자라야 한다. 즉 회생계획의 효력을 받는 지위에 있는 자로서 회생계획의 효력발생 여부에 따라 자기의 이익이 침해되는 자이다.

ㄱ) 회생채권자, 회생담보권자 : 신고한 회생채권자, 회생담보권자는 항

고 할 수 있다. 신고한 회생채권자이거나 회생담보권자인 이상 의결 권이 있는지 여부, 현실적으로 결의절차에 참석하였는지 여부는 묻 지 않는다. 결의절차에서 회생계획안에 찬성한 자도 인가결정에 대 하여 항고 할 수 있다. 그러나 회생계획안에 반대한 자는 불인가 결 정에 대하여는 항고할 수 없다. 신고한 회생채권자, 회생담보권자인 이상 그 권리가 미확정된 경우에도 즉시 항고를 할 수 있다.

ㄴ) 회생절차에 참가할 자격을 상실한 자 : 권리확정소송에서 그 권리가 부존재함이 확정되거나 확정소송의 제소기간 도과 등의 사유로 회 생절차에 참가할 자격을 확정적으로 상실한 자는 항고할 수 없다. 벌금 등 청구권은 회생계획에 감면 기타 그 권리에 영향을 미치는 규정을 할 수 없고 착오로 그러한 규정이 있다 하여도 효력이 생기 지 않으므로 벌금 등 청구권자는 항고권이 없다.

ㄷ) 신고하지 아니한 회생채권자, 회생담보권자 : 신고를 하지 아니한 회생채권자, 회생담보권자는 즉시항고권이 없다. 이들은 회생계획이 인가되면 실권될 운명에 놓여 있으므로 불복을 신청할 법률상의 이 익이 없고, 회생계획이 불인가된 경우에는 자신들의 권리가 부활될 것이므로 역시 불복신청의 이익이 없는 것이다. 다만, 신고하지 아 니한 회생채권자라 하더라도 회생절차가 법률의 규정에 위반되어 채권신고의 기회를 상실한 경우에는 그를 이유로 항고할 수 있다.

ㄹ) 주주 : 신고한 주주도 회생계획 인부결정에 대하여 즉시항고권이 있 다. 의결권이 있는지 여부, 결의에 참가하였는지 여부, 계획에 찬성 하였는지 여부 등은 신고한 회생채권자, 회생담보권자의 경우와 같 다.

ㅁ) 채무자 :채무자가 회생계획 인부결정에 대하여 즉시항고를 할 수 있 는지에 관하여는 견해가 대립되어 있으나, 회생계획의 효력이 채무 자에게도 미친다는 점, 채무자야말로 회생계획의 인부에 중대한 이 해관계를 갖게 된다는 점을 들어, 이를 긍정하는 견해가 유력하다.

ㅂ) 회생을 위하여 채무를 부담하거나 담보를 제공한 자 : 회생채권자, 회새담보권자와 주주만을 언급하고 있으므로 회생을 위하여 채무를 부담하거나 담보를 제공한 항고권이 없다고 해석할 여지도 있다. 그러나 이러한 자도 회생계획의 효력을 받으므로 항고권을 인정해 야 할 것이다. 다만 불인가결정에 대하여는 불복할 수 없다.

② 즉시항고의 절차

ㄱ) 항고제기의 방식 : 회생계획 인부결정에 대한 항고는 회생법원에 항고장을 제출함으로써 한다. 항고장의 기재 내용은 일반 민사소송법과 다르지 않으며, 2,000원의 인지를 붙여야 한다.

ㄴ) 항고기간 : 회생계획인부결정에 대한 항고는 인부결정의 공고가 있은 날부터 2주간이다. 기산일은 공고가 효력을 발생한 날이고, 이 기간은 불변기간이므로 소송행위의 추완이 허용된다.

ㄷ) 소명 : 의결권이 없는 회생채권자, 회생담보권자 또는 주주는 자신이 회생채권자, 회생담보권자 또는 주주인 것을 소명하여야 항고할 수 있다.

ㄹ) 항고장의 심사 및 보증금 공탁명령 : 즉시항고가 제기된 경우 원심법원인 회생법원은 항고장을 심사하여 소정의 인지가 붙여져 있는지, 즉시항고 기간 안에 제기되었는지 검토하여야 하며, 만약 항고인이 인지보정명령을 이행하지 않거나 항고가 항고기간을 넘겼음이 명백한 경우 재판장은 명령으로 항고장을 각하해야 한다. 회생법원은 회생계획 불인가결정에 대한 항고가 있은 때 기간을 정하여 항고인에게 보증으로 대법원규칙이 정하는 범위 안에서 금전 또는 법원이 인정하는 유가증권을 공탁하게 할 수 있다. 따라서 회생법원(원심법원)은 항고장이 접수되면 즉시 항고장을 심사함과 아울러 공탁을 명할지 여부를 1주일 이내에 결정해야 한다 (회사정리등규칙 제44조 제1항).

③ 항고심의 재판

항고권 없는 자에 의하여 항고가 제기된 경우 등 부적법한 항고에 대하여는 항고각하의 결정을 한다, 항고가 이유 없는 경우에는 항고기각의 결정을 하고, 항고가 이유 있으면 원결정을 취소하는 결정을 해야 한다.

④ 즉시항고와 회생계획의 수행

본조 제3항 본문은 회생계획 인가결정에 대한 즉시항고는 회생계획의 수행에 영향을 미치지 아니한다고 명시하고 있다. 일반 민사소송법상의 즉시항고와는 달리 집행정지의 효력을 인정하지 않음으로써 인가결정의 확정을 기다리지 않고 바로 회생계획의 효력을 발생하도록 한 채무자회생및파산에관한법률 제246조를 보장할 수 있게 된다.

【쟁점질의와 유권해석】

<공익채권자가 정리계획변경계획 인부결정에 대하여 한 즉시항고의 적법 여부>

정리계획인부의 결정에 대하여는 '법률상 이해관계를 갖는 자, 즉 정리계획의 효력발생 여부에 따라 자기의 이익이 침해되는 자만이 즉시항고를 할 수 있는데, 공익채권자는 정리회사와 합의하여 그 내용을 정리계획에 기재한 경우가 아닌 한 정리계획에 의하여 권리변동의 효력을 받지 아니하므로(대법원 1991. 3. 12. 선고 90누2833 판결 등 참조), 공익채권자가 변경계획 인부결정에 대하여 한 즉시항고는 원칙적으로 부적법하다(대결 2006. 3. 29. 2005그57).

라. 회생계획불인가의 결정이 확정된 경우(회생법 제248조)

① 확정시기

회생법원의 인부결정은 일반원칙에 따라 항고기간의 도과 또는 항고각하 내지 항고기각의 결정이 확정될 때 확정된다. 항고각하 내지 항고기각의 결정은 항고인에게 고지됨과 동시에 확정된다. 항고법원이 인부결정을 할 경우에는 재항고를 할 수 없으므로 회생계획의 효력이 미치는 전원에게 고지되는 시점인 채무자회생및파산에관한법률 제245조에 따른 공고가 이루어진 때 확정된다.

② 확정의 효과

ㄱ) 인가결정의 확정 : 가결정이 확정되면 누구도 인가요건의 흠결을 다툴 수 없고 회생계획의 효력도 다툴 수 없게 된다. 따라서 회생계획의 내용이 공정, 형평에 반한다거나 평등의 원칙에 반하더라도 그 하자를 주장하여 인가결정의 효력, 회생계획의 효력을 다툴 수는 없다.

ㄴ) 불인가결정의 확정 : 불인가결정이 확정된 때 회생계획의 효력은 생기지 않는 것으로 확정되고 회생절차는 종료된다. 불인가결정의 성질은 회생계획인가 전 폐지결정과 같은 성질의 것으로 설명되고 있고, 따라서 절차 중에 생긴 법률효과는 소급하여 무효로 되지 않고 원칙적으로 유효하다.

5) 회생계획인가 결정의 효력

가. 회생채권자표 등의 기재(회생법 제249조)

회생계획 인가결정이 확정된 때에는 법원사무관 등이 계획의 조항을 회생 채권자표 또는 회생담보권자표와 주주표에 기재하여야 한다. 회생계획 인가 결정이 확정됨으로써 회생채권자 등의 권리변경이 확정되고, 이후 회생계획 수행과정에서 기준이 되는 변경된 권리내용을 명확히 하기 위한 것이다. 회 생채권자표와 회생담보권자표의 기재는 확정판결과 동일한 효력이 있고, 회 생절차가 종료된 때에는 채무명의(집행권원)가 된다.

나. 회생계획의 효력범위(회생법 제250조)

① 효력이 미치는 주관적 범위

효력이 미치는 주관적 범위는 채무자, 신회사, 회생채권자, 회생담보권 자, 주주, 회생을 위하여 채무를 부담하거나 또는 담보를 제공하는 자이 다.

② 관리인도 포함되는지 여부

관리인도 포함된다는 점에 대하여는 명문의 규정은 없지만 관리인 또한 인정하고 있다. 채무자에 대해서는 조사절차에서 이의가 있었는지의 여 부에 관계없이 효력을 미친다.

③ 시효기간의 특칙

민법 제165조 제1항은 판결에 의하여 확정된 채권은 단기의 소멸시효에 해당하는 것이라도 그 소멸시효는 10년으로 한다고 규정하고 있다. 회 생채권자표 및 회생담보권자표의 기재에 대하여서도 민법의 일반원칙을 적용하여 확정판결과 같은 효력이 있다고 규정하고 있으므로, 소멸시효 기간이 10년으로 연장된다고 보는 것이 통설이다.

공법상의 청구권은 회생채권자표와 회생담보권자표에 기재되더라도 전 술한 바와 같이 확정판결과 같은 효력이 생기는 것이 아니므로, 시효기 간에 변함이 없다.

【쟁점질의와 유권해석】

<회사정리절차 종결 후 정리회사였던 주채무자와 정리채권자였던 채권자 사이에 성 립한 채무 감액의 합의가 보증채무에 미치는 효력 및 그 범위>

회사정리절차가 종결된 후 정리회사였던 주채무자와 정리채권자였던 채권자 사이에

정리계획상의 잔존 주채무를 줄이기로 하는 내용의 합의가 성립한 때에는, 보증인이 원래의 채무 전액에 대하여 보증채무를 부담한다는 의사표시를 하거나 채권자 사이에 그러한 내용의 약정을 하는 등의 특별한 사정이 없는 한 '정리계획의 효력범위'에 관하여 보증채무의 부종성을 배제한 구 회사정리법(2005. 3. 31. 법률 제7428호 채무자 회생 및 파산에 관한 법률 부칙 제2조로 폐지) 제240조 제2항의 규정은 적용될 수 없으므로 그 합의에 의하여 잔존 주채무가 줄어든 액수만큼 보증채무의 액수도 당연히 줄어든다. 이 경우 정리계획인가 결정에 의하여 일부 면제된 주채무 부분은 주채무자와 채권자 사이에서는 이미 실체적으로 소멸한 것이어서 주채무자와 채권자 사이에 합의에 의하여 다시 줄어들 수 있는 성질의 것이 아니므로, 주채무자와 채권자 사이에서 잔존 주채무를 줄이기로 한 합의에 따라 줄어드는 보증채무의 범위에는 정리계획인가 결정에 의하여 이미 소멸한 주채무 부분이 포함될 수 없다(대판 2007. 3. 30. 2006다83130).

다. 회생채권 등의 면책 등(회생법 제251조)

회생계획인가의 결정이 있는 때에는 회생계획이나 이 법의 규정에 의하여 인정된 권리를 제외하고는 채무자는 모든 회생채권과 회생담보권에 관하여 그 책임을 면하며, 주주·지분권자의 권리와 채무자의 재산상에 있던 모든 담보권은 소멸한다. 다만, 법 제140조 제1항의 청구권은 그러하지 아니하다.

라. 권리의 변경(회생법 제252조)

계획 인가 전에는 실권, 권리의 변경 등의 실질적인 권리변동이 없다. 회생계획인가의 결정이 있는 때에는 회생채권자, 회생담보권자, 주주, 지분권자의 권리는 회생계획에 따라 변경된다. 이는 「상법」 제339조(질권의 물상대위)와 제340조(기명주식의 등록질)제3항의 규정은 주주·지분권자가 제1항의 규정에 의한 권리의 변경으로 받을 금전 그 밖의 물건, 주식 또는 출자지분, 채권 그 밖의 권리와 주권에 관하여 준용한다.

【쟁점질의와 유권해석】

<어음발행인에 대한 회사정리절차에서 어음소지인의 어음상의 권리가 정리계획에 따라 변경된 경우 어음소지인이 지급은행에 대해 갖는 사고신고담보금에 대한 권리에도 영향을 미치는지 여부>

어음발행인이 어음의 피사취 등을 이유로 지급은행에게 사고신고와 함께 어음금의 지급정지를 의뢰하면서 체결한 "어음소지인이 어음금지급청구소송에서 승소하고 판결확정증명 또는 확정판결과 동일한 효력이 있는 것으로 지급은행이 인정하는 증서를 제출한 경우 등에는 지급은행이 어음소지인에게 사고신고담보금을 지급한다."는 사고신고담보금의 처리에 관한 약정은 제3자를 위한 계약으로서, 어음소지인과 어음발행인 사이의 수익의 원인관계에 변경이 있다고 하더라도 특별한 사정이 없는 한 낙약자인 지급은행이 제3자인 어음소지인에 대하여 부담하는 급부의무에는 영향이 없다고 할 것이므로, 어음발행인에 대한 회사정리절차에서 어음소지인의 어음상의 권리가 정리계획의 규정에 따라 변경되었다고 하더라도 이는 정리채권인 어음소지인의 어음상의 권리에만 영향을 미치는 것에 불과하고 어음소지인이 지급은행에 대하여 갖는 사고신고담보금에 대한 권리에는 아무런 영향을 미칠 수 없다고 한 사례(대판 2005. 3. 24. 2004다71928).

마. 회생채권자 및 회생담보권자의 권리(회생법 제253조)

회생계획에 의하여 정하여진 회생채권자 또는 회생담보권자의 권리는 확정된 회생채권 또는 회생담보권을 가진 자에 대하여만 인정된다. 또한 모든 주주에게도 회생계획의 효력이 미친다고 보아야 한다. 그러나 모든 이해관계인에게 회생계획의 효력이 미친다고 할 수는 없다. 이러한 자들의 권리가 그 권리가 확정된 경우에는 인가결정시로 소급하여 권리를 부여받게 된다.

바. 신고하지 아니한 주주·지분권자의 권리(회생법 제254조)

① 주주의 경우

주주의 경우에는 회생채권자와 회생담보권자와는 달리 비록 신고를 하지 않더라도 회생계획에서 주주의 권리가 인정되면 실권되지 않으므로, 모든 주주에게는 회생계획의 효력이 미친다고 본다.

② 회생계획의 규정에 의하여 인정되는 권리

회생계획의 규정에 의하여 인정되는 권리는 확정된 회생채권 또는 회생담보권을 가진 자에 대해서만 인정되므로, 인가결정 당시 권리확정소송이 계속 중인 회생채권자와 회생담보권자에게는 바로 회생계획의 효력이 미친다고 할 수 없으며, 따라서 이러한 자들의 권리는 그 권리가 확정된 경우에 인가결정시로 소급하여 권리를 부여받게 된다.

사. 회생채권자표 등의 기재의 효력(회생법 제255조)

① 확정판결과 동일한 효력

회생채권 또는 회생담보권에 기하여 회생계획에 의하여 인정된 권리에 관한 회생채권자표 또는 회생담보권자표의 기재는 회생계획인가의 결정이 확정된 때에 다음 각 호의 자에 대하여 확정판결과 동일한 효력이 있다.

ㄱ) 채무자

ㄴ) 회생채권자·회생담보권자·주주·지분권자

ㄷ) 회생을 위하여 채무를 부담하거나 또는 담보를 제공하는 자

ㄹ) 신회사(합병 또는 분할합병으로 설립되는 신회사를 제외한다)

② 효력이 생기는 기재

확정판결과 같은 효력이 인정되는 기재는 회생계획에 의하여 인정된 권리에 관한 회생채권자표와 회생담보권자표의 기재이다. 법원사무관 등이 회생계획조항을 회생채권자표와 회생담보권자표에 기재함으로써 어떤 채권자가 회생계획에 의하여 어떠한 권리를 취득하였는가를 표시하여 주는 것이다.

③ 기재의 대상

회생계획에 의하여 인정되는 권리이므로 그 내용은 채권이나 담보권에 한하지 않고 일정수량의 주식, 신주인수권, 사채, 사채인수권을 갖는다는 기재도 가능하다. 그러나 조세채권 등 공법상의 청구권은 신고가 있으면 회생채권자표나 회생담보권자표에 기재는 되지만, 관리인은 채무자가 할 수 있는 방법으로 불복신청을 할 수 있으므로, 효력이 생기는 기재에서 제외된다.

④ 강제집행

제1항의 규정에 의한 권리로서 금전의 지급 그 밖의 이행의 청구를 내용으로 하는 권리를 가진 자는 회생절차 종결 후 채무자와 회생을 위하여 채무를 부담한 자에 대하여 회생채권자표 또는 회생담보권자표에 의하여 강제집행을 할 수 있다. 이 경우 보증인은 「민법」 제437조(보증인의 최고, 검색의 항변)의 규정에 의한 항변을 할 수 있다.

아. 중지 중의 절차의 실효(회생법 제256조)

① 의 의

회생계획 인가결정이 있으면 중지된 파산절차, 강제집행, 가처분, 담보
권실행 등을 위한 경매절차는 그 효력을 잃게 된다. 위와 같은 절차들
의 효력을 상실시키는 이유는 회생계획에 따라 채무자는 이미 파산상태
를 벗어나게 되고 채권은 회생계획의 내용에 따라 실체적으로 변경되어
이에 따라 변제가 이루어져야 하는 이상 위와 같은 절차를 유지하거나
진행할 실익이 전혀 없기 때문이다.

② 실효하는 절차의 범위

효력을 잃는 대상은 회생절차 당시 채무자에 대하여 계속 중인 파산절
차와, 회생채권, 회생담보권에 기하여 채무자 재산에 대하여 이루어져
있는 강제집행, 가압류, 가처분, 담보권실행 등을 위한 경매절차 등이다.
다만, 후자의 경우 속행된 절차 또는 처분은 실효되지 않는다.

그러나 이와 달리 국세징수법에 의한 체납처분이나 국세징수의 예에 의
한 체납처분, 조세채무의 담보를 위하여 제공된 물건의 처분절차는 인가
결정에 의하여 당연히 효력이 상실되는 것은 아니다. 위와 같은 절차는
인가결정과 동시에 그 절차의 속행이 가능하게 된다. 다만 회생계획에는
이러한 조세채권 등에 대한 권리변경과 변제방법을 따로 정하고 있기 때
문에 그 변제기가 도래할 때까지 종전의 체납처분 등을 그대로 유지할
수는 없고, 채무자가 회생계획에서 정한 변제기에 이행을 하지 않을 경
우에 종전에 중지된 절차를 속행할 수 있게 될 뿐이다.

7. 회생계획인가 후의 절차

(1) 회생계획의 수행

1) 관리인의 회생계획 수행(회생법 제257조)

회생계획의 인가결정이 있으면 관리인은 지체 없이 계획을 수행하여야 한다.
따라서 회생계획 수행의 담당자는 관리인이며, 관리인은 회생절차 개시결정이
있게 되는 때로부터 가지게 되는 채무자 사업의 경영과 재산의 관리, 처분의
권한을 가지고 회생계획의 내용을 수행하게 된다. 회생계획에 의하여 신회사를
설립하는 때에는 관리인이 발기인 또는 설립위원의 직무를 행한다.

2) 회생계획수행에 관한 법원의 명령(회생법 제258조)

가. 회생계획 수행명령

① 명령의 대상자

회생계획이 인가된 이후 회생법원은 회생계획의 효력을 받는 자 또는 관리인에 대하여 회생계획의 수행에 필요한 작위 또는 부작위를 명할 수 있다. 회생계획의 효력을 받는 자는 채무자회생및파산에관한법률 제250조 제1항에 게기된 자로서, 채무자, 모든 회생채권자와 회생담보권자, 주주 및 회생을 위하여 채무를 부담하거나 담보를 제공하는 자와 신회사(합병으로 설립되는 신회사를 제외한다)를 말한다.

② 수행명령의 절차 및 효과

수행명령은 이해관계인의 신청 없이 직권으로 하는 것이 원칙이다. 이해관계인이 수행명령을 신청하는 경우 이는 직권의 발동을 촉구하는 성질의 것이기 때문에 수행명령을 하지 않을 때에 반드시 기각결정을 하여야 하는 것은 아니다. 수행명령은 결정 형식으로 하고 그 효력을 받는 상대방에게 송달함으로써 효력이 생긴다. 수행명령에 대해서는 불복신청을 할 수 없다. 수행명령이 상대방에 대하여 작위 또는 부작위를 명하는 경우에 이를 위반한 자에 대하여는 과태료의 제재가 규정되어 있다.

나. 담보제공명령

법원은 회생계획의 수행을 확실하게 하기 위하여 필요하다고 인정하는 때에는 회생계획 또는 이 법의 규정에 의하여 채권을 가진 자와 이의있는 회생채권 또는 회생담보권으로서 그 확정절차가 끝나지 아니한 것을 가진 자를 위하여 상당한 담보를 제공하게 할 수 있다.

(2) 회생계획 수행에 있어서의 특례

1) 영업양도 등에 관한 특례(회생법 제261조)

법 제200조(영업 또는 재산의 양도 등)의 규정에 의하여 회생계획에서 다음 각 호의 행위를 정한 때에는 회생계획에 따라 그 행위를 할 수 있다.

가. 다음의 어느 하나에 해당하는 계약 또는 이에 준하는 계약의 체결·변경 또는 해약

① 채무자의 영업이나 재산의 전부나 일부를 양도·출자 또는 임대하는 계
약

② 채무자의 사업의 경영의 전부나 일부를 위임하는 계약

③ 타인과 영업의 손익을 같이 하는 계약 그 밖에 이에 준하는 계약

나. 타인의 영업이나 재산의 전부나 일부를 양수할 것에 대한 약정

2) 정관변경에 관한 특례(회생법 제262조)

법 제202조(정관의 변경)에 의하여 회생계획에서 채무자의 정관을 변경할 것
을 정한 경우에는 회생계획인가 결정이 있는 때에 회생계획에 의하여 변경된
다. 실무상 회생계획 인가와 동시에 정관을 변경해야 하는 경우가 그리 많지
않기 때문에 회생계획안에는 "회생절차 중 관리인은 법원의 허가를 얻어 정관
을 변경하여야 한다."라는 취지로 기재하는 것이 보통이다. 그러나 출자전환이
나 주주의 권리변경 또는 제3자 인수와 관련하여 회사의 발행예정 주식 총수
를 변경하여야 하는 경우가 간혹 있는데, 이러한 경우에는 회생계획 안에 변경
전 정관의 조항과 변경 후 정관의 조항을 명시하여야 한다.

3) 이사 등의 변경에 관한 특례(회생법 제263조)

가. 이사나 대표이사의 선임 또는 선정

제203조의 규정에 의하여 회생계획에서 이사의 선임이나 대표이사의 선정
을 정한 경우 이들은 회생계획이 인가된 때에 선임 또는 선정된 것으로 본
다.

나. 감사의 선임

제203조 제4항의 규정에 의하여 법원이 감사를 선임하는 때에는 감사의 선
임에 관한 다른 법령이나 정관의 규정을 적용하지 아니한다.

4) 자본감소에 관한 특례(회생법 제264조)

회생계획에 자본감소의 규정이 있으면 그 내용에 따라 주주의 권리는 전부
또는 일부가 소멸되거나 변경을 받는다. 채무자회생및파산에관한법률 제205조
(주식회사 또는 유한회사의 자본감소)의 규정에 의하여 회생계획에서 자본의
감소를 정한 때에는 회생계획에 의하여 자본을 감소할 수 있다. 이 경우「상
법」제343조(주식의 소각)제2항, 제439조(자본감소의 방법, 절차)제2항·제3항,
제440조(주식병합의 절차), 제441조(주식병합의 절차), 제445조(감자무효의 소)

및 제446조(준용규정)의 규정은 적용하지 아니하며, 같은 법 제443조(단주의 처리)제1항 단서에 규정된 사건은 회생법원의 관할로 한다. 채무자의 자본감소로 인한 변경등기의 신청서에는 회생계획인가결정서의 등본 또는 초본을 첨부하여야 한다.

5) 신주발행에 관한 특례

가. 납입 등이 없는 신주발행에 관한 특례(회생법 제265조)

① 권리자가 주주가 되는 시기

제206조 제1항 및 제4항의 규정에 의하여 회생계획에서 채무자가 회생채권자·회생담보권자 또는 주주에 대하여 새로 납입 또는 현물출자를 하게 하지 아니하고 신주를 발행할 것을 정한 때에는 이 권리자는 회생계획인가가 결정된 때에 주주가 된다. 다만, 회생계획에서 특별히 정한 때에는 그 정한 때에 주주가 된다.

② 신주인수권에 관한 정관규정의 배제

위 ①의 경우에는 신주인수권에 관한 정관의 규정은 적용하지 아니한다.

【쟁점질의와 유권해석】

<신주를 발행하는 방식의 출자전환으로 정리담보권 등의 변제에 갈음하기로 한 경우 보증채무도 그만큼 소멸하는 것으로 볼 수 있는지 여부(적극)>

정리계획에서 신주를 발행하는 방식의 출자전환으로 정리채권이나 정리담보권의 전부 또는 일부의 변제에 갈음하기로 한 경우에는 신주발행의 효력발생일 당시를 기준으로 하여 정리채권자 또는 정리담보권자가 인수한 신주의 시가 상당액에 대하여 정리회사의 주채무가 실질적으로 만족을 얻은 것으로 볼 수 있어 보증채무도 그만큼 소멸하는 것으로 보아야 한다(대판 2005. 1. 27. 2004다27143).

나. 납입 등이 있는 신주발행에 관한 특례(회생법 제266조)

이 경우에는 이해관계인에게 종전의 권리에 갈음하여 신주인수권을 부여하는 것인데, 신주인수권을 부여받은 이해관계인이 이를 행사하지 않으면 신주인수권을 상실할 뿐 아니라 종전의 권리도 소멸된다. 결국 이해관계인의 입장에서는 신주인수권을 타인에게 양도하지 않는 한 납입 또는 현물출자가 강제되는 것이다. 회생채권자·회생담보권자 또는 주주에 대하여 새로 납입 또는 현물출자를 하게 하여 신주를 발행하는 때에는 이들 권리자는 회생계획에서 정한 금액을 납입하거나 현물출자를 하면 된다. 다만, 종전의 주주에 교부할 대금에서 단주(端株)에 대하여 납입할 금액 또는 이행할 현물출자에 상당하는 금액을 공제하여야 한다. 채무자의 신주발행으로 인한 변경등기의 촉탁서 또는 신청서에는 회생계획인가결정서의 등본 또는 초본 외에 주식의 청약과 인수를 증명하는 서면과 납입금의 보관에 관한 증명서를 첨부하여야 한다.

6) 사채발행에 관한 특례

가. 주식회사의 납입 등이 없는 사채발행에 관한 특례(회생법 제267조)

사채를 발행함에 있어서는 상법 제8절 이하의 사채발행에 관한 규정을 준수하여야 한다. 다만, 회생계획에 의하여 채무자가 회생채권자, 회생담보권자 또는 주주에 대하여 새로 납입을 하게 하지 아니하고 사채를 발행할 것을 정한 때에는 이들 권리자는 회생계획인가가 결정된 때에 사채권자가 된다. 이 경우 상법 제470조(총액의 제한)와 제471조(사채모집의 제한)의 적용을 배제하는 특칙이 있다. 회생계획의 규정에 의하여 회생채권자 또는 회생담보권자에 대하여 발행하는 사채의 액은 상법 제470조(총액의 제한)의 규정에서 정하는 사채의 총액에 산입하지 아니한다.

나. 주식회사의 납입 등이 있는 사채발행에 관한 특례(회생법 268조)

① 사채발행의 요건

제267조에 규정된 경우를 제외하고 제209조의 규정에 의하여 회생계획에서 주식회사인 채무자가 사채를 발행할 것을 정한 때에는 회생계획에 의하여 사채를 발행할 수 있다.

② 회생채권자 등이 사채권자가 되는 시기

회생채권자·회생담보권자 또는 주주에 대하여 새로 납입을 하게 하여 사채를 발행하는 때에는 이들 권리자는 회생계획에 정한 금액을 납입한 때에 사채권자가 된다.

③ 전환사채 등의 등기촉탁서 또는 신청서의 첨부서류

전환사채 또는 신주인수권부사채의 등기의 촉탁서 또는 신청서에는 다음 각 호의 서면을 첨부하여야 한다.

ㄱ) 회생계획인가결정서의 등본 또는 초본

ㄴ) 전환사채 또는 신주인수권부사채의 청약 및 인수를 증명하는 서면

ㄷ) 각 전환사채 또는 신주인수권부사채에 대하여 납입이 있은 것을 증명하는 서면

7) 주식회사의 주식의 포괄적 교환에 관한 특례(회생법 제269조)

회생계획에서 주식회사인 채무자가 다른 회사와 주식의 포괄적 교환을 하는 것을 정한 때에는 회생계획에 의하여 주식의 포괄적 교환을 할 수 있다. 채무자에 대한 「상법」 제360조의8(주권의 실효절차)의 규정을 적용하는 때에는 같은 조에서 "제360조의3제1항의 규정에 의한 승인"은 "주식의 포괄적 교환을 내용으로 하는 회생계획인가"로 보며, 「상법」 제360조의4(주식교환계약서등의 공시), 제360조의5(반대주주의 주식매수청구권), 제360조의7(완전모회사의 자본증가의 한도액) 및 제360조의14(주식교환무효의 소)의 규정은 적용하지 아니한다. 이 경우 완전모회사로 되는 회사의 주식의 배정을 받는 회생채권자 또는 회생담보권자는 회생계획인가시에 주식인수인으로 되고, 주식의 포괄적 교환의 효력이 생긴 때에 주주로 된다.

채무자가 완전모회사로 되는 때에 주식의 포괄적 교환에 의한 회사의 변경등기의 촉탁서 또는 신청서에는 회생계획인가결정서의 등본 또는 초본, 주식의 포괄적 교환계약서의 서류를 첨부하여야 한다.

주식의 포괄적 교환의 상대방인 다른 회사가 완전모회사로 되는 때에는 그 회사의 주식의 포괄적 교환에 의한 변경등기의 신청서에는 회생계획인가결정서의 등본 또는 초본, 그 회사의 주주총회의 의사록(그 회사가 주주총회의 승인을 얻지 아니하고 주식의 포괄적 교환을 한 때에는 그 회사의 이사회의 의사록)의 서류를 첨부하여야 한다.

8) 주식회사의 주식의 포괄적 이전에 관한 특례(회생법 제270조)

회생계획에서 주식회사인 채무자가 주식의 포괄적 이전을 할 것을 정한 때에는 회생계획에 따라 주식의 포괄적 이전을 할 수 있다. 이 경우 회사에 대한 「상법」 제360조의19(주권의 실효절차)의 규정의 적용에 관하여는 같은 조에서 "제360조의16제1항의 규정에 의한 결의"는 "주식의 포괄적 이전을 내용으로 하는 회생계획인가"로 보며, 설립된 완전모회사인 신회사의 주식의 배정을 받는 회생채권자 또는 회생담보권자는 회생계획의 인가시에 주식인수인으로 되고 주식의 포괄적 이전의 효력이 생긴 때에 주주로 된다. 「상법」 제360조의17(주식이전계획서 등의 서류의 공시), 제360조의18(완전모회사의 자본의 한도액), 제360조의22(주식교환 규정의 준용)에서 준용하는 같은 법 제360조의5(반대주

주의 주식매수청구권) 및 제360조의23(주식이전무효의 소)의 규정은 적용하지 아니한다. 주식의 포괄적 이전에 의한 설립등기의 촉탁서 또는 신청서에는 회 생계획인가결정서의 등본 또는 초본 및 대표이사에 관한 이사회의 의사록을 첨부한다.

9) 합병에 관한 특례(회생법 제271조)

가. 회생계획에 따른 합병

제210조 또는 제211조의 규정에 의하여 회생계획에서 채무자가 다른 회사 와 합병할 것을 정한 때에는 회생계획에 따라 합병할 수 있다.

나. 합병의 효과

제1항의 경우 합병 후 존속하는 회사나 합병으로 설립되는 신회사의 주식 또는 출자지분의 배정을 받은 회생채권자 또는 회생담보권자는 회생계획인가 가 결정된 때에 주식 또는 출자지분의 인수인이 되며, 합병의 효력이 생긴 때에 주주 또는 사원이 된다.

다. 상법규정의 적용배제

회생계획에 따른 합병의 경우 「상법」 제522조의2(합병계약서 등의 공시), 522조의3(합병반대주주의 주식매수청구권), 제527조의5(채권자보호절차), 제 527조의6(합병에 관한 서류의 사후공시) 및 제529조(합병무효의 소)와 「증권 거래법」 제191조(주주의 주식매수청구권)의 규정은 적용하지 아니한다.

라. 등기촉탁서 등의 첨부서류

합병으로 인한 채무자의 해산 또는 변경의 등기의 촉탁서 또는 신청서에는 다음 각호의 서류를 첨부하여야 한다.

① 회생계획인가결정서의 등본 또는 초본

② 합병계약서

③ 정관

④ 창립총회의 의사록

⑤ 대표이사에 관한 이사회의 의사록

⑥ 합병의 상대방인 다른 채무자가 선임한 설립위원의 자격을 증명하는 서 면

10) 분할 또는 분할합병에 관한 특례(회생법 제272조)

회생계획에 의하여 주식회사인 채무자가 분할되거나 주식회사인 채무자 또는 그 일부가 다른 회사 또는 다른 회사의 일부와 분할합병할 것을 정한 때에는 회생계획에 의하여 분할 또는 분할합병할 수 있다. 이 경우 분할합병 후 존속하는 채무자 또는 분할합병으로 설립되는 신회사의 주식을 배정받은 채무자의 주주·회생채권자 또는 회생담보권자는 회생계획인가가 결정된 때에 주식인수인이 되며, 분할합병의 효력이 생긴 때에 주주가 된다. 분할로 인한 채무자의 해산등기 또는 변경등기의 촉탁서 또는 신청서에는 회생계획인가결정서의 등본 또는 초본을 첨부하여야 하며, 분할합병으로 인한 채무자의 해산등기 또는 변경등기의 촉탁서 또는 신청서에는 회생계획인가결정서의 등본 또는 초본 외에 분할합병계약서를 첨부하여야 한다. 분할합병으로 인한 설립등기의 촉탁서 또는 신청서에는 회생계획인가결정서의 등본 또는 초본, 분할합병계약서, 정관, 창립총회의 의사록, 대표이사에 관한 이사회의 의사록을 첨부하여야 한다.

11) 신회사 설립에 관한 특례

가. 새로운 출자가 없는 신회사의 설립에 관한 특례(회생법 제273조)

회생계획에서 주식회사인 채무자를 분할하여 채무자의 출자만으로 신회사를 설립할 것을 정하거나 회생계획에서 회생채권자·회생담보권자·주주·지분권자에 대하여 새로 납입 또는 현물출자를 하게 하지 아니하고 주식 또는 출자지분을 인수하게 함으로써 신회사를 설립할 것을 정한 때에는 신회사는 정관을 작성하고 회생법원의 인증을 얻은 후 설립등기를 한 때에 성립한다. 설립등기의 촉탁서에는 회생계획인가결정서의 등본 또는 초본, 정관, 회생계획에서 이사 또는 감사의 선임이나 대표이사의 선정의 방법을 정한 때에는 그 선임이나 선정에 관한 서류, 명의개서대리인을 둔 때에는 이를 증명하는 서면을 첨부해야 한다.

나. 그 밖에 신회사의 설립에 관한 특례(회생법 제274조)

채무자회생및파산에관한법률 제273조의 경우를 제외하고 회생계획에서 주식회사인 채무자를 분할하여 신회사를 설립할 것을 정하거나 합병·분할 또는 분할합병에 의하지 아니하고 회생계획에서 신회사를 설립할 것을 정한 때에는 회생계획에 의하여 신회사를 설립할 수 있다. 이 경우 정관은 회생법원의 인증을 받아야 하고, 「상법」 제306조(납입금의 보관자 등의 변경)에 규정된 사건은 회생법원의 관할로 하며, 창립총회에서는 회생계획의 취지에 반하여 정관을 변경할 수 없고, 같은 법 제326조(회사불성립의 경우의 발기인의 책임)의 규정에 의한 발기인의 책임은 채무자가 진다. 회생채권자·회생담보권자·주주 또는 제3자에 대하여 새로 납입 또는 현물출자를 하게 하고 주식을 인수하게 하는 때에는 이 자에 대하여 발행할 주식 중에서 인수가 없는 주식에 관하여는「상법」제289조(정관의 작성, 절대적 기재사항)제2항의 규정에 반하지 아니하는 한 새로 주주를 모집하지 아니하고 그 주식의 수를 신회사 설립시에 발행하는 주식의 총수에서 뺄 수 있다.

12) 해산에 관한 특례(회생법 제275조)

회생계획에서 채무자가 합병·분할 또는 분할합병에 의하지 아니하고 해산할 것을 정한 때에는 채무자는 회생계획이 정하는 시기에 해산한다. 해산등기의 신청서에는 회생계획인가결정서의 등본 또는 초본을 첨부하여야 한다.

13) 주식 등의 인수권의 양도(회생법 제276조)

회생채권자·회생담보권자·주주·지분권자는 회생계획에 의하여 채무자 또는 신회사의 주식·출자지분 또는 사채를 인수할 권리가 있는 때에는 이를 타인에게 양도할 수 있다. 이해관계인의 권리에 갈음하여 신주인수권을 부여하는 신주발행의 경우 회생채권자, 회생담보권자 또는 주주에게 추가적으로 납입 또는 현물출자시킨 다음 신주를 발행하는 것이다. 이 경우는 이해관계인에게 종전의 권리에 갈음하여 신주인수권을 부여하는 것인데, 신주인수권을 부여받은 이해관계인이 이를 행사하지 않으면 신주인수권을 상실할 뿐 아니라 종전의 권리도 소멸된다. 결국 이해관계인의 입장에서는 본 조에 의하여 신주인수권을 타인에게 양도하지 않는 한, 납입 또는 현물출자가 강제되는 것이다.

(3) 회생계획의 변경(회생법 제282조)

1) 회생계획 변경의 의의

회생계획의 변경이라 함은 회생계획인가의 결정이 있은 후 부득이한 사유로 계획에 정한 사항을 변경하는 것을 말한다.

인가 후의 계획의 변경은 인가에 의하여 계획이 대외적으로 성립되어 현실적으로 수행되고 있는 단계에서 행하여지는 것이고, 인가로 인한 권리변경이나 면책의 효과가 발생된 후의 채권이나 주식을 대상으로 하는 것이라는 점에서 회생계획 성립과정에 있어서의 회생계획안의 수정 내지 변경과는 구별된다.

2) 회생계획 변경의 절차

가. 회생계획 변경의 요건

회생계획인가의 결정이 있은 후 부득이한 사유로 회생계획에 정한 사항을 변경할 필요가 생긴 때에는 회생절차가 종결되기 전에 한하여 법원은 관리인, 채무자 또는 목록에 기재되어 있거나 신고한 회생채권자·회생담보권자·주주·지분권자의 신청에 의하여 회생계획을 변경할 수 있다.

① 신청권자

신청권자는 관리인, 채무자 또는 신고한 회생채권자, 회생담보권자 또는 주주로서 계획안 제출권자의 범위와 일치하며, 직권에 의한 변경은 불가능하다. 위 회생채권자, 회생담보권자 또는 주주의 현재의 권리자일 것을 요하며, 이미 전부 변제를 받았거나 인가의 수행에 의하여 권리가 소멸되었거나 또는 권리를 전부 양도한 자는 신청권이 없고, 반면 인가 후 잔존채권을 양도받은 채권자나 회생계획의 정함에 의하여 발행된 주식을 취득한 주주 등에게 신청권이 있음은 물론이다.

② 신청의 방식

변경할 내용을 구체적으로 명시한 "회생계획 변경계획안"이라는 서면을 제출하여 신청한다. 변경할 내용을 명시하지 않은 채 적당하게 변경하여 달라는 식의 신청은 부적법하다.

③ 회생계획변경의 시기

회생계획의 변경은 회생계획 인가결정 후 회생절차 종료 전에 한하여 허용된다. 따라서 회생계획 인가결정 또는 폐지결정에 대한 항고 중에도 회생계획의 변경은 가능하다.

④ 부득이한 사유와 변경의 필요성

회생계획의 변경이 허용되는 경우는 인가결정이 있은 후 "부득이한 사유"로 계획에 정한 사항을 "변경할 필요"가 생긴 때라야 한다. 부득이한 사유가 인가 후에 생긴 것이 아니라 인가전부터 존재하던 사정이라면 계획을 변경할 필요가 있다고 볼 수 없다.

나. 회생계획 변경계획안의 심사

회생계획변경의 신청이 위와 같은 요건을 구비한 경우에는 법원은 나아가 변경의 내용을 심리하게 된다.

① 심사 결과 변경내용이 법률의 규정에 위반하거나 공정, 형평의 원칙에 반한 경우 또는 수행불가능한 경우 변경계획안의 수정을 명할 수 있다.

② 수정명령에 응하지 않거나 수정명령에 의하더라도 흠결이 치유될 수 없다고 판단되는 경우 회생계획변경 불허가결정을 한다.

다. 변경계획 불인가결정의 효력 및 즉시항고

변경계획 불인가결정을 한 경우 원래의 회생계획이 남아 있게 되므로 그 자체로서는 절차종료의 사유가 되지 않고, 다만 그 때문에 회생계획수행의 가망성이 없게 되면 회생절차폐지결정을 하게 된다. 변경계획 불인가결정에 대하여 즉시항고가 허용된다는 견해도 있으나 즉시항고가 허용되지 않는다고 보아야 한다.

라. 변경계획안에 동의한 것으로 보는 경우

다음의 어느 하나에 해당하는 경우 종전의 회생계획에 동의한 자는 변경회생계획안에 동의한 것으로 본다.

① 변경회생계획안에 관하여 결의를 하기 위한 관계인집회에 출석하지 아니한 경우

② 변경계획안에 대한 서면결의 절차에서 회신하지 아니한 경우

(4) 회생절차의 종결(회생법 제283조)

1) 의 의

회생절차의 종결이란, 회생채무자가 이미 회생계획이 수행되었거나 앞으로 회생계획의 수행이 확실하여 회생절차의 목적을 달성할 수 있다고 판단되는 경우에 법원이 이해관계인의 신청이나 직권으로 회생절차를 종료시키는 것을 말한다.

2) 회생절차 종결의 요건

회생계획에 따른 변제가 시작되면 관리인 등의 신청에 의하거나 직권으로 회생절차종결의 결정을 한다. 다만 회생계획의 수행에 지장이 있다고 인정되는 때에는 그러하지 아니하다.

3) 회생절차의 종결을 신청할 수 있는 자

① 관리인

② 목록에 기재되어 있거나 신고한 회생채권자 또는 회생담보권자

8. 회생절차의 폐지

(1) 폐지결정절차

1) 회생계획안 제출명령 전의 폐지(회생법 제285조)

가. 폐지결정의 요건

회생계획안 제출명령을 하기 전에 법원은 채무자를 청산할 때의 가치가 채무자의 사업을 계속할 때의 가치보다 크다고 인정할 수 있는 경우, 회생계획안의 제출을 명하지 아니하고 관리인, 신고한 회생채권자나 회생담보권자의 신청에 의하거나 직권으로 폐지의 결정을 하여야 한다.

법원이 청산을 내용으로 하는 계획안의 작성을 허가하는 경우에는 회생절차 폐지의 결정을 하지 않을 수 있다.

나. 회생절차 폐지결정의 신청권자

관리인, 신고한 회생채권자, 회생담보권자이다.

회생채권자, 회생담보권자로서 신고한 경우에는 그 채권이 채권조사절차에서 시인되어 확정되었는지 여부에 관계없이 폐지신청을 할 수 있다.

다. 신청의 시기

회생절차 폐지결정의 신청은 회생계획안 제출 명령 전에 서면으로 할 수도 있는 것이고, 제1회 관계인집회에서 구두로도 신청할 수 있다.

2) 회생계획인가 전의 폐지(회생법 제286조)

가. 제286조 제1항에 의한 폐지

법원은 법원이 정한 기간 또는 연장한 기간 내에 회생계획안의 제출이 없거나 그 기간 내에 제출된 모든 계획안이 관계인집회의 보고 또는 결의에 부칠만한 것이 못되는 때, 계획안이 부결되거나 결의를 위한 관계인집회의 제1기일로부터 2월 내 또는 연장한 기간 내에 가결되지 아니한 때, 회생계획안이 정한 기간 내에 가결되지 아니한 때에는 직권으로 회생절차 폐지의 결정

을 하여야 한다.

나. 제272조 제2항에 의한 폐지

회생계획안 제출명령을 내린 경우일지라도 채무자의 청산가치가 계속가치보다 큼이 명백하게 밝혀진 경우에는 법원은 회생계획 인가결정 전까지 직권으로 또는 관리인의 신청에 의하여 회생절차폐지의 결정을 하여야 한다.

【쟁점질의와 유권해석】

<'관계인집회의 심리 또는 결의에 부칠만한 것이 못되는 때'의 의미>

회사정리법 제272조 제1항 제1호에 의하면 법원이 정한 기간 또는 연장한 기간 내에 정리계획안의 제출이 없거나 그 기간 내에 제출된 모든 계획안이 관계인집회의 심리 또는 결의에 부칠 만한 것이 못되는 때에는 법원은 직권으로 정리절차폐지의 결정을 하여야 한다고 규정되어 있는바, 위에서 말하는 관계인집회의 심리 또는 결의에 부칠 만한 것이 못되는 때라 함은 계획안의 내용이 법률의 규정에 합치되지 아니하거나 공정·형평성을 결여하거나 수행이 불가능한 경우 또는 관계인집회에서 계획안 가결을 받을 가능성이 없는 경우를 의미한다(대판 1999. 6. 30. 98마3631).

3) 신청에 의한 폐지(회생법 제287조)

가. 의 의

채무자가 신고기간 내에 신고된 모든 회생채권자와 회생담보권자에 대한 채무를 완제할 수 있음이 명백하게 된 때에는 법원은 관리인, 채무자 또는 신고한 회생채권자나 회생담보권자의 신청에 의하여 회생절차폐지의 결정을 하여야 한다. 이 경우 신청인은 회생절차폐지의 원인인 사실을 소명하여야 한다.

나. 요 건

채무자가 목록에 기재되어 있거나 신고한 회생채권자와 회생담보권자에 대한 채무를 완제할 수 없음이 명백하여야 한다. 채무자가 회생채권 등을 완제할 수 있을지 여부를 검토함에 있어서는 신고된 회생채권과 회생담보권만을 고려하면 되고, 신고되지 않은 채권까지 고려해야 하는 것은 아니다. 그러나 만약 신고기간 경과 후에 적법하게 추완신고된 채권이 있는 경우에 이러한 채권은 고려하여야 한다.

다. 절 차

① 신 청

이 규정에 의한 폐지는 반드시 신청에 의하여 하여야 하고, 직권으로 할 수는 없다.

신청권자는 관리인, 채무자 또는 신고한 회생채권자나 회생담보권이다. 신청인이 이 규정에 의하여 폐지신청을 할 경우에는 그 원인이 되는 사실을 소명하여야 한다.

② 이해관계인에 대한 의견진술기회의 부여

신청권자가 신청을 하는 경우 법원은 채무자, 관리위원회, 채권자협의회 및 신고한 회생채권자와 회생담보권자에 대하여 신청이 있었다는 취지와 이에 대한 의견을 법원에 제출하도록 통지하여야 한다. 그리고 이해관계인들로 하여금 신청에 관한 서류를 열람할 수 있도록 이를 비치하여야 한다.

라. 폐지결정의 시기

법원은 위 규정에 의하여 통지를 발송한 1월 이상이 결과한 후에야 회생절차 폐지의 결정을 할 수 있다.

4) 회생계획인가 후의 폐지(회생법 제288조)

가. 의 의

회생계획 인가결정이 있은 후 계획수행의 가능성이 없음이 명백하게 된 때에는 법원은 관리인, 신고한 회생채권자 또는 회생담보권자의 신청에 의하여 또는 직권으로 회생절차폐지의 결정을 하여야 한다. 회생절차의 종결은 회생계획의 성공적인 수행을 통한 회생절차의 졸업을 의미한다고 할 수 있고, 회생절차의 폐지는 회생계획 수행 실패로 인한 회생절차로부터의 퇴출을 의미한다고 할 수 있다.

나. 폐지결정의 시기

회생절차 폐지결정은 회생절차 종결결정과 마찬가지로 회생계획 인가결정이 확정된 후에야 할 수 있다. 단, 인가결정이 확정되지 않은 경우 일지라도 항고심의 인가요건 존부의 판단시기는 항고심의 결정시이기 때문에, 항고심이 회생계획의 수행가능성이 없다는 이유로 인가결정을 취소함으로써, 실질적으로 회생절차 폐지와 같은 결과를 가져올 수도 있다.

다. 폐지결정의 실질적 요건 -계획수행의 가망이 없음이 명백할 것

폐지결정을 하기 위해서는회생계획인가의 결정이 있은 후 회생계획을 수행할 수 없음이 명백해야 한다.

회생계획의 수행가능성이 없다는 것은 회생채무자가 갱생할 가능성이 없다는 것을 의미한다. 즉, 회생절차 기간 중에 다시 도산할 우려가 높은 경우이거나, 회생절차기간이 종료된 경우이더라도 독립하여 사업을 영위할 수 있는 여력이 없다는 것을 의미한다. 따라서 회생계획 중 회생채무자의 갱생과는 깊은 관련이 없는 사항, 예를 들어 소각이 예정된 주식 중 일부에 대하여 소각을 할 수 없는 사정이 발생한 경우이거나 일부 채권자의 소재불명으로 채권을 변제할 수 없다고 하는 사정은 여기서 말하는 회생계획의 수행불가능과는 관계가 없다고 할 수 있다.

라. 이해관계인에 대한 의견청취

폐지결정을 하기 전에는 반드시 기한을 정하여 관리위원회, 채권자협의회 및 이해관계인에게 의견 제출의 기회를 주어야 한다. 필요하다면 관계인집회를 개최하여 의견을 들을 수도 있다. 의견제출 기한이나 기일은 공고하여야 할 사항이며, 확정된 회생채권이나 회생담보권으로서 회생계획의 규정에 의하여 인정된 권리를 가지는 자에 대하여는 이를 송달하여야 한다.

마. 폐지결정

회생절차의 폐지는 결정으로 한다. 회생절차 폐지결정은 즉시항고 되는 경우가 많기 때문에 상급심의 판단에 도움을 준다는 차원에서 회생절차 폐지결정의 이유에는 회생계획의 수행가능성이 없음이 명백한 이유를 기재하는 것이 바람직하다.

바. 회생절차 폐지의 효력

회생절차의 폐지는 회생계획의 수행과 채무자 회생 및 파산에 관한 법률의 규정에 의하여 생긴 효력에 영향을 미치지 아니한다.

(2) 폐지결정의 공고(회생법 제289조)

회생절차 폐지결정을 한 경우에는 그 주문과 이유의 요지를 공고하여야 한다. 그러나 폐지결정문을 이해관계인에게 반드시 송달할 필요가 있는 것은 아니다. 실무에서는 관리인에게 폐지결정문을 송달하고 있다.

(3) 항고(회생법 제290조)

법 제247조(항고) 제1항·제2항 및 제4항 내지 제7항의 규정은 회생절차 폐지의 결정에 대한 항고에 관하여 준용한다.

1) 즉시항고

회생절차 종결결정에 대하여는 불복할 수 없지만, 회생절차 폐지결정에 대하여는 즉시항고를 할 수 있다. 한편 회생절차 폐지신청을 기각하는 결정에 대하여는 즉시항고가 허용되지 않는다. 한편 폐지결정에 대한 항고심의 결정에 대하여는 재항고를 할 수 없고, 민사소송법 제449조의 규정에 의하여 특별항고만이 허용된다.

2) 항고제기의 방식

가. 항고권자

회생계획인가 전의 폐지의 경우의 항고권자의 범위	관리인, 공익채권자, 신고한 회생채권자, 회생담보권자, 주주등
회생계획인가 후의 폐지의 경우의 항고권자의 범위	관리인, 공익채권자, 회생계획의 규정에 의하여 권리가 인정된 회생채권자, 회생담보권자, 주주, 신회사, 합병의 상대회사, 영업양수인, 임차인, 경영의 책임자, 회생을 위하여 채무를 부담하거나 담보를 제공한 자 등

나. 항고기간

즉시항고는 폐지결정의 공고가 있은 날로부터 기산하여 2주 내에 제기하여야 하며, 공고의 효력은 신문에 게재된 날의 다음날부터 발생한다. 반면 특별항고의 제기기간은 1주일이다.

다. 항고의 제기방법

항고의 제기는 회생법원에 항고장을 제출함으로써 한다. 항고장에는 항고인 및 법정대리인, 항고로서 불복을 신청한 폐지결정에 대하여 항고한다는 취지를 기재하여야 하고, 2,000원의 인지를 첩부하여야 한다.

라. 법원의 결정

회생법원이 항고가 이유 있다고 인정하는 경우에는 원 결정을 경정하여야 하며(재도의 고안), 항고가 이유 없다고 인정되는 경우에는 그러한 취지의 의견서를 첨부하여 항고법원에 기록을 송부하여야 한다.

마. 항고제기의 효과

즉시항고의 경우에는 통상항고와 달리 집행정지의 효력이 있다. 따라서 회생채무자에 대하여 폐지결정을 한 경우일지라도 즉시항고가 제기된 경우에는 종전의 개시결정이나 인가결정으로 인하여 발생했던 효력은 계속 유지된다. 이에 따라 관리인의 지위에는 변동이 없으며, 법원이 정했던 범위의 법률행위나 자금집행행위는 여전히 법원의 허가를 얻어야 하는 사항에 남게된다.

【쟁점질의와 유권해석】

<정리절차 폐지의 결정에 대한 항고심 결정에 대해 재항고가 허용되는지 여부(소극)>

회사정리법 제280조 제1항은 "제237조 제1항과 제2항의 규정은 정리절차폐지의 결정에 대한 항고와 제8조에서 준용하는 민사소송법 제420조의 규정에 의한 항고에 준용한다."고 규정하고 있는바, 위 규정에 비추어 보면 정리절차폐지의 결정에 대한 항고심 결정에 대하여는 재항고가 허용되지 아니하고 같은 법 제8조에 의하여 준용되는 민사소송법 제420조에 의한 특별항고만이 허용된다(대판 1999. 6. 30. 98마3631).

3) 공익채권의 변제(회생법 제291조)

회생절차폐지의 결정이 확정되면 회생절차가 종료된다. 그리고 관리인의 권한은 소멸하고 회생채무자의 사업의 경영과 재산의 처분의 권한은 채무자에게 복귀하게 된다.

회생절차 폐지 후에는 관리인의 권한은 소멸하게 되지만 한가지 예외가 있다. 회생절차폐지 후에는 관리인은 공익채권을 변제해야 하므로 그 범위 내에서 관리인의 권한은 잔존하게 되는 것이다.

회생절차 폐지의 결정이 확정된 때에는 법 제6조 제1항의 규정에 의하여 파산선고를 하여야 하는 경우를 제외하고 관리인은 채무자의 재산으로 공익채권을 변제하고 이의 있는것에 관하여는 그 채권자를 위하여 공탁하여야 한다.

4) 회생채권자표 등의 기재의 효력(회생법 제292조)

가. 확정판결과 동일한 효력

제286조 또는 제287조의 규정에 의한 회생절차폐지의 결정이 확정된 때에는 확정된 회생채권 또는 회생담보권에 관하여는 회생채권자표 또는 회생담보권자표의 기재는 채무자에 대하여 확정판결과 동일한 효력이 있다, 다만, 채무자가 회생채권과 회생담보권의 조사기간 또는 특별조사기일에 그 권리에 대하여 이의를 하지 아니한 경우에 한한다.

나. 집행력

회생채권자 또는 회생담보권자는 회생절차종료 후 채무자에 대하여 회생채권자표 또는 회생담보권자표에 의하여 강제집행을 할 수 있다. 회생채권자표와 회생담보권자표의 집행력을 규정한 것이다.

Ⅱ. 회생절차에 관한 등기

▣ 핵 심 사 항 ▣

1. 보전관리인 및 보전관리인 선임의 등기 : 회생법 제43조제3항의 규정에 의한 보전관리 및 보전관리인선임 등기, 그 변경의 등기는 법원사무관등의 촉탁으로 하여야 한다.
2. 회생절차개시 및 관리인선임의 등기 : 회생절차개시(회생법 제49조), 관리인의 선임(회생법 제74조), 관리인 대리의 선임허가(회생법 제76조), 관리인의 사임 및 해임(회생법 제83조)에 관한 등기는 법원사무관등의 촉탁으로 하여야 한다.
3. 회생계획의 인가·불인가 및 회생계획취소의 등기
4. 회생계획의 수행에 따른 등기
5. 회생절차폐지 및 회생절차종결 등기
6. 회생절차폐지 등에 따른 파산선고의 등기

1. 보전관리인 및 보전관리인 선임의 등기

(1) 등기의 촉탁

회생법 제43조제3항의 규정에 의한 보전관리 및 보전관리인선임 등기, 그 변경의 등기는 법원사무관등의 촉탁으로 하여야 한다.

(2) 등기촉탁서의 기재사항

촉탁서에는 등기의 목적, 등기의 원인 및 그 일자, 그 보전관리명령을 한 법원을 기재하여야 하며, 보전관리인에 관한 등기를 촉탁함에 있어서는 보전관리인의 성명, 주민등록번호, 주소(법인인 경우에는 명칭·상호, 법인등록번호, 본점·주사무소 소재지를 말한다. 이하 같다) 등을 기재하여야 한다.

(3) 첨부서류

촉탁서에는 그 결정서의 등본(또는 초본) 및 보전관리인의 성명, 주민등록번호, 주소 등을 증명하는 자료를 첨부하여야 한다.

(4) 보전관리인 선임의 등기

보전관리명령취소결정, 회생절차개시신청의 기각결정이 확정된 때에는 법원사무관등의 촉탁에 의하여 보전관리 및 보전관리인선임 등기를 말소한다.

보전관리명령이 있는 경우에는 법원의 허가를 받지 아니하면 보전처분신청 또는 회생절차개시신청을 취하할 수 없으므로(회생법 제48조 2항), 법원사무관등은 보전처분신청 또는 회생절차개시신청의 취하서 등본 및 이에 대한 법원의 허가결정서 등본을 첨부하여 보전처분신청 또는 회생절차개시신청의 취하에 따른 보전관리 및 보전관리인선임 등기의 말소를 촉탁하여야 한다.

2. 회생절차개시 및 관리인선임의 등기

(1) 등기의 촉탁

① 회생절차개시(회생법 제49조), 관리인의 선임(회생법 제74조), 관리인 대리의 선임허가(회생법 제76조), 관리인의 사임 및 해임(회생법 제83조)에 관한 등기는 법원사무관등의 촉탁으로 하여야 한다. 그 결정이 취소 또는 변경된 때에도 같다.

② 법원이 회생법 제74조 제3항에 의하여 관리인을 선임하지 아니하는 경우에는, 법원사무관등의 촉탁에 의하여 채무자인 법인의 대표자를 관리인으로 본다는 취지의 등기를 하여야 한다. 그 결정이 취소 또는 변경된 때에도 같다.

(2) 등기촉탁서의 기재사항

등기촉탁서에는 등기의 목적, 등기의 원인 및 그 일자, 그 결정(허가)을 한 법원을 기재하여야 하며, 관리인, 관리인대리 또는 관리인으로 간주되는 자에 관한 등기를 촉탁함에 있어서는 관리인, 관리인대리 또는 관리인으로 간주되는 자의 성명, 주민등록번호, 주소 등을 기재하여야 한다.

(3) 첨부서류

등기촉탁서에는 그 결정(허가)서의 등본(또는 초본) 및 관리인 또는 관리인대리의 성명, 주민등록번호, 주소 등을 증명하는 자료를 첨부하여야 한다.

(4) 등기의 말소

① 회생절차개시의 등기를 한 경우, 등기관은 직권으로 보전관리 및 보전관리인에 관한 등기를 말소하여야 한다.

② 회생절차개시결정 취소결정이 확정된 경우, 법원사무관등의 촉탁에 의하여 회생절차개시의 등기 및 관리인, 관리인대리 또는 회생법 제74조 제4항에 의하여 법인의 대표자를 관리인으로 본다는 취지의 등기를 말소하여야 한다.

3. 회생계획의 인가 · 불인가 및 회생계획취소의 등기

① 위 2.의 등기촉탁서의 기재사항, 첨부서류에 관한 규정은 회생계획인가결정, 회생계획불인가결정의 확정, 회생계획인가취소결정의 확정에 따른 등기에 준용한다.

② 파산선고의 등기 및 파산관재인, 파산관재인대리에 관한 등기가 있는 채무자인 법인에 대하여 회생계획인가의 등기를 한 때에는, 등기관은 직권으로 파산선고, 파산관재인, 파산관재인대리에 관한 등기를 말소하여야 한다.

③ 법원사무관등의 촉탁에 의하여 회생계획불인가결정, 회생계획인가취소결정에 따른 등기를 하는 경우에는, 등기관은 직권으로 회생절차개시등기 및 관리인, 관리인대리 또는 회생법 제74조 제4항에 의하여 법인의 대표자를 관리인으로 본다는 취지의 등기를 말소하여야 한다.

④ 회생계획인가취소의 등기를 한 때에, 말소된 등기(파산선고의 등기, 파산관재인등기, 파산관재인대리등기 등)가 있는 경우, 등기관은 직권으로 그 등기를 회복하여야 한다.

4. 회생계획의 수행에 따른 등기

① 회생법 제266조의 규정에 의한 신주발행, 제268조의 규정에 의한 사채발행, 제269조의 규정에 의한 주식의 포괄적 교환, 제270조의 규정에 의한 주식의 포괄적 이전, 제271조의 규정에 의한 합병, 제272조의 규정에 의한 분할 또는 분할합병이나, 제273조 및 제274조의 규정에 의한 신회사의 설립이 있는 경우의 등기, 기타 회생계획의 수행이나 법의 규정에 의하여 회생절차의 종료 전에 법인인 채무자나 신회사에 관하여 등기할 사항이 생긴 경우 법원사무관등의 촉탁에 의하여 이를 등기하여야 한다.

② 제1항의 규정은 회생계획인가전의 영업양도(회생법 제62조)에 따른 등기에 준용한다.

5. 회생절차폐지 및 회생절차종결 등기

① 위 2.의 등기촉탁서의 기재사항, 첨부서류에 관한 규정은 회생절차폐지결정의 확정 또는 회생절차종결에 따른 등기에 준용한다.

② 회생절차폐지결정 또는 회생절차종결의 등기를 한 경우, 등기관은 직권으로 회생절차개시등기, 회생계획인가등기 및 관리인, 관리인대리 또는 회생법 제74조 제4항에 의하여 법인의 대표자를 관리인으로 본다는 취지의 등기를 말소하여야 한다.

③ 회생계획에 의하여 회생절차종결의 결정일에 해산한 법인에 대하여 해산등기 및 회생절차종결등기를 한 때에는 당해 등기부를 폐쇄하여야 한다.

6. 회생절차폐지 등에 따른 파산선고의 등기

회생법 제6조의 규정에 의한 파산선고의 등기와 회생절차개시신청의 기각결정·회생절차폐지결정·회생계획불인가결정에 따른 회생법 제23조 제1항의 등기는 동시에 촉탁되어야 한다.

제 2 장   파산절차

Ⅰ. 파산절차의 개시

1. 파산신청권자

(1) 채권자 또는 채무자(법 제294조), 금융감독위원회

(2) 법인의 경우 : 이사, 무한책임사원, 청산인(법 제295조)

(3) 법인 아닌 사단 또는 재단의 경우 : 법 제295조 및 제296조의 규정은 제295 조의 규정에 의한 법인 외의 법인과 법인 아닌 사단 또는 재단으로서 대표 자 또는 관리자가 있는 것에 관하여 준용(법 제297조)

2. 파산의 원인

(1) 보통파산원인(법 제305조) : 지급불능

(2) 법인의 파산원인(법 제306조) : 채무초과

(3) 상속재산의 파산원인(법 제307조) : 상속인이 상속재산으로 상속채권자 및 유 증을 받은 자에 대한 채무를 완제할 수 없는 경우

1. 파산신청

(1) 파산신청권자(회생법 제294조)

1) 채권자 또는 채무자

채권자, 채무자(준채무자)에게 파산신청권을 인정하고 있고, 금융감독위원회 가 일정한 범위의 금융기관에 대하여 파산신청을 할 수 있는 경우가 있다.

가. 채권자

우선권 있는 채권, 후순위 채권, 기한미도래의 채권, 장래의 채권, 정지조건 성취전의 채권의 채권자 모두 포함한다. 별제권자도 별제권을 미리 포기할 필요 없이 파산신청을 할 수 있다. 단, 재단채권에 해당하게 될 채권자의 채

권자는 포함하지 않는다. 종래 우선권 있는 파산채권으로 취급된 임금채권이 재단채권으로 승격된 것과 관련하여 재단채권이 임금채권을 가진 근로자가 파산신청을 할 수 있는지에 대해서는 견해의 대립이 있으나, 실무에서는 파산절차를 통하여 평등변제가 실현될 수 있다는 점과 임금채권자를 보호하기 위하여 마련된 임금채권보장법의 취지를 충분히 살리려면 임금채권자가 파산신청을 함을 허용할 필요가 있다는 점 등을 감안하여 이를 인정하는 방향으로 해석하고 있다.

【쟁점질의와 유권해석】

<파산신청 채권자의 채권의 존속시기>

파산선고시에는 신청인의 채권이 존재하여야 하지만, 파산선고 이후에는 소멸하여도 무방하다.

나. 채무자

채무자도 스스로 파산신청을 할 수 있으며, 채무자 파산신청을 하는 경우에는 파산원인의 소명이 필요하지 않다. 그러나 사실상 실무에서는 신청서와 그 첨부서류에서 파산원인을 소명하는 것이 대부분이다.

다. 금융감독위원회

금융산업의구조개선에관한법률 제2조 제1호 소정의 금융기관 및 신용협동조합 상호신용금고에 대하여는 금융감독위원회가 파산신청을 할 수 있다.

2) 법인의 파산신청권자(회생법 제295조, 제296조)

가. 이사·무한책임사원(회생법 제295조)

민법 그 밖에 다른 법률에 의하여 설립된 법인에 대하여는 이사가 합명회사 또는 합자회사에 대하여는 무한책임사원이, 주식회사 또는 유한회사에 대하여는 이사가 파산신청을 할 수 있다.

나. 일부 이사 등의 파산신청(회생법 제296조)

이사·무한책임사원 또는 청산인의 전원이 하는 파산신청이 아닌 때에는 파산의 원인인 사실을 소명하여야 한다.

다. 청산인

청산인은 청산중인 법인에 대하여 파산신청을 할 수 있다.

3) 법인 아닌 사단 또는 재단의 파산신청권자(회생법 제29조)

채무자가 법인인 경우 그 이사, 무한책임사원, 주식회사의 이사, 청산인 및 이에 준하는 법인의 관리인도 파산신청을 할 수 있다는 규정(회생법 제295조·제296조)은 법인 외의 법인과 법인 아닌 사단 또는 재단으로서 대표자 또는 는 관리자가 있는 그 밖의 법인에도 적용이 된다.

4) 법인해산 후의 파산신청(회생법 제298조)

법인에 대하여는 그 해산 후에도 잔여재산의 인도 또는 분배가 종료하지 아니하는 동안은 파산신청을 할 수 있다.

가. 사법인의 경우

사법인은 일반적으로 파산능력이 있다고 할 수 있다. 공익법인이든 영리법인이든, 민법, 상법상의 법인이든 특별법상의 법인이든 모두 파산능력이 인정된다. 이미 해산하여 청산중에 있는 사법인도 파산능력이 있다. 노동조합도 파산능력이 있다.

나. 권리능력 없는 사단 또는 재단

권리능력 없는 사단 또는 재단으로서 대표자가 있는 것은 파산능력을 인정하나, 민법상의 조합은 단체적 성격이 약하므로 파산능력을 부정한다.

권리능력 없는 사단 또는 재단으로서 대표자가 있는 것	파산능력 인정
민법상의 조합	단체적 성격이 약하므로 파산능력 부정

(2) 파산신청절차

1) 신청서제출

가. 신청서의 기재사항

파산신청은 다음 각호의 사항을 기재한 서면으로 하여야 한다.

① 신청인 및 그 법정대리인의 성명 및 주소

② 채무자가 개인인 경우에는 채무자의 성명·주민등록번호 및 주소

③ 채무자가 개인이 아닌 경우에는 채무자의 상호, 주된 사무소 또는 영업소의 소재지, 대표자의 성명

④ 신청의 취지

⑤ 신청의 원인

⑥ 채무자의 사업목적과 업무의 상황

⑦ 채무자의 발행주식 또는 출자지분의 총수, 자본의 액과 자산, 부채 그 밖의 재산상태

⑧ 채무자의 재산에 대한 다른 절차 또는 처분으로서 신청인이 알고 있는 것

⑨ 채권자가 파산신청을 하는 때에는 그가 가진 채권의 액과 원인

⑩ 주주·지분권자가 파산신청을 하는 때에는 그가 가진 주식 또는 출자지분의 수 또는 액

나. 첨부서류

파산신청서에는 다음 각 호의 서류를 첨부하여야 한다. 다만, 신청과 동시에 첨부할 수 없는 때에는 그 사유를 소명하고 그 후에 지체없이 제출하여야 한다.

① 채권자목록

② 재산목록

③ 그 밖에 대법원규칙이 정하는 서류(규칙 제72조 제1항)

ㄱ) 채무자가 개인인 경우에는 가족관계증명서·주민등록등본·진술서·그 밖에 소명자료

ㄴ) 채무자가 개인이 아닌 경우에는 법인등기부등본·정관·파산신청에 관한 이사회회의록, 그 밖의 소명자료

다. 신청서의 기재방법

① 채무자회사(법인)의 개요

ㄱ) 회사의 사업목적(등기부상의 목적뿐만 아니라 실제의 영업에 대한 구체적 내용을 기재)

ㄴ) 회사의 연혁

ㄷ) 자회사, 관계회사 현황

ㄹ) 회사의 자본 및 주주의 구성(지배주주 및 특수관계인 표시)

ㅁ) 회사의 임원구성 / 종업원(종업원수, 노동조합의 상황, 상부단체와의 관계 등을 기재)

ㅂ) 공장, 영업소 등의 시설(소재지, 규모, 작업내용 등을 기재)

ㅅ) 사업감독관청(특히 학교, 병원, 공원묘지, 복지시설 등 운영하는 재단법인의 경우)

② 업무의 상황

ㄱ) 주요영업종목

ㄴ) 거래처(구매처, 판매처, 거래은행)

③ 자산·부채의 상황(결산서류의 계정과목의 명세에 기하여 작성)

ㄱ) 자산

ⓘ 소유부동산(평가액, 담보설정액, 잉여예상액) / 임차부동산(보증금, 연체차임금등)

ⓘⓘ 현금(보관자) / 예금(종류 및 예대상계 예상)

ⓘⓘⓘ 매출채권(명세, 회수가능성) / 재고품·기계공구·집기비품(명세, 평가액)

ⓘⓥ 전화, 자동차, 유가증권, 출자금(명세, 평가액)

ⓥ 기타(대여금, 계약금, 보험계약, 무체재산권 등)

ㄴ) 부채

ⓘ 부채총액과 채권자총수

ⓘⓘ 은행차입금 / 개인사채 기타차입금 / 일반상거래채무

ⓘⓘⓘ 담보권자, 피담보채권액, 담보목적물

ⓘⓥ 미지급 임금·퇴직금, 체납중인 조세, 공공보험료(산재보상보험료, 의료보험료)등

④ 파산원인의 존재 및 회사가 파산에 이르게 된 사정

ㄱ) 지급정지상황(어음부도, 은행거래정지처분, 폐점, 도망 등)

ㄴ) 채무초과의 사실

ㄷ) 재정적 파탄에 이르게 된 사정 및 그 경과

⑤ 신청시의 상황

ㄱ) 사업계속의 유무

ㄴ) 종업원의 처우(해고 유무, 퇴직금지급 유무, 노동조합의 동향)

ㄷ) 부채정리 상황(임의정리 상황, 사적 채권자집회 유무)

ㄹ) 자산처분 상황(자산의 보전 상황, 채권자에 의한 상환강요, 부인대
상행위 유무 등)

ㅁ) 현금, 고가품, 장부, 등기서류, 대표이사 인감 등의 소재 및 보관상황

ㅂ) 파산관재인이 선임될 경우 파산관재인의 보조자로 일할 수 있는 구
임직원의 범위

라. 회사가 파산을 신청하는 경우의 첨부서류

① 회사등기부등본

② 이사회 회의록(파산신청에 관한 것)

③ 정관

④ 회사안내책자

⑤ 주주명부

⑥ 회사의 조직 일람표

⑦ 취업규칙, 퇴직금규정, 단체협약

⑧ 사원명부 및 회사의 노동조합의 실정

⑨ 과거 3년 내지 5년간의 결산보고서

⑩ 비교대차대조표(3년분 이상)

⑪ 비교손익계산서(3년분 이상)

⑫ 최근의 대차대조표·손익계산서

⑬ 최근의 청산대차대조표·청산재산목록

⑭ 부동산 및 동산목록

⑮ 등기부등본, 등록원부

⑯ 외상매출금 일람표

⑰ 사채원부

⑱ 채권자명부(성명, 주소, 전화, 팩시밀리번호, 담당자, 채권액, 채권의 종류, 담보의 유무, 채무명의 유무, 소송의 계속 여부)

⑲ 담보물건 및 피담보채권 이람표(담보물건은 처분예정가액을 기재)

⑳ 계속중인 가압류, 가처분, 경매, 소송 등의 자료

㉑ 자회사 및 관계회사의 상업등기부등본 및 결산서류

㉒ 채권의 존재 소명자료(어음수표, 계약서, 공정증서, 외상매출금장부등)

㉓ 채무자의 지급정지사실 소명자료(부도처리된 어음수표, 은행거래정지처분 증명서 등)

(3) 파산절차비용의 예납(회생법 제303조)

파산신청을 하는 때에는 법원이 상당하다고 인정하는 금액을 파산절차의 비용으로 미리 납부하여야 한다. 채권자 신청의 경우에는 신청인에게 예납금 납부의무가 있고, 예납명령을 받고도 이에 응하지 않으면 법원은 파산신청을 각하할 수 있다. 반면 자기파산신청(준자기파산신청 포함)의 경우에는 예납금 납부의무가 없고, 국고에서 가지급하도록 되어 있다.

2. 파산선고

(1) 파산의 원인

1) 보통파산원인(회생법 제305조) : 지급불능

① 채무자가 지급을 할 수 없는 때(지급불능)에는 법원은 신청에 의하여 결정으로 파산을 선고한다. 변제능력이 부족한 관계로 변제기가 도래한 채무를 일반적, 계속적으로 변제할 수 없는 객관적 상태에 있는 것을 지급불능이라 한다. 비록 재산이 없는 경우이더라도 신용을 통한 금원차입에 의한 변제가 가능하면 지급불능으로 판단하기는 어렵고, 부동산 등의 재산이 있더라도 이를 손쉽게 환가할 수 없는 때에는 지급불능으로 볼 수 있다.

② 채무자가 지급을 정지한 경우에는 지급을 할 수 없는 것으로 추정한다.

【쟁점질의와 유권해석】

<지급불능의 의미>

파산법 제116조 제1항은 "채무자가 지급을 할 수 없는 때에는 법원은 신청에 의하여 결정으로써 파산을 선고한다."고 규정하고 있는바, 여기서 '채무자가 지급을 할 수 없는 때' 즉 지급불능이라 함은 채무자가 변제능력이 부족하여 즉시 변제하여야 할 채무를 일반적·계속적으로 변제할 수 없는 객관적 상태를 말한다(대판 1999. 8. 16. 99마 2084).

2) 법인의 파산원인(회생법 제306조) : 채무초과

법인에 대하여는 그 부채의 총액이 자산의 총액을 초과하는 때에도 파산신고를 할 수 있다. 이 규정은 합명회사 및 합자회사의 존립중에는 적용하지 않는다. 채무초과는 합명회사, 합자회사 즉 인적회사를 제외한 법인과 상속재산에 있어서 특유한 파산원인이다. 채무초과란 부채의 총액이 자산의 총액을 초과하는 것을 말한다.

본 규정에서의 부채 및 자산의 개념이 반드시 회계상의 개념과 일치하는 것은 아니다. 이에 따라 대차대조표상 부채가 자산을 초과한다고 해서 바로 채무초과라고 할 수 있는 것은 아님을 유의해야 한다.

【쟁점질의와 유권해석】

<자산의 평가기준>

자산의 평가 기준에 관하여는 견해의 대립이 있으나, 파산신청의 대상인 기업이 계속적인 기업활동을 예정하고 있는지 여부에 따라 판단하는 것이 타당하다고 본다. 만약 해당 기업이 계속적인 기업활동을 예정하고 있는 경우라면 계속기업가치가 자산을 평가하는 기준이 될것이고, 짧은 기간 안에 기업활동의 종료를 예정하고 있는 경우라면 자산의 평가는 청산가치를 기준으로 해야 할 것이다. 그러므로 기업활동이 계속되고 있음에도 불구하고 채권자가 파산신청을 하는 경우에 채무초과 여부는 계속기업가치를 기준으로 판단하는 것이 타당하다.

3) 상속재산의 파산원인(회생법 제307조)

상속인이 상속재산으로 상속채권자 및 유증을 받은 자에 대한 채무를 완제할 수 없는 경우에는 법원은 신청에 의하여 결정으로 파산을 선고한다.

(2) 파산신청의 기각사유(회생법 제309조)

1) 법원은 다음 각호의 어느 하나에 해당하는 때에는 파산신청을 기각할 수 있다.

① 법원은 신청인이 절차의 비용을 미리 납부하지 아니한 때

② 법원에 회생절차 또는 개인회생절차가 계속되어 있고 그 절차에 의함이 채권자 일반의 이익에 부합하는 때

③ 채무자에게 파산원인이 존재하지 아니한 때

④ 신청인이 소재불명인 때

⑤ 그 밖에 신청이 성실하지 아니한 때

2) 법원은 채무자에게 비록 파산원인이 존재하는 경우일지라도 파산신청이 파산절차의 남용에 해당한다고 인정되는 때에는 심문을 거쳐 파산신청을 기각할 수 있다.

(3) 파산선고

1) 파산결정서의 기재사항(회생법 제310조)

파산결정서에는 파산선고의 연월일뿐 아니라 시각도 기재하여야 한다. 이처럼 정확한 시간을 요구하는 것은 파산선고의 효력발생시기가 그 결정의 확정을 기다리지 않고 선고시부터 효력을 발생하므로, 그 시점을 명확하게 할 필요가 있기 때문이다.

2) 파산의 효력발생시기(회생법 제311조)

파선선고는 그 결정의 확정을 기다리지 않고 선고시부터 효력을 발생한다.

3) 파산선고와 동시에 정하여야 하는 사항(회생법 제312조)

법원은 파산선고와 동시에 파산관재인을 선임하고 채권신고의 기간, 제1회 채권자집회의 기일, 채권조사의 기일을 정하여야 한다.

가. 파산관재인 선임

파산선고와 파산관재인을 동시에 선임하는 때에는 파산결정문에 그 취지를 기재한다. 파산선고 직후에 파산결정 정본을 파산관재인에게 송달하고, 파산관재인 자격증명서(선임증)의 원본을 교부한다.

파산관재인을 선임하는 경우에는 파산관재인의 성명과 주소를 공고하고, 채권자에게 이를 기재한 서면을 송달한다. 실무상 관재업무의 편의를 위하여 결정문 등에는 파산관재인의 주소를 기재하기보다는 파산관재인의 사무실 소재지를 기재하는 경우가 더 많다.

나. 채권신고기간, 제1회 채권자집회 기일, 채권조사기일 결정

① 채권신고의 기간 - 파산선고일로부터 2주 이상 3월이하

② 제1회 채권집회의 기일 - 파산선고일로부터 4월 이내

③ 채권조사의 기일 - 채권조사의 기일과 채권신고기간의 말일 사이에는 1주 이상 1월 이하의 기간이 있어야 한다.

4) 파산선고의 공고 및 송달(회생법 제313조)

가. 공 고

법원은 파산선고를 한 때에는 즉시 다음의 사항을 공고하여야 한다.

① 파산결정의 주문

② 파산관재인의 성명 및 주소 또는 사무소

③ 채무자회생및파산에관한법률 제312조의 규정에 의한 기간 및 기일

④ 파산선고를 받은 채무자의 채무자와 파산재단에 속하는 재산의 소유자는 파산선고를 받은 채무자에게 변제를 하거나 그 재산을 교부하여서는 아니된다는 뜻의 명령

⑤ 파산선고를 받은 채무자와 파산재단에 속하는 재산의 소유자에 대하여 다음의 각 사항을 일정한 기간 안에 파산관재인에게 신고하여야 한다는 뜻의 명령

ㄱ) 채무를 부담하고 있다는 것

ㄴ) 재산을 소지하고 있다는 것

ㄷ) 소지자가 별제권을 가지고 있는 때에는 그 채권을 가지고 있다는 것

영업자 파산사건이든 비영업자 파산사건이든 나누지 않고 관보와 법원이 지정하는 일간신문에 공고하여야 한다. 또한 전자통신매체(대법원 홈페이지, 법원공고란)를 이용하여 할 수 있다.

나. 송 달

법원은 알고 있는 채권자, 채무자 및 재산소지자에게는 공고사항을 기재한 서면을 송달하여야 한다. 실무상으로는 파산관재인이 선임되는 즉시 채권자들의 성명, 주소 등을 정확히 파악하도록 한 후에 파산관재인 또는 그 보조자들의 도움을 얻어 발송하도록 하고 있다. 송달방법으로는 등기우편에 의한 발송송달을 이용하고 있다. 이 때 채권자들에 대한 통지서외에 채권신고서 용지, 채권신고에 관한 주의사항 및 채권자집회기일 소환장을 동봉한다.

5) 파산선고와 동시에 하는 파산폐지(회생법 제317조)

가. 요 건

파산선고시에 파산재단으로써 파산절차의 비용을 충당하기에는 충분하지 않다고 인정되는 경우에는 파산선고와 동시에 파산폐지의 결정을 한다. 이것을 실무상 동시폐지라고 하고, 선고 후에 폐지되는 이시폐지와 구별된다. 동시폐지의 결정에 의하여 파산절차는 장래를 향하여 해지된다.

나. 공 고

파산선고와 동시에 하는 파산폐지의 결정을 한 때에는 파산결정의 주문과 파산폐지결정의 주문 및 이유의 요지를 공고하여야 한다.

6) 채무자 등의 구인

가. 파산선고를 받은 채무자의 구인(회생법 제319조)

법원은 필요하다고 인정하는 때에는 파산선고를 받은 채무자를 구인하도록 명할 수 있다. 구인은 실무상 파산관재인에 대한 설명에 파산선고를 받은 채무자 등이 응하지 않는 경우이거나, 법원의 심문을 위한 소환에 응하지 않는 때에 행하여진다. 구인장은 법원이 발부하며, 형사소송법상 구인의 규정이 준용된다. 구인결정에 대하여는 즉시항고를 할 수 있다.

나. 파산선고를 받은 채무자의 법정대리인 등의 구인(회생법 제320조)

파산선고를 받은 채무자의 법정대리인, 이사, 지배인과 상속재산에 대한 파산의 경우 상속인과 그 법정대리인 및 지배인은 채무자회생및파산에관한법률 제319조를 준용하여 구인할 수 있다.

다. 파산선고 전의 구인(회생법 제322조)

파산의 신청이 있는 때에는 법원은 파산선고 전이라도 채무자와 채무자의 법정대리인, 이사, 지배인과 상속재산에 대한 파산의 경우 상속인과 그 법정대리인 및 지배인의 구인을 명할 수 있다.

이 경우의 구인에도 형사소송법의 구인에 관한 규정이 준용되며, 즉시 항
고할 수 있다.

(4) 파산선고 전의 보전처분(회생법 제323조)

1) 보전처분의 필요성

채무자는 파산신청 있은 후에도 파산선고결정이 있기 전까지는 그 신상에
아무런 구속을 받지 않고(개인의 경우), 자기 재산에 대한 관리처분권도 잃지
않으므로, 파산신청 후 심리 중에도(개인의 경우), 자기 재산에 대한 관리처분
권을 잃게 되지 않으므로, 재산은닉, 일부 채권에 대한 편파변제, 재산의 양도,
담보의 제공 등을 하여 재산을 산일시키는 경우가 자주 있다. 또 일부 채권자
들이 채무자에게 변제, 담보의 제공을 요구하거나 강제집행, 가압류, 가처분 등
에 의해 개별적으로 채권을 추심하려고 하게 되어 타 채권자들의 이익이 침해
되는 경우도 발생하게 된다.

따라서 법 제323조 제1항은 "법원은 파산선고 전이라도 이해관계인의 신청
에 의하거나 직권으로 채무자의 재산에 관하여 가압류·가처분 그 밖에 필요
한 보전처분을 명할 수 있다"고 규정하고 있다.

2) 관 할

파산법원의 전속관할이다

3) 신청권자

가. 인적보전처분의 경우

인적보전처분은 이해관계인에게 신청권이 없고, 이해관계인이 신청을 하더
라도 법원의 직권발동을 촉구하는 의미밖에 없다.

나. 물적보전처분의 경우

물적보전처분을 신청할 수 있는 자는 신청인, 채무자, 이해관계인이다. 이해
관계인에는 파산채권자, 재단채권자, 별제권자, 이사 등 채무자 법인의 임원, 종
업원 등도 포함된다. 신청인인 채권자가 보전처분을 신청하는 경우에는, 채권자
가 채무자를 압박하여 채권을 회수한 후 신청을 취하하는 경우가 있을 수 있으
므로, 보전처분 발령 여부의 판단에 신중을 기하여야 할 것이다.

다. 직권에 의한 보전처분

법원이 직권으로도 보전처분을 할 수 있다. 그리고 파산신청이 있는 경우에 보전처분을 할 수 있다고 규정하고 있으나, 실무상으로는 관련파산의 경우에도 직권으로 보전처분을 하고 있다. 즉 채무자회생이 폐지되는 경우에 채권자들이 선행절차의 폐지 이후부터는 앞다투어 추심에 나서고 채무자는 재산을 은닉하려는 경우가 있기 때문이다.

4) 법원의 보전처분의 결정

법원의 보전처분의 결정은 보전처분신청의 내용에 구속되지 아니하므로 심리를 거쳐 필요하다고 인정되는 내용의 보전처분을 발령하면 되는 것이고, 신청한 보전처분과 다른 내용의 보전처분을 부가하여 발령하는 것도 가능하다.

5) 불복신청

보전처분에 대하여는 즉시항고를 할 수 있으며, 이 즉시항고에는 집행정지의 효력이 없다. 그러나 실무상 즉시항고가 있고 그것이 이유 있다고 판단되면 법원이 보전처분을 변경, 취소하는 것으로 처리하는 것이 간편하다.

3. 법률행위에 관한 파산의 효력

(1) 총 칙

1) 해산한 법인의 존속 간주(회생법 제328조)

해산한 법인은 파산의 결정이 있기 전까지 파산의 목적의 범위 안에서는 법인이 아직 존속하는 것으로 본다.

2) 채무자의 파산선고 후의 법률행위의 효력(회생법 제329조)

파산선고가 내려진 경우에 파산자는 파산재단을 구성하는 재산에 관한 관리처분권을 잃고, 이 관리처분권은 파산관재인에게 전속하게 된다. 따라서 파산선고 후 파산자가 재단 소속 재산에 관하여 한 법률행위는 권한 없는 행위가 되어 파산채권자에 대항할 수 없다.(상대적 무효)

그리고 채무자가 파산선고일에 한 법률행위는 파산선고 후에 한 것으로 추정한다.

【쟁점질의와 유권해석】

<파산자가 파산선고 전에 상대방과 통정허위표시를 한 경우 그로 인해 형성된 모든 법률관계에 관하여 파산관재인에게 대행할 수 없는지 여부>

파산자가 파산선고 전에 상대방과 통정한 허위의 의사표시를 통하여 가장채권을 보유하고 있다가 파산이 선고된 경우, 파산관재인은 민법 제108조 제2항의 제3자에 해당하므로 상대방이 파산관재인에게 통정허위표시임을 들어 그 가장채권의 무효임을 대항할 수 없다 할 것이지만, 위 민법 제108조 제2항과 같은 특별한 제한이 있는 경우를 제외하고는 채무의 소멸 등 파산 전에 파산자와 상대방 사이에 형성된 모든 법률관계에 관하여 파산관재인에게 대항할 수 없는 것은 아니라 할 것이며, 그 경우 파산자와 상대방 사이에 일정한 법률효과가 발생하였는지 여부에 대하여는 파산관재인의 입장에서 형식적으로 판단할 것이 아니라 파산자와 상대방 사이의 실질적 법률관계를 기초로 판단하여야 한다(대판 2005. 5. 12. 2004다68366).

3) 파산선고 후의 법률행위에 의하지 아니한 권리취득의 효력(회생법 제330조)

채무자에 대한 파산선고가 있으면 파산재단에 속하는 재산에 관하여 채무자의 법률행위에 의하지 아니하고 권리를 취득한 경우에도 그 취득은 파산채권자에게 대항할 수 없다. 파산선고일에 권리를 취득한 행위는 파산선고 후에 한 것으로 추정한다.

4) 파산선고 후의 등기·등록 등의 효력(회생법 제331조)

부동산 또는 선박에 관하여 파산선고 전에 생긴 채무의 이행으로서 파산선고 후에 한 등기 또는 가등기는 파산채권자에게 대항할 수 없다. 다만, 등기권리자가 파산선고의 사실을 알지 못하고 한 등기에 관하여는 그러지 않는다. 이는 권리의 설정·이전 또는 변경에 관한 등록 또는 가등록에 관하여 준용한다.

5) 파산선고 후 채무자에 대한 변제(회생법 제332조)

파산선고 후에 그 사실을 알지 못하고 채무자에게 한 변제는 이로써 파산채권자에게 대항할 수 있다. 파산선고 후에 그 사실을 알고 채무자에게 한 변제는 파산재단이 받은 이익의 한도 안에서만 파산채권자에게 대항할 수 있다.

파산선고 후 선의로 채무자에게 한 변제	파산채권자에게 대항할 수 있다
파산선고 후 악의로 채무자에게 한 변제	받은 이익의 한도내에서 파산채권자에게 대항할 수 없다

6) 파산선고 후의 어음의 인수 또는 지급(회생법 제333조)

① 환어음의 발행인 또는 배서인이 파산선고를 받은 경우 지급인 또는 예비지급인이 그 사실을 알지 못하고 인수 또는 지급을 한 때에는 이로 인하여 생긴 채권에 관하여 파산채권자로서 그 권리를 행사 할 수 있다.

② 발행인 또는 배서인이 파산선고를 받은 경우 지급인 또는 예비지급인이 그 사실을 알지 못하고 수표와 금전 그 밖의 물건에 대해 인수 또는 지급을 한 때에는 파산채권자로서 그 권리를 행사 할 수 있다.

【쟁점질의와 유권해석】

<약속어음발행인의 파산 등 경우와 만기전 소구권 행사 가능 여부>

어음은 제시증권이므로 어음금의 지급을 청구하기 위해서는 채권자는 어음을 제시하여야 하고 그 제시는 제시기간 내에 하여야 한다. 즉 만기의 기재가 있는 어음의 경우에는 만기일과 이에 이은 2거래일 이내에 제시하여야 하고 일람출급어음의 경우에는 원칙적으로 발행일로부터 1년 이내에 제시하여야 한다(어음법 제38조). 그런데 위와 같이 획일적으로 해석한다면 발행인의 파산이 확실함에도 단지 만기일이 도래하지 아니하였다는 이유만으로 가만히 앉아서 손해를 보는 경우가 생기게 된다.

그러나 이에 관하여 판례를 보면 "어음법은 약속어음의 경우에 환어음의 경우와 같은 만기 전 소구에 관한 규정을 두고 있지 않으나, 약속어음에 있어서도 발행인의 파산이나 지급정지 기타 그 자력을 불확실케 하는 사유로 말미암아 만기에 지급거절이 될 것이 예상되는 경우에는 만기 전의 소구가 가능하다고 보아야 할 것인바, 이 사건 약속어음과 동일인 발행명의의 다른 약속어음이 모두 부도가 된 상황이라면 특별한 사정이 없는 한 이 사건 약속어음도 만기에 지급거절이 될 것이 예상된다고 하겠으므로, 그 소지인은 만기 전이라고 할지라도 일단 지급제시를 한 후 배서인에게 소구권을 행사할 수 있다."고 하였다(대판 1984. 7. 10. 선고 84다카424, 425).

따라서 만기 전에 지급제시를 한 후 부도처리되면 배서인 등에게 어음금의 지급을 청구할 수 있다.

(2) 중요 법률행위에 관한 파산의 효력

1) 쌍방미이행 쌍무계약(회생법 제335조)

쌍무계약에 관하여 채무자 및 그 상대방이 모두 파산선고 당시 아직 이행을 완료하지 아니한 때에는 파산관재인은 계약을 해제 또는 해지하거나 채무자의 채무를 이행하고 상대방의 채무이행을 청구할 수 있다.

채무자 회생 및 파산에 관한 법률 제335조 소정의 쌍무계약이란 쌍방당사자가 상호 대등한 대가관계에 있는 채무를 부담하는 계약으로서, 쌍방의 채무 사이에는 성립·이행·존속상 법률적·경제적으로 견련성을 갖고 있어서 서로 담보로써 기능을 하는 것을 가리킨다(대판 2004. 2. 27. 2001다52759). 미이행의 정도는 문제되지 않는다. 전혀 이행하지 않은 경우와, 일부만 이행된 경우도 포함하고, 일부만 이행된 경우일지라도 그 비율은 문제되지 않는다.

【쟁점질의와 유권해석】

<상대방이 파산을 이유로 계약해제를 할 수 있는지 여부>

상대방은 파산을 이유로 하는 해제는 허용되지 않으며(민법의 경우 상대방이 해제권을 가지는 경우에도 파산관재인이 이행을 선택하면 상대방은 해제할 수 없다고 해석된다), 양당사자의 어느 일방에 파산신청 등이 되어 있는 때에는 계약을 해제할 수 있다는 특약을 맺은 경우라 하더라도 이 특약은 파산절차와의 관계에서는 실질적으로는 효력이 없는 것으로 해석된다.

2) 매매계약

가. 매도인이 파산한 경우

① 매도인의 인도의무, 매수인의 대금지급의무가 모두 미이행인 경우

이러한 경우에는 쌍방미이행 쌍무계약이 되므로 파산관재인은 채무의 이행 또는 계약의 해제를 선택할 수 있다. 파산관재인은 법원의 허가 또는 감사위원의 동의를 얻어 이행을 선택할 수 있다. 또한 상대방은 파산관재인에 대하여 이행 여부에 대해서 최고를 할 수 있고, 확답이 없는 경우에는 계약은 해제된 것으로 간주된다.

② 매도인의 인도의무가 미이행이고 매수인의 대금지급의무가 이행 완료된

경우

이러한 경우에는 매수인의 목적물 인도청구권은 파산채권이 되고 금전화될 수밖에 없게 된다. 파산선고 전에 일부 매매대금의 지급의무를 지체한 매수인의 매매대금 반환청구권 또는 목적물 인도청구권(이행되는 경우)은 재단채권으로 행사할 수 있으나, 매매대금 전액을 지급한 매수인은 파산채권자로서 배당을 받는 데 만족해야 하므로, 예컨대 동일한 아파트의 분양자 사이에서도 매도인의 파산선고에 의하여 법률상 지위가 크게 달라지게 되는 결과가 된다.

③ 매도인의 인도의무가 이행 완료되고 매수인의 대금지급의무가 미이행인 경우

매도인이 가지는 매매대금채권은 파산재단에 귀속되므로, 파산관재인은 매수인에 대하여 매매대금의 지급을 청구할 수 있다.

나. 매수인이 파산한 경우

매도인의 인도의무와 매수인의 대금지급의무가 모두 미이행 상태인 경우 쌍방 미이행 쌍무계약이므로 본조가 적용된다.

3) 지급결제제도 등에 대한 특칙(회생법 제336조)

채무자회생및파산에관한법률 제120조(지급결제제도 등에 대한 특칙)의 규정에서 지급결제제도 또는 청산결제제도의 참가자 또는 적격금융거래의 당사자 일방에 대하여 파산선고가 있는 경우에도 이를 적용한다.

4) 임대차계약(회생법 제340조)

임대차계약은 전형적인 쌍무계약으로서 본조가 적용되고, 파산관재인으로 하여금 계약의 해지 또는 이행을 선택하게 하여 계약관계를 처리하는 것이 원칙이다. 그러나 임차인이 파산한 경우에는 민법 및 주택임대차보호법의 규정에 따라 위 원칙이 적용되지 않는 경우가 있다.

가. 임대인이 파산한 경우

임대차도 쌍무계약이므로 회생법 제335조의 규정에 따라 파산관재인은 임대차계약을 해지할 수 있다.

임대인이 파산선고를 받은 경우에 임차인이 다음의 어느 하나에 해당하는 때에는 법 제335조의 규정을 적용하지 아니한다. 따라서 파산관재인은 임대

차계약을 해지하지 못한다.

① 주택임대차보호법 제3조 제1항의 대항요건을 갖춘 때

② 상가건물임대차보호법 제3조의 대항요건을 갖춘 때

【쟁점질의와 유권해석】

<임대인이 파산한 경우 임차보증금의 처리>

임차보증금반환채권은 정지조건부 파산채권으로서 임대차계약에 부수하여 파산선고 전부터 성립되어 있는 채권으로서 임대차계약이 종료되고 임차물의 명도가 완료된 후에 미지급 차임 등이 없는 경우에만 현실로 반환을 청구할 수 있다.

그러나 일정한 범위에서 차임과의 상계가 인정되고 있으므로 이 한도에서는 사실상 우선권이 보장되어 있다고 할 수 있다.

나. 임차인이 파산한 경우

임차인의 파산에 관한 민법 제637조가 본 조의 특칙이므로, 계약기간이 정하여져 있는 경우라 할지라도 파산관재인뿐만 아니라 임대인도 파산을 이유로 민법 635조의 규정에 의하여 계약을 해지할 수 있다. 이 경우 상대방에 대하여 해지로 인한 손해의 배상을 청구하지 는 못한다. 다만 주택임대차보호법 제4조의 임대차기간에 관한 강행규정이 적용되는 경우에는 해지가 제한된다. 민법 제635조 제2항 소정의 기간이 경과하면 임대차는 종료한다.

【쟁점질의와 유권해석】

<주택 임차인이 파산선고 또는 그 신청을 받은 경우 곧바로 계약을 해제할 수 있다 는 특약의 효력 유무>

위와 같은 경우에는 임대인은 바로 계약을 해지할 수 있다는 취지의 특약을 한 경우 일지라도 임대인의 해지를 제한하는 주택임대차보호법의 취지에 반하여 무효라고 해석된다.

5) 도급계약(회생법 제341조)

도급계약도 일종의 쌍무계약으로서 본 조가 적용되는 것이 원칙이다.

민법에 도급인 파산에 관하여 특칙이 있고, 그 밖에 도급의 특수성에서 비롯되는 예외적인 취급이 문제되는 경우가 있다.

가. 도급인이 파산한 경우

도급인이 파산한 경우에는 민법 제674조가 본 조의 특칙으로서 적용된다. 따라서 수급인 및 파산관재인 양 쪽 모두 파산을 이유로 계약을 해제할 수 있다. 계약이 해제된 경우에는 해제시까지 기성부분에 대한 수급인의 보수 및 비용청구권은 파산채권이 되고, 해제시까지의 완성된 결과는 도급인 즉 파산재단에 귀속한다.

나. 수급인이 파산한 경우

수급인이 파산한 경우에는 제335조가 적용된다. 이에 따라 파산관재인에게 계약의 해제 또는 이행의 선택권이 있다. 파산자의 개인적 노무의 제공을 목적으로 하는 계약의 경우라도 파산관재인은 이행의 선택을 함으로써, 또는 파산재단의 이익을 위한 개입권의 행사를 통해파산자에게 일의 완성을 구하거나 또는 제 3자로 하여금 이를 완성하게 할 수 있다. 파산자의 노무제공의 완성에 따른 보수청구권은 파산재단에 귀속하고, 일을 한 파산자 또는 제3자의 노임은 재단채권이 된다.

【쟁점질의와 유권해석】

<도급인이나 위임의 당사자 일방이 파산선고를 받은 경우에도 쌍방 미이행 쌍무계약에 관한 규정이 적용되는지 여부>

도급인이나 위임의 당사자 일방이 파산선고를 받은 경우에는 당사자 쌍방이 이행을 완료하지 아니한 쌍무계약의 해제 또는 이행에 관한 파산법 제50조 제1항(현행 채무자 회생 및 파산에 관한 법률 제335조 제1항)이 적용될 여지가 없고, 도급인이 파산선고를 받은 경우에는 민법 제674조 제1항에 의하여 수급인 또는 파산관재인이 계약을 해제할 수 있고, 위임의 당사자 일방이 파산선고를 받은 경우에는 민법 제690조에 의하여 위임계약이 당연히 종료된다고 할 것이며, 위와 같은 도급계약의 해제 및 위임계약의 종료는 그 각 조문의 해석상 장래에 향하여 도급 및 위임의 효력을 소멸시키는 것을 의미한다(대판 2002. 8. 7. 2000다13624).

6) 위임계약(회생법 제342조)

가. 위임자가 파산한 경우

수임자가 파산선고를 통지받지 아니하고 파산선고 사실도 알지 못하고 위임사무를 처리한 때에는 위임사무 처리로 인하여 파산선고를 받은 자에게 생긴 채권에 관하여 수임자는 파산채권자로서 그 권리를 행사할 수 있다.

나. 수임자가 파산한 경우

수임자가 파산한 경우에도 위임관계는 종료한다(민법 제690조 전문). 위임 계약에 기하여 수임자에게 수여되어 있던 대리권도 소멸한다(민법 제127조 제2호).

7) 상호계산(회생법 제343조)

상호계산은 당사자의 일방이 파산선고를 받은 때에는 종료한다. 상호계산을 하고 있던 양당사중 어느 일방이 파산선고를 받은 경우 각 당사자는 계산을 폐쇄하고 잔액의 지급을 청구할 수 있다.

이 청구권을 채무자가 가지는 때에는 파산재단에 속하고, 상대방이 가지는 때에는 파산채권이 된다.

8) 공유자의 파산(회생법 제344조)

공유자 중에 파산선고를 받은 자가 있는 때에는 분할하지 아니한다는 약정 이 있는 때에도 파산절차에 의하지 아니하고 그 분할을 할 수 있다.

파산선고를 받은 자가 아닌 다른 공유자는 상당한 대가를 지급하고 그 파산 선고를 받은 자의 지분을 취득할 수 있다.

(3) 파산재단에 속하는 재산에 관한 소송수계(회생법 제347조)

1) 수계를 할 수 있는 자

파산재단에 속하는 재산에 관하여 파산선고 당시 법원에 계속되어 있는 소 송은 파산관재인 또는 상대방이 이를 수계할 수 있다. 회생법 제335조 제1항의 규정에 의하여 파산관재인이 채무를 이행하는 경우에 상대방이 가지는 청구권 에 관한 소송의 경우에도 또한 같다.

2) 수계의 방법

파산채권에 관한 소송은 파산관재인이 당연히 수계하는 것이 아니라, 상대방 의 채권신고와 그에 대한 채권조사의 결과에 따라 처리한다. 상대방의 채권이 신고되고 채권조사기일에 파산관재인 또는 파산채권자의 이의가 진술되지 아 니하면 파산채권은 확정되게 되므로, 중단되어 있던 소송은 확정판결에 저촉되 는 것으로 간주되어 각하되어야 한다.

3) 파산채권에 관한 제1심의 종국판결 선고 후에 파산선고가 있은 경우

위와 같은 경우에도 신고된 파산채권에 대한 이의자가 수계신청을 하여야 한다.

【쟁점질의와 유권해석】

<소송절차 중단사유를 간과하고 변론이 종결되어 상소심에서 수계절차를 밟은 경우 그 상소와 수계의 적법 여부(적극)>

민사소송법 제217조 및 파산법 제60조에 의하면, 당사자가 파산선고를 받은 때에는 파산재단에 관한 소송절차는 파산관재인 또는 상대방이 수계할 때까지 중단되는바, 파산자의 채무자가 파산자를 상대로 제기한 채무부존재확인을 구하는 소송은 파산재단에 관한 소송 중 파산재단에 속하는 재산에 관한 소송에 해당하므로, 이에 관한 소송절차는 파산자에 대한 파산선고로 당연히 중단되고, 한편 이와 같은 소송절차의 중단사유를 간과하고 변론이 종결되어 판결이 선고된 경우 그 판결은 소송에 관여할 수 있는 적법한 수계인의 권한을 배제한 결과가 되어 절차상 위법하나 이를 당연무효라고 할 수는 없고, 대리인에 의하여 적법하게 대리되지 않았던 경우와 마찬가지로 대리권 흠결을 이유로 한 상소 또는 재심에 의하여 그 취소를 구할 수 있으며, 상소심에서 수계절차를 밟은 경우에는 그와 같은 절차상의 하자는 치유되고 그 수계와 상소는 적법한 것으로 된다(대판 1999. 12. 28. 99다8971).

(4) 강제집행 및 보전처분에 대한 효력(회생법 제348조)

1) 파산재단에 속하는 재산에 대한 강제집행 등의 효력 상실

파산선고가 내려지면 파산채권자의 개별적인 권리행사가 금지된다. 파산선고 전에 파산재단 소속의 재산에 대하여 파산채권에 기하여 한 강제집행, 보전처분은 파산재단에 대하여는 그 효력을 잃는다.

따라서 파산관재인은 기존의 강제집행처분에 구속 받지 아니하고 파산재단 소속 재산을 파산법원의 허가를 얻어 자유로이 관리 처분할 수 있다.

2) 파산관재인의 강제집행절차의 속행

파산관재인이 종전의 강제집행절차를 속행하는 편이 신속하고 고가로 매각하여 파산재단에 도움이 되겠다고 판단한 경우에는 그 강제집행절차를 스스로 속행할 수 있다.

이럴 경우 집행기관에 대하여 파산관재인은 채무자가 파산선고를 받았고 파산관재인이 선임된 사실을 알리고 소명자료를 첨부하여 강제집행절차를 속행하겠다는 취지의 신청을 하여야 한다.

파산관재인이 강제집행의 절차의 속행을 하는 때의 비용은 재단채권으로 하고, 강제집행에 대한 제3자 이의의 소에서는 파산관재인을 피고로 한다.

제3자이의 소의 계속 시기는 파산선고 직후를 묻지 않는다. 이미 계속되어 있는 경우에는 피고의 지위를 파산관재인이 수계하여야 한다.

3) 강제집행의 실효의 범위

파산선고에 기한 강제집행의 실효는 파산절차와의 관계에서 상대적으로 생기는 것이다. 압류의 단계에서 파산선고가 되었으나 파산관재인이 환가하지 않은 채 파산이 해지되면, 집행채권자는 그대로 집행절차를 속행할 수 있다. 실효한 가압류의 경우일지라도 목적물이 파산자의 소유에 남아 있으면 부활하게 된다. 파산선고와 동시에 파산절차가 폐지되는 때에는 파산재단 자체가 처음부터 성립하지 않으므로, 본 조가 적용되지 않는다. 따라서 파산선고 전에 파산자 소유재산에 관하여 진행중인던 강제집행, 가압류, 가처분은 실효되지 않고 그대로 진행된다.

(5) 체납처분에 대한 효력(회생법 제349조)

1) 파산선고 전에 체납처분을 한 경우

파산선고 전에 파산재단에 속하는 재산에 대하여 국세징수법 또는 지방세징수법에 의하여 징수할 수 있는 청구권(국세징수의 예에 의하여 징수할 수 있는 청구권으로서 그 징수순위가 일반 파산채권보다 우선하는 것을 포함)에 기한 체납처분을 한 때에는 파산선고는 그 처분의 속행을 방해하지 않는다(법 제349조 제1항). 조세채권은 재단채권으로서 수시변제를 받을 수 있고, 공익적 성격이 강하다는 점이 고려되어 파산선고 전에 착수한 것에 한하여 체납처분의 속행을 인정한 것이다.

2) 파산선고 후의 체납처분의 가부

파산선고 후에는 파산재단에 속하는 재산에 대하여 국세징수법 또는 지방세징수법에 의하여 징수할 수 있는 청구권(국세징수의 예에 의하여 징수할 수 있는 청구권 포함)에 기한 체납처분을 할 수 없다.

(6) 행정사건에 대한 효력(회생법 제350조)

파산재단 소속 재산에 관하여 파산선고 당시 행정청에 사건이 계속되어 있
는 경우에는 그 절차가 파산관재인에 의한 수계 또는 파산절차의 해지가 있
을 때까지 중단된다. 파산재단에 속하는 재산이란 반드시 실질적으로 파산재
단에 속할 것을 요하는 것은 아니며 그 재산이 형식상 파산재단에 속한 것
이라고 인정되면 족하다. 행정청에 계속하는 사건의 예로는 행정청의 처분에
대한 불복신청사건, 특허심판사건, 노동위원회에 계속중인 부당노동행위 심사
에 관한 사건, 토지수용위원회의 재결에 대한 불복사건 등을 들 수 있다. 중
단될 절차는 파산관재인 또는 상대방이 수계할 수 있으며, 그 절차비용은 재
단채권이 된다.

4. 법인의 이사등의 책임

(1) 법인의 이사등의 재산에 대한 보전처분(회생법 제351조)

① 법원은 법인인 채무자에 대하여 파산선고가 있는 경우 필요하다고 인정
하는 때에는 파산관재인의 신청에 의하거나 직권으로 채무자의 발기인·
이사(「상법」제401조의2제1항의 규정에 의하여 이사로 보는 자를 포함
한다), 감사·검사인 또는 청산인에 대한 출자이행청구권 또는 이사등 의
책임에 기한 손해배상청구권을 보전하기 위하여 이사 등의 재산에 대한
보전처분을 할 수 있다.

② 파산관재인이 위의 청구권이 있음을 알게 된 경우에는 법원에 재산에
대한 보전처분을 신청하여야 한다.

③ 법원은 긴급한 필요가 있다고 인정하는 때에는 파산선고 전이라도 채무
자의 신청에 의하거나 직권으로 이사 등의 재산에 대한 보전처분을 할
수 있다.

(2) 손해배상청구권 등의 조사확정재판(회생법 제352조)

① 법원은 법인인 채무자에 대하여 파산선고가 있는 경우 필요하다고 인정
하는 때에는 파산관재인의 신청에 의하거나 직권으로 이사등에 대한 출
자이행청구권이나 이사등의 책임에 기한 손해배상청구권의 존부와 그
내용을 조사확정하는 재판을 할 수 있다. 손해배상청구권 등의 조사확정
재판신청서(파산절차)에는 1,000원의 인지를 붙인다.

② 파산관재인은 이사등에 대한 출자이행청구권이나 이사등의 책임에 기한 손해배상청구권이 있음을 알게 된 때에는 법원에 손배상청구권의 존부와 그 내용을 조사확정하는 재판을 신청하여야 한다.

Ⅱ. 파산절차의 기관

◨ 핵 심 사 항 ◨

1. 파산관재인(법 제355조) : 파산관재인은 관리위원회의 의견을 들어 법원이 선임한다.
2. 채권자집회(법 제367조) : 파산채권자의 집회로서 파산채권자의 의견을 들어 파산절차에 반영시키기 위하여 법원의 지휘 하에 개최되어 파산법원이 소집하고 법정 사항을 결의하거나 파산관재인 및 파산자 또는 이에 준하는 자로부터 보고 및 설명을 들을 수 있는 권한을 가진다.
3. 감사위원(법 제376조) : 제1회 채권자집회에서 감사위원의 설치가 필요하다는 제안이 있는 경우에는 그 설치 여부 및 감사위원의 수를 의결할 수 있다. 다만, 제1회 후의 채권자집회에서 그 결의를 변경할 수 있다.

1. 파산관재인

(1) 파산관재인의 선임

1) 선임절차(회생법 제355조)

채무자심문 등을 통하여 파산관재인 선임이 필요하다고 판단된 경우에는 비용 예납 여부를 확인한 후 즉시 파산관재인 선정에 착수한다. 법원이 이처럼 파산관재인을 선임하는 경우 관리위원회의 의견을 들어 선임한다. 법인도 파산관재인이 될 수 있는데, 이 경우 그 법인은 이사 중에서 파산관재인의 직무를 행할 자를 지명하고 이를 법원에 신고해야 한다.

2) 파산관재인의 수(회생법 제356조)

가. 원칙적으로 1인 선임, 예외적으로 수인 선임

파산관재인은 1인으로 하는 것을 원칙으로 한다. 다만, 법원이 필요하다고 인정하는 때에는 수인을 선임할 수 있다. 파산관재인이 여럿인 사례는 다음과 같다.

① 예금보험공사 또는 그 임직원을 파산관재인으로 선임하도록 규정하고 있는 공적자금관리특별법 제20조 제1항과 채무자회생및파산에관한법률 제356조 단서에 따라 예금보험공사 소속직원과 변호사가 공동으로 파산관재인으로 선임된 경우

② 복수의 파산관재인을 선임하는 것이 필요한 경우로는 이해관계인이 다수이고 전국적으로 분포되어 있어 그 권리관계가 복잡하고, 파산재단 소속 재산도 전국 여러 곳에 분산되어 있어 그 형태의 대형 파산사건

③ 영업을 계속하는 대형 건설회사에서 그 사례를 볼 수 있다.

나. 파산관재인이 여럿인 경우의 직무집행(회생법 제360조)

① 파산관재인이 여럿인 때에는 공동으로 그 직무를 수행한다. 이 경우 법원의 허가를 받아 직무를 분장할 수 있다.

② 파산관재인이 여럿인 때에는 제3자의 의사표시는 그 중 1인에 대하여 하면 된다.

【쟁점질의와 유권해석】

<파산관재인이 여럿인 경우 그 중 1인이 단독으로 행한 행위의 효력>

파산관재인이 여럿 선임된 경우에, 그 중 1인의 파산관재인이 단독으로 행한 행위의 효력에 관하여는 특별한 정함이 없으나, 대내적으로는 무효이지만 대외적으로는 선의의 제3자에 대하여는 그 무효를 주장할 수 없다고 해석하여야 할 것이다.

다. 자격증명서(회생법 제357조)

파산관재인은 따로 선임 결정서를 작성하지는 않는다. 다만 파산관재인은 파산선고와 동시에 선임되고, 파산선고 결정서 가운데 기재하면 된다. 다만 파산관재인의 성명 및 주소는 공고 및 송달의 내용이 되고, 그 변경이 있는 경우에도 공고 및 송달의 내용이 된다.

법원은 파산관재인에게 그 선임을 증명하는 서면을 교부하여야 한다.

파산선고일에 파산관재인은 법원에 출석하여 선임증을 법원으로부터 교부받음과 동시에 그 직에 취임한다. 파산관재인이 직무를 행함에 있어서 이해관계인으로부터 청구가 있는 경우에는 위 선임증을 제시하여야 한다. 이에 따라 법원은 파산선고 전에 선임증을 미리 작성하여 소속 법원장의 직인을 받아두도록 한다.

라. 파산관재인에 대한 법원의 감독(회생법 제358조)

파산관재인은 법원의 감독을 받는다. 법원은 파산관재인에 대한 일반적 감독권을 갖고있다. 일반적 감독권을 통해 정기보고와 기타 관재업무의 수행 상황의 보고를 명할 수 있고, 파산관재인은 이 명령에 응하여 보고할 의무가 있다.

(2) 당사자적격(회생법 제359조)

파산관재인은 파산선고 후 즉시 파산재단의 점유관리에 착수하고, 파산재단에 관한 소송에 관하여는 당사자로서 소송행위를 한다. 즉, 파산관재인이 원고 또는 피고가 된다.

핵 심 판 례

■ 파산관재인에게 당사자적격을 인정한 취지

파산법이 파산관재인에게 파산재단에 관한 소에 있어 원고 또는 피고가 된다고 한 것은 소송법상의 법기술적인 요청에서 당사자적격을 인정한 것 뿐이지, 자기의 이름으로 소송행위를 한다고 하여도 파산관재인 스스로 실체법상이나 소송법상의 효과를 받은 것은 아니고 어디까지나 타인의 권리를 기초로 하여 실질적으로는 이것을 대리 내지 대표하는 것에 지나지 않는 것인바, 파산관재인이 건물명도단행가처분신청을 하였다가 재판상 화해를 함에 있어 법원에 허가신청을 하였으나 그 신청이 불허가 되었음에도 불구하고 감사위원의 동의나 채권자집회의 결의도 없이 피신청인과의 사이에 재판상 화해를 하였다면 이는 소송행위를 함에 필요한 수권의 흠결이 있는 것으로서 민사소송법 제451조 제1항 제3호 소정의 재심사유에 해당한다. (대법원 1990. 11. 13. 선고 88다카26987 판결)

(3) 파산관재인의 의무 등(회생법 제361조)

1) 선관주의의무

가. 의 의

파산관재인은 선량한 관리자로써 그 직무를 행하여야 한다. 즉 적정하고 신속한 직무수행에 관하여 파산관재인으로서 일반적, 평균적으로 요구되는 주의의무를 다하여야 한다.

【쟁점질의와 유권해석】

<파산관재인의 선관주의의무에 위반되는 사례>

① 재단에 속한 추심 가능한 매출금채권의 회수에 관하여 지급명령 신청 등 적절한 수단을 취하지 않은 채 시효완성으로 회수불능되어 전혀 배당을 할 수 없게 된 경우,

② 임차인 파산의 경우 파산관재인의 해지에 의하여 재산적 가치 있는 부동산 임차권을 포기하는 결과를 초래한 경우.

③ 부인권의 유무에 관한 조사 및 그 행사를 게을리한 경우.

④ 역으로 승소 또는 회수가능성이 없는 부인권을 행사한 경우.

⑤ 파산법원의 허가 또는 감사위원의 동의를 요하는 경우에 그 허가 또는 동의를 받지 않고 행위한 경우.

⑥ 파산자가 강력하게 이의를 진술하여 그 존재에 의심이 가는 채권에 관하여 충분히 조사하지 않고 그 채권을 시인한 경우.

⑦ 하자 있는 배당표를 작성하여 파산채권자에게 손해를 가한 경우.

⑧ 일부채권자를 위법하게 배당에서 제척한 경우.

⑨ 재단 소속 채권과 파산채권을 상계하여 다른 채권자의 이익을 해한 경우.

⑩ 재단채권인 조세채권에 관하여 교부청구가 있었는데도 이를 무시하고 파산채권자에게 배당한 후 파산절차를 종결한 경우.

⑪ 의심이 있는 재단채권을 부인하지 않고 변제한 경우 채권자집회에서 부당한 보고를 하여 잘못된 결의를 초래한 경우.

⑫ 채권자집회의 결의에 관하여 그 집행금지의 신청을 하여야 하는데도 이를 게을리한 경우.

⑬ 파산자의 자유재산을 처분한 경우.

⑭ 환취권, 별제권의 목적물을 손상한 경우.

나. 선관주의의무 위반의 효과 : 손해배상 책임

① 파산관재인이 선량한 관리자로서의 주의를 게을리 한 때에는 이해관계인에게 손해를 배상할 책임이 있다.

② 이 경우 주의를 게을리한 파산관재인이 여럿 있는 때에는 연대하여 손해를 배상할 책임이 있다.

2) 중립의무 및 충실의무

가. 중립의무

파산관재인은 모든 이해관계인에 대하여 공정 중립을 유지하여야 하며 다수의 이해관계인의 이해를 조절하면서 재판상 절차로서의 파산절차를 중심적으로 수행하는 공적 상설기관이므로 그 지위, 직책상 그 직무의 집행에 있어서 본 법에 그 직접적인 근거는 없지만, 그 지위의 성격에서 나오는 당연한 의무라고 하겠다.

나. 충실의무

파산관재인은 파산법원의 위탁을 받아 그 업무를 수행하므로, 민법 및 상법상 자기거래의 금지 등 충실의무에 관한 규정이 유추적용 되는 것으로 해석한다.

3) 보고의무

가. 채권자집회에 대한 보고

파산관재인은 제1회 채권자집회에서 파산선고에 이르게 된 사정 및 파산자와 파산재단에 관한 경과와 현상에 관하여 보고하여야 한다. 실무에서는 파산관재인 보고서를 작성하게 하여, 여기에 재산목록 및 대차대조표를 첨부하여 제출하게 한다.

나. 보고의 목적

보고의 목적은, 파산채권자를 위하여 파산재단에 속한 재산의 다과, 파산관재업무의 집행방침, 재단수집의 난이도와 전망, 파산재단 환가의 비용과, 소요기간, 배당률의 예측 등의 자료를 제공하는데 있다. 따라서 법원에서는 제1회 보고서에 이들 사항에 관하여 기재하도록 하고 있다.

다. 파산관재인의 임무가 종료한 경우

채권자집회에 계산의 보고를 하여야 하고, 채권자집회가 정하는 바에 따라 파산재단의 상황에 관하여 보고하여야 한다.

라. 법원에 대한 보고

법원은 파산관재인에 대한 일반적 감독권을 가지므로 그 감독의 전제로서 정기보고 기타의 형식으로 관재업무 수행 상황의 보고를 명할 수 있다. 파산관재인은 이 명령에 응하여 보고할 의무가 있다.

마. 감사위원에 대한 보고

감사위원이 설치된 때에는 채권자집회의 결의에 따라 감사위원에게도 파산재단의 상황에 관하여 보고를 하여야 하며, 감사위원의 요구에 따라서도 파산재단에 관한 보고를 하여야 한다.

4) 의무 위반의 효과

가. 해임사유

파산관재인이 위 의무를 게을리 한 경우에는 해임사유가 된다.

나. 손해배상청구권

의무위반으로 인하여 이해관계인에게 손해를 가한 경우에는 손해배상책임을 진다. 파산관재인의 의무 위반으로 발생한 손해배상청구권은 재단채권으로서, 파산재단도 손해배상책임을 지게 된다. 파산관재인 개인의 손해배상책임과 파산재단의 손해배상책임은 부진정 연대채무의 관계에 있다.

다. 국가배상법 적용여부

파산관재인의 불법행위로 인한 손해배상책임은 민법의 규정에 따르지만, 파산관재인의 직무집행에 관하여 한 불법행위도 파산재단에 관하여 한 행위로서 이로 인한 손해배상청구권은 재단채권이 될 것이다. 그러나 파산관재인이 공무원은 아니기 때문에, 그 고의, 과실을 이유로 하는 손해배상에 관하여 국가배상법의 적용은 없다.

핵심판례

- **파산관재인이 민법 제108조 제2항 등에 있어서 제3자에 해당하는 이유 및 그 선의여부의 판단기준(=총파산채권자)**

  1. 파산관재인이 민법 제108조 제2항의 경우 등에 있어 제3자에 해당하는 것은 파산관재인은 파산채권자 전체의 공동의 이익을 위하여 선량한 관리자의 주의로써 그 직무를 행하여야 하는 지위에 있기 때문이므로, 그 선의·악의도 파산관재인 개인의 선의·악의를 기준으로 할 수는 없고 총파산채권자를 기준으로 하여 파산채권자 모두가 악의로 되지 않는 한 파산관재인은 선의의 제3자라고 할 수밖에 없다.

  2. 파산관재인이 파산선고 전에 개인적인 사유로 파산자가 체결한 대출계약이 통정허위표시에 의한 것임을 알게 되었다고 하더라도 그러한 사정만을 가지고 파산선고시 파산관재인이 악의자에 해당한다고 할 수 없다고 한 사례

(대판 2006. 11. 10. 2004다10299)

■ **파산관재인이 민법 제108조 제2항의 제3자에 해당하는지 여부(적극)**

파산자가 파산선고시에 가진 모든 재산은 파산재단을 구성하고, 그 파산재단을 관리 및 처분할 권리는 파산관재인에게 속하므로, 파산관재인은 파산자의 포괄승계인과 같은 지위를 가지게 되지만, 파산이 선고되면 파산채권자는 파산절차에 의하지 아니하고는 파산채권을 행사할 수 없고, 파산관재인이 파산채권자 전체의 공동의 이익을 위하여 선량한 관리자의 주의로써 그 직무를 행하므로, 파산관재인은 파산선고에 따라 파산자와 독립하여 그 재산에 관하여 이해관계를 가지게 된 제3자로서의 지위도 가지게 되며, 따라서 파산자가 상대방과 통정한 허위의 의사표시를 통하여 가장채권을 보유하고 있다가 파산이 선고된 경우 그 가장채권도 일단 파산재단에 속하게 되고, 파산선고에 따라 파산자와는 독립한 지위에서 파산채권자 전체의 공동의 이익을 위하여 직무를 행하게 된 파산관재인은 그 허위표시에 따라 외형상 형성된 법률관계를 토대로 실질적으로 새로운 법률상 이해관계를 가지게 된 민법 제108조 제2항의 제3자에 해당한다.(대판 2003. 6. 24. 2002다48214)

■ **주주가 파산관재인에 대하여 이사 또는 감사에 대한 책임추궁을 청구하였는데 파산관재인이 이를 거부한 경우 주주의 대표소송으로서 이사 등의 책임을 추궁하는 소를 제기할 수 있는지 여부(소극)**

상법 제399조, 제414조에 따라 회사가 이사 또는 감사에 대하여 그들이 선량한 관리자의 주의의무를 다하지 못하였음을 이유로 손해배상책임을 구하는 소는 회사의 재산관계에 관한 소로서 회사에 대한 파산선고가 있으면 파산관재인이 당사자 적격을 가진다고 할 것이고(파산법 제152조), 파산절차에 있어서 회사의 재산을 관리·처분하는 권리는 파산관재인에게 속하며(파산법 제7조), 파산관재인은 법원의 감독하에 선량한 관리자의 주의로써 그 직무를 수행할 책무를 부담하고 그러한 주의를 해태한 경우에는 이해관계인에 대하여 책임을 부담하게 되기 때문에(파산법 제154조) 이사 또는 감사에 대한 책임을 추궁하는 소에 있어서도 이를 제기할 것인지의 여부는 파산관재인의 판단에 위임되어 있다고 해석하여야 할 것이고, 따라서 회사가 이사 또는 감사에 대한 책임추궁을 게을리 할 것을 예상하여 마련된 주주의 대표소송의 제도는 파산절차가 진행 중인 경우에는 그 적용이 없고, 주주가 파산관재인에 대하여 이사 또는 감사에 대한 책임을 추궁할 것을 청구하였는데 파산관재인이 이를 거부하였다고 하더라도 주주가 상법 제403조, 제415조에 근거하여 대표소송으로서 이사 또는 감사의 책임을 추궁하는 소를 제기할 수 없다고 보아야 할 것이며, 이러한 이치는 주주가 회사에 대하여 책임추궁의 소의 제기를 청구하였지만 회사가 소를 제기하지 않고 있는 사이에 회사에 대하여 파산선고가 있은 경우에도 마찬가지이다.(대판 2002. 7. 12. 2001다2617)

(4) 파산관재인대리(회생법 제362조)

1) 파산관재인대리의 취지

파산관재인의 직무는 광범위하고 복잡하고 단기에 끝나는 경우가 거의 없고 장기간에 걸치는 경우가 많으므로 그 직무집행 중 예기치 못한 질병 기타 사유로 업무 수행에 지장이 생기는 예가 생길 수 있다. 이에 따라 파산관재인이 미리 법원의 인가를 얻어 대리인을 선임한 것은 파산관재인을 의미한다.

2) 선임절차

가. 파산관재인이 자기의 책임으로 선임

파산관재인은 필요한 때에는 그 직무를 행하게 하기 위하여 자기의 책임으로 대리인을 선임할 수 있다.

나. 법원의 허가

대리인의 선임은 법원의 허가를 받아야 한다.

다. 대리인 선임에 관한 등기의 촉탁

채무자가 법인인 경우에는 법원의 선임허가가 있는 때에는 법원사무관 등은 지체없이 촉탁서에 결정서의 등본을 첨부하여 대리인의 선임에 관한 등기를 촉탁하여야 한다. 대리인의 선임에 관한 허가가 변경 또는 취소된 때에도 또한 같다.

라. 법원의 결정

법원은 대리인 선임 인가신청에 있어서 파산관재인이 직접 업무를 수행하기 곤란한 개인적인 사정 외에, 당해 사건의 규모, 내용 등에 비추어 보아 파산관재 업무가 복잡하고 광범위한 경우인지, 파산관재인이 대리인에게 관재업무를 전담시킬 우려가 없는지를 구체적으로 검토하여 인가 여부를 결정한다.

3) 대리인의 자격

대리인으로는 변호사를 선임하는 것이 원칙이지만 그 외에도 원격지 소송수행의 대리를 위하여 파산자의 보조인을 상시대리인으로의 선임을 허가한 예가 있다. 대리인으로 하여금 소송대리를 하게끔 할 경우에는 파산법의 상시대리인 선임결정 등본과 파산관재인의 위임장을 당해 법원에 제출하여야 한다.

4) 대리인의 권한

파산관재인의 대리인은 파산관재인에 갈음하여 재판상 또는 재판 외의 모든 행위를 할 수 있다.

(5) 파산관재인의 사임 및 해임

1) 파산관재인의 사임(회생법 제363조)

파산관재인은 정당한 사유가 있으면 그 임무를 사임할 수 있다. 단 법원의 허가를 받아야 한다. 실무상 "정당한 사유"에는 건강상 이유, 유학, 파산사건과 이해관계가 생긴 경우, 부정행위 등뿐만 아니라 일부 채권자의 횡포, 관재업무에 대한 방해 등으로 관재업무 수행의 의욕을 상실한 경우 등도 포함되는 것으로 본다.

법원은 파산관재인이 사임허가신청서를 제출하면 정당한 사유 여부에 대해서 확인을 한 후 사임허가결정을 한다.

2) 파산관재인의 해임(회생법 제364조)

가. 해임절차

법원은 채권자집회의 결의, 감사위원의 신청 또는 직권으로 파산관재인을 해임할 수 있다. 이 경우 법원은 그 파산관재인을 심문하여야 한다.

나. 해임사유

해임사유에 관하여는 특별한 규정이 없다. 그러나 법원의 신뢰를 배반하는 것으로 파악되는 파산관재인의 직무상 의무 위반 행위가 있으면 해임할 수 있을 것이다. 그러나 실제로 해임사유가 있는지 판단하는 것은 쉬운 일이 아니고, 파산관재업무에 중대한 차질을 가져오게 될 수 있으므로, 파산관재인의 선임시에 부적격자를 배제하고, 선임된 파산관재인의 감독을 철저히 하여 해임 문제가 생기지 않도록 하는 것이 바람직할 것이다. 해임사유가 인정되는 경우에는 파산관재인의 사임을 권고할 수도 있을 것이다.

다. 해임결정에 대한 즉시항고

파산관재인의 해임결정에 대하여는 즉시항고를 할 수 있다. 이 즉시항고는 집행정지의 효력이 없다.

해임결정에 대한 즉시항고는 파산관재인이 하고, 해임신청기각결정에 대하여는 파산채권자·감사위원이 즉시항고를 할 수 있다.

(6) 계산의 보고의무(회생법 제365조)

파산관재인의 임무가 종료한 때에는 파산관재인 또는 그 상속인은 지체없이 채권자집회에 계산의 보고를 하여야 한다.

1) 채권자집회의 소집신청

파산관재인의 소집신청이 있으면 법원이 기일을 정하고, 회의의 목적인 사항을 공고한다.

집회기일은 실무상으로는 공고일로부터 3주 내지 4주 후로 정하고 있다. 기일의 통지에 관하여 명문의 규정은 없으나, 파산관재인으로 하여금 적당한 방법으로 이해관계인에게 통지하도록 하고 있다.

2) 계산보고서 제출

가. 제출기한

파산관재인은 이해관계인의 열람을 위하여, 채권자집회기일 3일전까지 법원에 계산보고서를 제출하여야 한다. 실무에서는 집회기일 7일 내지 5일 전에 미리 계산보고서의 초안을 법원에 제출하도록 하고 있다.

나. 계산보고서의 내용

계산보고서의 내용에 관하여 특별한 규정은 없다. 그렇지만 계산보고서는 파산자, 파산채권자가 이에 대하여 이의를 진술하는 방법 등으로 파산관재인의 책임을 묻게 되는 실질적 근거가 되는 서류이기 때문에 관재사무 전반을 알 수 있도록 상세하게 기재하여야 한다. 실무상으로는 보통 수지계산서와 최종업무보고서를 함께 제출하도록 하고 있다. 수지계산서에는 수입과 지출의 내역과 금액을 항목별로 기재하게 하고 최종업무보고서에는 파산선고시부터 최후배당시까지의 파산관재 업무 전반에 관한 상세한 내역을 기재하도록 하고 있다. 이 계산보고서에는 관련된 소명자료를 첨부하여야 한다.

3) 계산보고집회의 진행

가. 보고와 이의진술

파산관재인은 채권자들에게 수지계산서와 최종업무보고서를 배포하고, 그 내용을 계산보고집회에서 설명하여야 한다. 법원은 이 보고에 대하여 채권자들에게 이의할 기회를 준다. 계산에 대한 채권자의 승인 또는 이의는 기일에 구두로 진술하여야 한다. 기일에 출석을 하지 않거나 이의를 진술하지 않은 경우에는 파산관재인의 계산보고를 승인한 것으로 간주한다. 이의를 진술한 채권자가 있는 경우 이에 관하여 석명하거나 증거서류 등을 제출하게 하고, 속행기일을 열어 계산내용의 보정을 하도록 할 수도 있다.

나. 이의진술 채권자가 있는 경우

이의를 진술한 채권자가 있을지라도 법원이 파산종결 결정을 하는 데에 있어서는 실질적으로 지장이 없고, 다만 이의한 채권자와 파산채권자 사이의 손해배상청구 등의 문제만 남게 된다.

4) 재산의 처분

이 기일에서는 파산관재인이 가치 없다고 판단하여 미처 환가하지 아니한 재산의 처분에 관하여 결의를 하여야 한다. 채권자집회가 이와 같은 계산을 가치 있다고 판단하고 환가할 것을 결의한 때에는 파산관재인은 이 결의에 따라야 한다. 결의를 실행에 옮긴 경우에 파산관재인에게 그 환가의 결과를 보고하도록 하기 위해 기일을 속행하여야 한다. 실무상으로는 권리를 포기함으로서 법원의 허가를 얻는 방법으로 처리하고 있고, 따로 계산보고집회에서 이 결의를 하고 있지는 않다.

(7) 임무종료시의 긴급처분(회생법 제366조)

파산관재인의 임무가 종료한 경우 급박한 사정이 있는 때에는 파산관재인 또는 그 상속인은 후임의 파산관재인 또는 채무자가 재산을 관리할 수 있게 될 때까지 필요한 처분을 하여야 한다.

2. 채권자집회

(1) 채권자집회의 의의 및 권한

1) 채권자집회의 의의

가. 개 념

채권자집회는, 파산채권자의 집회로서 파산채권자의 의견을 파산절차에 반영시키기 위하여, 법원의 지휘 하에 개최되어 파산법원이 소집하고 법정 사항을 결의하거나 파산관재인 및 파산자 또는 이에 준하는 자로부터 보고 및 설명을 들을 수 있는 권한을 가진다.

나. 채권자집회의 종류

명문의 규정으로 소집이 규정되어 있는 집회로는 제1회 채권자집회, 감사위원의 동의에 갈음하는 결의를 위한 집회, 파산관재인의 임무종료에 의한 계산보고집회, 강제화의의 결의를 위한 집회, 재단부족에 의한 폐지의 의견을 듣기 위한 집회가 있다.

소집이 명문으로 규정되어 있는 집회 외의 것은 파산관재인, 감사위원 또는 파산법원이 평가한 총 채권액의 5분의 1에 해당하는 파산채권자의 신청 또는 파산법원의 직권으로 소집된다.

2) 권 한

채권자집회는 파산관재인의 해임, 감사위원회 설치, 선임, 해임, 감사위원의 동의에 갈음하는 결정, 부조료의 지급, 영업의 폐지 또는 존속, 고가품의 보관방법의 결정, 환가되지 못한 재산의 처분, 제공에 관하여 결의할 수 있다.

그리고 채권자집회는 파산자, 그 대리인 등으로부터 필요한 설명을 듣고, 파산관재인으로부터 파산에 이르게 된 사정, 파산자 및 파산재단에 관한 경과와 현상 등에 관하여 보고를 받고, 파산관재인이 임무를 종료하는 경우에는 파산관재인 또는 상속인으로부터 계산보고를 받을 권한이 있다.

(2) 채권자집회의 소집절차

1) 소집권자 : 법원

법원은 파산관재인 또는 감사위원의 신청에 의하거나 직권으로 채권자집회를 소집한다. 신고를 한 총채권에 관하여 법원이 평가한 액의 5분의 1 이상에 해당하는 파산채권자의 신청이 있는 때에도 또한 같다(회생법 제367조).

2) 기 일

제1회 채권자집회는 파산선고일로부터 2월 이내에 소집하여야 한다.

강제화의의 경우 일반조사기일 종료 전 또는 최후배당허가 후에는 결의할 수 없으며, 기일 결정의 공고일로부터 30일 내로 기일을 정하여야 한다. 그 외에는 따로 특별한 규정을 두고 있지 않다.

3) 기일 및 회의목적의 공고(회생법 제368조)

법원은 채권자집회의 기일 및 회의의 목적사항을 공고하여야 한다. 채권자집회의 연기 또는 속행에 관하여 선고가 있는 때에는 송달 또는 공고를 하지 아니할 수 있다.

결의는 공고한 사항에 관해서만 이루어 져야 하며 공고하지 않은 사항에 관한 결의는 위법한 것으로 무효이다.

제1회 채권자집회의 목적인 사항은 법정되어 있지만 실무상으로는 이해관계자들의 편의를 위하여 회의 목적사항을 일시 및 장소와 함께 공고하고 있는 경우가 대부분이다.

4) 소집장소의 공개여부

공개원칙이 적용되는 구두변론절차가 아니므로 반드시 공개할 필요는 없다 (비송사건절차법 제13조 참조)

(3) 법원의 지휘(회생법 제369조)

1) 지휘의 내용

채권자집회는 법원이 지휘한다. 개회 및 폐회의 선고, 발언의 허부 및 제한, 토론에 붙일 것인가의 결정, 결의 결과의 집계 및 가결 여부의 선언, 연기, 속행기일의 선고 등 회의의 진행 뿐 아니라 장내 질서의 유지, 법정경찰권 등을 행사할 수 있다. 의사의 내용에 관하여 간섭하는 것은 허용 되지 않지만 적절한 조언을 하는 것은 필요하다.

2) 채권자가 불출석한 경우의 처리

채권자가 1인만 출석한 경우라 할지라도 개회하고 결의할 수 있다. 그러나 의결권 있는 채권자가 1인도 없을 경우에는 결의는 할 수 없고, 일단 기일을 열고 연기하여 연기된 기일을 선고한다. 그러나 단순히 보고를 받거나 의견을 표명하는 집회는 채권자가 아무도 출석하지 않는 경우라 할지라도 유효하게 성립한다고 해석된다.

(4) 채권자집회의 결의

1) 결의의 성립요건(회생법 제370조)

가. 의결권자

채권신고를 한 파산채권자 중, 채권조사에 있어서 파산관재인 또는 파산채권자가 그 의결권에 관하여 이의하지 않은 자에 한하여 의결권이 인정된다.

나. 의결권의 부여방법

의결권은 확정된 채권액에 따라 부여된다. 파산채권자는 후순위채권에 대하여는 의결권이 없다. 미확정채권, 정지조건부 채권, 장래의 청구권, 별제권의 행사에 의하여 변제받을 수 없는 채권액에 관하여 파산관재인 또는 파산채권자가 의결권에 관하여 이의를 제기할 수는 없고, 법원은 의결권을 행사하게 할 것인가의 여부 및 어떤 금액에 관하여 이를 행사하게 할 것인가를 정한다. 이 결정에 대하여는 불복신청은 허용되지 않으나, 법원이 이해관계인의 신청에 의하여 변경할 수는 있다. 실무에서는 채권조사기일에서 부인된 채권액은 전액 의결권을 부여하지 않는 것을 관행으로 하고 있다.

【쟁점질의와 유권해석】

<예금보험공사가 예금자의 대리인으로서 채권자집회에 참석한 경우 그 의결권의 수>

예금보험공사가 금융산업의구조개선에관한 법률 제21조에 의하여 법원에 제출한 예금자표 기재 예금자의 대리인으로서 같은 법 제23조 본문에 의하여 채권자집회에 참석한 경우, 그 의결권은 하나인가 아니면 예금자표 기재 채권자의 수만큼 인가에 대해서는 견해의 대립이 있으며 이에 관하여는 여러 법원의 실무가 통일되어 있지 않다. 위 법 제23조의 취지는, 다수 예금채권자들이 개별적으로 채권신고를 하고 파산절차에 참가하는 것이 번거롭고 비경제적이므로 예금보험공사에 일종의 법정대리권을 인정한 것으로 보는 것이 합당할 것이다. 따라서 각 예금채권자와 예금보험공사 사이에는 채권자집회의 의결에 있어서도 각 의결권 행사의 위임이 의제되어 있다고 보아야 할 것이므로, 의결권은 채권자표 기재 수만큼 인정하는 것이 논리적이라고 하겠다.

다. 정족수

채권자집회의 결의에는 의결권을 행사할 수 있는 출석파산채권자의 총채권액의 2분의 1을 초과하는 채권을 가진 자의 동의가 있어야 한다(회생법 제370조 제1항).

2) 의결권의 행사방법

파산채권자 본인 또는 그 대리인이 의결권을 행사할 수 있다. 대리인은 변호사일 필요는 없으나, 그 대리권을 증명하는 서면을 법원에 제출하여야 한다.

3) 의결권 행사의 제한

가. 특별이해관계인의 배제

채권자집회의 결의에 관하여 특별한 이해관계를 가진 자는 의결권을 행사할 수 없다(회생법 제370조 제2항). 이와 같은 규정을 둔 취지는 특별한 이해관계를 가진 채권자를 결의에 참가시키면 공정성을 해할 우려가 있기 때문이다.

나. 특별이해관계인의 의미

특별한 이해관계를 가진 자란, 당해 결의사항에 관한 결의에 참가하는 것이 공정을 해칠 우려가 있는 자를 말하는데, 예컨대 강제화의의 결의에 관하여 파산채권자이면서 파산회사의 주주인 자, 파산관재인의 법률행위에 관한 결의에 있어서 그 상대방인 파산채권자, 소 제기에 관한 결의에 있어서 그 상대방인 파산채권자가 이에 해당한다.

감사위원 선임 결의에 있어서 그 후보자가 된 파산채권자 및 그 소속 직원이 특별한 이해관계를 가지는가에 관하여는 견해의 대립이 있으나, 실무에서는 결의의 공정을 해할 우려가 있다는 점과 주식회사의 감사 선임결의에 있어서의 의결권제한의 취지 등을 참작하여 특별한 이해관계가 있는 것으로 운용하고 있다.

특별한 이해관계를 가진 자는 대리인에 의해서도 의결권을 행사할 수 없고, 타인의 대리인으로서도 의결권을 행사할 수 없다.

4) 결의의 성립

결의가 성립하기 위해서는 의결권을 가진 출석채권자의 과반수와 그 채권액이 출석파산채권자의 총 채권액의 반액을 넘는 자의 동의가 필요하다. 실무상으로는 의결권의 분할행사는 허용하지 않고 있다.

채권액으로는 반액이 넘었는데 채권자 수로는 과반수에 미달하는 경우에 법원은 결의가 있는 것으로 보는 결정을 할 수 있다.

결의의제 제도의 취지는 그 결의의 내용이 정당한데도 소수의 다액채권자가 다수의 소액채권자의 반대로 과반수를 얻지 못하여 부결되는 경우를 구제하기 위한 것이다.

5) 결의의 효력

유효한 결의는 그 결의에 동의하지 않은 채권자, 출석하지 않은 파산채권자,

파산관재인도 구속한다. 결의의 절차에 위법이 있는 경우, 예컨대 소집절차, 결의의 방법, 결의사항이 법률에 위반한 때, 특별이해관계인이 결의에 참가한 때, 결의가 부정한 방법에 의하여 성립한 때에는 결의집행금지의 결정을 하거나 채권자집회를 다시 열어 이전의 결의를 변경하도록 하여야 한다.

6) 결의의 집행금지

유효한 결의라 할지라도 결의의 내용이 파산채권자 일반의 이익에 반하는 것으로 판단될 경우에는 법원이 그 결의의 집행을 금지할 수 있다. 파산채권자 일반의 이익에 반하는지 여부는 구체적으로 판단해야 한다. 그 예로 부당한 다액의 부조료 지급결의, 재단에 불이익한 영업의 계속 결의, 일부 채권자에게 부당한 이익을 주는 환가처분 등을 들 수 있다.

핵 심 판 례

■ 화의절차에서도 특별이해관계인의 의결권행사를 금지시킬 수 있는지 여부 (적극)

화의법 제53조는 파산채권자집회에 관한 일반 규정인 파산법 제162조, 제165조를 준용하면서 특별이해관계인의 의결권행사를 제한한 파산법 제163조 제2항을 준용하고 있지 아니하나, 화의법상 화의와 성질이 동일한 강제화의는 파산법 제163조 제2항 소정의 특별이해관계인을 결의에 참가시키면 화의절차의 공정성을 해할 우려가 있기 때문에 이를 파산법 제278조의 의결권을 행사할 수 있는 채권자에서 배제하고 있는데, 이러한 절차적 필요성은 화의법상의 화의에서도 동일한 점, 화의법 제53조는 화의가결의 요건에 관한 파산법 제278조를 준용하고 있기 때문에 그 의결의 전제가 되는 특별이해관계인의 의결권행사금지에 관한 파산법 제163조 제2항도 당연히 준용된다고 해석할 수 있는 점 등에 비추어 특별이해관계인의 의결권행사 금지에 관한 파산법 제163조 제2항은 화의법상의 화의에도 준용된다.(대결 2003. 6. 25. 2003마28)

(5) 의결권 행사

1) 의결권의 불통일 행사(회생법 제371조)

파산채권자는 의결권을 통일하지 아니하고 행사할 수 있다. 파산채권자들의 의결권 행사가 반드시 통일적으로 행사할 필요는 없으나, 불통일행사를 하려는 경우에는 채권자집회 7일 전까지는 서면으로 신고하도록 되어있다. 그러나 의결권의 분할행사가 권리남용에 해당된다고 보이는 경우에는 이를 허용할 수는 없는 것이다.

2) 의결권의 대리행사(회생법 제372조)

의결권은 파산채권자 본인 또는 그 대리인이 행사할 수 있다. 대리인은 변호사일 필요는 없으나, 그 대리권을 증명하는 서면을 법원에 제출하여야 한다. 대리인이 위임받은 의결권을 통일하지 않고 행사하는 경우에는 채무자회생및파산에관한법률 제371조 제2항을 준용한다.

3) 의결권을 행사할 수 있는 채권액(회생법 제373조)

가. 확정채권액에 따른 의결권의 행사

파산채권자는 확정채권액에 따라 의결권을 행사할 수 있다. 미확정채권, 정지조건부채권, 장래의 청구권 또는 별제권의 행사에 의하여 변제를 받을 수 없는 채권액에 관하여 파산관재인 또는 파산채권자의 이의가 있는 때에는 법원은 의결권을 행사하게 할 것인가의 여부와 의결권을 행사할 금액을 결정한다.

나. 결정에 대한 변경

법원은 이해관계인의 신청에 의하여 언제든지 미확정채권·정지조건부채권·장래의 청구권 또는 별제권행사에 의하여 변제받을 수 없는 채권액에 대한 의결권 행사의 여부와 의결권을 행사할 금액의 결정에 대한 변경을 할 수 있다.

다. 송달여부

위 1), 2)의 결정은 그 선고가 있는 때에는 송달을 하지 아니할 수 있다.

4) 의결권 행사의 제한

파산채권자는 후순위파산채권에 관하여는 의결권을 행사할 수 없다.

확정채권액은 채권자 집회에서 의결권행사의 기준액이 되지만, 파산관재인 및 출석채권자의 이의가 없는 경우에는 미확정채권으로도 의결권 행사를 할 수 있도록 법원이 허용할 수 있다. 후순위채권에 대하여는 채권자집회에서 의결권이 부여되는 것이 아니고, 일반채권이 완제된 후에야 배당할 수 있다.

【쟁점질의와 유권해석】

<의결권을 행사할 수 없는 후순위파산채권(법 제446조)>

① 파산선고 후의 이자

② 파산선고 후의 불이행으로 인한 손해배상액 및 위약금

③ 파산절차 참가비용

④ 벌금, 과료, 형사소송비용, 추징금 및 과태료

⑤ 기한이 파산선고 후에 도래하는 이자 없는 채권의 경우 파산선고가 있은 때부터 그 기한에 이르기까지의 법정이율에 의한 원리의 합계액이 채권액이 될 계산에 의하여 산출되는 이자액에 상당하는 부분

⑥ 기한이 불확정한 이자 없는 채권의 경우 그 채권액과 파산선고 당시의 평가액과의 차액에 상당하는 부분

⑦ 채권액 및 존속기간이 확정된 정기금채권의 경우 각 정기금에 관하여 같은 호의 규정에 준하여 산출되는 원본의 액의 합계액이 법정이율에 의하여 그 정기금에 상당하는 이자가 생길 원본액을 초과하는 때에는 그 초과액에 상당하는 부분

⑧ 채무자가 채권자와 파산절차에서 다른 채권보다 후순위로 하기로 정한 채권

(6) 감사위원의 동의에 갈음하는 채권자집회 결의의 효력(회생법 제374조)

감사위원은 파산관재인이 하는 행위에 대한 동의권을 가진다. 이 감사위원의 동의는 채권자집회의 결의로 대신할 수도 있다. 채권자집회의 결의가 감사위원의 의견과 다를 때에는 그 결의에 따른다.

(7) 결의집행의 금지(회생법 제375조)

1) 요 건

채권자집회의 결의가 파산채권자 일반의 이익에 반하는 경우에는 법원은 파산관재인·감사위원 또는 파산채권자의 신청에 의하거나 직권으로 그 결의의 집행을 금지할 수 있다.

의결권이 없었던 파산채권자가 결의집행의 금지 신청을 하는 때에는 파산채권자임을 소명하여야 한다. 금지결정의 선고가 있는 때에는 송달을 하지 않을 수 있다.

2) 파산채권자 일반의 이익에 반하는지 여부의 판단의 기준

파산채권자 일반의 이익에 반하는지 여부는 구체적이고 객관적으로 판단하여야 할 것이나, 부당한 다액의 부조료 지급결의, 재단에 불이익한 영업의 계속 결의, 일부 채권자에게 부당한 이익을 주는 환가처분 등을 그 예로 들 수 있다.

3) 실무에서의 처리

실무에서는 감사위원 설치 및 선임 결의에 관하여 파산재단의 규모, 채권자수, 권리관계의 복잡성 등 여러 사정에 비추어 감사위원을 설치하는 것이 파산재단을 위하여 무익하고 절차만 지연시킬 우려가 있다고 판단하여 그 집행을 금지한 사례가 있다.

3. 감사위원

(1) 감사위원의 의의 및 설치

1) 감사위원 제도의 의의

감사위원이란 파산절차에서 파산채권자 전체의 권리를 보호하기 위한 목적으로, 채권자집회에서 선임되어 파산관재인의 직무집행을 감시하고 보조하는 것을 임무로 한 합의제 기관이다.

2) 감사위원의 설치(회생법 제376조)

제1회 채권자집회에서 감사위원의 설치가 필요하다는 제안이 있는 경우에는 그 설치여부 및 감사위원의 수를 의결할 수 있다. 다만, 제1회 후의 채권자집회에서 그 결의를 변경할 수 있다. 다만 법원은 감사위원을 설치하는 취지의 채권자집회의 결의가 오히려 파산채권자 일반의 이익에 반한다고 인정되어 그 결의의 집행을 금지한 사례가 있다. 실무에서는 파산재단의 규모, 채권자의 수, 권리관계의 복잡성 등에 비추어 감사위원의 설치가 불필요하고 비용의 낭비만 가져오는 것이 명백한 경우에 감사위원 설치 및 선임 결의의 집행을 금지한 예가 있다.

(2) 감사위원의 선임

1) 선임기관

감사위원은 채권자 집회에서 선임한다. 제1회 채권자집회에서 감사위원 설치의 제안이 가결되는 경우, 감사위원의 수, 감사위원으로 될 자에 관하여 결의하여야 한다.

2) 감사위원의 수

통상 감사위원의 수는 3인으로 한다.

3) 감사위원의 자격

감사위원은 법률이나 경영에 관한 전문가로서 파산절차에 이해관계가 없는 자 이어야 한다. 파산자 및 준파산자, 파산관재인의 보증인 등은 감사위원으로 되기에는 적당하지 않다. 법인이 감사위원으로 될 수 있는가에 관하여는 견해의 다툼이 있으나, 아직 법인이 감사위원으로 선임된 예는 없고, 채권자인 법원의 직원이 감사위원으로 선임된 예가 있다.

4) 법원의 인가

감사위원 선임의 결의는 법원의 인가를 받아야 한다. 감사위원 선임결의가 있은 후에 피선임자가 수락하면(통상 미리 취임승낙서를 받아 둔다)법원은 피선임자가 채권자 전체의 대표자로서 공정하게 직무를 수행할 수 없다고 판단하지 않는 이상 이를 인가하고 있다. 파산관재인이 감사위원의 구성원을 제안하는 경우에는 미리 그 이력서를 제출받고, 특별히 문제가 있다고 생각되는 사람은 감사위원으로 제안하지 않도록 미리 지도하여 인가단계에 이르기 전에 부적격자를 배제할 수 있도록 하여야 한다.

(3) 감사위원의 직무집행

1) 직무집행의 방법(회생법 제378조)

가. 의결정족수

감사위원이 3인 이상 있는 경우에 감사위원의 직무집행은 그 과반수의 찬성으로 의결한다. 파산관재인이 감사위원을 소집하여 협의를 거쳐 표결하는 방법이 원칙이다. 그러나 일상적인 동의 업무는 전원이 모여 협의 표결할 필요는 없고, 회람 등의 보다 간이한 방법으로도 처리할 수 있다.

나. 특별이해관계인의 배제

결의에 있어서 특별한 이해관계가 있는 감사위원은 표결에 참가할 수 없다.

다. 감사위원의 정족수 부족이 발생한 경우

감사위원은 3인 이상으로 구성되는 합의체 기관이므로 사망, 사임, 해임 등으로 3인에 미달하게 되면 행위능력을 결하게 되어 직무의 집행이 불가능하다. 이럴 경우에는 후임 감사위원을 선임하기 위한 채권자집회를 소집하여야 한다. 파산관재인은 그 때까지 감사위원이 설치되지 않은 경우에 준하여 법원의 허가를 얻어 관재업무를 처리한다.

라. 비용 및 보수

감사위원은 비용을 미리 받거나 보수 또는 특별보상금을 받을 수 있다. 이 경우 보수 및 특별보상금의 액은 법원이 정한다(법 제381조, 제30조 제1항). 실무상으로 감사위원에 대하여 따로 비용을 지급하지는 않는다. 감사위원 선임결의 전에 보수포기서를 받고, 보수를 지급하지 않는 것을 원칙으로 한다. 소액채권자의 보호를 위하여 파산자 또는 그 채권자와 이해관계가 없는 변호사를 감사위원으로 선임할 경우에는 본인이 보수를 포기하지 않는 한 보수를 지급한다. 보수는 월급 또는 정기급으로 할 수도 있고 일시급으로 하는 경우도 있는데, 실무에서는 월급으로 100만원 이내의 금액을 지급하도록 한 예가 있다.

2) 감사위원의 직무의 내용(회생법 제379조)

가. 파산관재인의 직무집행의 감사

감사위원은 파산관재인의 직무집행을 감사한다. 각 감사위원은 언제든지 파산재단에 관한 보고를 요구하거나 파산재단의 상황을 조사할 수 있다.

나. 법원 또는 채권자집회에의 보고의무

감사위원은 파산채권자에게 현저하게 손해를 미칠 사실을 발견한 때에는 지체 없이 법원 또는 채권자집회에 보고하여야 한다.

3) 조사위원의 선관주의의무 및 손해배상책임

① 감사위원은 선량한 관리자의 주의로써 그 직무를 행하여야 한다.

② 감사위원이 선량한 관리자의 주의를 게을리한 때에는 이해관계인에게 손해를 배상할 책임이 있다. 이 경우 주의를 게을리한 감사위원이 여럿 있는 때에는 연대하여 손해를 배상할 책임이 있다.

(4) 감사위원의 해임

감사위원의 임무는 파산절차의 종료, 감사위원의 사망, 사임, 해임에 의하여 종료한다.

1) 사 임

감사위원은 파산관재인과는 달리 언제라도 사임할 수 있다. 파산법원에 사임서를 제출함으로써 바로 사임의 효력이 발생하고, 법원의 인가가 따로 필요한 것은 아니다.

2) 해임(회생법 제380조)

가. 채권자집회에 의한 해임

감사위원은 언제든지 채권자집회의 결의로 해임할 수 있다. 법원은 감사위원 해임결의가 있는 사실을 당해 감사위원에게 통지한 후, 감사위원이 통지를 받으면 해임의 효력이 발생하게 된다. 감사위원 해임결의를 위한 채권자집회에 감사위원이 출석한 때에는 해임결의가 있는 사실을 따로 고지할 필요는 없으므로 해임결의가 있은 즉시 해임의 효력이 발생한다.

나. 법원에 의한 해임

법원은 상당한 이유가 있는 때에는 이해관계인의 신청에 의하여 감사위원을 해임할 수 있으며, 이 경우에는 감사위원을 심문하여야 한다. 이해관계인에는 파산채권자 뿐 아니라 파산관재인도 포함된다. 상당한 이유란 감사위원이 공정한 직무집행을 기대할 수 없는 사유를 말하고, 감사위원의 파산선고, 행위능력의 상실, 감사위원의 의무 해태, 부정행위 등을 그 예로 들 수 있다.

다. 법원의 해임 재판에 대한 즉시항고

법원이 상당한 이유가 있어 이해관계인의 신청에 의하여 감사위원을 해임하는 재판에 대하여는 즉시항고를 할 수 있다. 이 즉시 항고는 집행정지의 효력이 없다.

해임결정	당해 감사위원
해임신청 기각결정	신청한 이해관계인 및 기타 이해관계인

III. 파산재단의 구성 및 확정

◼ 핵 심 사 항 ◼

1. 파산재단 : 파산선고가 있었던 경우 파산선고시에 파산자가 가진 모든 재산이 파산재단이 된다. 채무자가 파산선고 당시에 가진 모든 재산은 파산재단에 속한다. 채무자가 파산선고 전에 생긴 원인으로 장래에 행사할 청구권은 파산재단에 속한다(법 제382조).
2. 부인권 : 파산관재인이 행하는 채무자 회생 및 파산에 관한 법률상의 권리로서 파산선고 전에 파산자가 파산채권자를 해하는 행위를 한 경우 그 행위의 효력을 부인하고 일탈된 재산을 파산재단에 회복하기 위하여 행하는 권리이다.
3. 환취권 : 파산 재단에 속하지 아니한 재산에 대하여 이해관계인이 그 재산을 되찾을 수 있는 권리를 말한다.
4. 별제권 : 파산재단에 속하는 특정의 재산에 대하여 파산채권자에 우선하여 채권의 변제를 받을 권리를 말한다.
5. 상계권 : 채무자가 채권자에 대하여 자디고 또한 동종의 채권을 가지는 경우에 그 채권과 채무를 대등액에서 소멸시키는 채무자의 일방적 의사표시를 말한다.

1. 파산재단의 구성

(1) 파산재단(회생법 제382조)

1) 파산재단의 의의

파산선고가 있었던 경우 파산선고시에 파산자가 가진 모든 재산이 파산재단이 된다. 그리고 파산선고 파산절차는 파산재단에 속하는 재산을 대상으로 이루어진다.

파산재단에 속하는 재산이란 파산선고시에 파산자에 속한 적극재산을 의미하는 것으로서 압류가 가능한 것을 의미하며 이 재산은 대한민국 내에 소재하고 있어야 한다.

압류금지재산, 파산자가 파산선고 후에 취득한 재산은 파산재단에 속하지 않는 재산이며 자유재산이라고 한다. 자연인의 경우와 달리 법인의 경우에 자유재산의 개념을 인정할 수 있는가에 관하여는 다툼이 있다.

【쟁점질의와 유권해석】

<파산자가 보유하고 있던 가장채권도 파산재단에 속하게 되는지 여부>

파산자가 파산선고시에 가진 모든 재산은 파산재단을 구성하고, 그 파산재단을 관리 및 처분할 권리는 파산관재인에게 속하므로, 파산관재인은 파산자의 포괄승계인과 같은 지위를 가지게 되지만, 파산이 선고되면 파산채권자는 파산절차에 의하지 아니하고는 파산채권을 행사할 수 없고, 파산관재인이 파산채권자 전체의 공동의 이익을 위하여 선량한 관리자의 주의로써 그 직무를 행하므로, 파산관재인은 파산선고에 따라 파산자와 독립하여 그 재산에 관하여 이해관계를 가지게 된 제3자로서의 지위도 가지게 되며, 따라서 파산자가 상대방과 통정한 허위의 의사표시를 통하여 가장채권을 보유하고 있다가 파산이 선고된 경우 그 가장채권도 일단 파산재단에 속하게 되고, 파산선고에 따라 파산자와는 독립한 지위에서 파산채권자 전체의 공동의 이익을 위하여 직무를 행하게 된 파산관재인은 그 허위표시에 따라 외형상 형성된 법률관계를 토대로 실질적으로 새로운 법률상 이해관계를 가지게 된 민법 제108조 제2항의 제3자에 해당한다(대판 2003. 6. 24. 2002다48214).

2) 파산재단에 속하지 아니하는 재산(회생법 제383조)

가. 압류할 수 없는 재산

압류할 수 없는 재산은 파산재단에 속하지 아니한다.

민사집행법상 압류할 수 없는 재산은 다음과 같다.

① 압류가 금지되는 물건(민사집행법 제195조)

　　ㄱ) 채무자 및 그와 같이 사는 친족(사실상 관계에 따른 친족포함)의 생활에 필요한 의복·침구·가구·부엌가구, 그 밖의 생활필수품

　　ㄴ) 채무자 등의 생활에 필요한 2월간의 식료품·연료 및 조명재료

　　ㄷ) 채무자 등의 생활에 필요한 1월간의 생계비로서 대통령령이 정하는 액수의 금전

　　ㄹ) 주로 자기 노동력으로 농업을 하는 사람에게 없어서는 아니될 농기구·비료·가축·사료·종자, 그 밖에 이에 준하는 물건

　　ㅁ) 주로 자기 노동력으로 어업을 하는 사람에게 없어서는 아니될 고기잡이 도구·어망·미끼·새끼고기, 그 밖에 이에 준하는 물건

　　ㅂ) 전문직종사자·기술자·노무자, 그 밖에 주로 자기의 정신적 또는

육체적 노동으로 직업 또는 영업에 종사하는 사람에게 없어서는 아니될 제복·도구, 그 밖에 이에 준하는 물건

ㅅ) 채무자 또는 그 친족이 받은 훈장·포장·기장, 그 밖에 이에 준하는 명예증표

ㅇ) 위패·영정·묘비, 그 밖에 상례·제사 또는 예배에 필요한 물건

ㅈ) 족보·집안의 역사적인 기록·사진첩, 그 밖에 선조숭배에 필요한 물건

ㅊ) 채무자의 생활 또는 직무에 없어서는 아니될 도장·문패·간판, 그 밖에 이에 준하는 물건

ㅋ) 채무자의 생활 또는 직업에 없어서는 아니될 일기장·상업장부, 그 밖에 이에 준하는 물건

ㅌ) 공표되지 아니한 저작 또는 발명에 관한 물건

ㅍ) 채무자 등이 학교·사찰, 그 밖의 교육기관 또는 종교단체에서 사용하는 교과서·교리서·학습용구, 그 밖에 이에 준하는 물건

ㅎ) 채무자 등의 일상생활에 필요한 안경·보청기·의치·의수족·지팡이·장애보조용 바퀴의자, 그 밖에 이에 준하는 신체보조기구

ㄲ) 채무자 등의 일상생활에 필요한 자동차로서 자동차관리법이 정하는 바에 따른 장애인용 경형자동차

ㄴㄴ) 재해의 방지 또는 보안을 위하여 법령의 규정에 따라 설비하여야 하는 소방설비·경보기구·피난시설, 그 밖에 이에 준하는 물건

② 압류금지채권(민사집행법 제246조 제1항)

ㄱ) 법령에 규정된 부양료 및 유족부조료(遺族扶助料)

ㄴ) 채무자가 구호사업이나 제3자의 도움으로 계속받는 수입

ㄷ) 병사의 급료

ㄹ) 급료·연금·봉급·상여금·퇴직연금, 그 밖에 이와 비슷한 성질을 가진 급여채권의 2분의 1에 해당하는 금액. 다만, 그 금액이 국민기초생활보장법에 의한 최저생계비를 감안하여 대통령령이 정하는 금액에 미치지 못하는 경우 또는 표준적인 가구의 생계비를 감안하여 대통령령이 정하는 금액을 초과하는 경우에는 각각 당해 대통령령

이 정하는 금액으로 한다.

ㅁ) 퇴직금 그 밖에 이와 비슷한 성질을 가진 급여채권의 2분의 1에 해당하는 금액

나. 파산재단에서 면제되는 재산

① 면제되는 재산의 범위

법원은 개인채무자의 신청에 의하여 다음의 어느 하나에 해당하는 재산을 파산재단에서 면제할 수 있다.

ㄱ) 채무자 또는 그 피부양자의 주거용으로 사용되고 있는 건물에 관한 임차보증금반환청구권으로서 주택임대차보호법 제8조(보증금 중 일정액의 보호)의 규정에 의하여 우선변제를 받을 수 있는 금액의 범위안에서 대통령령이 정하는 금액을 초과하지 아니하는 부분(즉, 주택임대차보호법상 보호되는 소액보증금)

ㄴ) 채무자 및 그 피부양자의 생활에 필요한 6월간의 생계비에 사용할 특정한 재산으로써 대통령령이 정하는 금액을 초과하지 아니하는 부분(6개월간 최고 720만원)

② 면제신청 방법

면제신청은 파산신청일 이후 파산선고 후 14일 이내에 면제재산목록 및 소명에 필요한 자료를 첨부한 서면으로 하여야 한다.

(2) 파산재단의 관리 및 처분권(회생법 제384조)

1) 관리처분권자

파산선고에 의하여 파산자는 파산재단을 구성하는 재산에 관한 관리처분권을 잃게 되고, 이 관리처분권은 파산관재인에게 전속하다. 이에 따라 파산선고 후 파산자가 파산재단 소속 재산에 관하여 한 법률행위에 대하여는 파산채권에 대항할 수 없다.

파산관재인은 파산선고 후 즉시 파산재단의 점유관리에 착수해야 하며, 재단에 관한 소송에 관하여는 당사자로서 소송행위를 한다.

2) 파산자의 잔존 권리

재단 소속 재산의 소유권에 있어서는 여전히 파산자에게 그 소유권이 있고,

파산자의 자유재산에 대한 관리처분권은 그대로 보유할 수 있으며, 파산절차에 관한 재판에 대하여는 즉시항고 할 수도 있고, 재단에 관한 소송 이외의 소송 (예컨대 파산자 주주총회결의 무효의 소)에 관하여는 당사자로서의 지위를 잃지 않는다는 사실에 유의해야 한다.

【쟁점질의와 유권해석】

<외국에서 파산이 선고된 경우 그 나라에서 선임된 파산관재인이 한국 내에 있는 파산자의 재산에 대한 관리처분권을 취득하는지 여부(적극)>

파산법 제3조 제2항은 외국에서 선고한 파산은 한국 내에 있는 재산에 대하여는 그 효력이 없다고 규정하고 있는바, 이는 외국에서 선고된 파산은 한국 내에 있는 재산에 대하여 파산선고의 본래적 효력인 포괄집행적 효력이 미치지 않는다는 것을 선언함에 그치고, 나아가 외국에서 파산선고가 내려진 사실 또는 그에 따라 파산관재인이 선임되었다는 사실 자체를 무시한다거나, 그 선고의 결과 파산선고를 한 해당 국가에서 선임된 파산관재인이 그 국가의 법률에 따라 한국 내에 있는 파산자의 재산에 대한 관리처분권을 취득하는 것까지 부정하는 것은 아니다(대판 2003. 4. 25. 2000다64359).

(3) 파산과 재산상속

1) 파산선고 후의 재산상속

가. 파산선고 후의 단순승인의 효력(회생법 제385조)

파산선고 전에 채무자가 상속인이 되는 상속개시가 있었던 경우 채무자가 파산선고 후에 단순승인을 한 경우 파산재단에 대하여는 단순승인의 효력이 나타나지 않고 한정승인의 효력을 갖게 된다.

상속재산에서 소극재산이 적극재산을 초과하는 경우 파산재단에 불의의 피해를 줄 수 있기 때문에 이와 같이 규정하였다.

한정승인이란 상속인이 상속받을 재산의 한도 내에서만 피상속인의 채무를 변제할 것을 유보하고 상속을 승인하는 것을 말하고, 단순승인이란 이러한 유보를 붙이지 않고 피상속인의 적극재산과 소극재산(부채)의 일체를 승계할 것을 승인하는 것을 말한다.

나. 파산선고 후의 상속포기(회생법 제386조)

① 채무자의 상속포기

파산선고 전에 채무자가 상속인이 되는 상속개시가 있었던 경우 채무자가 파산선고 후에 상속포기를 하는 때에도 파산재단에 대하여는 한정승인의 효력을 가진다.

② 파산관재인의 상속포기

위 ①의 규정에도 불구하고 파산관재인은 상속포기의 효력을 주장할 수 있다. 단 상속포기가 있은 것을 안 날부터 3개월 이내에 그 뜻을 법원에 신고하여야 한다.

2) 상속재산의 파산(회생법 제389조)

상속재산에 대하여 파산선고가 있는 경우 상속재산에 속하는 모든 재산을 파산재단으로 한다. 상속재산에 대하여 파산선고가 있는 경우에는 혼동의 예외로서 피상속인이 상속인에 대하여 가지는 권리와 상속인이 피상속인에 대하여 가지는 권리는 소멸하지 않는다.

2. 부인권

(1) 부인권의 의의

부인권이란 파산관재인이 행하는 파산법상의 권리로서 파산선고 전에 파산자가 파산채권자를 해하는 행위를 한 경우 그 행위의 효력을 부인하고 일탈된 재산을 파산재단에 회복하기 위하여 행하는 권리이다.

(2) 부인의 유형

부인의 유형은 여러 가지로 나눌 수 있으나 일반적으로 파산자가 파산채권자를 해할 것을 알면서 한 행위를 부인하는 고의부인, 파산자가 지급의 정지 등 경제적 파탄이 표면화된 시기에 한 행위를 부인하는 위기 부인으로, 위기부인은 다시

① 파산자의 의무에 속한 행위를 부인하는 본지행위부인

② 파산자의 친족등을 상대로 한 본지행위부인

③ 파산자의 의무에 속하지 않는 행위를 부인하는 비본지행위 부인으로 나누어 진다.

파산자가 한 무상행위 내지 이와 동일시 해야하는 유상행위를 부인하는

무상부인으로 나눌 수 있다. 그밖에 특수한 부인인 대항요건, 효력요건
부인, 집행행위부인이 있다.

(3) 부인권의 일반적 성립요건

부인권은 부인할 행위의 내용, 시기, 상대방에 따라 고의부인, 위기부인, 무
상부인의 3종의 유형을 인정하고 있는데, 각 유형마다의 특유한 성립요건 외
에 공통되는 일반적 성립요건이 있다.

1) 행위의 유해성

부인의 대상이 되는 행위는 기본적으로 파산채권자에게 해를 끼치는 행위이
어야 한다. 파산채권자에게 해를 끼치는 행위에는 파산자의 일반재산을 절대적
으로 감소시키는 사해행위와 채권자간의 평등을 저해하는 편파행위도 포함된
다. 사해행위이든 편파행위이든 당해 행위로 말미암아 채권자들의 배당률이 낮
아질 때 행위의 유해성이 인정된다고 설명할 수 있겠다. 이하에서는 행위의 유
해성이 문제되는 몇 가지 행위유형에 대하여 살펴본다.

가. 부동산의 매각행위

부동산의 매각에 있어서 부당한 가격으로 매각한 경우는 물론이고, 적정한
가격으로 소비하기 쉬운 금전으로 환가하는 것은 재산의 일반담보력을 저하
시키게 될 것이므로 원칙적으로 일반채권자를 해하는 행위라고 본다. 그러나
부동산에 비하여 담보력이 적은 동산의 매각행위는 부당한 염가매각으로 평
가받지 않는 이상 부인의 대상이 되지 않는다.

나. 변제행위

변제행위와 관련하여 문제되는 것은 본지변제와 고의부인, 차입금에 의한
변제와 부인, 담보권자에 대한 변제, 대물변제, 제3자에 의한 변제와 부인이
문제된다.

【쟁점질의와 유권해석】

<제3자에 의한 변제가 부인의 대상이 되는지 여부>

제3자에 의한 변제가 부인의 대상이 될 수 있는가에 대한 문제는 파산자 이외의 자의 행위를 부인할 수 있는 가에 관한 논의가 그대로 적용된다고 할 수 있을 것이다. 통설인 파산자의 행위뿐만 아니라 이와 동일시 할 수 있는 제3자의 행위도 부인할 수 있다는 입장이라면 제3자의 변제가 이에 해당할 때 부인할 수 있다.

다. 담보권의 실행행위 및 담보권의 실행행위와 부인

① 담보권의 설정행위

담보권의 설정과 관련하여 논의되는 것은 기존 채무에 대한 담보권의 설정이 아니라 신규차입을 위하여 담보권을 설정하는 행위가 부인의 대상이 될 수 있다.

② 담보권의 실행행위

파산절차에서는 회생절차와는 달리 담보권자는 파산절차에 의하는 것이 아니라 별제권을 행사하여 소유권을 회복할 수 있다. 따라서 그 담보권설정행위 자체가 부인되지 않는 이상 담보권자에 대한 변제나 대물변제와 같이 담보권의 실행행위가 부인의 대상으로 되는 것은 아니다.

【쟁점질의와 유권해석】

<부인권을 행사할 수 있는 대상이 되는 행위>

① 법률효과를 발생시키는 일체의 행위

부동산, 동산의 매각, 증여, 채권양도, 채무면제 등과 같은 협의의 법률행위에 한하지 않고 변제, 채무승인, 법정추인, 채권영도의 통지, 승낙, 등기, 등록, 동산의 인도 등과 같은 법률효과를 발생시키는 일체의 행위를 모두 포함한다. 또한 사법상의 행위에 한하지 않고 소송법상의 행위인 재판상의 자백, 청구의 포기 및 인낙, 재판상의 화해, 소, 상소의 취하, 상소권의 포기, 공정증서의 작성 , 염가의 경매 등도 부인의 대상이 되고, 공법상의 행위도 부인의 대상이 된다.

② 채무자인 파산자의 부작위도 부인의 대상인지 여부

채무자인 파산자의 부작위도 부인의 대상이 된다는 것이 통설, 판례이다. 따라서 시효중단의 해태, 지급명령신청에 대한 이의신청의 부제기, 지급거절증서의 불작성, 변론기일에의 불출석, 공격방어방법의 부제출 등의 경우에 부인권을 행사할 수 있다. 다만 부인의 효과는 상대적인 효과를 갖고 있으므로 소멸시효의 효과가 부인된 경우에 파산관재인은 상대방인 채무자에 대하여 채무의 이행을 청구할 수 있는 반면, 파산자와 채무자 사이에는 여전히 채권이 시효완성으로 소멸된 것으로 취급된다.

2) 법률적으로 유효한 것에 한하는지 여부

부인의 대상이 되는 행위는 반드시 법률적으로 유효한 것일 필요가 있는 것은 아니다. 허위표시, 착오, 사회질서위반의 법률행위 등과 같이 무효 또는 취소의 사유가 있더라도 무방하다. 파산자의 급부가 불법원인급여에 해당하는 경우에 해당하여 채무자인 파산자가 반환을 청구할 수 없다고 하더라도 파산관재인은 이를 부인하면서 그 반환을 청구할 수 있다. 파산관재인은 행위의 무효, 취소와 부인의 주장을 동시에 할 수도 있고 부인의 주장만을 할 수도 있다.

(4) 특수관계인을 상대방으로 한 경우의 특칙

채무자회생및파산에관한법률 제391조 제2호 단서(이로 인하여 이익을 받은 자가 그 행위 당시 지급정지 또는 파산신청이 있은 것을 알고 있은 때에 한한다)의 규정을 적용하여 이익을 받는 자가 채무자와 대통령령이 정하는 범위의 특수관계에 있는 자인 때에는 그 특수관계인이 행위 당시 지급정지 또는 파산신청이 있을 것을 알고 있었던 것으로 추정한다.

【쟁점질의와 유권해석】

<특수관계인의 범위>

① 배우자

② 8촌이내의 혈족

③ 4촌이내의 인척

④ 본인의 금전 기타 재산에 의하여 생계를 유지하는자 및 생계를 함께 하는자

⑤ 본인이 100분의 30 이상을 출자한 법인 기타 단체와 그 임원 등

(5) 어음지급의 예외(회생법 제393조)

채무자회생및파산에관한법률 제393조 제1항은 "제391조의 규정은 파산자로부터 어음의 지급을 받은 자가 그 지급을 받지 아니하였으면 채무자의 1인 또는 수인에 대한 어음상의 권리를 상실하게 되었을 경우에는 이를 적용하지 아니한다"고 규정하여, 어음금 채무의 변제의 경우에는 일정한 요건 아래에서는 제391조에서 규정한 부인유형에 해당하더라도 부인권을 행사하여 이를 부인할 수 없도록 하고 있다.

경우에 따라서는 이를 어음금의 변제를 받는 방법으로 악용하여 우선변제를 받을 수 있으므로 이를 제한하기 위하여 동조 제2항은 "전항의 경우에도 최종의 상환의무자 또는 어음의 발행을 위탁한 자가 발행 당시 지급의 정지 또는 파산신청이 있음을 알았거나 과실로 인하여 알지 못한 때에는 파산관재인은 그로 하여금 파산자가 지급한 금액을 상환할 수 있다"고 규정하고 있다. 예를 들어 채권자가 자기를 수취인으로 한 약속어음을 파산자에게 발행하도록 한 다음 제3자에게 배서 양도하여 대가를 받고, 제3자는 파산자에 어음을 제시하여 어음금을 지급받은 경우나 채권자가 파산자에게 위탁하여 파산자를 발행인, 제3자를 수취인으로 한 약속어음을 발행하게 하고 제3자로부터 배서 양도받아 파산자로부터 어음금을 지급받은 경우이다.

(6) 특수한 유형의 부인

1) 권리변동의 성립요건 또는 대항요건의 부인(회생법 제394조)

가. 대항요건 또는 효력요건의 부인

채무자회생및파산에관한법률 제394조는 대항요건 등의 구비행위를 권리변동의 원인행위와 분리하여 그 원인행위를 부인할 수 없는 경우라도 독자적으로 대항요건 등의 구비행위를 부인할 수 있도록 규정하고 있다.

① 성립요건의 부인

지급정지 또는 파산신청이 있은 후에 권리의 설정·이전 또는 변경의 효력을 생기게 하는 등기 또는 등록이 행하여진 경우, 그 등기 또는 등록이 그 원인인 채무부담행위가 있은 날부터 15일을 경과한 후에 지급정지 또는 파산신청이 있음을 알고 행한 것인 때에는 이를 부인할 수 있다. 다만 가등기 또는 가등록을 한 후 이에 의하여 본등기 또는 본등록을 한 때에는 그러하지 아니하다.

② 대항요건의 부인

지급정지 또는 파산신청이 있은 후에 권리의 설정·이전 또는 변경을 제3자에게 대항하기 위하여 필요한 행위를 한 경우 그 행위가 권리의 설정·이전 또는 변경이 있은 날부터 15일을 경과한 후에 지급정지 또는 파산신청이 있음을 알고 행한 것인 때에도 이를 부인할 수 있다.

2) 집행행위의 부인(회생법 제395조)

가. 의 의

집행행위의 부인은 부인하고자 하는 행위에 관하여 상대방이 이미 채무명의를 가지고 있는 경우이거나 그 행위가 집행행위로서 이루어진 경우일지라도 부인하는 것을 말한다.

나. 부인의 대상이 되는 행위

부인권은 부인하고자 하는 행위에 관하여 집행력있는 집행권원이 있는 때 또는 그 행위가 집행행위에 의한 것인 때에도 행사할 수 있다.

① "부인하고자 하는 행위에 관하여 집행력 있는 집행권원이 있는 때"와 관련하여 부인의 대상이 되는 행위는 다음과 같다.

ㄱ) 채무명의의 내용을 이루는 의무를 발생시키는 파산자의 원인행위

ㄴ) 채무명의의 내용을 이루는 의무를 이행하는 행위

ㄷ) 채무명의 자체를 성립시킨 파산자의 소송행위

② "부인하고자 하는 행위가 집행행위에 기한 것인 때"와 관련하여 부인의 대상은 집행행위에 의하여 실현되는 실체법상의 효과가 아니라 집행행위 자체라는 것이 통설이다.

(7) 부인권의 행사

1) 부인할 수 있는 행위(회생법 제391조)

파산관재인은 파산재단을 위하여 다음 각 호의 어느 하나에 해당하는 행위를 부인할 수 있다.

① 채무자가 파산채권자를 해하는 것을 알고 한 행위. 다만, 이로 인하여 이익을 받은 자가 그 행위 당시 파산채권자를 해하게 되는 사실을 알지 못한 경우에는 그러하지 아니하다.

② 채무자가 지급정지 또는 파산신청이 있은 후에 한 파산채권자를 해하는 행위와 담보의 제공 또는 채무소멸에 관한 행위. 다만 이로 인하여 이익을 받은 자가 그 행위 당시 지급정지 또는 파산신청이 있은 것을 알고 있은 때에 한한다.

③ 채무자가 지급정지나 파산신청이 있은 후 또는 그 전 60일 이내에 한 담보의 제공 또는 소멸에 관한 행위로서 채무자의 의무에 속하지 아니하거나 그 방법 또는 시기가 채무자의 의무에 속하지 아니하는 것. 다만, 채권자가 그 행위 당시 지급정지나 파산신청이 있은 것 또는 파산채권자를 해하게 되는 사실을 알지 못한 경우를 제외한다.

④ 채무자가 지급정지 또는 파산신청이 있은 후 또는 그 전 60일 이내에 한 무상행위 및 이와 동일시할 수 있는 유상행위

2) 부인권을 행사 할 수 있는 자

부인권을 행사할 수 있는 자는 파산관재인으로 한정되어 있다. 따라서 파산채권자가 부인권을 대위하여 행사할 수는 없고, 파산채권자는 법원에 대하여 파산관재인에게 부인권의 행사를 명하도록 신청할 수 있는 권리가 있을 뿐이다.

3) 부인권의 행사기간(회생법 제405조)

부인권은 파산선고가 있은 날부터 2년이 경과한 때에는 행사할 수 없다. 법 제391조 각 호의 행위를 한 날부터 10년이 경과한 때에도 또한 같다.

4) 행사방법

부인권은 소 또는 항변에 의하여 재판상 행사한다. 어느 수단을 선택할지는 파산관재인이 판단한다. 부인권의 상대방은 수익자 또는 전득자 중 어느 일방 또는 쌍방을 상대로 하여 행사할 수 있다. 쌍방을 상대로 소를 제기하는 경우 필요적 공동소송이 아니라 통상의 공동소송이 된다.

부인의 청구서에는 1,000원의 인지를 붙이며, 부인의 청구인용 결정에 대한 이의의 소(파산절차)의 소장에는 민사소송등인지법 제2조 소정액의 인지를 붙인다.

【쟁점질의와 유권해석】

<채권조사기일에 파산관재인이 이의를 제기하지 않아 파산채권이 그대로 확정된 경우 부인권의 행사 가부>

부인권의 행사와 관련하여 채권조사절차와의 관계에 대해서 유의해야한다. 채권조사기일에 파산관재인이 아무런 이의도 제기하지 아니하고 다른 채권자들 역시 이의를 제기하지 아니함으로써 파산채권이 그대로 확정된 경우에는 그 후 부인권을 행사할 수 없다는 해석이 다수설 이므로, 파산관재인으로서는 채권조사를 함에 있어 부인대상의 유무를 주의해야 한다.

(8) 부인권행사의 효과(회생법 제397조)

1) 파산재단의 원상회복

부인권의 행사의 효과는 파산재단을 원상으로 회복시킨다. 즉 부인권행사는 물권적으로 발생하게 되고 파산관재인의 부인권 행사에 의하여 일탈되었던 재산은 상대방의 행위를 기다리지 않고 바로 파산자에 복귀한다. 다만 그 효과는 상대적으로 발생하므로 파산관재인과 부인의 상대방 사이에서만 생기고 제3자에 대해서는 효력을 미치지 않는다.

가. 금전교부행위가 부인된 경우

원상회복을 함에 있어서 금전교부행위가 부인된 경우일 때에는 상대방은 파산자로부터 교부받은 액수와 동액의 금전 및 교부받은 날 이후의 지연이자를 반환하면 된다.

나. 등기 및 대항요건이 필요한 경우

원상회복되는 권리의 변동에 등기 등의 공시방법이 필요하거나 채권양도 통지 등의 대항요건이 필요한 경우에 그 권리취득의 원인행위 또는 대항요건의 구비행위 자체가 부인되면 파산관재인은 부인의 등기 등을 하거나 통지 등에 의한 대항요건을 구비하여야 한다.

다. 가액배상

파산관재인이 부인권을 행사할 당시 이미 그 대상이 되는 재산이 물리적으로 멸실, 훼손되거나 상대방이 제3자에게 처분하여 현존하지 않는 경우면 가액배상을 청구할 수 있다. 채무자회생및파산에관한법률상으로는 가액배상을 직접적으로 명문상 규정하고 있는 것은 아니지만 인정하고 있는 것이 통설이다.

라. 무상부인의 선의자의 보호

채무자가 지급정지 또는 파산신청이 있은 후 또는 그 전 6월 이내에 한 무상행위 및 이와 동일시 할 수 있는 유상행위가 부인된 경우 상대방이 그 행위 당시 선의인 때에는 이익이 현존하는 한도 안에서 상환하면 된다.

2) 상대방의 지위(회생법 제398조)

가. 채무자가 받은 반대급부의 반환청구

부인권의 취지는 파산재단을 부인의 대상이 되는 행위 이전의 상태로 원상회복을 시켜 파산채권자들의 권익을 보호하는데 있는 것이지 파산자로 하여금 부당하게 이익을 얻게 하려는 것이 아니다. 따라서 파산자의 행위가 부인된 경우 파산자의 급부에 대하여 한 상대방의 반대이행은 파산재단으로부터 반환되어야 한다.

나. 상대방의 채권의 회복(회생법 제399조)

채무의 이행행위가 부인된 경우 상대방이 그 받은 이익을 반환하거나 그 가액을 상환한 때에는 상대방의 채권이 부활한다.

3) 전득자에 대한 부인권(회생법 제403조)

가. 의 의

부인권의 실효성을 확보하기 위해서는 전득자에 대해서도 부인의 효과가 미치도록 해야할 필요성이 있으나 이를 관철할 경우 거래의 안전을 해칠 우려가 있다. 본 조는 일정한 요건 아래 부인의 효력을 전득자에게 주장할 수 있도록 규정하여 전득자를 보호하도록 하고 있다.

전득자에 대하여 부인권을 행사한다는 의미는 부인의 대상이 되는 행위가 파산자와 수익자 사이의 행위이고 다만 그 효과를 전득자에게 주장한다고 보는 것이 통설과 일본의 판례이다.

나. 요 건

다음의 어느 하나에 해당하는 때에는 전득자에 대하여도 부인권을 행사할 수 있다.

① 전득자가 전득 당시 각각 그 전자(前者)에 대한 부인의 원인이 있음을 안 때

② 전득자가 법 제292조의 규정에 의한 특수관계인인 때. 다만, 전득 당시 각각 그 전자(前者)에 대한 부인의 원인이 있음을 알지 못한 때에는 그러하지 아니하다.

③ 전득자가 무상행위 또는 이와 동일시할 수 있는 유상행위로 인하여 전득한 경우 각각 그 전자에 대하여 부인의 원인이 있는 때

다. 입증책임

전득자가 파산자의 친족 또는 동거자일 때에는 전득자가 자신의 선의임을 입증해야 하며, 무상부인의 경우에는 그 전자에 대하여 부인의 원인이 있으면 족하다.

3. 환취권

(1) 환취권의 의의 및 성격

1) 환취권의 의의

파산선고와 동시에 선임된 파산관재인은 재산의 일탈을 방지하기 위하여 선임과 동시에 파산재단의 점유, 관리를 개시할 필요가 있는데, 파산자가 점유하고 있는 동산이나 파산자의 명의로 되어 있는 부동산은 전부가 파산관재인의 점유, 관리하에 들어가게 되며, 그 중에는 파산자(법정재단)에게 속하지 아니하는 재산이 혼입될 수 있다. 이 경우에 당해 재산에 관하여 권리를 주장하는 제3자가 파산재단으로부터 이를 환취하는 것이 허용되는데 이를 환취권이라 한다.

법 제407조는 "파산선고는 파산자에 속하지 아니하는 재산을 파산재단으로부터 환취하는 권리에 영향을 미치지 아니한다."라고 규정하여 파산자의 소유에 속하지 아니하는 재산을 파산절차에 의하지 아니하고 파산관재인으로부터 환취할 권리를 보장하고 있다.

2) 환취권의 성격

환취권은 파산법에 의하여 창설된 새로운 권리가 아니며 목적물에 대하여 제3자가 가지는 실체법상의 권리의 당연한 효과에 지나지 아니한 것으로서 어떠한 권리에 대하여 환취권이 인정되는가는 민법, 상법 그 밖의 실체법의 일반원칙에 의하여 결정된다. 그 예로는 소유권, 무체재산권, 점유권, 용익물권을 들 수 있다.

【쟁점질의와 유권해석】

<환매권 행사 후 근저당권자가 파산선고를 받은 경우 말소등기청구권을 파산절차에 의하지 아니하고 행사할 수 있는지 여부(적극)>

부동산의 매매계약에 있어 당사자 사이의 환매특약에 따라 소유권이전등기와 함께 민법 제592조에 따른 환매등기가 마쳐진 경우 매도인이 환매기간 내에 적법하게 환매권을 행사하면 환매등기 후에 마쳐진 제3자의 근저당권 등 제한물권은 소멸하는 것이므로, 환매권 행사 후 근저당권자가 파산선고를 받았다고 하더라도 매도인이 파산자에 대하여 갖는 근저당권설정등기 등의 말소등기청구권은 파산법 제14조에 규정된 파산채권에 해당하지 아니하며, 매도인은 파산법 제79조소정의 환취권 규정에 따라 파산절차에 의하지 아니하고 직접 파산관재인에게 말소등기절차의 이행을 청구할 수 있다(대판 2002. 9. 27. 2000다27411).

(2) 유형별 환취권 행사

1) 운송 중인 매도물의 환취(회생법 제408조)

매도인이 매매의 목적인 물건을 매수인에게 발송하였으나 매수인이 그 대금의 전액을 변제하지 아니하고, 도달지에서 그 물건을 수령하지 아니한 상태에서 매수인이 파산선고를 받은 때에는 매도인은 그 물건을 환취할 수 있다. 다만, 파산관재인이 대금지급을 완료하여 그 물건의 인도를 청구한때에는 매도인이 그 물건을 환취할 수 없다.

2) 위탁매매인의 환취권(회생법 제409조)

운송 중인 매도물의 환취의 규정(법 제408조 제1항)은 위탁매매인이 그 물품을 위탁자에게 발송한 경우에 준용한다.

3) 대체적 환취권(회생법 제410조)

파산자 또는 파산관재인이 환취권의 목적물을 처분한 경우에는 환취권자의 대상적 환취권을 승인한다. 채무자가 파산선고 전에 환취권의 목적인 재산을 양도한 때에는 환취권자는 반대급부의 이행청구권의 이전을 청구할 수 있다. 파산관재인이 환취권의 목적인 재산을 양도한 때에도 또한 같다. 이 경우 파산관재인이 반대급부의 이행을 받은 때에는 환취권자는 파산관재인이 반대급부로 받은 재산의 반환을 청구할 수 있다.

4. 별제권

(1) 별제권의 의의

채무자가 파산선고 당시에 가진 모든 재산을 파산재단이라고 하는데 이 파산재단에 속하는 특정의 재산에 대하여 파산채권자에 우선하여 채권의 변제를 받을 권리를 별제권이라 한다.

(2) 별제권자 및 준별제권자

1) 별제권자(회생법 제411조)

파산재단에 속하는 재산상에 존재하는 유치권·질권·저당권 또는 전세권을 가진 자는 그 목적인 재산에 관하여 별제권을 가진다.

2) 준별제권자(회생법 제414조)

파산재단에 속하지 아니하는 채무자의 재산상에 질권 또는 저당권을 가진 자는 그 권리의 행사에 의하여 변제받을 수 없는 채권액에 한하여 파산채권자로서 그 권리를 행사할 수 있다.

【쟁점질의와 유권해석】

<양도담보권자도 별제권을 가지는지 여부(적극)>

1. 화의법 제44조는 파산의 경우에 별제권을 행사할 수 있는 권리를 가지는 자를 별제권자로 보고, 파산법 제84조는 유치권, 질권, 저당권 또는 전세권을 가진 자는 그 목적인 재산에 관하여 별제권을 가진다고 규정하고 있는바, 양도담보권자는 위각 규정에서 별제권을 가지는 자로 되어 있지는 않지만 특정 재산에 대한 담보권을 가진다는 점에서 별제권을 가지는 것으로 열거된 유치권자 등과 다름이 없으므로 그들과 마찬가지로 화의법상 별제권을 행사할 수 있는 권리를 가지는 자로봄이 상당하다.

2. 화의법상 별제권을 행사할 수 있는 자는 명시적으로 그 권리를 포기하는 등 특별한 사정이 없는 한 화의절차에서 자신의 채권을 화의채권으로 신고한 여부에 관계없이 별제권을 행사할 수 있고, 그 별제권의 행사에 있어 인가된 화의조건에 의하여 제약을 받지도 아니하므로, 양도담보권자가 담보권을 실행하여 정산절차를 마친 때에는 인가된 화의조건에 관계없이 담보물건의 소유권이 넘어가고, 그 때 부가가치세법상 재화의 공급이 이루어진 것으로 된다(대판 2002. 4. 23. 2000두8752).

(3) 별제권의 행사

1) 별제권의 행사방법(회생법 제412조)

별제권은 파산절차에 의하지 아니하고 행사한다.

2) 별제권자의 파산채권행사(회생법 제413조)

별제권자는 그 별제권의 행사에 의하여 변제를 받을 수 없는 채권액에 관하여만 파산채권자로서 그 권리를 행사할 수 있다.

별제권을 포기한 채권액에 관하여 파산채권자로서 그 권리를 행사하는 것에 영향을 미치지 아니한다.

3) 주택임차인 등의 별제권 행사(회생법 제415조)

가. 주택임차인의 우선변제권

① 요 건

「주택임대차보호법」 제3조(대항력 등)제1항의 규정에 의한 대항요건을 갖추고 임대차계약증서상의 확정일자를 받은 임차인은 파산재단에 속하

는 주택(대지를 포함한다)의 환가대금에서 후순위권리자 그 밖의 채권자
보다 우선하여 보증금을 변제받을 권리가 있다.

② 소액보증금의 우선변제권

「주택임대차보호법」제8조(보증금중 일정액의 보호)의 규정에 의한 임
차인은 같은 조의 규정에 의한 보증금을 파산재단에 속하는 주택(대지를
포함한다)의 환가대금에서 다른 담보물권자보다 우선하여 변제받을 권리
가 있다. 이 경우 임차인은 파산신청일까지「주택임대차보호법」제3조(대
항력 등)제1항의 규정에 의한 대항요건을 갖추어야 한다.

나. 상가건물임차인의 우선변제권

제1항 및 제2항의 규정은「상가건물 임대차보호법」제3조(대항력 등)의 규
정에 의한 대항요건을 갖추고 임대차계약증서상의 확정일자를 받은 임차인과
같은 법 제14조(보증금중 일정액의 보호)의 규정에 의한 임차인에 관하여 준
용한다.

5. 상계권

(1) 상계의 의의

상계는 채무자가 채권자에 대하여 자기도 또한 동종의 채권을 가지는 경우
에 그 채권과 채무를 대등액에서 소멸시키는 채무자의 일방적 의사표시이다.
여기서 상계하는 측의 채권을 자동채권이라 하고, 상계를 당하는 측의 채권
을 수동채권이라고 한다.

(2) 상계권의 행사

1) 상계권 행사의 방법(회생법 제416조)

파산채권자는 파산선고시에 파산자에 대하여 채무를 부담하고 있는 때에는
파산절차에 의하지 않고 상계를 할 수 있다. 상계에 의하여 채권자는 자기가
가진 자동채권을 수동채권의 한도에서 확실하고도 실질적으로 회수할 수 있으
므로, 이와 같은 상계의 담보적 기능이 가장 잘 발휘되는 것이 바로 채무자가
파산한 경우다.

2) 시기적 제한

상계권의 행사는 시기적 제한이 따로 없어서 파산절차가 진행 중인 동안에

도 가능하고, 파산관재인에 대하여 재판상 또는 재판 외에서의 의사표시로도 할 수 있다. 이 경우 민법 기타 실체법상의 상계요건이 파산절차와의 관계에서 완화되기도 하지만 파산채권자 사이의 공평의 관점에서 강화되기도 한다.

【쟁점질의와 유권해석】

<파산채권자의 자동채권은 반드시 파산채권 신고와 그 조사절차를 거쳐 확정된 것이어야 하는지 여부>

파산채권자의 자동채권은 파산채권 신고와 그 조사의 절차를 거쳐 반드시 확정된 것이어야 할 필요는 없는 것이라고 해석한다. 따라서 파산채권자는 파산관재인이 제기한 급부소송에서 채권신고와 그의 확정을 거치지 않은 반대채권으로 상계할 수 있다. 또 파산선고가 있기 전에 먼저 상계적상이 있었던 경우에는, 선고 전에 상계의 의사표시가 되어 있는 경우도 있을 수 있는데, 이와 같은 상계도 상계금지에 저촉되지 않는 이상 유효하다고 볼 것이다. 다만 채무자회생및파산에관한법률 제422조에 위반된 상계는 후일 파산선고가 된 경우 당초로 소급하여 무효로 된다.

3) 기한부 및 해제조건부 등 채권채무의 상계(회생법 제417조)

파산채권자의 채권이 파산선고시에 기한부 또는 해제조건부이거나 비금전채권인 경우에도 상계할 수 있다. 채무가 기한부나 조건부인 때 또는 장래의 청구권에 관한 것인 때에도 같다. 즉, 파산선고시에 기한미도래의 기한부채권, 해제조건부채권, 비금전채권, 금액불확정의 금전채권, 외국통화로 된 금전채권, 금액 또는 존속기간이 불확정한 정기금채권 등도 모두 자동채권이 될 수 있다. 이들 채권은 파산선고로 인하여 금전화, 현재화되고, 파산은 청산절차이므로 이들 채권의 채권자가 상계에 대하여 가지는 기대는 한층 크다고 할 수 있다.

4) 자동채권의 상계액(회생법 제420조)

파산채권자의 채권이 이자 없는 채권 또는 정기금채권인 때에는 다음에 해당하는 부분을 공제한 액의 한도 안에서 상계할 수 있다.

① 기한이 파산선고 후에 도래하는 이자 없는 채권의 경우 파산선고가 있은 때부터 그 기한에 이르기까지의 법정이율에 의한 원리의 합계액이 채권액이 될 계산에 의하여 산출되는 이자의 액에 상당하는 부분

② 기한이 불확정한 이자 없는 채권의 경우 그 채권액과 파산선고 당시의 평가액과의 차액에 상당하는 부분

③ 채권액 및 존속기간이 확정된 정기금채권인 경우 각 정기금에 관하여 ①
에 준하여 산출되는 이자의 합계액에 상당하는 부분과 각 정기금에 관하
여 ①에 준하여 산출되는 원본의 합계액이 법정이율에 의하여 그 정기금
에 상당하는 이자가 생길 원본액을 초과하는 때에는 그 초과액에 상당하
는 부분

5) 해제조건부 채권의 상계(회생법 제419조)

자동채권이 해제조건부채권인 경우에도 채권 자체는 이미 발생하고 있는 것
으로서, 이것으로 상계할 수 있다. 그러나 파산절차 중 해제조건이 성취하면
그 채권은 소멸하게 되고 상계액을 파산재단에 반환하도록 하여야 한다. 이 때
파산채권자가 무자력인 경우에 있다면 파산재단은 손해를 입게 된다. 이를 피
하기 위하여 파산채권자가 상계하는 경우 파산채권자는 상계액에 관하여 담보
를 제공하거나 임치하도록 하여야 한다. 해제조건이 최후배당 제척기간 내에
성취하지 않으면 이 담보 또는 임치금은 채권자에게 반환한다.

6) 정지조건부채권 및 장래의 청구권과의 상계(회생법 제418조)

자동채권이 정지조건부채권 또는 장래의 청구권인 경우, 이것을 바로 상계에
공할 수 는 없지만, 파산절차 중에 조건이 성취하는 경우에는 상계를 할 수 있
는 경우에 있게 되므로, 이에 대비하여 파산채권자가 자기의 채무를 변제하는
경우에는 그 액을 한도로 하여 변제액의 임치를 청구할 수 있게 하였다. 만약
최후배당의 제척기간 내에 조건이 성취하지 않은 경우에는 그 임치금은 다른
채권자의 배당에 공하게 된다. 임차인이 보증금반환청구권을 자동채권으로 하
여 상계하는 경우 파산선고시의 당기, 차기 뿐 아니라 그 후의 차임에 관하여
도 상계할 수 있다. 또 파산선고 전에 발생한 파산자의 차임상당 손해금채권
내지 부당이득반환채권과도 상계할 수 있다고 해석된다.

7) 차임·보증금 및 지료의 상계(회생법 제421조)

파산채권자가 임차인인 때에는 파산선고시의 당기 및 차기의 차임에 관하여
상계를 할 수 있다. 보증금이 있는 경우 그 후의 차임에 관하여도 또한 같다.
이 규정은 지료에 관하여 준용한다.

8) 수동채권

수동채권이 되기 위해서는 금전채권이거나 자동채권과 같은 목적의 채권이
어야 한다. 그러나 수동채권이 기한부채권, 조건부채권 또는 장래의 청구권인

경우에는 파산채권자는 스스로 기한의 이익 또는 조건성부의 기회를 포기하여 이를 현재화시켜 상계에 공할 수 있다. 이 경우 법420조는 적용되지 않으므로 파산채권자는 액면 금액으로 상계하여야 한다.

【쟁점질의와 유권해석】

<조건이 파산선고 후에 성취된 조건부채권을 수동채권으로 하여 상계할 수 있는지 여부>

파산법 제95조 제1호는 '파산선고 후에 파산재단에 대하여 채무를 부담한 때'를 상계 제한사유의 하나로 규정하고 있으나, 파산법 제90조에서는 파산채권자는 조건부 채권을 수동채권으로 하여서도 상계할 수 있다고 규정하고 있으므로 이에 해당되는 경우 그 조건이 파산선고 후에 성취되었다고 하더라도 그 상계는 적법한 것으로 볼 것이다(대판 2002. 11. 26. 2001다833).

(3) 상계의 금지(회생법 제422조)

다음의 어느 하나에 해당하는 때에는 상계를 할 수 없다.

① 파산채권자가 파산선고 후에 파산재단에 대하여 채무를 부담한 때

② 파산채권자가 지급정지 또는 파산신청이 있었음을 알고 채무자에 대하여 채무를 부담한 때. 다만, 다음 각목의 어느 하나에 해당하는 때를 제외한다.

ㄱ) 그 부담이 법정의 원인에 의한 때

ㄴ) 파산채권자가 지급정지나 파산신청이 있었음을 알기 전에 생긴 원인에 의한 때

ㄷ) 파산선고가 있은 날부터 1년 전에 생긴 원인에 의한 때

③ 파산선고를 받은 채무자의 채무자가 파산선고 후에 타인의 파산채권을 취득한 때

④ 파산선고를 받은 채무자의 채무자가 지급정지 또는 파산신청이 있었음을 알고 파산채권을 취득한 때. 다만, ②의 가, 나, 다 중 어느 하나에 해당하는 때를 제외한다.

Ⅳ. 파산채권 및 재단채권

■ 핵 심 사 항 ■

1. 파산채권
 (1) 의의 : 파산자에 대하여 파산선고 전의 원인으로 생긴 재산상의 청구권은 파
    산채권으로 한다(법 423조). 파산절차참가의 비용도 파산채권으로 한다(법 제439
    조).
 (2) 파산채권의 신고 : 파산채권의 신고는 파산법원에 대하여 파산절차에 참가를
    신청하는 형식으로 이루어진다. 파산채권자는 이 신고에 의하여 절차상의 파
    산채권자가 되는 것이며, 파산절차에 참가하여 파산재단으로부터 배당 받을
    수 있는 기회가 부여된다.
2. 재단채권
 (1) 의의 : 재단채권은 일반적으로 법 제473조에서 열거하고 있는 일반재단채권
    과 그 밖의 규정에 따른 특별재단채권으로 구분한다. 이 구분에 따라 그 변
    제의 순서가 달라지는 것은 아니다.
 (2) 재단채권의 변제 : 재단채권은 파산절차에 의하지 아니하고 수시로 변제한
    다(법 제475조). 재단채권은 파산채권보다 먼저 변제하는 것이 원칙이다(법
    제476조).

1. 파산채권

(1) 파산채권의 의의 및 행사방법

  1) 파산채권의 의의(회생법 제423조)

    파산자에 대하여 파산선고 전의 원인으로 생긴 재산상의 청구권은 파산채권
  으로 한다. 파산절차참가의 비용도 파산채권으로 한다(법 제439조).

  2) 파산채권의 행사방법(회생법 제424조)

   가. 파산절차에 의한 행사

    파산절차에 의하지 아니하고는 파산채권을 행사할 수 없다. 한편 파산선고
   후에 파산채권자가 다른 채무자로부터 일부 변제를 받거나 다른 채무자에 대
   한 회생절차 내지 파산절차에 참가하여 또는 배당을 받았다 하더라도 그에

의하여 채권자가 채권 전액에 대하여 만족을 얻은 경우가 아닌 이상 파산채권액의 감소를 불러오는 것은 아니므로, 채권자는 여전히 파산선고시의 채권 전액으로써 계속하여 파산절차에 참가할 수 있다.

나. 파산채권 변제의 우선 순위

파산채권은 파산재단으로부터 공평하게 만족을 받을 수 있는 권리이고 파산채권 간에는 기본적으로 그 채권액에 따라 안분하여 변제를 받는 것이 원칙이다. 그러나 채무자회생및파산에관한법률의 실체법상의 성격 등을 고려하여 일반 파산채권 외에 일반우선권이 있는 우선적 파산채권과 파산채권에 대한 파산선고 후의 이자와 같이 일반 파산채권이 완전히 변제를 받은 후에 변제가 허용되는 후순위 파산채권을 구분하여 그 변제순위에 차등을 두고 있다.

【쟁점질의와 유권해석】

<매도인이 파산자에 대해 갖는 근저당권설정등기 등의 말소청구권이 파산채권인지 여부(소극)>

부동산의 매매계약에 있어 당사자 사이의 환매특약에 따라 소유권이전등기와 함께 민법 제592조에 따른 환매등기가 마쳐진 경우 매도인이 환매기간 내에 적법하게 환매권을 행사하면 환매등기 후에 마쳐진 제3자의 근저당권 등 제한물권은 소멸하는 것이므로, 환매권 행사 후 근저당권자가 파산선고를 받았다고 하더라도 매도인이 파산자에 대하여 갖는 근저당권설정등기 등의 말소등기청구권은 파산법 제14조에 규정된 파산채권에 해당하지 아니하며, 매도인은 파산법 제79조소정의 환취권 규정에 따라 파산절차에 의하지 아니하고 직접 파산관재인에게 말소등기절차의 이행을 청구할 수 있다(대판 2002. 9. 27. 2000다27411).

(2) 파산채권액 확정

1) 비금전채권 등의 파산채권액(회생법 제426조)

가. 채권의 목적이 금전이 아니거나 그 액이 불확정한 때나 외국의 통화로 정하여진 때

위와 같은 경우에는 파산선고시의 평가액을 파산채권액으로 한다.

나. 정기금채권의 금액 또는 존속기간이 확정되지 아니한 때

위와 같은 경우에도 파산선고시의 평가액을 파산채권액으로 한다.

2) 조건부채권 등의 파산채권액(회생법 제427조)

조건부채권은 그 전액을 파산채권액으로 한다. 장래의 청구권에 대해서도 마찬가지이다.

3) 전부의 채무를 이행할 의무를 지는 자가 파산한 경우의 파산채권액(회생법 제428조)

여럿의 채무자가 각각 전부의 채무를 이행하여야 하는 경우 그 채무자의 전원 또는 일부가 파산선고를 받은 때에는 채권자는 파산선고시에 가진 채권의 전액에 관하여 각 파산재단에 대하여 파산채권자로서 권리를 행사할 수 있다.

위와 같은 경우에는 주채무자의 변제자력의 유무를 묻지 않고 파산선고 당시의 채권액의 전액으로써 바로 파산재단에 대하여 권리행사를 할 수 있으며, 주채무 또는 보증채무의 변제기 도래 여부는 묻지 않는다.

【쟁점질의와 유권해석】

<파산선고 후 파산채권자가 다른 채무자로부터 일부변제 등을 받은 경우 파산선고시의 채권 전액으로써 파산절차에 참가할 수 있는지 여부(적극)>

파산법 제19조는 '수인의 채무자가 각각 전부의 채무를 이행하여야 할 경우에 그 채무자의 전원 또는 수인이나 1인이 파산선고를 받은 때에는 채권자는 파산선고시에 가진 채권의 전액에 관하여 각 파산재단에 대하여 파산채권자로서 그 권리를 행사할 수 있다.'고 규정하고, 제20조는 '보증인이 파산선고를 받은 때에는 채권자는 파산선고시에 가진 채권의 전액에 관하여 파산채권자로서 그 권리를 행사할 수 있다.'고 규정하고 있으므로, 파산선고 후에 파산채권자가 다른 채무자로부터 일부 변제를 받거나 다른 채무자에 대한 회사정리절차 내지 파산절차에 참가하여 변제 또는 배당을 받았다 하더라도 그에 의하여 채권자가 채권 전액에 대하여 만족을 얻은 것이 아닌 한 파산채권액에 감소를 가져오는 것은 아니므로, 채권자는 여전히 파산선고시의 채권 전액으로써 계속하여 파산절차에 참가할 수 있다(대판 2003. 2. 26. 2001다62114).

4) 보증인이 파산한 경우의 파산채권액(회생법 제429조)

가. 보증인이 파산한 경우

보증인이 파산선고를 받은 때에는 채권자는 파산선고시에 가진 채권의 전액에 관하여 파산채권자로서 그 권리를 행사할 수 있다.

보증인이 파산한 경우에 채권자는 주채무자의 변제자력의 유무를 묻지 않고 파산선고 당시의 채권액의 전액으로써 바로 파산재단에 대하여 권리행사를 할 수 있도록 하고 있다.

주채무 또는 보증채무의 변제기 도래 여부는 묻지 않는다. 따라서 보증인이 파산자인 경우 채권자가 파산선고 당시 채권액을 신고하면 파산관재인은 이를 전액 시인하여야 한다.

나. 주채무자와 보증채무자가 둘다 모두 파산선고를 받은 경우

채권자는 채권전액으로 각 파산재단으로부터 배당받을 수 있으며, 이 때 양 재단으로부터 받은 배당액의 합계가 채권액을 넘게 되는 경우에는 최후에 배당한 재단과의 관계에서 부당이득이 된다.

5) 장래의 구상권자의 채권액(회생법 제430조)

가. 보증인의 사전구상권

여럿의 채무자가 각각 전부의 채무를 이행하여야 할 경우 채무자의 전원 또는 일부가 파산선고를 받은 때에는 그 채무자에 대하여 장래의 구상권을 가진 자는 그 전액에 관하여 각 파산재단에 대하여 파산채권자로서 그 권리를 행사할 수 있다. 다만 채권자가 그 채권의 전액에 관하여 파산채권자로서 그 권리를 행사한 때에는 예외로 한다(법 제430조 제1항).

나. 보증인의 사후구상권

구상권을 가진 자가 변제를 한 때에는 그 변제의 비율에 따라 채권자의 권리를 취득한다(법 제430조 제2항).

6) 무한책임사원의 파산시의 파산채권액(회생법 제432조)

법인의 채무에 관하여 무한책임을 지는 사원이 파산선고를 받은 때에는 법인의 채권자는 파산선고시에 가진 채권의 전액에 관하여 그 파산재단에 대하여 파산채권자로서 그 권리를 행사할 수 있다.

7) 유한책임사원의 파산(회생법 제433조)

법인의 채무에 관하여 유한책임을 지는 사원 또는 그 법인이 파산선고를 받은 때에는 법인의 채권자는 유한책임을 지는 사원에 대하여 그 권리를 행사할 수 없다. 다만, 법인은 출자청구권을 파산채권으로서 행사할 수 있다.

8) 상속과 파산채권액

가. 상속인이 파산선고를 받은 경우의 파산채권액(회생법 제434조)

상속인이 파산선고를 받은 경우에는 재산의 분리가 있는 때에도 상속채권자 및 유증을 받은 자는 그 채권의 전액에 관하여 파산재단에 대하여 파산채권자로서 그 권리를 행사할 수 있다.

나. 상속재산 및 상속인의 파산시의 파산채권액(회생법 제435조)

상속재산 및 상속인에 대하여 파산선고가 있는 때에는 상속채권자 및 유증을 받은 자는 그 채권의 전액에 관하여 각 파산재단에 대하여 파산채권자로서 그 권리를 행사할 수 있다.

다. 상속인의 한정승인(회생법 제436조)

채무자회생및파산에관한법률 제434조 및 제435조의 경우 파산선고를 받은 상속인이 한정승인을 한 때에는 상속채권자와 유증을 받은 자는 그 상속인의 고유재산에 대하여 파산채권자로서 그 권리를 행사할 수 없다. 제385조 또는 제386조제1항의 규정에 의하여 한정승인의 효력이 있는 때에도 또한 같다.

(3) 파산채권의 우선순위

1) 동일순위자에 대한 평등변제(회생법 제440조)

동일순위로 변제하여야 하는 채권은 각각 그 채권액의 비율에 따라 변제한다.

2) 우선권 있는 파산채권(회생법 제441조)

가. 일반우선권 있는 파산채권

파산재단에 속하는 재산에 대하여 일반의 우선권이 있는 파산채권은 다른 채권에 우선한다. 일반우선권 있는 파산채권은 다른 채권에 우선하여 배당받을 수 있는 권리가 있으므로, 채권신고서에도 우선권을 기재하여야 하고, 채권조사에 있어서 채권신고서에 우선권의 기재가 없는 경우에는 우선권 없는 일반 채권으로서 시인하면 된다. 우선권 없는 채권으로서 시인되어 확정된 후 우선권을 주장하는 것은 허용되지 않는다.

나. 상속채권자의 우위(회생법 제443조)

상속재산에 대하여 파산선고가 있는 때에는 상속채권자의 채권은 유증을 받은 자의 채권에 우선권을 인정하여 상속채권자의 채권에 대해 수증자보다 우선채권을 인정하고 있다.

다. 상속인이 파산한 경우의 채권자간의 순위(회생법 제444조)

상속재산에 대한 파산신청기간 안의 신청에 의하여 상속인에 대한 파산선고가 있는 때에는 상속인의 채권자의 채권은 그 고유재산에 대하여 상속채권자 및 유증을 받은 자의 채권에 우선하고, 상속채권자 및 유증을 받은 자의 채권은 상속재산에 대하여 상속인의 채권자의 채권에 우선한다.

라. 상속재산 및 상속인의 파산재단의 순위(회생법 제445조)

상속재산 및 상속인에 대하여 파산선고가 있는 때에는 상속인의 채권자의 채권은 상속인의 파산재단에 대하여는 상속채권자 및 유증을 받은 자의 채권에 우선한다.

3) 우선권의 기간계산(회생법 제442조)

일정한 기간 안의 채권액에 관하여 우선권이 있는 경우 그 기간은 파산선고시부터 소급하여 계산한다.

4) 후순위파산채권(회생법 제446조)

가. 법정 후순위채권

다음의 채권은 다른 파산채권보다 후순위파산채권으로 한다.

① 파산선고 후의 이자

후순위 채권 중 실무상 가장 자주 문제되는 것은 파산선고 후의 이자에 관한 부분이다.

파산선고일 전일까지의 이자	일반파산채권
파산선고일 이후의 이자	후순위파산채권

② 파산선고 후의 불이행으로 인한 손해배상액 및 위약금

③ 파산절차 참가비용

후순위채권으로 되는 파산절차 참가의 비용이란 파산채권신고서 작성비용, 그 제출비용, 채권자집회 또는 조사기일에 출석하기 위한 비용 등을 의미한다.

④ 벌금·과료·형사소송비용·추징금 및 과태료

벌금, 과료, 형사소송비용, 추징금 및 과태료는 일응 정당한 것으로 인정되므로 채권신고가 되더라도 채권조사기일에서 조사하는 것은 아니다. 파산관재인이 이의를 한 경우에도 파산자가 할 수 있는 소송 등의 불복 방법으로 다투어야 하고, 기관의 경과 등으로 다툴 수 없는 것은 채권표에 기재함으로써 신고 내용대로 확정된다.

⑤ 기한이 파산선고 후에 도래하는 이자 없는 채권의 경우

이 경우에는 '파산선고가 있은 때부터 그 기한에 이르기까지의 법정이율에 의한 원리의 합계액이 채권액이 될 계산에 의하여 산출되는 이자의 액에 상당하는 부분'이 후순위파산채권이 된다.

⑥ 기한이 불확정한 이자 없는 채권의 경우

이 경우에는 '그 채권액과 파산선고 당시의 평가액과의 차액에 상당하는 부분'이 후순위파산채권이 된다.

⑦ 채권액 및 존속기간이 확정된 채권의 경우

이 경우에는 '각 정기금에 관하여 위 마.의 규정에 준하여 산출되는 이자의 액의 합계액에 상당하는 부분과 각 정기금에 관하여 위 마.의 규정에 준하여 산출되는 원본의 액의 합계액이 법정이율에 의하여 그 정기금에 상당하는 이자가 생길 원본액을 초과하는 때에는 그 초과액에 상당하는 부분'이 후순위파산채권이 된다.

나. 약정 후순위파산채권

채무자가 채권자와 파산절차에서 다른 채권보다 후순위로 하기로 정한 채권은 그 정한 바에 따라 다른 채권보다 후순위로 한다.

2. 파산채권의 신고 및 조사

(1) 파산채권의 신고

1) 파산채권의 신고의 효과

파산채권의 신고는 파산법원에 대하여 파산절차에 참가를 신청하는 형식으로서 이루어진다. 파산채권자는 이 신고에 의하여 절차상의 파산채권자가 되는 것이며, 파산절차에 참가하여 파산재단으로부터 배당받을 수 있는 기회가 부여된다. 또한 파산채권 신고에 의하여 실체법상으로도 소멸시효가 중단되는 효과

가 생긴다.(민법 제171조, 제168조 제1호)

2) 신고인

　파산채권의 신고는 대리인도 할 수 있으나, 대리인이 반드시 변호사일 필요가 있는 것은 아니다. 파산채권을 신고할 수 있는 자는 파산채권에 관하여 추심권을 취득한 채권자 또는 채권자대위권자도 포함된다. 파산채권이 가압류되어 있는 때에는 가압류채권자가 아니라 파산채권자가 신고권자이다.

3) 신고절차

가. 신고할 사항

① 파산채권자는 신고기간 안에 다음 각호의 사항을 신고하고 증거서류 또는 그 등본이나 초본을 제출하여야 한다.(회생법 제447조 제1항)

ㄱ) 그 채권액 및 원인

ㄴ) 일반의 우선권이 있는 때에는 그 권리

ㄷ) 후순위파산채권(회생법 제446조 제1항)의 어느 하나에 해당하는 청구권을 포함하는 때에는 그 구분

② 파산채권자가 법 제447조의 규정에 따라 채권을 신고할 때에는 다음 각호의 사항을 함께 신고하여야 한다(규칙 제73조 제1항).

ㄱ) 채권자 및 대리인의 성명 또는 명칭과 주소

ㄴ) 통지 또는 송달을 받을 장소(대한민국 내의 장소로 한정한다) 및 전화번호·팩시밀리번호·전자우편주소

ㄷ) 집행력 있는 집행권원 또는 종국판결이 있는 파산채권인 때에는 그 뜻

나. 신고서에 첨부할 서류

① 파산채권

신고서에는 다음 각 호의 서류를 첨부해야 한다(규칙 제73조 제2항).

ㄱ) 채권자가 대리인에 의하여 채권을 신고할 때에는 대리권을 증명하는 서면

ㄴ) 파산채권이 집행력 있는 집행권원 또는 종국판결이 있는 것일 때에는 그 사본

ㄷ) 채권자의 주민등록등본 또는 법인등기부등본

② 채권을 신고할 때에는 채권신고서 및 첨부서류의 부본을 2부 제출하여
야 한다(규칙 제74조 제1항).

【쟁점질의와 유권해석】

<별제권자도 채권신고를 하여야 하는지 여부>

ㄱ) 문제점

채무자 회생 및 파산에 관한 법률 제412조는 "별제권은 파산절차에 의하지 아니
하고 이를 행사한다"고 규정하고 있고, 또 제447조에서는 "파산채권자는 신고기간
안에 그 채권액 및 원인 등을 법원에 신고하고 증거서류 또는 그 등본이나 초본
을 제출하여야 한다."고 규정하고 있다. 그러므로 별제권자도 채권신고를 반드시
하여야 하는 것인지가 문제된다.

ㄴ) 판례의 태도

판례는 "파산재단에 속하는 재산상에 존재하는 유치권·질권·저당권 또는 전세
권을 가진 자는 그 목적인 재산에 관하여 당연히 별제권을 가지고, 별제권은 파산
절차에 의하지 아니하고 이를 행사할 수 있으며, 파산법 제201조 제2항(현행 채무
자 회생 및 파산에 관한 법률 제47조 제2항)은 별제권자가 별제권의 행사에 의하
여 채권전액을 변제받을 수 없는 경우에 파산절차에 참가하여 파산채권자로서 배
당받기 위하여 채권신고를 하는 경우에 관한 규정이므로, 별제권도 파산채권과 같
이 반드시 신고·조사절차를 거쳐 확정되어야만 행사할 수 있는 것은 아니다(대
판 1996. 12. 10. 96다19840)."라고 하였다.

따라서 별제권자는 파산절차 이외에서 별제권을 행사하여 채권의 완전한 만족을
얻을 수 있으면 신고할 필요가 없으며, 신고하더라도 파산관재인이 신고채권 전액
을 부인하게 된다. 그러나 별제권의 목적물의 평가액이 피담보채권의 원리금 합계
에 미치지 못하는 경우, 또는 별제권의 존재나 범위, 피담보채권액이 파산관재인
또는 다른 파산채권자들에 의하여 다투어질 우려가 있는 경우에는 채권신고를 하
여야 한다. 신고채권자가 별제권의 행사로 변제받지 못할 예정부족액을 입증하기
위하여 부동산감정평가서를 첨부해야 하는 것은 아니다.

4) 파산채권자표의 작성(회생법 제448조)

가. 작성할 사항

법원사무관등은 다음 각호의 사항을 기재한 파산채권자표를 작성하여야 한

다.

① 채권자의 성명 및 주소

② 채권액 및 원인

③ 일반의 우선권이 있는 때에는 그 권리

④ 채무자회생및파산에관한법률 제446조제1항 각호의 어느 하나에 해당하는 청구권을 포함하는 때에는 그 구분

⑤ 별제권자가 채무자회생및파산에관한법률 제447조제2항의 규정에 의하여 신고한 채권액

나. 파산채권자표 등본의 교부

법원사무관등은 파산채권자표의 등본을 파산관재인에게 교부하여야 한다.

다. 파산채권자표 및 채권신고서류의 비치(회생법 제449조)

법원은 파산채권자표 및 채권의 신고에 관한 서류를 이해관계인이 열람할 수 있도록 법원에 비치하여야 한다. 법원사무관등은 채권자의 신청이 있는 경우 그 채권자의 채권에 관한 파산채권자표의 초본을 교부하여야 한다.

(2) 파산채권의 조사

1) 채권조사의 대상(회생법 제450조)

채권조사 기일에는 신고한 각 채권에 대하여 다음의 사항을 조사한다.

① 채권자의 성명 및 주소

② 채권액 및 원인

③ 일반의 우선권이 있는 때에는 그 권리

④ 후순위파산채권에 해당하는 청구권을 포함하는 때에는 그 구분

⑤ 별제권자가 법 제447조 제2항(별제권의 목적과 그 행사에 의하여 변제받을 수 없는 채권액)의 규정에 의하여 신고한 채권액

2) 신고기간 후에 신고한 채권의 조사(회생법 제453조)

채권신고기간 후이지만 일반의 채권조사기일을 마치지 않은 경우에는 파산관재인 및 출석채권자의 동의를 얻어 동 조사기일에 조사를 할 수 있다.

3) 일반기일 후의 채권신고(회생법 제455조)

파산채권자가 채권조사의 일반기일 후에 채권을 신고한 경우에는 채권조사를 하기 위하여 특별기일을 정하여야 한다. 파산법상 신고의 종기를 제한하는 명문의 규정이 없으므로, 최후배당의 제척기간까지의 채권신고는 유효하다. 그러나 최후배당 제척기간 만료 직전에 채권신고를 하더라도, 제척기간 만료까지 특별조사기일이 개최되고 그 채권이 확정되어야 하므로, 사실상 이러한 채권은 배당에 참가할 수 없게 되는 결과가 된다. 따라서 늦어도 최후배당 제척기간 만료 전에, 신고채권이 이의 없이 확정되는 경우거나 이의가 있는 경우 채권의 확정을 위한 절차를 취할 정도의 시간적 여유가 있는 날까지는 신고를 하도록 하여야 한다.

(3) 채권의 확정(회생법 제458조)

1) 확정되는 사항

채권조사기일에서의 이의 유무는 채권표에 기재되는데, 관재인 또는 파산채권자로부터 이의가 없으면 신고한 내용대로 파산채권(채권액, 우선권, 채무자회생및파산에관한법률 제446조 제1항 각 호(후순위파산채권)의 어느 하나에 해당하는 청구권의 구분)으로서 확정되고, 이는 확정판결과 동일한 효력을 가진다.

2) 확정의 효력

확정한 파산채권을 가지는 채권자는 그 확정액에 따라서 채권자집회에서 의결권을 행사할 수 있고, 배당을 받을 수 있는 자격을 취득하게 된다.

3) 채권표의 기재가 채권조사기일의 결과와 다른 경우

경정결정을 구하는 신청을 할 수 있다. 채권표의 기재내용자체를 다투기 위해서는 확정판결에 대한 불복신청과 마찬가지의 방법(재심, 청구이의의 소)에 의하여만 가능하다.

【쟁점질의와 유권해석】

<채권표에 기재되지 않은 권리 등의 확정을 구하는 파산채권확정의 소의 적법 여부>

파산채권자는 채권표에 기재한 사항에 관하여서만 채권확정의 소를 제기하거나 파산 당시에 이미 계속되어 있는 소송을 수계할 수 있으므로, 채권조사기일까지 신고하지 않은 채권을 새로이 주장할 수는 없으며, 채권표에 기재된 것보다 다액의 채권액이나 새롭게 우선권을 주장할 수는 없고, 따라서 채권표에 기재되지 않은 권리, 액, 우선권 의 유무 등의 확정을 구하는 파산채권확정의 소 또는 채권표에 기재되지 않은 권리 에 관하여 소송이 계속되어 있는 경우의 그 수계신청 등은 모두 부적법하며, 파산채 권확정을 구하는 소에서 파산채권신고 여부는 소송요건으로서 직권조사 사항이다(대 판 2000. 11. 24. 2000다1327).

4) 확정채권에 관한 파산채권자표 기재의 파산채권자에 대한 효력(회생법 제460조)

채권표에 기재되면 확정판결과 동일한 효력(불가쟁력)이 부여된다. 확정채권 에 관하여 파산채권자표에 기재한 때에는 그 기재는 파산채권자 전원에 대하 여 확정판결과 동일한 효력이 있다.

(4) 파산채권 조사확정의 재판

1) 관 할

파산채권확정의 소는 파산법원의 전속관할이다. 여기에서의 파산법원은 현재 파산사건이 계속되어 있는 지방법원(광의의 파산법원)을 가리키고, 파산사건을 담당하는 재판부일 필요가 있는 것은 아니다. 파산채권조사확정재판 신청서에 는 1,000원의 인지를 붙인다.

2) 재판절차(회생법 제462조)

가. 신청원인 및 방법

파산채권의 조사에서 신고한 파산채권의 내용에 대하여 파산관재인 또는 파산채권자가 이의를 한 때에는 그 파산채권을 보유한 파산채권자는 그 내용 의 확정을 위하여 이의자 전원을 상대방으로 하여 법원에 채권조사확정의 재 판을 신청할 수 있다. 다만, 법 제464조(이의채권에 관한 소송의 수계) 및 제 466조(집행권원이 있는 채권에 대한 이의주장 방법)의 경우에는 그러하지 아 니하다.

나. 청구원인의 제한

파산채권확정소송에는 파산채권의 신고가 소송요건이고, 파산채권자는 채권표에 기재된 사항에 관하여만 청구원인으로 할 수 있으므로, 예컨대 채권표에 기재된 것과 다른 발생원인이나 그보다 다액의 채권액 등을 주장할 수 없다. 따라서 채권표에 기재되지 않은 권리, 액, 우선권의 유무 등의 확정을 구하는 파산채권확정소송 또는 채권표에 기재되지 않은 권리에 관하여 소송이 계속되어 있는 경우의 그 수계신청 등은 모두 부적법하다.

다. 신청기간

채권조사확정의 재판의 신청은 이의가 있는 파산채권에 관한 조사를 위한 일반조사기일 또는 특별조사기일부터 1월 이내에 하여야 한다.

라. 채권확정판결의 효력

채권의 확정에 관한 소송의 판결은 당사자로 된 자에게 영향을 미칠 뿐만 아니라 파산채권자전원 및 파산관재인에게도 미친다. 이러한 판결효력의 확장은 파산절차를 원활하게 하기 위한 것이므로 파산채권의 신고를 하지 않은 파산채권자도 이에 구속된다.

【쟁점질의와 유권해석】

<파산채권확정의 소의 판결 주문에서 우선권 있는 파산채권이나 후순위 파산채권을 일반 파산채권과 구분하여 표시하여야 하는지 여부(적극)>

구 파산법(2005. 3. 31. 법률 제7428호 채무자 회생 및 파산에 관한 법률 부칙 제2조로 폐지)은 의결권의 유무나 배당의 순위에 있어 일반 파산채권과 구별되는 우선권 있는 파산채권과 후순위 파산채권이라는 개념을 마련하고, 우선권 있는 파산채권이나 후순위 파산채권이 포함되어 있는 경우 파산채권자의 채권신고, 채권조사, 파산관재인의 인부, 채권표 작성 등 파산채권확정에 필요한 일련의 절차에서 모두 그 구분을 반드시 표시하도록 요구하고 있으므로, 파산관재인 등의 이의가 있어 파산채권확정의 소를 통하여 채권이 확정되는 경우에도 우선권 있는 파산채권이나 후순위 파산채권이 포함된 때에는 그 구분 또한 파산채권확정의 소에 있어 확정의 대상이 되므로 판결 주문에서 그 구분을 명확히 표시해 주어야 한다(대판 2006. 11. 23. 2004다3925).

3) 채권조사확정재판에 대한 이의의 소(회생법 제463조)

파산관재인, 신고채권자 및 파산자는 일반 또는 특별의 채권조사기일에 신고

채권에 대하여 이의를 할 수 있고, 파산관재인 및 파산채권자의 이의는 채권의 확정을 저지한다. 채권조사확정재판에 불복하는 자는 그 결정서의 송달을 받은 날부터 1개월 이내에 이의의 소를 제기할 수 있다. 이의의 소는 파산법원의 관할에 전속하며, 소를 제기하는 자가 이의채권을 보유하는 파산채권자인 때에는 이의자 전원을 피고로 하고 이의자인 때에는 그 파산채권자를 피고로 하여야 한다. 동일한 채권에 관하여 여러개의 소가 계속되어 있는 때에는 법원은 변론을 병합하여야 하며, 소에 대한 판결은 소를 부적법한 것으로 각하하는 경우를 제외하고는 인가하거나 변경한다. 파산채권조사확정재판에 대한 이의의 소 소장에는 민사소송등인지법 제2조 소정액의 인지를 붙인다.

4) 집행권원이 있는 채권에 대한 이의주장방법(회생법 제466조)

집행력 있는 집행권원이나 종국판결 있는 채권에 관하여 이의가 있는 자는 채무자가 할 수 있는 소송절차에 의해서만 이의를 주장할 수 있다(법 제466조 제1항).

집행력 있는 채무명의 또는 종국판결이 있는 채권(이른바 유명의 채권)은, 이에 대하여 파산관재인 또는 다른 파산채권자가 이의를 진술하고, 파산자가 할 수 있는 판결이 확정되어 있는 소송절차에 의하여 이의를 주장하여도, 그 이의가 이유 있다고 하는 판결이 확정되지 않는 한 배당에 참가할 수 없다.

5) 파산채권의 확정에 관한 소송의 판결 등의 효력(회생법 제468조)

가. 파산채권자 전원에 대한 효력

파산채권의 확정에 관한 소송에 대한 판결은 파산채권자 전원에 대하여 그 효력이 있다. 채권의 확정에 관한 소송의 판결은 신고된 자 뿐 아니라 파산채권자 전원 및 파산 관재인에게도 그 효력이 미친다. 이러한 판결효력의 확장은 파산절차를 원활하게 하기 위한 것이므로 파산채권의 신고를 하지 않은 파산채권자도 이에 구속된다.

나. 이의의 소가 제기되지 않거나 각하된 경우

채권조사 확정재판에 대한 이의의 소가 채권조사확정재판의 결정서가 송달된 날부터 1월 내에 제기되지 아니하거나 각하된 때에는 그 재판은 확정판결과 동일한 효력이 있다

6) 파산채권확정소송의 목적의 가액(회생법 제470조)

파산채권의 확정에 관한 소송의 목적의 가액은 배당예정액을 표준으로 하여 파산법원이 정한다. 이미 계속되어 있는 소송이 수계된 경우에도 마찬가지로 당해 심급이 종결된 후 상소장의 첨부인지액 산출을 위하여 소가결정을 할 수 있다.

【쟁점질의와 유권해석】

<파산관재인이 파산채권확정과 관련하여 부인의 소를 제기하는 경우에도 배당예정액을 표준으로 소가를 정하는지 여부>

파산관재인이 파산채권확정과 관련하여 부인의 소를 제기하는 경우에도 본조를 적용할 수 있는지 여부에 대하여는 견해의 대립이 있다. 그러나 보통 실무에서는 파산재단의 부담을 가볍게 하여 부인의 소 제기를 어렵지 않게 한다는 취지에서 부인대상 금액의 1/10정도를 소가로 결정한 사례가 있다.

3. 재단채권

(1) 재단채권의 의의 및 범위

1) 재단채권과 파산채권의 차이

재단채권은 파산채권과는 달리 파산절차에 의하지 않고 파산관재인이 수시 변제하여야 한다.

파산관재인은 법원에 재단채권 승인 및 임치금반환 허가서를 제출하여 그 허가를 받아야 하며, 이 허가서 등본을 임치금 보관장소에 제시하고 금원을 인출하여 재단채권을 변제해야 한다. 허가서에는 재단채권으로 승인하여야 하는 사유, 그 금액, 인출할 보관장소 등을 기재한다.

2) 재단채권의 범위

재단채권은 일반적으로 채무자회생및파산에관한법률 제473조에서 열거하고 있는 일반재단채권과 그 밖의 규정에 따른 특별재단채권으로 구분하는데, 이 구분에 따라 그 변제의 순서가 달라지는 것은 아니고, 변제의 순서는 법 제477조에서 따로 정하고 있다. 다음의 청구권은 재단채권으로 한다.

가. 일반재단채권

① 파산채권자의 공동의 이익을 위한 재판상의 비용

파산신청비용, 파산선고의 공고비용, 채권자집회 소집비용, 배당에 관한 비용, 파산종결에 관한 재판비용 등을 가리킨다. 채권자신청의 경우에는 채권자가 예납한 예납금도 여기에 포함된다.

【쟁점질의와 유권해석】

<재단채권으로 되는 재판상 비용에 해당되지 않는 것>

파산신청이 각하된 경우의 비용, 채권조사의 특별기일 소집비용, 각 채권자의 파산채권 신고비용은 공동의 이익을 위한 것이라고 할 수 없는 경우에 있으므로 이에 합당하지 않는다. 또한 채권자가 파산선고 전에 파산자의 채권을 압류한 때에는 압류채권자가 채권압류에 지출한 비용도 일반파산채권에 불과하다고 해석된다.

② 국세징수법 또는 국세징수의 예에 의하여 징수할 수 있는 청구권.

국세징수의 예에 의하여 징수할 수 있는 청구권으로서 그 징수우선순위가 일반 파산채권보다 우선하는 것을 포함하며 법 제446조의 규정에 의한 후순위파산채권을 제외한다.

다만 파산선고 후의 원인으로 인한 청구권은 파산재단에 관하여 생긴 것에 한한다.

국세, 지방세 등 지방자치단체의 징수금, 관세와 가산금, 산업재해보상보험료, 의료보험료 등이 이에 해당한다.

파산재단에 관한 파산선고 후의 원인으로 인한 조세 및 공과금은 파산재단의 관리비용에 해당하는 것으로 파산채권자를 위한 공익적인 지출로서 공동으로 부담하는 것이 타당하기 때문에 재단채권으로 한 것이다. 여기에 해당하는 것으로서는 종합토지세, 재산세, 자동차세, 등록세, 면허세, 인지세, 균등할주민세 등이 있다.

【쟁점질의와 유권해석】

<구 파산법 제38조 제2호에 정한 재단채권의 하나인 '파산선고 전의 원인으로 인한 조세채권'인지 여부의 판단기준>

구 파산법(2005. 3. 31 법률 제7428호로 폐지) 제38조 제2호 소정의 재단채권 중 하나인 '파산선고 전의 원인으로 인한 조세채권'에 해당하는지 여부는 파산선고 전에 법률에 정한 과세요건이 충족되어 그 조세채권이 성립되었는가 여부를 기준으로 하여 결정되는 것이다(대판 2006. 10. 12. 2005다3687).

③ 파산재단의 관리, 환가, 배당에 관한 비용

파산관재인 또는 감사위원의 보수, 매각수수료, 공고 통지 비용, 재산목록과 대차대조표 작성비용, 임차인이 파산한 경우 파산선고 후의 차임 등이다. 파산절차의 수행에 있어서 불가결한 공익적 비용 중 제1호에 포섭되지 않는 것은 전부 여기에 해당한다.

④ 파산재단에 관하여 파산관재인이 한 행위로 인하여 생긴 청구권

파산관재인이 행한 소비대차, 임대차, 위임, 도급, 화해 등에 의하여 상대방이 취득한 채권뿐만 아니라 파산관재인의 불법행위로 인하여 상대방이 취득한 손해배상청구권 등이 이에 해당한다.

⑤ 사무관리 또는 부당이득에 의하여 파산재단에 대하여 생긴 청구권

파산선고 후에 발생한 것에 한한다. 환취권의 대상인 주식의 명의가 파산회사로 남아 있어서 파산관재인이 그 배당금을 받은 때, 파산재단에 속하지 않는 환취권의 대상물을 파산관재인이 매각하고 그 매각대금을 파산재단에 편입한 때, 환취권자는 본 호의 재단채권자로서 권리행사를 할 수 있다. 저당 부동산이 경매되었을 때 다른 채권자에게 배당되어야 할 금액이 파산관재인에게 교부되어 위 배당금이 파산재단에 편입된 경우 그 채권자도 본 호의 재단채권이다.

⑥ 위임의 종료 또는 대리권의 소멸 후에 급박한 필요에 의하여 한 행위로 인하여 파산재단에 대하여 생긴 청구권,

⑦ 법 제335조 제1항의 규정에 의하여 파산관재인이 채무를 이행하는 경우에 상대방이 가지는 청구권

쌍방 미이행의 쌍무계약에 관하여 파산관재인이 채무의 이행을 선택하면 상대방의 채무 이행으로 파산재단이 이익을 얻게 될 것이므로 이에 대응하여 상대방의 반대급부청구권을 재단채권으로 한 것이다.

【쟁점질의와 유권해석】

<파산선고 전에 있었던 미지급 차임이 재단채권인지 또는 파산채권인지의 여부>

임차인 파산의 경우 임대차계약을 존속시키는 경우에는 파산선고 후의 차임은 본 호에 해당하여 재단채권이 된다는 사실에 이론이 없지만, 선고 전에 미지급차임이 있었던 경우의 미지급차임은 재단채권인가 파산채권인가에 관하여는 견해가 나뉘고 있다. 임대인이 파산한 경우에도 채무자회생및파산에관한법률 제335조 제1항이 적용되는가에 관하여는 견해가 나뉘어 있지만 보통 실무는 전술한 바와 같이 대항력 있는 임대차의 경우를 제외하고는 임대인의 파산관재인이 임대차계약을 해지할 수 있는 것으로 처리하고 있다. 이 때 파산관재인이 계약을 해지한 경우는 물론, 그 이행을 선택한 경우에도, 임차인이 가지는 보증금반환채권은 파산채권이다. 다만 임차인은 위 보증금반환채권을 취득한 후 파산선고시의 당기 및 차기의 차임 뿐만 아니라 그 이후의 차임에 대해서도 상계할 수 있다.

⑧ 파산선고로 인하여 쌍무계약이 해지된 경우에 그 종료할 때까지 생긴 청구권

임대차나 고용 등의 계속 계약에 있어서는, 임차인 또는 사용자의 파산을 이유로 하는 해지통보가 인정되고 있다(민법 제637조, 제663조). 그리고 해지 통보가 있은 후 법에 정한 일정한 기간이 경과한 후(민법 제635조, 근로기준법 제32조) 이들 계약이 종료한다. 본 호는 이들 계약에 관하여, 파산선고 후 계약 종료시까지 생긴 청구권을 재단채권으로 한 것이다.

【쟁점질의와 유권해석】

<예고수당 또는 예고기간 중의 임금채권이 재단채권이 되는지 여부>

민법의 해석으로는 사용자의 파산관재인이 고용계약을 해지한 경우 그 효력은 즉시 발생한다고 할 수 있으나(민법 제663조), 근로기준법이 적용되는 경우 30일분 이상의 예고수당을 지급하거나 30일 전에 예고하여야 한다(근로기준법 제32조 제1항). 이 예고수당 또는 예고기간 중의 임금채권도 본 호에 해당하여 재단채권이 된다. 파산관재인이 파산선고일로부터 상당한 기간이 경과한 후 해고의 예고를 한 경우에도 재단채권으로 되는 임금의 범위는 파산선고일로부터 고용계약 종료일까지이다. 해지 없이 계속 고용되는 경우의 임금은 채무자회생및파산에관한법률 제335조 제10호에 의하여 재단채권이 된다.

⑨ 파산자 및 그 부양을 받는 자의 부조료

파산자의 자유재산만으로는 파산자와 그 가족의 생활이 현저히 곤란한 경우에는 공적 부조를 통하여 이들을 구제하는 것보다는 파산재단에서 생활비를 지급하는 것이 타당하다는 취지에서 부조료를 재단채권으로 정한 것이다. 법인파산의 경우 파산회사 자신의 인격적 활동을 위한 비용도 채무자회생및파산에관한법률 제335조 제9호의 재단채권에 해당한다고 해석된다.

부조료의 지급에 있어서는 제1회 채권자집회의 결의가 필요하고, 채권자집회 전에는 법원의 허가가 필요하다.

⑩ 파산자의 피용자의 급료, 퇴직금 및 재해보상금

⑪ 파산선고 전의 원인으로 생긴 파산자의 피용자의 임치금과 신원보증금의 반환청구권

나. 특별재단채권

① 부담있는 유증의 부담의 청구권(회생법 제474조)

파산관재인이 부담부 유증의 이행을 받은 때에는 부담의 이익을 받을 청구권은 유증목적의 가액을 초과하지 아니하는 범위 내에서 재단채권으로 한다.

부담부 유증의 수유자는 유증의 효력발생시부터(민법 제1073조 제1항) 그 부담을 이행할 책임이 있는 것이므로(민법 제1088조 제1항), 수유자가 파산한 경우 부담수익자의 채권은 파산채권이 되어야 할 것이지만, 재산을 증여하는 대신 수유자에게 그 부담을 이행시키려는 유언자의 의사를 존중하여 쌍방 미이행 쌍무계약에 관하여는 파산관재인이 이행을 선택한 경우와 동일하게 취급하도록 한 것이다.

② 가액의 청구권

파산관재인이 쌍무계약을 해제한 경우에 파산자가 받은 반대급부가 파산재단 중에 현존하지 아니하는 경우의 가액의 청구권도 재단채권이 된다.

상대방에게 완전한 원상회복을 부여하기 위한 취지의 것이므로, 원물의 멸실로 인해 반환불능이 된 경우에도 적용된다. 가액의 산정 기준시는 급부 당시라고 해석한다.

③ 상대방의 소송비용청구권

파산재단에 속하는 재산에 관하여 파산선고 당시 계속하는 소송을 파산관재인이 수계한 경우에 상대방의 소송비용청구권은 재단채권이다.

수계 전에 발생한 채권을 모두 포함하여 재단채권으로 된다. 파산재단의 증식을 위하여 지출된 것이므로, 파산채권자 공동의 이익을 위하여 생긴 재판상 비용으로서 재단채권으로 한 것이다.

④ 집행비용

파산채권에 관하여 파산재단에 속하는 재산에 대하여 행하여진 강제집행을 파산관재인이 속행시킨 경우의 집행비용도 재단채권이다. 재단의 이익을 위하여 지출된 것이므로 파산재단의 환가에 관한 비용의 일종으로서 재단채권으로 한 것이다. 속행 전에 발생한 집행비용도 재단채권이 된다.

⑤ 파산자의 행위가 부인된 경우에 반대급부에 의하여 생긴 이익이 현존하는 경우

그 이익의 한도에서 상대방은 재단채권자로서 반환청구를 할 수 있고, 반대급부에 의하여 생긴 이익이 현존하지 않는 때에는 상대방은 그 가액의 상환청구권을 파산채권으로서 행사한다.

(2) 재단채권의 변제

1) 변제방법(회생법 제475조)

재단채권은 파산절차에 의하지 아니하고 수시로 변제한다.

2) 재단채권의 우선변제(회생법 제476조)

재단채권은 파산채권보다 먼저 변제하는 것이 원칙이다.

3) 재단부족의 경우의 변제방법(회생법 제477조)

파산재단이 재단채권의 총액을 변제하기에 부족한 것이 분명하게 된 때에는 재단채권의 변제는 다른 법령이 규정하는 우선권에 불구하고 아직 변제하지 아니한 채권액의 비율에 따라 한다. 다만, 재단채권에 관하여 존재하는 유치권·질권·저당권 및 전세권의 효력에는 영향을 미치지 아니한다.

V. 파산재단의 관리 · 환가 및 배당

1. 파산재단의 관리 및 환가

(1) 파산재단의 점유 및 관리등

1) 파산재단의 의의와 범위

파산재단이란 파산자가 파산선고시에 가지는 일체의 재산을 의미한다. 이것
을 환가하여 재단채권의 변제 및 파산채권자의 배당을 행한다. 파산재단의 성
질에 관하여는 견해가 나뉘지만, 현재의 통설은 이 재단에 법인격을 인정하고,
파산관재인은 자기의 이름으로 관재업무를 행하지만 파산재단의 대표자 또는
대리인이라고 한다. 선고 전에 생긴 원인에 기하여 장래 행사할 청구권도 파산
재단에 속한다. 채무자회생및파산에관한법률은 속지주의를 원칙으로 정하고 있
으므로 외국에 있는 재산은 원칙적으로는 파산재단에 속하지 않는다.

2) 파산재단의 점유 및 관리(회생법 제479조)

파산관재인은 취임 직후 지체없이 파산재단에 속하는 물건 및 권리에 관하
여 점유 및 관리에 착수하여야 한다. 점유란 파산재단에 속하는 물건을 현실로
파산관재인의 지배하에 두는 것을 의미하고, 관리란 파산재단에 속하는 재산을
보전하고 그 효용에 따라 이용하여 증식하는 것을 의미한다. 재산의 조사, 매
출채권의 회수, 시효의 중단, 파산재단에 관한 소송의 처리, 부인권의 행사, 예
금이자 기타 과실의 증대 등도 포함된다.

3) 우편물의 관리(회생법 제484조)

가. 의 의

법원은 파산선고와 동시에 파산자 소재지의 관할 우체국에 파산자에게 보내지는 우편물을 파산관재인에게 배달할 것을 촉탁할 수 있다. 파산관재인은 파산자에게 오는 우편물을 직접 점검하여, 은닉재산이나 부인대상행위 등을 발견해 낼 수 있다.

다른 지역에 있는 부동산에 관한 재산세 납부통지, 보험의 해약에 의한 정산통지, 골프장, 콘도 등의 이용안내 등 각종 재산의 관리와 처분에 관한 것이다. 직접 이들 재산에 관한 것은 아니더라도 단순한 서신 가운데서도 파산자가 숨긴 주소나 영업소를 알 수 있고, 이를 단서로 은닉한 재산을 발견할수도 있다. 과거의 자금수지에 비하여 재산이 감소한 경우에는 특히 주의하여 우편물을 관리하여야 한다.

나. 우편물 등의 열람

파산관재인은 그가 수령한 우편물·전보 그 밖의 운송물을 열어 볼 수 있다.

다. 채무자의 열람·교부요구

채무자는 파산관재인이 수령한 우편물·전보 그 밖의 운송물의 열람을 요구할 수 있으며, 파산재단과 관계없는 것의 교부를 요구할 수 있다.

라. 우편물관리의 해제(회생법 제485조)

법원은 채무자 또는 파산관재인의 신청에 의하여 우편물의 관리의 규정에 의한 촉탁을 취소하거나 변경할 수 있다.

파산취소나 파산폐지의 결정이 확정되거나 파산종결의 결정이 있는 때에는 법원은 우편물 관리의 규정에 의한 촉탁을 취소하여야 한다.

4) 영업의 계속(회생법 제486조)

파산관재인은 법원의 허가를 받아 채무자의 영업을 계속할 수 있다. 영업을 계속할 것인가 폐지할 것인가는 파산채권자에게 중요한 사항이므로 제1회 채권자집회에서 이를 최종적으로 결정하지만, 파산선고시부터 제1회 채권자집회시까지 영업을 계속할 필요가 있는 경우에는 임시로 법원이 이를 허가할 수 있다.

【쟁점질의와 유권해석】

<건설회사가 파산한 경우 진행중이던 공사의 계속 여부>

건설회사가 파산한 경우 진행 중이던 공사의 처리에 관하여 문제된다. 이 때 법원은 다음과 같이 허가를 하고 있다.

① 공사를 계속 진행하여 마무리하는 것이 파산채권자에게 유리하다고 판단되는 경우 : 위와 같은 경우에 한하여 위 공사의 계속을 허가한다.

② 파산선고 당시의 공사 진척도가 낮은 경우 : 공사를 진행하지 않고 이미 진행된 부분을 포함하여 매각하는 방법을 모색하는 것이 타당하다.

③ 예상과 달라지는 경우 : 실제로는 공사의 완료가 여러 가지 사정으로 지연되어 법원 허가시의 예상과는 달리 영업이 장기화되는 경우도 있다. 이 경우에는 과감하게 시한을 정하여 그 때까지 완료되지 않는 것은 모두 공사를 중지하고, 중지한 채로 양도하는 방법을 모색하는 것도 생각해 볼 수 있다.

5) 고가품의 보관방법(회생법 제487조)

화폐·유가증권 그 밖에 고가품의 보관방법은 법원이 정한다. 실무상으로는 파산관재인의 신청을 기다려 화폐, 유가증권 기타 고가품의 보관방법에 관하여 허가한다. 화폐는 은행에 파산관재인 명의의 계좌를 개설하여 임치하고, 어음, 수표 등은 계좌를 개설하여 은행에 추심위임을 하고, 귀금속류는 대여금고에 보관하는 것이 통상의 처리방법이다.

【쟁점질의와 유권해석】

<파산자 명의 예금계좌의 해지 요부>

원칙적으로 파산자 또는 파산회사 명의의 예금계좌를 전부 해지한 후 반환받은 돈을 파산관재인 명의로 개설한 예금계좌에 입금하여야 한다. 그러나 정기예금 등 즉시 해지하는 것이 파산재단에 불리한 경우 등 필요한 때에는 파산회사 명의의 예금계좌를 파산관재인 명의로 변경하는 절차를 취할 수도 있다.

(2) 파산재단의 환가

1) 환가시기의 제한(회생법 제491조)

채무자회생및파산에관한법률 제312조 제1항 제3호(파산선고와 동시에 정하여야 하는 사항)의 규정에 의한 채권조사기일이 종료되기 전에는 파산관재인은 파산재단에 속한 재산의 환가를 할 수 없다. 다만, 감사위원의 동의 또는 법원의 허가를 받은 때에는 그러하지 아니하다.

2) 법원의 허가를 받아야 하는 행위(회생법 제492조)

파산관재인이 다음의 각호에 해당하는 행위를 하고자 하는 경우에는 법원의 허가를 받아야 하며, 감사위원이 설치되어 있는 때에는 감사위원의 동의를 얻어야 한다.

다만, 제7호 내지 제15호에 해당하는 경우 중 그 가액이 1천만원 미만으로서 법원이 정하는 금액 미만인 때에는 그러하지 아니하다.

① 부동산에 관한 물권이나 등기하여야 하는 국내선박 및 외국선박의 임의 매각

② 광업권·어업권·특허권·실용신안권·의장권·상표권·서비스표권 및 저작권의 임의매각

③ 영업의 양도

④ 상품의 일괄매각

⑤ 자금의 차입 등 차재

⑥ 채무자회생및파산에관한법률 제386조제2항의 규정에 의한 상속포기의 승인, 제387조의 규정에 의한 포괄적 유증의 포기의 승인과 제388조제1항의 규정에 의한 특정유증의 포기

⑦ 동산의 임의매각

⑧ 채권 및 유가증권의 양도

⑨ 채무자회생및파산에관한법률 제335조제1항의 규정에 의한 이행의 청구

⑩ 소의 제기(가처분 및 가압류의 신청을 제외한다)

⑪ 화해

⑫ 권리의 포기

⑬ 재단채권·환취권 및 별제권의 승인

⑭ 별제권의 목적의 환수

⑮ 파산재단의 부담을 수반하는 계약의 체결

⑯ 그밖에 법원이 지정하는 행위

3) 환가방법(회생법 제496조)

① 민사집행법에 의한 환가

민사집행법에서 환가방법을 정한 권리의 환가는 민사집행법에 따른다.

② 기타 다른 방법에 의한 환가

①의 규정에도 불구하고 파산관재인은 법원의 허가를 받아 영업양도 등 다른 방법으로 환가할 수 있다.

4) 별제권의 목적물의 환가(회생법 제497조)

파산관재인은「민사집행법」에 의하여 별제권의 목적인 재산을 환가할 수 있다. 이 경우 별제권자는 이를 거절할 수 없다.

이 경우 별제권자가 받을 금액이 아직 확정되지 아니한 때에는 파산관재인은 대금을 따로 임치하여야 한다. 이 때 별제권은 그 대금 위에 존재한다.

2. 배 당

(1) 배당의 의의·종류 및 시기

1) 의 의

배당은 파산관재인이 파산재단에 속하는 재산을 환가하여 얻은 금전을 파산채권자에게 그 채권의 순위, 채권액에 따라 평등한 비율로 분배하여 변제하는 절차이다. 파산관재인은 채권조사에 의하여 배당에 참가할 채권이 확정되고 배당에 적당한 재원이 확보된 단계부터 순차배당을 하게 된다.

2) 배당의 종류

가. 중간배당

일반적으로 채권조사기일 종료 후 재단 소속 재산이 모두 환가, 처분되기 이전이지만 상당한 정도 배당할 금전이 축적된 단계에 행하여지는 것이 중간배당이고, 이 단계에서는 파산재단의 환가와 배당이 병행하여 행해진다.

나. 최후배당

재단의 환가가 모두 종료하여 파산종결을 전제로 최종적으로 행하여지는 것이 최후배당이다.

다. 추가배당

추가배당은 최후배당의 배당액 통지를 발한 후에, 새로이 배당에 충당할 상당한 재산이 발생한 때에 보충적으로 행하는 배당절차이다.

3) 배당의 시기(회생법 제505조)

채권조사기일이 종료된 후에는 파산관재인은 "배당하기에 적당한 금전이 있다고 인정하는 때마다 지체없이 배당을 하여야 한다." 이는 파산채권자에 대한 신속한 배당을 요구하는 취지이지만, 중간배당은 어디까지나 관재업무 중간에 행하는 것이고, 배당을 실시함에 의하여 오히려 절차가 지연될 우려도 있다. 따라서 중간배당을 실시할 것인가 여부는 최종적인 예상배당률 환가종료까지의 예상소요기간 등의 사정을 참작하여 결정하여야 한다.

(2) 배당절차

1) 배당에 필요한 허가(회생법 제506조)

파산관재인이 배당을 하는 때에는 법원의 허가를 받아야 하며, 감사위원이 설치되어 있는 경우에는 감사위원의 동의가 있어야 한다.

허가신청서에는 배당가능한 금액, 배당에 참가시킬 파산채권의 액, 우선채권자, 일반채권자의 구별, 예상배당률 등을 기재하고, 수지계산서, 재단 임치금의 잔고증명서, 향후의 관재업무, 재단증식 예상액, 배당액을 임치하여야 하는 채권자와 그 금액 등에 관한 보고서를 첨부한다.

2) 배당표의 작성(회생법 제507조)

가. 배당표에 기재할 내용

배당표에는 각 파산채권을 그 우선권의 유무에 의하여 구분한 다음, 배당에 참가시킬 채권자의 주소·성명, 배당에 참가시킨 채권의 액 및 배당할 수 있는 금액을 기재하여야 한다. 중간배당시에는 임치할 채권과 그 금액도 함께 기재한다.

배당에 참가시킬 채권은 우선권의 유무에 의하여 구별한다. 이 경우 우선권이 있는 채권은 그 순위에 따라 기재하고, 우선권이 없는 채권은 법 제446조의 규정에 의하여 다른 채권보다 후순위인 것을 구분하여 기재한다.

【쟁점질의와 유권해석】

<채권조사로 확정된 채권이 변제등으로 일부 소멸한 경우 배당에 참가할 채권의 자격을 잃는지 여부>

채권조사를 거쳐 일단 확정된 채권은 그 후 변제 등에 의하여 소멸하더라도 청구이의의 소에 의하여 소멸의 사유를 인정하는 판결을 얻지 않는 한, 배당에 참가할 수 있는 채권의 자격을 잃지 않는다. 즉 주채무자의 파산선고 후에 채권자가 연대보증인으로부터 일부 변제를 받는 경우에도 파산채권자는 채권 전액의 변제를 받지 않은 한 당초의 신고채권액 전액을 기초로 한 배당을 받을 수 있다.

실무상으로는 이와 같은 경우 일부변제를 받은 부분에 관하여 채권표의 채권자명의 변경 신청을 채권자와 구상권자의 연명으로 제출하게 하고, 그에 따라 일부 변제 부분에 대한 배당금을 구상권에게 배당한다. 다만 채권자가 일부 변제를 받은 부분의 명의변경을 거절할 경우에는 원래의 신고채권액 전부변제를 받았다고 하더라도, 원래의 채권자가 아직 권리를 행사하고 있다고 보아야 할 것이므로 보증인이 구상권을 신고하더라도 이를 부인할 수 밖에 없게 되어, 결국 채권자 명의변경의 방법에 의할 수 밖에 없다.

나. 각 채권자의 배당액

배당할 수 있는 금액을 배당에 참가시킬 채권액으로 나누어 산출한 비율(예상배당률, 배당표를 작성하고 공고한 후 배당표의 경정이 없으면 이 예상배당률이 배당률과 일치하게 된다)을 곱하는 방법으로 계산한다.

다. 배당표의 확정

배당표는 이의신청기간이 경과하거나 배당표에 대한 이의신청이 취하된 경우, 이의신청에 관한 재판이 확정된 때 확정되고, 이로써 배당에 참가할 수 있는 채권자의 범위와 배당에 참가시킬 채권의 액이 최종적으로 확정된다.

3) 배당표의 제출(회생법 제508조)

파산관재인은 이해관계인의 열람을 위하여 배당표를 법원에 제출하여야 한다.

4) 공고(회생법 제509조)

파산관재인은 배당에 참가시킬 채권의 총액과 배당할 수 있는 금액을 공고하여야 한다. 다만 법 제513조 및 제527조의 규정에 의하여 배당표를 경정한 때에는 그러하지 아니하다.

공고는 파산관재인이 하여야 하는 것이 원칙이다.

5) 이의있는 채권자 및 별제권자의 배당제외(회생법 제512조)

가. 이의있는 채권자의 배당제외

이의 있는 채권에 관하여는 채권자가 배당공고가 있은 날부터 기산하여 14일 이내에 파산관재인에 대하여 채권조사확정재판을 신청하거나 법 제463조 제1항의 소송(채권조사확정재판에 대한 이의의 소)을 제기하거나 소송을 수계한 것을 증명하지 아니한 때에는 그 배당으로부터 제외한다.

나. 별제권자의 배당 제외

별제권자가 배당공고가 있은 날부터 기산하여 14일 이내에 파산관재인에 대하여 그 권리의 목적외 처분에 착수한 것을 증명하고, 그 처분에 의하여 변제를 받을 수 없는 채권액을 소명하지 아니한 때에는 배당에서 제외된다.

6) 배당표에 대한 이의(회생법 제514조)

가. 배당표에 대한 이의신청 기간

채권자는 배당표에 기재된 사항에 관하여 제척기간 경과 후 1주간 내에 파산법원에 이의신청을 할 수 있다.

나. 이의사유

채권자는 예컨대 자신의 채권이 기재되지 않았다든지, 배당할 수 없는 다른 채권의 기재가 있다든지, 시인된 채권액 또는 순위에 오류가 있다는 등의 사유를 주장할 수 있다.

각 채권자에게 배당할 수 있는 액은 이의의 대상이 되지 않는다. 배당표의 작성, 제출의 단계에서는 배당률이 정식으로 결정된 것이 아니기 때문이다.

다. 이의신청의 방법

이의 신청은 파산법원(파산사건을 담당하는 재판부에서 담당하는 절차의 신속한 처리에 적합할 것이다)에 하도록 규정되어 있다. 이의신청은 서면 또는 구두로 한다.

7) 배당률의 결정

가. 배당률 결정

① 법원의 허가

배당률을 정하는 때에는 법원의 허가를 받아야 한다. 다만, 감사위원이 있는 때에는 감사위원의 동의를 얻어야 한다. 공고 후 배당에 참가시킬 채권이나 배당할 수 있는 금액이 달라질 수 있기 때문에, 파산관재인은 배당표에 의한 이의기간 경과 후 또는 이의가 있을 때에는 그에 대한 재판의 확정 후에 감사위원의 동의 또는 법원의 허가를 얻어 정확한 배당률을 다시 결정하여야 한다.

② 배당률

배당률은 배당에 참가시킬 채권의 총액(분모)으로 배당할 수 있는 금액(분자)을 나눈 숫자이다. 배당에 참가시킬 채권의 총액은 공고 후에 배당표 경정의 결과 변경된 금액으로 한다. 물론 배당표가 경정되지 않은 경우에는 공고한 금액과 동액이 된다. 배당할 수 있는 금액은 새로이 알려진 재단채권 등을 공제한 금액으로 한다.

나. 배당률의 결정통지(회생법 제515조 제1항)

① 통지기간 및 대상자

파산관재인은 배당표에 대한 이의기간이 경과한 후에 이의신청이 있는 때에는 이에 대한 결정이 있은 후 지체없이 배당률을 정하여 배당에 참가시킬 각 채권자에게 통지하여야 한다. 실무에서는 동시에 배당액도 통지하는 것이 일반적이다.

배당의 통지에는 배당률, 배당금액 외에 배당예정일, 장소, 지급방법 등을 기재한다

② 배당률의 통지의 효과

배당률의 통지에 의하여 배당률은 확정되고, 각 채권자는 파산관재인에 대한 배당금 청구권을 취득한다. 배당률 통지 후에는 재단채권이 있다고 해도 당해 배당에 있어서 배당하여야 할 금액으로 변제할 수 없게 되고, 강제화의의 제공에 있어서도 배당을 중지할 수 없다.

8) 배 당

가. 해제조건부채권자의 배당(회생법 제516조)

해제조건부채권을 가진 자는 상당한 담보를 제공하지 아니하면 배당을 받을 수 없다.

배당표 작성 당시 이미 조건이 성취한 때에는 그 효력으로서 채권이 존재하지 않게 되므로, 배당에 참가시킬 수 있는 채권에서 제외한다.

배당표 작성시까지 해제조건이 성취되지 않았는데 그 채권자가 배당을 요구하는 경우에는 파산관재인은 그 채권자에게 배당액에 상당하는 담보를 제공할 것을 요구 할 수 있고, 채권자가 이에 응하지 않으면 배당액을 임치한다.

나. 배당방법(회생법 제517조)

파산채권자는 파산관재인이 그 직무를 행하는 장소에서 배당을 받아야 한다. 다만, 파산관재인과 파산채권자 사이에 별도의 합의가 있는 경우에는 그러하지 아니하다. 배당금채무는 추심채무이므로, 원칙적으로 파산채권자가 파산관재인 사무소에 와서 배당금을 수령하여야 한다.

다. 종전의 배당에서 제외된 자의 우선배당(회생법 제518조)

이의 있는 채권 및 별제권부 채권으로서 중간배당에서 제척된 채권자가 그 후의 배당에서의 제척기간 내에 위 각 조 소정의 증명 또는 소명을 한 때에는 동순위의 채권자에 우선하여 종전의 배당에서 받을 수 있었던 금액의 배당을 받을 수 있다.

라. 배당의 순서

배당에 관하여도 민법 제476조 이하의 변제충당에 관한 규정이 적용되므로, 배당표에 기재된 배당액의 표시는 변제충당의 지정(민법 제476조 제1항)이라고 할 수 있다. 그러나 통상 배당표에 원금과 이자, 지연손해금의 구별을 하지는 않으므로 이 경우에는 민법 제479조에 의하여 이자, 지연손해금부터 충당된다.

마. 최후배당

최후배당은 재단의 환가가 모두 종료한 다음 파산종결을 전제로 최종적으로 행하는 것이므로, 중간배당의 경우와 몇 가지 점에서 차이가 있다.

파산관재인이 파산재단의 전부를 환가한 후에 실시한다. 그러나 가치가 없어 환가하지 못한 재산은 법원의 허가를 얻어 포기하면 되므로, 포기할 재산이 있더라도 최후배당은 할 수 있다. 또 채권확정소송이 아직 종결되지 않았더라도 그 배당액은 공탁하면 되므로 최후배당을 마치고 파산종결 결정을 하는 데는 지장이 없다.

9) 배당액의 공탁(회생법 제528조)

가. 공탁의 대상

파산관재인은 채권자를 위하여 다음 각 호의 배당액을 공탁하여야 한다.

① 채권확정소송 또는 불복신청 절차가 아직 종결되지 아니한 채권의 채권자에 대한 배당액으로서 중간배당시에 임치한 것

② 배당액의 통지를 발송하기 전에 행정심판 또는 소송 그 밖의 불복절차가 종결되지 아니한 채권에 대한 배당액

③ 중간배당 및 최후배당에 있어서 채권자가 수령하지 않은 배당액. 채권자가 수령을 거절하거나 추심을 게을리한 경우 외에, 배당 실시 당시 채권자의 소재불명을 이유로 수령을 기대할 수 없는 경우, 채권의 양도에 관하여 다툼이 있거나 상속인이 누구인지 불명하다든지 하여 채권자를 알 수 없는 경우도 포함된다.

나. 경우별 공탁의 효력

채무자회생및파산에관한법률 제528조 제1호, 제2호의 공탁은 집행공탁의 성질을 가지고, 파산관재인은 이 공탁에 의하여 책임을 면한다. 제3호의 공탁은 변제공탁으로서 이에 의하여 당해 파산채권은 소멸한다.

【쟁점질의와 유권해석】

<별제권자가 별제권의 행사에 착수하여 경매절차가 진행중이지만 매수신고가 없어서 계속 유찰되는 경우>

최저경매가격과 별제권자의 피담보채권을 비교하여 전혀 잉여가 기대되지 않으면 파산관재인은 법원의 허가를 얻어 당해 부동산을 재단으로부터 포기한 후 최후배당을 실시하면 된다. 이 때 별제권자는 준별제권자로서 파산법상의 지위에는 변함이 없으므로, 경매절차가 종료하지 않은 상태에서는 별제권을 포기하지 않는 한 최후배당에서 제척될 수 밖에 없다.

10) 추가배당

추가배당은 최후배당의 배당액 통지를 발한 후에 새로이 배당에 충당할 상당한 재산이 생긴 때에 보충적으로 행하는 배당절차이다. 파산종결의 결정이 있은 후에 새로 배당에 충당할 재산이 있게 된 때에도 추가배당을 한다.

VI. 파산폐지

▣ 핵 심 사 항 ▣

1. 동의에 의한 파산폐지 : 채권신고기간 내에 신고한 파산채권자 전원의 동의를 얻을 것을 조건으로 하여 파산자의 신청으로 하는 파산폐지를 말한다(법 제538조).
2. 법인 등의 파산폐지 : 법인의 파산폐지신청은 이사 전원의 합의가 있어야 한다. 상속재산의 파산폐지신청은 상속인이 한다(법 제539조).
3. 파산폐지절차
 (1) 입증서면의 제출(법 제541조)
 (2) 파산폐지신청의 공고 및 서류비치(법 제542조)
 (3) 채권자의 이의신청(법 제543조)
 (4) 관계인의 의견청취(법 제544조)
 (5) 비용부족으로 인한 파산폐지(법 제545조)
 (6) 파산폐지결정의 공고(법제 제546조)
 (7) 재단채권의 변제 및 공탁(법 제547조)

1. 동의에 의한 파산폐지

(1) 동의폐지의 의의

동의폐지란, 채권신고기간 내에 신고한 파산채권자 전원의 동의를 얻을 것을 조건으로 하여 파산자의 신청으로 하는 파산폐지를 말한다. 이 제도는 파산절차에 참가한 채권자 전원이 파산절차의 종료를 희망하는 경우에, 이와 같은 처분권자의 의사를 존중하는 것이 타당하다는 취지에서 둔 것이다. 파산자가 융자나 채무면제 등을 통하여 지급불능 상태를 해소할 수 있다고 판단되는 경우 시도해 볼 수 있는 갱생의 한 방법이라고 할 수 있다.

(2) 요건(회생법 제538조)

1) 채권신고기간 내에 신고한 파산채권자 전원의 동의

신고하지 않은 채권자, 재단채권자, 환취권자의 동의는 요하지 않는다. 별제권자도 예상부족액의 증명이 없는 한 동의를 요하지 않는다. 채권신고기간 경과 후에 신고한 자의 동의도 요하는가에 관하여는 다툼이 있으나, 이러한 채권자에 대하여는 이의권이 보장된 것으로 족하고, 법문상 이들 채권자의 동의를 요한다고는 규정하고 있지 않으므로, 동의를 요하지 않는다고 해석한다. 유의할 점은 이 동의는 파산자에 대한 것이 아니라 법원에 대한 것이다.

2) 부동의한 신고 파산채권자에 대한 담보의 제공

채무자가 위 가.의 동의를 얻지 못한 경우에는 동의를 하지 아니한 파산채권자에 대하여 다른 파산채권자의 동의를 얻어 파산재단으로부터 담보를 제공한 때에 채무자의 신청에 의하여 파산폐지의 결정을 할 수 있다.

(3) 신 청

채무자의 신청이 있어야 한다

2. 법인 등의 파산폐지

(1) 파산폐지신청(회생법 제539조)

법인의 파산폐지신청은 이사 전원의 합의가 있어야 한다.

상속재산의 파산폐지신청은 상속인이 한다. 이 경우 상속인이 여럿인 때에는 전원의 합의가 있어야 한다.

(2) 파산폐지신청과 법인의 존속(회생법 제540조)

파산선고를 받은 법인이 파산폐지절차를 하고자 하는 때에는 사단법인은 정관의 변경에 관한 규정에 따라 이사 전원의 일치에 의하여 신청하여야 하고, 재단법인은 주무관청의 허가를 받아 법인계속의 절차를 밟아야 한다.

3. 파산폐지절차

(1) 입증서면의 제출(회생법 제541조)

신고파산채권자의 폐지동의서, 부동의 파산채권자에 대한 다른 파산채권자의 담보제공동의서, 부동의 파산채권자에게 담보를 제공하였음을 증명할 수 있는 서면, 미확정 파산채권자의 동의를 필요로 하는가 여부에 관한 법원의 결정서, 파산채권자에 제공한 담보가 상당한가 여부에 관한 법원의 결정서, 법인인 경우에는 법인계속의 절차를 밟았다는 것을 증명할 수 있는 서면(예컨대 회사계속의 임시주주총회 의사록)을 함께 제출하여야 한다.

파산폐지동의서는 파산채권자가 법원에 파산폐지에 동의한다는 의사를 기재한 서면이지만 파산채권자가 직접 법원에 제출하지 않고 파산자를 통하여 제출하여도 좋다.

(2) 파산폐지신청의 공고 및 서류비치(회생법 제542조)

법원은 파산폐지신청이 있다는 뜻을 공고하고, 이해관계인이 열람할 수 있도록 신청에 관한 서류를 법원에 비치하여야 한다.

아직 신고하지 아니한 파산채권자에게 파산폐지의 신청이 있었음을 알리고 이에 대하여 이의를 진술할 기회를 부여하려는 취지에서 둔 규정이다.

(3) 채권자의 이의신청(회생법 제543조)

1) 이의신청 기간

채권신고기간 내에 신고한 파산채권자 및 이의신청기간 경과 전에 신고한 파산채권자는 공고의 효력이 발생한 날(공고게재 다음날)로부터 14일 이내에 법원에 파산폐지에 대한 이의신청을 할 수 있다.

2) 이의신청권이 없는 자

채권신고를 하지 않은 파산채권자, 별제권자, 재단채권자, 환취권자 등은 이의신청권이 없다.

14일의 기간은 연장할 수 없는 법정기간이지만 제척기간은 아니므로, 이의신청기간 경과 후의 이의신청도 법원은 일응 이를 참작하여야 한다.

(4) 관계인의 의견청취(회생법 제544조)

이의신청기간 경과 후 법원은 파산자, 파산관재인, 이의신청한 파산채권자의 의견을 들어야 한다. 의견청취의 방식은 의견서를 제출받아도 좋고 기일을 열어 심문을 하여도 좋다.

(5) 비용부족으로 인한 파산폐지(회생법 제545조)

법원은 파산선고 후에 파산재단으로써 파산절차의 비용을 충당하기에 부족하다고 인정되는 때에는 파산관재인의 신청에 의하거나 직권으로 파산폐지결정을 하여야 한다. 이 경우 법원은 채권자집회의 의견을 들어야 한다.

파산폐지결정은 파산절차비용을 충당하기에 충분한 금액이 미리 납부되어 있는 때에는 내리지 아니한다.

비용부족으로 인한 파산폐지의 결정을 위한 재판에 대하여는 즉시항고를 할 수 있다.

(6) 파산폐지결정의 공고(회생법 제546조)

파산폐지의 신청에 필요한 조건을 갖추었고, 채권자의 이의가 있었으나 그 이의가 이유 없다고 인정하는 때에는 파산폐지의 결정을 하고 그 주문과 이유의 요지를 공고한다. 이 결정정본은 파산자 및 파산관재인에게 직권으로 송달한다.

(7) 재단채권의 변제 및 공탁(회생법 제547조)

파산폐지결정이 확정된 때에는 파산관재인은 재단채권의 변제를 하여야 하며, 이의가 있는 것에 관하여는 채권자를 위하여 공탁을 하여야 한다.

VII. 간이파산

◼ 핵 심 사 항 ◼

1. 취지 : 채권자집회를 생략하고 1회기일에 배당이 이루어지는 등 비용과 시간이 크게 절감되는 효과.
2. 간이파산의 요건 : 파산재단에 속하는 재산액이 5억원 미만이라고 인정되는 때에는 법원은 파산선고와 동시에 간이파산의 결정을 하여야 한다(법 제549조).
3. 파산절차 중의 간이파산결정 : 파산절차 중 파산재단에 속하는 재산액이 5억원 미만임이 발견된 때에는 법원은 이해관계인의 신청에 의하거나 직권으로 간이파산의 결정을 할 수 있다(법 제550조).

1. 간이파산제도의 취지

간이파산절차를 활용하면 채권자집회를 생략하고 1회기일에 배당이 이루어지는 등 비용과 시간이 크게 절감되는 바, 종전의 법에 의하면 재단채권액이 2억원 미만인 경우에만 간이파산절차를 이용할 수 있어 활용도가 저조한 문제를 개선하려는 것이다.

간이파산절차에 의할 수 있는 재단채권액을 2억원 미만에서 5억원 미만으로 상향조정하여 그 적용대상을 대폭적으로 확대하였다.

2. 간이파산절차

(1) 간이파산의 요건(회생법 제549조)

파산재단에 속하는 재산액이 5억원 미만이라고 인정되는 때에는 법원은 파산선고와 동시에 간이파산의 결정을 하여야 한다.

(2) 간이파산 결정

파산재단에 속하는 재산액이 5억원 미만이라고 인정되면 파산선고와 동시에 간이파산의 결정을 한다.

간이파산에 관하여는 제1회 채권자집회의 기일과 채권조사기일은 부득이한 사유가 있는 경우를 제외하고는 반드시 병합하여야 하는 등 몇 가지 특칙이 정해져 있다.

(3) 파산절차 중의 간이파산결정(회생법 제550조)

1) 요 건

파산절차 중 파산재단에 속하는 재산액이 5억원 미만임이 발견된 때에는 법원은 이해관계인의 신청에 의하거나 직권으로 간이파산의 결정을 할 수 있다.

2) 공고 및 통지

간이파산의 결정을 한 때에는 법원은 결정의 주문을 공고하고 파산관재인 및 감사위원과 알고 있는 채권자 및 채무자에게 그 결정의 주문을 기재한 서면을 송달하여야 한다.

(4) 간이파산의 취소(회생법 제551조)

간이파산절차 중 파산재단에 속하는 재산액이 5억원 이상임이 발견된 때에는 법원은 이해관계인의 신청에 의하거나 직권으로 간이파산취소의 결정을 할 경우 결정의 주문을 공고하고 파산관재인 및 감사위원과 알고 있는 채권자 및 채무자에게 그 결정의 주문을 기재한 서면을 송달하여야 한다.

Ⅷ. 면책 및 복권

▣ 핵 심 사 항 ▣

1. 면책
(1) 의의 : 채무자회생및파산에관한법률상의 면책이란, 자연인 파산자에 대하여 파산절차에 의하여 배당되지 아니한 잔여 채무에 대하여 변제책임을 면하는 것.
(2) 효력 : 면책을 받은 채무자는 파산절차에 의한 배당을 제외하고는 파산채권자에 대한 채무의 전부에 관하여 그 책임이 면제된다. 다만, 다음 각호의 청구권에 대하여는 책임이 면제되지 아니한다.
    1) 조세
    2) 벌금·과료·형사소송비용·추징금 및 과태료
    3) 채무자가 고의로 가한 불법행위로 인한 손해배상

4) 채무자가 중대한 과실로 타인의 생명 또는 신체를 침해한 불법행위로 인하여 발생한 손해배상

5) 채무자의 근로자의 임금·퇴직금 및 재해보상금

6) 채무자의 근로자의 임치금 및 신원보증금

7) 채무자가 악의로 채권자목록에 기재하지 아니한 청구권. 다만, 채권자가 파산선고가 있음을 안 때에는 그러하지 아니하다.

8) 채무자가 양육자 또는 부양의무자로서 부담하여야 하는 비용(법 제566조)

그러나 면책은 파산채권자가 채무자의 보증인 그 밖에 채무자와 더불어 채무를 부담하는 자에 대하여 가지는 권리와 파산채권자를 위하여 제공한 담보에 영향을 미치지 아니한다(법 제567조).

2. 복권

(1) 당연복권(법 제574조)

(2) 신청에 의한 복권(법 제575조)

1. 면 책

(1) 면책의 의의

채무자회생및파산에관한법률상의 면책이란, 자연인 파산자에 대하여 파산절차에 의하여 배당되지 아니한 잔여 채무에 대하여 변제책임을 면하는 것을 말한다. 현행 법은 파산절차와는 별개의 제도로서 규정하고 있다.

(2) 면책의 신청

1) 신청권자

면책신청권자는 파산자이다. 자연인이라면 영업자도 포함된다. 그러나 법인은 파산절차의 종료로 소멸되므로 면책을 신청할 수 없다는 견해가 일반적이다. 파산자가 무능력자인 경우에는 그 법정대리인이 그를 대리하여 신청할 수 있다.

상속재산의 경우는 상속재산으로 총 채권자에게 변제하는 것이 목적이므로 그 성질상 면책을 인정할 필요가 없다.

2) 관 할

파산법원의 전속관할이다. 여기서 파산법원이란 파산선고를 한 법원을 의미한다. 파산자가 파산선고 후 거주지를 이전하였다고 하더라도 파산법원의 관할인 점은 달라지지 않는다.

3) 신청수수료, 송달료 및 예납금

신청수수료로 1,000원의 인지(민사소송등인지법 제9조 제4항 제4호), 송달료 {(기본 30,200원) + (채권자수 × 3,020원 × 3회분)}, 예납금 600,600원{신문공고료 585,000원(3회분) + 관보공고비용 15,600원(3회분)}이 납부되어 있는지 확인한다. 한편 파산관재인이 선임된 사건에서는 파산관재인의 조사보고에 대하여 보수를 지급하여야 하므로 별도로 예납명령을 발하여야 하는데, 파산절차에서 파산관재인의 보수를 정할 때 면책불허가사유의 조사보고에 대한 보수도 고려하여 금액을 정하는 경우에는 따로 면책절차에서 이를 위한 예납금을 납부받을 필요는 없게 될 것이다.

4) 면책신청의 시기와 방법

가. 면책신청의 시기

면책신청은 파산선고시부터 파산절차의 해지시까지 할 수 있고, 동시폐지결정이 내려진 경우에는 폐지결정이 확정된 후 1개월 이내에 면책신청을 할 수 있다. 실무상 동시폐지사건의 대부분은 파산선고 후 그 확정 전까지 면책신청이 제기된다.

나. 신청방법

① 채무자가 그 책임 없는 사유로 인하여 제1항의 규정에 의한 면책신청을 하지 못한 때에는 그 사유가 종료된 후 30일 이내에 한하여 면책신청을 할 수 있다.

② 채무자가 파산신청을 한 경우에는 채무자가 반대의 의사표시를 한 경우를 제외하고, 당해 신청과 동시에 면책신청을 한 것으로 본다.

③ 면책신청을 하는 때에는 제538조의 규정에 의한 파산폐지의 신청을 할 수 없다.

④ 제538조의 규정에 의한 파산폐지의 신청을 한 때에는 그 기각의 결정이 확정된 후가 아니면 면책신청을 할 수 없다.

다. 첨부서류

면책신청서에는 채권자목록을 첨부하여야 한다. 다만 신청과 동시에 제출할 수 없는 때에는 그 사유를 소명하고 그 후에 지체없이 이를 제출하여야 한다.

파산신청과 동시에 면책신청을 한 것으로 보는 경우에는 법 제302조 제1항 제1호의 규정에 의하여 제출한 채권자목록을 본 규정의 채권자목록으로 본다.

(3) 면책절차

1) 강제집행의 정지(회생법 제557조)

면책신청이 있고, 파산폐지결정의 확정 또는 파산종결결정이 있는 때에는 면책신청에 관한 재판이 확정될 때까지 채무자의 재산에 대하여 파산채권에 기한 강제집행·가압류 또는 가처분을 할 수 없고, 채무자의 재산에 대하여 파산선고 전에 이미 행하여지고 있던 강제집행·가압류 또는 가처분은 중지된다.

면책결정이 확정된 때에는 채무자회생및파산에관한법률 제557조 제1항의 규정에 의하여 중지한 절차는 그 효력을 잃는다.

2) 채무자의 심문(회생법 제558조)

가. 심문기일

면책을 신청한 자에 대하여 파산선고가 있는 때에는 법원은 기일을 정하여 채무자를 심문할 수 있다. 실무는 면책신청일로부터 1개월에서 2개월 사이에 심문기일을 정하고 있다.

나. 심문의 내용

심문의 내용은 주로 파산심문이나 파산관재인에 대한 설명이 파산자가 정직하게 진술하였는가 여부, 파산관재인의 조사보고서에 나타난 의문점에 관한 파산자에 대한 설명, 파산절차에서 파산채권자로부터 수집한 의견청취서에 나타난 파산자의 부당하거나 의문시되는 행위에 대한 관한 설명, 파산선고 후 파산자의 경제적 생활 및 채권자와의 관계 등이다.

3) 면책신청의 기각(회생법 제559조)

가. 면책신청의 기각사유

법원은 다음 각 호의 어느 하나에 해당하는 때에는 면책신청을 기각할 수 있다.

① 채무자가 신청권자의 자격을 갖추지 아니한 때

② 채무자에 대한 파산절차의 신청이 기각된 때

③ 채무자가 절차의 비용을 예납하지 아니한 때

④ 그 밖에 신청이 성실하지 아니한 때

나. 즉시항고

면책신청이 기각된 채무자는 동일한 파산에 관하여 다시 면책신청을 할 수는 없다. 면책신청의 기각결정에 대해서는 즉시항고를 할 수 있다.

4) 파산관재인의 조사보고(회생법 제560조)

파산관재인이 선임되어 있는 사건에 관하여는 파산관재인에게 심문기일 결정과 동시에 본 조의 조사보고의 제출을 명한다.

5) 면책신청에 대한 이의(회생법 제562조)

가. 이의신청권자

검사, 파산관재인, 면책의 효력을 받을 파산채권자이다. 파산채권자는 채권신고의 유무에 상관없이 이의신청을 할 수 있지만, 파산채권자인지 여부가 기록상 분명하지 않을 때에는 파산채권자임을 소명하여야 한다. 파산 면책절차에서의 채권자 일람표(명부)에 기재되지 않은 채권자의 경우에도 같다.

재단채권자, 별제권자, 환취권자, 면책의 효력을 받지 않는 파산채권자 등은 면책 신청에 관하여 아무런 이해관계가 없기 때문에 이의신청권이 없다.

나. 이의신청의 방식

이의신청은 서면으로 정본과 부본 2통을 제출하도록 지도하고 있다. 심문기일에 채권자가 출석하여 이의신청사유를 진술한 경우 이를 조서에 기재한다. 그러나 그러한 채권자라도 이의신청서를 제출하도록 권유하고 있다. 반드시 이의신청서라는 제목이 아니더라도 이의신청의 취지가 기재되어 있으면 족하다.

다. 이의신청의 내용

이의신청서에는 채무자회생및파산에관한법률 제564조 각 호 소정의 면책불허가사유에 해당하는 구체적인 사실을 주장하여 면책불허가의 결정을 구하든지, 또는 면책신청기간 경과후의 면책신청이라든지, 파산자가 심문기일에 불출석한 것이 정당한 사유가 없다든지 등의 점들을 주장하여 면책신청 각하의 결정을 구하는 내용이 기재되어야 한다.

(4) 면책허가(회생법 제564조)

1) 면책불허가사유(회생법 제564조)

가. 제1호

본 조 제1호는 파산자에게 제650조·제651조·제653조·제656조 또는 제658조의 죄에 해당하는 행위가 있다고 인정하는 때에는 면책을 허가하지 않을 수 있다고 규정하고 있다. 이들 범죄에 대한 기소 여부, 유죄판결 여부는 하나의 고려사항에 불과할 뿐이고, 수사 자체가 이루어지지 않거나 불기소되거나 무죄판결이 확정되었다고 하더라도 법원은 독자적으로 파산범죄에 해당하는 사실을 인정하여 면책불허가 결정을 할 수 있다.

【쟁점질의와 유권해석】

<범죄의 성립요건을 모두 갖추어야 하는지 여부>

본 조 제1호에서 "제650조 · 제651조 · 제653조 · 제656조 또는 제658조의 죄에 해당하는 행위"란 구성요건해당성, 위법성, 유책성을 모두 갖춘 경우를 말하는 것인가 아니면 구성요건해당성만 갖추면 되는가에 관하여 다툼이 있으나, 일반적인 견해는 구성요건해당성만 갖추면 충분하고, 형법상 위법성 조각사유나 책임조각사유가 있는 경우에는 재량면책의 단계에서 고려하면 족하다고 본다.

① 사기파산죄 유죄판결의 확정으로 인한 면책허가결정취소

면책허가결정을 한 후 사기파산의 죄로 유죄판결이 확정되면 법원은 파산채권자의 신청 또는 직권에 의하여 면책허가결정을 취소할 수 있다. 사기파산은 파산범죄 중에서도 그 죄질이 나쁘므로 이 경우에 한하여 특히 면책을 취소할 수 있게 한 것이다.

② 사기파산죄 해당행위

ㄱ) 재산의 은닉, 손괴 또는 불이익한 처분행위 : 파산자가 파산선고의 전후를 불문하고 자기 또는 타인의 이익을 도모하거나 채권자를 해할 목적으로 파산재단에 속하는 재산을 은닉, 손괴 또는 채권자에

게 불이익하게 처분하는 행위를 한 경우이다. 본 호의 파산재단은 이른바 법정재단을 의미한다. '법정재단'은 파산자가 파산선고 당시에 가지는 일체의 재산을 말하지만, 여기에 파산자가 파산선고시에 생긴 원인에 기한 장래의 청구권(퇴직금청구권 등)이 포함되고, 압류금지재산은 제외된다. 그밖에 파산관재인의 부인권행사에 의하여 파산재단에 회복될 재산과, 손괴에 의하여 파산선고 전에 멸실된 경우 당해 행위가 없었다면 장래 법정재단에 속하게 되었을 재산도 포함한다.

【쟁점질의와 유권해석】

<은닉 등의 행위와 파산선고 사이의 인과관계의 요부>

은닉 등의 행위와 파산선고와의 사이에 인과관계를 요하는 것은 아니고, 사실상의 견련관계가 있으면 족하다는 것이 통설이다. 사실상의 견련관계란, 행위 당시 존재하였던 파산의 위험이 해소됨이 없이 계속되어 파산선고에 이르는 것을 의미한다. 따라서 일단 위기적 상황이 해소되고 정상적인 경제활동으로 돌아 온 후 다시 별도의 원인으로 파산에 이른 경우에는 견련관계가 없다고 보아야 한다.

ㄴ) 파산재단부담의 허위증가 행위 : 파산자가 파산선고의 전후를 불문하고 자기 또는 타인의 이익을 도모하거나 채권자를 해할 목적으로 파산재단의 부담을 허위로 증가시키는 행위를 하는 경우이다. 위의 경우를 면책불허가사유로 규정한 이유는 파산재단의 부담 증가는 총 채권자에 대한 배당가능성을 부당하게 저하시킬 위험이 있기 때문이다. 재단채권을 증가시키는 것, 파산재단에 속하는 재산에 저당권이나 질권 등의 담보권을 설정하는 것이 전형적인 예이다. 허위의 채무를 부담하여 파산채권을 증가시키는 것도 여기에 해당되는 가에 대하여 견해의 대립이 있으나 긍정하는 것이 일반적 견해이다.

ㄷ) 상업장부의 부작성, 부실기재, 은닉, 손괴행위 : 파산자가 파산선고의 전후를 불문하고 자기 또는 타인의 이익을 도모하거나 채권자를 해할 목적으로 법률의 규정에 의하여 작성하여야 할 상업장부를 작성하지 아니하거나 이에 재산의 현황을 알 수 있는 정도의 기재를 하지 아니하거나 또는 불실한 기재를 하는 행위 또는 이를 은닉하거나 손괴하는 행위를 하는 경우이다. 위의 행위가 면책불허가 사유로 규정한 이유는 상업장부를 작성하지 않는 등의 행위

는 파산재단의 범위를 정확하게 파악하는 것을 곤란하게 하기 때문이다.

ㄹ) 폐쇄장부의 변경, 은닉, 손괴 행위 : 파산법원의 법원사무관 등은 파산선고 후 곧 파산자의 재산에 관한 장부를 폐쇄하고 이에 서명 날인한 후 조서를 작성하여 이에 장부의 현상을 기재하여야 한다. 그런데 파산자가 파산선고의 전후를 불문하고 자기 또는 타인의 이익을 도모하거나 채권자를 해할 목적으로 법원사무관 등이 폐쇄한 장부에 변경을 가하거나 이를 은닉 또는 손괴하는 행위를 하는 경우 면책불허가사유에 해당된다.

ㅁ) 과태파산죄 해당 행위(제6호) : 과태파산죄 역시 총 채권자의 이익을 보호하기 위한 것으로서 사기파산죄와 같은 '자기 또는 타인의 이익을 도모하거나 채권자를 해할 목적'을 요건으로 하고 있지 않고, 행위태양의 일탈성 또한 사기파산죄보다 경미하다. 실무상 가장 자주 문제되는 면책불허가사유이다. 파산자가 파산선고의 전후를 불문하고 낭비 또는 도박 기타 사해행위를 하여 현저히 재산을 감소시키거나 과대한 채무를 부담하는 행위를 한 경우이다.

ㅂ) 감수위반 또는 주거지이탈 행위 : 파산자가 도망하거나 재산을 은닉 또는 손괴할 우려가 있는 때 법원은 감수명령을 발할 수 있다. 감수명령을 받은 파산자는 법원의 허가를 얻은 경우를 제외하고는 타인과 면접 또는 통신을 할 수 없다. 본 호는 이에 위반하는 파산자의 행위를 처벌함과 동시에 면책불허가사유로 한 것이다. 실무상 감수명령이 발령되는 예는 거의 없으므로 본 호가 적용되어 면책불허가를 한 예도 없다. 본 법은 파산자의 설명의무 이행의 확보와 재산은닉 방지를 위하여 파산자에게 법원의 허가 없이 거주지를 이탈하지 못하도록 정하고 있다. 이에 위반하는 행위는 처벌됨과 동시에 면책불허가사유가 된다. 동시폐지의 경우에는 파산선고와 동시에 파산절차가 폐지되므로 본 호의 적용이 없다.

ㅅ) 설명의무위반행위 : 설명요구권자는 파산관재인, 감사위원 또는 채권자집회이다. '파산에 관하여 필요한 설명'은 파산에 이른 사정, 파산재단, 파산채권, 재단채권, 부인권, 환취권, 별제권, 상계권 기타 파산관재 업무에 필요한 일체의 사항에 미친다.

나. 제2호

파산자가 파산선고 전 1년 내에 파산의 원인인 사실이 있음에도 불구하고
그 사실이 없는 것으로 믿게 하기 위하여 사술을 써서 신용거래로 인하여 재
산을 취득한 사실이 있는 때에는 면책을 허가하지 않을 수 있다.

다. 제3호

채무자가 허위의 채권자목록 그 밖의 신청서류를 제출하거나 법원에 대하
여 그 재산상태에 관하여 허위의 진술을 한 때도 면책불허가사유가 된다. 파
산자는 면책의 신청과 동시에 채권자명부를 제출할 의무가 있고, 심문기일에
파산자의 재산상태에 대하여 진실하게 진술하여야 한다. 파산자가 이러한 의
무에 위반하여 허위의 채권자명부를 제출하거나 법원에 대하여 그 재산상태
에 관하여 허위의 진술을 한 때에는 면책불허가사유에 해당된다.

라. 제4호

채무자가 파산절차 후 면책결정을 받은 경우에는 7년, 개인회생절차에 의
한 면책결정을 받은 경우에는 5년 내의 면책받은 사실이 없어야 한다.

단기간에 여러 차례의 면책을 허용하게 되면 파산자가 면책제도를 악용할
위험이 있고 무책임한 경제활동을 추인하는 것으로 될 수도 있으므로 이를
억제하기 위한 정책적인 고려에서 면책불허가사유로 한 것인데, 실무에서는
그 사례가 많지 않다.

면책신청 전 채무자가 파산절차 후 면책결정을 받은 경우에는 7년, 개인회
생절차에 의한 면책결정을 받은 경우에는 5년 내에 본법상의 면책을 얻었을
것이 그 요건이다. 면책을 얻을 때란 면책결정이 확정되어 그 효력이 발생한
때를 말한다.

마. 제5호

채무자가 채무자회생및파산에관한법률이 정하는 채무자의 의무를 위반한
때도 면책불허가사유에 해당한다. 본 호는 채무자회생및파산에관한법률상의
의무위반 일반을 대상으로 한다. 본 조 제1호 내지 제3호도 물론 본법상의
의무위반행위지만 본 호가 이에 대한 특별규정이므로 위 각호의 규정이 본
호에 우선하여 적용되고, 본 호는 보충적으로 적용된다.

적용 요건은 파산자가 본법상의 의무에 위반하는 것이다. 구체적으로는, 파
산자가 파산선고 전에 변제금지의 가처분에 위반하여 변제를 한 경우, 파산
자가 정당한 사유 없이 채권조사기일에 출석하지 아니하거나 의견의 진술을

거절하고 대리인에 의한 출석 및 의견진술도 하지 않은 경우, 법원에 필요한 직권조사로서 파산자에게 재산상황에 관하여 설명을 요구하고 관계서류의 제출을 명하였으나 이에 따르지 않은 경우 등이 있다. 파산자가 면책절차에서 파산자심문기일에 정당한 이유 없이 출석하지 아니하거나 출석하여도 진술을 거부하면 면책신청을 각하할 수 없으나, 만약 각하하지 않고 속행한다고 하더라도 본 호에 의하여 면책을 불허가할 수 있다.

2) 재량면책

채무자회생및파산에관한법률 제564조에 의하면 법원은 면책불허가사유가 존재하는 경우 면책불허가 결정을 "할 수 있다"고 규정하고 있으므로, 면책불허가사유가 있다고 하더라도 재량에 의하여 면책을 허가할 수 있다고 해석된다. 이를 실무상 재량면책이라고 한다. 재량면책은 그 면책의 범위에 따라 전부면책 또는 일부면책으로 구분될 수 있는데, 실무에서는 일부면책은 물론 전부면책도 허용하고 있다.

【쟁점질의와 유권해석】

<구 파산법 제346조 각 호에서 정하는 면책불허가사유가 있는 경우에도 법원이 재량면책을 할 수 있는지 여부(적극) 및 이때 일부면책이 허용되는 경우>

구 파산법(2005. 3. 31. 법률 제7428호 채무자 회생 및 파산에 관한 법률 부칙 제2조로 폐지) 제346조의 해석상, 법원은 같은 조의 각 호에서 정하는 면책불허가사유가 있는 경우라도 파산에 이르게 된 경위, 그 밖의 사정을 고려하여 상당하다고 인정되는 경우에는 면책을 허가할 수 있고, 또한 그와 같은 재량면책을 함에 있어서는 불허가사유의 경중이나 채무자의 경제적 여건 등 제반 사정을 고려하여 예외적으로 채무액의 일부만을 면책하는 소위 일부면책을 할 수도 있으나, 채무자의 경제적 갱생을 도모하려는 것이 개인파산제도의 근본 목적이라는 점을 감안할 때 채무자가 일정한 수입을 계속적으로 얻을 가능성이 있다는 등의 사정이 있어 잔존채무로 인하여 다시 파탄에 빠지지 않으리라는 점이 소명된 경우에 한하여 그러한 일부면책이 허용된다(대결 2006. 9. 22. 2006마600).

3) 면책결정의 효력발생시기(회생법 제565조)

면책허가결정은 확정되어야 그 효력이 발생한다.

면책허가 결정은 형성적 효과를 그 내용으로 하고 달리 소급효를 인정하는 규정도 없으므로 소급효가 인정되지 않는다.

4) 면책의 효력

가. 파산채권자에 대한 효력(회생법 제566조)

① 책임의 면제

면책을 받은 채무자는 파산절차에 의한 배당을 제외하고는 파산채권자에 대한 채무의 전부에 관하여 그 책임이 면제된다. 파산채권은 파산자에 대한 면책허가결정의 확정에 의하여 그 책임이 소멸하고, 자연채무로 된다는 것이 일반적 견해이다. 즉 통상의 채권이 가지는 소 제기의 권능과 집행력을 상실하고, 단순히 임의의 변제를 청구할 수 있는 권능 및 변제에 의한 급부를 보유할 수 있는 권능만이 남게 된다. 따라서 파산자가 면책허가를 받았더라도 그 후 임의의 변제는 유효한 변제로서 채권자의 부당이득의 문제는 생기지 않는다.

② 면책되지 아니하는 채권

다음의 청구권에 대해서는 면책을 받더라도 책임이 면제되지 않는다.

ㄱ) 조세채권 : 여기에서 말하는 조세채권은 파산채권이 되는 것에 한정되기 때문에 재단채권인 국세징수법 또는 국세징수의 예에 의하여 징수할 수 있는 청구권은 제외된다.

ㄴ) 벌금, 과료, 형사소송비용, 추징금 및 과태료

ㄷ) 채무자가 악의로 가한 불법행위에 기한 손해배상청구권

ㄹ) 채무자가 중대한 과실로 타인의 생명 또는 신체를 침해한 불법행위로 인하여 발생한 손해배상

ㅁ) 채무자의 근로자의 임금·퇴직금 및 재해보상금

ㅂ) 채무자의 근로자의 임치금 및 신원보증금

ㅅ) 채무자가 악의로 채권자목록에 기재하지 아니한 청구권 : 다만, 채권자가 파산선고가 있음을 안 때에는 그러하지 아니하다. 여기서 채권자목록이란 파산자가 면책신청을 하면서 제출하는 것을 의미한다. 파산자가 알면서도 채권자목록에 특정채권자를 기재하지 아니한 경우에는 그 대상 채권자가 면책절차에 관여하여 면책에 대한 이의를 제기할 수 있는 기회를 박탈당하였기 때문에 비면책채권으로 한 것이다. 따라서 채권자 목록에 기재되지 않은 채권자가 파산선고 사실을 안 경우는 제외된다.

ㅇ) 채무자가 양육자 또는 부양의무자로서 부담하여야 하는 비용

나. 파산자에 대한 효력

면책허가결정이 확정되면 파산자는 당연히 복권되고, 공법, 사법상의 신분상의 제한이 소멸된다. 그러나 일부면책결정은 동시에 일부불허가결정 되기도 하므로, 확정되더라도 채무자회생및파산에관한법률 제574조 제1항 제1호에서 정하고 있는 "면책의 결정이 확정된 때"에 해당하지 아니하여 당연 복권되지는 않는다. 이 경우에 파산자는 일부 면책되지 않은 채무를 변제하거나 채권자의 면제 등으로 그 책임을 면하였다는 점을 증명하여 복권절차를 밟아야 한다. 그밖에 자연인이 파산선고를 받으면 금융기관이 관리하는 개인신용정보에 적색거래자로 분류되어 일정한 기간 각종 금융거래상의 불이익을 받게 되는데, 이는 파산에 따른 법률상의 효과가 아니므로 면책결정이 확정된다고 해서 당연히 면할 수 있게 되는 것은 아니다.

【쟁점질의와 유권해석】

<카드 돌려막기도 비면책사유에 해당하는지 여부>

금융기관들이 이러한 주장을 펼치곤 하는데 채무자가 지급불능 상태임에도 이를 속이고 계속 금전을 취득했다는 것이 이들 주장의 근거다. 그러나 카드돌려막기는 이미 발생한 원리금을 갚기 위한 목적으로 행하여진 경우가 대부분이기 때문에 사술에 의한 금전취득 행위가 아니므로 비면책 사유로 보기 어렵다.

다. 보증인 등에 대한 효과(회생법 제567조)

파산자의 면책은 그 보증인, 기타 파산자와 공동으로 채무를 부담하는 공동채무자, 중첩적 채무인수인 등의 변제책임과 물상보증인이 제공한 담보에 아무런 영향을 미치지 않는다. 일반적으로 인적, 물적 담보가 제 기능을 발휘하는 것은 주채무자가 무자력인 경우이므로 면책의 효과가 보증채무에 미치지 않는 것은 당연하다고 할 것이다. 또 면책결정의 확정으로 파산채권은 자연채무로 남게 되고, 당해 채권의 책임재산이 파산재단에 한정되는 데 불과하므로, 보증채무 또는 담보권의 부종성에 반하는 것도 아니다.

5) 면책의 취소(회생법 제569조)

사기파산에 관하여 파산자에 대한 유죄의 판결이 확정된 때에는 법원은 파산채권자의 신청에 의하여 또는 직권으로 면책취소의 결정을 할 수 있고, 파산

자가 부정한 방법으로 면책을 얻은 경우에 파산채권자가 면책 후 1년 내의 면책의 취소를 신청할 때에도 면책취소의 결정을 할 수 있다.

면책의 취소신청서에는 1,000원의 인지를 붙인다.

2. 복 권

(1) 당연복권(회생법 제574조)

파산선고를 받은 채무자는 면책의 결정이 확정된 때, 채무자회생및파산에관한법률 제538조의 규정에 의한 신청에 기한 파산폐지의 결정이 확정된 때, 파산선고를 받은 채무자가 파산선고 후 채무자회생및파산에관한법률 제650조의 규정에 의한 사기파산으로 유죄의 확정판결을 받음이 없이 10년이 경과한 때에는 복권된다. 면책취소의 결정이 확정된 때에는 위 규정에 의한 복권은 장래에 향하여 그 효력을 잃는다.

(2) 신청에 의한 복권(회생법 제575조)

1) 신청에 의한 복권의 요건

변제, 대물변제, 공탁, 상계, 경개, 면제, 혼동, 소멸시효 등에 의하여 파산채권자에 대한 채무의 전부에 관하여 책임을 면할 것이 필요하다. 파산자 자신의 변제에 한하지 않고, 제3자에 의한 대물변제로도 좋다고 해석되고 있다. 또 여기에서 말하는 파산채권자란 신고를 하지 않아 배당절차에 참가하지 못한 채권자도 포함된다고 해석된다(단, 다툼이 있는 채권은 재판의 결과에 의한다).

2) 신청방법

복권을 얻으려고 하는 파산자는 파산법원에 대하여 복권의 신청을 하고, 파산채권의 전부에 관하여 책임을 면한 것을 증명하는 서면을 제출하여야 한다. 이 복권신청서에는 1,000원의 인지를 붙인다.

3) 관 할

복권사건의 관할은 파산법원인데, 여기서 파산법원이란 파산선고를 한 법원을 말한다. 따라서 파산선고 후 주소지가 변경되었다고 하더라도 파산법원에 복권신청을 하여야 한다.

비용예납은 면책신청의 경우와 동일하게 처리한다.

4) 결 정

가. 이의신청이 이유있다고 인정되는 경우

심리 결과 채무가 잔존하는 사실이 소명되는 등 이의신청이 이유 있다고 인정되면 복권신청을 기각하는 결정을 한다. 이에 대하여 파산자는 즉시항고를 할 수 있다.

나. 이의신청이 이유없다고 인정되는 경우

이의신청을 이유 없다고 인정하거나 공고가 있은 날로부터 3개월의 기간 내에 이의신청이 없는 때에는 복권허가의 결정을 한다. 이 결정에 대하여 파산채권자는 즉시항고를 할 수 있다.

다. 공고와 통지

복권결정이 확정되면 그 주문을 공고한다. 또 파산선고와 마찬가지로 복권결정이 확정된 후 파산자의 본적지(2008. 1. 1.부터 "등록기준지"로 변경) 시·구·읍·면장에게 그 취지를 통지한다.

(3) 복권신청의 공고 등(회생법 제576조)

신청이 적법하다고 인정되면 복권의 신청이 있었다는 뜻을 공고하고, 이해관계인의 열람에 공하기 위하여 신청의 관계서류를 법원에 비치한다.

(4) 복권신청에 관한 이의(회생법 제577조)

1) 이의신청의 기한

파산채권자는 공고일로부터 3월 이내에 이의신청을 할 수 있다.

2) 신청권자

복권의 실질적 요건은 파산채권자에 대한 채무의 전부에 관하여 책임을 면하였는가 여부에 있으므로, 복권의 신청에 이해관계를 가지는 것은 파산채권자뿐이고, 기타의 자는 이의신청의 적격이 없다. 이 경우 파산채권자에는 신고를 하지 않은 채권자도 포함한다.

(5) 복권결정의 효력발생시기(회생법 제578조)

복권결정은 확정된 후부터 그 효력이 발생한다. 즉시항고에 의하여 결정이 취소되면 그 때까지 생긴 법률관계의 취급에 문제가 생길 가능성이 있으므로 복권의 효력은 복권결정이 확정되어야 비로소 생기는 것으로 하였다.

IX. 등기절차

▣ 핵 심 사 항 ▣

1. 파산선고·파산취소·파산종결·파산폐지
 (1) 파산선고 : 회사부채의 총액이 자산총액을 초과하는 경우 주식회사는 이사가,
    합병·합자회사는 무한책임사원이, 청산회사는 청산인의 신청에 의하여 법원
    은 결정으로써 파산을 선고한다(법 제295조, 제296조).
 (2) 파산취소 : 법 제316조 1항에 의하여 파산신청에 관한 재판에 대한 즉시항고
    의 결과 파산취소의 결정이 있어 그 결정이 확정된 때에는 법원은 즉시 그
    주문을 공고하여야 한다(법 제325조).
 (3) 파산종결 : 파산절차가 종료하여 관재인의 임무가 종료한 경우에는 파산관재
    인 또는 상속인은 지체없이 채권자집회에 계산의 보고를 하여야 한다(법 제
    365조). 그 계산보고를 승인한 채권자집회가 종결된 후 법원이 파산종결 결정
    을 하면 그 때 파산절차는 종결된다.
 (4) 파산폐지 : 법원은 법 제538조 1항의 각 호의 어느 하나에 해당하는 때에는
    채무자의 신청에 의하여 파산폐지의 결정을 할 수 있다(법 제538조 1항).
2. 등기절차 : 법 제23조 1항

1. 파산선고의 등기

(1) 파산선고

  회사부채의 총액이 자산총액을 초과하는 경우(다만, 합병·합자회사의 존립
중에는 파산선고 하지 않는다) 주식회사는 이사가, 합병·합자회사는 무한책
임사원이, 청산회사는 청산인(이사 및 청산인 일부가 신청하는 경우에는 파
산원인 소명)의 신청에 의하여 법원은 결정으로써 파산을 선고한다(회생법
제295조, 제296조).

  법원은 파산선고와 동시에 파산관재인을 선임하고 채권신고의 기간, 제1회
의 채권자 집회기일, 채권조사기일 등을 정하여야 하며, 파산결정서에는 선고
연월일시를 기재하여야 한다(회생법 제310조, 제312조).

파산자가 파산선고시에 가진 모든 재산은 이를 파산재단으로 하고 그 관리, 처분권은 파산관재인에게 전속한다(회생법 제382조, 제38조).

파산채권은 파산절차에 의하지 아니하고는 이를 행사할 수 없다.

(2) 등기절차

회사에 대하여 파산선고를 한 때에는 법원은 직권으로 지체없이 촉탁서에 파산결정서 등본 또는 초본 등 관련서류를 첨부하여 채무자의 각 사무소 및 영업소(외국에 주된 사무소 또는 영업소가 있는 때에는 대한민국에 있는 사무소 또는 영업소를 말한다)의 소재지의 등기소에 그 등기를 촉탁하여야 한다(회생법 제23조 1항).

등기촉탁서에 첨부하는 파산결정서에는 파산선고의 연월일시를 기재하여야 하며,(회생법 제310조), 촉탁시 등록세 및 농어촌특별세는 납부하지 아니한다(회생법 제25조 4항, 농특 제5조).

등기관은 파산등기의 촉탁을 받을 경우에는 지체없이 그 등기를 행하되, 파산의 등기는 등기기록 중 기타사항란에 파산의 뜻, 그 선고연월일시, 법원의 명칭과 등기연월일을 기재하고 등기관의 식별부호를 기록하여야 한다(상업등기규칙 제69조 2항).

2. 파산취소의 등기

(1) 파산선고

파산절차에 관한 재판(파산선고의 결정)에 대하여는 채무자회생및파산에관한법률에 특별한 규정이 있는 경우를 제외하고는 그 재판에 관하여 이해관계 있는 자가 즉시항고를 할 수 있다(회생법 제316조 1항).

즉시항고의 결과 파산취소의 결정이 있어 그 결정이 확정된 때에는 법원은 즉시 그 주문을 공고하여야 한다(회생법 제325조).

(2) 등기절차

파산취소의 결정이 확정된 때에는 법원은 지체없이 직권으로 촉탁서에 파산취소결정서의 등본 또는 초본 등 관련서류를 첨부하여 채무자의 각 사무소 및 영업소(외국에 주된 사무소 또는 영업소가 있는 때에는 대한민국에 있

는 사무소 또는 영업소를 말한다)의 소재지의 등기소에 파산취소의 등기를
촉탁하여야 한다(회생법 제23조 1항).

촉탁시 등록세 및 농어촌특별세는 납부하지 아니한다(회생법 제25조 4항,
농특 제5조).

등기관은 파산등기의 촉탁을 받은 경우에는 지체없이 그 등기를 행하며, 파
산취소 등기기록 중 기타사항란에, 파산취소의 뜻, 결정의 확정연월일, 법원
의 명칭과 등기연월일을 기재하고 등기관의 식별부호를 기록하여야 한다(규
칙 제102조 1항, 제47조). 이 때에는 파산의 등기를 말소하는 등기를 기록하
여야 한다(상업등기규칙 제69조 2항).

3. 파산종결의 등기

(1) 파산의 종결

파산절차가 종료하여 관재인의 임무가 종료한 경우에는 파산관재인 또는 상속
인은 지체없이 채권자집회에 계산의 보고를 하여야 한다(회생법 제365조).

그 계산보고를 승인한 채권자집회가 종결된 후 법원이 파산종결 결정을 하면
그 때 파산절차는 종결된다. 채권자집회가 종결한 때에는 법원은 파산종결의
결정을 하고 그 주문과 이유의 요령을 공고하여야 한다(회생법 제530조).

(2) 등기절차

파산종결의 결정이 있는 때에는 법원은 지체없이 직권으로 파산종결결정서
의 등본 또는 초본 등 관련서류를 첨부하여 채무자의 각 사무소 또는 영업
소(외국에 주된 사무소 또는 영업소가 있는 때에는 대한민국에 있는 사무소
또는 영업소를 말한다)의 소재지의 등기소에 그 등기를 촉탁하여야 한다(회
생법 제23조 1항).

등기관은 파산등기의 촉탁을 받은 경우에는 지체없이 그 등기를 행하되, 파
산종결 등기 기록 중 기타사항란에 파산종결의 뜻, 결정연월일, 법원의 명칭
과 등기연월일을 기재하고 등기관의 식별부호를 기록하여야 한다. 파산절차
종결에 의한 파산종결의 등기를 한 때에는 회사는 당연히 소멸되기 때문에
청산종결등기를 한 경우처럼 그 등기 기록을 폐쇄하여야 한다(규칙 제102조
1항·2항).

4. 파산폐지의 등기

(1) 파산의 폐지

파산폐지는 법원의 결정에 의한다.

법원은 다음의 어느 하나에 해당하는 때에는 채무자의 신청에 의하여 파산폐지의 결정을 할 수 있다(회생법 제538조 1항).

① 채무자가 채권신고기간 안에 신고한 파산채권자 전원의 동의를 얻은 때

② 채무자가 위 ①의 동의를 얻지 못한 경우에는 동의를 하지 아니한 파산채권자에 대하여 다른 파산채권자의 동의를 얻어 파산재단으로부터 담보를 제공한 때

회사가 파산선고를 받은 경우에 파산폐지의 신청을 함에는 정관 변경에 관한 규정에 따라 계속의 절차를 밟아 존속할 수 있으며, 재단법인인 경우에는 주무관청의 인가를 받아 법인을 존속하게 할 수 있다(회생법 제540조).

파산폐지결정을 한 때에는 이를 공고하여야 한다. 파산채권자는 공고일로부터 14일 이내에 법원에 이의신청을 할 수 있고, 법원은 관계인의 의견을 청취한 후 파산폐지결정을 한다. 이 때에는 파산폐지의 사실을 등기촉탁한다(회생법 제542조, 제544조).

(2) 등기절차

파산폐지의 결정이 확정된 때에는 법원은 직권으로 지체없이 파산폐지결정서의 등본 또는 초본 등 관련서류를 첨부하여 채무자의 각 사무소 및 영업소(외국에 주된 사무소 또는 영업소가 있는 때에는 대한민국에 있는 사무소 또는 영업소를 말한다)의 소재지의 등기소에 파산폐지의 등기를 촉탁하여야 한다(회생법 제23조 1항).

등기관은 파산등기의 촉탁을 받은 때에는 지체없이 그 등기를 행하되, 기타사항란에 파산폐지의 뜻, 그 결정의 확정연월일, 법원의 명칭과 등기연월일을 기재하고 등기관의 식별부호를 기록하여야 한다(규칙 제102조).

동시파산폐지 또는 비용부족으로 인한 파산폐지의 등기를 한 때에는 등기기록을 폐쇄하여야 한다(상업등기기재례집 제233면).

■ 편 찬 ■

□ 대한실무법률연구회

자본시장과 금융투자업에 관한 법률에 의한

유한 · 합명 · 합자 · 외국 · 벤처기업의 이해와 등기

정가 48,000원

2014年 1月   10日 1版 印刷
2014年 1月   15日 1版 發行

편 찬 : 대한실무법률연구회
발행인 : 김 현 호
발행처 : 법문 북스
공급처 : 법률미디어

152-050
　서울 구로구 구로동 636-62
　대표전화 : 2636-2911   FAX : 2636~3012
　등록 : 제12-235호
　Home : www.bubmun.co.kr

● ISBN 978-89-7535-267-6